Die »vorrangige Option der Gewaltfreiheit« im Religionsunterricht der Kursstufe

Motive und Alternativentwürfe christlicher Pazifisten

D1717653

Inaugural-Dissertation

zur Erlangung der Doktorwürde
der Philosophischen Fakultät der
Rheinischen Friedrich-Wilhelms-Universität
zu Bonn

vorgelegt von
Theodor Ziegler
aus
Bietigheim-Bissingen
Bonn 2018

Gedruckt mit der Genehmigung der Philosophischen Fakultät der Rheinischen Friedrich-Wilhelms-Universität Bonn vom 11. April 2018

Zusammensetzung der Prüfungskommission:

Prof. Dr. Stephan Stomporowski, Bonn
(Vorsitzender)

Prof. Dr. Volker Ladenthin, Bonn
(Betreuer und Gutachter)

Prof. Dr. Reinhold Boschki, Tübingen
(Gutachter)

Prof. Dr. Wilhelm Schwendemann, Freiburg
(weiteres prüfungsberechtigtes Mitglied)

Tag der mündlichen Prüfung: 22. März 2018

Evangelische Hochschulschriften Freiburg

Band 8

Herausgegeben von Wilhelm Schwendemann, Dirk Oesselmann,
Jürgen Rausch, Kerstin Lammer und Bernd Harbeck-Pingel

Theodor Ziegler

Motive und Alternativentwürfe christlicher Pazifisten

Die *vorrangige Option der Gewaltfreiheit* im Religionsunterricht der Kursstufe

Mit einem Vorwort von Prof. Dr. Wilhelm Schwendemann und Prof. Dr. Reinhold Boschki

Mit 3 Abbildungen

V&R unipress

Bibliografische Information der Deutschen Nationalbibliothek

Die Deutsche Nationalbibliothek verzeichnet diese Publikation in der Deutschen
Nationalbibliografie; detaillierte bibliografische Daten sind im Internet über
http://dnb.d-nb.de abrufbar.

ISSN 2198-5340
ISBN 978-3-8471-0898-6

Weitere Ausgaben und Online-Angebote sind erhältlich unter: www.v-r.de

Titelbild: Das »Schwerter zu Pflugscharen«-Symbol stammt aus der christlichen Friedensbewegung
in der ehemaligen DDR nach einem Entwurf von Harald Bretschneider, Dresden. Der Rechte-
Inhaberin, der Ökumenischen FriedensDekade e.V., sei an dieser Stelle ausdrücklich für die
freundlicherweise gewährte Druckerlaubnis gedankt.
Druck und Bindung: CPI books GmbH, Birkstraße 10, D-25917 Leck

Gedruckt auf alterungsbeständigem Papier.

Inhalt

I. Einleitung und Vorwort

Einleitung

Reinhold Boschki und Wilhelm Schwendemann

Die vorgelegte Dissertationsschrift von Theodor Ziegler widmet sich einem gleichermaßen hochaktuellen wie uralten Thema der Menschheit und insbesondere der christlichen Religion, nämlich der Frage, wie sich der Anspruch christlicher Existenz mit dem Tragen von Waffen, der Bewaffnung und der Kriegsführung vereinbaren lässt. Das Thema berührt einen entscheidenden Punkt christlicher Botschaft, da es im Zentrum der Verkündigung Jesu, der Bergpredigt, steht. Insofern ist Gewaltfreiheit und Bewaffnung immer auch ein Thema der religiösen Erziehung und Bildung: Wie kann die Botschaft in Handlungsmaxime für Lernende im römisch-katholischen und evangelischen Religionsunterricht transformiert werden, gibt es überhaupt Prinzipien für christliche Pädagogik, die aus der biblischen Friedensethik abgeleitet werden können? Für Religionsunterricht in der Schule ist diese Thematik deshalb von hoher aktueller Bedeutung, da die Schülerinnen und Schüler angesichts aktueller Konflikte, kriegerischen Auseinandersetzungen und Terrorbedrohung nach Wegen fragen, sich selbst zu positionieren. Hier sind Religionsunterricht und Religionslehrkräfte in besonderer Weise herausgefordert. Theodor Ziegler wählt zur Annäherung an diese komplexe Themenstellung den Weg der Befragung von Menschen, die in ihrem Leben versuchen und versucht haben, die christliche Friedensethik in ihren konkreten Handlungen und theoretischen Reflexionen umzusetzen. Aus den qualitativ geführten und ausgewerteten Interviews zieht er Konsequenzen, um mögliche Impulse für religionspädagogische Handlungsfelder zu finden – insbesondere für den Religionsunterricht in der Sekundarstufe I und II.

Der Titel der vorgelegten Dissertation macht auf eine erkenntnistheoretische Präferenz aufmerksam: Es geht grundsätzlich um die Frage der Gewaltfreiheit als erste Handlungsoption von Christen und Christinnen. Damit entspricht das

erkenntnistheoretische Interesse von Theodor Ziegler dem grundsätzlichen
Anliegen der Evangelischen Landeskirche in Baden, deren Synode die vorrangige Option der Gewaltfreiheit im Sinn eines gerechten Friedens als Synodenentscheidung festgestellt hat. Diese Option erkennt zwar militärische Gewaltanwendung in einer demokratischen Zivilgesellschaft z. B. als legitimes Mittel
der Selbstverteidigung an, aber nicht als eine einzige und alleinige Option; zu ihr
gesellt sich eine bibeltheologische Begründungslinie, die sich auf die Texte des
prophetischen Messianismus im Ersten Testament und auf die zweittestament-
liche Bergpredigt im Matthäusevangelium bezieht. Hier ist die Synodenentscheidung, die nach mehrjähriger Diskussion in 25 Kirchenbezirken und in den
Bezirkssynoden entschieden wurde, verankert, was demokratischer Tradition
des badischen Protestantismus entspricht und diese schlechthin widerspiegelt.
Dieser kirchlich-theologische Entscheidungshintergrund bedeutet in Theodor
Zieglers Dissertation zweierlei: Einmal ist die Auswahl der Interviewpart-
ner_innen darin begründet, dass ausschließlich sog. Pazifisten, die sich in ihrer
Argumentation und bisherigen öffentlichen Stellungnahme ebenfalls auf die
erwähnten biblischen Traditionen beziehen, befragt wurden. Ziel der Dissertation ist also, die subjektive Sicht der Interviewpartner_innen bezüglich der
Einstellung zur Gewaltlosigkeit herauszuarbeiten, diese in Verbindung mit der
Synodenentscheidung und zur biblischen Tradition zu bringen, um so darstellen
zu können, welches Modell von Pazifismus sich hieraus ergibt. Der zweite Schritt
ist dann, die theologische Argumentation in ein religionspädagogisches Hand-
lungsfeld didaktisch und methodisch umzusetzen, was eine religionspädagogische Aufgabe der Zukunft sein wird. Die Fokussierung auf die gewählten In-
terviewpartner_innen lässt sich also als Schärfung der Frage verstehen, was
unter einem gerechten Frieden seitens der Interviewpartner_innen zu verstehen
sei. Die zweite Dimension der Arbeit, die tiefgründiger in der Auswahl des
Samplings angesprochen wird, ist die bibeltheologische Rezeption messianisch-
alttestamentlicher Friedenstexte und der neutestamentlichen Bergpredigtkom-
position und ihrer Transformationen ins Bewusstsein der Interviewpart-
ner_innen und die damit einhergehende Prägung der jeweiligen Haltung der
Befragten. Die methodologische Reflexion fokussiert zunächst auf einer theoretischen Kontextbestimmung mit terminologischen Klärungen zentraler, in der
weiteren Arbeit vorkommender Begriffe sowie im empirischen Teil auf einem
qualitativ-sozialwissenschaftlichen Forschungsvorhaben, d.i. ein biografisch-
narratives Verfahren. Diese Methode der qualitativen Arbeit wird mit der Ver-
fahrensweise des Experteninterviews verbunden; der empirisch vorausgesetzte
Expertenbegriff wird kritisch reflektiert. Die Forschungsfrage zielt vor allem auf
eine theologische und religionspädagogische und ethische Grundfrage und wird
auf ein potenzielles didaktisches Setting im Kursstufenunterricht (gymnasiale
Oberstufe) hin ausgelegt. Die Zieldimension und Kompetenzorientierung im

baden-württembergischen Bildungsplan für den ev. Religionsunterricht wären in diesem Fall die Kombination der Anthropologie und Ekklesiologie und Ethik, um dem didaktischen Problem »Kirche des gerechten Friedens« auf die Spur zu kommen.

Vorwort

Abb. 1: Kriegerdenkmal in Sulz am Neckar, Ortsteil Glatt

Krieger-, Ehren- oder Gefallenendenkmäler finden sich an fast jedem Ort. Dass der Gefallenen und Vermissten gedacht wird, ist selbstverständlich. Fraglich ist jedoch, für was die inzwischen zur Stadt Sulz am Neckar gehörende württembergische Gemeinde Glatt ihren in den beiden Weltkriegen umgekommenen Söhnen dankbar ist. War es der Dienst zur Verteidigung des Vaterlands? Aber beide Kriege waren von Deutschland in aggressiver Absicht begonnen und geführt worden, der zweite sogar mit dem erklärten Ziel der Ausrottung des jüdischen Volkes. Oder war die dankbare Erinnerung auf das Leben der Söhne *vor* ihrer Kriegseinberufung bezogen? Die Nichtbereitschaft der dortigen Stadtverwaltung, durch eine kommentierende Tafel mögliche Missverständnisse be-

züglich des Dankbarkeitsobjektes auszuräumen[1], verdeutlicht die auch sieben
Jahrzehnte nach Kriegsende notwendige kritische Auseinandersetzung über die
Erinnerungskultur zu den vergangenen Kriegen sowie über die heutige Bewertung militärischer Gewalt im Rahmen einer friedensfördernden internationalen
Konfliktkultur. Mit der Erforschung der Einstellungen christlicher Pazifisten,
die teilweise in ihrer Kindheit noch den Zweiten Weltkrieg sowie dessen unmittelbare Folgen miterlebt haben, soll diese Dissertation hierzu und im Blick
auf die friedensethische Konzeptionsentwicklung für den Religionsunterricht
einen Beitrag leisten.

Mein besonderer Dank gilt der ehemaligen Bundestagsabgeordneten Frau Dr.
Ute Finckh-Krämer und den vierzehn weiteren Gesprächspartnern (siehe Abschnitt 3.4.7) für ihre Bereitschaft, mir in der Zeit von Oktober 2013 bis Januar
2014 über ihre christlich-pazifistische Einstellung Auskunft zu geben.

Zu großem Dank verbunden bin ich Herrn Prof. Dr. Volker Ladenthin, Universität Bonn, und Herrn Prof. Dr. Reinhold Boschki, Universität Tübingen,
vormals an der Universität Bonn, für die wissenschaftliche Betreuung und Beratung bei der Konzeption und Abfassung dieser Dissertation und Herrn Prof.
Dr. Schwendemann, Evangelische Hochschule Freiburg, für den Impuls, meine
bei ihm eingereichte Masterthesis zur biblischen Friedensethik durch diese
Dissertation zu vertiefen, und für die dabei gewährte inspirierende und
freundschaftliche Beratung. Für die zuverlässige und freundliche administrative
Betreuung beim Promotionsausschuss der Philosophischen Fakultät der Universität Bonn danke ich Frau Dipl. Psychologin Anke Piel sowie dem Vorsit-
zenden des Prüfungsausschusses, Herrn Prof. Dr. Stephan Stomporowski.

Mein Dank gilt in besonderer Weise dem Evang. Oberkirchenrat in Karlsruhe
für die freundliche Unterstützung bei der Drucklegung.

Herzlich danken möchte ich den vielen Menschen in meinem persönlichen
Umfeld, die sich stets für den Fortgang meiner Arbeit interessiert, mich darin
bestärkt und mir praktische Anregungen gegeben haben und insbesondere
meiner lieben Frau Waltraud für das große Verständnis für meine Zeiten am
Schreibtisch und auf Reisen.

Theodor Ziegler

---

1 Vgl. meine Korrespondenz mit dem Bürgermeister der Stadt Horb (Anh. 7.1).

II. Formale Hinweise

- Bei der Erwähnung verschiedengeschlechtlicher Personengruppen folgt der männlichen Bezeichnung der Unterstrich mit »innen«, Beispiel: Schüler_innen. Zur besseren Lesbarkeit von Doppelwörtern sind diese durch einen Bindestrich getrennt, Beispiel: Expert_innen-Befragung.
- Die Zitierungen aus den Interviews mit den Befragten, sowie deren Namen sind kursiv gesetzt.
- Fremdsprachige Worte und Redewendungen sind kursiv gesetzt, innerhalb kursiver Textabschnitte nichtkursiv.
- In den Fußnoten befinden sich bei erstmaliger Erwähnung die kompletten Quellengaben, bei Wiederholungen nur Autor und Erscheinungsjahr (bei mehreren Publikationen in einem Jahr mit Buchstaben ergänzt) sowie eventuelle Seitenangaben.
- Die Bibelzitate sind, wenn nicht anders vermerkt, der Lutherbibel 2017 entnommen.
- Teilweise werden dieselben Ankertexte unter verschiedenen Fragestellungen ausgewertet und erscheinen deshalb mehrfach.

III. Tabellenverzeichnis

IV. Abbildungsverzeichnis

V. Abkürzungsverzeichnis

ABC-Waffen	Atomare, biologische und chemische Waffen
BGBl	Bundesgesetzblatt
BMFSFJ	Bundministerium für Familie, Senioren, Frauen und Jugend
BMZ	Bundesministerium für wirtschaftliche Zusammenarbeit und Entwicklung
BRU	Berufsschulreligionsunterricht
BMVg	Bundesministerium der Verteidigung
BSV	Bund für Soziale Verteidigung
DFG/VK.	Deutsche Friedensgesellschaft/Vereinigte Kriegsgegner
DWDS	Digitales Wörterbuch der deutschen Sprache
EAK	(hier:) Evangelische Arbeitsgemeinschaft zur Betreuung der Kriegsdienstverweigerer
Ebd.	ebenda
EKD	Evangelische Kirche in Deutschland
epd	Evangelischer Pressedienst
FAZ	Frankfurter Allgemeine Zeitung
Gen	Genesis (1. Buch Mose)
GG	Grundgesetz
GFK	Gewaltfreie Kommunikation
GVP	Gesamtdeutsche Volkspartei
HGANT	Handbuch theologischer Grundbegriffe zum Alten und Neuen Testament
ican	international campaign to abolish nuclear weapons
idea	Evangelische Nachrichtenagentur (anfänglich: Informationsdienst der Evangelischen Allianz)
IPPNW	Internationale Ärzte für die Verhütung des Atomkrieges / Ärzte in sozialer Verantwortung
ISAF	International Security Assistance Force
Joh	Johannes-Evangelium
KDV/er	Kriegsdienstverweigerung/Kriegsdienstverweigerer
KSZE	Konferenz für Sicherheit und Zusammenarbeit in Europa
Lk	Lukas-Evangelium
MÖP	Militär, Ökologie und Planung
Mk	Markus-Evangelium
Mt	Matthäus-Evangelium

NATO	North Atlantic Treaty Organization
NGO	Non-Governmental Organization (Nichtregierungsorganisation)
OEF	Operation Enduring Freedom
ÖRK	Ökumenischer Rat der Kirchen
OSZE	Organisation für Sicherheit und Zusammenarbeit in Europa
PTZ	Pädagogisch-Theologisches Zentrum
RGG	Die Religion in Geschichte und Gegenwart (Lexikon)
r2p	Responsibility to Protect
RL	Religionslehrkraft
RPI	Religionspädagogisches Institut
RU	Religionsunterricht
Sek II	Sekundarstufe II (gymnasiale Oberstufe)
SIPRI	*Stockholm International Peace Research Institute*
SOWI	Sozialwissenschaftliches Institut der Bundeswehr
SuS	Schülerinnen und Schüler
taz	Die Tageszeitung
TOA	Täter-Opfer-Ausgleich
UN	United Nations
UNICEF	United Nations Children's Emergency Fund
UNO	United Nations Organization
UNRIC	Regionales Informationszentrum der Vereinten Nationen für Westeuropa
VN	Vereinte Nationen
WDR	Westdeutscher Rundfunk
ZFD	Ziviler Friedensdienst
zivik	Zivile Konfliktbearbeitung (staatl. Förderprogramm für Friedensprojekte)
ZKB	Zivile Konfliktbearbeitung
ZMD	Zentralrat der Muslime in Deutschland e.V.

VI. Zu den Interviews

Interviewpartner_in für diese Forschung waren:

Harald Bretschneider, Dresden
Eugen Drewermann, Paderborn
Theodor Ebert, Berlin
Fernando Enns, Hamburg
Ute Finckh-Krämer, Berlin
Albert Fuchs, Meckenheim bei Bonn
Ullrich Hahn, Villingen-Schwenningen
Hans Häselbarth, Selbitz bei Hof
Ullrich Lochmann, Rheinstetten bei Karlsruhe
Stefan Maaß, Landau/Pfalz
Paul Oestreicher, Brigthon, GB
Ulrich Parzany, Kassel
Paul Russmann, Stuttgart
Horst Scheffler, Zornheim bei Mainz
Markus Weingardt, Tübingen

Alle Befragten erteilten die Zustimmung zur Veröffentlichung der mit ihnen geführten Interviews. Die im Forschungsteil (Kapitel 4) bei den Zitierungen enthaltenen Zeilenangaben beziehen sich auf die Transkriptionen der Tonaufzeichnungen. Dieser Dokumentationsband erscheint im zweiten Halbjahr 2018 bei der Arbeitsstelle Frieden der Evangelischen Landeskirche in Baden, Postfach 2269, 76010 Karlsruhe.

1 Einleitung

1.1 Ausgangssituation – allgemein

Alle Lebensdimensionen, vom persönlichen inneren Ergehen, über das Miteinander in Familie und Gesellschaft bis hin zum Zusammenleben der Ethnien, Religionen, Kulturen und Nationen dieser Welt sind von dem Bedürfnis nach Frieden berührt. Dass sich Menschen geschützt, geborgen, in Sicherheit fühlen, ist das grundlegende Wesensmerkmal des Friedens. Der Fokus dieser Dissertation ist auf die internationale Konfliktebene ausgerichtet, auf der die Friedenssicherung mittels der vorhandenen militärischen Potentiale mitunter in kriegerische Auseinandersetzungen umschlägt, mit der Folge von Leid und Tod für viele Menschen.[2]

Waren in früheren Jahrhunderten auch in Europa ständig Kriege an der Tagesordnung und wurden in gewisser Weise als natürliches Schicksal empfunden, so stimmen heutzutage die meisten Menschen in der Verabscheuung des Krieges überein. Diese Bewertung bestimmt auch die Ansprachen beim alljährlichen Volkstrauertag. Gleichzeitig kann sich jedoch nur eine Minderheit einen gänzlichen Verzicht auf die militärische Friedenssicherung vorstellen.[3] Dieses Spannungsverhältnis spiegelt sich bereits im Grundgesetz wider, das durch das Friedensgebot in der Präambel – »in einem vereinten Europa dem Frieden der

---

2 Vgl. den »Body Count« der IPPNW vom September 2015, S. 17, wonach allein in den ersten zehn Jahren des von den USA nach dem 9. September 2001 ausgerufenen *war on terror* 1,3 Mio. Menschen ums Leben kamen. http://www.ippnw.de/commonFiles/pdfs/Frieden/Body Count_internationale_Auflage_deutsch_2015.pdf – Zugriff am 28.04.2017; 13:40 h.

3 Bei einer Tagung der Bezirkssynode des Evangelischen Kirchenbezirks Ortenau in Baden am 23. Februar 2013 in Kork fragte nach einer erfolgten Abstimmung über ein friedensethisches Diskussionspapier ein dies ablehnender Pfarrer die Mitsynodalen, wer denn wirklich für die Abschaffung der Bundeswehr sei. Es meldete sich ca. ein Drittel der ca. 120 Anwesenden. Zum Vergleich: In der Schweiz votierten bei Volksabstimmungen 35,6 % (1989) und 26,8 % (2001) für die Armeeabschaffung. Zeller, René (2001): Eidgenössische Abstimmung. Tief verwurzelte Wehrpflicht. In: http://www.nzz.ch/schweiz/gsoa-wehrpflicht-abschaffung-1.18154664 – Zugriff am 30.12.2016; 10:52 h.

Welt zu dienen« – eingeleitet wird, wo die Menschenwürde für unantastbar erklärt (Art. 1 GG) und jedem Menschen das Recht auf Leben und körperliche Unversehrtheit garantiert wird (Art. 2,2 GG). Somit sind körperliche Züchtigung, Leibstrafen, Folter sowie die Todesstrafe kategorisch ausgeschlossen. Im Jahr 1955 bzw. 1956 kam dann die sogenannte Wehrverfassung hinzu, wonach der Bund Streitkräfte zur Verteidigung aufstellt (Art. 87a), in denen Männer ab dem vollendeten achtzehnten Lebensjahr zum Dienst verpflichtet werden können (Art.12a, Ziff. 1).[4] Allen Erfahrungen nach lässt sich bei militärischen Verteidigungshandlungen die Tötung von Menschen, insbesondere auch unbeteiligter, nicht vermeiden. Deshalb ist zu fragen, ob nicht schon die Aufstellung von Streitkräften, die notwendigerweise auch die Rüstungsforschung, die Rüstungsproduktion sowie den Rüstungsexport impliziert, im Gegensatz zu der Intention von Präambel und Artikel 1 des Grundgesetzes steht, aber auch, ob und welche Alternativen zur militärischen Friedenssicherung überhaupt denkbar sind.

Für christlich motivierte Menschen kommt überdies die grundsätzliche Frage nach der Vereinbarkeit einer militärischen Sicherheitsstruktur mit den Kernaussagen des Glaubens an Jesus Christus hinzu; dies insbesondere, nachdem die Ökumenische Versammlung von 1948 in Amsterdam den Krieg als eine Entwürdigung des Menschen und als Sünde wider Gott verurteilt hatte[5]. Darüber hinaus ist zu bedenken, ob die biblische Friedensbotschaft nicht sogar explizit einen originären Auftrag an alle Kirchen und ihre Mitglieder für ein aktives, gewaltfreies Friedenszeugnis und Friedenshandeln als Wesensmerkmal der Nachfolge Jesu beinhaltet, der wiederum mit militärischen Optionen inkompatibel ist.

Diese elementaren Fragen tangieren auch den Religionsunterricht der Kursstufe, wenn es in den einschlägigen Unterrichtseinheiten, im informellen Austausch oder im persönlichen Gespräch zwischen Schüler_innen und Religionslehrkräften um eine tragfähige Friedensethik geht. Denn Frieden war und ist die Voraussetzung für ein gelingendes Leben. Mit der Erforschung von Motivationen, Alternativvorstellungen und deren Realisierungsmöglichkeiten bei Persönlichkeiten, die mit ihrem gesamten Leben für eine christlich-pazifistische

---

4 Beide Regelungen sind keine verpflichtenden Handlungsgebote. Artikel 87a GG ist lediglich eine Kompetenzvorschrift, dass im Falle der Streitkräfteaufstellung der Bund die Zuständigkeit dafür hat. Artikel 12a GG ermöglicht eine Ausnahme von dem in Artikel 12 GG enthaltenen Verbot der Zwangsarbeit. So wie der Bundestag zum 1. Juli 2011 die allgemeine Wehrpflicht aussetzte, könnte er auch über den Bestand der Bundeswehr befinden.

5 »Die Rolle, die der Krieg im heutigen internationalen Leben spielt, ist Sünde wider Gott und eine Entwürdigung des Menschen.« In: Aktion Sühnezeichen/Friedensdienste [Hg.] (1982): Christen im Streit um den Frieden – Beiträge zu einer neuen Friedensethik, Freiburg: Dreisam-Verlag, S. 284.

Einstellung stehen, soll diese Dissertation dazu beitragen, die Friedensbildung im Religionsunterricht auf eine breitere argumentative Basis zu stellen. Es handelt sich somit um eine friedensethische Grundlagenforschung für die friedenspädagogische Praxis. Aufgrund meiner Zugehörigkeit zur Evangelischen Kirche und meiner dortigen beruflichen Praxis, sind die aktuellen kirchlichen Bezüge im Wesentlichen auf die evangelische Konfession fokussiert.

1.2   Ausgangssituation in Gesellschaft und Politik

In der bundesdeutschen Geschichte ist die Auseinandersetzung um den Frieden geprägt von diametralen Positionen in Bezug auf die Bejahung und Akzeptanz militärischer Gewaltpotentiale und deren Einsatz. Diese beiden Pole umfassen auch die Zwischenpositionen einer kritischen, ausschließlich auf die Landesverteidigung im engen Sinn begrenzten Militärbejahung, der Unentschlossenheit und Indifferenz, sowie eines revolutionäre Gewalt bejahenden oder ABC-Waffen ausschließenden situationsethischen Pazifismus. Die jeweiligen Interessengruppen sind, was ihre politsche Bedeutung betrifft, sehr unterschiedlich gewichtet:

So können sich die Befürworter_innen des Militärs schon formal auf den Verfassungsrang der Bundeswehr berufen, auf die langen militärischen Traditionen sowie auf die Normalität des Militärischen als übliche Schutzvorkehrung zur staatlichen Souveränitätswahrung in fast allen Ländern der Welt.[6] Auch die Befreiung Deutschlands vom Nationalsozialismus durch die Alliierten wird als eine Legitimation für die Notwendigkeit deutscher Streitkräfte zum Schutz des demokratischen Staates angeführt.[7] Zudem sei die inzwischen gestiegene weltwirtschaftliche Bedeutung Deutschlands Grund für ein stärkeres, humanitären aber auch wirtschaftlichen Zielen dienendes, globales militärisches Engagement in internationalen Strukturen wie NATO und UNO. Hinzu kommen, gewissermaßen als Sekundärmotive, die ökonomische Bedeutung von Bundeswehr und Rüstungsindustrie für die Volkswirtschaft, aber auch als Arbeitgeberin, Ausbilderin und Hochschulträgerin, wie auch die zivilen Verwendungen der Truppe bei Naturkatastrophen. Diese Sichtweisen bilden dann wiederum den Tenor für die Lehrpläne und -bücher[8] im Geschichts- und Gemeinschaftskundeunterricht

---

6 Vergleichbar mit dem ethnologischen Gottesbeweis.

7 So beispielsweise die EKD-Synodal-Präses und frühere Bundesministerin Irmgard Schwätzer am 27.02.2016 in einer Diskussionsgruppe bei der Tagung »Neue Konflikte – neue Friedensethik?« in der Evang. Akademie Loccum.

8 Vgl. Kochendörfer, Jürgen [Hg.] (2008): Geschichte und Geschehen – Berufliche Gymnasien. Stuttgart Leipzig: Ernst Klett Verlag, S. 313–317.

und die schulischen und universitären Informationsangebote der Jugendoffiziere der Bundeswehr.[9]

Die Kritiker_innen militärischer Gewalt können sich zwar seit Inkrafttreten des Grundgesetzes im Jahr 1949 auf dessen Artikel 4 Absatz 3 berufen, wonach – als expliziter Unterfall der Glaubensfreiheit – niemand gegen sein Gewissen zum Kriegsdienst mit der Waffe gezwungen werden darf. Diese in den leidvollen Kriegserfahrungen gründende Schutzvorkehrung für Kriegsdienstverweigerer hat – verfassungshistorisch betrachtet – gewissermaßen das Erstgeburtsrecht. Mit der Wiederbewaffnung wurde die Ablehnung des Militärs zwar wieder marginalisiert, wenn auch nicht mit der grausamen Härte des NS-Regimes verfolgt. Doch mussten Wehrpflichtige, die dem Staat das einzig bei der Kriegsdienstverweigerung vorgesehene Recht zur behördlichen Überprüfung einer persönlichen Gewissensentscheidung nicht zubilligen wollten und somit als »totale Kriegsdienstverweigerer« galten, mit Haftstrafen und teils erheblichen beruflichen Nachteilen rechnen. Hierin unterschieden sich die beiden deutschen Nachkriegsstaaten nicht wesentlich voneinander. Während des Kalten Krieges wurden Kriegsdienstverweigerer in der westlichen Bundesrepublik als »Feiglinge, Drückeberger oder nützliche Idioten Moskaus«[10] betrachtet, als politisch suspekt und als Abweichung von der gesellschaftlichen Norm.[11] Dementsprechend kommen die von Politikwissenschaftler_innen und Friedensorganisationen seit den 1960er Jahren entwickelten Alternativkonzeptionen zur militärischen Friedenssicherung im schulischen Bereich bis heute, wenn überhaupt, nur rudimentär vor. Erst der zahlenmäßige Anstieg der Kriegsdienstverweigerer (KDVer) und deren Wahrnehmung in den vielen sozialen Einrichtungen als nützliche Zivildienstleistende, wie auch ihre mediale Präsenz in Fernsehunterhaltungsserien[12] führten zu einer gewissen gesellschaftlichen Akzeptanz. Mit dieser, auch durch die Lockerung des KDV-Anerkennungsver-

---

9 Vgl. das Schulanschreiben der Freiburger Jugendoffiziere vom 14.02.2016 im Anhang 7.2.
10 Grünewald, Guido/Knebel, Günther (o. J.): Geschichte der Kriegsdienstverweigerung. (Nach Rückfrage bei Mitautor Günther Knebel handelt es sich hierbei um die Dokumentation einer im Jahr 2000 erstmals auf der österreichischen Burg Schlaining eröffneten Ausstellung.) http://www.museum.friedensburg.at/dauerausstellungen/ http://ebco-beoc.org/sites/ebco-beoc.org/files/ekdvgeschichtegggk2000.pdf, S. 17,27 – Zugriff am 30.03.2016; 20:08 h.
11 Karl Ernst Nipkow beschreibt diesen Widerstand auch am Beispiel der historischen Friedenspädagogen: »Wer gegen den Strom schwimmt und sich für Gegengewöhnungen einsetzt, muss mit *Widerstand* rechnen. Sebastian Franck, J.A. Comenius, J.G. Herder, F.W. Foerster und K. Hahn wurden verdächtigt, angefeindet und verfolgt. Sie mussten z.T. viele Jahre als Emigranten im Ausland verbringen.« Nipkow, Karl Ernst (2007): Der schwere Weg zum Frieden. Geschichte und Theorie der Friedenspädagogik von Erasmus bis zur Gegenwart. Gütersloh: Gütersloher Verlagshaus, S. 355; siehe auch S. 237 f.
12 Beispielsweise der »Zivi Mischa« in der Sendereihe »Schwarzwaldklinik« http://www.stuttgarter-nachrichten.de/inhalt.schwarzwaldklinik-professor-brinkmann-bitte-uebernehmen-sie.5f670f27-8cdf-4851-ac4f-8730cf35e71e.html – Zugriff am 30.03.2016; 21:29 h.

fahrens[13] begünstigten, Entwicklung ging jedoch eine gewisse Entpolitisierung einher. Die Frage nach Alternativen zum Militär – vormals in fast jeder mündlichen Gewissensprüfung thematisiert – verlor an Bedeutung. Die Entscheidungsalternative der Wehrpflichtigen war nun nicht mehr, wie sachlich und rechtlich vorgegeben, diese zwischen Wehrdienstleisten oder Kriegsdienstverweigern, sondern wurde pragmatisch formuliert: Wehrdienst oder Zivildienst? Eine solche, im Wesentlichen auf individuelle Neigungen und Sekundärmotive reduzierte, Betrachtung ist noch bis dato in Schulbüchern vorzufinden.[14]

Während die militärbejahende Position seit Gründung der Bundeswehr in staatlichem Auftrag von dafür speziell ausgebildeten und beamteten Fachleuten professionell vertreten und der jungen Generation nahegebracht wird, ebenso durch kostenlose Periodika, Werbematerial und Veranstaltungen der Bundeswehr,[15] war und ist die Repräsentanz der Militärkritik bis in die Gegenwart ein ehrenamtliches Engagement idealistischer Bürger_innen auf eigene Kosten, über lange Zeit sogar mit kultusministeriellen Verboten in Bezug auf die Beteiligung an Schulveranstaltungen und Unterrichtsbesuche belegt.[16] Dass diese Einseitigkeit im Blick auf ein demokratisches, dem Kontroversitätsgebot[17] genügenden Bildungsverständnis fraglich ist, wird durch die inzwischen auf Betreiben der Friedensorganisationen und Kirchen in einzelnen Bundesländern eingeleiteten strukturellen Veränderungen deutlich.[18] Auch zeigt ein Blick über

---

13 So wurde die ursprünglich generell mündliche Gewissensprüfung für vor der Einberufung verweigernde Wehrpflichtige ab dem Jahre 1984 auf ein schriftliches Prüfungsverfahren reduziert.

14 Vgl. Kochendörfer, Jürgen [Hg.] (2008): Geschichte und Geschehen – Berufliche Gymnasien. Stuttgart, Leipzig: Ernst Klett Verlag, S. 313, 318 f.

15 Z. B. der mir bisher in allen schulischen Konferenzräumen begegnende militärnahe »Mittler-Brief« – http://www.mittler-report.de/produkte/mittler-brief/ – Zugriff am 14. 05. 2016; 18:48 h – oder die »if – Zeitschrift für Innere Führung« – http://www.if-zeitschrift.de/portal/a/ifz – Zugriff am 14. 05. 2016; 18:51 h.

16 So war in Baden-Württemberg von 1983–2004 die Mitwirkung von Vertretern der Friedensbewegung untersagt. http://schulfrei.bplaced.net/wordpress/wp-content/uploads/2016 /02/Rede-Unterzeichnung-Erklaerung-Friedensbildung-Moritz.pdf – Zugriff am 30.03. 2016; 21:41 h.

17 Ebd.

18 Beispielsweise gibt es in Rheinland-Pfalz eine der Universität Koblenz-Landau angegliederte Friedensakademie. https://www.uni-koblenz-landau.de/de/friedensakademie/ueber-uns/ traegerverein – Zugriff am 30.03.2016; 17:08 h. In Baden-Württemberg wurde bei der Landeszentrale für politische Bildung eine Servicestelle für Friedensbildung eingerichtet. https://www.baden-wuerttemberg.de/de/service/presse/pressemitteilung/pid/neue-service stelle-zur-staerkung-der-friedensbildung-in-schulen/ – Zugriff am 30.03.2016; 18:19 h. Die im Mai 2016 von der Landeszentrale für politische Bildung in Baden-Württemberg herausgegebene Zeitschrift »Deutschland & Europa« bezieht auch Alternativen zur militärischen Sicherheitspolitik aufzeigende Positionen der Friedens- und Konfliktforschung und Friedenspädagogik mit ein: Landeszentrale für politische Bildung Baden-Württemberg (2016): Neue Herausforderungen der Friedens- und Sicherheitspolitik. Heft 71/2016 der

die Landesgrenzen, dass die Reserviertheit gegenüber Militärkritikern kein speziell deutsches Phänomen ist. In vielen anderen europäischen Staaten tat und tut man sich teilweise noch schwerer als in Deutschland, die Kriegsdienstverweigerung zu dulden und das Militär in Frage stellen zu lassen, was angesichts der Kriegserfahrungen dieser Länder mit der deutschen Eroberungspolitik während des vergangenen Jahrhunderts in gewisser Weise nachvollziehbar ist.[19]

1.3   Ausgangssituation in der Evangelischen Kirche in Deutschland

Religiöser Nonkonformismus bezüglich Krieg und Frieden wurde in der Vergangenheit, so Karl Ernst Nipkow, nur von den traditionellen Friedenskirchen praktiziert. In der evangelischen und in der römisch-katholischen Volkskirche wurden Kriegsgegner marginalisiert und schlimmstenfalls verfolgt. Selbst der evangelische Theologie Dietrich Bonhoeffer (1906–1945) vereinsamte in der Bekennenden Kirche.[20] Die damaligen staatlichen Obrigkeiten bedienten sich der Religion und speziell des Religionsunterrichtes, um durch Förderung von Arbeitstugenden indirekt die wirtschaftliche Prosperität zu sichern und direkt den Gehorsam als staatstragende politische Tugend zu vermitteln. Hierzu gehörte Friedfertigkeit nach innen und Kriegsbereitschaft nach außen.[21] Erst mit dem Ende des Zweiten Weltkrieges und angesichts dessen schrecklicher Auswirkungen kam es in der evangelischen Christenheit zu einem gewissen Überdenken der über 1600-jährigen Geschichte kirchlicher Duldung bzw. Akzeptanz staatlicher Militärpolitik. Die Erklärung der Ökumenischen Versammlung von Amsterdam im Jahr 1948 verurteilte zwar den Krieg als »Sünde wider Gott« und als »Entwürdigung des Menschen«,[22] nicht jedoch dessen wesentliche Voraussetzung, die Vorhaltung von Armeen. So ist es verständlich, dass die mit dem aufgekommenen Ost-West-Konflikt begründete westdeutsche Wiederbewaff-

Zeitschrift für Gemeinschaftskunde, Geschichte und Wirtschaft DEUTSCHLAND & EUROPA, ISSN 1864-2942, z. B. S. 6 ff.

19 Siehe oben: Grünewald, Guido & Knebel, Günther, insbesondere auf S. 20, 24, 31. So war es beispielsweise in Frankreich bis 1982 verboten, überhaupt über die Möglichkeit der Kriegsdienstverweigerung zu informieren.

20 Nipkow, Karl Ernst (2007), S. 327 f. Die Bekennende Kirche innerhalb der evangelischen Kirche stellte sich während des Kirchenkampfes im Dritten Reich gegen den theologisch-politischen Einfluss der »Deutschen Christen« und gegen staatliche Eingriffe in das Leben der Kirche. Ihre Gegenposition fand in der Barmer Theologischen Erklärung von 1934 ihren Ausdruck. Vgl. https://www.ekd.de/glauben/abc/bekennende_kirche.html – Zugriff am 28.04.2017; 15:10 h.

21 Ebd. S. 330.

22 Aktion Sühnezeichen/Friedensdienste [Hg.] (1982), S. 284.

nung zehn Jahre nach Kriegsende in der Evangelischen Kirche Deutschlands
äußerst umstritten war. Verschärft wurden die innerkirchlichen Auseinander-
setzungen durch die hinzugekommene politische Entscheidung für eine atomare
Bewaffnung der Bundeswehr sowie durch den Streit um den westdeutschen
Militärseelsorgevertrag. Auf der Spandauer EKD-Synode 1958[23] einigte man sich
jedoch für ein Zusammenbleiben unter dem Evangelium, trotz der vorhandenen
Gegensätze. In den von dem Atomphysiker und Philosophen Carl-Friedrich von
Weizsäcker maßgeblich mitverfassten »Heidelberger Thesen« (1959) wurde der
Weltfriede zwar zur Lebensbedingung des technischen Zeitalters, die Abschaffung des Krieges als das mit aller Anstrengung anzustrebende Ziel erklärt, sowie
der persönliche Waffenverzicht als eine christliche Handlungsweise anerkannt –
bei gleichzeitiger Bejahung der Atombewaffnung zur Friedenssicherung »als
eine[r] heute noch mögliche[n] christliche[n] Handlungsweise«.[24] Nach Jahrzehnten der ethischen Gleichgewichtung – so sprach man auf dem Kirchentag
1967 in Hannover salopp vom »Friedensdienst mit und ohne Waffen«[25] – äußerte
sich die EKD in ihrer Friedensdenkschrift von 2007 mit einer fundierten bi-
beltheologischen Reflexion und kam zu dem Ergebnis: Das christliche Ethos sei
grundlegend von der Bereitschaft zum Gewaltverzicht und vorrangig von der
Option für die Gewaltfreiheit bestimmt.[26] Damit wurde eine leichte friedensethische Gewichtsverlagerung vorgenommen, wie sie von der Konferenz der
Evangelischen Kirchenleitungen in der DDR schon 1965 formuliert worden war:
Verweigerer und Bausoldaten gäben »ein deutlicheres Zeugnis des gegenwärtigen Friedensgebotes unseres Herrn«.[27] Allerdings impliziert die Denkschrift-
formulierung von der vorrangigen Option der Gewaltfreiheit automatisch die
nachrangige Option militärischer Gewalt, wenn auch gebunden an »allgemeine
Kriterien einer Ethik rechtserhaltender Gewalt«,[28] wie sie als Prüfkriterien aus
der ansonsten als obsolet erklärten Lehre vom Gerechten Krieg entnommen
werden.

Diese nunmehr vertretene eingeschränktere Bejahung militärischer Gewaltanwendung hat zwischenzeitlich erste Auswirkungen gezeigt:

---

23 Aktion Sühnezeichen/Friedensdienste [Hg.] (1982), S. 343.
24 Ebd. S. 346–354.
25 So auch der ehemalige EKD-Ratsvorsitzende Manfred Kock noch im Jahre 2003: »Frieden
   lässt sich schaffen, mit und ohne Waffen.« http://www.ekd.de/vortraege/kock/030926_kock_
   friedensdienst.html – Zugriff am 31.03.2016; 21:17 h.
26 Rat der Evangelischen Kirche in Deutschland (EKD) (2007²): »Aus Gottes Frieden leben – für
   gerechten Frieden sorgen.« Eine Denkschrift des Rates der Evangelischen Kirche in
   Deutschland. Gütersloh: Gütersloher Verlagshaus, S. 42.
27 Aktion Sühnezeichen/Friedensdienste [Hg.] (1982) S. 244.
28 Rat der EKD: Denkschrift, s.o., S. 68ff.

– So wurden in einer im Januar 2014 vorgestellten EKD-Stellungnahme zum Afghanistan-Einsatz der Bundeswehr[29] eine Reihe von Dissensen zwischen den Kammermitgliedern in Bezug auf dessen Vereinbarkeit mit den Prüfkriterien der EKD-Denkschrift hinsichtlich der Recht-, Zweck- und Verhältnismäßigkeit formuliert. Auch wurde gefragt, ob nicht die Eigendynamik der militärischen Mittel das Leitbild des Gerechten Friedens aus dem Zentrum des Handelns gerückt habe.[30]

– Anlässlich der Bundestagsentscheidung (Dezember 2014) zum Bundeswehreinsatz im Syrienkrieg gab es mehrere kritische Stellungnahmen kirchenleitender Persönlichkeiten und Gremien wegen der Nichterfüllung der Prüfkriterien der EKD-Denkschrift 2007 (z. B. Vorrang des Zivilen, völkerrechtliche Mandatierung, Erfolgsaussicht, Schonung Unbeteiligter)[31], allerdings ohne daraus abgeleitete Konsequenzen wie z. B. warnende Appelle an die damit beauftragten Bundeswehrsoldat_innen.

– In einer gemeinsamen Erklärung des EKD-Friedensbeauftragten Renke Brahms und des Evangelischen Militärbischofs Sigurd Rink während des Entstehungsprozesses des Weißbuches 2016 der Verteidigungsministerin wird vor der »Verfügbarkeitsfalle«, dass Armeen entsandt würden, weil sie nun einmal da sind, gewarnt.[32]

Diese volkskirchliche Detailkritik an einer militärpolitischen Entscheidung des Staates ist, kirchenhistorisch betrachtet, erstmalig und markiert mögli-

---

29 Kirchenamt der EKD [Hg.] (Dezember 2013): »Selig sind die Friedfertigen« – Der Einsatz in Afghanistan: Aufgaben evangelischer Friedensethik – Eine Stellungnahme der Kammer für Öffentliche Verantwortung der EKD (EKD-Texte 116). Hannover: EKD (Öffentliche Vorstellung am 27.01.2014).

30 Ebd. S. 49.

31 Vgl. beispielsweise Renke Brahms am 2.12.2015: Eine Stellungnahme des Friedensbeauftragten des Rates der Evangelischen Kirche in Deutschland zu einer militärischen Beteiligung Deutschlands am Kampf gegen den sog. »Islamischen Staat« in Syrien http://www.ekd.de/download/20151202_stellungnahme_syrien.pdf; Zugriff am 31.12.2016; 12:18 h. Vgl. der EKD-Ratsvorsitzende Heinrich Bedford-Strohm am 3.12.2015 in: Evangelischer Pressedienst: http://www.ekd.de/aktuell/edi_2015_12_04_militaereinsatz_syrien.html – Zugriff am 06.12.2015; 18:14 h. Vgl. die Landeskirchen in Hessen-Nassau und in Baden, sowie die Forschungsstätte der Evangelischen Studiengemeinschaft (FEST) – http://www.ekiba.de/html/kirchliche_stellungnahmen_zum_syrien_einsatz.html – Zugriff am 01.04.2016; 11:59 h. http://www.ekiba.de/html/aktuell/aktuell_u.html?t=d57c445874bad7955bd3f5b42 538196a&tto=03d8c6bf&&&&cataktuell=&m=15835&artikel=9390&stichwort_aktuell =&default=true – Zugriff am 31.12.2016; 12:15 h.

32 Brahms, Renke & Rink, Sigurd, EKD (2015): Am gerechten Frieden orientieren – Evangelische Perspektiven auf die deutsche Außen- und Sicherheitspolitik Eckpunkte zum Weißbuch 2016. https://www.ekd.de/download/eckpunkte_weissbuch_2016.pdf – Zugriff am 31.12.2016; 17:13 h. https://www.ekd.de/EKD-Texte/eckpunkte_sicherheitspolitik.html – Zugriff am 01.04.2014; 11:44 h.

cherweise eine Wende in der seit der Konstantinischen Ära[33] durch die Volkskirchen praktizierten, mehr oder weniger fraglosen Unterstützung, Akzeptanz
oder Duldung militärischer Gewalt.

Allein schon die kirchliche Forderung nach der Vorrangigkeit der gewaltfreien Option, die sich neben außen- und sicherheitspolitischen Strategien auch
personell und finanziell abbilden müsste, eröffnet Diskursräume für neue
Maßstäbe einer Friedenspolitik.

Abgesehen davon ist jedoch auch zu fragen, ob die militärische Option allein
schon wegen der erforderlichen Erfolgsaussicht jemals nur *nachrangig* sein
kann und will, und ob andererseits die gewaltfreie Option nur *vorrangig* sein
darf, oder ob sie, um ihre wesentliche Wirkung im Sinne aller bisherigen erfolgreichen Anwendungen gewaltfreier Aktion[34] entfalten zu können, nicht
ausschließlich sein muss. Diese Aspekte berücksichtigend, müsste die friedensethische Frage wesentlich grundsätzlicher gestellt werden, als es in den
bisherigen kirchlichen Stellungnahmen der Fall ist.

Teilt man die Auffassung des Züricher Theologen Ulrich Luz, das Feindesliebegebot gehöre »zum Urgestein der Jesusüberlieferung« und für Jesus sei »das
Liebesgebot der Kern der Thora« gewesen, nicht Grenzfall, sondern Zentral-
punkt seiner Liebesethik,[35] dann ist das bewusste Engagement für die gewaltfreie
Option, auch auf der internationalen Ebene, geradezu eine Mission. Hiermit
befindet sich Jesus in der Tradition der mosaischen Heiligkeitsgesetze (z. B.
Leviticus 19,13.18.33 f.), die die Liebe zum Mitmenschen aus dem eigenen Volk,
aber auch zum Fremden als Konsequenz der Gottesbeziehung (Gott als Schöpfer
aller Menschen) gebietet.

Karl Ernst Nipkow interpretiert die im Grundgesetz verankerte positive Re-
ligionsfreiheit als ein Entfaltungsrecht, das die Kirchen ermutigen sollte, »auch
in Sachen Krieg und Frieden Antworten zu wagen, ›die nicht von dieser Welt
sind‹, anstatt sich den gängigen politischen Interessen zivilreligiös anzupas-
sen.«[36] Dies geschieht zwischenzeitlich in Form einer aktiven kirchlichen Be-

---

33 In der Zeit nach der Schlacht an der Milvischen Brücke im Jahre 312, in der Konstantin der
    Große seinen Konkurrenten um den römischen Kaiserthron, Maxentius, vermeintlich mit
    Hilfe des Christengottes besiegte, traten christliche Geistliche mittels Waffensegnung und
    seelsorgerlicher Begleitung der Soldaten die Nachfolge der vormaligen heidnischen Kult-
    priester an. Vgl. Holzem, Andreas (2009): Krieg und Christentum. Religiöse Gewalttheorien
    in der Kriegserfahrung des Westens. Paderborn: Ferdinand Schöningh, S. 24–26.
34 Von Gandhi über Martin Luther King jr., bis zu den gewaltfreien Aufständen auf den Phil-
    ippinen und in der ehemaligen DDR, um nur die bekanntesten Beispiele zu nennen.
35 Durch die Goldene Regel (Mt 7,12) sei das Feindesliebegebot auch für die Vernunft ein-
    sichtig. Luz, Ulrich (2009): Feindesliebe und Gewaltverzicht: Zur Struktur und Problematik
    neutestamentlicher Friedensideen. In: Holzem, Andreas [Hg.]: Krieg und Christentum –
    Religiöse Gewalttheorien in der Kriegserfahrung des Westens. Paderborn: Ferdinand
    Schöningh, S. 137 ff.
36 Nipkow (2007): siehe oben, S. 329 f.

teiligung an der Diskussion über die zunehmende Militarisierung deutscher Außen- und Sicherheitspolitik, sowie über die Vorhaltung einer Armee überhaupt und mögliche ziviler Alternativen hierzu.[37]

Ebenso bedeutet es für eine gegenwartsnahe Religionspädagogik, die Schüler_innen mit der biblischen Friedenstheologie, der mitunter sehr widersprüchlichen und leidvollen gemeinsamen Geschichte von Kirche und militärischer Gewalt[38] und den aktuellen friedensethischen Diskussionen in der Kirche um die gewaltfreie Option vertraut zu machen, dass sie auch im Wissen darüber zu einer begründeten, eigenen friedensethischen Haltung finden können.

1.4 Ausgangssituation in der Religionspädagogik

Über die Essenz in der Religionspädagogik getroffener didaktischer Grundentscheidungen und Gewichtungen lässt sich am leichtesten anhand der unterrichtspraktischen Arbeitsliteratur ein Überblick verschaffen.

Meine Sichtung der aktuellen Ansätze zur Frage von Krieg und Frieden und zu möglichen Alternativen zur militärischen Friedenssicherung in der religionspädagogischen Arbeitsliteratur bezieht sich auf den Zeitpunkt zum Beginn dieser Dissertation im Sommer 2013:

Martin Rothgangel, der Herausgeber der »Ethische[n] Schlüsselprobleme«[39] zählt das Thema »Frieden« mit den zwei Unterrubriken »Gewalt/Aggression« und »Frieden/Krieg«, auch unter Berücksichtigung der Religionslehrpläne der verschiedenen Bundesländer, zu den elf ethisch relevanten ausgewählten Themen.

Bei den unterrichtspraktischen Materialien ergab die Recherche für die Zeit der Ost-West-Konfrontation einige Beispiele, die sich mit Alternativen zur Friedenssicherung durch Abschreckung befassten.[40] Die mit der deutsch-deut-

---

37 Siehe die o. g. Stellungnahmen der EKD sowie einiger Landeskirchen zu aktuellen militärpolitischen Fragen; auch in den Tagungsprogrammen der Evangelischen Akademien in Deutschland finden sich regelmäßig friedensethische Fragestellungen. Siehe auch: Becker, Ralf / Maaß, Stefan / Schneider-Harpprecht, Christoph [Hg.] (2018): Sicherheit neu denken. Von der militärischen zur zivilen Sicherheitspolitik. Ein Szenario bis zum Jahr 2040. Karlsruhe: Evang. Oberkirchenrat.

38 Vgl. Missalla, Heinrich: Kreuzzug gegen Russland. Vor 75 Jahren begann der Krieg gegen die Sowjetunion – gerechtfertigt auch von den Kirchen. Eine Erinnerung. In: Publik-Forum 11/ 2016, S. 12. http://epaper.publik-forum.de/de/profiles/763aa74f5a56/editions/d878b08ebb2 b65fd266d/pages/page/21 – Zugriff am 08.06.2016; 15:34 h.

39 Rothgangel, Martin (2006): Schlüsselprobleme. Begründung und Auswahl. In: Lachmann, Rainer u. a. [Hg.]: Ethische Schlüsselprobleme. Göttingen: Vandenhoeck & Ruprecht, S. 44.

40 Beispiele: Haas, Dieter u. a. (1979²): Die Christen und der Krieg. Lahr: Verlag Ernst Kauf-

schen Wende und insbesondere mit den seit dem 11. September 2001 eingetretenen neuen Kriegskonstellationen (internationale Kampfeinsätze der Bundeswehr, US- bzw. NATO-Krieg gegen den Terror) vollzogene Veränderung hat in der religionspädagogischen Arbeitsliteratur bislang nur wenig Niederschlag gefunden. Manche Hand- und Religionsbücher im Oberstufenbereich verzichten gar gänzlich auf die Friedensethik.[41] Dies scheint einerseits mit dem seit dem Mauerfall vorübergehend nachlassenden öffentlichen Interesse an der Friedensthematik (der Irak-Krieg von 2003 einmal ausgenommen) zu korrelieren und dürfte andererseits mit der immer dringlicher gewordenen pädagogischen Bearbeitung innergesellschaftlicher Gewalt gegen Ausländer und Minderheitenangehörige sowie von Gewaltexzessen Jugendlicher und Amokläufen in Schulen erklärbar sein.[42]

Für die aktuelle Religionspädagogik zur Krieg-und-Friedens-Thematik nach dem Ende des Ost-West-Konfliktes wäre jedoch die friedensethische Auseinandersetzung mit den »Neuen Kriegen«,[43] den »Kommenden Kriegen«[44] und

mann. Hindriksen, Arendt, [Hg.] (1993): Die Freiheit NEIN zu sagen – christliches Handeln in einer diakonischen Kirche. RELIPRAX Nr. 5, Bremen. Neher, Walter & Dickmann-Schuth, Irmgard (1993): Erfahrungen – Lern und Arbeitsbuch für den katholischen Religionsunterricht an berufsbildenden Schulen. Köln und München: Stam Verlag, S. 164–176. Fachgemeinschaft evangelischer Religionslehrerinnen und Religionslehrer in Württemberg e.V. und Fachverband evangelischer Religionslehrerinnen und Religionslehrer in Baden e.V. (1994): entwurf 1/94 Frieden. Stuttgart: Päd.-Theol.-Zentrum. Andreas, Paul-Gerhard & Bornkessel, Peter (1995): Spiegelbilder: Religionsbuch für berufsbildende Schulen. Haan-Gruiten: Europa Verlag, S. 144 f., 165. Arbeitsstelle für Ev. Religionspädagogik Ostfriesland (1999): WERKSTATT KU/RU – Friedenserziehung nach dem Krieg im Kosovo. Heft Nr. 73, September 1999, Aurich.

41 Beispielsweise findet die Friedensethik weder in dem ansonsten hervorragend strukturierten und gestalteten Oberstufen-Religionsbuch von Baumann/Schweitzer [Hg.] (2008/06): Religionsbuch – Oberstufe. Berlin: Cornelsen Verlag, noch auf den 686 Seiten des fast alle Lebensbereiche abdeckenden BRU-Handbuches die geringste Erwähnung. Gesellschaft für Religionspädagogik & Deutscher Katechetenverein [Hg.] (2005): Neues Handbuch Religionsunterricht an beruflichen Schulen. Neukirchen-Vluyn: Verlag Neukirchner.

42 Literaturbeispiele: Faller, Kurt / Kerntke, Wilfried / Wackmann, Maria (1996): Konflikte selber lösen – Ein Trainingshandbuch für Mediation und Konfliktmanagement in Schule und Jugendarbeit. Müllheim an der Ruhr. BMFSFJ (2002²): Störenfriede – Medienverbundprogramme zur Prävention gegen rechtsextremistische Aktivitäten – Handbuch. Berlin. sowie die Material-, Literatur- und Seminarangebote der Werkstatt für Gewaltfreie Aktion, Baden, in Freiburg sowie des Tübinger Institutes für Friedenspädagogik. Egon Spiegel spricht von einer inzwischen erfolgten und zu mehr Klarheit führenden Ausdifferenzierung in Teildiskussionen. Spiegel, Egon (2005): Friedenserziehung heute. In: Ammermann u.a. [Hg.]: Frieden als Gabe und Aufgabe. Beiträge zur theologischen Friedensforschung. Göttingen: Vandenhoek & Ruprecht, S. 49.

43 Münkler, Herfried (2004): Die neuen Kriege. Hamburg: Rowohlt Verlag.

44 Zumach, Andreas (2007³): Die kommenden Kriege – Ressourcen, Menschenrechte, Machtgewinn – Präventivkrieg als Dauerzustand. Köln: Kiepenheuer & Witsch.

ihren ökologischen,[45] ökonomischen, kulturellen und ideologischen Bedingt-
heiten[46] wichtig. Ist doch die durch die gegenseitige Vernichtungsandrohung
und den daraus resultierenden Rüstungswettlauf gekennzeichnete Problematik
des Kalten Krieges neuen Fragestellungen gewichen, wie z. B.: Weitere Präsenz
der US-Armee samt Atomwaffen sowie deren Modernisierung in Deutschland
und ihre teils von hierzulande positionierten Kommandozentralen aus im
Nahen und Mittleren Osten geführten Kriege und Drohneneinsätze, Auslandseinsätze der Bundeswehr, Deutschlands Rüstungsproduktion und weltweite
Rüstungsexporte, Globalisierung terroristischer Gewalt sowie neue Konfliktes-
kalationen in Osteuropa im wiederauflebenden ehemaligen Ost-West-Schema.

Die Umsetzung christlicher Friedensethik auch im internationalen Konfliktbereich wurde im zurückliegenden Jahrzehnt vor allem in folgenden religionspädagogischen Fachzeitschriften bzw. Arbeitsmaterialien thematisiert:

– Reinhold Mokrosch geht in seinem ein Jahr vor dem 11. September 2001 für
die Sekundarstufe II herausgegebenen Arbeitsheft »Gewalt«[47] nach einer aus-
führlichen, sich auf Wolfhart Pannenberg beziehenden, Kritik am »gerechten
Krieg« (S. 60 ff.) auf die Grundsätze des pazifistischen Modells der »Gewaltfreie[n] soziale[n] Verteidigung« ein und begründet diesen Ansatz sowohl mit
der Bergpredigt Jesu wie auch mit Gandhis hinduistischer Ahimsa[48]-Lehre.

– In der baden-württembergischen Zeitschrift »entwurf« (2–2002)[49] werden
neben theologischen (Jürgen Kegler) und anthropologischen (Karl Ernst Nipkow) Aspekten der Gewalt bzw. Gewaltfreiheit von Fernando Enns mit der
Präsentation der ÖRK-Dekade zur Überwindung von Gewalt Elemente einer
»Kultur der Gewaltfreiheit« vorgestellt. Unter Verweis auf den europäischen
Einigungsprozess und die Überwindung der Trennung Deutschlands ermutigt
Enns insbesondere die Kirchen mit ihrem Zeugnis vom Glauben an den gnädigen, gerechten, versöhnenden und erlösenden Gott, die Gewaltspirale zu
durchbrechen. Das Gewaltmonopol des Staates könne nur dann zur Überwin-
dung der Gewalt beitragen, wenn es strikt auf Gewaltminimierung angelegt sei.
Für die Weltgemeinschaft betont Enns die Notwendigkeit eines internationalen

---

45 Welzer, Harald (2010): Klimakriege – Wofür im 21. Jahrhundert getötet wird. Frankfurt:
   Fischer Taschenbuch Verlag.
46 Luedke, Ralph-M. & Stutynski, Peter, [Hg.] (2010): Kapitalismus, Krise und Krieg – Den
   Kreislauf durchbrechen. Kassel: Verlag Winfried Jenior.
47 Mokrosch, Reinhold [Hg.] (2000): Gewalt – Arbeitshefte Ethik Sekundarstufe II. Donauwörth: Auer Verlag S. 60–80.
48 (Sanskrit) meint das Nicht Verletzen im Sinne von Gewaltlosigkeit.
49 Fachgemeinschaft evangelischer Religionslehrerinnen und Religionslehrer in Württemberg
   e.V. und Fachverband evangelischer Religionslehrerinnen und Religionslehrer in Baden e.V.
   (2002): Gewalt – Religionspädagogische Mitteilungen, entwurf 2–2002. Stuttgart, Päd. Theol.
   Zentrum.

Strafgerichtshofs und internationaler Polizeikräfte[50]. Militärische Institutionen hingegen hält er zur Durchsetzung von Gerechtigkeit (S. 7–10) für denkbar ungeeignet.

– In der Loccumer »Arbeitshilfe BBS 25 – Sternstunden« von 2005 zitiert Uta Feddersen in ihrem Beitrag »Frieden und christliche Botschaft«[51] neben Martin Luther King mit seiner Forderung nach Übereinstimmung von Ziel und Mitteln den amerikanischen Alttestamentler Walter Wink mit seinem 1988 in Deutschland erschienen Buch »Angesichts des Feindes. Der Dritte Weg Jesu in Südafrika und anderswo.« Dieser plädiert in Konflikten anstelle der beiden entgegengesetzten Reaktionsmöglichkeiten Passivität oder Gegengewalt für einen dritten »Weg militanter Gewaltlosigkeit, wie ihn Jesus gefordert und vorgelebt hat« (S. 42 ff) und erläutert dies mit einer detaillierten Exegese der 5. Antithese in der Bergpredigt (Mt. 5,38–42). Dieser Weg markiere einen Entwicklungsschritt historischen Ausmaßes in der Menschheitsentwicklung und sei – nach Gerd Theissen – die »Revolte gegen das Prinzip ›der natürlichen Selektion‹«.

– Mit dem »Loccumer Pelikan« 1/2010[52] erschien ein religionspädagogisches Themenheft zur Friedenspädagogik mit drei, den friedensethischen Forschungsstand der protestantischen Theologie zusammenfassenden Grundsatzartikeln:

Margot Käßmann skizziert die friedensethische Entwicklung der Kirchen[53] von Dietrich Bonhoeffers wegweisender Andacht auf Fanø/Dänemark 1934 mit der Forderung nach dem einen großen ökumenischen Konzil der Heiligen Kirche Christi, das der Welt das Wort vom Frieden vernehmbar sagen wird, über das Bekenntnis zu Amsterdam 1948, »Krieg darf [sic! richtigerweise: soll, T.Z.] nach Gottes Willen nicht sein«, die 1989 in der DDR von Christen maßgeblich geprägte gewaltfreie Bürger-Revolution bis zur 2010 zu Ende gegangenen Ökumenischen Dekade »Gewalt überwinden« und der vom 17. – 25. Mai 2011 in Kingston/Jamaika stattgefundenen Internationalen Ökumenischen Friedens-

---

50 Der EKD-Ratsvorsitzende, Präses Nikolaus Schneider, forderte bei einem Studientag in der Evang. Akademie Rheinland am 10.10.2011 den polizeilichen Charakter von UN-Militär-Einsätzen stärker zu betonen. Hier bestünde m. E. eine Annäherungsmöglichkeit zwischen den verschiedenen friedensethischen Ansätzen. (Siehe auch http://www.ekd.de/print.php?file=/vortraege/2011/78585.htm – Zugriff am 21.10.2011). Kritik hierzu unter dem Begriff des »Polizeipazifismus« bei Fuchs, Albert (2011): »Für Recht und Frieden?« – Beiträge zum pazifistischen Widerspruch, Belm-Vehrte/Osnabrück: Sozio-Publishing, S. 186 ff.
51 Feddersen, Uta (2005): Frieden und christliche Botschaft. In: BBS 25 – Sternstunden, Loccum: Religionspädagogisches Institut, S. 29–50.
52 RPI LOCCUM (2010): Friedenspädagogik – Religionspädagogisches Magazin für Schule und Gemeinde. Loccumer Pelikan Heft 1/10, Loccum.
53 Ebd. S. 3–6.

konvokation.[54] Im Blick auf die über Jahrhunderte lang christlich legitimierte
Gewalt in Form von Kreuzzügen, Judenvernichtung, elterlichem Züchtigungs-
recht, Missionsgeschichte und Rassismus ist Käßmann überzeugt, dass
»Christen heute wissen, dass es keinerlei Legitimation von Gewalt in ihrer Religion gibt.«[55] Von der biblischen Botschaft ausgehend, sieht sie ein Durchbrechen der Gewaltspirale nur mittels Gewaltlosigkeit für möglich. Im Unterschied
zu Enns billigt sie jedoch dem demokratischen Staat das Gewaltmonopol nicht
nur in Form der Polizei, sondern – zumindest zum damaligen Zeitpunkt in einer
Friedenszeitung – auch in Form einer Verteidigungsarmee[56] zu. Einig sind sich
beide darin, dass auf der Weltebene das Gewaltmonopol einzig bei den Vereinten
Nationen liegen könne. Dies schließe die Weltpolizistenrolle einzelner Großmächte oder Koalitionen von »Willigen« (Staaten) *per se* aus.

Karl Ernst Nipkow definiert die christliche Friedenspädagogik[57] als eine
Zusammensetzung

(1) theologischer Grundlagen (z. B. Bergpredigt) mit

(2) allgemeinen moralischen Überzeugungen und pädagogischen Einsichten,
die theologisch unterstützt werden könnten und sollten (z. B. Goldene Regel)
und

(3) praktischen Programmen (Mediation, Streitschlichter), die schon in der
Bibel Vorbilder haben. Unter Bezug auf Gerd Theissens Forschungen erklärt
Nipkow die besondere Bedeutung der Person Jesu für die ersten Christen mit
seiner Modellfunktion, »und zwar gerade im Blick auf ein gewaltloses Verhalten und friedliche Konfliktlösungen.«[58] Daraus leitet er für eine christliche Friedenspädagogik folgende wegweisenden Perspektiven ab:

---

54 In der dort beschlossenen Botschaft wurde Einigkeit in Bezug auf die Ilegalisierung des
Krieges bekundet sowie gefordert: »Friedenserziehung muss künftig eine zentrale Rolle in
den Lehrplänen aller Schulen und Seminare und Universitäten bekommen.« Quelle: http://
www.gewaltueberwinden.org/de/materialien/oerk-materialien/dokumente/praesentationen-
ansprachen/ioefk-botschaft.html – Zugriff am 26.05.2011.

55 Pelikan Heft 1/10, s.o., S. 4. Bereits Ende 2010 wurde dies auch durch den ehemaligen
Wehrbereichsdekan Scheffler gefordert: »Die christliche Ethik soll festhalten: Krieg ist
ein Verbrechen und kein Mittel der Politik. Es gilt jetzt den Krieg zu überwinden. Wer den
Krieg überwinden will, muss ihn moralisch ächten, politisch für obsolet erklären und ju-
ristisch verbieten.« Scheffler, Horst (2011: Kriegsvölkerrecht und die Entwicklung des Mi-
litärs zur Weltpolizei? In: Sozialwissenschaftliches Institut der Bundeswehr (SOWI):
Kirchliche Friedensethik und staatliche Sicherheitsvorsorge – Studientag 2010, München,
S. 94.

56 Käßmann, Margot (2010): »Geist und Logik von Krieg und Gewalt widerstehen!« In: Jubiläumszeitung 30 Jahre Ökumenische FriedenDekade des Gesprächsforums der Ökumenischen FriedensDekade c/o AGDF, Endenicherstr. 41, D-53115 Bonn, S. 2.

57 Pelikan Heft 1/10, s.o., S. 7ff.

58 Ebd. S. 8.

(1) Von der Logik der Vergeltung zur Logik der Vergebung, Transformation der enormen Energie feindlichen Zurückschlagens.

(2) Die Maxime, im Konflikt den ersten Schritt zu tun; anthropologisch gehöre zur christlichen Friedenserziehung,»dem Menschen die Möglichkeit zum Guten zu unterstellen.«[59]

(3) Mit Jesu Ausweitung der Nächstenliebe bis zur Feindesliebe würden dualistische und oft auch wertend klassifizierende Denkmuster überwunden. Abgesehen von wenigen Pionieren wie Franz von Assisi, Comenius, Herder, Foerster sei das Christentum, so Nipkow, über lange Zeit Gefangener des Freund-Feind-Denkens gewesen. An anderer Stelle schreibt er, dass die Friedenstraditionen in der Kirchengeschichte eine schmale Spur seien.»Die Kirchen haben in der Regel dem Kriegstreiben kraftlos zugesehen, ohnmächtig mitgehangen, mitgefangen, oder Kriege bejaht.«[60] Auch wenn er das Ziel einer völligen Gewaltüberwindung für illusorisch hält, so sieht er die Aufgabe darin, Aggressivität zu gestalten und Gewalt zu reduzieren. Angemessene Reaktionsmöglichkeiten erforderten, alternative, Gewalt vermeidende Strategien überhaupt erst zu kennen.[61] Eine der wichtigsten religionspädagogischen Aufgaben überhaupt besteht für Nipkow in der globalen Ausweitung der Nahbereichsethik.[62]

Reinhold Mokrosch erkennt in der schulischen, fächerübergreifenden Friedenserziehung einen »entscheidenden Baustein für die Friedensentwicklung und Friedenssicherung in unserer Gesellschaft.«[63] Damit die Friedenserziehung in Sek II nicht abstrakt und abgehoben sei, sondern die Schüler_innen existenziell berühre, schlägt er für den Unterricht in den Klassen 11–12/13 u. a. die Befassung folgender Problembereiche vor: Bundeswehreinsätze aus humanitären Gründen, nationaler und internationaler Terrorismus, Auswirkungen der Wirtschafts- und Finanzkrise. Die Schüler_innen

>»sollen die Verflechtung von Strukturen und Personen in Konflikten und bei der Konfliktlösung erarbeiten[, …] lernen, ethisch zu urteilen […] für Umwelt und Nachhaltigkeit einzutreten, Menschen- und Weltbürgerrechte einzufordern, gewalttätige Ideologie zu kritisieren usw.«[64]

---

59 Ebd. S. 10.
60 Nipkow, Karl Ernst (2002): Comenius und die Evolutionäre Ethik – eine andere Art der Friedenserziehung. In: PÄD Forum, Baltmannsweiler, Februar 2002, S. 55.
61 Ebd.
62 Nipkow, Karl Ernst (2007): Der schwere Weg zum Frieden. Gütersloh: Gütersloher Verlagshaus, S. 384.
63 Loccumer Pelikan 1/10, s. o. S. 15.
64 Ebd. S. 15.

– In dem im Jahr 2010 erschienenen Oberstufen-Arbeitsheft »Christliche Ethik – angesichts globaler Herausforderungen« von Sandra Bertl und Bärbel Husmann[65] sind im Kapitel »Krieg und Frieden« grundlegende Texte zur ethischen Urteilsbildung und zur friedensethischen Diskussion dokumentiert. Eine christlich-pazifistische[66] Stimme, die eine Alternative zur militärischen Sicherheitspolitik aufzeigen würde, fehlt jedoch. Lediglich im Rechercheauftrag werden als Anregung zur Weiterarbeit christliche Friedensorganisationen namentlich genannt.

– Die in der Reihe »Themenhefte Religion« erschienene Arbeitshilfe »Schwerter zu Pflugscharen« von David Käbisch und Johannes Träger[67] zeichnet sich durch eine spiralcurriculare Konzeption friedensethischer Befassung, altersspezifisch geordnet von Klasse 5 bis 12, aus. Am Beispiel der Geschichte der Bausoldaten und der Friedensbewegung in der ehemaligen DDR wird die Bedeutung biblischer Texte und christlichen Glaubens für heutige gesellschaftliche Veränderungsprozesse – hier die friedliche Revolution in einem totalitären Staat – eindrucksvoll vermittelt. Eine didaktische Weiterführung auf die Problematik militärischer Gewalt in der Gegenwart findet jedoch nicht statt.

– In der Reihe »Arbeitsbücher für Schule und Bildungsarbeit« erschien 2013 im Auftrag des Friedenspfarramtes der Evangelischen Landeskirche in Württemberg das »Kursbuch für gewaltfreie und konstruktive Konfliktbearbeitung«.[68] Darin wird neben den persönlichen und innergesellschaftlichen Konfliktebenen unter Aufnahme der Erkenntnisse der aktuellen Friedens- und Konfliktforschung auch die internationale Dimension von Krieg und Frieden samt möglicher gewaltfreier Handlungsalternativen im Rahmen einer zivilen internationalen Konfliktbearbeitung unterrichtspraktisch aufgezeigt.

Reflexion: Nipkow transferiert – auch unter Bezug auf die Arbeiten der historischen friedenpädagogischen Pioniere – die biblischen Grundlagen für ein gewaltfreies Verhalten im Nahbereich in die moderne friedensethische Diskussion zur internationalen Konfliktebene. Eine völlige Gewaltüberwindung hält er zu Recht für illusorisch. Auch wenn er dies nicht weiter ausführt, ist aufgrund seiner militärkritischen Äußerungen an eine

---

65 Husmann, Bärbel/ Bertl, Sandra (2010): Christliche Ethik angesichts globaler Herausforderungen – Oberstufe. Stuttgart: Ernst Klett Verlag, S. 50–57.
66 Unter Bezug auf Andreas Buro definiere ich den Begriff »Pazifismus« als eine Anschauung, die auf nichtmilitärische Problemlösungen besteht. Buro, Andreas (2011): Friedensbewegung. In: Giesmann, Rinke [Hg.]: Handbuch Frieden. Wiesbaden, S. 114.
67 Käbisch, David & Träger, Johannes (2011): Schwerter zu Pflugscharen – Impulse für friedensethisches Lernen im Religionsunterricht. Leipzig: Evangelische Verlagsanstalt.
68 Schmitthenner, Ulrich & Wanie, Renate unter Mitwirkung von Christoph Besemer, Uli Jäger, Uwe Painke und Ulrich Wohland (2013): Kursbuch für gewaltfreie und konstruktive Konfliktbearbeitung. Berlin: LIT Verlag Dr. W. Hopf.

rechtsstaatliche Polizeigewalt zu denken. Er sieht viele Möglichkeiten der Aggressionsgestaltung und der Gewaltreduzierung, die eine weitere Befriedung ermöglichten. Seine Kritik am militärfreundlichen kirchlichen Verhalten in den vergangenen Jahrhunderten ist gleichzeitig ein Appell an die heutigen Kirchen zu friedensethischer Neuorientierung.

Im Bereich der speziell religionspädagogischen Arbeitsliteratur ist bei Mokrosch das konkreteste Eingehen auf die aktuellen sicherheitspolitischen Herausforderungen festzustellen. Nach Maßgabe der Kriterien des Gerechten Krieges von Augustin/Thomas seien die gegenwärtigen Kriege nicht mehr zu rechtfertigen.[69] Von Luthers Zwei-Reiche-Lehre[70] leitet er das friedensethische Kriterium »so viel Bergpredigt wie möglich, so wenig Gewalt wie nötig«[71] ab. Von Kants Visionen von Völkerbund, Menschenrechten, totaler Abrüstung usw.[72] ausgehend, sieht er das internationale Gewaltmonopol ausschließlich bei der UNO mit ihren Organen bis zum Internationalen Strafgerichtshof. In kurzen Andeutungen erwähnt Mokrosch »dass viele ethisch relevante Alternativen zu militärischer Gewalt entwickelt worden sind«[73] und nennt dann stichwortartig die Begriffe Zivildienst, freiwilliger Sozialdienst und das Konzept der Sozialen Verteidigung. Doch abgesehen davon, dass der Zivildienst aus staatlicher Sicht nur den Zweck einer belastungsmäßigen und innergesellschaftlich sinnvollen, jedoch nicht substanziellen Alternative zum Militär hatte und freiwillige Sozialdienste ihren Sinn in der individuellen Fürsorge oder Betreuung von Gruppen im Nahbereich haben, bedarf es für eine fundierte ethische Urteilsbildung junger Menschen im Bereich der politischen Ethik weiterer Konkretionen und Modelle gewaltfreier Konfliktlösung im internationalen Bereich. Hierzu kann das obengenannte, von Ulrich Schmitthenner und Renate Wanie 2013 herausgegebene, allgemein friedenspädagogische »Kursbuch für gewaltfreie und konstruktive Konfliktbearbeitung«[74] einen wesentlichen Beitrag leisten.

---

69 Mokrosch, Reinhold (2006): In: Lachmann, Adam, Rothangel [Hg.]: Ethische Schlüsselprobleme – Lebensweltlich – theologisch – didaktisch. Göttingen: Vandenhoeck & Ruprecht S. 97–104.

70 Boehmer, Julius (1907): Martin Luthers Werke. Stuttgart und Leipzig: Deutsche Verlagsanstalt, S. 255. (In der Schrift »Ob Kriegsleute auch in seligem Stande sein können«).

71 Mokrosch, s. o. S. 98.

72 Vgl. Kant, Immanuel (2008): »Zum ewigen Frieden«. Stuttgart: Reclam Verlag.

73 Mokrosch, s. o., S. 99.
Derselbe (2006): Methoden des Friedensstiftens und der Friedenserziehung. In: Haussmann u. a.: Handbuch Friedenserziehung. Gütersloh: Gütersloher Verlagshaus, S. 214.

74 Schmitthenner, Ulrich & Wanie, Renate unter Mitwirkung von Christoph Besemer, Uli Jäger, Uwe Painke und Ulrich Wohland (2013).

– Beschränkt man sich nicht auf den speziell schulischen Rahmen der Friedenspädagogik, vermittelt das Buch »Politik ohne Gewalt – Prinzipien, Praxis und Perspektiven der Gewaltfreiheit« der Politologen Michael Nagler und Egon Spiegel[75] als friedenswissenschaftliches Grundlagenwerk die für die pädagogische Arbeit mit der Option der Gewaltfreiheit erforderlichen theoretischen Kenntnisse. Die allgemeinverständlich verfassten Texte und graphischen Darstellungen eignen sich ebenso für die schulische Didaktik und können teilweise auch direkt in die unterrichtliche Praxis einbezogen werden.

1.5   Forschungsdesiderat

Diese skizzierten religions- und friedenspädagogischen Ansätze bedürfen der Vertiefung und Ergänzung, insbesondere in Bezug auf die
(1) *biographische Dimension*, die individualethische Auseinandersetzung mit eigenen oder vermittelten Militär- bzw. Kriegserfahrungen sowie die eigene gewaltfreie Friedenspraxis.
(2) *Militärkritik*, nicht nur als pragmatische Abwägungs- und Ermessensentscheidung hinsichtlich ihrer Zielführung, sondern auch prinzipiell im Blick auf die humanitäre, ethische und theologische Vertretbarkeit militärischer Gewalt.
(3) *möglichen Alternativszenarien* und -strukturen einer zivilen Konfliktbearbeitung und internationalen Polizeistrukturen
(4) Formulierung eines handlungsorientierenden, mittelfristigen *Friedensleitbildes* samt der Entwicklung möglicher Zwischenschritte zu dessen *Realisierung*.

Erkenntnisinteresse

– Was sind die Grundlagen, Grundfragen, Perspektiven und Probleme einer christlich-pazifistischen Einstellung im Blick auf die Befassung im Religionsunterricht der Oberstufe?
– Welche Bedeutung haben biographische Zeugnisse für die individualethische Entscheidungsfindung?
– Welche Folgerungen und Alternativszenarien ergeben sich aus humanitären, ethischen und theologischen Grundpositionen angesichts einer militärbasierten Sicherheitspolitik?
– Wie lassen sich Realisierungswege hierfür beschreiben?

---

75 Spiegel ist zudem katholischer Theologe (Religionspädagogik und Pastoraltheologie).

2 Theorieteil – Grundbegriffe und Grundfragen der Friedensforschung und Friedensarbeit in religionspädagogischer Hinsicht

Zur theoretischen Zuordnung des Forschungsthemas erfolgt zunächst die Darstellung einiger Grundbegriffe der Friedens- und Konfliktforschung:

2.1 Friedens- und Konfliktforschung

2.1.1 Konflikt[76]

Der Konfliktbegriff stellt in der Friedens- und Konfliktforschung eine der zentralen Kategorien dar, deren angemessenes Verständnis für eine lösungsorientierte Befassung unerlässlich ist. Während im Alltagsverständnis Konflikte vor allem als Störungen der für natürlich erachteten Harmonie, Ordnung und Gemeinsamkeiten begriffen werden, und damit als schlecht, schädlich und unproduktiv gelten, gibt es in der Forschung sehr unterschiedliche Betrachtungsweisen. Je nach theoretischer oder philosophischer Konzeption beziehungsweise politisch-ideologischem Standort kann ein Konflikt »als Phase in einem Kontinuum (z. B. Ausgangspunkt oder aber als Resultat und Endpunkt sozialer Prozesse), als Mittel oder als Zweck verstanden werden.«[77] Etymologisch betrachtet, lässt sich bei dem zugrundeliegenden lateinischen Verb *confligere* mit der Bedeutung von zusammenstoßen, aneinandergeraten die rein sachliche Benennung einer Handlung beziehungsweise eines Zustandes jenseits der Umstände, Inhalte und Bewertungen erkennen. Im Sinne dieser faktischen Beschreibung definieren Bonacker und Imbusch Konflikte

---

76 Vgl. Bonacker, Thorsten & Imbusch, Peter (2010[5]): Zentrale Begriffe der Friedens- und Konfliktforschung: Konflikt, Gewalt, Krieg, Frieden. In: Imbusch, Peter & Zoll, Ralf [Hg.] Friedens- und Konfliktforschung. Eine Einführung. Lehrbuch. Wiesbaden: VS Verlag für Sozialwissenschaften, S. 67–80.

77 Ebd. S. 67.

»als soziale Tatbestände, an denen mindestens zwei Parteien (Einzelpersonen, Gruppen, Staaten etc.) beteiligt sind, die auf Unterschieden in der sozialen Lage und/oder auf Unterschieden in der Interessenskonstellation der Konfliktparteien beruhen.«[78]

2.1.2 Differenzierungen des Konfliktbegriffes

Eine Reihe weiterer Begriffsbestimmungen und Differenzierungen tragen der Komplexität des Konfliktbegriffes Rechnung und werden hier, soweit für meine Thematik von Bedeutung, vorgestellt:

Auf der *Analyseebene* kann unterschieden werden zwischen (a) den intrapersonalen Konflikten eines Individuums (z.B. psychische Spannungen oder psychologische Probleme), (b) den interpersonalen Konflikten (z.B. Entscheidungs- oder Beziehungskonflikte) und (c) den innergesellschaftlichen Konflikten (z.B. politische, religiöse, ökonomische oder soziale Konflikte) und (d) den internationalen Konflikten (Machtkonflikte oder Konkurrenz weltanschaulicher Systeme, globale Verteilungskonflikte). Bei Letzteren ist im Unterschied zu den drei Erstgenannten hinsichtlich des Umgangs mit Konflikten und möglicher Regelungsformen das Fehlen einer übergeordneten Schiedsinstanz mit verbindlichen Sanktionsmöglichkeiten charakteristisch. Angesichts dessen sprechen Bonacker und Imbusch im Blick auf den aktuellen internationalen Zustand, trotz aller Ansätze zu einer Weltgesellschaft, von einem anarchischen Staatensystem.

Mit Blick auf den *Konfliktgegenstand* lassen sich im Wesentlichen drei, häufig auch in Kombination auftretende, Kategorien unterscheiden:

(a) Besitz (z.B. Land, Rohstoffe, Produktionsmittel, Geld)
(b) Macht (z.B. politische, ökonomische, kulturelle oder religiöse Entscheidungsgewalt bzw. Normierungsmöglichkeit)
(c) Status (z.B. Prestige, Anerkennung als Sportler_in, Wissenschaftler_in, Künstler_in, Politiker_in, geistliche Würdenträger_in)

Hinsichtlich der *Struktur des Konfliktgegenstandes* ist zu fragen, ob es sich um ein Nullsummenspiel handelt, wo der Gewinn der einen Partei den Verlust der anderen bedeutet oder um ein Kooperationsspiel, wo der Konflikt mit einem positiven Gesamtgewinn für alle Beteiligten beigelegt wird, oder um eine dazwischenliegende Form. Denkbar – und bei vielen militärischen Konflikten Realität – ist auch ein Verlust für alle Beteiligten, oder dass der Gewinn für die erfolgreichere Partei geringer ausfällt als der Verlust der erfolglosen Partei. Damit korrespondiert auch die Einteilung in antagonistische und nicht-ant-

---

78 Ebd. S. 69.

agonistische Konflikte. Die Gegnerschaft bei antagonistischen Konflikten lässt sich aufgrund struktureller Bedingungen nicht lösen, sondern nur durch das Verschwinden einer Konfliktpartei oder durch die Abschaffung ihrer bisherigen Konfliktauffassungen.

Betrachtet man die *Intension der Konfliktbeteiligten*, so lässt sich zwischen echten Konflikten, mit der Konkurrenz unterschiedlicher Auffassungen zur Erreichung eines bestimmten Zieles, und unechten Konflikten, zum Zwecke einer Spannungsentladung von mindestens einem Konfliktbeteiligten, unterscheiden.

Bezüglich der *Stärke und/oder Gleichberechtigung der Konfliktparteien* ist zwischen symmetrischen und asymmetrischen Konflikten zu differenzieren.

Hinsichtlich der *Gründe für Konflikte* handeln objektive Konflikte um die Verteilung knapper Güter und Werte im Gegensatz zu subjektiven Konflikten, die von Einstellungen wie Ressentiments, Feindschaft, Aggressivität oder Hass herrühren.

Vom möglichen *Ergebnis* her gesehen, kann man von konstruktiven oder destruktiven Konflikten sprechen. Letztere »bergen ein hohes Eskalationspotential in sich und verselbständigen sich häufig gegenüber ihren ursprünglichen Gründen.«[79] Über einen konstruktiven oder destruktiven Konfliktausgang entscheidet nicht zuletzt die Frage der Teilbarkeit oder Unteilbarkeit von Konfliktgegenständen, ob es sich um den Typ Mehr-oder-Weniger – wo sich Kompromissregelungen finden lassen – oder um den Typ Entweder-Oder handelt.

2.1.3 Konflikte und staatliche Strukturen

Für die Konfliktaustragung auf der gesellschaftlichen Ebene kommt es wesentlich auf die Staatsform an: In Demokratien wird ein Großteil der Konflikte über das Rechtssystem geregelt oder verwaltet mit der Tendenz, die Anwendung direkter Gewalt zu minimieren. In nicht-demokratischen Systemen hingegen werden Konflikte häufig durch vielfältige Formen staatsterroristischer Gewalt unterdrückt.

Auf der *internationalen Ebene* werden Konflikte mit Drohgebärden, Handelskriegen oder kriegerischen Auseinandersetzungen zwischen Staaten oder Staatenbündnissen ausgetragen. Hier gibt es den Unterschied zwischen Demokratien und Diktaturen nicht. Wolfgang Merkel stellt fest, dass Demokratien keineswegs weniger Kriege führten als Diktaturen, und häufig seien sie die

---

79 Ebd. S. 73.

Angreifer. Lediglich die Kant'sche These, dass Demokratien nicht gegen Demokratien zu Felde ziehen, habe sich als außerordentlich robust erwiesen.[80]

Während aus der Sicht konservativer Gesellschaftstheorien Konflikte eher als bedrohlich, dysfunktional und daher negativ eingeschätzt werden, haben moderne demokratische Gesellschaften »das psychische und kulturelle Potential für einen Typus von gesellschaftlichem Streit [...], in dem die Teilnehmer wenigstens minimale Bereitschaft zur Selbstzurücknahme und Zivilisierung mitbringen [...].«[81] Nach Helmut Dubiel werden sie gerade durch die Formen ihres Streitens zusammengehalten. Er positioniert

> »die Dimensionen des Konflikts zwischen ›strategischen Interessenkonkurrenzen‹ einerseits und der ›Logik des Vernichtungskrieges‹ als radikalsten Fall eines unteilbaren Konflikts andererseits und sieht nicht so sehr in den Kompromissen konkurrierender Gruppen, sondern im unblutigen Dauerstreit einer demokratischen Öffentlichkeit das orientierende Paradigma eines erfolgreich gehegten Konflikts.«[82]

Das Problem ist somit nicht der Konflikt an sich, sondern seine gewaltförmige Austragung. Ein Konflikt erscheint umso problematischer, je höher der Intensitätsgrad der dabei angewandten direkten Gewalt ist.[83]

2.1.4 Gewalt[84]

Der deutsche Begriff »Gewalt« hat in unterschiedlichen Kontexten deutlich voneinander abweichende Bedeutungen. Er kann einmal rein deskriptiv und ein andermal wertend, er kann Kompetenz- oder Aktionsbegriff sein. Diese Mehrsinnigkeit geht auf die indogermanische Wurzel »val« zurück, die als Verb (»giwaltan«, »waldan«) ursprünglich bedeutet, Verfügungsfähigkeit zu besitzen,

---

80 Merkel, Wolfgang: Im Zweifel für den Krieg. In: http://www.zeit.de/2006/17/Intervention/komplettansicht – Zugriff am 29.08.2016; 17:36 h. Martin Kahl und Bernhard Rinke weisen auf die von Demokratien im Zuge eines »militanten Liberalismus« mit Begründungen wie »Ausweitung der Demokratie im internationalen System«, »zur Unterbindung von massiven Menschenrechtsverletzungen« gegen Nicht-Demokratien begonnenen Kriege hin. Kahl, Martin & Rinke Bernhard (2011): Frieden in den Theorien der Internationalen Beziehungen. in: Gießmann, Hans H. & Rinke, Bernhard [Hg.]: Handbuch Frieden. Wiesbaden: VS Verlag für Sozialwissenschaften / Springer Fachmedien, S. 78 f.

81 Vgl. Bonacker, Thorsten & Imbusch, Peter (2010⁵): Zentrale Begriffe der Friedens- und Konfliktforschung: Konflikt, Gewalt, Krieg, Frieden. In: Imbusch, Peter & Zoll, Ralf [Hg.]: Friedens- und Konfliktforschung. Eine Einführung. Lehrbuch. Wiesbaden: VS Verlag für Sozialwissenschaften, S. 76 f.

82 Ebd. S. 77.

83 Ebd. S. 76.

84 Ebd. S. 81 ff.

Kraft oder Macht zu haben, etwas beherrschen zu können. Geht man davon aus, dass Gewalt in ihrem Kern physische Gewalt ist,

> »mit unterschiedlichen Mitteln betriebene Verletzung oder anderweitige Zwangsein-
> wirkung auf Personen, dann lässt sich mit Heinrich Popitz unter Gewalt definitorisch
> eine Machtausübung verstehen, ›die zur absichtlichen körperlichen Verletzung anderer
> führt, gleichgültig, ob sie für den Agierenden ihren Sinn im Vollzug selbst hat (als bloße
> Aktionsmacht) oder, in Drohungen umgesetzt, zu einer dauernden Unterwerfung (als
> bindende Aktionsmacht) führen soll‹.«[85]

2.1.5   Differenzierungen des Gewaltbegriffes

Während im allgemeinen Sprachgebrauch unter Gewalt der Einsatz von physi-schem oder psychischem Zwang gegenüber Menschen sowie die physische Einwirkung auf Tiere oder Sachen verstanden wird, hebt die soziologische Be-trachtung auf die damit verbundene Negierung des Willens anderer Personen, den Willen, ihnen Schaden zuzufügen oder sie zu beherrschen oder solcher-maßen ausgeübter Gewalt mit Gegengewalt zu begegnen, ab.[86]

Die Formen indirekter Gewalt lassen sich wie folgt differenzieren: Der von Johann Galtung geprägte Begriff der strukturellen Gewalt wurde von ihm so definiert, dass Gewalt auch dann vorliege, wenn Menschen so beeinflusst wer-den, dass ihre aktuelle somatische und geistige (Selbst)Verwirklichung geringer sei als ihre potentielle (Selbst)Verwirklichung.[87] In Verlängerung dieses Kon-zeptes definierte er kulturelle Gewalt »als jene Aspekte von Kultur, die zur Rechtfertigung oder zur Legitimierung direkter, illegitimer institutioneller oder struktureller Gewalt benutzt werden können.«[88] Unter symbolischer Gewalt sind die geistigen Gewaltakte und Sprechhandlungen zu verstehen, die vom An-schreien, Beleidigen bis zum Rufmord reichen und eine Variante der psychi-schen Gewalt darstellen.

Zwischen der kollektiven, der politischen und der staatlichen Gewalt lassen sich noch folgende drei Unterscheidungskriterien[89] benennen:
(1) Kollektive Gewalt meint Gewaltformen, die die einfache Gruppendelinquenz oder Bandengewalt übersteigen und durch ein gewisses Maß an Lenkung

---

85 Vgl. Bonacker & Imbusch (2010), S. 83.
86 Vgl. Schubert, Klaus/Martina Klein (2016⁶): Das Politiklexikon. Bonn: Dietz. Lizenzausgabe Bonn: Bundeszentrale für politische Bildung. http://www.bpb.de/nachschlagen/lexika/poli tiklexikon/17566/gewalt – Zugriff am 30.08.2016; 15:08 h.
87 Galtung, Johan (1975): Strukturelle Gewalt, Reinbeck: Rowohlt, S. 9. Derselbe in: Ebert, Theodor [Hg.] (1972): Wehrpolitik ohne Waffen. Vom Passiven Widerstand zur Sozialen Verteidigung. Opladen: Argus Verlag, S. 7.
88 Vgl. Bonacker & Imbusch (2010), S. 88 f.
89 Vgl. Bonacker & Imbusch (2010), S. 92–96.

durch eine wie auch immer dazu legitimierte Führung strukturiert sind wie beispielsweise Aufstände, unfriedliche Massenproteste und Pogrome.

(2) Politische Gewalt unterscheidet sich davon durch die Intentionen der Akteure, ein bestimmtes Ziel, wie die Erringung politischer Macht oder die Änderung der politischen Herrschaftsverhältnisse zu erreichen.

(3) Staatliche Gewalt kann eine Vielzahl heterogener Gewaltformen meinen, vom legitim erachteten, legalen Gewaltmonopol des demokratischen Rechtsstaates, das im Wesentlichen, wenn es überhaupt wahrgenommen wird, in seiner Ordnungsfunktion erscheint, bis hin zu staatsterroristischen Gebilden, in denen das Gewaltmonopol gezielt zur Repression der Bevölkerung oder bestimmter Bevölkerungsgruppen eingesetzt wird.

Die Gewalt, in der fast alle oben genannten Kriterien in Gänze zutreffen, ist der Krieg. Er ist eine staatlich angeordnete und vorbereitete Form der Gewaltausübung zur Erreichung politischer Ziele. Das organisierte und kalkulierte massenweise Töten von Menschen und Zerstören von gegnerischem Gut wird bewusst betrieben, um den gegnerischen Willen zu brechen.[90]

Differenzierungen des Gewaltbegriffes

Personale Gewalt gegen Menschen	**Objekt**	Sächliche Gewalt gegen Tiere oder Sachen oder Umwelt
Physische Gewalt unmittelbar gegen Leib und Leben	**Schädigungsweise**	Psychische Gewalt seelische Beeinträchtigung
Direkte Gewalt gegen Individuen, i. d. R. individuell zurechenbar	**Anwendungsweise**	Indirekte Gewalt via Strukturen oder Kultur oder Symbolen mit meist anonymer Verursachung
Akute Gewalt Anwendung muss sofort und solange erfolgen, bis Gegner einlenkt oder sich ergibt	**Gewaltwirkung**	Potentielle Gewalt Anwendung ist nicht beabsichtigt; schon Androhung soll auf Gegner wirken
Individuelle Gewalt Entscheidung liegt beim handelnden Individuum	**Subjekt**	Kollektive, Politische oder Staatliche Gewalt Ausführende haben wenig bis keinen Einfluss auf obere Entscheidungsebene

Tab. 1: Differenzierungen des Gewaltbegriffes (Theodor Ziegler)

---

90 Vgl. Bonacker & Imbusch (2010), S. 95 f.

2.1.6 Krieg[91]

Der etymologische Ursprung des nur deutschen und niederländischen Wortes »Krieg« ist dunkel. In älteren Sprachzuständen sind damit Bedeutungen wie »Anstrengung«, »Bemühen« »Hartnäckigkeit«, »Streit« und »Kampf« verbunden.[92] Gemeinhin wird Krieg schlicht als die Abwesenheit von Frieden verstanden, ein Zustand, der entweder existiert oder nicht. Jedoch kann auch das Schweigen der Kriegswaffen noch mit unfriedlichen Verhältnissen (wie zum Beispiel Folter) einhergehen, weshalb Egbert Jahn wenigstens eine begriffliche Dreiteilung vorgeschlagen hat: Krieg, Unfrieden und stabiler Friede.[93]

In der spätestens seit Ende des Zweiten Weltkrieges vorherrschenden völkerrechtlichen Definition versteht man unter Krieg eine mit Waffengewalt geführte Auseinandersetzung zwischen zwei Gruppen, von denen wenigstens die eine als reguläre Armee oder bewaffnete Streitkraft auftreten muss. Die Tätigkeiten dieser Gruppen sind organisiert, zentral gelenkt und erstrecken sich über einen längeren Zeitraum. Die empirische Kriegsforschung differenziert zwischen kollektiver Gewalt und Krieg ab einer jährlichen Opferzahl von 1000 Kriegstoten.[94]

2.1.7 Wandel in der Typologie des Krieges

Aufgrund der schrecklichen Erfahrungen mit dem Zweiten Weltkrieg wurde durch die UN-Charta das traditionell staatliche Recht zur Kriegsführung auf wenige Bereiche wie beispielsweise die nationale oder Bündnis-Verteidigung im Angriffsfall oder die vom UN-Sicherheitsrat nach Kapitel VII zu beschließenden Zwangsmaßnahmen gegen die Gefährdung des Weltfriedens[95] begrenzt. Wobei damit allerdings auch Aufstände gegen staatliche Unterdrückung oder Unabhängigkeitskämpfe delegitimiert sind.

Die Erfahrung der letzten Jahrzehnte hat nun jedoch gezeigt, dass sich das Kriegsgeschehen von der traditionellen zwischenstaatlichen Gewalt und auch vom Staat zunehmend entfernt. Das vermehrte Auftreten von Warlords mit ihren Privatarmeen, von Söldnertruppen, religiös firmierende Terror-Organisationen

---

91 Vgl. Bonacker & Imbusch (2010), S. 107 ff.
92 Grimm, Jakob & Grimm, Wilhelm (1854) Deutsches Wörterbuch von Jakob Grimm und Wilhelm Grimm. Leipzig: Verlag von S. Hirzel. http://woerterbuchnetz.de/DWB/?sigle= DWB&mode=Vernetzung&hitlist=&patternlist=&lemid=GK13694#XGK13694 – Zugriff am 11.01.2017; 21:38 h.
93 Vgl. Bonacker & Imbusch (2010), S. 110.
94 Vgl. Bonacker & Imbusch (2010), S. 114.
95 https://www.unric.org/html/german/pdf/charta.pdf – Zugriff am 31.08.2016; 21:50 h.

wie Al Kaida oder der Islamische Staat und viele andere machen einen Wandel im Kriegsgeschehen deutlich: »[D]ie Zahl der zwischenstaatlichen Kriege reduziert sich, während die Zahl der innerstaatlichen Kriege zum Teil drastisch steigt.«[96] Diese Entwicklung des Übergangs von staatlichen zu entstaatlichten Kriegen wird in der Friedens- und Konfliktforschung mit der Unterscheidung von »alten« und »neuen« Kriegen diskutiert. Während die alten Kriege aus Staatsbildungsprozessen heraus entstanden sind, so die These von Herbert Münkler, resultieren die neuen, nach Ende des Ost-West-Konfliktes ausbrechenden Kriege aus Staatszerfallsprozessen.

> »Wo keine Staatsmacht vorhanden ist«, so Münkler, »(...) bestimmen diejenigen über Krieg und Frieden, die die größte Gewaltbereitschaft haben. Sie halten das Gesetz des Handelns in ihren Händen und zwingen den anderen ihren Willen auf. Das ist ein weiterer Grund für die lange Dauer innergesellschaftlicher und transnationaler Kriege. Wenn auch nur kleine Gruppen mit den Verhältnissen unzufrieden sind, die sich als Friedenszustand abzeichnen, ist es für sie ein Leichtes, den Krieg wieder aufleben zu lassen.«[97]

2.1.8   Kriegsursachen[98]

In der Ursachenanalyse lassen sich drei Ebenen, die individualistische, die gesellschaftliche und die systemische Erklärung unterscheiden:

(1) Bei der *individualistischen* Erklärung »wird der Mensch mit seinen Neigungen, Trieben und seinem Machtwillen als Quelle der Gewalt ausgemacht, welche die Ursache für Konflikte im Allgemeinen und Kriege im Besonderen ist.«[99] Auch werden die Wirkungen von Kriegen auf die psychische Verfasstheit des Menschen, die Verrohung sozialer Beziehungen und die Fähigkeit zu exzessiver Gewalt untersucht.

(2) Auf der *gesellschaftlichen* Erklärungsebene erkannten einerseits August Comte und später Herbert Spencer im Industrialismus friedensfördernde Elemente, weil für Industriegesellschaften die zivile, freiwillige, vertraglich-freiwillige Kooperation charakteristisch sei – im Gegensatz zu feudal-absolutistischen und zu früheren Gesellschaftsformen mit ihren militärischen Umgangsformen. Diese Entwicklung sollte schließlich bis zur Entstehung eines Weltstaates oder einer Weltgemeinschaft führen. Andererseits macht die Kritische Friedensforschung den Zustand der kapitalistischen Gesellschaftsordnung gerade für das Entstehen von Kriegen verantwortlich. Der Irrationalismus des

---

96 Vgl. Bonacker & Imbusch (2010), S. 115.
97 Münkler, Herfried (2002): Die neuen Kriege. Reinbek bei Hamburg: Rowohlt, S. 28.
98 Vgl. Bonacker & Imbusch (2010), S. 115–120.
99 Vgl. Bonacker & Imbusch (2010), S. 115f.

Krieges entstehe durch die trotz großen Reichtums in den westlichen Industriegesellschaften nicht aufgelösten sozialen Unterschiede. Diese inneren Spannungen könnten von den herrschenden Gruppen versucht werden, durch Kriege zu überlagern. Obwohl der Staat als Garant des innergesellschaftlichen Friedens gilt, indem er Bürgerkriege, Überfälle und Raubzüge von Gesellschaftsmitgliedern weitgehend verhindert, werde er auch selbst zur Kriegsursache. Die staatliche Organisationsform bringe eine enorme Konzentration militärischer, politischer und ökonomischer Macht hervor, die einerseits die modernen Kriege ermögliche und nach innen durch ungerechte Herrschaftsstrukturen abgesichert werden müsse. Gerade dieser »militärisch-industrielle Komplex« führte im 20. Jahrhundert zu den großen Verwüstungen.[100]

(3) *Systemische* Erklärungen erläutern die Entstehung von Kriegen und den Formwandel kollektiver Gewalt über die Struktur und die Veränderungen des internationalen Systems. Beispielsweise führen nach Galtungs Konzept der strukturellen Gewalt vor allem die sozioökonomischen Ungleichheiten der Staaten und Regionen, wie die ökonomische Benachteiligung der Dritte-Welt-Staaten, immer wieder zu Kriegen. Der politische Realismus hingegen macht die Kriegsursachen in der internationalen Ungeordnetheit aus, solange Staaten ihre Macht- und Sicherheitsinteressen durch Gewalt besser durchsetzen können als ohne Gewalt. Liberale Theorien bezweifeln die starke Bedeutung systemischer Ereignisse und betonen mehr die innenpolitischen Faktoren als ursächlich für das Außenverhalten von Staaten. Für Bernhard Zangl und Michael Zürn drohen diese klassischen Erklärungsansätze mittlerweile anachronistisch zu werden, weil sie noch auf dem System souveräner Nationalstaaten basieren. Sie gehen jedoch von einem fundamentalen Wandel der internationalen Konstellation aus, der durch vier sich wechselseitig verstärkende Prozesse geprägt ist:
- transnationale Sicherheitsprobleme,
- Kriegsrechtfertigung vor einer transnationalen Öffentlichkeit,
- Übergang des Regierens auf suprastaatliche Institutionen,
- bei gleichzeitiger nationaler Finanzierung und Ausstattung des Militärs.

Diese postnationale Konstellation verändere auch den Kriegstypus: Humanitäre Interventionen, Kriege aufgrund neu wahrgenommener Bedrohungslagen sowie Kriege aufgrund mangelhafter Staatlichkeit. Die Entscheidung zum Kriegseinsatz verlagere sich vermehrt auf die transnationale Ebene und sei Angelegenheit großer Debatten unter Einfluss transnationaler kollektiver Interessen geworden.

---

100 Vgl. Bonacker & Imbusch (2010), S. 116–118.

2.1.9 Kultur des Krieges[101]

Das Vorhandensein einer Armee bildet auch eine entsprechende Kriegskultur aus, die ihrerseits das Militär wiederum rechtfertigt oder gar glorifiziert. Diese reicht beispielsweise von Tagen-der-offenen-Tür und Event-Angeboten der Bundeswehr für Jugendliche, über Militärkonzerte in Kirchen, Kooperationen der Bundeswehr mit Hochschulen[102] und mit der Lehrkräfteausbildung, Unterrichtsbesuchen von Jugendoffizier_innen, militärischen Informationsständen auf Messen, öffentlichen Gelöbnissen, Zapfenstreichen, Staatsempfängen mit militärischen Ehren, Waffenschauen, Reservistenkameradschaften, Militaria-Medien und –veranstaltungen, analogem und virtuellem Kriegsspielzeug, militärischer Sportförderung bis zu den Straßensammlungen für die Kriegsgräberfürsorge und den Gedenkveranstaltungen am Volkstrauertag an den örtlichen Kriegerdenkmälern. Auch wenn die gegenwärtige deutsche Kriegskultur weder mit der Preußens, noch mit der des Hitlerregimes verglichen werden kann und alles Militärische begrifflich der Verteidigungsintension unterstellt ist, wurde auch in der Bundesrepublik die Idee vom »Bürger in Uniform« zum Initiationsritus emporgehoben und das Militärische, wenn auch im Vergleich zu manchen anderen europäischen Ländern verhaltener, elementarer Bestandteil unserer Kultur. Zwar ist Detailkritik an bestimmten rüstungs- und militärpolitischen Entscheidungen schon seit der Gründung der Bundeswehr fester Bestandteil des öffentlichen und medialen Diskurses, die grundsätzliche Infragestellung des Militärs ist jedoch sowohl in der politischen bis hinein in die kirchliche Öffentlichkeit tabuisiert. Für Wolfgang Vogt sind die aus einer vordemokratischen Ära stammenden militärischen Werte und Tugenden wie Disziplin und Gehorsam inkompatibel mit den in einer demokratischen Gesellschaft geltenden Werten wie Mündigkeit, Kritik- und Reflexionsfähigkeit. Er sieht das Militär nicht zur Verteidigung einer zivilen Gesellschaft geeignet, sondern letztendlich als Gefahr für deren zentrale Prinzipien.[103]

---

101 Vgl. Bonacker & Imbusch (2010), S. 122f.
102 Streibl, Ralf E. (2016): Kooperation zwischen Hochschule Bremen und Bundeswehr. Ein offener Brief. In: http://wissenschaft-und-frieden.de/seite.php?artikelID=2147 – Zugriff am 08.09.2016; 15:35 h. Adams, David ((2008): Kultur des Friedens. Brief an meine akademischen Freunde. In: http://wissenschaft-und-frieden.de/seite.php?artikelID=1496 – Zugriff am 08.09.2017; 19:10 h.
103 Vgl. Vogt, Wolfgang R. (1991): Soziologie ohne Frieden? Zur Kritik des »Pentagonismus« in der Militärsoziologie und ihrer Transformation in eine Soziologie für den Frieden. In: Wasmuht, Ulrike C. [Hg.]: Friedensforschung. Eine Handlungsorientierung zwischen Politik und Wissenschaft, Darmstadt: Wissenschaftliche Buchgesellschaft, S. 126–147.

2.1.10 Frieden[104]

Johan Galtung weist darauf hin, dass sich mit den historischen Friedensbegriffen unterschiedliche Vorstellungen verbinden. So meine die römische *pax* die Abwesenheit von Krieg, während im Unterschied dazu der griechische Begriff *eirene*, der arabische/hebräische *sala'am/shalom*, aber auch der japanische/ chinesische *heiwa/chowa* in Richtung der Begriffe »Gerechtigkeit« und »Harmonie« zeigten.[105] Beim deutschen Wort »Frieden« bildet das mittelhochdeutsche »vri[e]de« eine Vorstufe, was so viel wie »Umzäunung« bedeutet und auch im heutigen »Einfrieden« bzw. »Umfrieden« noch gebräuchlich ist. »Frieden« war somit mit »Schutz« verbunden, dieses Wort wiederum ist etymologisch auf das »Aufschütten« eines Walls zurückzuführen.[106] Somit beschreiben beide Begriffe defensive Vorkehrungen.

Während der Begriff Frieden umgangssprachlich meist in negativer Definition schlicht als die Abwesenheit von Krieg verstanden wird – was angesichts eines Krieges eigentlich schon positiv wäre –, meint Frieden im positiven Sinne den Prozess hin zu gelingenden Lebensbedingungen oder in der beide Aspekte prozesshaft vereinenden Formulierung von Ernst-Otto Czempiel u. a.: »Friede ist der ständige Versuch der Minimierung von Gewalt und Maximierung von sozialer Gerechtigkeit.«[107] Die negative Definition wird mitunter auch als »enger« und die positive als »weiter« Friedensbegriff bezeichnet.

An diesem begrifflichen Gegensatz macht sich in der Friedens- und Konfliktforschung seit vielen Jahren eine Kontroverse um die »Theoriefähigkeit« des Friedensbegriffes fest.

> »Damit ist das Problem gemeint, ob verschiedene Friedenskonzeptionen nicht einfach unterschiedlichen und nicht unbedingt miteinander übereinstimmenden Werturteilen

---

104 Vgl. Bonacker & Imbusch (2010), S. 126 ff.

105 Galtung, Johan (1984): Begriffsbestimmung: Frieden und Krieg. In: Calließ, Jörg & Lob, Reinhold E. [Hg.]: Handbuch Praxis der Umwelt- und Friedenserziehung, Bd. 1. Düsseldorf: Pädagogischer Verlag Schwann-Bagel, S. 331 ff.

106 Drosdowski, Günther u. a. [Hg.] (1963): Der Große Duden in 10 Bänden. Bd. 7 Etymologie – Herkunftswörterbuch der deutschen Sprache. Mannheim: Dudenverlag, S. 186. Mampell, Klaus (2011): Wortgeschichten – Vom Pazifismus zum Paradies (rein sprachlich). In: Sprachspiegel (Zweimonatszeitschrift) Bd. 67/2011 Heft 5, S 148 f., digital: ETH Zürich http://www.e-periodica.ch/digbib/view?pid=sps-002:2011:67::309#309 – Zugriff am 06.04. 2016; 23:44 h. Berlin-brandenburgische Akademie der Wissenschaften: Digitales Wörterbuch der deutschen Sprache (DWDS) http://www.dwds.de/?qu=frieden – Zugriff am 09.04.2016; 12:43 h.

107 Nipkow, Karl Ernst (2007): Der schwere Weg zum Frieden. Geschichte und Theorie der Friedenspädagogik von Erasmus bis zur Gegenwart. Gütersloh: Gütersloher Verlagshaus, S. 325.

entsprechen, so dass es letztlich keinen intersubjektiv überprüfbaren und mithin wissenschaftlich tragfähigen Friedensbegriff geben könne.«[108]

Drei Gründe werden für die begriffliche Unschärfe benannt: Zum einen ist offen, ob Frieden erst dann herrscht, wenn Kriege unmöglich und die Kriegsursachen wirklich überwunden sind. Zum zweiten ist offen, ob Frieden gleichbedeutend ist mit Gerechtigkeit oder nur mit der Abwesenheit physischer Gewalt bzw. ihrer Androhung. Zum dritten ist die Übertragbarkeit regional erfolgreicher Modelle der Überwindung kollektiver Gewalt, sowie die Frage, ob ein regionaler Friede überhaupt wirklicher Friede sein kann, klärungsbedürftig.

Für den weiten, positiven Friedensbegriff spricht, dass er eine regulative Idee für politisches Handeln sein kann, und dass er die Ursachen für Unfrieden im gesellschaftlichen wie im globalen Maßstab in den Blick rückt. Mit deren Beseitigung lassen sich die Lebenschancen aller Menschen entfalten, was wiederum verhindert, dass unterdrückte Gruppen zu den Waffen greifen. Der weite Friedensbegriff steht deshalb in einem engen Zusammenhang mit der Verwirklichung von umfassender Gerechtigkeit. Als problematisch hieran wird kritisiert, dass die Beseitigung von Gewaltursachen möglicherweise selbst einen Gewalteinsatz erfordern könnte und dass angesichts des an vielen Orten mangelnden oder bedrohten negativen Friedens die Fokussierung auf die Beseitigung der Kriegsursachen anachronistisch wirke. Auch erwecke die Weitung des Friedensbegriffes den Eindruck, die Friedensforschung solle sich mit allen Übeln der Welt beschäftigen, womit die Identität eines Faches wie auch die forschungspraktische Gegenstandbegrenzung verloren gehe.

Im Unterschied dazu favorisiert der enge Friedensbegriff ein Friedensverständnis, das sich zunächst darauf beschränkt, vorhandene Konflikte gewaltfrei zu bearbeiten bzw. schon gewaltsame Konflikte in gewaltfrei auszutragende Konflikte zu transformieren. Prävention und Deeskalation sind hierbei vorrangig vor der Überwindung struktureller Ursachen. Analoge Strategien gebe es auch in den Forschungen zur ökologischen Sicherheit. Dieser Position wird vorgehalten, Frieden sei ein komplexes Problem, dem man nur mit einem weiten Friedensbegriff gerecht werden könne. Lothar Brock sieht jedoch insofern beim engen Friedensbegriff ein Mehr, als er Bezug nimmt auf einen noch nicht erreichten Zustand – den einer gewaltfreien Weltgesellschaft, in der Konflikte ohne die Anwendung oder Androhung kollektiver Gewalt geregelt würden.[109]

Auch wenn die beschriebene Kontroverse um den Friedensbegriff die Theoriebildung anzuregen vermag, wäre es wenig sinnvoll, sich in einem das Andere jeweils ausschließenden Entweder-Oder zu positionieren – genauso wenig wie im Gesundheitssektor die Notfallmedizin gegen präventiv-medizinische Maß-

---

108 Vgl. Bonacker & Imbusch (2010), S. 129ff.
109 Vgl. Bonacker & Imbusch (2010), S. 133f.

nahmen gestellt werden können und umgekehrt. Friedensdienlicher dürfte es sein, beide Betrachtungs- und Vorgehensweisen in einem komplementären Gesamtansatz zu integrieren, der dann zwischen akuter und struktureller Friedensarbeit differenziert.

2.1.11 Friedensbedingungen

Zentrale Aufgabe der Friedens- und Konfliktforschung ist die Abklärung der Bedingungen für einen stabilen Frieden, sowohl innergesellschaftlich wie auch international. Dieter Senghaas hat sechs Bedingungen, die in den europäischen Staaten eine relativ stabile Friedensordnung bewirkt haben, in seinem zivilisatorischen Hexagon zusammengetragen: (1) staatliches Gewaltmonopol, (2) Rechtsstaatlichkeit, (3) demokratische Partizipation der Bevölkerung, (4) soziale Gerechtigkeit und (5) Affektkontrolle mit Interdependenz. Bei deren weitgehender Erfüllung entstehe als sechstes mit hoher Wahrscheinlichkeit eine (6) Kultur der konstruktiven Konfliktbearbeitung und –austragung. Fraglich bleibt jedoch die Übertragbarkeit dieses Modells auf nichteuropäische Gesellschaften.[110]

Wie empirische Arbeiten zeigen, führen Demokratien gegenüber anderen Demokratien signifikant weniger Kriege. Insofern ist eine stärkere globale Ausbreitung der Demokratie eine wichtige Friedensbedingung. Dass Demokratien jedoch gegenüber autokratischen Systemen eine erhöhte Kriegsbereitschaft an den Tag legen, könnte daher rühren, dass die Unterschiede in den politischen Kulturen das Misstrauen zwischen diesen Staaten fördern und Kriege damit leichter legitimiert werden können.

Ein weiterer Ansatz für eine internationale Friedenskultur ist auf dem Wege der Transformation des internationalen Systems denkbar. Czempiel benennt hierzu fünf Voraussetzungen: (1) Internationale Organisationen gewährleisten die Kooperation von Staaten im internationalen System. (2) Größere Verteilungsgerechtigkeit muss politische Über- bzw. Unterlegenheit von Staaten ausgleichen. (3) Der Interessensgruppeneinfluss muss minimalisiert bzw. transparent gemacht werden. (4) Schaffung von regionalen und globalen Steuerungsinstrumenten im Sinne von *good governance*. (5) Verbesserung der Professionalität und strategischen Kompetenzen international agierender Akteur_innen.

Bonacker und Imbusch sehen noch einen weiteren zentralen Transformationsaspekt zur Ilegalisierung des Krieges in der Verrechtlichung der internationalen Beziehungen, etwa durch einen internationalen Strafgerichtshof.[111]

---

110 Vgl. Bonacker & Imbusch (2010), S. 136ff.
111 Vgl. Bonacker & Imbusch (2010), S. 138.

2.1.12 Zivile Konfliktbearbeitung (ZKB)[112]

Unter dem Begriff »Zivile Konfliktbearbeitung«[113] firmiert die Gesamtheit staatlicher und nichtstaatlicher Ansätze und Instrumente, mittels derer soziopolitische Konflikte im In- und Ausland gewaltfrei bearbeitet werden können.[114] Die inzwischen vielfältigen Bemühungen vor allem zivilgesellschaftlicher Organisationen wie beispielsweise des Zivilen Friedensdienstes (ZFD) mit seinen Friedenfachkräften, teils mit staatlicher Förderung, sollen drohender Gewaltanwendung vorbeugen, vorhandene Gewalt deeskalieren und beenden helfen, sowie ihre Wiederkehr verhindern.

> »Zivile Konfliktbearbeitung«, so Andreas Heinemann und Isabella Bauer, »beginnt damit, eine Basis für die Kommunikation über Interessen, Wahrnehmungen und Bedürfnisse der Konfliktparteien zu schaffen. Dabei geht es zunächst um die Verständigung über eine elementare Norm, nämlich die Delegitimierung von Gewalt. Um dies zu erreichen, müssen Anreize geschaffen werden, die gewaltfreies Handeln für alle Beteiligten als Alternative attraktiv machen.«[115]

Die Konfliktparteien sollen sich in ihrem kooperativen Verhalten gestärkt fühlen und Interesse an der Versöhnung miteinander entwickeln. Die aktuellen Einsatzgebiete des ZFD sind vor allem in den verschiedenen kulturellen, gesellschaftlichen und politischen Kontexten gegenwärtiger Krisenregionen Afrikas, Asiens und Lateinamerikas. Bislang führen die Formen Ziviler Konfliktbearbeitung aufs Ganze gesehen noch ein randständiges Dasein. Die bisher zu verzeichnenden Erfolge sind mehr lokaler Art und weniger für eine gesamte Konfliktregion.[116] Dies ist jedoch angesichts der im Vergleich zu den Militärausgaben im Promillebereich zur Verfügung gestellten Finanzmittel nicht verwunderlich.

---

112 Galtung, Johan/Jacobsen, Carl G./Brand-Jacobsen, Kai Frithjof (2003): Neue Wege zum Frieden. Konflikte aus 45 Jahren: Diagnose, Prognose, Therapie. Minden: Bund für Soziale Verteidigung. Auer-Frege, Ilona [Hg.] (2010): Wege zur Gewaltfreiheit – Methoden der internationalen zivilen Konfliktbearbeitung. Berlin: Büttner-Verlag.
113 Vgl. Auer-Frege, Ilona [Hg.] (2010), S. 15 ff. Vgl. Heinmann-Grüder & Bauer, Isabella [Hg.] (2013): Zivile Konfliktbearbeitung. Vom Anspruch zur Wirklichkeit. Opladen u. a.: Verlag Barbara Budrich, S. 19–21. Vgl. Bonacker & Imbusch (2010), S. 138 f.
114 Klußmann, Jörgen & Rieche, Bernd [Hg.] (2008): Zivile Konfliktbearbeitung in Deutschland. Bonn: Evangelische Akademie im Rheinland.
115 Heinemann-Grüder & Bauer (2013), S. 239.
116 Müller, Bernhard (2013): Vorwort. in: Heinemann-Grüder, Andreas & Bauer, Isabella [Hg.], S. 11.

2.1.12.1 Der Gegenbegriff von Gewalt: Gewaltlosigkeit, -verzicht, -freiheit, Gütekraft?

Auch über die Bezeichnung der Alternativen zur Gewalt gibt es eine breite Diskussion und verschiedene Positionen, gilt es doch aufzuzeigen, dass die einfache Alternative »Nichtstun« oder »Gewalt« der Wirklichkeit in keinster Weise gerecht wird. Der nach dem Ersten Weltkrieg im Zusammenhang mit dem Ruhrkampf[117] gebrauchte Begriff Passiver Widerstand[118] erweckt oft die Assoziation des Passivseins, des Nichtstuns, wobei sich das Adjektiv »passiv« damals nur auf den Verzicht, Waffengewalt anzuwenden, bezog, die Akteure jedoch mit waffenlosen Methoden ihren Widerstand – erfolgreich – praktizierten.

Auch der Begriff Gewaltverzicht kann als Schwäche, Konflikte mit Gewalt zu einer Lösung bringen zu können bzw. zu wollen, verstanden werden. Eine andere Betrachtung kann jedoch sein, dass auf die Gewalt ganz bewusst verzichtet wird, obwohl die Fähigkeit zur Gewaltanwendung durchaus vorhanden, und obwohl möglicherweise der Impuls zur gewaltsamen Reaktion auf Unrecht und Unterdrückung gegeben ist – ein Gewaltverzicht aus Stärke.[119] In diesem Sinne hatte auch Gandhi zwischen der Gewaltlosigkeit des Schwachen und der Gewaltlosigkeit des Starken differenziert. Gewaltlosigkeit kann angesichts fehlender oder nicht hinreichender Mittel oder mangelnder Erfolgsaussicht eine rein situative Entscheidung sein, die bei anderen Konstellationen wieder aufgehoben ist. Sie kann aber auch, weil ethisch oder religiös geboten, eine prinzipielle Haltung, die keine Ausnahmen kennt, bezeichnen. In der Fachliteratur wird für diese grundsätzliche Absage an die Gewalt zumeist der Begriff der Gewaltfreiheit verwendet, drückt doch »Freiheit« in positiver Weise den Charakter der eigenen Entscheidung aus.[120] Während der Begriff Gewaltlosigkeit möglicherweise nur ein pragmatisch-situatives Verhalten meint, steht der Begriff Gewaltfreiheit für eine Lebenseinstellung. Davon leitet sich auch der Handlungsbegriff Gewaltfreie Aktion ab. Theodor Ebert formuliert die damit verbundene Synthese aus Passivität und Gewalttätigkeit:

---

117 Vgl. Müller, Barbara (1995): Passiver Widerstand im Ruhrkampf: Eine Fallstudie zur gewaltlosen zwischenstaatlichen Konfliktaustragung und ihren Erfolgsbedingungen, Berlin: LIT Verlag, S. 72 ff.

118 Ebert, Theodor (1980 Neuaufl.) Gewaltfreier Aufstand. Alternative zum Bürgerkrieg. Waldkirch: Waldkircher Verlag, S. 13 f.
Derselbe (1981): Soziale Verteidigung. Historische Erfahrungen und Grundzüge der Strategie. Waldkirch: Waldkircher Verlag, S. 21.

119 Vgl. Spiegel, Egon (1987): Gewaltverzicht. Grundlagen einer biblischen Friedenstheologie. Kassel: Weber, Zucht und Co, S. 21.

120 Nagler, Michael & Spiegel, Egon (2008): Politik ohne Gewalt. Prinzipien, Praxis und Perspektiven der Gewaltfreiheit. Berlin: LIT Verlag Dr. W. Hopf, S. 67 ff.

»Der Anhänger des gewaltfreien Widerstands ist mit dem, der sich in sein Schicksal ergibt, einer Meinung, daß man nicht tätlich gegen seinen Gegner vorgehen soll. Andererseits ist er aber auch mit dem, der für Gewalt ist, einig, daß man dem Bösen Widerstand leisten muss. Er vermeidet die Widerstandslosigkeit des ersteren und den gewaltsamen Widerstand des letzteren.«[121]

Alle vorgenannten Begriffe beinhalten die Negation der Gewalt und werden deshalb von Martin Arnold als »unzureichende oder irreführende Bezeichnungen« beziehungsweise als »negative Begriffe«[122] kritisiert. Er verweist darauf, dass Mahatma Gandhi auf der Suche nach einem positiven Begriff für sein gewaltfreies Handeln ein Preisausschreiben veranstaltet habe. Aus den eingesandten Vorschlägen habe er dann das Kunstwort *satyagraha* gebildet, was mit *soul force*[123] ins Englische und mit »Gütekraft« ins Deutsche übertragen werden könne.[124] Rein sprachlich sei Gütekraft

»somit die Fähigkeit, etwas zu bewirken, die in der (personengebundenen) menschlichen Haltung der Güte und der (überpersönlichen) Qualität der Güte liegt.«[125]

Thomas Nauerth hält den Begriff Gütekraft jedoch für vieldeutig und erklärungsbedürftig. Deshalb rät er, bei den eingeführten Begriffen Gewaltlosigkeit oder Gewaltfreiheit zu bleiben, zumal dies dann auch die Traditionslinie zum positiv und kraftvoll konnotieren Begriff *nonviolence* von Gandhi, King, Goss-Mayr und vielen anderen erhalte.[126]

Bei Würdigung der hinter der jeweiligen Bezeichnung für die Gewaltalternative stehenden Begriffsbegründungen ist es möglich, ihnen ihre Berechtigung zuzuerkennen und gleichzeitig eine individuelle Präferenz zu haben.

2.1.13 Friedenspädagogik in der Religionspädagogik

Die Begriffe Friedenspädagogik, -erziehung und -bildung werden oft synonym gebraucht. In der Fachsprache gibt es jedoch folgende Differenzierung und Zuordnung:
– *Friedenspädagogik* ist »als wissenschaftliche Auseinandersetzung mit den gesellschaftlichen Voraussetzungen von Bildung, der Theoriebildung, Ent-

---

121 Ebert, Theodor (1980), S. 13 f.
122 Arnold, Martin (2011): Gütekraft. Ein Wirkungsmodell aktiver Gewaltfreiheit nach Hildegard Goss-Mayr, Mohandas K. Gandhi und Bart de Ligt, Baden-Baden: Nomos Verlagsgesellschaft, S. 45.
123 Arnold, Martin (2011), S. 45.
124 Arnold, Martin (2011), S. 89.
125 Arnold, Martin (2011), S. 89.
126 Nauerth, Thomas (2015): Liebe statt Güte. Warum am Wort »gewaltfrei« festzuhalten ist. In: Wissenschaft & Frieden Heft 2/2015, Marburg: Silva Wagner, c/o BdWi, S. 48 ff.

wicklung und Evaluation von Lernmodellen, sowie der Konstruktion von Lernmedien zu verstehen«.[127] (entspricht dem Begriff »Erziehungswissenschaft«)

- *Friedenserziehung* bedeutet das direkte pädagogische Handeln. Erziehung setzt konstitutiv den personalen Bezug zwischen Erzieher_in und Zögling bzw. Lehrkraft und Schüler_in voraus und endet mit dem Erreichen der Mündigkeit und des Erwachsenenstatus.[128]
- *Friedensbildung* kann einerseits als *Oberbegriff* für die Gesamtheit aller dem Frieden dienenden bewusstseinsbildenden und befähigenden Handlungen, ob in einem Lehrverhältnis oder in selbstbestimmter Kooperation von Gleichen oder in selbstbestimmter Einzelarbeit gesehen werden und andererseits auch als das *Ergebnis* dieser Bildungsprozesse in Bewusstsein und Haltung der daran Beteiligten.

Das daraus möglicherweise resultierende Engagement in der *Friedensarbeit* meint die gesellschaftliche und politische Arbeit im Sinne der Einflussnahme auf die gesellschaftliche Bewusstseinsbildung sowie auf die politischen Entscheidungsprozesse, diese als *Friedenspolitik* bzw. *friedenslogische Politik* friedensfördernd zu gestalten.

Bei Diskussionen im kirchlichen Bereich über die Bedeutsamkeit der biblischen Friedensbotschaft auch für die politische Konfliktdimension wird immer wieder auf die Notwendigkeit des persönlichen Friedens mit Gott, mit sich selbst und mit seiner persönlichen Umgebung verwiesen. Mitunter wird auch die Rangfolge aufgemacht, erst einmal im persönlichen Bereich für Frieden zu sorgen, bevor man sich mit dem Frieden im Großen befassen wolle. Auch beschränken sich, wie in der Einleitung aufgezeigt,[129] die meisten religionspädagogischen Arbeitshilfen zum Thema Frieden bislang hauptsächlich auf die nichtpolitische Ebene. In der Tradition der »kritischen Friedenserziehung«[130] hingegen wird »Frieden« primär als politische Aufgabe verstanden. Günther Gugel definiert deshalb Friedenspädagogik »als politische Erziehung [...], die zu gesellschaftskritischem und gesellschaftsveränderndem Denken und Handeln befähigen soll.«[131] Ihr Blickwinkel umfasse die individuelle, die gesell-

---

127 Vgl. Gugel, Günther (2011): Friedenserziehung. In: Gießmann, Hans J. & Rinke, Bernhard [Hg.]: Handbuch Frieden. Wiesbaden: VS Verlag, S. 149 ff.

128 Vgl. Wiater, Werner (2012): Bildung und Erziehung. In: Sandfuchs, Uwe u. a. [Hg.]: Handbuch Erziehung. Bad Heilbrunn: Verlag Julius Klinkhardt, S. 20 f.

129 Vgl. Abschnitt 1.4.

130 Vgl. Wulf, Christoph [Hg.] (1973): Kritische Friedenserziehung. Frankfurt am Main: Suhrkamp.

131 Gugel, Günther(2011): Friedenserziehung. In: Gießmann, Hans J. & Rinke, Bernhard [Hg.]: Handbuch Frieden. Wiesbaden: VS Verlag, S. 149.

schaftliche bis hin zur internationalen Beziehungsebene. Fritz Vilmar unterscheidet zwischen einer Friedenspädagogik in einem weiteren Sinn, die eigentlich jede Pädagogik sein sollte und einer in einem engeren Sinn. Letztere sei notwendig, damit der Begriff nicht seinen spezifischen Inhalt verliere, »den konkreten Bezug auf die politische Friedlosigkeit, auf ihre Ursachen und ihre mögliche Überwindung durch menschliches Handeln.«[132]

Zum Begriff »Religionspädagogik« im Blick auf das friedensethische Lernen
Wurde bis zum Ende der 1960er Jahre die Religionspädagogik als Didaktik der Theologie, als Vermittlungslehre theologischer Sachverhalte begriffen, in der der Pädagogik allenfalls der Rang einer Hilfswissenschaft zugebilligt worden war, so ist es inzwischen selbstverständlich geworden, religionspädagogische Theoriebildung als interdisziplinäre Verbundwissenschaft, als ein Gebiet der Praktischen Theologie zu betreiben. Harry Noormann benennt als ihren Gegenstand die »Frage nach dem Bildungsgehalt von Religion und Religiosität in Geschichte und Gegenwart im Deutungshorizont christlicher Botschaft und Tradition.«[133] Die Religionspädagogik sei eine »mäeutische Kunst«, eine »Hebammenmethode« im sokratischen Sinne. Unter Bezug auf Norbert Mette sieht er die Aufgabe der Religionspädagog_innen darin, Kinder und Jugendliche auf dem Weg, selbst herauszufinden, wer sie sein, was sie und wie sie glauben wollen, zu begleiten und zu unterstützen. Religionsunterricht ist demzufolge

> »der Resonanzraum für Frag-würdigkeiten, bei denen es ums Ganze geht, um Tod und Leben, Gott und das Böse, Glück und Leid, Zufall und Sinn, Unrecht und Gerechtigkeit, Anfang und Ende.«[134]

Mit dem Verständnis der christlichen Religionspädagogik als eines pädagogischen Handlungs- und Forschungsbereichs, können, so Reinhold Boschki, alle pädagogischen Grundgedanken, auch für religiöses Lehren und Lernen fruchtbar gemacht werden, wobei entscheidend sei, »dass die Termini Erziehung, Lernen und Bildung von der Realität der Beziehung qualifiziert werden.«[135] Unter Bezugnahme auf Martin Buber und Janusz Korczak definiert er Bildung als »Selbstbildung in Beziehung«. Beziehung meine hierbei zweierlei: Der Bezug zur umgebenden Welt (Geschichte, Kultur und Gesellschaft) und die personale Beziehung zu konkreten Menschen (Erziehern, Lehrern, Mitlernenden). Dies gilt

---

132 Zit. nach Nipkow, Karl-Ernst (2007): Der schwere Weg zum Frieden. Gütersloh: Gütersloher Verlagshaus, S. 314.
133 Noormann, Harry/Becker, Ulrich/Trocholepczy [Hg.] (2004²): Ökumenisches Arbeitsbuch Religionspädagogik. Stuttgart: Verlag W. Kohlhammer, S. 51.
134 Noormann, Harry/Becker, Ulrich/Trocholepczy [Hg.] (2004²), S. 47.
135 Vgl. Boschki, Reinhold (2008): Einführung in die Religionspädagogik. Darmstadt: Wissenschaftliche Buchgesellschaft, S. 83 f.

meines Erachtens insbesondere auch für die Aufnahme friedenspädagogischer Grundgedanken und für die religionsunterrichtliche Befassung mit der Friedensethik in der Kursstufe als einer – weil gesellschaftlich und kirchlich äußerst strittigen und im Blick auf den weiteren Lebensweg von Schüler_innen möglicherweise folgenschweren – sensiblen Thematik.

Hierbei bieten die von Boschki generell formulierten »Vier Schritte religionspädagogischer Erkenntnis« – Orientieren, Sehen, Urteilen und Handeln[136] – eine Strukturierungshilfe. Sie ermöglichen zyklische Lernprozesse,
– die eigene Standortbestimmung zu reflektieren,
– den Blick auf die konkreten Menschen zu schärfen und, unter Berücksichtigung des Vorgenannten,
– die religionspädagogischen Entscheidungen zu treffen und
– daraus die Handlungsoptionen zu entwickeln.

Ebenso bietet diese Schrittfolge einen auch im Religionsunterricht vermittelbaren Weg zur ethischen Entscheidungsfindung.[137]

---

136 Boschki, Reinhold (2008), S. 88 f. Boschki bezieht sich hierbei auf das »Drei-Schritt-Modell« des belgischen Arbeiterpriesters Joseph Cardijn aus den 1970er Jahren, das den religionspädagogischen Erkenntnisgewinn in die Schritte »Sehen – Urteilen – Handeln« gliederte.

137 Vgl. Lachmann, Rainer (2006): Ethische Urteilsbildung: Elemente, Kriterien, Perspektiven. In: Lachmann, Rainer & Adam, Gottfried/Rothgangel, Martin [Hg.]: Ethische Schlüsselprobleme: Lebensweltlich – theologisch – didaktisch. Göttingen: Vandenhoeck & Ruprecht, S. 13–22.

3 Empirischer Forschungsteil – Methodologie

3.1 Entscheidung für eine empirische Forschung qualitativer Art

Das im Forschungsdesiderat dieser Dissertation formulierte Erkenntnisinteresse, die einschlägigen Erfahrungen von christlich-pazifistisch eingestellten Persönlichkeiten als Basis einer Theoriebildung für die friedensethische Befassung im Religionsunterricht zu untersuchen, legt eine empirisch-qualitative Forschung nahe. In der Sozialforschung haben sich hierfür zwei unterschiedliche Dimensionen der Empirie herauskristallisiert: Die *quantitative* und die *qualitative* Form der empirischen Sozialforschung. Sie unterscheiden sich in Ansatz und Methodik wesentlich, lassen sich jedoch einander komplementär zuordnen.[138] Die quantitative Methode arbeitet mittels standardisiertem Fragebogen und metrischen Antwortmöglichkeiten. Sie geht deduktiv von einer Theorie aus, die sie durch eine repräsentative Stichprobe zu verifizieren bzw. zu falsifizieren sucht. Die qualitative Methode hingegen wählt den umgekehrten Weg: Sie gelangt induktiv von der Grundlagenerforschung zu einer Theorie. Anfänglich wurde der qualitativen Forschung, gemessen am naturwissenschaftlich orientierten numerischen Erkenntnisideal, nur eine Berechtigung als Vorstufe für die Konzeption einer quantitativen Forschung eingeräumt. Siegfried Lamneck weist jedoch mit Bezug auf die *Grounded Theory* von Glaser und Strauss darauf hin, dass die Generierung neuer Theorie der Überprüfung vorhandener Theorie in nichts nachstehen dürfe.[139] Da es bei der vorliegenden Forschung in erster Linie um die generelle Exploration möglicher Einstellungen christlicher Pazifist_innen und nicht um deren quantitative Präsenz und Gewichtung in Kirche und Gesellschaft gehen soll, ist die qualitative Forschung das

138 Kruse, Jan (2014): Qualitative Interviewforschung. Ein integrativer Ansatz. Weinheim und Basel: Beltz und Juventa, S. 18.
139 Lamnek, Siegfried (2005⁴): Qualitative Sozialforschung. Weinheim, Basel: Beltz-Verlag, S. 116.

Mittel der Wahl, macht sie doch eine Erforschung der qualitativen Tiefendimensionen von Texten möglich.

3.2 Entscheidung für die Befragung von Expert_innen

In der Exposéphase waren zunächst drei zu befragende Personengruppen im Blick: Die Schüler_innen als Zielgruppe unterrichtlichen Handelns, die Religionslehrer_innen als pädagogische Akteure sowie Persönlichkeiten mit einer christlich-pazifistischen Einstellung als Expert_innen, »für das Fach- und Themengebiet als relevant erachtete[.] Akteure«[140]. Bei jeweils mindestens zehn Interviewpartner_innen wäre dies jedoch nur mit einer starken thematischen Fokussierung auf eine oder zwei Fragen leistbar gewesen. Um eine größere inhaltliche Bandbreite erheben zu können und auch in der Erwartung profunder, im Laufe vieler Lebensjahre gereifter Einstellungen und Vorstellungen, erfolgte die Entscheidung, die Befragung auf die Expert_innen zu beschränken.

3.3 Theoretische Einleitung zum Expert_innen-Interview[141]

Das der qualitativen Sozialforschung zuzuordnende Expert_inneninterview stellt nach Jan Kruse keine eigene Interviewform, sondern »eine anwendungsfeldbezogene Variante des Leitfadeninterviews«[142] dar. Dieses gilt als Oberbegriff für eine bestimmte Art der qualitativen Interviewführung, die sich im Spannungsfeld zwischen großer Offenheit und starker Strukturierung befindet. Die Bedeutung des Interviewleitfadens reicht demnach von einer Kontrollliste zur Sicherstellung der Befassung aller relevanten Themen bis hin zu einer starken Steuerung des Interviewablaufs. Unabhängig davon muss jedoch in allen Fällen gewährleistet sein, dass die Fragen offen gestellt sind und bei den befragten Personen das Erzählen generieren können.

Das Spezifische des Interviewtypus Expert_innen-Interview ist nun weniger die Methode, als vielmehr die Zielgruppe der Expert_innen. Im Rahmen eines informationsorientierten Ansatzes sind sie Repräsentant_innen für bestimmte

---

140 Bogner, Alexander/Littig, Beate/Menz, Wolfgang [Hg.] (2009³): Experteninterviews. Theorien, Methoden, Anwendungsfelder. Wiesbaden: VS Verlag für Sozialwissenschaften, S. 8.

141 Die hier angewandte Forschungsmethodik orientiert sich an den Standardwerken: Bogner, Alexander/Littig, Beate/Menz, Wolfgang [Hg.] (2009³) sowie Kruse, Jan (2014): Qualitative Interviewforschung. Ein integrativer Ansatz. Weinheim und Basel: Beltz und Juventa, S. 168–189.

142 Kruse (2014), S. 168, 207.

Handlungsweisen, Sichtweisen und Wissenssysteme eines fachlichen Feldes. Die mit ihnen geführten Interviews gleichen dem Einholen mündlicher Gutachten, Stellungnahmen oder Expertisen. Michaela Pfadenhauer plädiert zur Begriffs-schärfung zudem dafür, nur jene Gesprächsform als »Experteninterview« zu bezeichnen, die sich im Blick auf das Verhältnis Befragte/r und Interviewer_in auf die Kurzformel »auf gleicher Augenhöhe reden« bringen lasse.[143]

Die in der Methoden- bzw. Forschungsliteratur oftmals vorgenommene starke Abgrenzung zu eher narrativ orientierten Interviews problematisiert Kruse, verschenke sie doch erkenntnisgenerierende Potentiale. Narrative In-terviews seien im Prinzip ebenfalls keine eigene Interviewform, sondern eine durch die Aufforderung zum Erzählen generierte Textsorte der »diachrone[n] Darstellung eines Wandels eines Ich oder einer Sache bzw. eines Themas in der Zeit.«[144] Im Unterschied zu journalistischen Interviews, in denen auf direkte Fragen direkte Antworten erwartet werden, sind qualitative Interviews

> »offene Gespräche, in denen die Interviewten auf einige Fragen hin ganz frei all das erzählen sollen, was für sie wichtig ist. In qualitativen Interviews stehen nicht die Fragen der Forschenden im Vordergrund, sondern die ausführlichen Antworten der Befragten.«[145]

Alexander Bogner und Wolfgang Menz sehen die Vorzüge des Expert_innen-Interviews vor allem in der dichten Datengewinnung und in der Abkürzung aufwändiger Erhebungsprozesse, sofern die Expert_innen als Kristallisations-punkte von Insiderwissen betrachtet und stellvertretend für eine Vielzahl zu befragender Akteure interviewt werden. Hingegen ist Michaela Pfadenhauer der Auffassung, das Experten_innen-Interview tauge weit weniger »als Instrument zur schnellen, die Zeitaufwendungsmühen der Teilnahme sozusagen kompen-sierenden Datengenerierung«, sondern setze hohe Feldkompetenzen und hohe Feldakzeptanz zwingend voraus.[146]

Bogner und Menz benennen als weiteren Vorteil des Expert_innen-Inter-views, dass es zu einem erleichterten Feldzugang durch Verweisungszusam-menhänge und zum erleichterten Zugang zu einem erweiterten Expert_innen-Kreis komme. Als Sekundärmotive verweisen sie auf die unter Expert_innen hohe Bereitschaft zum Interview und die hohe Kooperationsbereitschaft sowie auf die annähernd symmetrische Kommunikationsbeziehung zwischen Inter-viewer_in und Befragten. Zugleich geben sie jedoch zu bedenken, inwieweit nicht die Gefahr bestehe, im naiven Glauben an die Absolutheit des Experten-

---

143 Pfadenhauer. Michaela (2009): Auf gleicher Augenhöhe. Das Experteninterview – ein Ge-spräch zwischen Experte und Quasi-Experte. In: Bogner u. a. (2009, 3. Aufl.), S. 107.
144 Kruse (2014), S. 171.
145 Kruse (2014), S. 261.
146 Pfadenhauer (2009), S. 113.

wissens einem vorreflexiven Expertenbegriff das Wort zu reden. Korrigierend empfehlen sie deshalb einen kritischen Blick auf die aktuellen sozialwissenschaftlichen Debatten um Experten und Expertise, die hier – soweit sie für meine Forschung von Bedeutung sind – skizziert werden:[147]

Nach einer in der Soziologie anfänglich klaren, horizontalen Trennung zwischen Expert_innen und Lai_innen, sei in einer zweiten Phase durch die Dechiffrierung der Geltung des Expert_innen-Wissens als Konstruktionsprozess eine Entmystifizierung der Wissenschaft erfolgt.[148] In einer dritten Phase des sogenannten realistischen Ansatzes (»realist approach«) wird davon ausgegangen, dass Expertise aufgrund der Zugehörigkeit zu Expert_innen-Gruppen erworben werde und somit zwischen dem Faktenwissen der Expert_innen und dem Erfahrungswissen der Lai_innen zu unterscheiden sei. Allerdings erforderten komplexe Sachlagen die Partizipation weiterer Wissensformen, in der Hoffnung, dass dies zu einer »richtigeren« Repräsentation der Welt führe.

Aus politologischer bzw. demokratietheoretischer Perspektive werde das Expert_innentum vorrangig als Herausforderung für die Demokratie problematisiert, weil seine Autorität als Faktenbasis in der politischen Debatte gelte. Es bestehe ein Spannungsverhältnis zwischen der Expertise als notwendiger Grundlage einerseits und als ideologische Präformierung politischer Entscheidungen andererseits.[149]

In der gesellschaftstheoretischen Diskussion werde jedoch auch auf die demokratisierenden Nebenfolgen des Expertise-Booms hingewiesen. So betrachte man das Expert_innen-Wissen »als Medium und Kristallisationspunkt gesellschaftlicher Konflikte, als Stimulus und Medium eines emanzipativen Kampfes um Definitionsverhältnisse.«[150] In Durchsetzung des aufklärerischen Ideals werde die Expertise somit »zu einem Moment gesellschaftlicher Selbstaufklärung.«[151] Bogner und Menz sprechen in diesem Zusammenhang von einer »Diversifizierung des Experten«.[152] In der Figur des Gegen- oder Anti-Experten, der in Risikokontroversen die kritischen NGOs berät, betrete im Rationalitätenwettstreit ein neuer Akteur die Bühne. Konstitutiv für diesen »posttraditionalen« Expert_innen-Typus sei seine medial vermittelte politische Wirkmächtigkeit.

Bei Entscheidungsbereichen mit offensichtlichem Wertebezug seien Expert_innen zunehmend auf die Einbeziehung von Laien angewiesen.

---

147 Bogner u.a. (2009³), S. 8–10.
148 Bogner u.a. (2009³), S. 11.
149 Bogner u.a. (2009³), S. 12.
150 Bogner u.a. (2009³), S. 12.
151 Bogner u.a. (2009³), S. 12.
152 Bogner u.a. (2009³), S. 12.

»Gerade dort, wo Probleme nicht als Wissens-, sondern als Wertefragen gerahmt sind und verhandelt werden, macht die vormals starre Hierarchie zwischen Experten und Laien tendenziell flexiblen und situativen Interaktionsstrukturen Platz.«[153]

In Risikokontroversen, die durch Expert_innen-Dissens und Konkurrenz gleichartiger Wissensformen geprägt sind, gehe es weniger um die Differenz zwischen Expert_innen und Lai_innen als vielmehr um die Unterscheidung zwischen Expert_innen und Gegenexpert_innen.

Aufgrund dieser Aspekte ist es für die Planung einer Befragung erforderlich, den Begriff der Expertin, des Experten zu definieren, die Abgrenzung des Expert_innen-Wissens von anderen Wissensformen zu bestimmen, sowie die am Forschungsziel orientierte Form der Gesprächsführung zu wählen.

Typologisch lassen sich Expert_innen-Interviews nach drei Zielsetzungen differenzieren:

(1) *Explorative Expert_innen-Interviews* sollen zu einer ersten Orientierung über ein neues, unübersichtliches Feld dienen, das Untersuchungsgebiet thematisch strukturieren.

(2) *Systematisierende Expert_innen-Interviews* zielen auf eine systematische und lückenlose Informationsgewinnung, Expert_innen klären über »objektive« Tatbestände auf und fungieren in erster Linie als »Ratgeber«.

(3) *Theoriegenerierende Expert_innen-Interviews* versuchen die subjektive Dimension des Expert_innen-Wissens zu erschließen zum Zwecke einer theoretisch gehaltvollen Konzeptualisierung von impliziten Wissensbeständen, Weltbildern und Routinen.[154]

3.3.1 Expert_innen-Definition

Für den Expert_innen-Status findet sich eine breite Palette von Definitionen. So weist Cornelia Helfferich darauf hin, dass in einem weiten Sinne alle Menschen als Expert_innen ihres Lebens gelten, während ein enger Begriff auf eine Funktionselite abhebe.[155] Davon unabhängig wird der Expert_innen-Status von der forschenden Person verliehen, indem sie Personen als Expert_innen identifiziert und für die Befragtenrolle gewinnt. Um nun eine inflationäre Ausdehnung des Expert_innen-Begriffs zu vermeiden, fragen Meuser und Nagel[156] nach den Eigentümlichkeiten, die das Expert_innen-Handeln und -Wissen von an-

153 Bogner u. a. (2009³), S. 13.
154 Bogner u. a.(2009), S. 64–67.
155 Helfferich, Cornelia (2011⁴): Die Qualität qualitativer Daten. Manual für die Durchführung qualitativer Interviews. Wiesbaden: VS Verlag für Sozialwissenschaften, S. 163.
156 Meuser, Michael & Nagel, Ulrike: Experteninterview und der Wandel der Wissensproduktion. In: Bogner, Alexander/Littig, Beate/ Menz, Wolfgang [Hg.] (2009³), s. o., S. 37 ff.

deren Wissensformen und vom Alltagshandeln und -wissen unterscheiden und nennen als Kriterien den Wissensvorsprung mit daran geknüpfter Definitionsmacht sowie die institutionalisierte Kompetenz zur Konstruktion von Wirklichkeit. Neben der traditionellen Entwicklung des Expert_innen-Begriffs entlang der Berufsrolle haben sich durch den gesellschaftlichen Wandel neue Formen der Wissensproduktion an deren Seite gestellt. Während im sogenannten Modus 1 Wissen disziplinär generiert werde, finde – beginnend in den 1960er Jahren – die Wissensproduktion im Modus 2 in breiteren, transdisziplinären Kontexten statt. Es sei ein

> »Prozess des expliziten Sichtbarwerdens der problematischen und ambivalenten Folgen des industriegesellschaftlichen Modernisierungsprozesses mit seiner Fortschrittslogik der funktionalen Differenzierung, Verwissenschaftlichung und Disziplinarität. Sie gerät zunehmend in die Kritik, und dies geht einher mit einer erstarkenden Fortschrittsskepsis.«[157]

Beispielhaft sei dies bei der Frage der friedlichen Nutzung der Atomenergie, aber auch ab den 1980er Jahren bei den neuartigen Problemwahrnehmungen in der globalen Dimension zu beobachten. Hinzuzufügen sind an dieser Stelle auch die Auseinandersetzungen um das Wettrüsten mit Massenvernichtungswaffen, wie auch um die weltweiten sozialen Nöte und ökologischen Herausforderungen. Das Dilemma des traditionellen, im Modus 1 erzeugten, wissenschaftlichen Expert_innen-Wissens sei es, einer vermehrten Nachfrage nach Deutungs- und Orientierungswissen zu begegnen und gleichzeitig in einer Geltungskrise zu sein, »weil es die Risiken, die es zu heilen antritt, selbst produziert.«[158] In dieser paradoxen Situation der Infragestellung des Modus 1 der Wissensproduktion etabliere sich als Modus 2 die Welt der Gegenexpert_innen, Gegenexpertise und alternativen Öffentlichkeiten, teilweise auch in außerberuflichen Kontexten und Gegenexpert_innen-Systemen. Dies gelte sowohl für lokale und regionale Kontexte bis hin zu globalen Zusammenhängen wie beispielsweise die NGOs.

> »Diese Akteure erwerben durch ihre Tätigkeit – und nicht unbedingt durch ihre Ausbildung – ein Sonderwissen, weil sie über einen privilegierten Zugang zu Informationen verfügen. [...] Die Bestimmung von Experten als aktive Partizipanten hebt ab auf die spezifischen Funktionen, die solche Personen problembezogen einbringen, sei es in der beruflichen Rolle, sei es in einer ehrenamtlichen Tätigkeit. Das in der Ausübung solcher Funktionen erworbene Sonderwissen ist Gegenstand des Experteninterviews.«[159]

Dabei verliere sich die Trennschärfe zwischen Expert_innen und Lai_innen.

---

157 Meuser & Nagel (2009³), S. 39.
158 Meuser & Nagel (2009³), S. 40.
159 Meuser & Nagel (2009³), S. 44.

3.3.2 Bestimmung des Expert_innen-Wissens

Entsprechend der dargestellten Expert_innen-Definition kann das Expert_innen-Wissen neben wissenschaftlichen Tatbeständen auch nichtwissenschaftlich generiert oder außerberuflich erworben, erfahren oder erlitten worden sein. Nach Meuser und Nagel kommt es hier zum

> »Crossover zwischen dem Expertenwissen von aktiven Partizipanten und beruflich-wissenschaftlichen Experten, zu Hybridbildungen zwischen früher getrennten Wissens- und Sinnwelten, zu Vermischungen und Grenzüberschreitungen, zwischen Peripherie und Zentrum zwischen Alltagserfahrung und systematischem Wissen, zwischen lokaler und globaler Expertise.«[160]

Demzufolge wird für die Durchführung und Auswertung des Expert_innen-Wissens der Aspekt der soziokulturellen Bedingungen und der milieuhaften Umstände relevant. Das Forschungsinteresse gilt, weil eine Trennung kaum möglich ist, nicht nur der Expertin/dem Experten als Funktionsträger_in, sondern wird – zum Beispiel bei motivationalen Aspekten – auch auf sie/ihn als Privatperson gelenkt.

> »Die Relevanzen der Privatperson werden allerdings daraufhin betrachtet, wie sie in die für das Expertenhandeln primären funktionsbezogenen Relevanzen einfließen.«[161]

Trotz dieser Berücksichtigung ist das Expert_innen-Interview kein biographisches Interview, denn nicht die Person als Ganzes bildet den Hauptgegenstand der Analyse, sondern ihre Expertise, ihr Expert_innen-Handeln im Sinne des institutionell bestimmten Rahmens.

3.3.3 Qualitatives Sampling

Der Stichprobenumfang für eine qualitative Befragung kann sehr stark variieren, von Einzelfallanalysen bis in den dreistelligen Bereich. Nach Cornelia Helfferich ist er

> »in seiner Angemessenheit, was die Konzeption des Forschungsgegenstandes, die angestrebte Verallgemeinerbarkeit und die Festlegung der Auswertungsstrategien angeht zu begründen.«[162]

Die übliche Stichprobengröße beginnt bei N=6.

---

160 Meuser & Nagel S. 45.
161 Meuser & Nagel (2009³), S. 46.
162 Helfferich (2011⁴), S. 175.

Beim Sampling lassen sich zwei praktische Strategien unterscheiden: Bei der theoretisch begründeten Vorabfestlegung des *Samples* erfolgt die Auswahl der Befragten über einen Stichprobenplan,

> »der die Heranziehung von empirischen Fällen auf der Basis zuvor theoretisch begründeter, verschiedener Merkmalsausprägungen definiert. Hier wird nach dem Prinzip der maximalen strukturellen Variation eine Spanne von extrem unterschiedlichen Feldtypen aufgebaut. Die Merkmalskategorien werden zu Beginn des Forschungsprojekts von vornherein theoretisch festgelegt, um dann passende Interviewpersonen zu suchen.«[163]

Der zweite Weg ist das *theoretical sampling* (aus der *Grounded Theory Methodology*), bei der die Stichprobe zunächst mit einer minimalen Fallauswahl von zwei oder drei minimal oder maximal variierenden Interviews begonnen und dann im Verlauf der Feldforschungsphase bzw. des Datenerhebungsprozesses die Fallauswahl schrittweise erweitert wird.[164]

3.3.4 Interviewführung

3.3.4.1 Leitfadenentwicklung

Die Entscheidung für eine bestimmte qualitative Forschungsmethode hängt stark von Forschungsgegenstand und Forschungszielen ab. Das Leitfadeninterview befindet sich in der Mitte zwischen den Polen »kaum strukturiert« bis »stark strukturiert«.[165]

Cornelia Helfferich nennt als Anforderungen an die Leitfadengestaltung unter anderem die Ermöglichung von Offenheit, die Begrenzung der Fragenanzahl zur Gewährung ausreichender Äußerungszeit, sowie die dem »natürlichen« Erinnerungs- und Argumentationsfluss folgende Komposition (Fragen mit längerer Darstellungsgenerierung an den Anfang). Zudem können anstelle von Frageformulierungen Sichtworte vorgegeben oder beides mit Zusätzen versehen werden. Bei Expert_innen-Interviews könne der Leitfaden stärker strukturiert sein und seien unspezifische Erzählaufforderungen nicht zu empfehlen.[166]

3.3.4.2 Interaktionsstrukturen

Im Unterschied zu den meist mittels (Online)Fragebogen anonym durchgeführten quantitativen Befragungen spielt im qualitativen Interview die Inter-

---

163 Kruse (2014), S. 253.
164 Kruse (2014), S. 253.
165 Kruse (2014), S. 228f.
166 Helfferich (2011⁴), siehe oben, S. 179–181.

aktion zwischen Interviewer_in und der befragten Person eine ganz wesentliche Rolle. Während der/die Interviewende bei dem/der Befragten die auf der Tiefenschicht der menschlichen Psyche angesiedelten Einstellungen, Situationsdefinitionen und Handlungsorientierungen ans Tageslicht fördern möchte, ist er/sie

> »zugleich aber auch Quelle von Fehlern und Verzerrungen, die den Prozess der ›validen‹ Evokation und Rekonstruktion der ›wirklichen‹ Werte behindert oder verfälscht.«[167]

Auch speziell innerhalb der Expert_innen-Interview-Debatte werden mit dem Begriff »Interaktionseffekte« die »Gefährdungen der angestrebten Interaktionsstruktur sowie Verzerrungen und Abweichungen vom Ideal der anvisierten Interviewführung bezeichnet.«[168] Diese situativen Einwirkungen gilt es produktiv einzusetzen, »sie sind konstitutiv für jeden Prozess der Datenproduktion.«[169]

Hinsichtlich des sozialen Verhältnisses zwischen Interviewer_in und der/dem Befragten unterscheiden Bogner und Menz sechs Typen von Zuschreibungen. Der/die Interviewer_in kann folgende Positionen haben:
(1) Co-Expert_in – gleichartige Fachkompetenz
(2) Expert_in einer anderen Wissenskultur – gleichwertige Fachkompetenz
(3) Lai_in – niedrigere Fachkompetenz
(4) Autorität – überlegene Fachkompetenz
(5) Kompliz_in – gemeinsamer normativer Hintergrund
(6) Potenzielle/r Kritiker_in – divergenter normativer Hintergrund

Diese unterschiedlichen Typen haben jeweils ihre Folgerungen und Auswirkungen für die Kommunikationssituation, die Voraussetzungen und Vorbereitungen auf Seiten der/des Interviewenden, die Frageform und für ihre spezifische Geeignetheit und ihren Anwendungsbereich.[170]

3.3.4.3 Gesprächsführung

Beate Littig betont, dass im Interesse der Wissensgenerierung für wissenschaftliche Zwecke über ein spezifisches Forschungsgebiet die Interviewführung sehr offen anzulegen sei. Die Befragten sollen breiten Raum haben, ihre Sichtweisen zu entfalten. Dies erfordere seitens der forschenden Person einerseits eine hohe Flexibilität in Bezug auf die Handhabung des Leitfadens, ohne ihn aus

---

167 Bogner, Alexander u. a. (2009³), S. 75.
168 Bogner, Alexander u. a. (2009³), S. 75.
169 Bogner, Alexander u. a. (2009³), S. 75.
170 Bogner, Alexander u. a. (2009³), S. 77–89.

dem Blick zu verlieren, zum anderen eine – sich schon in der Gesprächsan-
bahnung und in der Leitfadengestaltung erweisende – Fachkompetenz (Fach-
kenntnisse, Fachvokabular, Insiderkenntnisse), um das Gespräch auf gleicher
Augenhöhe führen zu können.[171] Jan Kruse leitet aus den für die qualitative
Sozialforschung prägenden Prinzipien Offenheit und Kommunikation eine
nicht-direktive, also eine nicht steuernde und nicht strukturierende Interviewführung ab. Auf Seiten der Interviewenden sei somit die Bereitschaft für
Lern- und Erfahrungsprozesse mitzubringen. Die kommunikativen Interventionen müssten weitestgehend hörer_innenorientiert, den Relevanzsystemen
der Befragten folgend und erzählgenerierend sein – »um den Befragten weitestgehend das monologische Rederecht zu überlassen, damit sie so viel wie
möglich von sich aus explizieren können.«[172]

3.3.4.4 Interviewdokumentation

Qualitative Interviews werden akustisch aufgezeichnet und für die spätere methodisch angemessene Auswertung im Wortlaut transkribiert.

Vor dem jeweiligen Interview ist mit der befragten Person die Gewährleistung
des Datenschutzes, die Frage der eventuellen Anonymisierung der Interview-
äußerungen beziehungsweise deren Veröffentlichung abzuklären, sowie das
Einverständnis für eine vorgesehene Veröffentlichung einzuholen.[173]

3.3.5 Qualitative Datenanalyse

3.3.5.1 Erkenntnisprozesse

Die empirische Sozialforschung hat nach Jan Kruse die Aufgabe, der Wirklichkeit »auf die Spur« zu kommen, sie sei deshalb die systematische Gestaltung
von Erkenntnisprozessen. Die Problematik bestehe darin, wie neue, nicht-tau-
tologische Erkenntnisse ermöglicht werden, und wie über sprachliche Mittel in
kommunikativen Settings sprachlich konstruierte Wirklichkeit rekonstruiert
werden könne. Er unterscheidet zwischen drei Erkenntnisverfahren: Bei der
Deduktion werde durch die Subsumtion von Resultaten unter eine Regel ein Fall
konkretisiert, ohne jedoch neues Wissen zu generieren. Bei der qualitativen
Induktion werde ein konkreter Fall angenommen, und zwar über ein beobach-
tetes Resultat (das aber bereits eine Kombination von Resultaten im Sinne eines

---

171 Littig, Beate (2009): Interviews mit Eliten – Interviews mit ExpertInnen. In: Bogner u. a.
     s. o., S. 125f.
172 Kruse (2014), S. 267.
173 Kruse (2014), S. 262f.

qualitativen Musters ist) in Verbindung mit der Kenntnis einer Regel, welche das beobachtete Muster annäherungsweise beschreiben könne. Im Unterschied zu diesen beiden Erkenntnisverfahren, die kein neues Wissen produzierten, sondern nur unterschiedliche Wissensgrößen anwendeten, führe die *Abduktion* neues Wissen ein. Dies geschehe im Sinne einer neuen Perspektive auf bestehende Elemente, die sich zu einem neuen Ganzen gruppierten und eine neue Sichtweise bildeten. Neues Wissen könne nur generiert werden, wenn man sich skeptisch, trotzig gegenüber der Anwendung bereits bewährtem, selbstverständlichem Wissen verhalte.

Da empirische Sozialforschung stets selektiv, tentativ sei und immer hypothetisch bleibe, komme es für eine Qualitätssicherung auf eine spezifische Haltung gegenüber Wirklichkeit und Erkenntnisprozessen an. Diese lasse sich in drei Axiomen konzeptualisieren und bildeten die Voraussetzung für die rekonstruktive Sozialforschung: (1) Wirklichkeit sei niemals objektive Wirklichkeit, sondern stets interaktiv bzw. sozial konstruierte Wirklichkeit, die in verschiedenen Versionen vorliege und stets kontingent sei. (2) Alles habe oder ergebe einen Sinn, die Existenz einer Wirklichkeit habe einen Grund, der erst im Nachhinein zu werten sei. (3) Nichts sei selbstverständlich. Die Infragestellung des Selbstverständlichen sei eine erste Voraussetzung, sich von Selbstverständlichkeiten im Blick auf die eigenen Wirklichkeitskonstruktionen lösen.[174]

3.3.5.2 Erkenntnismethoden

Die Forderung nach Erhebungsmethoden, die die Befragten viel stärker selbst zur Sprache kommen und latente Sinnstrukturen erkennen lassen, führte zur Herausbildung verschiedener Auswertungsmethoden. Philipp Mayring unterscheidet hierbei (1) verschiedene Ansätze *sozialwissenschaftlicher Hermeneutik*, (2) die *kritischen* Ansätze (z.B. feministische Forschung), (3) die *narrativen* Ansätze (z.B. in der Biographieforschung), (4) die *deskriptiven* Ansätze (z.B. ethnologische Feldforschung) und (5) die *explorativen, theoriebildenden* Ansätze. Bei den Letztgenannten werden, so Mayring, »[i]n einem vorwiegend induktiven Prozess [...] aus dem Material Theoriebausteine exploriert.«[175]

Das für die qualitative Interviewführung wichtige Wesensmerkmal Offenheit hat auch in der qualitativen Analyse des so gesammelten Datenmaterials seine Bedeutung. Jan Kruse lehnt deshalb die Vorabfestlegung auf ein bestimmtes Analyseverfahren – z.B. die *Grounded Theory,* die »qualitative Inhaltsanalyse nach Mayring« oder die »dokumentarische Methode nach Bohnsack« – als

---

174 Kruse (2014): S. 134–148.
175 Mayring, Philipp (2010[11]): Qualitative Inhaltsanalyse. Grundlagen und Techniken. Weinheim und Basel: Beltz Verlag, S. 9f.

»scharfe[n] Bruch mit dem Prinzip der Offenheit«[176] ab. Denn dieses Prinzip besage eigentlich, dass man erst im Analyseprozess von den Daten ausgehend zu einem Verfahren gelangen könne. Diese Entscheidungsproblematik befinde sich im Spannungsfeld von epistemologisch-methodologischen, gesellschaftstheoretischen und verfahrens-praktischen Positionierungen. Er schlägt statt der methodischen Vorabfestlegung ein »integratives Basisverfahren« vor, das einen Gestaltungsrahmen dafür bereitstellt, sich von den Daten aufzeigen zu lassen, wie sie analysiert werden wollten.

Eine weitere begriffliche Differenzierung ist nach Kruse zwischen der *qualitativen Forschung* im weiteren Sinne und der *rekonstruktiven Forschung* im engeren Sinne vorzunehmen. Während die *qualitative* Forschung zuerst eher die umfassende und detaillierte, deskriptive Analyse stets sinnhafter sozialer Wirklichkeit darstelle, versuche die rekonstruktive Forschung »den Sinn hinter dem Sinn« zu erschließen.[177]

3.3.5.3 Analyseprozess

Bezüglich des Ablaufs einer Datenanalyse haben Thorsten Dresing und Thorsten Pehl einen Arbeitsvorschlag entwickelt, in dem methodenübergreifend einige gemeinsame Verfahrensaspekte der Analysearbeit herausgefiltert sind. In den meisten qualitativen Forschungsprojekten seien die folgenden fünf Arbeitsschritte im Auswertungsprozess bedeutsam:
(1) Transkribieren
(2) Lesen und Entdecken
(3) Strukturieren
(4) Zusammenfassen
(5) Reflexion und Theorieentwicklung[178]

Die Interpretation des Textmaterials kann an unterschiedlichen Zielsetzungen orientiert sein. Diese lassen sich nach Philipp Mayring auf drei Grundformen zurückführen:
(1) *Zusammenfassung:* Das Textmaterial wird so auf einen überschaubaren Korpus reduziert, dass die wesentlichen Inhalte erhalten bleiben und somit das Grundmaterial abbilden. Es werden induktiv Kategorien gebildet.
(2) *Explikation:* Zu fraglichen Texteilen wird zusätzliches Material zur Verständniserweiterung, Erläuterung, Erklärung und Ausdeutung herangetra-

---

176 Kruse (2014), S. 371.
177 Kruse (2014), S. 25.
178 Dresing, Thorsten & Pehl, Thorsten (2014): Computergestützte Analyse qualitativer Daten mit f4analyse. In: Kruse, Jan: S. 618–623.

gen. Die enge Kontextanalyse lässt nur Material aus dem Text zu, während die weite Kontextanalyse bis zum gesamten Verstehenshintergrund und Assoziationsvermögen der Interpretin/des Interpreten zur Explikation reichen kann.

(3) *Strukturierung:* Aus dem Textmaterial werden unter vorher festgelegten Ordnungskriterien im Sinne einer deduktiven Kategorienanwendung bestimmte Aspekte herausgefiltert. Dabei ist zwischen der formalen, der inhaltlichen, der typisierenden und die skalierenden Strukturierung zu unterscheiden.[179]

3.3.5.4 Gütekriterien der Inhaltsanalyse

Die klassischen Gütekriterien der sozialwissenschaftlichen Methodenlehre werden in Maße der *Reliabilität* (Zuverlässigkeit) und in Maße der *Validität* (Gültigkeit) eingeteilt. Weil deren Anwendung bei der qualitativen Inhaltsanalyse jedoch sehr kontrovers beurteilt wird, wurden hierfür eigene Konzepte inhaltsanalytischer Gütekriterien entwickelt. Von diesen kommen für die vorliegende Forschung die *semantische Gültigkeit* (Richtigkeit der Bedeutungsrekonstruktion des Materials, Angemessenheit der Kategoriendefinitionen) und die *Stichprobengültigkeit* (genaue Definition der Grundgesamtheit, Repräsentativitätsüberlegungen und ökonomische Erwägungen, genaue Beschreibung der Entstehungssituation der Materialproduktion) in Betracht.[180]

3.4 Forschungsdesign[181]

3.4.1 Forschungsfrage

Wie lässt sich eine christlich-pazifistische Einstellung theologisch, religionspädagogisch und ethisch begründen,
welche Perspektiven eröffnet sie und wie lassen diese sich realisieren,
welche Grundfragen und Probleme sind damit verbunden und
welche Folgerungen ergeben sich daraus für die Befassung im Religionsunterricht der Oberstufe?

---

179 Mayring (2010[11]), S. 65 ff.
180 Mayring (2010[11]), S. 116 ff. und S. 52 f.
181 Kruse (2014), S. 635 ff.

3.4.2 Selbstreflexion

Im qualitativen Forschungsprozess ist auch die forschende Person selbst, mit ihrem persönlichen bzw. forschungsbiographischen Bezug zum Forschungsthema sowie mit ihrem subjektiven Erkenntnisinteresse, sowohl für die Befragung wie auch für deren Analyse ein wesentlicher Faktor. Dem soll der folgende Abschnitt Rechnung tragen:

Ich, Theodor Ziegler, wurde 1953 geboren und wuchs in einer Kleinstadt nördlich von Stuttgart auf. Von meinen Eltern und meiner Verwandtschaft wurde zwar über ihre erlittenen Kriegserfahrungen,[182] nicht aber über die Auswirkungen der deutschen militärischen Handlungen im gegnerischen Lager gesprochen. Die Kriegsfolgen wurden bedauernd erwähnt, ohne jedoch politische Konsequenzen daraus für die Gegenwart abzuleiten. Krieg galt als eine Art unabweisbarer Naturkatastrophe, in der man sich und auch sein Gottvertrauen zu bewähren habe. Dementsprechend ohne Arg erhielten mein Bruder und ich zu Weihnachten und Ostern von der Verwandtschaft regelmäßig Kriegsspielzeug geschenkt. Trotz der kirchlich und teilweise pietistisch geprägten Umgebung wurde zwischen dem Evangelium und dem Kriegführen kein Widerspruch gesehen. Biblische Aussagen dienten eher als persönlicher Trost angesichts der Kriegsfolgen, anstatt als ethische Orientierung gegen die Kriegsbeteiligung interpretiert zu werden. Infolge dieser Sozialisation war ich in meiner Kindheit ziemlich militärbegeistert und entwickelte eine romantisierende Vorstellung des Militärischen und des Krieges. Nicht zuletzt die sogenannten, vormilitärische Züge tragenden, Geländespiele mit dem Ziel der Eroberung des gegnerischen Wimpels und manche Lieder[183] in der kirchlichen Jugendgruppe sowie die Bundeswehrwerbung[184] förderten in mir diese Einstellung. Mit siebzehn Jahren erfolgte dann ein Bruch: Bilddokumentationen in der Illustrierten Stern über die, auch seitens der US-Army begangenen, Grausamkeiten im Vietnamkrieg beseitigten mein unkritisches, naives Militärbild. Bei einer Veranstaltungsreihe

---

182 Folgende Redensarten sind mir in bleibender Erinnerung: »Tante B. wurde *ausgebombt,*« »E. ist *vermisst,*« »Nachbar Z. hat seinen Arm *im Krieg verloren,*« »Onkel A. ist seit einem *Bauchdurchschuss* querschnittsgelähmt,« »Onkel C. ist *Kriegszitterer,*« »F. ist *im Krieg geblieben,*« »Der Sohn von Frau M. ist *gefallen.*« Vor dem Abgang zu einer Reise oder Wanderung sagte mein Großvater regelmäßig: »Die *Marschbereitschaft* kann gemeldet werden.« Und mein Großonkel pädagogisierte: »Bub, merk' dir: Wer nicht *gehorchen* kann, kann nicht auch *befehlen.*« Mit dem Lied »Ich hatt' einen *Kamerad*en« brachte mir meine Mutter das Mundharmonikaspiel bei.

183 Geistlich gemeinte Lieder wie beispielsweise: »Zum Kampf ihr Streiterscharen, die ihr dem Herrn euch weiht, ...« oder »Herr, wir stehen Hand in Hand ... Welten stehn um dich im Krieg,gib uns Teil an deinem Sieg ... Wort zur Tat und Waffen blank ...« ließen durch ihre militärischen Metaphern keinen Raum für Militärkritik.

184 In Form schwarz-weißer doppelseitiger Anzeigen der Bundeswehr in der Monatszeitschrift »Readers Digest«.

des Jugendbundes für entschiedenes Christentum (EC) im Herbst 1968 wurde ich erstmals auf das gewaltfreie Engagement des in jenem Frühjahr ermordeten Martin Luther King aufmerksam. Somit war es für mich nach der militärischen Erfassung folgerichtig, den Kriegsdienstverweigerungsantrag zu stellen. In der zweistündigen Gewissensprüfung im Frühjahr 1972 beim Kreiswehrersatzamt wurde mir die Unverzichtbarkeit militärischer Gewaltpotentiale angesichts der fraglos attestierten Aggressivität der damaligen Sowjetunion entgegengehalten. Obwohl die von mir vorgebrachten gewaltfreien Verhaltensweisen als gänzlich realitätsfern abgewiesen wurden, erkannte man mir schlussendlich die Berechtigung zur Kriegsdienstverweigerung aus Gewissensgründen zu.

Im Rahmen meiner beruflichen Tätigkeit als kirchlicher Jugendreferent war ich ab 1977 in Nordbaden nebenamtlich und ab 1982 hauptamtlich für die gesamte badische Landeskirche mit der Beratung von Kriegsdienstverweigerern und Seelsorge für Zivildienstleistende beauftragt. Im Kreise der damaligen kirchlichen Beistände für die Beratung der Kriegsdienstverweigerer bestand Einigkeit darüber, dass die Kriegsdienstverweigerung nicht nur ein individuelles Ausnahmerecht für besonders sensible junge Männer sein konnte, sondern als Anwendung jesuanischer Ethik einen politischen Auftrag für die gesamte Kirche Jesu Christi darstellte. Somit verstärkte sich auch bei mir das Interesse an der Entwicklung friedenspolitischer Alternativen zum Militär. Diese Fragestellungen waren ebenso nach meinem 1996 erfolgten Wechsel in den Religionsunterricht an beruflichen Schulen immer wieder Gegenstand friedensethischer Unterrichtseinheiten.

Das Fazit meiner 2010 bei Prof. Dr. Wilhelm Schwendemann an der Evangelischen Hochschule Freiburg eingereichten Masterthesis »Friedensethik in der Bibel – Perspektiven für eine nichtmilitärische Konfliktkultur. Eine Systematisierung biblischer Aussagen im Vergleich mit der friedensethischen EKD-Denkschrift von 2007«[185] war in Form einer fiktiven Eingabe an die Landessynode formuliert. Diese wurde dann durch den Friedensarbeitskreis im Kirchenbezirk Breisgau-Hochschwarzwald realisiert und bildete den Anstoß für einen friedensethischen Diskussionsprozess in der badischen Landeskirche. Nach einer breiten Diskussion in fast allen Kirchenbezirken fasste die Landessynode im Oktober 2013 den Beschluss, sich aufzumachen auf den Weg zur »Kirche des gerechten Friedens«.[186] Seitdem gibt es vielfältige Bemühungen in Projektgruppen zur Umsetzung der Beschlusskonkretionen, unter anderem für eine friedensethische Qualifizierung kirchlicher Mitarbeiter_innen und für die

---

185 Registrationsnummer in der Bibliothek der Evangelischen Hochschule Freiburg: MTEFH 2010/5.

186 Evangelische Landeskirche in Baden (2014): Richte unsere Füße auf den Weg des Friedens. Karlsruhe: Evang. Oberkirchenrat, Zentrum für Kommunikation, S. 10 Zif. 3.1.

Erstellung eines Entwurfs für ein Ausstiegsszenario aus der militärischen Friedenssicherung, gleich dem beschlossenen Ausstieg aus der atomaren Energiegewinnung. An diesen beiden Themenfeldern bin ich ehrenamtlich durch Projektarbeit, Arbeitsvorlagen, Publikationen sowie Referententätigkeit beteiligt und erhoffe mir dafür auch durch diese Dissertation wichtige Impulse und Perspektiven.

Bezüglich meiner theologischen Verortung ist mir von meiner Kindheit und Jugendzeit an der württembergische Pietismus bestens vertraut. Im Laufe meiner kirchlichen Ausbildung, beruflichen Tätigkeiten sowie Fort- und Weiterbildungen sowie Selbstreflexionen, hat sich mein theologisches Verständnis und Weltbild stark geweitet und steht – vor allem angeregt durch die Lektüre der Bergpredigt – in enger Verbindung und Wechselwirkung mit der Ethik.

3.4.3 Erhebungsinstrument – Leitfadeninterview

Im Blick auf das Forschungsthema ging es mir primär darum, die motivationale Dimension christlicher Pazifist_innen zu erfassen. Da es sich bei einer christlich-pazifistischen Einstellung, sowohl in der Kirche wie auch allgemein in der Gesellschaft, um eine Minderheitenposition handelt, ist es für meine Forschung besonders bedeutsam, ihre Entstehungsbedingungen zu ergründen. Dasselbe gilt für die daraus resultierenden friedensethischen Alternativen. Mit dem Bemühen darum und mit deren Plausibilität steht und fällt die Glaubwürdigkeit der christlich-pazifistischen Einstellung, ebenso das Interesse für die Befassung im gesellschaftlichen und kirchlichen Diskurs, aber auch im Bildungsbereich. Daran schließen sich Vorstellungen über den Weg zu einer entmilitarisierten Gesellschaft und den hierzu von den Kirchen aufgrund ihres Selbstverständnisses möglicherweise zu leistenden Beitrag an. Auch wenn die Befragten überwiegend nicht in pädagogischen Tätigkeitsfeldern zuhause sind, wollte ich zudem ihre Anregungen für die Friedensbildung und Friedenserziehung erkunden. Und nicht zuletzt, aufgrund der eher skeptischen Reaktionen, die der Begriff »Pazifismus« allenthalben hervorruft, wollte ich die Frage nach dem Verständnis sowie der Eignung dieses Begriffes und erforderlichenfalls nach möglichen Alternativbezeichnungen den Expert_innen weiterreichen. Aus diesen Vorüberlegungen ergaben sich dann für die Umsetzung der Forschungsfrage die Fragen zur Strukturierung der Interviews.

3.4.4 Interview-Leitfaden

Frage 1: Benennen Sie bitte die zwei oder drei wichtigsten *Motivationen* für Ihre pazifistische, das heißt, militärische Gewaltmittel ablehnende Einstellung.

Relevante *religiöse* Begründungen bzw. Bibeltexte? Zugänge? Vorbilder?

Frage 2: Lässt sich die in biblischen Texten erhoffte und geforderte Überwindung von Krieg und Gewalt (z. B. Jesaja 2, Micha 4, Matthäus 5–7) in unserer realen Welt des 21. Jahrhunderts verwirklichen?

Skizzieren Sie bitte Ihre Vorstellung von einer nichtmilitärischen Außen- und Sicherheitspolitik. Schritte? Akteure? Zeithorizonte?

Frage 3: Erläutern Sie bitte die sich daraus ergebenden *Folgerungen für die Existenz einer Armee,* für Rüstungsproduktion- und -exporte, NATO-Mitgliedschaft, Terrorbekämpfung und UN-Einsätze? Just Policing?

Frage 4: In welcher Weise könnten die *Kirchen bzw. die Religionen als Global Player* einen solchen Prozess der Entmilitarisierung der internationalen Beziehungen konkret fördern?

Frage 5: Erläutern Sie bitte die Anforderungen, die sich bei einer nicht-militärischen Friedenssicherung für die *christliche Erziehung bzw. Bildung* ergeben? Welche Werte und Kompetenzen sind für die Befähigung zur gewaltfreien Konfliktregelung im gesellschaftlichen und globalen Bereich besonders bedeutsam? Vorbilder?

Frage 6: Halten Sie den Begriff »*Pazifismus*« bzw. das Adjektiv »*pazifis-tisch*« für geeignet, das Anliegen einer nichtmilitärischen Friedenspolitik im gesellschaftlichen Diskurs und in der Bildungsarbeit griffig zu benennen? Wenn nicht, haben Sie Alternativvorschläge?

3.4.5 Interview-Durchführung – Zeitrahmen und Fallauswahl

Für die Interviews wurde jeweils eine Stunde angesetzt. Die Interview-Partner_in erhielt/en bei der Anfrage lediglich eine Umschreibung des Forschungsanliegens, nicht jedoch die einzelnen konkreten Leitfragen mitgeteilt.[187] Mit diesem leichten »Überraschungseffekt« sollte auf die Authentizität der spontan geäußerten Einstellungen und Vorstellungen, jenseits von theoretischen Vorstrukturierungen oder sonstigen Vorbereitungen abgehoben werden.

Um eine möglichst große Bandbreite unterschiedlicher Positionen erheben zu können, versuchte ich 12 bis maximal 15 Interviewpartner_innen aus den unterschiedlichsten theologischen, ekklesiologischen und professionellen Bereichen zu gewinnen: Mitglieder der evangelischen und katholischen Volkskirche/n, der historischen Friedenskirchen wie auch – nicht zuletzt wegen friedensethischer Differenzen – aus ihrer Kirche Ausgetretenen. Der von mir zuerkannte Expert_innen-Status bezieht sich zunächst auf das berufliche beziehungsweise verbandliche Engagement für die gewaltfreie Friedensarbeit. Damit einher geht die entsprechende Formalausbildung, so haben alle Befragten einen oder mehrere akademische Abschlüsse (Theologie 10, Pädagogik 2, Psychologie 2, Geschichte und Politik 2, Religionspädagogik 1 sowie Mathematik/ Informatik 1, Jura 1 und Verwaltungswissenschaften 1). Neun von ihnen sind promoviert und vier zudem habilitiert. Die angestrebte Erforschung von aus gereifter Lebenserfahrung erwachsenen Einstellungen hat zur Folge, dass sich die Befragten in der zweiten Lebenshälfte befinden, der jüngste war 44, der älteste 82 Jahre alt. Das durchschnittliche Alter war zum Zeitpunkt der Befragung knapp 66 Jahre, das mittlere Alter 71 Jahre. Sechs sind berufstätig, neun sind im (tätigen) Ruhestand.

Aufgrund der früheren, ausschließlich auf Männer bezogenen, Wehrpflichtstrukturen, war die Auseinandersetzung mit der Militärthematik in der Vergangenheit gewissermaßen überwiegend »Männersache«. Demzufolge ist die Anzahl der Frauen, die sich damit beruflich oder institutionell befassen, traditionell wesentlich kleiner gewesen.[188] Von den drei angefragten Interviewpartnerinnen mussten zwei aus persönlichen Gründen kurzfristig die vereinbarten Gesprächstermine absagen, eine davon benannte wiederum einen männlichen Vertreter.

3.4.6 Feldzugang

Alle Befragten waren mir durch die Fachliteratur beziehungsweise durch die Medien bekannt, zu zehn von ihnen hatte ich zudem durch Veranstaltungen oder

---

187 Vgl. Anhang 7.2.
188 Dies hat sich nach meiner Beobachtung zwischenzeitlich sowohl im Bereich der Friedensforschung wie auch in den Institutionen der Friedensarbeit hin zu einem ausgeglichenen Verhältnis verändert.

Kooperationen in der Friedensarbeit bereits persönlich Kontakte. Die Anfragen und Terminvereinbarungen für die Interviews erfolgten mit einer brieflichen Ausnahme telefonisch. Daraufhin wurde von mir eine schriftliche Schilderung des Forschungsvorhabens per E-Mail zugesandt.[189] Alle Anfragen wurden in der Sache positiv beantwortet, die Absagen waren ausschließlich krankheits- oder terminbedingt (Christian Führer/Pfr., Claudia Haydt/Soziologin und Religionswissenschaftlerin, Christine Hoffmann/Generalsekretärin Pax Christi, Dr. Egon Spiegel/ Prof.)

3.4.7 Die Befragten

Name u. Abk.	Alter	– Beruf/Funktion (in Auswahl) – *Kriterium für meine Anfrage*	Konfessionszugehörigkeit	Interview-Termin und Ort
Bretschneider, Pfr., Harald (Br)	71	Oberlandeskirchenrat i.R., aktiv in der Friedensbewegung seit der DDR-Zeit	Protestant	Fr 3.1.2014, 15 h, Dresden, priv.
		Engagement als Landesjugendpfarrer für die Friedensdekade und Kreator des Emblems »Schwerter zu Pflugscharen«		
Drewermann, Dr. Eugen (Dr)	73	Theologe und Psychoanalytiker	keine	Fr 17.01.2014, 10 h, Paderborn, priv.
		Forschungstätigkeit zu den Hintergründen von Gewalt und Krieg, Publizist und Redner bei Friedensveranstaltungen		
Ebert, Prof. Dr. Theodor (Eb)	76	emeritierter Politologe, Historiker, Friedensforscher u. -aktivist, ehemals Mitglied der Berlin-Brandenburger Kirchenleitung und der EKD-Synode	Protestant	Do 31.10.2013, 15 h, Berlin, priv.
		Theoretiker der Sozialen Verteidigung und (Mit)Initiator des Bundes für Soziale Verteidigung und des Zivilen Friedensdienstes		

---

189 Siehe Anhang 7.2.

(Fortsetzung)

Name u. Abk.	Al-ter	– Beruf/Funktion (in Auswahl) – *Kriterium für meine Anfrage*	Konfes-sionszuge-hörigkeit	Interview-Termin und Ort
Enns, Prof. Dr. Fernando (En)	49	Theologe an Universitäten Hamburg und Amsterdam *Forschungen u. Publikationen zu Friedenskirchen und Engagement in der Ökumene für eine gewaltfreie Frie-densethik*	Mennonit	Fr 13.12.2013, 15 h, Hamburg, Universität
Finckh-Krämer, Dr. Ute (Fi)	56	Mitglied des Deutschen Bundestages (SPD), Mathematikerin, Vorstandsmitglied im Bund für Soziale Verteidigung *Engagement in Friedensarbeit und für die zivile Konfliktbearbeitung auch auf der internationalen Ebene*	Protestantin	Do 31.10.2013, 11 h, Berlin, Abgeordneten-haus Unter den Linden 50
Fuchs, Prof. Dr. Albert (Fu)	76	Theologe, Psychologe, Friedensforscher *Publizistisches Tätigkeit und Engagement bei Pax Christi, Vertreter eines anarchistischen Ansatzes*	keine	Do 30.10.2013, 17 h, Köln, Dom-Forum
Hahn, Ullrich (Ha)	63	Rechtsanwalt, Präsident des Dt. Zweiges des Internationalen Versöhnungsbundes u. aktiv in diversen Basisprojekten *Engagement für KDV, langjähriges kirchliches Engagement, Vertreter eines anarchistischen Ansatzes*	Protestant	Fr 13.11.2013, 20.30 h, Villingen, priv.
Häselbarth, Pfr. Dr. Hans (Hä)	77	Theologe, ehemaliger Spiritual der Communität Christusbruderschaft Selbitz, Initiativkreis Frieden in der bayerischen Landeskirche *Vertreter einer pietistisch geprägten Frömmigkeit mit Weltverantwortungsbewusstsein*	Protestant	Do 02.01.2014, 15 h, Selbitz, priv.
Lochmann, Pfr. Dr. Ullrich (Lo)	75	Theologe, ehem. Direktor der Evang. Akademie Baden *Engagement für gewaltfreie Alternativen zum Militär und für Rüstungskonversion*	Protestant	Sa 2.11.2013, 14.30 h, Rheinstetten-Mörsch bei Karlsruhe, priv.

(Fortsetzung)

Name u. Abk.	Al-ter	– Beruf/Funktion (in Auswahl) – *Kriterium für meine Anfrage*	Konfes-sionszuge-hörigkeit	Interview-Termin und Ort
Maaß, Stefan (Ma)	49	Pädagoge und Religionspädagoge, Landesjugendreferent in Arbeitsstelle Frieden der badischen Landeskirche *Friedenspädagogisches Engagement im Projekt »Friedensstifter«*	Protestant	Fr 8.11.2013, 16 h, Karlsruhe, Evang. Jugendwerk
Oestreicher, Dr. Paul (Oe)	82	Politologe und Theologe Domkapitular i.R. *Engagement in der internationalen Versöhnungsarbeit sowie in der Ökumene für eine gewaltfreie Frie-densethik*	Quäker, Anglikaner	Di 29.10.2013, 10.30 h, Brighton/GB, priv.
Parzany, Pfr. Ulrich (Pa)	72	Pfarrer und Evangelist, engagiert u. a. im CVJM und bei Pro Christ *diverse pointierte friedensethische Stellungsnahmen in den 1980er Jahren gegen die Atomwaffen*	Protestant	Sa 2.11.2013, 10 h, Langenstein-bach, Tagungshaus Langenstein-bacher Höhe
Russmann, Paul (Ru)	58	Theologe, Referent für Friedensarbeit bei Ohne Rüstung leben und bei den Kritischen (Daimler-)Aktionären *vielfältiges Engagement bei Kampagnen der Friedensbewegung, Pax-Christi-Mitglied*	Katholik	Mo 11.11.2013, 13.30 h, Oberkirch/ Schwarzwald Tagungshaus Schönstatt-zentrum
Scheffler, Pfr. Horst (Sch)	68	Theologe und Pädagoge *Engagement als Vorsitzender der Arbeitsgemeinschaft für den Frieden (AGDF), vormalige Tätigkeit als Militärdekan und als wissenschaftlicher Direktor beim Sozialwissenschaftlichen Institut der Bundeswehr*	Protestant	Fr 1.11.2013, 14.30 h, Zornheim bei Mainz, priv.

(Fortsetzung)

Name u. Abk.	Al-ter	– Beruf/Funktion (in Auswahl) – *Kriterium für meine Anfrage*	Konfes-sionszuge-hörigkeit	Interview-Termin und Ort
Weingardt, Dr. Markus (Wei)	44	Sozial- und Verwaltungswissenschaftler, Friedensforscher, Mitarbeiter der Stiftung Weltethos	Protestant	Fr 13.11.2013, 16 h, Tübingen priv.
		Publikationen zum Thema Religionen und Frieden		

Tab. 2: Liste der Befragten mit Namenskürzeln (Theodor Ziegler)

3.4.8 Umgang mit Daten- und Vertrauensschutz, Forschungsethik

Alle Befragten stehen in der Öffentlichkeit für ihre Positionen – zum Teil als Personen der Zeitgeschichte. Insofern wäre eine Anonymisierung ihrer Aussagen ohne wesentliche inhaltliche Abstriche bei ihren Beiträgen kaum möglich gewesen. Im Vorgespräch wurde deshalb die Frage der namentlichen Erwähnung besprochen und den Befragten die Korrekturmöglichkeit der Transkriptionen vor der Auswertung zugesichert. Unter dieser Bedingung gaben alle ihre Einwilligung zur Veröffentlichung ihrer Beiträge. Von einem Befragten kam sogar der Vorschlag, die Interviewtranskriptionen als eigenständige Dokumentation zu publizieren.[190]

3.4.9 Durchführung der Erhebung

Die Interviews fanden in der Zeit vom 29. Oktober 2013 bis 17. Januar 2014 statt. Neun der Befragten wurden von mir in ihrer Privatwohnung besucht, bei sechs Befragten fand das Interview in ihren Diensträumen bzw. in Tagungshäusern statt.

Die Interviews wurden zur Absicherung mittels zweier Diktiergeräte parallel digital aufgezeichnet und mit dem Computerprogramm »f4«[191] transkribiert. Über die Nachgespräche machte ich mir, soweit es noch um Bezüge zum Interview ging, handschriftliche Notizen. Die Transkriptionen bekamen die je-

---

190 Siehe Hinweis auf S. 23.
191 Kruse, Jan (2014), S. 365; sowie: https://www.audiotranskription.de/f4.htm – Zugriff am 18.08.2016; 23:47 h.

weiligen Befragten zum Gegenlesen. Zwei machten von der Möglichkeit der sprachliche Überarbeitung Gebrauch, ohne jedoch die Inhalte zu verändern.

3.4.10 Teilnahmebereitschaft der Befragten

Die Aufgeschlossenheit und Kooperationsbereitschaft war bei allen Gesprächspartnern/in ausgesprochen groß. Die Gespräche fanden ausnahmslos in einer sehr freundlichen Atmosphäre statt. Dies mag mit dem gemeinsamen normativen Hintergrund begründet sein, so dass ich in dieser Hinsicht der Klassifizierung[192] »Komplize« sowie durch meinen fachlichen Bezug und meine Biographie – wenn auch mit erheblichem Gefälle – als »Co-Experte« zuzuordnen bin.

3.4.11 Auswertungsverfahren

Die Professionen und Professionalität der interviewten Expertin und Experten gehen einher mit einer ausgeprägten Artikulationsfähigkeit, so dass das Auswertungsverfahren in Absprache mit den Betreuern ausschließlich als Inhaltsanalyse der Interviewtexte konzipiert worden ist. Eine rekonstruktive, »nach dem Sinn hinter dem Sinn«[193] fragende Analyse war nicht beabsichtigt. Demzufolge erfasste die Transkription lediglich den semantischen Wortsinn, ohne das Wie des Vortrages (Syntax, Betonungen, Pausen, Zwischenlaute usw.) zu dokumentieren. Für die inhaltsanalytische Bearbeitung des Textmaterials kam das Computer-Programm »f4-analyse«[194] zum Einsatz.

Die Bearbeitung wurde in folgenden Schritten strukturiert:

(1) Beim ersten Durchlesen des gesamten Textmaterials fügte ich – die Forschungsfrage im Hinterkopf – Memos mit Fragen, Assoziationen, Auffälligkeiten, Parallelen und Gegensätzen zwischen den Interviews ein und fasste die wesentlichen Eckpunkte der Texte durch Stichpunkte zusammen.

(2) Beim zweiten Durchgang durch das gesamte Textmaterial versah ich die interessierenden Aussagen mit Codes. Das Hauptgerüst für die Codes ergab sich aus den in Anlehnung an die sechs Leitfragen gebildeten Hauptkategorien. Diese wurden dann im Analyseprozess um weitere Unterkategorien verfeinert.

---

192 Siehe Kap. 3.1.7.
193 Kruse (2014), S. 25.
194 Beschreibung des Computer-Programms in: Kruse, (2014) S. 365, 614–623.

(3) Im dritten Schritt bearbeitete ich die jeweils unter einer Hauptkategorie zusammengefassten Textabschnitte aus allen Interviews, indem ich sie nach ihren Inhalten weiter ordnete und erforderlichenfalls durch weitere Subkategorien gliederte.

(4) Im vierten Schritt verfasste ich am Beginn jeder Hauptkategorie eine theoretische Einleitung zur Kontextualisierung der Interviewaussagen. Auch wenn dies als gegenläufig zur *Grounded Theory* erscheinen mag, halte ich diese Akzentuierung im Blick auf die Zuordnung der persönlichen Geschichte der Befragten zum geschichtlichen Kontinuum bedeutsam. Dann stellte ich die einzelnen Aussagen, mit Ankerbeispielen versehen, thematisch vergleichend zusammen und reflektierte sie abschließend unter Einbeziehung meiner beim ersten Schritt notierten Memos. Wichtige thematische Teilaspekte vertiefte ich zudem in Exkursen.

(5) Nach Abschluss der Analysen einer Hauptkategorie fasste ich die gewonnenen Erkenntnisse jeweils in Thesen zusammen. Aus den so entstandenen insgesamt 83 Thesen wurden zum Schluss der Inhaltsanalyse als Grundlage für eine religionsdidaktische Theorieentwicklung zehn Hauptthesen gebildet: Je drei zu den beiden Hauptfragen (1. Motivationen, 2. Alternativvorstellungen) und je eine zu den Zusatzfragen (3. Folgerungen für die Realisierung, 4. Aufgaben der Kirchen, 5. Anregungen für die Pädagogik und 6. Begriff »Pazifismus«).

4 Empirischer Forschungsteil – Qualitative Inhaltsanalyse der Expert_innen-Interviews

Eine Übersicht über die Kategorien der ersten drei Ränge ergibt sich aus dem Inhaltsverzeichnis unter Abschnitt 4.

4.1 Motivationen für eine christlich-pazifistische Einstellung

> Frage 1:
> Benennen Sie bitte die zwei oder drei wichtigsten *Motivationen* für Ihre pazifistische, das heißt, militärische Gewaltmittel ablehnende Einstellung – relevante *religiöse* Begründungen bzw. Bibeltexte.

4.1.1 Theoretische Einleitung

4.1.1.1 Motivation, Haltung und Einstellung

Der Begriff *Motivation* bezeichnet den Prozess, bestimmte Motive zu aktivieren und in Handlungen umzusetzen. Diese lassen sich in unterschiedlichster Weise klassifizieren, beispielsweise in pro- und antisozial (Freud), hierarchisch nach ihrer entwicklungsgeschichtlich bedingten Dominanz von Mangelzuständen bis zu Wachstumstendenzen (Maslow, 1954), interaktiv zwischen dispositionellen Vorgaben und situativen Aspekten bei der Motivationsgenese (Heckhausen, 1989). Eine Aufzählung von Scherer (1981) benennt, übereinstimmend mit anderen Autoren folgende Grundmotive: Interesse, Überraschung, Freude, Trauer, Ekel, Furcht, Zorn und Scham.[195] Eine weitere Möglichkeit ist die Differenzierung zwischen *intrinsischer* Motivation, die durch Neugier, Anreize oder Er-

---

195 Gniech, Gisela (1993): Motivation. In: Schnorr, Angela [Hg.] Handwörterbuch der angewandten Psychologie – Die Angewandte Psychologie in Schlüsselbegriffen. Bonn: Deutscher Psychologen Verlag GmbH, S. 467.

folgserwartung veranlasst sein kann und *extrinsischer* Motivation, die durch positive Verstärkung in Form von Belohnung oder durch negative Verstärkung in Form von Zwang verursacht sein kann.[196] McClelland unterscheidet bei den verhaltensrelevanten Grundmotiven zwischen Wünschen und Hoffnungen nach Zugehörigkeit, Macht und Leistung einerseits und Ängsten und Befürchtungen vor Wertlosigkeit, Ohnmacht und Versagen andererseits[197]

Der Begriff *Haltung* steht für Alfred Petzelt in einer vom Ich geordneten Einheit mit dem Wissen. Während Wissen immer auf Gegenständliches gehe, wie es unabhängig vom Ich sei, meine Haltung das Ich, wie es sich gemacht habe in Abhängigkeit vom höchsten Maß. Es meine das von Gott abhängige Ich aus Anlass eines aktivierten Wissens. Haltung sei demzufolge »die Art des Sichgeordnethabens, die dem Ich zukommt, wenn es sich seinem Wissen gegenüberstellt.«[198] Bei Pierre Bourdieus soziologischem Habitus-Konzept wird Haltung als das den jeweiligen sozialen Herkunftsbedingungen entsprechende gesamte Auftreten verstanden.[199]

Im Unterschied hierzu handelt es sich bei der *Einstellung* um die aus der Erfahrung kommende Bereitschaft eines Individuums in bestimmter Weise gegenüber Menschen, Dingen oder Ereignissen wertend zu reagieren. Unterschieden wird dabei zwischen affektiven und kognitiven Einstellungskomponenten, die positiv oder negativ oder aber ambivalent sein können.[200]

Diesen Begriffsdefinitionen zufolge bezieht sich die vorliegende Expert_innen-Befragung vornehmlich auf deren Einstellungen.

Ob und in welchem Umfang nun christlich-pazifistische Einstellungen bei allen sozialen Schichten oder kirchlichen Milieus oder bei beiden Geschlechtern vorzufinden sind, bedürfte einer gesonderten Untersuchung. In dieser Forschung ist die Fokussierung – ohne den Anspruch auf Proportionalität erheben zu wollen – ansatzweise auf die konfessionelle Bandbreite (zehn evangelisch, zwei freikirchlich, einer römisch-katholisch und zwei ehemals römisch-katholisch) und die verschiedenen Bezüge zur Friedensarbeit gerichtet.

Bei der Frage nach den »zwei oder drei wichtigsten Motivationen[201]« wurde einerseits davon ausgegangen, dass Einstellungen in der Regel multikausal

---

196 Stangl, Werner: http://lexikon.stangl.eu/337/motivation/ – Zugriff am 15.11.2014, 17:12 h.

197 Brandstätter, Veronika (2001): Motivation. In: Wenninger, Gerd: Lexikon der Psychologie in fünf Bänden. Bd. 3, S. 91 ff.

198 Petzelt Alfred (1963²): Wissen und Haltung – eine Untersuchung zum Begriff der Bildung. Freiburg im Breisgau: Lambertus-Verlag, S. 55.

199 Bourdieu, Pierre (1989³): Die feinen Unterschiede – Kritik der gesellschaftlichen Urteilskraft. Frankfurt: Suhrkamp, S. 310.

200 Myers, David G. (2014): Psychologie. Berlin Heidelberg: Springer-Verlag, S. 598 ff. Six, Bernd (2001): Einstellungen, In: Wenninger, Gerd: Lexikon der Psychologie in fünf Bänden, Bd. 1. S. 361 ff.

201 Gemeint waren die »Motive«.

motiviert sind; andererseits kann die Reihenfolge der spontan genannten Motive die jeweilige Priorisierung sichtbar machen (siehe Tabelle 7). Durch die erst nachgeschobene Präzisierung »relevante religiöse Begründungen bzw. Bibeltexte?« hatten die Befragten die Möglichkeit, darauf sofort oder später einzugehen.

4.1.1.2 Pazifismusdefinitionen

Unabhängig von den jeweiligen Begründungen für eine pazifistische Einstellung können auch die ethischen Konsequenzen in Form einer pazifistischen Einstellung oder eines eigenen pazifistischen Selbstverständnisses sehr unterschiedlich sein. So wird im medialen Sprachgebrauch mitunter schon allein die militärische Zurückhaltung, wie sie beispielsweise von Deutschland 2003 beim Irakkrieg oder 2011 beim Bombardement Libyens praktiziert wurde, als pazifistisch bezeichnet. Eine weitere Anwendung erfolgt bei partieller Ablehnung bestimmter Kriegsziele wie Vergeltung oder Eroberung (z. B. Franz Jägerstätter[202]), oder bestimmter Waffen wie ABC-Waffen. Die Selbstbezeichnung »Pazifist« ist in der Regel jedoch mit der generellen Ablehnung militärischer Gewaltandrohung und -anwendung verbunden. Hier kann wiederum unterschieden werden zwischen *prinzipiellen* Pazifisten, die nicht nur für sich, sondern auch generell humanitär begründete militärische Gewalt verwerfen, und *situationsbedingten* Pazifisten, die den Einsatz noch vorhandener Truppen aus humanitären Gründen situationsethisch möglicherweise für geboten halten.[203] Die meisten prinzipiellen Pazifisten trennen zwischen militärischer Gewalt und polizeilicher Gewalt im Rechtsstaat.[204] Dem wurde bereits durch das Wehrpflichtgesetz vom 21. Juli 1956 in § 25 Rechnung getragen, wo das Sich-Widersetzen der »Beteiligung an jeder Waffenanwendung *zwischen den Staaten*« explizit als Kriterium für die staatliche Anerkennung der Kriegsdienstverweigerung aus Gewissensgründen benannt worden ist.[205]

---

202 Der katholische österreichische Bauer Franz Jägerstätter verweigerte sich Hitlers Eroberungskrieg im Osten. Zu einem Verteidigungskrieg seines Heimatlandes wäre er jedoch bereit gewesen. Vgl. Schwankl, Otto (2014): »Wer bringt es fertig, Soldat Christi zu sein?« In: Theologisch-praktische Quartalschrift (ThPQ 162/2 (2014) S. 197.

203 So befürwortete z. B. Rupert Neudeck 2014 angesichts der Bedrohung der Jesiden im Irak durch den sogenannten Islamischen Staat Waffenlieferungen an die kurdische Perschmerga. Vgl. General-Anzeiger Bonn vom 18. 08. 2014, http://www.general-anzeiger-bonn.de/region/rhein-sieg-kreis/siegburg/gruenhelm-gruender-fordert-waffen-zum-schutz-der-jesiden-article1427867.html – Zugriff am 19. 02. 2015; 19:02 Uhr.

204 Siehe auch Tabelle Nr. 6.

205 Bundesgesetzblatt: http://www.bgbl.de/xaver/bgbl/start.xav?start=%2F%2F*[%40attr_id%3D%27bgbl156s0651.pdf%27]#__bgbl__%2F%2F*[%40attr_id%3D%27bgbl156s0651.pdf%27]__1455031108893 – Zugriff am 09. 02. 2016; 16:20 h.

Verständnisse von Pazifismus					
Be-zeich-nung	Verant-wortungs-pazifismus	Atompazi-fismus	Organi-satorischer Pazifismus	Situations-pazifismus	Prinzipieller Pazifismus	
					argumen-tativer Pazifismus	anarchis-tischer Pazifis-mus
Ver-hält-nis zum Militär	Vorrang gewaltfreier Konfliktlösung, jedoch Bejahung der Existenz von Armeen				kategorischer Ausschluss militärischer Gewalt	
	Militäri-sche Absi-cherung, auch mit Atomwaf-fen, als *ultima ratio* unerläss-lich	prinzipielle Ablehnung von Massenver-nichtungs-waffen (ABC)	Rüstungs-kontrolle und Abrüstung durch Diplomatie	situative Ablehnung bestimmter Kriege	Bejahung polizei-licher Gewalt und Forderung nach internatio-nalen Polizei-strukturen	Ableh-nung jeder, auch polizei-licher Gewalt

Tab. 3: Übersicht über Pazifismusverständnisse (Theodor Ziegler)

4.1.2 Analyse der biographischen Motive

Winfried Marotzki unterscheidet den Begriff des Lebenslaufes als einer »An-einanderreihung objektiver Daten« vom Begriff der Biographie als der »sub-jektive[n] Konstruktion des gelebten Lebens«, die somit das Resultat subjektiver Bedeutungs- und Sinnverleihung darstelle. Biographie bezeichne somit »eine aktive Leistung des Subjektes, durch die Vergangenheit angesichts von Gegen-wart und Zukunft reorganisiert« werde.[206] Mit »biographisch« sind nachfolgend sowohl die Lebenserfahrungen gemeint, die einem Menschen gewissermaßen in die Wiege gelegt sind durch seine Eltern und familiäre Umgebung, aber auch diejenigen, die im engen Zusammenhang mit seinem weiteren, individuellen Lebensweg stehen, seien sie nun im persönlichen Nahbereich oder im größeren gesellschaftlichen oder politischen Kontext.

---

206 Marotzki, Winfried (1990): Entwurf einer strukturellen Bildungstheorie. Biographietheo-retische Auslegung von Bildungsprozessen in hochkomplexen Gesellschaften. Weinheim: Deutscher Studien Verlag, S. 77 ff.

4.1.2.1 Negative Erfahrungen in Kindheit und Jugend

Fast alle Befragten, die altersbedingt die Zeit des Nationalsozialismus und den Zweiten Weltkrieg bewusst miterlebt hatten, benennen diese schlimmen Erfahrungen, insbesondere zum Kriegsende hin und in den Nachkriegsjahren, als prägendes Motiv[207]. Die etwas jüngeren Befragten berichten über die von den Eltern bzw. von der Großmutter übermittelten Erfahrungen. Folgende Einzelaspekte kennzeichnen diese Erfahrungen:

Ausgrenzung

Paul Oestreicher musste in seiner Kindheit zwei grundlegende Ausgrenzungserfahrungen machen: Aufgrund seiner jüdischen Wurzeln – »*ich galt als Mischlingskind mit einem jüdischen Vater und einer nichtjüdischen Mutter*« (Oe 12) – erlebte er mit seiner Familie die beginnende nationalsozialistische Judenverfolgung in Deutschland. Dies war für sie umso unverständlicher, als sein Vater im 1. Weltkrieg als deutscher Soldat für sein Heimatland gekämpft hatte – »*Was heißt das, als Deutscher, als deutscher Veteran, ausgegrenzt zu werden und flüchten zu müssen aus seinem eigenen Land?*« (Oe 22f.) Nach der gelungenen Auswanderung nach Neuseeland galten der achtjährige Paul und seine Eltern dort zunächst als »*feindliche Ausländer*«. (Oe 16)

Eugen Drewermann fühlte sich zu Zeiten der beginnenden Remilitarisierung der Bundesrepublik Deutschland in seiner Kirche völlig isoliert:»Ich stand 1956 mit sechzehn Jahren absolut allein in der katholischen Kirche. Niemand, vom Ortskaplan angefangen über den Bischof und den Papst, wagte in dieser Frage anders zu sprechen als die päpstliche Vorgabe es verlangte.« (Dr 33f.)

Er vergleicht seine damalige Situation als Jugendlicher mit den pazifistischen Autoren Reinhold Schneider, Heinrich Böll und Friedrich Heer, die in jener Zeit zu Feinden der katholischen Moral erklärt und mit Auftrittsverboten belegt worden waren.

> **Reflexion:** Ausgrenzung negiert das grundlegende Merkmal menschlicher Existenz, ein soziales Wesen zu sein und spricht – in Folge einer partikularen, egozentrischen Weltsicht – bestimmten Menschen das Menschenrecht ab. Ist eine staatliche Ausgrenzung, wie im Falle *Oestreichers*, wegen seiner jüdischen Wurzeln durch den NS-Staat schon schlimm genug, so kommt bei einer Ausgrenzung durch die christliche Kirche, wie im Falle *Drewermanns*, noch der Widerspruch zu den Kernaussagen des Evangeliums hinzu. Die kirchliche Ausgrenzung von Pazifisten hat bei

---

207 Ausnahme: *Albert Fuchs*, Jg. 1937, kommt nicht darauf zu sprechen. Aus einem früheren Gespräch weiß ich von ihm, dass auch er und seine Familie im Verlaufe des 2. Weltkrieges die ursprüngliche Heimat verlassen mussten.

beiden großen Volkskirchen eine lange Tradition.[208] Dass diese belasten-
den Erfahrungen bei beiden Befragten – Drewermann musste später mit
dem Entzug der Lehrerlaubnis noch eine weitere Ausgrenzungserfahrung
machen – nicht zur inneren Emigration oder gar zur gänzlichen Abkehr
vom christlichen Glauben, sondern zu einem lebenslangen, unermüdli-
chen Engagement für Gewaltverzicht und Frieden geführt haben, ist nur
erklärbar durch konstruktive Impulse gewaltfrei inspirierter Kirchenver-
treter und die Orientierung an Vorbildern mit derselben Einstellung.[209]

Bewusst erlebte Todesnähe und Zerstörungserfahrungen
Für *Theodor Ebert* war der Zweite Weltkrieg »*die erste große Erschütterung in
meiner Kindheit*« (Eb 10). Als Achtjähriger erlebte er bei Kriegsende am Eva-
kuierungsort Münsingen Straßenkämpfe mit und wurde anschließend mit Fo-
todokumenten über die Konzentrationslager konfrontiert: »*Bulldozer, die Leichenberge zusammenschoben. Die Fotos der nackten, ausgemergelten Leichen
wurden in den Schaufenstern eines Münsinger Kaufhauses gezeigt.*« (Eb 13–15)
    Ullrich Lochmann führt seine grundlegende Ablehnung von Waffengewalt
und Waffeneinsatz auf sein eigenes Erleben des Kriegsendes im Erzgebirge zurück: Durchziehende Soldaten beider Seiten, Zerstörungen, Bombardierungen,
Tote und Verwundete waren sein Grunderlebnis. (Lo 17–31)
    Hans Häselbarth sieht seinen Zugang ebenfalls biographisch bedingt: Er hatte
als Vierjähriger vom Soldatentod des Vaters erfahren, die Nazi-Erziehung mit
militärischen Liedern in Dresden miterlebt, wie auch die Bombardierung der
Heimatstadt, die er jedoch, weil evakuiert, überlebte. (Hä 10–18)
    Harald Bretschneider sieht »*… ziemlich existenzielle Gründe*« für seine pa-
zifistische Haltung. Er wurde am 13. Februar 1945 als Zweieinhalbjähriger in
Dresden aus einem zerbombten Haus herausgezogen. Diese Errettung bereitete
ihm im Nachhinein noch Schwierigkeiten, weil er nicht damit fertig wurde, dass
25.000 Menschen nicht überlebt hatten. »*Und es ist dann im Lebensvollzug die*

---

208 »*Im Zweiten Weltkrieg wurden die wenigen von vorherein verweigernden christlichen Pa-
      zifisten wie Herman Stöhr, Franz Jägerstätter und Max Josef Metzger von ihren Kirchen im
      Stich gelassen. Auch für die über 21.000 hingerichteten Deserteure gab es so gut wie keine
      kirchliche Fürsprache. Und noch 1961 schrieb der badische Landesbischof Julius Bender an
      den um die Beratung von Kriegsdienstverweigerern bemühten Mannheimer Pfarrer Ludwig
      Simon:* ›*Wer aus seiner politischen Sicht die Kriegsdienstverweigerung als geboten ansieht,
      soll das […] tun ohne Inanspruchnahme der Kirche. Wo kommt unser Staat hin, wenn die
      Kriegsdienstverweigerung zum politischen Kampfmittel wird?*‹« mit Quellenangaben in:
      Ziegler, Theodor (2013): Eine Volkskirche auf dem Weg zur Friedenskirche? Die Frie-
      densdiskussion in der Evangelischen Landeskirche in Baden. In: Forum Pazifismus –
      Zeitschrift für Theorie und Praxis der Gewaltfreiheit, Heft 38, II/2013, Minden, S. 16–19.
209 Vgl. Abschnitt 4.1.3.

Erkenntnis gekommen, dass genau diese Errettung ein Stück Verpflichtung ist, dafür zu sorgen, dass es nicht wieder passiert.« (Br 16–18)

Hinzu kamen noch Erfahrungen mit der russischen Besatzungsmacht, als eines Tages ein falschfahrender Panzer mit dem Kanonenrohr ins Wohnzimmer seiner Familie stieß. (Br 11–25)

Ullrich Parzanys Vater musste zehn Tage nach seiner Geburt Soldat werden, und kam, abgesehen von wenigen Besuchen während des Krieges, erst 1946 aus amerikanischer Kriegsgefangenschaft wieder nach Hause, so dass er die ersten fünf Jahre seines Lebens gewissermaßen vaterlos aufwachsen musste. (Pa 41–44)

Übermittelte Kriegserfahrungen

Horst Scheffler sieht das Thema in den Kriegs- und Fluchterfahrungen seiner Familie angelegt. Am 31. Januar 1945 im schlesischen Lauban geboren, »*trat ich meine erste Weltreise an, zwölf Tage alt, über die Tschechoslowakei, Österreich nach Bayern.*« Sein Vater, zu dieser Zeit Soldat, kam später beinamputiert aus dem Krieg zurück – für ihn und seine Schwester »*war das immer der Papa mit dem Holzbein*« – »*Von daher war eine Beschäftigung mit dem Thema Krieg und Frieden im Elternhaus beinahe an der Tagesordnung.*« (Sch 15–21)

Paul Russmann benennt als erste Motivation – ohne weitere Detailschilderung – die Kriegserlebnisse und Fluchterfahrungen seiner aus Schlesien stammenden Großmutter, wobei er deren durch die Vertriebenenperspektive bedingte Einseitigkeit einschränkend erwähnt. (Ru 9–12)

Die Folgerungen aus den Erfahrungen des Zweiten Weltkrieges

Theodor Ebert war entsetzt darüber, was Menschen Menschen antun können. Diese anthropologischen Zweifel führten bei ihm zu der Hoffnung, dies möge der letzte Krieg gewesen sein. Seine daraus resultierende Ablehnung der Remilitarisierung Deutschlands (siehe nachfolgenden Exkurs) wurde auch durch den Tod des Onkels in Stalingrad sowie durch den aus dem Krieg zurückgekehrten Vater verstärkt, welcher nun den Militärdienst radikal ablehnte, sowohl wegen seiner Kriegserfahrungen, als auch wegen der sechs verlorenen Jahre im Blick auf Familie und Beruf. Ein weiteres Motiv hierfür war für ihn die durch die Erfindung der Atombombe entstandene Selbstausrottungsmöglichkeit der Menschheit. (Eb 16–37)

Harald Bretschneiders Schulklasse wurde nach dem oben erwähnten Panzerereignis von ihrem aus russischer Kriegsgefangenschaft heimgekehrten Neulehrer im Stehen eingeschworen, nie wieder eine Waffe in die Hand zu nehmen. »*Und das ist bei mir so eindrücklich angekommen, dass ich es nicht vergessen habe, besonders dann nicht, als ich einige Jahre später, 1959, von meinem Direktor gesagt bekommen habe, dass ich kein aufrichtiger Deutscher sei, wenn ich mich nicht freiwillig zur Armee verpflichtete und für die Verteidigung dieses sozialistischen Landes eintreten würde.«* (Br 28–32)

Wegen seiner totalen Wehrdienstverweigerung wurde er von seinem Oberschuldirektor über längere Zeit unter psychischen Druck gesetzt und durfte auch nicht sein Wunschfach Architektur studieren. (Br 26–32) Nachdem sein Vater wegen einer Magenerkrankung kampfunfähig aus Stalingrad ausgeflogen worden war, wurde darüber in seiner Familie *»nicht so sehr viel und nicht so sehr gerne gesprochen.«* (Br 78–82)

In *Ulrich Parzanys* Familie bestand Einigkeit in der Bewertung des zweiten Weltkrieges als Verbrechen und im völligen Ausschluss der Option Krieg für politisches Handeln. Die Mutter hatte genug von Soldaten und Krieg und beabsichtigte ihren Sohn im Kohlenkeller vor der bevorstehenden Wehrpflicht zu verstecken. (Pa 41–50)

Reflexion: Für die meisten der Befragten waren die eigenen oder übermittelten Kriegserfahrungen so existenziell und damit so prägend, dass sie darüber zu einer grundsätzlichen Ablehnung des Militärischen kamen. Deshalb hatten sie keinerlei Verständnis für die dann in den 1950er Jahren in West- und in Ostdeutschland betriebene Wiederbewaffnung – gerade einmal zehn Jahre nach Kriegsende. Ausnahmen bildeten *Ullrich Lochmann*, der sich – *»ich war eigentlich da ganz unbeleckt und kam auch mit einem gewissen antikommunistischen Touch*[210] *in die Bundesrepublik, 1950, …«* – dann zur Bundeswehr begab und eine Laufbahn zum Offizier aufnahm (Lo 35–38), und *Horst Scheffler*, der nach Studium, Vikariat und Gemeindepfarramt den Berufsweg in die Militärseelsorge bei der Bundeswehr wählte: *»Ziel war es, mitzuarbeiten an einem Konzept einer Armee der Inneren Führung im Sinne von Graf Baudissin, die nicht mehr befähigt ist und beauftragt ist, Krieg zu führen, sondern die die Fähigkeiten hat, den Krieg zu verhindern.«* (Sch 48–51) Offenbar hat bei ihnen beiden die Vorstellung, durch das bloße Vorhandensein einer Armee abschreckende Wirkung auf potentielle Angreifer auszuüben und damit den Frieden sichern zu können, die biographischen Negativerfahrungen mit Militär und Krieg neu einordnen lassen.

Der Gegensatz der beiden Positionen – grundsätzliche Ablehnung militärischer Gewaltandrohung wegen deren Inkompatibilität mit den zu schützenden Werten und deshalb unverantwortbarer *Anwendung* einerseits und Akzeptanz militärischer Gewalt*androhung* als alternativloses

---

210 Wie mir *Ullrich Lochmann* bei einem Telefonat am 15. 01. 2015 sagte, wurde seine elterliche Firma von den DDR-Behörden enteignet. Nach ihrer Übersiedlung lebten sie ständig in der Furcht, die Russen könnten auch noch Westdeutschland erobern.

Mittel zur Kriegsverhütung andererseits – kennzeichnet bis heute die friedensethische Diskussion in Kirche und Gesellschaft.

Exkurs: Wiederbewaffnung Deutschlands und kirchliche Positionierungen

Nach dem Kriegsende 1945 wurde von den Siegermächten auf der Potsdamer Konferenz die Entmilitarisierung Deutschlands beschlossen.[211] Im Petersberger Abkommen vom 22.11.1949 erklärte die Bundesregierung unter Konrad Adenauer:

> »… ihre feste Entschlossenheit, die Entmilitarisierung des Bundesgebiets aufrechtzuerhalten und mit allen ihr zur Verfügung stehenden Mitteln die Neubildung irgendwelcher Streitkräfte zu verhindern.«[212]

Doch in Folge des einsetzenden Kalten Krieges entwickelten die Supermächte USA und Sowjetunion ein Interesse an der Bewaffnung ihres jeweiligen Frontstaats. Adenauer verknüpfte seine Einwilligung in die »Remilitarisierung« – so die Bezeichnung ihrer Gegner – bzw. »Wiederbewaffnung« – so die Bezeichnung ihrer Befürworter[213] – mit den Zielen der Westintegration und Wiedererlangung der Souveränität für die Bundesrepublik Deutschland. Seine ohne die Einbeziehung seines Kabinetts mit den Alliierten geführten Verhandlungen über einen deutschen Verteidigungsbeitrag hatten zur Folge, dass der damalige Bundesinnenminister Gustav Heinemann unter Protest aus der Regierung und aus der CDU austrat.[214] Ab 1950 wurde im abgelegenen Eifelkloster Himmerod unter

---

211 »3. Die Ziele der Besetzung Deutschlands, durch welche der Kontrollrat sich leiten lassen soll, sind: (I) Völlige Abrüstung und Entmilitarisierung Deutschlands und die Ausschaltung der gesamten deutschen Industrie, welche für eine Kriegsproduktion benutzt werden kann oder deren Überwachung. Zu diesem Zweck: a) werden alle Land-, See- und Luftstreitkräfte Deutschlands, SS, SA, SD und Gestapo mit allen ihren Organisationen, Stäben und Ämtern, einschließlich des Generalstabes, des Offizierskorps, der Reservisten, der Kriegsschulen, der Kriegervereine und aller anderen militärischen und halbmilitärischen Organisationen zusammen mit ihren Vereinen und Unterorganisationen, die den Interessen der Erhaltung der militärischen Tradition dienen, völlig und endgültig aufgelöst, um damit für immer der Wiedergeburt oder Wiederaufrichtung des deutschen Militarismus und Nazismus vorzubeugen; b) müssen sich alle Waffen, Munition und Kriegsgerät und alle Spezialmittel zu deren Herstellung in der Gewalt der Alliierten befinden oder vernichtet werden. Der Unterhaltung und Herstellung aller Flugzeuge und aller Waffen, Ausrüstung und Kriegsgeräte wird vorgebeugt werden.« ZEIT-Online http://www.zeit.de/reden/die_historische_rede/200232_potsdamer_konferenz/komplettansicht – Zugriff am 02.05.2016; 00:06 h.

212 Steininger, Rolf (1983): Deutsche Geschichte 1945–1961 – Darstellung und Dokumente in zwei Bänden. Frankfurt am Main: Fischer Verlag, S. 367.

213 Wette, Wolfgang (2011): Militarismus in Deutschland – Geschichte einer kriegerischen Kultur. Frankfurt am Main: Fischer Verlag, S. 220.

214 »1949 legte er das Bürgermeisteramt nieder und wurde Bundesinnenminister. Nach einem Jahr trat er jedoch zurück, weil er nicht akzeptieren wollte, dass Bundeskanzler Adenauer

Beteiligung ehemaliger Wehrmachtsoffiziere eine »neue Wehrmacht« konzipiert, welche dann 1955 förmlich gegründet worden ist. Die zu Beginn der 1950er Jahre mehrheitliche Militärablehnung in der Bevölkerung schwand infolge des Koreakrieges (1950–1953) und der zunehmenden Bedrohungsgefühle gegenüber der Sowjetunion.[215] Anfänglich wurde die ab 1957 in »Bundeswehr« umbenannte Armee ausschließlich von Generälen und Admiralen aus Hitlers Wehrmacht befehligt. 1959 waren noch 83 % der Soldaten aus der Wehrmacht, darunter 300 SS-Offiziere.[216] In der sowjetischen Besatzungszone bzw. der daraus entstandenen Deutschen Demokratischen Republik (DDR) blieb es zunächst bei einer, später dann auch kasernierten, Volkspolizei. Auf das zweimalige sowjetische Angebot (1952 und 1955) einer Wiedervereinigung Deutschlands unter der Bedingung einer neutralen Demokratie zuzustimmen, wurde westlicherseits nicht eingegangen. Für Adenauer war die Westintegration vorrangig. Dies und der Aufbau der Bundeswehr fixierten die deutsche Teilung.[217] 1956 wurde in der DDR die Nationale Volksarmee gegründet.

In der zweiten Hälfte der 1950er Jahre kam ein weiterer Streitpunkt hinzu: die atomare Bewaffnung der Bundeswehr. Adenauer erklärte die Atomwaffen als »nichts weiter als die Weiterentwicklung der Artillerie.«[218] Dagegen erhob sich ein breiter gesellschaftlicher Widerstand, der in dem von Carl-Friedrich von Weizsäcker 1957 initiierten »Göttinger Manifest« von 18 führenden Atomwissenschaftlern seinen profiliertesten Ausdruck fand.[219] Davon unbeirrt bejahte die Bundestagsmehrheit aus Unionsparteien und Deutscher Partei 1958 die Atombewaffnung der Bundeswehr. Dass diese schlussendlich nicht realisiert

---

den Westmächten ohne Absprache ein deutsches Kontingent für eine europäische Armee angeboten hatte. In der ›Notgemeinschaft für den Frieden Europas‹ sammelte Heinemann Gegner der Remilitarisierung um sich, die aus seiner Sicht eine Gefahr für die Wiedervereinigung darstellte. Er trat aus der CDU aus und gründete die ›Gesamtdeutsche Volkspartei‹, die sich jedoch 1957 wieder auflöste. Heinemann trat daraufhin der SPD bei, für die er auch im Bundestag saß. 1950 gründete er eine gemeinschaftliche Anwaltspraxis. In der Großen Koalition war er Bundesjustizminister.« http://www.bundespraesident.de/DE/Die-Bundespraesidenten/Gustav-Heinemann/gustav-heinemann-node.html – Zugriff am 01.12.2014; 15:16 h.

215 Vgl. Thränhardt, Dietrich (1986): Geschichte der Bundesrepublik Deutschland. Frankfurt am Main: edition suhrkamp, S. 74–76.

216 Wette, Wolfgang (2011), S. 221.

217 Vgl. Thränhardt (1986), S. 74–77.
Vgl. Foschepoth, Josef (1986): Dreigeteilt? Ja, bitte! Deutsches Allgemeines Sonntagsblatt Nr. 11/1986, 16. März 1986, S. 22. Vgl. Foschepoth (1986): Experimente – nein danke! Ebd. Nr. 12/1986, 23. März 1986, S. 7.Vgl. Steininger (1983), S. 520–523.

218 http://www.spiegel.de/einestages/adenauers-atompolitik-a-948879.html – Zugriff am 5.12.2014; 16:59 h.

219 Haus der Geschichte der Bundesrepublik Deutschland, Bonn. http://hdg.de/lemo/html/Das GeteilteDeutschland/JahreDesAufbausInOstUndWest/Wiederbewaffnung/kontroverseUm DieAtombewaffnung.html – Zugriff am 05.12.2014; 17:21 h.

werden konnte, hing mit den Vorbehalten der westlichen Alliierten, vor allem Frankreichs, zusammen.[220]

Die kirchlichen Stellungnahmen[221] hierzu zeichneten sich durch einen wesentlichen Unterschied zwischen der katholischen und der evangelischen Kirche aus. So unterstützte erstere mit Verweis auf die Kirchenfeindlichkeit der kommunistisch regierten Länder Osteuropas ziemlich einheitlich Adenauers Sicherheits- und Bündnispolitik. Remilitarisierungskritiker innerhalb der katholischen Kirche wurden medial und durch Unvereinbarkeitsbeschlüsse bekämpft. Beispielsweise wurde dem Schriftsteller Reinhold Schneider, als er sich – vor einer Spaltung Deutschlands und einem möglichen Bruderkrieg zwischen Ost- und Westdeutschland warnend – gegen die Wiederbewaffnung aussprach, im Berliner »Petrusblatt« »*ein völliges Versagen des realpolitischen Instinktes und eine unverständliche Verkennung der konkreten politischen und geistigen Situation in Deutschland*«[222] vorgeworfen und mit der Bezichtigung der Kommunisten-Unterstützung auf die von Papst Pius XII. angedrohte Exkommunikation angespielt. Selbst die Pax-Christi-Bewegung äußerte sich nicht zur Remilitarisierungsfrage. In den in der Evangelischen Kirche in Deutschland (EKD) zusammengeschlossenen Landeskirchen hingegen gab es heftige Auseinandersetzungen zwischen Befürwortern und Gegnern einer Wiederbewaffnung. Eine grundsätzliche Neuorientierung der kirchlichen Friedensethik nach dem Zweiten Weltkrieg mahnte die Vollversammlung der Ökumene 1948 bei ihrer Tagung in Amsterdam an. So wurde im Blick auf den Atombombenabwurf der USA auf Japan unter der Überschrift »*Krieg soll nach Gottes Willen nicht sein*« festgestellt, die heutige Rolle des Kriegs im internationalen Leben *sei* »*Sünde wider Gott und eine Entwürdigung des Menschen*« *und deshalb sei die Lehre vom Gerechten Krieg nicht mehr aufrechtzuerhalten.*[223] Inwieweit diese theologisch begründete Kriegsächtung auch Konsequenzen für die Drohung mit Atomwaffen bzw. deren Herstellung und Bereithaltung überhaupt haben musste, wurde nicht weiter präzisiert. Noch 1950 erklärte der Rat der EKD beim Essener Kirchentag: »*Einer Remilitarisierung Deutschlands können wir das Wort nicht*

---

220 Vgl. Thränhardt (1986), S. 93.
221 Ich beziehe mich im Nachfolgenden auf: Lepp, Claudia (2010): Kirchen und soziale Bewegungen in der Bundesrepublik (1950–1983). http://www.zeithistorische-forschungen.de/3-2010/id%3D4585 – Zugriff am 05. 12. 2014; 17:33 h. Siehe dort in Kap. 1: Die Kirchen und die Frühformen der Protestkultur. dieselbe(2008): Entwicklungsetappen der Evangelischen Kirche. In: Lepp Claudia & Nowak Kurt [Hg.] (2008): Evangelische Kirche im geteilten Deutschland (1945–1989/90), Göttingen: Vandenhoeck & Ruprecht, S. 57–66.
222 Kubbig, Bernd W. (1974): Kirche und Kriegsdienstverweigerung. Stuttgart: Verlag Kohlhammer, S. 94.
223 Aktion Sühnezeichen (1982): Christen im Streit um den Frieden – Beiträge zu einer neuen Friedensethik. Freiburg: Dreisam Verlag, S. 284.

reden, weder was den Westen noch was den Osten anbelangt.«[224] Insbesondere Gustav Heinemann, der damalige Präses der Gesamtdeutschen Synode der EKD und Martin Niemöller, Präsident der Hessen-Nassauischen Kirche waren die führenden Persönlichkeiten im Widerstand gegen die geplante Wiederbewaffnung, der vor allem von den in der Tradition der Bekennenden Kirche stehenden Bruderschaften mitgetragen worden ist. Diese bezeichneten in ihrer Theologischen Erklärung vom Oktober 1958 in Frankfurt am Main die von der Bundesregierung angestrebte Atombewaffnung gar als *»faktische[.] Verneinung des Willens des seiner Schöpfung treuen und den Menschen gnädigen Gottes«* und den *»Standpunkt der Neutralität in dieser von uns als Sünde erkannten Sache [...] mit dem Bekenntnis zu Jesus Christus unvereinbar.«*[225]

Doch bereits schon im April desselben Jahres hatte die in Berlin-Spandau tagende EKD-Synode trotz der Gegensätze in der Beurteilung der atomaren Waffen erklärt: *»Wir bleiben unter dem Evangelium zusammen und mühen uns um die Überwindung der Gegensätze.«*[226] Der am 22. Februar 1957 zwischen Bundesregierung und EKD abgeschlossene Militärseelsorgevertrag sowie die vom Bundestag am 10. Mai 1957 beschlossene Atombewaffnung erschwerten zunehmend die Zusammenarbeit zwischen den west- und ostdeutschen Gliedkirchen, so dass sich die Letzteren 1969 im »Bund der Evangelischen Kirchen in der DDR« eine eigene Dachorganisation gaben.[227]

Enttäuschungserfahrung und Kritik an der Wiederbewaffnung
Theodor Ebert erlebte die Wiederbewaffnung als *»tiefen Einschnitt in meiner Jugend.«* Im Gymnasium nach seiner Meinung gefragt: *»Ich war völlig dagegen.«* (Eb 18–21).

Hans Häselbarth wurde durch die Erfahrungen der Bekennenden Kirche, die ihm seine Professoren Helmut Gollwitzer und Hans-Joachim Iwand sowie Martin Niemöller vermittelten, geprägt, was eine kritische Sichtweise der Aufrüstungsdebatte bewirkte. (Hä 28–30).

Für Eugen Drewermann war die Einführung der allgemeinen Wehrpflicht »ein absoluter Wendepunkt. Plötzlich wurde die Sache für mich ernst. Und dann wusste ich, dass ich niemals auf Befehl hin lernen würde, wie man Menschen tötet. Das war eine klare Evidenz, die sich auch nie mehr geändert hat.« (Dr 13–17).

Die Meinung von Millionen Menschen auf der Straße gibt er wieder mit: »Zehn Jahre nach dem Desaster des Zweiten Weltkrieges wollen wir nicht sehen,

---

224 Kubbig (1974), S. 19.
225 Aktion Sühnezeichen (1982), S. 344f.
226 Aktion Sühnezeichen (1982), S. 343.
227 Der Spiegel. http://www.spiegel.de/spiegel/print/d-41761577.html – Zugriff am 05.12.2014; 17:55 h.

dass wir die Knochen dafür hingehalten haben, dass es wieder weitergeht.« (Dr 20 f.) Als ideologisch treibenden Faktor hinter dieser Entwicklung sieht er die katholische Kirche, für die Papst Pius XII. erklärt hatte, dass kein Katholik das Recht habe, sich im Falle eines ungerechten Angriffs auf sein Gewissen zu berufen und den Wehrdienst zu verweigern. Diese Bereitschaft, der göttlichen Gerechtigkeit zu dienen, habe sogar den Atomkrieg inkludiert.[228] Erst mit dem Zweiten Vatikanischen Konzil habe man den Pazifismus, den Friedensdienst ohne Waffen, als eschatologischen Vortrab anerkannt. (Dr 27–50).

Für zwei der Befragten spielte in diesem Zusammenhang auch die Position von Gustav Heinemann und sein Rücktritt eine besondere Rolle:

Theodor Ebert wurde durch seinen Vater zu einem Vortrag von Heinemann mitgenommen und studierte daraufhin eine ganze Vortragssammlung Heinemanns. Deshalb setzte er große Hoffnung auf die von diesem mitgegründete Gesamtdeutsche Volkspartei (GVP). Nach deren Desaster bei der Bundestagswahl 1957 entschied er sich nicht wie Heinemann für den Eintritt in die SPD, konnte diese Frage jedoch mit ihm persönlich besprechen. (Eb 110–119).

Für den aus Essen stammenden *Ulrich Parzany* hatte der damals als dort als Oberbürgermeister amtierende und auch als Vorsitzender des von Pfarrer Wilhelm Busch geleiteten Weigle-Jugendhaus aktive Gustav Heinemann ebenfalls eine ganz besondere Bedeutung. Das Anliegen Heinemanns, mit der GVP gegen die Wiederbewaffnung politisch zu kämpfen, weil diese die Teilung Deutschlands zementieren würde, das, so *Parzany*, »*hat mich damals sehr stark beeinflusst, …*«. Die damalige friedensethische Diskussion erlebte *Parzany* sehr stark von der politischen Ebene beeinflusst. (Pa 20–41).

4.1.2.2 Konstruktive biographische Erfahrungen

Exkurs: Friedenskirchen

Als sogenannte historische Friedenskirchen werden jene protestantischen Freikirchen bezeichnet, »die seit ihren Anfängen Gewaltfreiheit als ein Merkmal ihrer ek-klesialen Identität nennen.«[229] Die älteste von ihnen, die Mennoniten,

---

228 Inhaltsgleiche Aussagen gab es auch innerhalb der Evang. Kirche wie das Beispiel des konservativen Erlanger Theologieprofessors Walter Künneth zeigt: »Christen sollten nicht vergessen, daß die ideologische Untergrabung des Wehrwillens, auch wenn sie mit falsch verstandenen biblischen Zitaten verbrämt wird, zutiefst eine Auflehnung gegen Gottes Ordnungswillen bedeutet, …. Jeder hat dem Grundgesetz entsprechend das unbestrittene Recht, sich auf sein Gewissen zu berufen, aber er kann sich niemals bei der Wehrdienstverweigerung auf die Bibel und die Verheißung des Christusfriedens berufen.« Künneth, Walter: Wehrpflicht für Christen nicht zumutbar? In: idea-Dokumentation 58/80, zit. nach: Aktion Sühnezeichen/Friedensdienste, (1982), S. 211.
229 Enns, Fernando/Twardowski, Stephan von (2006): Friedensbildung aus Sicht historischer

entstanden im 16. Jahrhundert und gehen zurück auf Menno Simons, einen aus Friesland stammenden vormaligen katholischen Priester. Sie zählen zum gewaltfrei gesinnten Teil des täuferischen »linken Flügels« der Reformation. Ihrem damals sehr stark dualistisch geprägten Weltbild entsprechend, respektierten sie zwar die weltliche, mit dem Schwert aufrechterhaltene, göttliche Ordnung, sahen sich selbst jedoch in der Nachfolge Jesu zum Gewaltverzicht berufen. Die Glaubenstaufe gilt als Ausdruck des persönlichen Willens zur Nachfolge Jesu.[230] Ähnlich verhält es sich mit den nach ihrem Gründer, dem Tiroler Jakob Hutter, benannten Hutterern.[231] Sie allesamt waren in ihren europäischen Heimatländern schlimmen Verfolgungen bis zur Folter und grausamen Hinrichtungen durch die dominanten katholischen und protestantischen Obrigkeiten ausgesetzt. Viele flüchteten in die Neue Welt Amerikas, wo sie bis heute ihre Hauptverbreitungsgebiete haben. Aus dem englischen Puritanismus des 17. Jahrhunderts kam die Gesellschaft der Freunde, auch Quäker genannt, und aus dem deutschen Pietismus des 18. Jahrhunderts die Kirche der Brüder/Church of Brethren hinzu.

Der Hamburger mennonitische Theologe *Fernando Enns* sieht in der Gewaltfreiheit dieser Traditionen nicht nur ein wesensmäßiges Element einer theologischen Ethik, »sondern zugleich ein ›regulatives Prinzip‹ allen theologischen Nachdenkens.«[232] »Orthodoxie« (die rechte Lehre) und »Orthopraxie« (das rechte Tun), gerade auch in Bezug auf das Zeugnis der Gewaltfreiheit, gehören untrennbar und gleichgewichtig zusammen.[233] In radikaler Ausprägung der reformatorischen Forderung nach dem »Priestertum aller Gläubigen« ist die christliche Gemeinde der Ort, an dem die mit der Nachfolge Jesu verbundenen Entscheidungen getroffen werden. Trotz hauptamtlicher Theologen kennen sie keine Ämterhierarchie. Das für die gewaltfreie Grundhaltung notwendige freiwillige und bewusste Bekenntnis mündiger Christen kommt in der Erwachsenentaufe zum Ausdruck. Auch die Feier des Abendmahls trägt ethische Implikationen: In der Erinnerung des gewaltsamen Todes Jesu am Kreuz wird Gottes Gewaltfreiheit erkannt, und im Teilen wird Gottes Wille für die gesamte

---

Friedenskirchen. in: Haußmann, Werner/Biener, Hansjörg/Hock, Klaus/Mokrosch, Reinhold, Hg.: Handbuch Friedenserziehung. Gütersloh: Gütersloher Verlagshaus, S. 136.

230 Enns, Fernando (2007): Von Gewalt befreit – wann ist Gewalt legitim? Mennonitische Ansätze zur Friedensethik in der Ökumene – Vortrag im Rahmen der Feierlichkeiten »400 Jahre Mennoniten in Krefeld« am 10. Mai 2007 in Krefeld. S. 2,6, http://www1.theolo gie.uni-hamburg.de/de/einrichtungen/arbeitsstellen/friedenskirche/archiv.html# – Zugriff am 19.12.2014; 14:23 h.

231 Packull, Werner O. (2000): Die Hutterer in Tirol: Frühes Täufertum in der Schweiz, Tirol und Mähren. Innsbruck: Universitätsverlag Wagner, S. 185–289.

232 Universität Hamburg, Fachbereich Evangelische Theologie, Arbeitsstelle Theologie der Friedenskirchen. http://www1.theologie.uni-hamburg.de/de/einrichtungen/arbeitsstellen/ friedenskirche.html – Zugriff am 19.12.2014; 15:02 h.

233 Enns, Fernando/Twardowski, Stephan von (2006), S. 136.

Schöpfung – ein Leben in gerechten Beziehungen – ersichtlich. Seit Anbeginn ist für die Mennoniten als ältester evangelischer Freikirche die klare Trennung zwischen Staat und Kirche wichtig, um dem »Amt der Versöhnung« gerecht werden zu können. Der von Jesus angeratene Eidesverzicht (Mt 5,33–37) wird deshalb auch als Schutz vor Loyalitätskonflikten (Gehorsam gegenüber staatlicher Regierung oder gegenüber Christus) gesehen.

Seit dem 20. Jahrhundert sind die Friedenskirchen auch auf der Ebene des Ökumenischen Rates der Kirchen für die Entwicklung eines »gerechten Friedens«, für das Recht auf Kriegsdienstverweigerung, für Gewaltpräventation und gewaltfreie Konfliktlösungsmöglichkeiten, z. B. durch zivile Friedensdienste, initiativ und aktiv. Dem Leitbild einer umfassenden »Kultur des Friedens« folgend, bemühen sie sich ebenso innergesellschaftlich um einen anderen Umgang mit Straftätern mit dem Ziel »restaurativer Gerechtigkeit«: Wiedergutmachung, Wiederherstellung von Beziehungen und Versöhnung.[234]

Annahmeerfahrungen und Prägung durch Friedenskirchen

Paul Oestreicher erlebte mit seiner Familie in Neuseeland die Quäker als die einzige Gruppe, die sich aufgrund des Prinzips der Feindesliebe für feindliche Ausländer einsetzte. Aufgrund dieser Freundschaftserfahrung schlossen sich seine Eltern den Quäkern an; er selbst vollzog diesen Schritt erst ein paar Jahre später. (Oe 33–39)

Fernando Enns wuchs in einem mennonitischen Elternhaus mit dem Ethos und der Ahnung auf, dass Christen Gewalt nicht als Handlungsoption zur Verfügung stehe, dass sie *per se* nicht Soldat werden und sich nicht an Waffen ausbilden lassen können. Begründet wird dies mit der Achtung vor dem Leben von Mitmenschen, selbst wenn es sich dabei um den schlimmsten Verbrecher handle. Weil die Menschenwürde in der Ebenbildlichkeit Gottes gründe, sei niemand berechtigt, anderen Menschen das Leben zu nehmen. Man würde sich ansonsten in selbstanmaßender Weise auf die Ebene des Schöpfers begeben und eine Hybris eingehen.

Weil in der mennonitischen Tradition Glauben und Bekenntnis in Form der Lebensgestaltung sehr eng zusammengehören, sei unter anderem die Gewaltfreiheit eine wichtige Dimension. (En 88–112). Bei ökumenischen Begegnungen habe er eine unterschiedliche Herangehensweise zwischen Angehörigen von Friedens- und von Volkskirchen wahrgenommen: Für ihn als Mennonit war die Frage nicht, dürfen wir Gewalt anwenden oder nicht, sondern, könnte es Extremsituationen geben, in denen ausnahmsweise als letztes Mittel Gewalt in Betracht zu ziehen ist? Für die Angehörigen von Volkskirchen war hingegen aufgrund der Lehre vom Gerechten Krieg die militärische Option aus Gründen

---

234 Enns, Fernando/Twardowski, Stephan von (2006), S. 137–139.

der Ordnungswahrung und Schutzverantwortung das Vorhandene. Für sie war die Frage nun, ob diese Gewaltoption einzuschränken ist. Diese unterschiedlichen Ausgangspunkte sieht *Enns* bei sich eindeutig biographisch begründet: *»Ich glaube, dass viel mein Elternhaus und meine kirchliche Prägung da auch ausgemacht haben, mit dieser Haltung so aufzuwachsen.«* (En 126–143).

Hans Häselbarth war während seines Missionsengagements in Nigeria einer »Kirche der Brüder« zugeordnet. Dass er diesen Nachfahren der vor zweihundert Jahren aus dem Westerwald und Taunus Ausgewiesenen nun auf dem Umweg über Pennsylvania in Afrika begegnen konnte, war für ihn *»umwerfend«*. *»Die Gespräche mit diesen Kollegen von der Church of Brethren, die haben mir auch sehr wohlgetan.«* (Hä 58–65) Bei seiner späteren Aufgabe als Spiritual der Kommunität Selbitz sei er dann wieder der friedenskirchlichen Tradition der Täuferbewegung begegnet *»und hab' gesehen, dass da Wahrheit ist und hab' das dann auch in der Kommunität [...] mit eingebracht und hab' mich gefreut, dass die Schwestern und Brüder das dann auch mitgetragen haben.«* (Hä 115–123)

Identifikationen mit biblischen Personen

Für *Albert Fuchs* wurde ab der Erstkommunion durch die Begegnung mit biblischen Themen *»eine ziemlich starke Identifikation«* mit der Person Jesu geweckt, dessen Passionsgeschichte er als Neuzehnjähriger *»zum Teil mit Tränen in den Augen gelesen habe.«* So fühlte er in Jesu Reaktion auf die Ohrfeige beim hohepriesterlichen Verhör – *»Habe ich übel geredet, so beweise, dass es böse ist; habe ich aber recht geredet, was schlägst du mich?«* (Joh 18,23) – schon als junger Mensch die Möglichkeit des Widerstandes, ohne den Anderen zu verletzten, was er heute mit Aktiver Gewaltfreiheit interpretiere. Dieses Moment habe sich bei ihm seit dieser Zeit durchgehalten, er habe sich seitdem als Pazifist verstanden. Ebenso habe die damalige Lektüre der Makkabäer-Geschichten bei ihm eine bleibende Identifikation mit den Schwachen und Leidenden hervorgerufen. (Fu 8–32)

Ullrich Hahn bezeichnet seinen Wunsch, Jesus nachzufolgen, als das ursprüngliche Motiv. (Ha 9–13) Er war von seinen Eltern nichtreligiös erzogen worden und hatte sich jedoch während seiner Ausbildung beim Bundesgrenzschutz aus einem allgemeinen kulturellen Interesse heraus literarisch mit dem Neuen Testament befasst. Dabei überzeugte ihn *»die Lehre Jesu, nicht so sehr die Glaubensdogmen, die ich da noch gar nicht so kannte oder die mir auch gar nicht so wichtig waren.«* (Ha 35–47)

Anregungen durch Religionsunterricht

Zwei der Befragten erwähnen den Religionsunterricht als eine motivierende bzw. prägende Erfahrung.

Theodor Ebert hatte in seinem Religionslehrer Paul Schempp, einem wegen seiner kritischen Einstellung während des Dritten Reiches von seiner Landeskirche aus dem Pfarrdienst entlassenen Theologen und späteren Theologieprofessor[235] eine Leitfigur im Sinne von Kierkegaards und Bonhoeffers Theologie. Durch ihn kam er in Bezug auf dogmatische Fragen der Kirche zu einer offenen Haltung. Diese wurde auch durch seinen Stuttgarter Konfirmator, den *»sehr menschenfreundliche[n], wahrscheinlich ziemlich liberale[n] Pfarrer Pfäfflin«* gefestigt. (Eb 62–90)

Stefan Maaß hatte zwar schon als Dreizehn-, Vierzehnjähriger von Martin Luther King gehört, dann jedoch in der zehnten Klasse im Religionsunterricht durch die intensive Befassung mit den Themen Gewalt und Strafe eine bewusste Prägung erfahren. (Ma 42–49)

Positive Anregungen durch das persönliche Umfeld

Für *Paul Oestreicher* war die Zugehörigkeit zu einer in der pazifistischen Tradition stehenden quäkerischen Peer-Group in Neuseeland ein entscheidender Faktor. (Oe 53–57)

Für Ulrich Parzanys klare Haltung gegen die Atomrüstung war auch entscheidend, *»dass ich in meinem Umfeld nicht alleine war. Auch im Bereich des Pietismus, der vielleicht zu Teilen auch eher konservativ politisch orientiert war oder im bürgerlichen Lager. Im Ruhrgebiet aber war der Pietismus etwa präsentiert in der Person von Wilhelm Busch.«* Dieser veröffentlichte in dem pietistischen Erbauungsblatt »Licht und Leben« den Artikel: »Atomwaffen sind Sünde.«

»Also, er war sehr stark und eindeutig auf dieser Position und hatte nach eigenen Lebenserfahrungen eine ziemliche Wandlung durchgemacht, vom Kriegsfreiwilligen des Ersten Weltkrieges, begeistert, hin zum Pazifisten nach dem Zweiten Weltkrieg. Und das hat uns in der Jugendarbeit geprägt.« (Pa 89–98)

Paul Russmann berichtet von einer Freizeitleiterschulung zu Zeiten seiner Entscheidung, Wehrdienst zu leisten oder Kriegsdienst zu verweigern, *»wo dann einer der anderen Teilnehmer noch einmal sehr eindrücklich auf die Friedensbotschaft Jesu hingewiesen hat: ›Also das Evangelium sagt, dass wir nicht töten sollen.‹ Das hat mich sehr geprägt.«* (Ru 18–23).

Während seines Theologiestudiums beteiligte er sich anfangs der 1980er Jahre an studentischen Schweigedemonstrationen gegen die Nachrüstung. Auch das anschließende Zusammensein beim Tee mit ob ihres Engagements beein-

---

235 Schempp war Professor für praktische Theologie an der Uni Bonn 1958/59. Vgl. Waßmann, Harry & Spur, Roland (2007): Paul Schempp – Theologe in Krisenzeiten. Impulse für eine Kirche mit Zukunft. http://www.deutschlandradiokultur.de/paul-schempp-theologe-in-kri senzeiten.1124.de.html?dram:article_id=176857 – Zugriff am 26.01.2016; 21:50 h.

druckenden Gleichaltrigen, habe ihn motiviert, selbst Ostermärsche und Blockaden im Münsterland mitzuorganisieren. (Ru 66–84)

Ullrich Hahns Entscheidung zur Nachfolge Jesu und deshalb zum Ausscheiden aus dem Bundesgrenzschutz wurde durch den Anschluss an die Evangelische Studentengemeinde und den dort von ihm mit anderen ehemaligen Reservisten gegründeten Arbeitskreis Frieden weitergeführt. Die dort erlebte offene Atmosphäre habe eine Vertiefung des Glaubens bewirkt. (Ha 53–57)

Horst Schefflers Weg ist, im Vergleich zu denen der anderen Befragten, ein ganz besonderer: Bei seinem Zweitstudium der Pädagogik bekam er durch den Bonner Religionspädagogen Hans Dieter Bastian[236] den Anstoß, sich mit der Militärseelsorge zu beschäftigen. Während eines Sondervikariates bei der Militärseelsorge interessierte er sich für die Schnittmengen zwischen dem kirchlichen, dem staatlichen und dem militärischen Friedensauftrag. Für seinen späteren Berufsweg als hauptamtlicher Militärseelsorger hatte er das Ziel, *»mitzuarbeiten an einem Konzept einer Armee der Inneren Führung im Sinne von Graf Baudissin, die nicht mehr befähigt ist und beauftragt ist Krieg zu führen, sondern die die Fähigkeiten hat, den Krieg zu verhindern.«* (Sch 30–51)

Positive Anregungen durch Erfahrungen mit gewaltfreiem Handeln
Obwohl *Hans Häselbarth* als Schüler eines humanistischen Gymnasiums kaum mit Politik konfrontiert wurde, waren er und seine Mitschüler in den späteren Klassen von der Aussöhnung Deutschlands mit dem ehemaligen Kriegsgegner Frankreich und der Westintegration bewegt. *Paul Russmann* erlebte 1968 als Dreizehnjähriger im Krankenhaus am Fernsehgerät den Einmarsch der Warschauer Paktstaaten in die damalige Tschechoslowakei zur Beendigung des Prager Frühlings und war beeindruckt, wie lange die Tschechen den gewaltfreien Widerstand aufrechterhalten konnten. (Ru 12–18)

Für *Ullrich Lochmann*, der in den 1970-Jahren in Südafrika tätig war und der das Apartheid-Regime bis zu seiner Ausweisung selbst miterlebt hatte, war das relativ gewaltfreie Ende der weißen Vorherrschaft *»die Erfahrung der Kraft der Gewaltfreiheit.«* Er ist davon überzeugt, dass *»nicht zuletzt durch die Existenz und das Wirken und das Predigen aller christlichen Kirchen, die da unten sich engagiert haben, natürlich auch durch gewaltfreie Methoden wie Streiks, Boykott von Waren aus Südafrika – das alles hat zusammengewirkt, dass die ›Nacht der langen Messer‹ nicht stattfand, sondern dass sich zwei Männer geeinigt haben auf*

---

236 Prof. Dr. Hans Dieter Bastian, Mitglied im Beirat für Innere Führung der Bundeswehr, engagierte sich in den 1980er Jahren an prominenter Stelle für die atomare NATO-Nachrüstung. Den diese kritisierenden pazifistischen Berliner Bischof Kurt Scharf gemahnte er an das »Elfte Gebot«, das da heiße: »Du sollst nicht predigen von Dingen, von denen Du nichts verstehst.« Vgl. Der Spiegel, Nr. 25/1981: Pazifismus '81: »Selig sind die Friedfertigen«. S. 31. Vgl. Aktion Sühnezeichen-Friedensdienste (1982), S. 161–165.

einen Wechsel hin zu einem demokratischen, nichtrassistischen Land.« (Lo 61–69)

Auch *Hans Häselbarth* hatte als Studentenpfarrer seine Erfahrungen im Widerstand gegen die südafrikanische Apartheid, infolge derer er ebenfalls des Landes verwiesen wurde.[237] (Hä 30–40) Später war er in Nigeria mehrmals an Friedensseminaren für kirchliche Mitarbeiter zur Deeskalation von gewalttätigen Konflikten zwischen Christen und Muslimen beteiligt: *»Und das war für mich eine Schlüsselerfahrung, wie die Afrikaner damit umgegangen sind. Wir haben sehr viel gespielt, also Dialoge und Szenen gespielt, wo Gewalt im Anzug war und wo engagierte Führer auf beiden Seiten dann die Friedenslösung durchgesetzt haben. Das war sehr bewegend für mich, nachdem vorher auch ganz schlimme persönliche Erfahrungen berichtet worden waren, …«* (Hä 40–58)

Für *Ute Finckh-Krämer* war die aktive Beteiligung an gewaltfreien Protestaktionen gegen die NATO-Nachrüstung der Atomwaffen in Baden-Württemberg die Erfahrung, *»wo ich für mich selber gespürt habe, dass diese gewaltfreie Aktionsform mir sehr liegt. Ich bin eine Frau, ich bin klein, ich gehöre nicht zu denen, die sich mit physischer Gewalt auseinandersetzen können. Aber ich habe gemerkt, dass ich in gewaltfreien Aktionen mindestens so stark sein kann, wie diejenigen, die zwei Kopf größer und dreißig Kilo schwerer sind als ich.«* (Fi 13–20)

Auch die von ihr seit ihrer Studienzeit betriebene Kampfsportart Aikido, die *»eine Sportart ist, die die Kraft des Angreifers gegen ihn verwendet, ohne ihn zu verletzen«*, entspricht dieser Einstellung. (Fi 27–33)

Markus Weingardt entdeckte die Wirksamkeit gewaltfreien Konfliktverhaltens vor allem auch durch seine politikwissenschaftlichen Studien. Von der Erkenntnis ausgehend, dass militärische Gewalt sich in der Regel als destruktiv, ineffizient und nicht zielführend erweist, forschte er nach besseren Alternativen und stellte fest, *»dass es gerade im religiösen Bereich eben sehr viel Friedensarbeit gibt, die auf Gewaltlosigkeit setzt, die sehr konstruktiv ist, und dass speziell bei religiösen Akteuren ein Wahnsinnspotential noch ›brach liegt‹ sozusagen, das ausgeschöpft werden kann wie der berühmte Schatz im Acker, der noch lange nicht annähernd gehoben ist.«* (Wei 12–23) Ursprünglich habe er mit fünf, sechs, sieben Fällen gerechnet und nach kurzer Zeit musste er schon nach vierzig Beispielen gewaltfreier Konfliktlösungen auf höchster politischer Ebene einen *cut* machen, von den vielen lokalen Friedensinitiativen ganz zu schweigen. *»Also, das hat schon nochmal meine Position insofern verändert, dass es sie wesentlich gestärkt hat und die Überzeugung gestärkt hat: Da geht noch viel mehr, als man sich jetzt vorstellen kann.«* (Wei 47–57)

---

237 Er war, wie er mir in einem Brief anlässlich des Todes von Ullrich Lochmann im Februar 2018 mitteilte, dessen unmittelbarer Vorgänger als Studentenpfarrer in Südafrika.

4.1.2.3 Erinnerungslernen als Motivation

Horst Scheffler kam durch den Schulunterricht mit der Kriegsliteratur zum Ersten und zum Zweiten Weltkrieg in Berührung und interessierte sich für Schriftsteller, die aufgrund ihrer eigenen Erfahrungen gegen Krieg waren wie Erich M. Remarque und Wolfgang Borchert, aber auch für die, die für den Krieg waren wie Ernst Jünger und Walter Flex und führte mit dem Ziel der literarischen Aufarbeitung während der ganzen Schulzeit mit ihnen bzw. der Mutter von Borchert Korrespondenzen. Daraus entstand für ihn auch das Motiv für das anschließende Theologiestudium. (Sch 21–30)

Auch *Paul Russmann* erwähnt, ohne dies weiter auszuführen, dass die Auseinandersetzung mit Geschichte und Kirchengeschichte und den politischen Verhältnissen starken Einfluss auf seine Einstellung hatten. (Ru 46–51)

4.1.2.4 Prägende (groß)elterliche Einflüsse

Hier lassen sich folgende Situationen unterscheiden:

(a) Kehrtwende des Vaters bzw. der Mutter
Bei *Paul Oestreichers* Vater, einem vom einst patriotischen Deutsch-Nationalen, zum Protestantismus konvertierten säkularen Juden und seiner traditionell-lutherischen Mutter erfolgte im neuseeländischen Exil die Wende hin zu den pazifistischen Quäkern. (Oe 43–48) *»Durch die innere Kehrtwende meines Vaters, das passte einfach dazu, dass ich sagte: Krieg ist Unsinn, Krieg ist widerlich, Krieg macht nur Probleme.«* (Oe 55–57)

Theodor Ebert orientierte sich während des Streits um die Wiederbewaffnung Deutschlands in den 1950er Jahren an der aus sechsjähriger widerwilliger Kriegsteilnahme seines Vaters und dessen im Krieg in Stalingrad umgekommenen Bruders Alfred resultierenden Einstellung: *»Die Ablehnung des Militärs hat sich auf uns Kinder, meinen zwei Jahre jüngeren Bruder Manfred und mich, übertragen. Über den Vater wurde in ihm dann auch das politische Interesse an Gustav Heinemann und seiner Gesamtdeutschen Volkspartei geweckt.* (Eb 21–34)

(b) Väterliches Engagement
Der Vater von *Ute Finckh-Krämer*, Pfarrer Ulrich Finckh, engagierte sich jahrzehntelang in der Betreuung der Kriegsdienstverweigerer und deren verbandlicher Interessenvertretung in Kirche und Staat.[238] (Fi 8–13) Seine pazifistische Prägung durch die Bergpredigt gab er an seine Kinder weiter. (Fi 40–44)

---

238 Aus meiner persönlichen Bekanntschaft mit Pastor Ulrich Finckh, Jg. 1927, weiß ich, dass er zum Kriegsende als Flakhelfer eingesetzt wurde. Von 1971 bis 2003 war er Vorsitzender der Zentralstelle für Recht und Schutz der Kriegsdienstverweigerer, der Dachorganisation

Bei *Fernando Enns* erfolgte dasselbe durch die mennonitische Tradition seines Elternhauses. (En 88–143)

Für Paul Russmann war die Art, »wie mein Großvater mit mir umgegangen ist – also so [...] im Sinne des sehr Liebevollen, dieses Erklärenden, den ich nie als strafenden Menschen erlebt habe, sondern als einen sehr gütigen Menschen ...«, sehr beeindruckend. (Ru 42–46). Diese durch den Großvater praktizierte, allgemein menschliche Haltung interpretiert Russmann als eine Grundhaltung, die für ihn, auf der politischen Ebene angewandt, einer pazifistischen Einstellung entspricht.

4.1.2.5 Reflexion des Kapitels »Biographische Motive«

Aus eigenen oder vermittelten Kriegserfahrungen pazifistische Konsequenzen zu ziehen, ist zwar plausibel, jedoch nicht zwangsläufig. *Paul Oestreicher* eröffnete seine biographischen Ausführungen mit der doppelten *Einschränkung »Das kann natürlich zum Teil daran hängen, dass ich aufgewachsen bin als Kind einer Flüchtlingsfamilie ...«* (Oe 9 f.) Es musste nicht automatisch so kommen. Auch gibt es noch viele andere Faktoren, die die Entwicklung einer Haltung oder einer Einstellung beeinflussen können. Bei ihm war es insbesondere der Einstellungswandel seiner Eltern. Aber auch die eigenen Erfahrungen – als Ausländer aus dem Feindesland angenommen und trotzdem geliebt zu werden (Oe 33–39) – bewirkten bei ihm den Gesinnungswandel.

Aufs Ganze gesehen, dürften die wegen ihrer pazifistischen Einstellung ausgewählten Befragten sogar eher eine atypische Haltung vertreten haben, ansonsten wäre die Wiederbewaffnung politisch nicht durchsetzbar gewesen. So kann aus ein und denselben Kriegserfahrungen heraus, mit dem Ziel der Verhinderung einer Wiederholung jener, auch die Notwendigkeit militärischer Gewaltpotentiale bis hin zur Atomrüstung begründet werden.[239]

---

aller damit befasten Verbände und Institutionen. Evangelische Arbeitsgemeinschaft zur Betreuung der Kriegsdienstverweigerer (EAK) [Hg.](2007): NEIN zu Krieg und Militär – JA zu Friedensdiensten. 50 Jahre evangelische Arbeit für Kriegsdienstverweigerer. Bremen: EAK, S. 89.

239 Regierungspräsident Dr. Walter Lübcke, Kassel, in einer Ansprache für den Volkstrauertag 2010, Das Vermächtnis der Kriegsgräber und Gedenkstätten heiße: »Frieden! Frieden und Achtung vor dem Leben! Zieht aus dem Geschehenen die richtige Lehre! Wir müssen alles uns Mögliche tun, damit wir und unsere Kinder nie wieder in solche Situationen kommen. Wir tragen die Verantwortung dafür, dass aus der trauernden Erinnerung die Entschlossenheit wächst – und das persönliche Engagement, den Frieden in uns selber, in unserem Land, in Europa und in der ganzen Welt zu bewahren und zu sichern. Dieses Engagement ist es, das heute den Einsätzen unserer Soldaten für die Völkergemeinschaft Sinn verleiht: nämlich Krieg und Terror zu beenden, den äußeren Frieden zu sichern.« Volksbund Deutsche Kriegsgrä-

Dieselbe Ambivalenz lässt sich auch bei den weiteren genannten Motiven (Religion, Vernunft, Gefühl usw.) beobachten. Die offene Frage ist, welche Faktoren den entscheidenden Ausschlag für jeweilige Einstellung hervorrufen. Ist es der Mix aus allen Faktoren, oder ist es eine bestimmte charakterliche Veranlagung bei der jeweiligen Person?

Den in den 1950er Jahren schon im Jugend- oder Erwachsenenalter befindlichen Befragten war die politische Umsetzung ihrer von den negativen Kriegserfahrungen bedingten Einstellung ein wichtiges Anliegen – umso größer dann die anfängliche Enttäuschung, bei der Bevölkerungsmehrheit kein Gehör zu finden. Dass dies jedoch nicht zur Resignation, sondern zu einem lebenslangen pazifistischen Engagement geführt hat, könnte durch die nachfolgend erörterten Motivkategorien begründet sein.

Während für die Friedenskirchen die Gewaltfreiheit die Norm ist, Abweichungen davon nur situationsethisch denkbar sind, ist für die Volkskirchen hingegen die Akzeptanz einer Armee gegeben; diese soll jedoch nur als *äußerstes* Mittel zum Einsatz kommen. Deshalb lautet hier die Frage umgekehrt: Inwieweit können gewaltfreie Methoden der Konfliktbearbeitung das Militär ersetzen?

4.1.3 Religiöse Motive

In der Frage zur Motivation wurde neben der offenen Formulierung, die zwei oder drei wichtigsten *Motivationen* für die pazifistische, das heißt, militärische Gewaltmittel ablehnende Einstellung zu benennen, noch gezielt nach relevanten *religiösen* Begründungen bzw. Bibeltexten gefragt. Die hierzu spontan gegebenen Antworten weisen ganz eindeutig die Bergpredigt – von vierzehn der fünfzehn Befragten explizit genannt[240]- als die zentrale biblische Textgrundlage aus. Als weitere Basistexte werden von drei Befragten die Friedensvision in Micha 4 bzw. Jesaja 2, sowie jeweils von einem Befragten die Kriegsgesetze in 5. Mose 20, das Jesus-Gleichnis vom Guten Hirten in Johannes 10 und der unser Friede seiende Christus Jesus aus Epheser 2 erwähnt. Theologisch-systematische Aussagen werden zu den Begriffen Feindesliebe, Jesus und Gott gemacht. Des Weiteren geht es um die biblische Hermeneutik als Grundlage christlicher Friedensethik.

Den genannten Kategorien wird jeweils eine theoretische Einleitung vorangestellt.

---

berfürsorge e.V. (2011): Volkstrauertag 2011 am 13. November – Anregungen und Gedanken zur Gestaltung von Gedenkstunden und Gottesdiensten. Kassel, S. 7.

240 Eine Ausnahme bildet *Albert Fuchs*, der jedoch aus der Bergpredigt die Goldene Regel (Mt 7,12) als Motiv benennt.

4.1.3.1 Einleitung zur Bergpredigt

Begriff und literarische Form
Die Bezeichnung »Bergpredigt« für die erste matthäische Redensammlung Jesu (Kap. 5-7) bezieht sich auf die in Kap. 5,1 erwähnte Lokalisierung, wonach Jesus beim Anblick des Volkes auf einen Berg stieg und von dort sitzend – was in diesem Zusammenhang als Ausdruck göttlicher Würde gilt[241]– zu seinen Jüngern und zum Volk sprach. Der Berg galt über die akustische und optische Notwendigkeit bei Ansprachen vor vielen Zuhörern hinaus schon zu vorbiblischen Zeiten in religiöser Dimension als Sitz der Götter. So sind auch im Alten Testament Berge die Orte der Gottesnähe und Gottesbegegnung.[242] Insbesondere der Sinai (in der deuteronomischen bzw. deuteronomistischen Tradition Horeb genannt) wird in der Geschichte Israels als Ort der göttlichen Selbstoffenbarung, des Bundesschlusses mit seinem Volk und der Gesetzgebung verstanden.[243] Wenn Matthäus – im Unterschied zu Lukas – die erste große Rede Jesu von einem Berg aus ergehen lässt, dann spielt er damit in symbolischer Weise auf Jesu Rolle als die eines neuen Moses an.[244] Jesus verteidigt die Weisungen des mosaischen Gesetzes (5,17-20) und interpretiert diese im Lichte göttlicher Gerechtigkeit in – im Wortsinne – radikaler Weise: Bei den fünf geschilderten Konfliktbereichen Töten, Ehebrechen, Schwören, Vergelten und Umgang mit Feinden (5,21-48) benennt er das Problem an der Wurzel und macht ethisches Verhalten einsichtig. Das »Anti« seiner Thesen richtet sich somit nicht gegen die Gebote an sich, sondern gegen eine nur formale Befolgung derselben. Es geht Jesus darum, die lebensdienliche Intension der Gebote in plausibler Weise zu erklären. Für die damalige Bandbreite des Judentums kann seine Auslegung als »liberal« gelten[245].

Durch den synoptischen Vergleich mit den Evangelien von Lukas und Markus wird ersichtlich, dass es sich bei der Bergpredigt um eine literarische Komposition überlieferter Jesusworte durch den Verfasser des Matthäusevangeliums handelt: Bei Lukas findet die Rede auf einem Felde statt; sie ist um die nur für jüdische Leser relevanten Textteile gekürzt und vermittelt einen etwas radikaleren Jesus. So finden sich dort beispielsweise – im Unterschied zu Matthäus mit acht Seligpreisungen – nur drei Seligpreisungen, dafür jedoch fünf Weherufe. Nach der Zweiquellentheorie basieren sowohl die Bergpredigt als auch die

---

241 Vgl. Konradt, Matthias (2015): Das Evangelium nach Matthäus. Göttingen: Vandenhoeck und Ruprecht, S. 64–66.

242 Fiedler, Peter (2006): Das Matthäusevangelium. Stuttgart: Verlag W. Kohlhammer, S. 105f.

243 Berlejung, Angelika & Frevel, Christian [Hg.] (2012³), S. 108f.

244 Weitere Parallele mit Mose: Mt 2,16 zu Ex 1,16. Vgl. Fiedler, Peter (2005): Theologischer Kommentar zum Neuen Testament. Das Matthäus-Evangelium, Stuttgart: Verlag Kohlhammer, S. 105ff.

245 Ebd. S. 64.

Feldrede im Wesentlichen auf der sogenannten Spruchquelle Q. Jedoch haben auch aus dem früher verfassten Markusevangelium zehn Zitate in die Bergpredigt Eingang gefunden.[246]

Jesu Motivation in der Bergpredigt

Die drei Quellen jüdischer Ethik, nämlich die Thora im Zentrum, daneben die Weisheit und die Eschatologie finden sich genau auch in der Verkündigung Jesu,[247] auch in der Bergpredigt. Die dort von Jesus gegebenen Weisungen zeichnen sich dadurch aus, dass er sie auch inhaltlich begründet, sowohl religiös wie auch rational. Sein Hauptmotiv für eine menschenfreundliche Ethik ist sein Gottesbild des gütigen Vaters im Himmel. Vierzehnmal kommt diese Gottesbezeichnung »Vater« in den drei Kapiteln der Bergpredigt vor. Das kindliche Vertrauen in Gott den Vater, bildet die Basis für einen geschwisterlichen und solidarischen Umgang mit den Mitmenschen. Dies wird auch durch das im Zentrum der Bergpredigt stehende Vaterunser-Gebet und dessen plurale Sprechweise deutlich. Unabhängig davon und in sich plausibel begründet Jesus ein lebensdienliches Verhalten mit seiner Forderung nach Empathie (Goldene Regel, 7,12). Diese in vielen Religionen, zumeist in ihrer negativen Version – »Was du nicht willst, dass man dir tu', das füg' auch keinem andern zu.« – vorkommende ethische Motivation wird von Jesus positiv formuliert – »Alles nun, was ihr wollt, dass euch die Leute tun sollen, das tut ihr ihnen auch!« (7,12a)[248] Wäre nun die Beachtung der negativen Version, das Böse zu unterlassen, schon ein großer Gewinn, so fordert die positive Version zu einem aktiven Handeln, zum ersten Schritt, zum eigenen Initiieren des Guten auf. Adolf Schlatter erläuterte den Unterschied zwischen beiden Versionen:

»Den anderen nicht verletzen, weil ich auch nicht geschädigt sein will, das ergibt das Recht; die bestehende Gemeinschaft darf nicht zerstört werden. Dem anderen das zu tun, was ich für mich selbst begehre, das ist Liebe, Stiftung der Gemeinschaft aus der eigenen Güte heraus.«[249] Ulrich Luz sieht in der positiv

---

246 Markus-Zitate in Bergpredigt: **Mk 3,13:** ... er ging auf einen Berg (Mt 5,1); **Mk 4,21:** Licht nicht untern Scheffel (Mt 5,13); **Mk 4,24:** Mit dem Maß, mit dem ihr messt, wird man euch wieder messen (Mt 7,2); **Mk 9.43:** Hand abhauen, besser verstümmelt ins Leben (Mt 5,30); **Mk 9,47:** Auge rausreißen (Mt 5,29); **Mk 9,50:** Wenn aber Salz kein Salz mehr ist (Mt 5,13); **Mk 10,4:** Scheidebrief (Mt 5,31); **Mk 10,11:** Wer sich von seiner Frau trennt, ... bricht die Ehe (Mt 5,32); **Mk 11,24:** Bittet, so wird's euch zuteilwerden (Mt 7,7); **Mk 11,25:** Vergebt, damit euer Vater euch vergibt (Mt 6,14).

247 Theißen, Gerd & Merz, Annette (2001³): Der historische Jesus – ein Lehrbuch. Göttingen: Vandenhoeck und Ruprecht, S. 339.

248 Vgl. Konradt, Matthias (2015): Das Evangelium nach Matthäus, Göttingen: Vandenhoeck & Ruprecht, S. 121 f.

249 Schlatter, Adolf (1963⁶): Der Evangelist Matthäus: seine Sprache, sein Ziel, seine Selbständigkeit / ein Kommentar zum 1. Evangelium. Stuttgart: Calwer Verlag, S. 247.

formulierten Goldenen Regel bei Matthäus die Zusammenfassung der Ethik Jesu. Diese scheine damit vorauszusetzen, »dass sein Liebesgebot grundsätzlich einsichtig ist und nicht im Kontrast zur Vernunft steht.«[250]

Nach diesen beiden Motivationen – das väterliche Gottesbild sowie die Goldene Regel – zu handeln, wird von Jesu im abschließenden Gleichnis vom Hausbau (7,24–27) auch als ein Gebot der Klugheit bezeichnet. Religion und Ratio, Glauben und Vernunft,

Friedensethisch relevante Textstellen in der Bergpredigt...

...mit direktem friedensethischen Bezug

(5,5) *Selig sind die Sanftmütigen* ... – Gewaltverzicht sichert die Lebensgrundlagen und nicht der gewaltsame Kampf um diese.

(5,9) *Selig sind, die Frieden stiften* ... – Gotteskindschaft und damit das göttliche Wesen an sich erweist sich in der Friedensbereitschaft.

(5,21–24) *Nicht töten, auch nicht mir Worten.* – Wehret den Anfängen, Versöhnungsdienst ist noch wichtiger als Gottesdienst.

(5,25 f.) *Vertrage dich mit deinem Widersacher sogleich,* ... – Deeskalation ist die vorrangige Option.

(5,38–42) *Nicht vergelten* – Dem Bösen nicht mit Bösem widerstreben.

(5,43–48) *Feindesliebe* – Gotteskindschaft erweist sich am Umgang mit den Feinden.

(7,12) *Goldene Regel* – Sich in den, eventuell sogar feindlich gesonnenen, Mitmenschen hineinzuversetzen, Empathie[251] zu haben, das ist der ganze Sinn der Gebote und Prophetenverkündigung.

... mit indirektem friedensethischen Bezug

(5,4) Selig sind, die da *Leid tragen* ... – anstelle es durch die Androhung oder Zufügung von Leid gegenüber anderen von sich fernhalten zu wollen.

(5,6) Selig sind, die da *hungert und dürstet nach der Gerechtigkeit* ... – Gerechtigkeit hat ein faires Miteinander aller zum Ziel, anstelle der Durchsetzung von Partikularinteressen zu dienen. (Gerechtigkeit als Friedensursache)

(5,7) Selig sind die *Barmherzigen* ... – empathisch sein.

(5,8) Selig sind, die *reinen Herzens* sind ... – keine Hintergedanken haben.

(5,10) Selig sind, die *um der Gerechtigkeit willen verfolgt werden* ... – Verfolgung wegen guter Taten ist etwas anderes als Verfolgung wegen böser Taten.

---

250 Luz, Ulrich (2009), S. 139.
251 Vgl. Armstrong, Karen (2012): Die Botschaft: Der Weg zu Frieden, Gerechtigkeit und Mitgefühl. München: Pattloch, S. 193 ff.

(5,13–16) *Salz und Licht der Welt, Stadt auf dem Berge* sein – Auftrag der Jesus Nachfolgenden für diese Welt.

(5,33–37) *Nicht schwören* – z. B. auch keinen Fahneneid, weil letzte Verfügungen nur Gott zustehen.

(6,9) *Unser Vater* – Gott ist der Vater aller Menschen in allen Nationen

(6,10) *Gottes Wille geschehe* – Das Lebensinteresse der gesamten Schöpfung Gottes soll auch auf Erden der Maßstab sein.

(6,11) *Unser täglich Brot* – Die Ressourcen des Lebens sind uns gemeinsam gegeben und deshalb fair zu teilen.

(6,12) *Vergib uns unsere Schuld, wie auch wir vergeben ...* – Gottes Vergebung kann ihre Wirkung nur in dem Maße entfalten, wie sie von uns selbst gegenüber unseren Schuldnern praktiziert wird.

(6,13) Und *führe uns nicht in Versuchung* – uns auf Erden doch nicht an Gottes Willen zu orientieren, egoistisch zu sein.

(6,14 f.) *Vergebungsbereitschaft* unter Menschen lässt auch die göttliche Vergebung wirksam werden.

(6,19–23) Materielles *Schätzesammeln*, Horten verfinstert das Leben und verführt andere Menschen möglicherweise zu Neid und Gewalt (Diebstahl und Einbruch) – Alternative wäre das Teilen und das Sammeln immaterieller Schätze im Himmel.

(6,24) *Niemand kann zwei Herren dienen* – Man muss sich entscheiden, was einem wichtiger ist: Gott oder Mammon bzw. in friedensethischer Hinsicht Gott oder (der Kriegsgott) Mars.

(6,23–34) *Ängstliches Sorgen*, das mit Schätzen Sicherheit erzeugen will, belastet das Leben – Alternative: Sich prioritär um Gottes Reich und seine Gerechtigkeit zu kümmern, dann fällt einem das Andere zu.

(7,1–5) Selbstkritik muss den Vorrang vor Kritik anderer haben, vielleicht erübrigt sich dadurch Letztere?

(7,7–11) *Gott vertrauen,* dass er seinen Kindern, die nötige Kraft gibt.

(7,13 f.) Der *breite Weg* der Bequemlichkeit, des Egoismus, führt ins Verderben. Der zum Leben führende Weg wird zwar nur von wenigen gefunden, aber diese könnten ihn dann im Rahmen ihrer Salz-, Licht- und Stadtfunktion den anderen vermitteln.

(7,15–20) Wahre Propheten sind daran zu erkennen, dass sie *gute Früchte* zeitigen. (Ziel-Mittel-Relation)

(7,21) Entscheidend ist nicht das richtiges Bekenntnis (Orthodoxie), sondern das *rechte Tun* (Orthopraxie).

(7,22–27) Jesu Rede hören und tun, ist auch *ein Gebot der Klugheit.*

Wirkungsgeschichte der Bergpredigt

Die Interpretation der Bergpredigt – insbesondere der von Jesus geforderte Gewaltverzicht – war und ist in Folge der durch die Konstantinische Wende ab 312 eingeleiteten Verbindungen von Staat und Kirche bis in die Gegenwart hinein umstritten. In friedensethischer Hinsicht waren die von Augustinus von Hippo im 5. Jahrhundert, Thomas von Aquin im 13. Jahrhundert und der von der Spätscholastik im 16. Jahrhundert in Aufnahme antiker Vorstellungen von Platon und Cicero formulierten Kriterien eines Gerechten Krieges[252] der Versuch eines Brückenschlags zwischen den staatlichen, militärgestützten Machtstrukturen einerseits und den Aufforderungen Jesu an seine NachfolgerInnen in der Bergpredigt andererseits. Die hermeneutischen Versuche sind vielgestaltig[253]: Manche Ausleger sehen die Bergpredigt nur an die Jünger gerichtet[254], die mittelalterliche katholische Kirche sprach im Sinne einer Zwei-Stufen-Ethik von »Evangelischen Räten«, die nur für die Mönche gälten, während für die Masse der Menschen die Zehn Gebote als Orientierung ausreichen sollten. Egon Spiegel weist hierzu auf eine u. a. schon von Leo Tolstoi bemerkte Diskrepanz in der (kirchlichen) Interpretation der Bergpredigt hin: So werde das Wort von der Unauflöslichkeit der Ehe (5,27 ff.) als allgemeingültig und für jeden verbindlich ausgelegt, während Jesu Plädoyer für Feindesliebe und Gewaltverzicht (5,38–48) nur an die Adresse weniger charismatisch begabter Menschen gerichtet sein solle.[255] Luther hingegen sah zwar jeden Menschen unter dem Anspruch der Bergpredigt, jedoch nicht, um sie erfüllen zu können, sondern um sich seiner Sündhaftigkeit und Erlösungsbedürftigkeit bewusst zu werden. Im 19. Jahrhundert leitete die liberale Theologie aus der Bergpredigt lediglich eine Gesinnungsethik für den privaten Bereich ab. Albert Schweitzer wiederum verstand die Bergpredigt als Interimsethik vor dem Weltende, sozialistische Ausleger wie Karl Marx, Leo Tolstoi und Karl Kautsky sahen darin die kompromisslose Forderung zur Veränderung der gesellschaftlichen Verhältnisse. Auch nach dem Ende des Zweiten Weltkrieges sind sich die Christen bezüglich der Bergpredigtinterpretation uneins. Als zu Beginn der 1980er-Jahre die bundesdeutsche Nachrüstungsdebatte auch in den Kirchen geführt wurde, vertraten christliche Politiker die Auffassung, die Bergpredigt tauge nicht für den staatlichen Bereich.

---

252 Huber, Wolfgang & Reuter, Hans-Richard (1990): Friedensethik. Stuttgart: Kohlhammer, S. 51 f. Huber, Wolfgang (2004): Rückkehr zur Lehre vom gerechten Krieg? – Aktuelle Entwicklungen in der evangelischen Friedensethik (1). http://www.ekd.de/vortraege/2004/040428_huber_friedensethik.html – Zugriff am 30. 12. 2014.

253 Zum gesamten Absatz vgl. Betz, Otto u. a. Hg. (2003): Calwer Bibellexikon. Stuttgart: Calwer Verlag, Bd. 1, S. 175.

254 Dagegen steht die in Mt 7,28 geschilderte Reaktion des Volkes.

255 Spiegel, Egon (1987): Gewaltverzicht – Grundlagen einer biblischen Friedenstheologie. Kassel: Weber-Zucht Verlag, S. 94–96.

Der ehemalige Bundeskanzler Helmut Schmidt beispielsweise bezweifelte es, gegen Hitler oder Stalin mit dem Hinhalten der anderen Backe etwas ausrichten zu können. Das seien *»in ihrer Naivität absurde Vorstellungen, die völlig abstrahieren von der konkreten geschichtlichen Erfahrung.«*[256] Die Bergpredigt sei nicht als ein *»Kanon für staatliches Handeln aufzufassen. So ist sie nicht gemeint gewesen; sie war in einer anderen Zeit für eine andere Gemeinde in einer anderen Lage gesprochen.«*[257] Der württembergische Theologe Kurt Hennig vertrat die Auffassung, dass es nach dem Neuen Testament nicht Christenaufgabe sei, *»in allem Streit der Menschen und der Völker für den Frieden zu sorgen und ihn mit Mitteln dieser Welt wie Protesten, Appellen, Aktionen usw. zu verwirklichen. Dies ist auch ausdrücklich nicht die Meinung der Seligpreisung von den Friedfertigen, den Friedensmachern. Denn dieses Wort zielt wie alles in der Bergpredigt auf das Verhalten der Jünger untereinander, also auf das Verhalten in der Gemeinde Jesu und nicht auf eine Veränderung der Welt und nicht auf christliche Aktivitäten in dieser Welt.«*[258] Renate Wind kommt deshalb zu dem Schluss, dass sich »im gar nicht pazifistischen deutschen Protestantismus schon Generationen von Theologen scharfsinnig um die Entschärfung der Bergpredigt bemüht [haben, T.Z.].« Deren Version laute: »Die Bergpredigt ist nicht Anweisung zur Umgestaltung der Welt, sondern Hinweis auf deren Erlösungsbedürftigkeit durch Gott, die die Kirche im Evangelium verkündet.«[259]

Gleichzeitig mehrte sich jedoch auch die Zahl der Bibelinterpreten (beispielsweise Bernhard Häring[260] und Walter Wink[261]) – die konfessionsübergreifend auf die realistischen Züge der Bergpredigt aufmerksam machten und diese durch die Erkenntnisse der Friedensforschung bezüglich der Sinnhaftigkeit gewaltfreier Konfliktaustragung bestätigt sehen. Die Umsetzung der Berg-

---

256 Schmidt, Helmut (1981): Politik und Geist. Auszug aus einem Gespräch mit dem Bundeskanzler. Abgedruckt in: epd-Dokumentation Nr 18a/1981, Frankfurt/M., 13. 4. 1981. Zit. nach Aktion Sühnezeichen [Hg.] (1982), S. 56.

257 Ebd. S. 57. Für Eberhard Schockenhoff lässt sich Jesu Aufforderung zur Feindesliebe nicht auf die persönliche Lebensdimension beschränken. Schockenhoff, Eberhard (2017): Responsibility to Protect. Eine völkerrechtliche Denkfigur zwischen Gewaltlegitimation und humanitärer Verantwortung. Manuskript für Rede bei Jahresempfang der badischen Bischöfe für das Bundesverfassungsgericht, den Bundesgerichtshof, die Bundesanwaltschaft und die Rechtsanwaltschaft bei dem Bundesgerichtshof am 16. Mai 2017 in Karlsruhe http://www.ekiba.de/html/aktuell/aktuell_u.html?t=c40853f326b343c955b30506b28f188d &tto=97f67396&&catactuell=&m=31&artikel=13321&stichwort_aktuell=&default=tru e – Zugriff am 18.05.2017; 15:27 h. S. 11–13.

258 Hennig, Kurt (1981): Der Friede Gottes und der Friede der Welt – 18 biblische Thesen zum Frieden. idea Nr. 15/81 vom 26. Februar 1981. Zit. nach Aktion Sühnezeichen (1982), S. 50.

259 Wind, Renate (2009⁶): Dem Rad in die Speichen fallen. Die Lebensgeschichte des Dietrich Bonhoeffers. Gütersloh: Gütersloher Verlagshaus, S. 71.

260 Häring, Bernhard (1986): Die Heilkraft der Gewalt. Düsseldorf, S. 12f., 82–84.

261 Wink, Walther (1988): Angesichts des Feindes – der dritte Weg Jesu in Südafrika und anderswo. München: Claudius-Verlag, S. 33ff.

predigt im politischen Kontext erfolgte erstmals durch Mahatma Gandhi, der über seine Erstbegegnung – nachdem zuvor die Lektüre des Alten Testamentes nicht viel Interesse in ihm weckte – sagte: »[I]ch [begann, T.Z.] die Lehre Christi zu begreifen, und die Botschaft der Bergpredigt bildete einen Widerhall auf etwas, was ich in meiner Kindheit gelernt hatte. Seine Lehre lautete, man solle sich nicht rächen und nicht Böses mit Bösem vergelten. ... die Bergpredigt [ist, T.Z.] für den, der ein christliches Leben führen will, das ganze Christentum [...]. Die Bergpredigt hat mich Jesus lieben gelehrt.«[262] Der orthodoxe indische Theologie Kondothra M. George resümiert deshalb, dass die Bergpredigt, »die in der Regel von christlichen Theologen als Ethik des Reiches Gottes und als zu utopisch für das tägliche Leben betrachtet wird, [...] in Gandhis spiritueller Formung ein einzigartiges praktisches Instrument für eine neue Lebensweise des Friedens und der Versöhnung in der Gemeinschaft« geworden sei, »eine neue Ethik des Lebens« sei somit geboren worden.[263]

4.1.3.2 Analyse der Aussagen zur Bergpredigt

Form
Paul Oestreicher betont, die Bergpredigt sei wissenschaftlich gesehen keine Predigt, sondern stelle eine Aphorismensammlung der Überzeugung Jesu zu ethischen Fragen dar. (Oe 94–98) *Fernando Enns* bezeichnet die Bergpredigt als »*wunderbar durchkomponierte Predigt*«. (En 37)[264] Die Feldrede in der Lukas-Parallele findet in den spontanen Antworten keine Erwähnung. Dies kann möglicherweise durch die Randstellung der Lukas-Version in Predigt[265] und Religionsunterricht, wo zumeist die matthäische Bergpredigt befasst wird, bedingt sein.

Wirkungsgeschichte und Bedeutung der Bergpredigt bei den Befragten
Paul Oestreicher sieht im Gewaltverzicht und in der Feindesliebe »*solche Grundzüge*« Jesu, dass er es nie verstanden habe, wie die meisten Christen, bis hin zu gebildeten Theologen, sie als nicht so wörtlich gemeint am Rande ihres Bewusstseins stehen haben. (Oe 110–114)
Für *Ullrich Hahn* ist, mit Verweis auf den Schweizer Kirchenhistoriker Walter

---

262 Zit. nach: Muller, Jean-Marie (1971): Gewaltlos – ein Appell. Luzern/München: Rex-Verlag, S. 261 f.
263 George, Kondothra M. (2001): Der moderne Lebensstil führt zur Gewalt. Welche Alternativen haben Christen? In: Zeitschrift »Der Überblick« 3/2001, S. 103–106.
264 Sie hat einen konzentrischen Aufbau um das Vaterunser.
265 In der aktuellen Perikopenordnung stammen sechs Texte aus der Bergpredigt und einer aus der Feldrede. Vgl. http://www.theologische-buchhandlung.de/predigtkartei-gesamtverzeichnis-perikopenreihen-6.htm – Zugriff am 05.02.2017; 12:13 h.

Nigg, der russische Dichter Leo Tolstoi der moderne Wiederentdecker der Bergpredigt »weil die[se, T.Z.] ja als ein Teil des Neuen Testaments, welches unmittelbar Lebensweisung sein soll, vorher gar nicht so wahrgenommen wurde. Vielleicht schon in den historischen Friedenskirchen, aber jedenfalls nicht in den großen Kirchen. Und er hatte sowohl diese Bergpredigt für sich entdeckt und versucht, das ins Privatleben zu übersetzen, aber auch dann Konsequenzen für Gesellschaft und Staat gezogen – bis zum radikalen Pazifisten – und war durch seine sprachliche Macht – er war ja ein weltberühmter Schriftsteller schon zu der Zeit – dann auch in der Lage, das in sehr klaren Worten auszudrücken.« (Ha 66– 75)

Die Befragten bezeichnen die Wirkung der Bergpredigt auf sie als »prägend«, »was mir als erstes in den Sinn kommt«, »das, was mir (...) besonders nahe ist« (Fi 40–47), »eine starke Motivation« (Wei 12), »erster Anstoß« (Ha 21), »ein wichtiger Text« (En 36), »starke Inspiration« (Hä 71) »der Basistext« dessen politische Umsetzung mit der Lektüre von Gandhi und King einsichtig wurde (Eb 52–56), als »Hoffnungszeichen und Lebenserhaltungsmaßnahmen«[266] (Br 33–40).

Ulrich Parzany sieht darin eine Orientierung für unser Tun: »Als Christ folge ich Jesus und die Bergpredigt gibt die Orientierung und sie ist ja ausdrücklich geschrieben, dass wir sie tun. Am Schluss der Bergpredigt heißt es, wer diese meine Rede hört und tut sie, ...! Also, es ist nicht bloß ein Ideal zum Diskutieren, sondern es ist wirklich so zu tun.« (Pa 111–119)

Bei diesem Tun ist für Ulrich Parzany die Beziehung zu der Person Jesus Christus entscheidend: »...die Grunderkenntnis der Bergpredigt ist, dass nichts aus dieser Bergpredigt realisiert wird, ohne den Bergprediger. Der erste Satz der Bergpredigt heißt: Gratulieren kann man denen, die geistlich arm sind, denn ihnen gehört Gottes Herrschaft. Also ›geistlich arm‹ heißt, vor Gott mit leeren Händen dastehen. Das heißt, das Wesentliche ist, wir bekommen alles geschenkt, die Königsherrschaft Gottes wird geschenkt, indem ein Mensch Christus annimmt, folgt und Vergebung der Sünden erfährt und sagt: Dir will ich folgen. Und dann kommt das, was Bonhoeffer in der ›Nachfolge‹ so wunderbar klar beschrieben hat, dieser Gehorsam, der sagt: Ja, dieses Gebot ..., ich kann es eigentlich nicht, es ist unmöglich, wenn du aber willst, dass ich es tun soll, dann schaff' du in mir die Kraft, dass es geschieht, du selber. Wenn ich die Grundsätze loslöse von Christus, dem lebendigen Christus, dann sind die Menschen in der Regel überfordert. ... Friede – nicht ohne den Friedensstifter Jesus. Und deshalb geht es bei mir da nicht um Feindseligkeiten zu anderen Religionen oder Anschauungen (...), sondern wer dieses Angebot auslässt, darf sich nicht wundern,*

---

266 Bretschneider bezeichnet damit zunächst die Bergpredigt, dann im Folgenden auch die Zehn Gebote und Micha 4.

dass er ohne diese Energie Gottes nicht zu Ergebnissen kommt. Es ist eine Vermessenheit des Menschen, dass er meinen könnte: Wir brauchen Gott nicht, der ist für uns sowieso nur ein Lückenbüßer und wenn wir's schon begriffen haben, dass es mit dem Frieden der richtige Weg ist, dann machen wir den auch, wenn wir nur wollen. (Pa 579–590;595–601)

> **Reflexion:** Als christliche Glaubensaussage, das Vertrauen auf die Person Jesus Christus verleihe die nötige Kraft, seinen friedensethischen Weisungen zu folgen, ist diesem Gedanken zuzustimmen. Als generelle Feststellung würde sie jedoch Nichtchristen aus der friedlichen Friedensarbeit ausschließen. In der Bergpredigt selbst spielt die Person des Bergpredigers oder der Glaube an ihn keine besondere Rolle – im Gegenteil: Seinen Worten entsprechend zu handeln, sagt Jesus, sei ein Gebot der Klugheit (Mt 7,24) und entscheidend sei nicht das religiöse Bekenntnis, sondern das Tun des göttlichen Willens (Mt 7,21). Interessanterweise hat in der Person des Hindus Mahatma Gandhi ein Nichtchrist den Realitätsbezug des von Jesus gelehrten Gewaltverzichts erkannt und praktiziert.[267] Von ihm wiederum lernte der US-amerikanische Baptistenpfarrer Martin Luther King die politische Relevanz der Lehre Jesu: *»Ehe ich Gandhi gelesen hatte, glaubte ich, dass die Sittenlehre Jesu nur für das persönliche Verhältnis zwischen einzelnen Menschen gelte. (…) Doch nachdem ich Gandhi gelesen hatte, sah ich ein, wie sehr ich mich geirrt hatte. Gandhi war wahrscheinlich der erste Mensch in der Geschichte, der Jesu Ethik von der Liebe über die bloße Wechselwirkung zwischen einzelnen Menschen hinaus zu einer wirksamen sozialen Macht in großem Maßstab erhob.«*[268]

Ullrich Lochmann sieht in der Bergpredigt die klare und gangbare Beschreibung Jesu für den Weg zu einer Welt ohne Tränen, Leid und Gewalt. (Lo 9–17). Nach Ausführungen über Friedenstiften und Feindesliebe schließt *Stefan Maaß*: »*Das ist für mich ganz zentral.*« (Ma 35)

Bei *Eugen Drewermann* wird deutlich, wie die Interpretation der Bergpredigt von einem durch Vorerfahrungen geprägten Vorverständnis mitbedingt ist. Er schildert zunächst, wie ihn in seiner Jugendzeit zwei, drei Jahre lang kriegerische Ideologien faszinierten und wie parallel hierzu Albert Schweitzer und Mahatma Gandhi seine Vorbildgestalten und Jugendheiligen waren. Es entstand bei ihm der Wunsch, Arzt zu werden, er wollte etwas Richtiges tun. Und obwohl er damals noch kein Vegetarier war, gab er Albert Schweitzer recht, dass man keine

---

267 siehe auch Johannes der Täufer: »Gott vermag dem Abraham aus diesen Steinen Kinder zu erwecken.« Mt 3,9.

268 King, Martin Luther, [hgg. von] Heinrich W. Grosse (1980): Schöpferischer Widerstand – Reden, Aufsätze, Predigten. Gütersloh: Gütersloher Verlagshaus Gerd Mohn, S. 25.

Tiere töten dürfe: »*Der Umgang mit allen Kreaturen war mir genauso proble-matisch wie die Bereitschaft zum Krieg. Ich war damals noch kein Vegetarier, aber die Option dafür hatte ich allemal, ich hatte Skrupel. Und daraus ging auch hervor die Interpretation der Bergpredigt. Ich hab' nie geglaubt, dass man mit Jesus heilige Kriege führen kann. Ich hab' immer gedacht, das ist ein Irrweg der Kirchengeschichte in schlimmstem Umfang, eine Verfälschung im Ganzen. Aber ich konnte damals, glaube ich, wirklich noch nicht begreifen, in welchem Sinn die Bergpredigt, die Botschaft Jesu therapeutisch zu lesen ist. Das war damals noch nicht im Horizont, dass man die Psychoanalyse integrieren müsste in die Aus-legung des Neuen Testamentes, um zu lernen, wie man mit Aggressionen, mit Ängsten aller Art, mit Charakterverformungen, mit gescheiterten Biographien umgeht, um das Gewaltpotential zu verringern. Zunächst mal individuell, aber dann Stufe für Stufe in der Psychodynamik von Gruppen, ein Schritt weiter in den Marktstrategien des Kapitalismus, mit der Art wie wir uns suchtähnlich abhängig machen vom Geldbesitz, von zwanghaften Vorstellungen von Leistung unter dem Druck permanenter Konkurrenz.*« (Dr 154–174)

Zitierte und kommentierte Inhalte der Bergpredigt

»Selig sind die Sanftmütigen« (Mt 5.5)

Ute Finck-Krämer versteht darunter implizit, gewaltfreie Mittel anzuwenden. (Fi 43–45) Zum selben Ergebnis kommt *Eugen Drewermann* über eine sprachkri-tische Betrachtung und den alttestamentlichen Bezugstext. Mit Blick auf Sach-arja 9 problematisiert er die deutsche Übersetzung mit »Sanftmut« bzw. »Demut«, was eher als eine innere Haltung begriffen werde: »*Dasselbe Wort steht aber dabei in der Übersetzung der Septuaginta von dem Friedensfürsten, der einzieht in Jerusalem auf einem Esel. Und das macht Jesus ja wahr, Sacharja 9. Das Entscheidende ist, Sacharja verbindet die Vision damit, dass dieser Frie-densfürst als allererstes sämtliche Waffen verbrennen wird – und zwar die eige-nen. Er rüstet ab, das ist sein Friede. Und dann hat er eine Art von positiver Schubwelle – auch die umliegenden Staaten werden auch abrüsten wollen. Wenn sie keiner bedroht, kann man sich's leisten. Man muss selber damit anfangen. Das […] Wort heißt nicht ›sanftmütig‹, sondern ›wehrlos‹. Selig sind die Wehrlosen, denn die wissen, dass sie Frieden brauchen und werden dafür eintreten und nur die. Solange man Frieden will durch Krieg, wird er nie kommen. Das ist die wirkliche Wende. Der Einzug Jesu hat diese Wende – ich denke, er ist auch mit die Ursache für Jesu Hinrichtung. Er interpretiert die Messias-Erwartung ins Gro-teske. Groß ist nicht der militärische Führer, der Napoleon, sondern dessen Ge-genteil, das ist groß vor Gott. Das ist so lächerlich, dass man dafür sogar die Römer ranlässt, um die Idiotie abzuschaffen, das ist jedem Staat gefährlich, den Römern genauso wie den Ultras in Israel.«* (Dr 811–831)

> **Reflexion:** Die Kritik Eugen Drewermanns richtet sich gegen die individualethische Begrenzung des Begriffs »Sanftmut« auf eine persönliche Haltung im Privatbereich. Der Zusammenhang zwischen Sacharja 9 und dem Wirken Jesu – symbolisiert durch seinen Eselsritt nach Jerusalem – qualifiziert auch die politische Dimension der Sanftmut als eine bewusst auf Waffengewalt verzichtende Einstellung und Haltung. Rainer Kampling definiert die Sanftmut als einen *»Gegenentwurf zu Gewalt und zu der sich selbst absolut setzenden Macht. (…) In einer waffenstarrenden Zeit wie dem Imperium Romanum ist Sanftmut eine kritische Infragestellung der Wirklichkeit, die auf sich selbst vertraut.«*[269]

»Die andere Wange hinhalten« (Mt 5,39)
Gefragt nach den pädagogischen Folgerungen seiner christlich-pazifistischen Einstellung erläutert *Eugen Drewermann* dies mit Jesu Aufforderung zum Vergeltungsverzicht, den er als eine pädagogische, therapeutische Haltung interpretiert, mit dem Ziel, dem Aggressor eine Veränderung zu ermöglichen: *»Mir ist das die beste Parole christlicher Pädagogik, wenn Jesus sagt in der Bergpredigt: Wer dich auf die rechte Wange schlägt, dem halte noch die linke hin. Es ist deshalb wichtig, rechts und links, weil der Schlag, der geführt wurde, offenbar von links kam, aus dem Unbewussten. Jetzt kann man zurückschlagen und sich als stärker erweisen. Dann hat der Andere nur den Beweis, dass wieder mal Gewalt vor Recht geht. Was Jesus andeutete ist, dass man den Schlag sich wiederholen lassen muss, mit Bewusstsein, bis der Andere merkt, was in ihm vor sich ging. Wenn man ihm das erlaubt, zu merken, er hat den Falschen angegriffen, er hat ihn verwechselt mit einem Problem, das überhaupt nicht bei einem selber liegt, dann hat man einen Freund. Das ist eine therapeutische Haltung im Umgang mit Aggressionen, gebunden aber an das Gefühl, nicht bedroht zu sein. Im Hintergrund nach religiöser Option – man muss nicht kämpfen, nicht für sein Recht, nicht mal für den Lebenserhalt. Das ist eine Gandhi-Position, Satyagraha ist Bewährung des richtigen Seins, Stabilisierung im persönlichen Aufbau.«* (Dr 696 ff)

»Selig sind die Friedensstiftenden, denn sie werden Gottes Kinder heißen« (Fi 43–45, Ma 25–30)
Stefan Maaß sieht darin das Bemühen um den Frieden in einem positiv-qualitativen Sinn, *»ein vollständiges Eins-Sein mit den Menschen, mit Gott, mit der*

---

269 Kampling, Rainer (2012) in: Berlejung, Angelika/Frevel, Christian, S. 399.

Schöpfung ...« (Ma 27 f.) Mit der Verheißung der Gotteskindschaft, werde das Friedensstiften als Wesensmerkmal Gottes qualifiziert (Ma 29 f.)

»Liebet eure Feinde« (Mt 5,44)

Für *Paul Oestreicher* bedeutet das Feindesliebegebot *»bis zum Letzten eine Ablehnung der Feindschaft. Auch das Böseste muss geliebt werden, auch der böseste Mensch muss geliebt werden.«* (Oe 100–102) Dies werde auch aus dem ganzen Leben Jesu deutlich, nicht zuletzt bei seiner Ablehnung, sich mit dem Schwert verteidigen zu lassen und bei seiner Schuldvergebungsbitte für seine Peiniger am Kreuz. (Oe 96–104) Nach seinem Verständnis des Neuen Testamentes gehört die Feindesliebe zum Christsein. *»Man kann nicht zugleich Menschen lieben und bereit sein, sie zu töten.«* (Oe 62 f.) Diese kluge Jesuslehre sei jedoch einem Nichtchristen nicht zuzumuten. Für Christen sollte der Begriff Feindesliebe und die Frage seiner Ausübung ins Zentrum gestellt werden. Den Feind zu lieben, heißt für ihn nicht, ihn gerne zu haben, denn Feinde hat man ja gerade nicht gerne. Ihn trotzdem zu lieben, macht die Feindesliebe aus. (Oe 457–465)

In dem Jesus-Wort *»Liebet eure Feinde und betet für die, die euch verfolgen,«* (Mt 5,44) wird für *Horst Scheffler* das Gebet als der Einstieg in die Feindesliebe aufgezeigt. Gerade, weil ein emotionales Lieben des Feindes nicht möglich ist – *»beten für andere können wir immer.«* (Sch 99–102) Er schildert, wie er bei einer Akademietagung in der Zeit zwischen dem Mauerfall und der Wiedervereinigung sogar erlebte, wie Soldaten der Nationalen Volksarmee und der Bundeswehr als bisherige Feinde in einem Gottesdienst nebeneinandersaßen und miteinander das Vaterunser beteten. Das Gebot der Feindesliebe ist für ihn ebenfalls im Epheserbrief, wonach Christus unser Friede ist und die Feindschaft beseitigt hat (Eph 2,14 f.), aber auch schon in der kriegsbegrenzenden Intension der sogenannten Kriegsgesetze in Deuteronomium 20 enthalten. (Sch 58–69) Daraus zieht er den Schluss: *»Es sind nicht einfach nur utopische Sätze, die wir aus dem Alten und Neuen Testament entnehmen. Wenn man genau hinschaut und auch schaut, was erleb' ich eigentlich, merkt man, sie sind ganz reale Sätze. Sie dürfen nur nicht fundamentalistisch interpretiert werden, sondern müssen in die heutige Zeitbezogenheit (...) eingebracht werden.«* (Sch 102–114)

Ulrich Parzany versteht das Feindesliebegebot nicht *»als ein losgelöstes ethisches Prinzip«* (Pa 415), sondern dass zuerst Gott in Jesus Christus aktiv werde und dass dadurch Leben erneuert werden: *»(...) der Mensch, der Christus annimmt, lebt von der Feindesliebe Gottes. Er [Jesus, T.Z.] betet für die Feinde, er stirbt an meiner Stelle, er versöhnt sich mit uns, er versöhnt mich mit sich und ich darf sein Kind sein und bin nicht mehr länger sein Feind. So – das heißt, wenn ich das erfahre, wenn ich mir das geben lasse, dann habe ich keinen Grund mehr, die Weitergabe zu verweigern, die Schale meines Lebens soll gefüllt werden, um ein Bild von Bernard von Clairvaux zu gebrauchen, wird gefüllt und fließt über, es ist* *mehr da, als ich für mich selber brauche. Aber wenn wir jetzt sozusagen auf diese Quelle, auf dieses Beschenktwerden verzichten und sozusagen nur das Weitergeben einfordern, dann machen wir die Gerechtigkeit zu einer Gesetzesforderung (...). Wir unterschätzen, wie wichtig das ist, dass wirklich diese Christuserfahrung von Menschen gemacht wird, dass sie das Evangelium spüren, dass es nicht ein Gesetz ist, ein Prinzip, das jeder Beliebige auch realisieren kann, sondern dass es ein Geschenk ist, das uns verwandelt und dass ich eine Energie der Liebe erfahre, die mir selber mein Leben verändert, aus dem ich weitergeben möchte und tatsächlich den Feind liebe. Und dann heißt es ja, [...] das ist ein großes Missverständnis heute, Liebe wird ja in der Regel als Gefühl interpretiert. Aber Jesus redet bei der Feindesliebe nicht vom Gefühl, sondern redet: Betet für die, die euch beleidigen, tut ihnen Gutes. Das heißt, hier steht die verantwortliche Tat vor dem Gefühl. (...) Liebe ist in der Bibel aber zunächst die Tat der Hingabe. Und ich kann für einen Menschen, der mich hasst und der mir Böses will, kann ich sehr wohl beten. Ich kann nicht kommandieren, was ich für Empfindungen habe. Aber ich kann auch die Erfahrung machen, dass für einen Menschen, für den ich bete, um Gutes, um Segen Gottes, um Schutz, dass dieses Gebet auf ihn wirkt, aber auch auf mich. So – und dass in der Folge verantwortlichen Handelns durchaus auch innere Einstellungen bis in die Gefühle verändert werden. Und das ist natürlich ganz, ganz wesentlich – auch für die Prozesse. Denn wenn auf der Ebene der Politik Schritte zur Versöhnung gegangen werden, müssen die ja untermauert sein in der Bevölkerung, die das innerlich nachvollzieht.«* (Pa 415–457)

Stefan Maaß sieht den mit der Feindesliebe dem Feind entgegengebrachten Respekt, die entgegengebrachte Wertschätzung darin begründet, dass auch er ein Geschöpf Gottes ist. (Ma 30–35)[270]

> **Reflexion:**
> – Die Bergpredigt wird von keinem der Befragten auf eine der vorgenannten klassischen Weisen in Frage gestellt oder relativiert, im Gegenteil: Sie ist das religiöse Fundament bzw. die Bestätigung für die eigene pazifistische Einstellung.
> – Die Feststellung »Aphorismensammlung« (Oe) und »wunderbar durchkomponierte Predigt« (En) machen deutlich, dass für die Interviewpartner die in der Bergpredigt vermittelte Wahrheit nicht von ihrer

---

270 Das Wissen um die gemeinsame Geschöpflichkeit wird auch durch zwei alttestamentliche Aussagen deutlich: »... HERR, du bist doch unser Vater! Wir sind Ton, und du bist unser Töpfer, und wir sind alle deiner Hände Werk.« (Jes. 64,7) »... was wollte ich tun, wenn Gott sich erhebt, und was würde ich antworten, wenn er nachforscht? Hat nicht auch ihn [den von mir missachteten Menschen, TZ] erschaffen, der mich im Mutterleibe schuf, hat nicht der Eine uns im Mutterschoß bereitet?« (Hiob 31,14f.).

wörtlichen Historizität abhängt, sondern von dem Geist und der lebensdienlichen Weisheit ihrer Aussagen.

- Die Bergpredigt wird als »Basistext« (Eb) der christlichen Ethik gesehen[271]. Dass viele Christen, auch Theologen, dies nicht teilen, ist unverständlich. (Fu)
- Die ethischen Impulse werden als für Christen verbindliche Wegwei-
  sung für die aktuellen Problemstellungen verstanden. Der Begriff
  »Orientierung« (Pa) verwehrt einerseits das Verständnis einer sklavisch
  zu befolgenden wörtlichen Handlungsanweisung und vermittelt andererseits die Freiheit und Verantwortung in der Nachfolge Jesu, im Geiste
  der Gewaltfreiheit und Feindesliebe die jeweils situationsangemessene
  Umsetzung herauszufinden und zu wagen.
- Die Praxis der Feindesliebe[272] setzt, so *Parzany*, die eigene Erfahrung
  des Geliebtwerdens voraus. Für Christen ist es die Erfahrung der Liebe
  Gottes durch Jesus Christus. Die von Jesus angeratene Fürbitte für die
  Feinde verändert auch die Betenden und ihre Gefühle, sie macht sie
  fähig zum Versöhnungshandeln. Es ist jedoch fraglich, ob Versöh-
  nungserfahrungen und Versöhnungshandeln nur für Christen möglich
  sind oder ob es in anderen Religionen und Kulturen nicht Äquivalente
  gibt. Denn schon die Behauptung christlicher Exklusivität in puncto
  Versöhnung könnte sich als religiöser Hochmut erweisen und von
  Anders- oder Nichtgläubigen als christliche Überheblichkeit und Her-
  abwürdigung ihrer Religionen und Anschauungen empfunden werden
  und wäre somit ein Grund für neuerliche Streitigkeiten und Unver-
  söhnlichkeiten. Auch belegt *Markus Weingardt* in seiner Studie »Religion. Macht. Friede«[273] die in allen Religionen enthaltenen friedenstiftenden Elemente.
- Wie lässt sich die Kausalität der positiven Würdigung der Bergpredigt
  als auch noch heute und in allen Lebensbereichen Orientierung gebende
  Lehre Jesu erklären?

---

271 Vgl. »Die Feindesliebe ist die schwierigste Aufgabe, die das Evangelium Christi uns stellt.
     Sie ist der eigentliche Test für die Authentizität des christlichen Glaubens. Das persönliche
     Beispiel Christi ist ein Modell, dem Christen folgen müssen.« George, Kondothra M. (2001):
     Der moderne Lebensstil führt zur Gewalt. Welche Alternativen haben Christen? In: Zeit-
     schrift »Der Überblick« 3/2001, S. 106.
272 Für Eberhard Schockenhoff meint Feindesliebe immer erstinitiatives Handeln ohne Rü-
     ckendeckung. Sie verlange keine Selbstpreisgabe, sondern den Mut, im Feind den Men-
     schen und möglichen Freund und möglichen Sicherheitspartner von Morgen zu sehen.
     Schockenhoff (2017), S. 13.
273 Weingardt, Markus (2007): Religion.Macht.Frieden: Das Friedenspotential von Religionen
     in politischen Gewaltkonflikten. Bonn: Bundeszentrale für politische Bildung.

- Möglicherweise ist bereits durch den bisherigen Lebensverlauf eine grundsätzlich positive, menschenfreundliche Grundhaltung vorhanden, die die Bergpredigt als Bestärkung und Weiterführung versteht.[274]
- Möglicherweise liegen eigene oder vermittelte positive Vorerfahrungen mit gewaltfreier Konfliktaustragung vor, die durch die Bergpredigt bestätigt werden.
- Möglicherweise wurden aufgrund der Bergpredigtlektüre eigene Versuche mit gewaltfreiem Verhalten unternommen, die die Lehre Jesu bestätigen?
- Umgekehrt – ist eine solche Haltung nicht gegeben oder fehlen diese Erfahrungen oder besteht die Sorge, sich mit einer pazifistischen Bergpredigtinterpretation ins kirchliche oder gesellschaftliche Aus zu begeben, dann ist das theologische Bemühen verständlicherweise darauf gerichtet, sie auf den individualethischen Bereich zu begrenzen oder ihre Politikuntauglichkeit zu betonen.

4.1.3.3 Die Bedeutung der Person Jesu für eine gewaltfreie Einstellung

Theoretische Einführung
Bei der Analyse der Bedeutung Jesu für die Befragten ist zunächst von Interesse, welche Vorstellungen von der Person Jesus in den Antworten gewissermaßen *en passant* erkennbar werden. Ist es eher die historische Gestalt des jüdischen Wanderpredigers *Jesus von Nazaret* in Worten, Taten und Ergehen oder eher die daraus in der zeitgenössischen religiösen Verehrung gewordene Glaubensgestalt *Jesus Christus* als der Verkündigte. Wird Jesus eher als ein vorbildlicher Mensch in der prophetischen Tradition des Judentums verstanden, der sich durch sein Gottesbild vom gütigen Vater aller Menschen auszeichnete, der in vielen Gleichnissen die Vision vom Reich Gottes als einer geschwisterlichen Gemeinschaft aller Menschen verkündigte? Historisch ist Jesus dem linken Flügel der Pharisäerbewegung zuzuordnen. Dies wird beispielsweise an seiner Vorstellung von einem Leben nach dem Tod deutlich, die im Gegensatz zu den Auffassungen der gesellschaftlich elitären Sadduzäer[275] stand (Mk 12,18–27 par.). Eine auf dieser Basis entwickelte jesuanische Ethik leitet Menschen an, sich in empathischer Weise den Herausforderungen unserer realen Welt zu stellen.
Die andere Möglichkeit ist, der paulinischen Theologie und kirchlichen

---

274 »Wer etwas verändern will, setzt sich Ziele. Und wer etwas verhindern will, sucht Gründe.« Precht, David-Richard: Schule kann mehr. In: http://www.zeit.de/2013/16/richard-david-precht-schule-bildungsreform/seite-2 – Zugriff am 25.01.2015; 21:14 h.
275 Betz, Otto u.a. [Hg.] (2003): Calwer Bibellexikon, Bd. 2. Stuttgart: Calwer Verlag, S. 1158.

Dogmengeschichte entsprechend, Jesus als menschgewordenen Gott zu begreifen, dessen selbstloses Opfer am Kreuz von Golgota zur Erlösung der sündigen Menschen geglaubt wird. Zu einem solchen, verbalinspirierten mythischen Glaubensverständnis gehört auch die reale Vorstellung apokalyptischer biblischer Aussagen vom bereits feststehenden Ende der Welt in Krieg und Chaos und dem endgültigen Heil durch die Wiederkunft Christi. Die sich hieraus ableitende Ethik ist stark auf das jesugemäße Handeln im individuellen Lebensbereich ausgerichtet, ohne Eingriffsoptionen für die politische Dimension.[276] Weil das Friedensreich allein mit dem endzeitlichen Kommen Jesu Christi verbunden ist, käme ein gezieltes und strukturiertes Friedensengagement für die gegenwärtige Welt, gar auf globaler Ebene, menschlicher Hybris gleich.

Neben der historischen-kritischen und der dogmatischen Befassung mit Jesus bietet sich noch ein eher literarischer Zugang an. Gerade im Blick auf die Religionspädagogik, die bei jungen Menschen in der Regel weder viele (religions)geschichtlichen Kenntnisse voraussetzen, noch Interesse und Verständnis für dogmatische Betrachtungen erwarten kann, fokussiert sich die literaturwissenschaftliche Befassung[277] mit Jesus ausschließlich auf die Textwirkung. Die historischen und dogmatischen Aspekte sind hierbei nicht *per se* ausgeschlossen, tauchen bei diesem Zugang jedoch erst in zweiter oder dritter Linie auf.

Analyse der Aussagen über Jesus

Für *Paul Oestreicher* war Jesus insofern ein »Dissident[278] im jüdischen Lager« (Oe 156–162), als dass sich der Pazifismus sehr schwer aus der (gesamten) jüdischen Tradition ableiten lasse, im Gegenteil: Jesus habe sowohl in Bezug auf seine Interpretation der Feindesliebe aber auch in vielen anderen Hinsichten speziell den Absichten der Propheten mit ihrem an die Wand gemalten Traum von einer Welt ohne Krieg geglaubt. Während ihre Verkündigung von der Umwandlung der Schwerter zu Pflugscharen, von dem sich Küssen von Gerechtigkeit und Frieden eschatologische Hoffnungen auf die Erfüllung durch Gott gewesen seien – eines Tages wird es so sein -, bedeutete die Erscheinung Jesu: »*Das Eschaton ist nicht irgendwann in der Zukunft, sondern heute. Wir müssen das jetzt verwirklichen. Hier war der Bruch. Nicht irgendwann, ein Traum, sondern das Himmelreich muss heute verwirklicht werden.*« (Oe 163–170).

---

276 Vgl. Hennig, Kurt (1981), S. 50.

277 Vgl. Joachim Vette (2007): Christliche Bibelauslegung. In: https://www.bibelwissenschaft. de/wibilex/das-bibellexikon/lexikon/sachwort/anzeigen/details/bibelauslegung-christliche/ch/0221e1344ac71f18925a2870983348a2/ – Zugriff am 10.02.2016; 21:58 h. Zif. 4.1: Literaturwissenschaftliche Auslegung.

278 Diese Erfahrung Jesu korrespondiert mit der Ausgrenzungssituation von sich auf ihn berufenden Kriegsdienstverweigerern – unter den Interviewpartnern siehe Oe 9–17 und Dr 30–34.

Gewissermaßen als »Echos von der Lehre Jesu« (Oe 155 f.) versteht *Oestreicher* die Botschaft der Paulusbriefe, wo es beispielsweise heiße (Rö 12,21): »Lass dich nicht vom Bösen besiegen, sondern besiege das Böse mit Gutem.« (Oe 153–156)

Reflexion: Jesu präsentische Verkündigung des Reiches Gottes in Gleichnissen oder in der Bergpredigt kann deshalb als Ermutigung verstanden werden, in dieser realen Welt zuerst nach dem Reich Gottes zu trachten, nach den Maximen der Feindesliebe, der Geschwisterlichkeit, der Bescheidenheit, der Aufrichtigkeit, der Vergebungsbereitschaft zu handeln.

Albert Fuchs ist von der Schilderung des »johanneischen Jesus« bei seinem Verhör durch den Hohenpriester beeindruckt. Er sieht in der verbalen Reaktion Jesu auf den ihm ins Gesicht verabreichten Schlag – »*Habe ich übel geredet, so beweise, dass es böse ist; habe ich aber recht geredet, was schlägst du mich?*« (Joh 18,23) – ein Modellverhalten für eine aktive Gewaltfreiheit[279] (Fu 18–32).

Reflexion: Die aggressionsfreie, rein sachliche Frageform ist am ehesten geeignet, beim Schlagenden eine selbstkritische Reflexion zu ermöglichen. Die Bezeichnung »johannäischer Jesus« (Fu 21) signalisiert das literarische Verständnis: Jesus in der Perspektive des Johannes-Evangeliums, die eine andere ist als die der Synoptiker. Die Tatsache, dass die frühchristliche Redaktion des Neuen Testamentes diese unterschiedlichen, zum Teil widersprüchlichen Versionen des Lebens Jesu zusammengestellt haben, verdeutlicht ebenso ein eher literarisch inspiratives als ein im historisch exakten Sinne dokumentarisches Verständnis der biblischen Schriften.

Albert Fuchs sieht Jesus in seiner historischen Rolle als einen »*Kulturrevolutionär*« (Fu 156), wie immer man das sonst noch interpretieren möge, dem es um »*eine andere Perspektive*« gehe. Dieser können wir uns in einem nie abgeschlossenen Prozess nur annähern – gegen unsere Ego- und Kollektiv-Interessen und unser Konkurrenz-Denken. Im Blick auf die gegenwärtigen, durch das alte System geschaffenen Bedrohungen, gebe es für uns alle im gleichen Boot Sitzenden nur noch die Frage: »*Entweder kapieren wir, was dieser komische Jesus da gemeint hat oder wir geben uns auf.*« (Fu 157–166). Auch wenn *Albert Fuchs* Jesus

---

279 In dieser Rückfrage wie Siegfried Schultz eine scharfe Zurückweisung erkennen zu wollen, ist m. E. nicht nachvollziehbar. Schultz, Siegfried & Stählin Gustav (1974): Das Evangelium nach Johannes, Die Apostelgeschichte. Göttingen: Vandenhoeck & Ruprecht, S. 227. In: Friedrich, Gerhard [Hg.] (1974): Das Neue Testament Deutsch – Neues Göttinger Bibelwerk, Zweiter Band. Göttingen: Vandenhoeck & Ruprecht.

rein menschlich interpretiert, entscheidet sich für ihn in der Anwendung der Lehre Jesu das Schicksal der Menschheit.

> **Reflexion:** Das »nur« historische oder »nur« literarische Verständnis des Jesus von Nazaret bedeutet nicht zwangsläufig eine geringere Verbindlichkeit in der christlichen Lebenspraxis – im Gegenteil: Weil Jesu Tun und Reden als vorbildlich begriffen wird, ermutigt es zu einem konkreten Engagement für diese Welt, während das mythische Aussagen wörtlich nehmende und damit eher dogmatische Verständnis die Friedenserwartung an die Wiederkunft Christi koppelt und somit aus dem realen Gestaltungs- und Aufgabenbereich der Christen hinausschiebt.

Als »*ganz persönliche Jesus-Orientierung*« bezeichnet *Theodor Ebert* seine religiöse Sozialisation im methodistischen Milieu. (Eb 43) Die Umsetzung des dort an individueller Jesus-Nachfolge Vermittelten in die reale gesellschaftlichen Wirklichkeit dürfte ihm schon beim Erleben des Kriegsendes und der Betrachtung der Fotodokumentation über die Konzentrationslager[280] zum Bedürfnis geworden sein. Da die Bedeutung der Nachfolge Jesu in jener Zeit hauptsächlich auf die innere Frömmigkeit beschränkt vermittelt worden war, gelang ihm dies dann erst durch das Studium Gandhis und später Martin Luther Kings Schriften (welcher ebenfalls durch Gandhi die Bergpredigt neu entdeckte).[281] (Eb 44–56). In seinem Amt als EKD-Synodaler erlebte er Aufregung über seinen Hinweis, »*dass es in unserer Kirche Menschen gebe, die in Jesus nicht den Christus, sondern einen frommen jüdischen Wanderprediger sehen.*« (Eb 91–94) Er habe sich in der Synode um Frieden und nicht um Dogmatik gekümmert. (Eb 96–98)

> **Reflexion** Es ist bemerkenswert, dass seit der Konstantinischen Wende 1700 Jahre Christentum vergingen – mit teilweise im Wortsinn verheerenden Epochen – bis dann ein Nichtchrist den Wirklichkeitsbezug der Lehre Jesu wiederentdeckte und in seinem politischen Handeln praktizierte. Aber auch seit Gandhi weisen viele Theologen und Kirchenvertreter diese Interpretation immer noch als nicht realistisch ab oder relativieren sie zur zeichenhaften Individualethik[282]. Die Aussage Eberts über den

---

280 Vgl. Abschnitt 4.1.2.3.
281 King, Martin Luther, [hgg. von] Heinrich W. Grosse (1980), S. 25, 29.
282 Z. B. Huber, Wolfgang (2014): Du sollst nicht töten – und nicht töten lassen. In: http://www. faz.net/aktuell/feuilleton/debatten/bischof-wolfgang-huber-ueber-religion-und-gewalt-13 190591.html?printPagedArticle=true#pageIndex_2 – Zugriff am 18.04.2015; 14:25 h (insbesondere der letzte Absatz »Demokratie und Rechtstaatlichkeit«). Meine Kritik: Huber scheint sowohl beim Ukrainekonflikt wie auch bei der Entstehung des Islamischen Staates den nicht unwesentlichen westlichen Anteil an den jeweiligen Konfliktgenesen zu überse-

Gegensatz zwischen dem Sich-um-Frieden-Kümmern, anstelle um Dogmatik, zeigt beispielhaft die unterschiedlichen religiösen Verständnisse auf. Sicherlich verfügen auch christliche Pazifist_innen über eine gewisse Systematik beim Verstehen der Bibel. Diese dürfte jedoch in enger Beziehung zu den ethischen Herausforderungen stehen.[283] Andererseits gibt es auch, wenngleich unter den Befragten nur singulär, die Betonung des Dogmatischen (im Sinne einer bestimmten persönlichen Glaubensvorstellung und Frömmigkeit) bei eher individualethischen Folgerungen.

Auf eine Synthese beider Verständnisse stoßen wir bei Martin Niemöller, dessen ethische Schlüsselfrage war: »Was würde der Herr Jesus dazu sagen?« (Eb 108 f.) *Eugen Drewermann* sieht in diesem Sinne eine Unvereinbarkeit zwischen der Person Jesu und dem Kriegführen durch Christen: *»Ich habe nie geglaubt, dass man mit Jesus heilige Kriege führen kann. Ich habe immer gedacht, das ist ein Irrweg der Kirchengeschichte in schlimmstem Umfang, eine Verfälschung im Ganzen.«* (Dr 163–165)

Die Orientierung an der durch das Neue Testament und die Verkündigung der Kirche vermittelten Jesus-Gestalt – ob nun als historischer Jesus von Nazaret oder als Jesus Christus im Glauben – wirft für Christen die generelle Frage nach der Vereinbarkeit von Jesus-Nachfolge und Kriegführen auf.

Ullrich Hahn, der explizit auf seinen durch ein kulturelles Vorinteresse (Ha 39–44) hervorgerufenen literarischen Zugang zur Bibel verweist, beschreibt seine pazifistische Motivation als den *»Versuch der Nachfolge Jesu«* im Sinne eines auf Gewalt verzichtenden Lebens. Inzwischen habe er einen *»vom Schöpfungsbericht bis zur Apokalypse (…) durchgehenden roten Faden«* des göttlichen und jesuanischen Gewaltverzichts erkannt, der uns Menschen Orientierung geben soll. (Ha 23–27)

Ullrich Lochmann sieht in Jesu Leben und Lehre den Weg »zu einer Existenz, die auf Versöhnung, auf Liebe, auf Verstehen, auf Heilung gründet und mit der sich Gewalt und Waffenhandhabe nicht vereinbaren lässt.« (Lo 12–16) Harald

hen. Darüber hinaus vergleicht er den *worst case* gewaltfreien Handelns mit dem *best case* militärischer Gewalt und verkennt, dass auch die jeweilige Gegenseite ihre militärische Gewalt – wie er es für den Westen tut – als »Notmaßnahme« rechtfertigt. Die Notwendigkeit und die Chancen eines religiös und vernünftig begründeten erstinitiativen Aussteigens aus dem Kreislauf von militärischer Gewalt und Gegengewalt sind für Huber offenkundig nicht relevant.

283 Vgl. Dalai Lama im Interview mit Franz Alt »Ich denke an manchen Tagen, dass es besser wäre, wenn wir gar keine Religionen mehr hätten. Alle Religionen und alle Heiligen Schriften bergen ein Gewaltpotential in sich. Deshalb brauchen wir eine säkulare Ethik jenseits aller Religionen.« Dalai Lama & Alt, Franz (2015²): Der Appell des Dalai Lama an die Welt – Ethik ist wichtiger als Religion. Salzburg, Benevento Publishing, S. 7.

Bretschneider begreift die ganze Lebensgeschichte Jesu tatsächlich »als ein
Leben nach der vorrangigen Option der Gewaltlosigkeit.« (Br 39f.)

Bei *Fernando Enns* steht die kerygmatische Gestalt Jesus Christus im Mittelpunkt, in der sich Gott offenbart habe. Gewaltfreiheit basiere für ihn auf dem
Bekenntnis zu Jesus Christus. »*Und in diesem Leben und Sterben und Auferstehen ist ein Gott erkennbar für mich, der ganz dezidiert einen Weg der Gerechtigkeit und des Friedens geht.*« (En 16–18). Diese zentralen Begriffe seiner
Botschaft habe Jesus aus dem Alten Testament übernommen, wo Frieden und
Gerechtigkeit ebenso zentrale Begriffe seien. Wenn diese, das Wesen Gottes
offenbarende, Gewaltfreiheit bei Jesus so wesentlich sei, dann ergebe sich daraus
die Frage nach der Gewaltfreiheit als Notwendigkeit in der christlichen Ethik.
Nach seinen theologischen und ethischen Überlegungen, so *Enns*, bedeute
Nachfolge Jesu zwangsläufig ein Sich-selbst-an-die-Gewaltfreiheit-binden. (En
11–36)

> **Reflexion:** Die von Jesus gelehrte und gelebte Gewaltfreiheit wird auch in
> der Deutung seines gewaltsamen Todes durch das Neue Testament er-
> sichtlich: Indem die neutestamentlichen Autoren jeglichen Rachegedan-
> ken total ablehnen, soll – so Gunter Gebauer und Christoph Wulff in ihrer
> Aufnahme René Girards – »das Opfer Christi den Gewaltmechanismus zu
> einem endgültigen Stillstand bringen.« Jesus sterbe gegen alle Opfer, damit
> es keine Opfer mehr gebe. So bedeute die Leidensgeschichte Jesu in Girards
> Deutung den Verzicht auf Gewalt. Nur der unbedingte, notfalls auch uni-
> laterale, Gewaltverzicht könne die mimetische Rivalität beenden.[284]

Eine ganz besondere Form des literarischen Zugangs zur Jesus-Gestalt bildet
*Eugen Drewermann*s symbolische Interpretation des antiken Bedeutungsge-
haltes des Lebens Jesu von der Weihnachtsgeschichte bis zur Himmelfahrt
(Lukas-Version), in dem er eine durchgängige Kritik des Machtstrebens auf
militärischer Basis sieht: »*Jeder wird irgendwie die Szene der Hirten an der
Krippe kennen […] und im Ohr haben, dass da mal Engel gesungen haben:
Herrlichkeit sei Gott in der Höhe, wenn Frieden ist auf Erden den Menschen.
Kaum ist das Weihnachtspiel vorüber, werden die Politiker sagen, dass man mit
der Bergpredigt nicht Politik machen kann, dass man auf Engel nicht hören kann.
Es braucht harte Fakten. Und so denke ich, wird der Weg vom Hirtenfeld nach
Betlehem zur Krippe begleitet gewesen sein von diesem Zug der Realisten. Was
seht ihr in Betlehem? Ein Kind, arme Leute? Kälte, nichts neues, ganz sicher kein
Friede. Der Friede ist in Rom. Kaiser Augustus hat gerade den Altar des Friedens*

---

284 Gebauer, Gunter & Wulf, Christoph (1992): Mimesis. Kultur – Kunst – Gesellschaft. Reinbek
   bei Hamburg: Rowohlt Taschenbuch, S. 366f.

eröffnet und die Türen des Mars geschlossen. Das ist ein Friedensfürst, wie wir ihn brauchen können. Er hat die Erde befriedet, er ist der wahre Messias, (…). Dagegen, was ich in keiner Predigt bis heute gehört habe, schreibt Lukas die Geschichte von den Hirten. Da muss man ein bisschen Mythologie ranlassen und wissen, dass die Geburt des Mithras, des persischen Sonnengottes, begleitet wird von der Ankunft der Hirten, die das Neugeborene verehren. Mithras ist der Gott der römischen Legionäre. Man muss in der Kraft des Guten, des Tagesherrn, die Nacht und das Böse bekämpfen wie ein Stierkampf – heute noch in Spanien. Das ist Mithras, das glauben die römischen Legionäre. Wenn Lukas sagt, zur Geburt des Christus' kommen die Hirten, soll das heißen: doch nicht zu Mithras, so kommt der Friede nie! Wir müssen das alles umdrehen, das ist die Weihnachtsbotschaft. Und dann erinnern die Hirten noch an die Geburt des Asklepios, des griechischen Heilgottes, den findet der Doktor Aristanas. Man muss den Christus therapeutisch interpretieren, um den Mithras zu überwinden oder zu widerlegen. Das ist der Anfang der ganzen Botschaft Jesu. Und dann ist die Frage, wie man [...] das Ende der Botschaft Jesu definiert. Das setzt Lukas in die Himmelfahrtsgeschichte, erstes Kapitel der Apostelgeschichte. Auch das hat im Lukas-Evangelium eine Zuspitzung. Die Frage ist im Grunde, was man für groß hält. Das ist das 22. Kapitel des Lukas-Evangeliums im Abendmahlssaal, das ist das Vermächtnis. Die Jünger diskutieren, wer unter ihnen der Größte ist und Jesus sagt: Die Mächtigen auf den Thronen willküren herunter auf ihre Untertanen und lassen sich dafür Wohltäter nennen. Unter euch nicht so! Wer bei euch groß sein will, der frage sich, wem er nützen kann, wem er dienen kann. Das ist groß, doch diese nicht. Die Frage ist jetzt ganz zentral, was lehren wir unsere Kinder und uns selber als groß zu betrachten? Die Frage ist so wichtig, dass 1943 Simone Weil, die Jüdin in Paris, zum Zeitpunkt wo Nazi-Deutschland die größte Ausdehnung seiner Geschichte hatte, von der Wolga bis zum Atlantik, genau die Frage stellte, wie war Hitler möglich, wie ist er möglich? Er war doch nur ein Kind, man sieht ihn auf den Armen seiner Mutter. Man muss ihn liebhaben wie jedes Kind. Wie wird aus diesem Kind Adolf Hitler? Und sie sagte, es ist der Begriff der Größe, der alle verwirrt. Denn in jedem Geschichtsbuch sind Groß-Crassus Cäsar; er hat gerade 1,5 Millionen Gallier ermordet, um Geld genug zu haben, dass er sich die Macht in Rom erkaufte. Groß der erste Gott im römischen Imperium, Himmelfahrt für Cäsar. Romulus schon, der Gründer Roms, raubt sabinische Frauen, ermordet seinen Bruder – groß. Augustus, ganz klar, Karl – groß. Alexander rollt die Welt auf wie einen blutigen Teppich von Mazedonien bis zum Indus – groß. Wenn das die Kinder anfangen zu glauben, warum ist dann Napoleon was anderes als groß? Alle Straßen in Frankreich führen zum Arc de Triomphe – groß. Wenn das groß ist, ist Hitler groß. Und wenn er scheitert, dann nur, weil er nicht ganz groß war, er hatte nicht die Atombombe. Hätte er die gehabt, wäre er der Allergrößte. Solange wir das glauben, ein Staat ist groß, Obama ein Friedens-

nobelpreisträger, weil er 700 Milliarden Dollar ausgibt für Rüstung – groß, eine Großmacht – werden wir den Wahn nicht los. Wir müssen die militärische Rüstung, das ganze Machtstreben auf militärischer Basis für so verächtlich nehmen, wie es in den Augen des Neuen Testamentes vom Anfang bis zum Ende ist – von der Geburt Jesu bis zu Himmelfahrt. Diese fahren nicht zum Himmel, sondern in den Orkus! Von Romulus bis Cäsar, über alle weiter. Das muss man sehen, wo die hingehören – nicht zur Rechten Gottes, sondern in den Dardanus. Dort sollen sie büßen, bis sie wieder Menschen werden.« (Dr 209–263)

> **Reflexion:** *Drewermann* zeigt den Widerspruch zwischen der christlichen Friedensbotschaft und der – auch von Christen praktizierten – an vorgeblichen Fakten orientierten Politik auf: Mit der Bergpredigt könne man keine Politik machen und auf Engel nicht hören. Im Bewusstsein, selbst in der Kraft des Guten das Böse bekämpfen zu müssen, seien einst schon die römischen Legionäre angetreten, und dies setze sich bis in die Gegenwart, in der die Großmächte sich militärisch absichern, fort. Die Weihnachtsbotschaft bedeute jedoch eine totale Umkehr der gängigen Vorstellungen von Größe. Dieser Mithraskult könne durch eine therapeutische Interpretation Jesu überwunden werden. Es gelte das militärische Machtstreben zu verachten. So gesehen ist zu fragen, ob die seit der Konstantinischen Wende im vierten Jahrhundert bis heute fortwährende kirchliche Akzeptanz militärischer Gewaltandrohung und Gewaltanwendung als *ultima ratio* nicht in diametralem Widerspruch zum Wesenskern des christlichen Glaubens steht und deshalb aufzugeben ist.
>
> Eine sicher hypothetische, aber doch naheliegende, zurückblickende Frage ist: Wie wäre die Weltgeschichte verlaufen, wenn allein die christlichen Kirchen in der Gewaltfrage bei der Praxis der frühen Christenheit, den Kriegsdienst als kategorisch unvereinbar mit der Nachfolge Jesu zu sehen, geblieben wären? Und für die Gegenwart und Zukunft ist angesichts der zwischenzeitlich apokalyptische Ausmaße annehmenden Bedrohungspotentiale mit größter Dringlichkeit zu fragen: Welche Realisierungschancen für den Weltfrieden könnten sich auftun, würden die Angehörigen der inzwischen größten Weltreligion im Sinne ihres Religionsstifters einhellig für diese Umkehr von der militärischen Sicherheitslogik zu einer auf Gerechtigkeit und Gewaltfreiheit basierenden friedenslogischen Außen- und Sicherheitspolitik eintreten?

4.1.3.4 Die Bedeutung des Gottesbildes für eine gewaltfreie Einstellung

Die Vorstellung von Gott hat in der Menschheitsgeschichte viele Stufen durchlaufen. Diese in Abhängigkeit zum jeweiligen Weltbild stehende Entwicklung und ihre vielfach anthropomorphe Ausdruckweise ist auch in den Schriften des Alten Testamentes erkennbar: Vom persönlichen Stammesgott Abrahams, Isaaks und Jakobs über den Gott Israels als Nationalgott bis hin zum kosmischen Schöpfer und Herrn der ganzen Welt.[285] Im Neuen Testament wird vor diesem Hintergrund in dem Menschen Jesus Christus die Selbstoffenbarung Gottes gesehen und in dem Spitzensatz biblischer Theologie, »Gott ist Liebe« (1. Joh 4,8.16; vgl. Joh 3,16), das Wesen Gottes als sich hingebende, sich verschenkende Liebe bestimmt.[286] Diese Tradition der jüdisch-christlichen Gottesvorstellungen in ihrer Entwicklung und Wirkungsgeschichte voraussetzend, soll es im Folgenden um die systematische Erfassung der für die Befragten damit verbundenen Bedeutung für ihre friedensethische Einstellung gehen. Welche Assoziationen werden dabei mit der Gottesvorstellung verbunden, welche ethischen Folgerungen daraus abgeleitet? Wie wird das vor allem im Alten Testament geschilderte gewalttätige und kriegerische Wirken Gottes gedeutet?

Analyse der Aussagen über Gott

Der kriegerische Gott des Alten Testamentes
Für *Ulrich Parzany* ist »*die Gewaltandrohung im Alten Testament, im Bund des Noah (…) nicht der ursprüngliche Schöpfungswille Gottes und ist auch nicht die Rettung, ist auch nicht das Heil, sondern eine Verhinderung des Schlimmeren, vorübergehend.*« (Pa 127–129).[287]

Horst Scheffler erinnert biographisch an seine ursprüngliche Auffassung als junger Pfarrer: »*Wir haben hier mit unserer christlichen Botschaft eine Theologie des Friedens in einer Kirche des Friedens. Aber ich habe ein Stück aus dem Blick verloren gehabt, dass eigentlich die Tradition vom Alten Testament her eben auch eine Geschichte des Krieges kennt, dass dieser Jahwe ursprünglich ein Kriegsgott war. Und da half mir dann eine Entdeckung eines bekannten Rabbiners aus Potsdam, Walter Homolka. Der hat ein kleines Büchlein geschrieben zur Friedenstheologie in den jüdischen Schriften, also der jüdischen Bibel vergleichbare Schriften. Und seine These ist: Der Gott Jahwe, der ein Kriegsgott war, ist ein*

---

285 Schulz, Paul (1977): Ist Gott eine mathematische Formel? – Ein Pastor im Glaubensprozess seiner Kirche. Hamburg: Rowohlt Verlag, S. 9–35.

286 Scholtissek, Klaus: Gottesvorstellungen. In: Berlejung, Angelika & Frevel, Christian (2012³), S. 30.

287 Siehe auch Harald Bretschneider, der »ordnende Gewalt zwar nicht für unumgänglich aber (…) zumindest bisher für notwendig« hält (Br 193–194).

lernfähiger Gott. Er hat gelernt, mit der Geschichte seines Volkes Israel und den Juden ein Gott des Friedens zu werden. Und diese Geschichte geht dann für uns Christen weiter in Jesus Christus als ein Prophet des Friedens. Aber diese Friedensbotschaft ist ja auch klar mit dem Schalom schon eine Botschaft des Alten Testaments. Wichtig ist mir daran, biblisch gesehen: Gott bleibt nicht stehen – damit kann ich so ideologische Sätze abwehren: Kriege wird's immer geben, das Menschenherz ist von Grund auf böse und wird es immer sein, und auf einen groben Klotz gehört auch ein grober Keil. Nein, Gott war lernfähig, Gott ist lernfähig und wir Menschen können's von daher in der Konsequenz auch sein. Wir dürfen es sein und von daher hab' ich Optimismus, dass auch die Entwicklung zu einer Kirche des Friedens weitergehen kann. Wir sind nicht immer wieder zurückgeworfen auf unsere diabolischen Anfänge.« (Sch 69–88)

Reflexion: Dass Gott zur Verhinderung von noch Schlimmerem Schlimmes tun müsse (siehe Helmut Thielickes Begriff von der »Notverordnung Gottes«[288]) ist der Versuch einer Rechtfertigung des anthropomorph gedachten Gottes, der offenbar keine anderen Möglichkeiten hat, die aus den Fugen geratene Welt zu retten. Ebenso kann die Rede vom »lernfähigen Gott« entweder einem zutiefst anthropomorphen Gottesbild zugeordnet werden oder umgekehrt – wenn man Religion als eine menschliche Reflexion über die Grundfragen des Daseins nach Ursprung, Sinn und Ziel begreift – als einen Erkenntniszuwachs im eigenen Gottesbild: Nicht Gott hat sich gewandelt, sondern die menschliche Vorstellung von ihm. So interpretiert Ottmar Fuchs die biblische Unterstellung, Gott habe im Lauf der geschichtlichen Begegnung mit den Menschen gelernt, dass er mit Gewalt und Zwang nichts bei ihnen erreichen kann (vgl. Gen 9,11 oder Hosea 11), als selbstverständliche Widerspiegelung des Lernprozesses der Menschen. Die biblischen Wenn-Dann-Geschichten würden überholt von anderen Texten, in denen sich das Immer-Mehr, die immer größere Liebe Gottes zeige (vgl. Amos 9,11–15 oder die in der Nachfolge des leidenden Gottesknechtes in Deuterojesaja 53 formulierte Fürbitte Jesu für seine Peiniger). Der Kreuzestod Christi offenbare die Universalität der Gnade Gottes.[289]

---

288 Konfessionskundliches Institut des Evangelischen Bundes [Hg.] (1971): Die Evangelische Staatslehre – Quellen zur Konfessionskunde. Reihe B, Protestantische Quellen, Heft 5. Göttingen: Vandenhoeck & Ruprecht, S. 41.

289 Fuchs, Otto (2011):«Alles ist zu unserer Belehrung geschrieben« (Röm 15,4) – auch die biblischen Gewalttexte? In: Bibel und Kirche, Heft 3/2011, Stuttgart: Katholisches Bibelwerk, S. 129.

Hans Häselbarth sieht die grausamen Zeiten, in denen Gott als Heerführer das Volk Israel ins gelobte Land führte, schon mit den Propheten und ihren Friedenvisionen überwunden, deren Sicht dann von Jesus noch mehr betont werde. Deshalb interpretiert er diesen Wandel als eine allen Menschen gemeine typologische Entwicklung: »*Wir alle kommen aus Gewalterfahrungen oder Gewalt in unserer Umgebung oder Geschichte und werden unter der Leitung des Meisters Schritt für Schritt geführt.*« (Hä 92–94)

Der gewaltfreie Gott im Alten und Neuen Testament
Für *Albert Fuchs* schließen sich der Glaube an den einen Gott, der nach muslimischer Ausdrucksweise der »*Allerbarmer*« (Sure 1)[290] und nach jüdisch-christlichem Verständnis »*Vater und Mutter aller Menschen*« ist, und die Rechtfertigung von Gewalt und aus. (Fu 38–41)

Für *Fernando Enns* ist »*in diesem Leben und Sterben und Auferstehen [Jesu Christi, T.Z.] (…) ein Gott erkennbar (…), der ganz dezidiert einen Weg der Gerechtigkeit und einen Weg des Friedens geht.*« (En 16–18). Von diesem Leben Jesu bekennen Christen, »*dass Gott sich da selbst offenbart, und dass in diesem Leben tatsächlich das Wesen dieses Gottes sichtbar wird, dass dieser Weg gekennzeichnet ist durch eine Haltung der Gewaltfreiheit.*« (En 22–25)

> **Reflexion:** Die religiös begründete kategorische Absage an die Gewalt als zu rechtfertigendes Konfliktverhalten besagt noch nichts über eine situationsethische Entscheidung für Gewalt in zugespitzten Dilemmasituationen, wenn nur noch die Entscheidung für das mutmaßlich kleinere Übel getroffen werden kann. Dies kann jedoch nur als Ausnahme bei persönlicher Notwehr und Nothilfe von Individuen gelten, nicht jedoch zur Rechtfertigung des institutionellen Aufbaus einer Armee.

4.1.3.5 Gewaltfreiheit als Konsequenz biblischer Ethik

Über die oben erörterten Hauptmotive hinaus werden singulär noch weitere Begründungen für die Ablehnung militärischer Gewalt angeführt:

Paul Russmann benennt die Bibelstelle Johannes 10,10, wo Jesus seine Mission damit begründe, »*dass wir alle ein Leben in seiner ganzen Fülle haben sollen. Und dass das einfach auch bedeutet, dass der Andere genauso viel Recht hat zu leben wie ich. Und dass es nicht darum geht, dem Anderen etwas streitig zu machen, sondern dass diese Welt für alle da ist und jeder das gleiche Recht zum Leben, jeder seinen eigenen Weinstock haben darf.*« (Ru 32–36.)

---

290 Übersetzung nach: Zentralrat der Muslime in Deutschland e.V. (ZMD): http://islam.de/ 13827.php?sura=1 – Zugriff am 24.01.2015; 16:00 h.

Albert Fuchs sieht das Töten im Widerspruch zu einem »*generellen Prinzip*« im Sinne Kants Kategorischem Imperativ und der Goldenen Regel Jesu in der Bibel (Mt 7,12). Der Widerspruch ist für ihn so offenkundig, dass er nicht verstehen kann, »*dass die Christen das immer noch nicht kapieren. Also, vor allem auch die [kirchlichen, T.Z.] Vertreter.*« (Fu 45 f.) Er sei in dieser Einschätzung »*so ein richtiger Überzeugungstäter*« (Fu 46 f.) und es habe ihn noch niemand von der Gegenposition beeindruckend überzeugt. (Fu 47 f.) Wenn dann in der *responsibility-to-protect*-Diskussion[291] das Jesus-Gebot der Nächstenliebe für Militäreinsätze bemüht werde, sei das völlig unglaubwürdig: »*Es macht das Böse nicht gut, wenn es unter dem Etikett ›Damit Gutes tun‹ läuft. Das verstehe ich nicht, und vor allem, es bewirkt genau das Gegenteil im Allgemeinen. Es gibt andere Möglichkeiten....*.« (Fu 53–55) Er verweist dann auf Theodor Eberts Buch vom Gewaltfreien Aufstand[292], das ihn während seines Theologie- und Psychologiestudiums sehr beeindruckt habe. Dadurch seien seine vormaligen idealistischen und kognitiven Vorstellungen auf eine politische Ebene gebracht worden – vor allem auch durch die Erschließung der Gandhi-Figur. Deshalb halte er die Gewaltfreiheit für wirksamer. (Fu 49–62)

Ulrich Parzany kommt angesichts der US-amerikanischen Atombombenabwürfe über Hiroshima und Nagasaki zu der Feststellung: »*Als Christ kenne ich keine Ziele, die diese Mittel rechtfertigen.*« (Pa 88)

Reflexion: Die Entstehung einer pazifistischen Einstellung wird durch unmittelbare Kriegserfahrungen und die Abscheu darüber oder durch theologische Erkenntnisse hervorgerufen. Die sich daraus ergebenden ethischen Folgerungen – z. B. für den Schutz eines freiheitlich-demokratischen und Menschenrechten verpflichteten Gemeinwesens – werden erst in einem zweiten Schritt gesucht: Ebert wurde bei Gandhi fündig, Fuchs und Lochmann wiederum bei Ebert.

Die biblische Botschaft, und in Sonderheit die Mission Jesu, hat zum Ziel, gelingendes Leben zu ermöglichen. Hilfestellung hierzu geben die Gebote und Prophetenworte sowie die sie zusammenfassende, von Jesus positiv formulierte, Goldene Regel. Diese bislang vielfach auf den privaten, persönlichen Bereich beschränkte Lebensorientierung, ist seit Gandhis

---

291 Diese von den Vereinten Nationen 2005 beschlossene sicherheitspolitische Konzeption entstand im Gefolge der Genozide in Afrika und auf dem Balkan in den 1990er Jahren und hat zum Ziel, schwerste Menschenrechtsverletzungen zu unterbinden. Jeder Staat ist für seinen Bereich dazu verpflichtet. Darüber hinaus soll auch die Internationale Gemeinschaft erforderlichenfalls kollektiv eingreifen. Schaller, Christian (2008): Gibt es eine »Responsibility to Protect«? In: http://www.bpb.de/apuz/30862/gibt-es-eine-responsibility-to-pro tect?p=all – Zugriff am 25.01.2015; 16:54 h.

292 Ebert, Theodor (1980²): Gewaltfreier Aufstand – Alternative zum Bürgerkrieg. Waldkirch: Waldkircher Verlag.

politischer Anwendung gewaltfreier Kampfmethoden in der ersten Hälfte des 20. Jahrhunderts auch für den gesellschaftlichen und politischen Bereich plausibel geworden und bestärkt die gewaltfreie Haltung.

Auch der demokratische Staat ist für Christen keine Garantie für eine Politik im Sinne der christlichen Ethik oder der Menschenrechte. Der US-amerikanische Atombombenabwurf und viele andere von demokratischen Regierungen seit 1945 geführten Kriege sowie Folterpraktiken fordern Christen zur Wachsamkeit und zur Entscheidung auf, Gott mehr zu gehorchen als den Menschen.

4.1.3.6 Hermeneutik und Ethik am Beispiel der Gewaltfrage

Geht man davon aus, dass die Bibellektüre nicht einer willkürlichen, nachträglichen religiösen Unterfütterung anderweitig entstandener Einstellungen dienen soll, sondern umgekehrt an biblischen Wertvorstellungen die Ethik zu orientieren ist, dann spielen bei der Analyse der von den Befragten vertretenen Hermeneutik der vor 1.900 bis vor über 2.500 Jahren fixierten Texte und bei ihrer Bewertung als ethische Orientierungshilfe vor allem folgende Fragen eine wichtige Rolle:

(a) Welches *Vorinteresse* haben die Lesenden? Verstehen sie die Bibel als *Gottes Wort*[293] im Sinne einer transzendenten, inhaltlich oder gar verbal inspirierten göttlichen Offenbarung? Oder ist für sie die Bibel ein immanentes, historisches Dokument über die Glaubensgeschichte des Volkes Israel und des daraus erwachsenen Christentums, in dem deren lebensdienliche Erfahrungen, Regeln und Hoffnungen enthalten sind?

(b) Welches *Vorverständnis* haben die Lesenden in Bezug auf das zu biblischen Zeiten existierende Weltbild, die damaligen soziokulturellen Gegebenheiten sowie die Einflüsse aus anderen Kulturen und Religionen?

(c) Welches *Wissen* haben die Lesenden bezüglich der Umstände der Textentstehung, ihrer Tradierung und redaktionellen Bearbeitung und ihrer Wirkungsgeschichte?

(d) Woran *orientieren* sich die Lesenden, welcher theologischen Interpretationsrichtung schließen sie sich – möglicherweise auch gegen den Mainstream – an?

---

293 Barth, Karl (1925): Das Wort Gottes als Aufgabe der Theologie. In: Moltmann, Jürgen [Hg.]: Anfänge der dialektischen Theologie. Teil I. Karl Barth. Heinrich Barth. Emil Brunner. München 1966², S. 197–218. Obwohl Theologen, so Karl Barth, die Aufgabe haben, von Gott zu reden, so können sie es nicht, weil sie Menschen sind, sie sollten um ihr Sollen und Nicht-Können wissen »und eben damit Gott die Ehre geben.« (S. 199) Barth als Hauptvertreter der Dialektischen Theologie ist der Auffassung, »dass von Gott nur Gott *selber* reden kann.« (S. 217).

(e) Welche *ethische Verbindlichkeit* leiten die Lesenden aus ihren biblischen Erkenntnissen ab? Welche Offenheit haben sie für neue exegetische, religionswissenschaftliche und historische Erkenntnisse, auch wenn dadurch bisherige Einstellungen und Konventionen in Frage gestellt werden?

(e1) **Endzeitlich orientierte individual-ethische Einstellung:**
- Die biblische Friedensbotschaft ist vor allem persönlich zu verstehen und zu praktizieren.
- Entscheidend ist die persönliche Glaubensbeziehung zu Jesus Christus und dessen Sühnetod am Kreuz. In der Politik gelten andere Gesetze.
- Der Weltfriede wird erst mit Jesu Wiederkunft möglich werden.

(e2) **Perspektivisch-ethische Einstellung:**
- Die biblische Friedensbotschaft gilt auch für die politische Dimension, lässt sich jedoch nicht einfach umsetzen.
- Deshalb ist die militärische Friedenssicherung gegenwärtig noch unverzichtbar.
- Durch ständige Versuche gradualistischer Abrüstungsschritte soll das Friedensziel perspektivisch verfolgt werden.

(e3) **Präsentisch-ethische Einstellung:**
- So wie Werte nicht partiell eingegrenzt werden können, gilt die biblische Friedensbotschaft in allen Dimensionen des Lebens, auch in der politischen.
- Die biblischen Friedensgedanken (Gerechtigkeit als Basis für ein friedliches Miteinander, Gewaltverzicht, Feindesliebe, Versöhnungsbereitschaft usw.) sind nicht nur Ziel, sondern auch Methode zu dessen Erreichung.
- Biblische Friedensethik kann z. B. in Form des politikwissenschaftlichen Ansatzes der Friedenslogik[294] in aktuelle friedenspolitische Problemstellungen eingebracht und umgesetzt werden.

4.1.3.7 Analyse der Aussagen zur biblischen Hermeneutik

Im Blick auf die Gewalt- und Kriegsschilderungen im Alten Testament bestimmt *Ulrich Parzany* seinen hermeneutischen Schlüssel mit Jesu Antitheseneinleitung – »*Ich aber sage Euch.*« – in der Bergpredigt. (Pa 107–109) »*... das ist die Rückführung auf den ursprünglichen Willen Gottes. Mit dem Anbruch des Reiches Gottes, heißt es in der Nachfolge von Jesus, gilt die Feindesliebe. Das ist zunächst einmal die klare Orientierung für mich als Christ. Die Sache wird komplex dadurch, dass der Anbruch des Reiches Gottes mit dem Kommen, Ster-*

---

294 Vgl. Birckenbach, Hanne-Margret (2014): Friedenslogik und friedenslogische Politik. In: Wissenschaft & Frieden, Dossier 75, S. 3–7. In Wissenschaft & Frieden Nr. 2/ Mai 2014, 32. Jg., G 11069, Marburg.

ben und Auferstehen von Jesus passiert, aber die Vollendung des Reiches Gottes mit seiner Wiederkunft im Gericht und der Schaffung der neuen Welt. Da gibt es eine Spannung, die (…) sich sozialethisch auswirkt, zwischen dem Schon-jetzt und Noch-nicht. Also, als Christ folge ich Jesus, und die Bergpredigt gibt die Orientierung, und sie ist ja ausdrücklich geschrieben, dass wir sie tun. Am Schluss der Bergpredigt heißt es, wer diese meine Rede hört und tut sie![, der gleicht einem klugen Mann …, T.Z.]« (Pa 109–118)

Hinsichtlich der Existenz der Christen in einer nichtchristlichen Gesellschaft, in der aus den verschiedensten Gründen Kriege geführt werden, seien – so Parzany – die Fragen von Römer 13 akut, wie sich der Christ zum Staat verhalte. Dort zeige sich, dass der Staat in der Zwischenzeit eine »*Not- und Sandsack-orientierung*« habe.

»Also der Deich bricht und die Risse werden – wenn man so will – mit Mitteln der Sünde gegen die Sünde … Die Androhung von Gewalt im Alten Testament, im Bund des Noah, ist ja nicht der ursprüngliche Schöpfungswille Gottes und ist auch nicht die Rettung, ist auch nicht das Heil, sondern ist eine Verhinderung des Schlimmeren, vorübergehend. (…) Auf der anderen Seite gibt es im Neuen Testament bereits in Offenbarung 13 ein Bild des totalitären Staates, der ein antichristliches, satanisches Gesicht trägt, mit seinem Totalitätsanspruch. Und da ist völlig klar, wo es um's erste Gebot geht, also mit diesem Totalitätsanspruch, da bleibt für den Christen immer nur der Weg ins Leiden und in den Widerstand der Verweigerung – man muss Gott mehr gehorchen als den Menschen. Und im Bereich, da wo der Staat sich mit den vorläufigen Dingen beschäftigt, Straßenbau und soziale Sicherung und so, respektieren Christen, zahlen Steuern, obwohl sie wissen, dass manches von ihren Steuern in Sachen geht, die sie vielleicht persönlich nicht billigen würden. Trotzdem machen wir da nicht die Politik des Alles-oder- Nichts. Wir sind noch nicht im Himmel – so. Aber diese Grenze ist immer schwer zu erkennen und für mich damals in der Kriegsdienstverweigerungsfrage war ein Anspruch des Staates, der sagt, du musst mitmachen in diesem Abschreckungssystem, auch indem du Soldat wirst, war die Überschreitung der Grenze. Ich sage, hier ist nicht mehr das Vorläufige, sondern hier beansprucht der Staat ein Kommando über mein Gewissen, das ein totales ist. Deshalb muss ich hier sagen: Man muss Gott mehr gehorchen als den Menschen. Also das ist der biblische Hintergrund meiner Argumentation.« (Pa 123–146)

Reflexion: Wenn es um das Vorläufige, die Organisation des menschlichen Zusammenlebens geht, sieht *Ulrich Parzany* mit Verweis auf Römer 13 die Christen in der Pflicht der Kooperation. (Dort werden staatliche Strukturen von Paulus als eine Art Auftragsverwaltung in Gottes Schöpfungsordnung erläutert, denen Christen nicht aus Angst vor Strafe, sondern aus eigener Einsicht Folge leisten sollen.) Anders verhalte es sich mit Offenbarung 13, wo eine Staatsmacht einen Totalanspruch erhebt und wo sich deshalb die Frage stellt, wem mehr zu gehorchen ist, dieser Macht oder Gott? Für *Ulrich Parzany* war die Grenze des für Christen vertretbaren Gehorsams gegenüber der staatlichen Inpflichtnahme als Soldat eines atomaren und damit mit Genozid drohenden Abschreckungssystems überschritten. Die Beachtung des Ersten Gebotes, in der Formulierung der Jünger Jesu – Gott mehr gehorchen als den Menschen (Apg. 4,19; 5,29) – zeige die Grenzen des Gehorsams gegenüber menschlichen Instanzen und somit das wichtigste Prüfkriterium biblischer Ethik auf. Es bleibe dann nur der »Weg ins Leiden und in den Widerstand der Verweigerung« (Pa 133f.). Dies dürfte im totalitären Staat so sein. In der Demokratie hingegen stellt sich die Frage nach dem politischen Zeugnis der NachfolgerInnen Christi, ob sie nicht im Sinne der von ihm in der Bergpredigt angesprochenen Salz- und Lichtfunktion in dieser Welt (Mt 5,13–16) sich um menschenfreund- liche Strukturen, auch und gerade im Bereich der Friedenssicherung, be- mühen sollten. Da es heute nichtmehr ein Der-Obrigkeit-Untertan-Sein (Rö 13), sondern eine Demokratie mit Partizipationsmöglichkeiten gibt, sind Christen – wie alle anderen Bürgerinnen und Bürger – zur aktiven Beteiligung auch am sicherheitspolitischen Diskurs gefordert und könnten hier – mit Verweis auf die jetzt schon ein Jahrhundert andauernden Er- fahrungen mit Gewaltfreier Aktion – Perspektiven für eine friedenslogi- sche Politik aufzeigen und im eigenen Aktionsbereich bereits praktizieren. Eine von militärbejahenden Christen immer wieder geforderte Be- schränkung der biblischen Friedensbotschaft und des christlichen Frie- denshandelns allein auf den persönlichen Bereich[295] ist bei genauer Be- trachtung der politischen Verhältnisse zur Zeit Jesu nicht haltbar. Wie Martin Ebner darlegt,[296] ist die damalige Besatzungssituation durch die Römer treffend mit dem von Johann Galtung 1969 geprägten Begriff der strukturellen Gewalt zu beschreiben. Unter Bezug auf den amerikanischen Exegeten R.A. Horsley differenziert er dabei zwischen vier Stufen: In einer ersten werde der Druck der Besatzer von den Eliten des Landes auf die einfache Bevölkerung verlagert. Dies löse in einer zweiten Stufe Unmut und Proteste aus. Diese würden in einer dritten Stufe durch Hinrichtungen von Aufrührern und durch Truppeneinsatz sanktioniert, was dann in einer vierten Stufe zu einer organisierten Revolte führen könne. »Für Palästina ist Stufe 4 im Römisch-Jüdischen Krieg erreicht. Zu Stufe 3 wären die

---

295 Vgl. Kurt Hennig in Abs. 4.1.3.1.
296 Ebner, Martin (2011): »… du nimmst weg, was du nicht hingelegt hast« (Lk 19,21). In: Bibel und Kirche, Heft 3/2011, Stuttgart: Katholisches Bibelwerk, S. 159f.

Hinrichtungen von Jesus und Johannes durch die zuständigen politischen Organe zu rechnen. Offensichtlich wurde ihr Auftreten als Protestaktion (Stufe 2) gegen den von Rom erzeugten Systemdruck (Stufe 1) eingestuft.«[297]

Von diesem Kontext her sind Jesu Aussagen zum Gewaltverzicht, zum nichtvergeltenden gewaltfreien Widerstand, zur Feindesliebe auch und gerade in der politischen Situation eines besetzten und ausgebeuteten Landes zur verstehen und können als solche mit Recht auch zur Orientierung für gegenwärtige politische Konfliktsituationen befragt werden.

Im Sinne der von Manfred Pirner im Blick auf die gewalttätigen biblischen Texte des Alten und des Neuen Testamentes geforderten »reflektierte[n] Hermeneutik«[298] regt *Hans Häselbarth* als weiterer Aspekt für die Bibelinterpretation an: »*... man kann nicht alle Bibelverse parallel mit gleicher Bedeutung akzeptieren, sondern man darf da schon gewichten und sagen: Wohin führt's?*« (Hä 95–97)

Reflexion: Die Wahrheit einer biblischen Aussage wird demnach nicht durch eine wie auch immer begründete Autorität der Heiligen Schrift offenbar, sondern in der von ihren Leser_innen erkannten Sinnhaftigkeit und Lebensdienlichkeit. Damit scheidet auch ein pazifistischer Biblizismus, der sich einer argumentativen Auseinandersetzung nicht zu stellen bereit ist, aus. In diesem Zusammenhang sei auf die von Gottfried Orth vorgeschlagene Erweiterung der historisch-kritischen Bibelexegese um eine »gewaltfrei-kommunikativen Hermeneutik«[299] verwiesen. Ausgehend von Marshall B. Rosenbergs Gewaltfreier Kommunikation (GFK), eines Kommunikationsstils mit der bewussten Wahrnehmung von Gefühlen und von Bedürfnissen aller Konfliktbeteiligten, entwickelt er ein Verständnis für die in der Bibel als Bösewichte dargestellten Menschen (von Eva, Kain & Co. bis zu den Pharisäern), von denen sich zu distanzieren, oftmals der Selbstaufwertung diene. Stattdessen rät er zu einer Differenzierung zwischen diesen Menschen als solchen und ihren möglicherweise bösen Taten oder ihren mit tragischen Folgen behafteten Strategien. Eine solche Er-

---

297 Ebd. S. 160 ff. Ebner zeigt durch die Auslegung des Gleichnisses von den anvertrauten Pfunden (Lk 19,11–27) vor dem Hintergrund der römischen Vasallenstrukturen auf, dass Jesus sehr genau mit den politischen Gegebenheiten seiner Zeit vertraut gewesen sein muss.

298 Pirner, Manfred (2008): Vorbilder in den Medien. Mediale Bezugspersonen und ihre Relevanz für religiöse Erziehung und Bildung. in: Bizer, Christoph u. a. [Hg.]: Jahrbuch der Religionspädagogik, Bd. 24 (JRP): Sehnsucht nach Orientierung. Vorbilder im Religionsunterricht. Neukirchen-Vluyn: Neukirchner Verlag, S. 106.

299 Orth, Gottfried (2009): Friedensarbeit mit der Bibel. Eva, Kain & Co. Göttingen: Vandenhoeck & Ruprecht, S. 7 f., 15–21,129.

> weiterung der Hermeneutik sieht Orth »im Interesse eines glückenden
> Lebens von Männern und Frauen, die diese Texte lesen und von ihnen
> Lebendigkeit und (mit Recht) Weisung zur Fülle des Lebens erwarten
> …«[300]

Die nachfolgende Tabelle 4 soll eine schematische Übersicht über Dependenzen der möglichen theologischen und ethischen Positionen christlicher PazifistInnen aufzeigen.

4.1.4 Rationale Motive

Neben den religiösen Motiven spielt in der Einstellung der befragten christlichen Pazifisten auch die rationale Reflexion eine wichtige Rolle. Dies entspricht Jesu multipler Ethikbegründung: Neben der religiösen Dimension – Gottesbild des Vaters im Himmel (Mt 5-7) –, der empathischen Dimension – Goldene Regel, (Mt 7,12) – spricht er am Ende der Bergpredigt auch die rationale Dimension an: »Darum, wer diese meine Rede hört und tut sie, der gleicht einem klugen Mann, der sein Haus auf Fels baute.« (Mt 7,24) Seine Ethik ist somit auch ein Gebot der Klugheit. »Die Nachfolge Jesu wird in diesem Punkt identisch mit der Vernunft, …«[301] fasst Martin Hengel sein Nachdenken über Gewalt und Gewaltfreiheit im Neuen Testament zusammen. Die Lehre Jesu stehe nicht im Gegensatz zur Vernunft, sondern sei eins mit ihr. Fernando Enns nennt neben seinen christlichen Motiven »*vernunftspolitische(.) Überlegungen, also ein politischer Realismus, den ich bei all diesen Fragen zur Gewalt und Gewaltfreiheit nicht ausschalten möchte.*« (En 143–148)

4.1.4.1 Negationen – Einleitung: Prüfkriterien der »Lehre vom Gerechten Krieg«

Über die Verwerflichkeit von Eroberungs- und Vernichtungskriegen besteht unter vernünftigen Menschen Einigkeit. Die von Augustinus von Hippo und später von Thomas von Aquin unter Rückgriff auf antike Autoren wie Platon und Cicero entwickelte »Lehre vom Gerechten Krieg« ist Ausdruck rationaler Reflexion über die Berechtigung zum Krieg, beziehungsweise wenn diese gegeben ist, zu einer rechtmäßigen Kriegsführung und sollte der Verhinderung bzw.

---

300 Ebd. S. 129.
301 Hengel, Martin (1971): Gewalt und Gewaltlosigkeit – Zur »politischen Theologie« in neu-
     testamentlicher Zeit. Calwer Hefte 118, Stuttgart: Calwer Verlag, S. 52.

Theologie und Ethik bei christl. Pazifisten

	eher verbalinspiriertes Bibelverständnis	eher literarisch-symbolisches Bibelverständnis
Hermeneutik *der Bibelstellen zur Gewalt*	– Gewalt zwischen Menschen ist Folge des Sündenfalls im Paradies; – Gewalthandlungen Gottes sind Ausdruck seines Zorns; – das Volk Israel führte zu seiner Verteidigung und der Verteidigung der Heiligkeit Gottes Kriege;	– Gewalt ist Evolutionsprinzip: Das Überlegene setzt sich durch (z.B. in der Nahrungskette); um dessen Beschränkung und Überwindung im Humanbereich bemühen sich u.a. die Religionen; – Gewalthandlungen Gottes od. in dessen Auftrag sind anthropomorphe Deutungen früherer Epochen in Abhängigkeit vom jeweiligen Gottesbild;
Dogmatik – *Erlösung*	durch Sühnetod Christi individuelle Erlösung	Vertrauen auf Jesu Lehre vom liebenden Gott und Jesu Vorbild zu befreitem Leben
– *Transzendenzbezug*	wörtliches Verständnis in immanenter Weise	symbolisches Verständnis als Ausdruck der Nichtverfügbarkeit der Transzendenz
– *Verständnis der* **Geschichte**	Weiterführung der biblischen Heilsgeschichte durch die Endzeit (Gott bedient sich auch der menschlichen Boshaftigkeit) bis zur Wiederkunft Christi Christ_Innen sollen sich gerade auch in der Endzeit als Nachfolger_innen Jesu seinem Vorbild treu erweisen	biblische Vorstellungen der Heilsgeschichte bis zur Wiederkunft Christi und dem Weltgericht werden symbolisch als Hoffnungsbilder und Aufruf zu verantwortlichem Handeln interpretiert;
Eschatologie	Endgericht mit doppelter Ausgang: ewiges Leben und ewige Verdammnis	Vertrauen auf Gottes Liebe, auch für das Ende (Allversöhnung); daraus resultiert das Bemühen um gelingendes Leben für alle Menschen heute;

((Fortsetzung))

Ethik	– individuelle Verweigerung militärischer Gewalt; – keine Vorgaben für politisches Handeln aus der Bibel ableitbar; (*oder siehe ganz rechte Spalte*)	– individuelle Verweigerung militärischer Gewalt sowie konstruktives Engagement (politische Diakonie) in Staat und Gesellschaft für eine gerechte, gewaltfreie und ökologische Lebensweise; Vision vom Reich Gottes unter uns; – Kooperation mit allen Menschen guten Willens; – biblische Friedensbotschaft gilt in allen Lebensbereichen		– individuelle Verweigerung militärischer Gewalt; – Akzeptanz für das Militär als »Notverordnung Gottes« (*oder siehe ganz linke Spalte*)
Vertreter_innen	Evangelikale in Volks- und Freikirchen	Angehörige traditioneller Friedens-kirchen und »Linksevangelikale« in Volks- und Freikirchen	Angehörige von Volkskirchen mit Engagement für Frieden, Gerechtigkeit u. Schöpfungsbewahrung	Angehörige von Volkskirchen mit eher »realpolitischem« Selbstverständnis
	pietistisch orientierte Frömmigkeit	volkskirchlich orientierte Frömmigkeit		

Tab. 4: Vergleich der Dependenzen zwischen theologischen Auffassungen und ethischen Einstellungen christlicher Pazifist_innen (*Theodor Ziegler*)

Einhegung von Kriegen dienen.[302] Unterschieden wird zwischen fünf Kriterien des Rechts *zum* Krieg und zwei Kriterien des Rechts *im* Krieg:

Gerechter Krieg

Recht *zum* Krieg	Recht *im* Krieg
rechtmäßige *Autorität* muss Krieg erklären; nur *guter Grund* wie Schutz des Lebens und des Rechts erlaubt Krieg einzig erlaubte *Zielsetzung* ist Friedenswiederherstellung; nur als *äußerstes Mittel*, wenn andere nicht wirken, kommt Krieg in Betracht; *Erfolgsaussicht* durch Krieg muss vorhanden sein;	Kriegsschäden müssen *verhältnismäßig*, dürfen also nicht schlimmer als das zu beseitigende Übel sein; *Verschonung* Unbeteiligter

Tab. 5: Kriterien der Lehre vom Gerechten Krieg[303] (Theodor Ziegler)

Trotz des Wunsches, mit diesen Kriterien das Phänomen Krieg zu bändigen, ist eine entsprechende Wirkung ausgeblieben. Der Militärhistoriker Wolfram Wette stellt eher die gegenteilige Wirkung fest, dass sie in der Praxis eher zu einem Hilfsmittel der Gewaltpolitik wurden:

>»Gelang es beispielsweise einem Herrscher, seine Kriegspolitik mit den Kriterien der theoretischen Lehre zu begründen und sie dann als gerecht hinzustellen, so wurde es ihm und den ihn unterstützenden Eliten erleichtert, den Untertanen den Kriegsdienst und damit den Einsatz des Lebens abzuverlangen. Auf diese Weise dienten die verschiedenen Lehren von gerechten und ungerechten Kriegen direkt oder indirekt den Legitimationsbedürfnissen der Politik. Sie erfüllten die Funktion von Herrschaftsmitteln. Ihre Langzeitwirkung bestand darin, dass sich im Bewusstsein der Menschen die Vorstellung zum Glaubenssatz verfestigte, dass nämlich der Krieg von Zeit zu Zeit wie eine Naturgewalt ausbreche und man ihn daher notgedrungen als ein auferlegtes Schicksal hinnehmen müsse.«[304]

Auch der Politologe Alois Riklin kam bei der Bewertung des Irakkriegs der US-Amerikaner mit den Kriterien der Lehre vom Gerechten Krieg zu dem Ergebnis, dass die USA dabei seien, »sowohl das ›ius in bello‹ [das Recht im

---

302 Vgl. Oestreicher, Paul: Über die Unmöglichkeit des gerechten Krieges. In: Werkner, Ines-Jacqueline & Rademacher, Dirk [Hg.] (2013): Menschen geschützt – gerechten Frieden verloren? Kontroversen um die internationale Schutzverantwortung in der christlichen Friedensethik. Berlin: LIT Verlag Dr. W. Hopf, S. 81.

303 Vgl. http://www.friedenspaedagogik.de/materialien/kriege/kriegsgeschehen_verstehen/krieg /gerechter_krieg/die_lehre_vom_gerechten_krieg – Zugriff am 18.05.2016; 14:27 h. Vgl. Rat der EKD (2007²): Aus Gottes Frieden leben – für gerechten Frieden sorgen. Eine Denkschrift des Rates der EKD. Gütersloh: Gütersloher Verlagshaus, S. 68–70.

304 Holl, Karl & Wette, Wolfram, Hg. (1981): Pazifismus in der Weimarer Republik. Beiträge zur Historischen Friedensforschung. Paderborn: Schöningh, S. 150.

Krieg, T.Z.] als auch das ›ius ad bellum‹ [das Recht zum Krieg, T.Z.] aus den
Angeln zu heben, ...«[305]

In seiner Denkschrift »Aus Gottes Frieden leben – für gerechten Frieden
sorgen« von 2007[306] sieht der Rat der EKD die Lehre vom Gerechten Krieg durch
das moderne Völkerrecht aufgehoben. Als »allgemeine Kriterien einer Ethik
rechtserhaltender Gewalt«[307] jedoch wird darin ein Maßstab für die Bewertung
des Kriegsfalls, aber auch darüber hinaus der Polizeigewalt, des innerstaatlichen
Widerstandsrechts und des Befreiungskampfes gesehen. Für alle genannten
Anwendungsbereiche gelte nach herkömmlicher Auffassung der Ethik, dass *alle*
diese Kriterien vor einem Gewalteinsatz erfüllt sein müssen. Und selbst dann sei
es »missverständlich, von einer Rechtfertigung des Gewaltgebrauchs zu sprechen«. Auch eine noch so sorgfältige Güterabwägung könne nicht vom Risiko
des Schuldigwerdens befreien[308]

4.1.4.2 Analyse der prinzipiellen Aspekte der Militärkritik

Die folgenden rationalen Motive fokussieren sich ausschließlich auf die völker-
und verfassungsrechtlich sowie – von den Volkskirchen – friedensethisch ein-
gegrenzte Akzeptanz militärischer Gewaltandrohung und -anwendung: Friedenssicherung durch Abschreckung, Landes- und Bündnisverteidigung sowie
Nothilfe im Sinne von *responsibility to protect* (r2p).

Militär allgemein
Paul Oestreicher hatte schon als Teenager, als sich seine christlich-pazifistische
Einstellung zu entwickeln begann, das Bewusstsein, dass Krieg »Unsinn« und
»widerlich« sei und nur Probleme mache. (Oe 57–59)

Markus Weingardt sieht »ebenso stark« wie seine religiöse Motivation die
Erkenntnis aus politikwissenschaftlicher Sicht, »*dass militärische Gewalt in der
Regel destruktiv und ineffektiv ist – destruktiv ist sie immer, aber auch in der
Regel nicht das Ergebnis bringt, das man damit beabsichtigt. Also, dass es bessere
Wege gibt, dass es bessere Wege geben muss und dass Gewaltlosigkeit ein Mittel*

---

305 Riklin, Alois (2003): Gerechter Krieg. In: Küng, Hans & Senghaas, Dieter [Hg.]: Frie-
      denspolitik. Ethische Grundlagen internationaler Beziehung. München: Piper Verlag,
      S. 286.

306 Rat der EKD (2007²): Aus Gottes Frieden leben – für gerechten Frieden sorgen. Eine
      Denkschrift des Rates der EKD. Gütersloh: Gütersloher Verlagshaus, S. 68–70.

307 Ebd. S. 68. Die an dieser Stelle von meinem Betreuer erhobene Frage nach der Ausch-
      witzbefreiung (durch die Rote Armee) kann jedoch keine grundsätzliche Rechtfertigung für
      die Aufstellung von Armeen sein. Denn das Vernichtungslager Auschwitz wurde erst in
      Folge des deutschen Angriffskrieges auf polnischem Boden erstellt und im Schatten des
      Krieges betrieben.

308 Ebd. S. 70.

ist, das in Konflikten – gerade in politischen Konflikten – noch völlig unterschätzt wird.« (Wei 12–17)

Ebenso erläutert *Stefan Maaß* die »*pragmatische Motivation*« seiner Einstellung damit, dass »*militärische Gewalt nur noch mehr Gewalt und Leiden erzeugt und es auf der anderen Seite aber eigentlich auch ganz gute Möglichkeiten gibt, gewaltfrei etwas zu verändern – (...)*« (Ma 15–19)

Militär als ultima ratio

Der in den Volkskirchen seit der Konstantinischen Wende vertretenen Rechtfertigung militärischer Gewalt als *ultima ratio* hält *Theodor Ebert* entgegen: »*Wenn das Militär das letzte Mittel sein soll, dann muss es doch auf dem jüngsten Stand der Technik sein. Das heißt, ich brauche aus Gründen der Effizienz zu jeder Zeit den vollen militärischen Apparat dann doch. Darum muss man sich entscheiden, ob man sich gewaltfrei verteidigen oder eben doch das Militär vorhalten möchte.*« (Eb 240–245)

Reflexion: Die Rechtfertigung des Militärs als *ultima ratio-Armee* beinhaltet logische Widersprüche: Da nach dem weiteren Kriterium der erforderlichen Erfolgsaussicht ein Militäreinsatz nur zu rechtfertigen ist, wenn eine begründete Aussicht auf Erfolg besteht, muss auch eine *ultima-ratio*-Armee jedem erdenklichen Gegner überlegen sein, was die ständige Erforschung und Entwicklung noch perfekterer Waffensysteme zu Folge hat. Um diese zu finanzieren, werden die veralteten Waffen exportiert – zumeist in Länder mit Anwendungsbedarf – und die neuen aus ökonomischen Gründen in größeren Stückzahlen produziert, was ebenfalls den Rüstungsexport befeuert. Angesichts der dadurch verschärften weltweiten Konfliktlage bedarf es dann wieder sogenannter friedenschaffender Maßnahmen der Bundeswehr und anderer NATO-Staaten – ein fortwährender Eskalationskreislauf. Überdies sind die Kosten der Vorhaltung einer Armee (Bundesverteidigungshaushalt 2015: ca. 35 Mrd. €[309]) so umfangreich, dass für die eigentliche *prima-ratio* ziviler Konfliktprävention und Krisenreaktion nur ein Bruchteil dieser Militärausgaben zu Verfügung steht. So beträgt der Bundeszuschuss für den Zivilen Friedensdienst im gleichen Zeitraum lediglich 39 Mio. €[310], gerade 1,1 Promille des Verteidigungshaushaltes.

Klaus Wittmann, ehemaliger Bundeswehrgeneral und als damaliges

---

309 https://www.bundeshaushalt-info.de/#/2015/soll/ausgaben/einzelplan/140353802.html – Zugriff am 5.02.2017; 19:15 h.

310 Bundesministerium der Finanzen, http://www.bundeshaushalt-info.de/startseite/#/2015/soll/ausgaben/gruppe/230268772.html – Zugriff am 18.02.2015; 20:49 Uhr.

Mitglied der EKD-Kammer für öffentliche Verantwortung an der Abfassung der EKD-Friedensdenkschrift 2007 mitbeteiligt, versteht den Begriff der *ultima ratio* nicht unbedingt *zeitlich* als das letzte Mittel, sondern vielmehr *qualitativ* als das *äußerste* Mittel, das zum Zwecke der Erfolgsaussicht unter Umständen sogar sehr früh eingesetzt werden müsse.[311]

Neue Kriegsqualitäten

Für *Ulrich Parzany* sind die Kriterien des sogenannten Gerechten Krieges wie das Verbot des Angriffskrieges und der Schädigung von Zivilisten schon im zweiten Weltkrieg mit der strategischen Bombardierung von Städten[312] fragwürdig geworden. Mit einem Atomkrieg, der insbesondere in Mitteleuropa Kämpfer und Nichtkämpfer, Freund und Feind unterschiedslos auslöschte, wäre nochmal eine neue Qualität erreicht. »*Was ist eigentlich zu verteidigen?*« (Pa 66f.) Er frage sich, welche Ziele diese Mittel rechtfertigten. Selbst die Verteidigung der demokratischen Freiheit rechtfertige keinen atomaren Selbstmord.

Paul Oestreicher stellt ebenfalls fest, dass Kriege – er definiert sie als offiziell von Regierungen oder von Gruppierungen organisierte Gewalt – in der Vergangenheit überlebbar waren, man hat »*immer wieder neu aufgebaut und es blühten Rosen von den Ruinen. (…) Menschen können sagen, Krieg gehört nun einmal zum Wesen der menschlichen Existenz.*« (Oe 180–188) Im 21. Jahrhundert haben wir – *Oestreicher* verweist dabei auf Albert Einsteins Aussagen aus den 1920er Jahren – politologisch, waffentechnisch und wissenschaftlich keine Sicherheit mehr: »*Wenn die Menschheit auf diese Weise die Eskalation der Gewalt weitermacht – und bis jetzt machen wir so weiter – dann ist das, rationell gesehen, der Weg in die Selbstvernichtung.*« (Oe 189–194)

Für *Theodor Ebert*s Motivation entscheidend war die Erkenntnis, »*dass wir Menschen durch die Erfindung der Atombombe in der Lage sind, die Menschheit als solche auszurotten, dass wir Menschen die Geschichte der Menschheit selbst beenden können.*« (Eb 35–37)

Reflexion: Die Unterscheidung in Soldaten und Nichtkombattanten ist zwar im Sinne der Prüfkriterien der »Lehre des Gerechten Krieges« einerseits verständlich, andererseits ist zu fragen, ob den, zumeist auch noch im Rahmen von Pflicht- oder Zwangsstrukturen gezogenen, Soldaten nicht

---

311 In einem Diskussionsbeitrag beim internationalen Kongress der Evang. Akademie zu Berlin zur Schutzverantwortung vom 13. bis 15. Juni 2013, bei dem ich auch zugegen war.

312 Bei den alliierten Bombenangriffen auf deutsche Städte starben insgesamt mehr als 500.000 Menschen. Scriba, Arnulf, Deutsches Historisches Museum, Berlin, https://www.dhm.de/lemo/kapitel/der-zweite-weltkrieg/kriegsverlauf/luftangriffe.html – Zugriff am 15.02.2015; 21:04 Uhr.

dieselben Menschenrechte auf Leben und körperliche Unversehrtheit zustehen, denn sie sind ja auch Menschen.

Auch wenn die das Recht *im* Krieg, nämlich die Schonung der Zivilbevölkerung, missachtenden militärischen Gegenschläge der Alliierten auf deutsche Städte als Reaktion auf die vorhergehenden deutschen Luftangriffe erklärlich sind, fragt es sich angesichts der vielen zivilen Opfer, ob sie alternativlos waren. Sie waren, wie auch die US-amerikanischen Atombombenabwürfe vom 6. und 8. August 1945, keine unmittelbare Abwehr eines einsetzenden Angriffes, wie es beispielsweise der Abschuss anfliegender Flugzeuge dargestellt hätte, sondern entweder eine Vergeltungsbzw. Racheaktion oder aber Teil einer Strategie, den Kriegsgegner durch Vernichtung seiner Zivilbevölkerung zu schwächen beziehungsweise dem Ausprobieren neuer Waffentechniken geschuldet.

Fragen:
- Rechtfertigt ein Kriegsverbrechen den davon betroffenen Staat, nun selber welche zu begehen?
- Dürfen in solch einer Situation die Menschenrechte temporär suspendiert werden?
- Ist die ethische Problematik heutzutage, wo Massenvernichtungswaffen ganze Länder, Kontinente oder gar die Menschheit insgesamt ausrotten können, nicht noch unvergleichlich größer? Und sind angesichts dessen die bisherigen Begründungen für militärische Sicherheitspolitik noch tauglich?[313]
- Würde sich bei Anwendung der vom Rat der EKD als »Prüfkriterien« ausgewiesenen Lehre vom Gerechten Krieg angesichts der heutigen militärischen Vernichtungsmöglichkeiten nicht jedwede militärische Gewaltandrohung und -anwendung prinzipiell verbieten?

Militär ausschließlich zu Abschreckungszwecken
Seit der Wiederbewaffnung der Bundesrepublik im Jahr 1955 bis zum Fall des Eisernen Vorhangs im Jahr 1989 hatte die Bundeswehr die Aufgabe der Friedenssicherung ausschließlich durch Abschreckung, im NATO-Verbund auch mit

---

313 Schon Immanuel Kant vertrat die Auffassung, »daß ein Ausrottungskrieg, wo die Vertilgung beide Teile zugleich, und mit dieser auch alles Rechts treffen kann, den ewigen Frieden nur auf dem großen Kirchhofe der Menschengattung stattfinden lassen würde. Ein solcher Krieg also, mithin auch der Gebrauch der Mittel, die dahin führen, muß schlechterdings unerlaubt sein.« Kant, Immanuel (1795): Zum ewigen Frieden. Ein philosophischer Entwurf. In: Directmedia Publishing, (2007): 100 Werke der Philosophie, die jeder haben muss [Elektronische Ressource] : CD-ROM, Berlin: Kant-Werk Bd. 11, S. 192.

atomaren Waffen. *Ulrich Parzany* beschreibt die damit verbundene Vorstellung mit dem Glauben, »*den Frieden kann man nur erhalten dadurch, dass man dem Anderen droht mit der Vernichtung. Das war für mich die eigentliche (...) Zuspitzung der Gewissensfrage.*« (Pa 53–55)

Auf den Vorhalt, Abschreckung heiße nicht, dass man den Atomkrieg wolle, entgegnet er: »*Abschreckung wirkt ja nicht, wenn die Andern wissen, dass es nicht passiert, dann ist ja die Abschreckung gar nicht ernst zu nehmen. Also Abschreckung ist, dass man es im Ernstfall auch macht, selbst wenn man es eigentlich gar nicht will, aber wenn der Ernstfall eintritt, ist man gezwungen, in Konsequenz seiner eigenen Grundsätze das zu vollziehen.*« (Pa 73–79)

Reflexion: Vergleiche mit der Androhung körperlicher Züchtigung in der Kinder-erziehung bzw. der Rettungsfolterandrohung im Entführungsfall Jakob Metzler (siehe die Urteilsbegründung[314]) unterstreichen den Widerspruch, eine an humanen Werten orientierte Gesellschaft durch die Androhung des atomaren Genozids schützen zu wollen. Das Dilemma besteht darin, dass Abschreckung *ohne* die Fähigkeit und Bereitschaft zur Anwendung wirkungslos, aber *mit* der Fähigkeit und Bereitschaft zur Anwendung unverantwortbar wäre. Kein Ziel kann den atomaren Genozid rechtfertigen.

Angesichts dessen ist zu fragen, ob nicht auch schon die Vorbereitung und die letztliche Bereitschaft zu einem Verbrechen (nichts anderes wäre der Einsatz von Massenvernichtungsmitteln) als Verbrechen eingestuft werden muss.

Militär als Problem für Kultur und Demokratie
Was die Einsatzbereitschaft von Militär betrifft, auch und gerade als Erstschlag mit Atomwaffen, so wirken weder demokratische Staatsstrukturen, noch »westliche Werte« im Sinne der Menschenrechte, noch die christliche Religion hemmend. Zu Recht weist *Ulrich Parzany* darauf hin: »*(...) nicht die Sowjets hatten Atombomben eingesetzt, sondern die Amerikaner! In Hiroshima und Nagasaki. Das heißt, wir waren ja schon jenseits der Grenze, wo das nur eine theoretische Möglichkeit gewesen wäre, sondern wir hatten erlebt, das wird praktiziert, auch eben von einer Nation, die – sagen wir mal – im weitesten Sinne christlich firmiert und eine Demokratie ist und keine Diktatur und kein totali-*

---

314 Landgericht Frankfurt, www.lgfrankfurt.justiz.hessen.de%2Firj%2Fservlet%2Fprt%2Fpor
    tal%2Fprtroot%2Fslimp.CMReader%2FHMdJ_15 %2FLG_Frankfurt_Internet%2Fmed%2
    Facb%2Facb50880-b973-6411-aeb6-df144e9169fc%2C22222222-2222-2222-2222-222222
    222222%2Ctrue.pdf& ei=gV3kVI6ZKsPT7QapwIGQBg& usg=AFQjCNFJqxQAxDAKrL8e
    ZqgitaKo9JTreg& bvm=bv.85970519,d.ZGU – Zugriff am 17.02.2015; 10:39 Uhr.

täres atheistisches System sein will und so. Umso schlimmer ist ja mit der Tatsache zu rechnen, dass das als eine Möglichkeit auch real praktiziert werden muss, obwohl's keiner will.« (Pa 80–87)

Und *Eugen Drewermann* stellt fest: »*Das Paradoxon, unter dem ich heute wirklich sehr leide, ist, dass ich eigentlich kein entscheidend neues Wort zu sagen habe, das nicht in den Siebzigern, Achtzigern längst auf dem Tisch gelegen hätte. Also, wir haben damals wirklich geglaubt in der Friedensbewegung, es kann in einer offenen Gesellschaft keinen Krieg mehr geben. Wir kennen den Vorlauf, mit dem man propagandistisch nach Schwarz und Weiß und Gut und Böse sich den Feind konstruiert, die Bevölkerung blendet, die Kampfbereitschaft als moralisches Gebot hinstellt. Wir haben das so oft jetzt buchstabiert und zu lesen gelernt. Wir haben ganze Generationen von Literaten, von Dramaturgen, von Musikern, Malern verschlissen, um das in die Köpfe zu kriegen. In einer offenen Gesellschaft, die Zugang zu den Medien und Informationsmitteln hat, ist die Verführbarkeit nicht mehr denkbar. Da drin bestätigt hatte scheinbar der Pazifismus in den USA im Protest gegen den Vietnamkrieg eine Bevölkerung, die jeden Abend sieht, wie millionenteure Panzer und Kriegsgeräte durch brennende Bambusdörfer rollen, [sie, T.Z.] will nicht mehr, dass ihre Jungs diese Verbrechen begehen. Man weiß auch, dass dies ganz sicher nicht dem Frieden dient, wem auch immer es dienen mag, der Menschlichkeit dient es ganz sicher nicht. Eine Armee, die Hunderttausende von Heroinsüchtigen gebiert, kann doch nicht demokratisch, noch als Repräsentant des Volkes in Aktion sein. Die sind krank und wir müssen die Krankheit analysieren, die Krieg heißt. (…) – solange es eine Armee gibt, ist Fortschritt der Kultur nicht möglich. Die Fähigkeit zum Krieg ist wie ein Krake, der alles was Kultur ist, ins Gegenteil verwandelt – Idealismus, Patriotismus, Kameradschaft, Opferbereitschaft, Idealismus, alles kann unter Kriegsbedingungen pervertiert werden. Wir müssen mit dem Krieg aufhören, sonst gibt es keine lineare Möglichkeit, Kultur weiter zu entwickeln.*« (Dr 179–201)

Stefan Maaß sieht auch in den Medien einen wichtigen Einflussfaktor für die Bewertung von militärischer Gewalt bzw. gewaltfreiem Handeln: »*Ich sehe eben, dass gewaltfreie Sachen [in den Medien, T.Z.] relativ wenig oder verkürzt berichtet werden, oder mal als ein Einzelfall oder am Schluss wird gezeigt, es war doch eigentlich nicht gewaltfrei, weil es irgendwo noch ein paar Gewalttätige gab. Und wenn da die Medien anders damit umgehen würden, wenn auch jede Gewalt deutlich gemacht würde und nicht nur von einer Gruppe und die andere wird dann verharmlost oder nur als Reaktion gezeigt, dann – glaube ich – könnte man damit auch nochmal was erreichen. Als Beispiel: Welche Themen kommen? Vor einem dreiviertel Jahr war Mali ganz stark in den Medien und dann ist es plötzlich wieder weg. Es wird so getan, als wäre alles wieder in Ordnung. Und dann war wieder Syrien, vorher war auch schon Syrien – da mal wirklich zu sagen: Man schaut als Medium, wie können die Nachrichten auch tatsächlich transportiert werden und auch kritisch, was stimmt denn jetzt eigentlich? Und wo muss man auch sagen, man weiß es nicht. Medien wissen ja auch nicht alles.«* (Ma 147–159).

Zum einen besteht das Problem, dass kriegerische Auseinandersetzungen in Dramatik und Folgen wesentlich »telegener« sind als gewaltfreie Aktionen. Andererseits kann durch die Fokussierung auf einzelne Gewalttäter eine insgesamt gewaltfrei verlaufende Aktion diskreditiert werden. Doch das begrenzte mediale Darstellungsvolumen lässt nur eine auf das Sensationellste beschränkte Wahrnehmung zu.

Reflexion: In der Friedens- und Konfliktforschung gibt es zwar die »**Demokratie-Hypothese**«, nach der demokratische Staaten keine anderen angreifen.[315] Dies gilt jedoch – mit Ausnahmen – nur untereinander. In Bezug auf Angriffe gegenüber autoritären Regimen scheint es diese Hemmungen nicht unbedingt zu geben, wie die Beispiele Großbritanniens Falklandkrieg gegen Argentinien, US-Kriege gegen Vietnam, Grenada, Irak, Afghanistan, Libyen usw. oder Deutschlands Beteiligung am Balkankrieg und in Afghanistan belegen.

Drewermanns **Diagnose des Kriegs als Krankheit** ist parallel zur Diagnose der Sucht als Krankheit zu sehen und kann Therapieansätze bewusstmachen. Indem süchtige Menschen nicht mehr moralisch verdammt, sondern als Patienten wahrgenommen wurden, entwickelte sich ein eher sachlicher gesellschaftlicher Umgang mit dem Suchtphänomen: Ursachenerforschung und alternative Bearbeitung der zugrundeliegenden Bedürfnisse, vorurteilsfreier Dialog mit dem Suchtpatienten, Stärkung der Persönlichkeit, Abbau von Rückfallversuchungen, Prävention für Kinder und Jugendliche usw. Auch wenn es sich beim Krieg im Unterschied zur Sucht nicht um ein individuelles, sondern um ein soziologisches, gruppenpsychologisches und politologisches Phänomen handelt, könnte die von *Drewermann* vorgenommene analoge Betrachtung des Krieges als Krankheit die Ursachenforschung, Therapieansätze sowie Präventionsmaßnahmen entwickeln helfen. Seit Jahrzehnten betreibt die Friedens- und Konfliktforschung unter dem Begriff der Zivilen Konfliktbearbeitung

---

315 Deutschmann, Emmanuel (2012): Der Zweite Libanonkrieg und die dyadische Hypothese der Theorie des demokratischen Friedens – ein Widerspruch? – Arbeitspapiere zur Internationalen Politik, AIPA 2/2012. S. 6–12. http://www.google.de/url?sa=t&rct=j&q=&esrc=s&source=web&cd=4&ved=0CDcQFjAD&url=http%3 A%2F%2Fwww.jaeger.uni-koeln.de%2Ffileadmin%2Ftemplates%2Fpublikationen%2Faipa%2FAIPA_2_2012.pdf&ei=6p_jVPnOLtKO7QbFzYG4DA&usg=AFQjCNFXqeE6073fl_2SWwhyllEejOv2fA&bvm=bv. 85970519,d.ZGU – Zugriff am 17.02.2015; 21:25 Uhr. Zielinski, Michael (2011): Friedensursachen und Friedensgemeinschaft. In: Gießmann, Hans J. & Rinke, Bernhard [Hg.]: Handbuch Frieden. Wiesbaden: VS Verlag für Sozialwissenschaften, S. 267–269.

entsprechende Analysen und seit 2001 gibt es den Aktionsplan der Bundesregierung »Zivile Krisenprävention, Konfliktlösung und Friedenskonsolidierung«, in dem auch Nichtregierungsorganisationen bei entsprechenden Projekten vom Auswärtigen Amt gefördert werden.[316] Für die Krankheit-Krieg-Diagnose sind jedoch noch weitere sozialpsychologische und soziologische Phänomene zu untersuchen wie beispielsweise:

– Übersteigerter **Patriotismus** und andere gesellschaftliche Militaria als kriegsbegünstigende Faktoren. So bezeichnet Paul Oestreicher den »kritiklosen Patriotismus« als »eine unsinnige Sache«: »*Mein eigenes Land hat recht, alle anderen haben unrecht. Dieser Grundzug in jeder Gesellschaft – alle Gesellschaften sind sich darin gleich, und im äußersten Fall bringt man das Opfer des eigenen Lebens, um die Heimat, die Familie, das Volk zu beschützen – geht sehr tief in das Bewusstsein der Menschen durch Jahrtausende und ich kann das nicht lächerlich machen. Und es ist trotzdem unsinnig, es ist bar jeder ratio, denn alle Völker sind letzten Endes gleich. Gutes und Schlechtes mischt sich und alle Politik ist imperfekt. Es gibt keine perfekte Gesellschaft. Es kann sie wahrscheinlich gar nicht geben.*« (Oe 80–89)

– Die Eigendynamik des **Militärisch-industriellen Komplexes.**[317] Mit diesem von Dwight D. Eisenhower geprägten Begriff wird der Einfluss der Rüstungsindustrie auf Politik und Militär zum Zwecke ständig steigender Aufträge beschreiben.[318] Kritische Medienberichte und justizielle Ahndung seit der deutschen Wiederbewaffnung fördern diese Zusammenhänge in großer Regelmäßigkeit auch hierzulande zutage.[319]

– Bedeutung der **Medien** für das Erzeugen gesellschaftlicher Zustimmung zu nationalen oder bündnisbezogenen Militäreinsätzen.[320] An dieser Stelle sei auf das Ponsonby-Morelli-Modell verwiesen: Aus Lord Arthur Ponsonbys Analyse der Kriegsberichterstattungen in den Zeitungen der am Ersten Weltkrieg beteiligten Nationen lassen sich die folgenden zehn

---

316 Institut für Auslandsbeziehungen, Stuttgart: Über zivik. In: http://www.ifa.de/foerderung/zivik/ueber-zivik.html – Zugriff am 17.02.2015; 21:56 Uhr.

317 Dieser Begriff wurde von dem früheren US-Präsidenten Dwight D. Eisenhower in seiner Abschiedsansprache geprägt. Gerste, Ronald D. (2011): Eisenhowers Warnung vor einem Staat im Staat. In: http://www.nzz.ch/aktuell/startseite/eisenhowers-warnung-vor-einem-staat-im-staat-1.9130929 – Zugriff am 20.02.2015; 21:15 Uhr.

318 Broszka, Michael (2011): Frieden und Wirtschaft. In: Gießmann & Rinke [Hg.]: Handbuch Frieden. Wiesbaden: VS Verlag für Sozialwissenschaften, S. 621f.

319 Vgl. Hennes, Michael (2003): Der neue Militärisch-Industrielle Komplex in den USA. in: http://www.bpb.de/apuz/27289/der-neue-militaerisch-industrielle-komplex-in-den-usa?p =all – Zugriff am 12.03.2016; 15:44 h.

320 Müller, Albrecht (2010): Meinungsmache – Wie Wirtschaft, Politik und Medien uns das Denken abgewöhnen wollen. München: Th. Knaur Nachf.GmbH & Co KG, S. 82–88.

– von Anne Morelli bis in die Gegenwart belegten – Prinzipien der Kriegspropaganda erkennen:

»1. Wir wollen keinen Krieg
2. Das feindliche Lager trägt die alleinige Schuld am Krieg
3. Der Feind hat dämonische Züge
4. Wir kämpfen für eine gute Sache und nicht für eigennützige Ziele
5. Der Feind begeht mit Absicht Grausamkeiten; bei uns ist es Versehen
6. Der Feind verwendet unerlaubte Waffen
7. Unsere Verluste sind gering, die des Gegners aber enorm
8. Unsere Sache wird von Künstlern und Intellektuellen unterstützt
9. Unsere Mission ist heilig
10. Wer unsere Berichterstattung in Zweifel zieht, ist ein Verräter«[321]

Im Gegensatz zur Kriegsberichterstattung orientiert sich der Friedensjournalismus an der Friedenswissenschaft. Es gehe jedoch nicht darum, so Nadine Bilke, »einen parteiischen ›Kriegsjournalismus‹ durch einen parteiischen ›Friedensjournalismus‹ zu ersetzen. Es geht darum, dass der Journalismus die Fähigkeit zur gründlichen Konfliktanalyse entwickelt aus einer ›überparteiischen Situation‹ heraus. Damit könnten die Medien überparteiische Vermittler im Friedensdienst unterstützen und auch selbst vermittelnd eingreifen.«[322] Der Weg zu den von Johann Galtung beschriebenen vier großen Zielen, Frieden/Konflikt, Wahrheit, Menschen und Lösung, erfordere Konfliktanalyse/Friedfertigkeit, Wahrhaftigkeit, Empathie und Kompromissbereitschaft.

4.1.4.3 Entwicklungspsychologische Aspekte

Paul Oestreicher erinnert sich an seine Zeit im Kadettenkorps seiner Schule im neuseeländischen Exil, wo das Militärische eingeübt worden ist. Obwohl durch Erfahrungen seines Vaters geprägt, entschloss er sich, daran teilzunehmen. »*Das muss ich selbst mal erleben. Bin in den Ferien zum Militärlager und hab' Schießen*

---

321 Stöckmann, Jochen 6.12.2004 im Deutschlandfunk: Anne Morelli: Die Prinzipien der Kriegspropaganda. http://www.deutschlandfunk.de/anne-morelli-die-prinzipien-der-kriegs propaganda.730.de.html?dram:article_id=102366 – Zugriff am 12.03.2016; 15:17 h. Morelli, Anne (2014²): Die Prinzipien der Kriegspropaganda. Springe: Klampen Verlag, S. 5. Bläsi, Burkhard (2006): Keine Zeit, kein Geld, kein Interesse …? Konstruktive Konfliktberichterstattung zwischen Anspruch und medialer Wirklichkeit. Berlin: Verlag Irena Regener, S. 142 http://kops.uni-konstanz.de/bitstream/handle/123456789/10519/Diss_Blaesi. pdf?sequence=1 – Zugriff am 12.03.2016: 15:09 h.

322 Bilke, Nadine (2003): Friedensjournalismus – Möglichkeit oder Utopie? In: Wissenschaft & Frieden 2003-4, http://www.wissenschaft-und-frieden.de/seite.php?artikelID=0279 – Zugriff am 12.03.2016; 18:47 h.

gelernt, hab' sogar am Kleiner-Soldat-Sein Spaß gehabt. Aber je mehr ich dran Spaß hatte, je mehr hab' ich erkannt, wie verführerisch das ist. Und als ich dann eingezogen wurde – Neuseeland hatte allgemeinen Militärdienst – als ich die Schule verließ, neunzehn Jahre alt war, habe ich mich dann als Kriegsdienstverweigerer gemeldet.« (Oe 114–122)

Ullrich Lochmann empfand die nach Ende des zweiten Weltkrieges herumliegenden Waffen angesichts der Zerstörungen, Toten und Verwundeten »*als ein großes, unheilvolles und im Grunde nutzloses Spielzeug der Erwachsenen.*« (Lo 17–26) Ein fast tödlich ausgegangenes Manövererlebnis bei der Bundeswehr im Jahr 1959 umschreibt er mit der Erkenntnis: »*Waffen sind ein Spielzeug für die großen Kinder, die noch nicht wissen, was eigentlich deren Wirkung ist.*« (Lo 38 f.) Seine Artillerie-Einheit schoss mit scharfer Munition versehentlich auf eine Stellung einer dort ebenfalls übenden Artillerie-Einheit der US-Army, die daraufhin ebenfalls scharf zurückschoss: »*Es ist keinem was passiert, aber es ist irgendwie ein Zeichen oder ein Beispiel dafür, wie das Kind im Manne, der Krieger im Manne, der Indianer im Manne mit der Waffe umgeht. Und als wir dann gedrillt wurden, Atomgranaten einzusetzen anhand von Generalstabskarten, auf denen wir dann solche Folien schieben mussten, um beim Explosionspunkt möglichst viele Russen und möglichst wenige Deutsche zu Schaden kommen zu lassen, hat's bei mir dann Klick gemacht und hab' gesagt, dieses Spiel geht mir zu weit, und ich hab' mich eigentlich von dem Moment, obwohl das schon immer zur Wahl stand, zu diesem Beruf Theologie, jetzt nicht eigentlich zu der Wissenschaft Theologie, sondern zu der Möglichkeit, entschieden, mit meinem beruflichen Leben – und auch sonst vielleicht – dabei mitzuwirken, dass es zu diesen Einsätzen nicht kommt.*« (Lo 43–53)

> **Reflexion:** Kinder lernen den Krieg zunächst auf spielerische Weise kennen. Das Militärische übt auf viele Kinder, vor allem Jungen, eine Faszination aus. Die Spielzeugindustrie und mit dem Beginn des digitalen Zeitalters insbesondere auch die Anbieter von Computerspielen versorgen Kinder und Jugendliche aber auch Erwachsene mit jeglicher erdenklichen Hard- und Software zum Kriegsspiel. Ob ein Verbot hieran etwas verändern würde, erscheint fraglich, zumal Verbotenes einen ganz besonderen Reiz ausübt, sich kreativ darüber hinwegzusetzen. So erlebte ich Anfang der 1980er-Jahre im familiären Umfeld, wie eine friedenspädagogisch engagierte Erzieherin ihren Kindergartenkindern das Mitbringen von Spielzeugwaffen verbot. Daraufhin bauten sich die Jungen aus Legobausteinen Pistolen und Gewehre. Als ihnen dies dann auch untersagt worden war, fertigten sie sich, ebenfalls aus Legobausteinen, Bohrmaschinen an und benutzten diese im Spiel wiederum als Schusswaffen. Mit Cyberwar sowie dem Kampfdrohneneinsatz schließt sich der Kreis dann bruchlos in

der Realität wieder: Das spielerisch Erlernte und Vertraute wird in großer Distanz zum Ort des Geschehens mit den realen Folgen von Tod und Zerstörung angewandt.

Auch im Bildungsbereich können Jugendliche und junge Erwachsene die Normalität militärischer gestützter Weltpolitik spielerisch kennenlernen. So setzen die Jugendoffiziere der Bundeswehr seit 1995 in großem Umfang das interaktive Planspiel »Politik und Internationale Sicherheit« (POL&IS) an Schulen und Universitäten ein, um junge Menschen auch mit militärischen Handlungsoptionen als regulärem außenpolitischem Instrument vertraut zu machen.[323]

Umso mehr stellt sich für den Religionsunterricht in der Oberstufe die Frage, wie mit der kindlichen und jugendlichen Militaria-Begeisterung friedenspädagogisch verantwortlich umgegangen werden kann und sollte, damit Jugendliche dieser militärischen Verführung nicht erliegen, sondern den durch Streitschlichter- und Friedensstifterprogramme bereits erlernten friedlichen Konfliktaustrag auch im internationalen Miteinander als das Lebensdienlichere erkennen und einfordern können.

4.1.4.4 Konsequenzialistische Ansätze

Hier werden nun die sich auf historische und aktuelle Ereignisse oder persönliche Erfahrungen beziehenden Motive dargestellt.

Deutsche Teilung
Ulrich Parzany verweist auf Gustav Heinemanns im Vorfeld der Wiederbewaffnung geäußerte Befürchtung, diese betoniere die Teilung Deutschlands endgültig. (Pa 35–38)

Reflexion: Diese Befürchtung bewahrheitete sich, verbunden mit schwerwiegenden Folgen für viele Menschen in beiden deutschen Staaten, aber auch mit der ständigen militärischen und gar atomaren Eskalationsgefahr des Kalten Krieges, für 34 Jahre. Die Befürworter militärischer Friedenssicherung meinen, *aufgrund* der Abschreckung sei es nicht zum heißen Krieg gekommen, während die Kritiker der Auffassung sind, *trotz* der gegenseitigen Bedrohung sei es glücklicherweise nicht zu einem Krieg gekommen. Erst durch die EKD-Ostdenkschrift (1965), durch die unter der

---

323 Schulze von Glaßer, Michael (2010): An der Heimatfront – Öffentlichkeitsarbeit und Nachwuchswerbung der Bundeswehr. Köln: PapyRossa-Verlag, S. 126–132.

Regierung Brandt/Scheel (ab 1969) eingeleitete und zum KSZE[324]-Prozess führende Entspannungspolitik, sowie durch Gorbatschows Einlenken im Nachrüstungsstreit zwischen der UdSSR und den USA konnte der Ost-West-Gegensatz nach 1989 für's Erste überwunden werden.[325]

Negative Bilanz zurückliegender Auslandseinsätze der Bundeswehr nach 1989
Fernando Enns bezieht sich auf Gespräche mit Bundeswehroffizieren, die vor einer Überschätzung des Instrumentes eines militärischen Einsatzes warnen. *»Die sagen: Das kann niemals Konfliktlösung sein, dazu sind wir nicht ausgebildet, dafür sind wir nicht ausgerüstet – wir können bestenfalls einen Konflikt unterbrechen und einen Raum schaffen, wo dann gewaltfreie Möglichkeiten wieder eröffnet werden und so weiter. Wenn das so ist und wenn wir dieser Analyse folgen wollen, dann müssten wir eigentlich nochmal fragen, welche Art von Konfliktunterbrechung wäre denn angemessen und könnte die[se, T.Z.] möglicherweise auch anders aussehen, damit dieser Raum für Verhandlungen und gewaltfreie Konfliktlösungen tatsächlich schneller, effektiver möglich wird? Wie müsste dann so ein Einsatz aussehen? Und da bin ich überhaupt nicht davon überzeugt, dass das per Militär gelingt.* (En 238–250)
Hans Häselbarth ist der Auffassung »*(...), dass die Auslandseinsätze der Bundeswehr oder von Amerika in den letzten Jahrzehnten mehr Schaden angerichtet haben, als dass sie wirklich den Frieden befördert hätten. Ich glaube nicht, dass der Bundeswehreinsatz in Afghanistan dem Land entscheidend weitergeholfen hat, das glaube ich nicht.*« (Hä 152–156)
Und *Fernando Enns* sieht noch weitere Probleme bei den Auslandseinsätzen: *»Denn Militär ist per se immer noch ausgelegt auf Drohung, auf – möglicherweise – Tötung, auf einen größten militärischen, das heißt, waffentechnisch ausgestatteten Apparat, der höchst kulturunsensibel in eine bestimmte Region einfällt und da dann meint, für Ordnung sorgen zu können. Das wird so nicht gelingen. Und [an, T.Z.] Beispiele[n] wie Afghanistan oder auch Libyen ... – und in anderen Konfliktherden haben wir das gesehen: Was man mit Militär erreichen kann, ist bestenfalls irgendwie ein militärischer Sieg. Aber nach Aussage dieser Militärs ist das ja gerade nicht das, was gewollt ist. Solche Kriege sind per UN-Charta eigentlich auch schon verboten.*« (En 250–257)
Ulrich Parzany kommt bei einer gesamten Bilanzierung zu dem Ergebnis, dass »*(...) im Rückblick, selbst die Kriege, die man in guter Absicht begonnen hat,*

---

324 KSZE = Konferenz für Sicherheit und Zusammenarbeit in Europa (ab 1973).
325 Bundeszentrale für politische Bildung (2003): Internationale BeziehungenI – Der Ost-West-Konflikt (Heft 245). Bonn. http://www.bpb.de/izpb/10320/internationale-beziehungen – Zugriff am 19.02.2015; 22:13 h.

eigentlich mehr Probleme geschaffen haben, als sie gelöst haben. Und dass das dazu führen muss zu sagen, das ist nicht nur die letzte Möglichkeit, sondern es ist wahrscheinlich überhaupt gar keine Möglichkeit. Aber dann steht die Frage wieder im Raum: Was ist denn jetzt die aktive Alternative, wenn ich mich nicht nur zurückziehen will und sage, ›ich mach' halt nichts, ich lass' dann alles laufen‹? Dann heißt's, wer schweigt, fördert was im Gange ist. Das heißt, ich werde auch durch Nichtstun schuldig, ich kann nicht meine Hände in Unschuld waschen und sagen: Ich bin's ja nicht gewesen, ich hab's ja nicht gewollt, ich war ja nicht dabei. Dann muss ich eben mitverantworten, was die Folgen meines Nichtstuns sind. Und deshalb ist schon die Aufgabe zu fragen, was kann man aktiv tun?« (Pa 185–196)

Paul Russmann betont die prinzipielle Notwendigkeit der Kooperation zwischen den Staaten. Diese dürfe jedoch nicht wie bei der NATO nur partiell kollektiv sein, sondern müsse auf gegenseitige, gemeinsame Sicherheit ausgelegt sein: »*(…) ich glaube, wir haben eine Welt, in der wir voneinander abhängig sind. Die Globalisierung, ein Sturm, ein Tsunami macht nicht halt vor irgendwelchen Grenzen. Das heißt, wenn diese Welt weiter leben oder existieren soll, wenn unsere Kinder, Enkelkinder weiter auf der Welt bleiben wollen, müssen wir erst kucken, dass wir das System gemeinsamer Sicherheit definieren: Was, wo sind die gemeinsamen Sicherheits- und vor allem die menschlichen Sicherheitsbedürfnisse, dass jeder sozusagen sein Haus, seine Wohnung, seine Kleidung, dass jeder Mensch genug zu essen und zu trinken hat (…), Grundbedürfnisse zu erfüllen und auch die kulturellen Bedürfnisse zu erfüllen. Und das geht nur, wenn wir Sicherheit gemeinsam definieren und nicht dadurch, dass wir gegenseitig miteinander Krieg führen. Wenn die NATO ein solches Bündnis wie die UN wäre, wäre es okay. Aber da wir die UN haben, ist die NATO eigentlich überflüssig.* (Ru 204–222)

> **Reflexion:** Ob die von Militärs eingeräumte Beschränkung militärischer Gewaltmittel auf die Erzielung von Konfliktunterbrechungen überhaupt realistisch ist, wird von *Enns, Häselbarth* und *Parzany* bezweifelt, im Gegenteil: Es besteht die Übereinstimmung, dass die Auslandseinsätze keine Besserung erzielt haben. Militär könne – da *per se* auf Drohung und möglicherweise Tötung ausgelegt und höchst kulturunsensibel – höchstens militärische Siege erringen, sei aber in Bezug auf die Konfliktlösung auch nicht die letzte Möglichkeit, sondern überhaupt keine Möglichkeit. Umso dringender sei die Suche nach aktiven Alternativen. *Ulrich Parzany* weist zu Recht darauf hin, dass Nichtstun keine verantwortbare Alternative sein könne. (Weiteres hierzu siehe in der Auswertung der zweiten Interview-Frage)

> *Paul Russmann* differenziert zwischen kollektiven Verteidigungsbündnissen, wie beispielsweise der NATO, die partiellen Interessen dienen, und einem System gemeinsamer Sicherheit wie die Vereinten Nationen, das die Grundbedürfnisse aller Menschen zum Gegenstand ihrer Bemühungen hat. Sowohl die Globalisierung der ökologischen Probleme, als auch die Verantwortung für die Lebensgrundlagen aller Menschen erfordern ein System gemeinsamer Sicherheit.

4.1.4.5 Kritik des Konzeptes der Schutzverantwortung *(responsibility to protect)*

Für *Albert Fuchs* ist die Begründung militärischer Auslandseinsätze mit dem Argument der Nächstenliebe nicht überzeugend. Es mache das Böse nicht gut, wenn es unter dem Etikett »Damit Gutes tun« laufe. Er verstehe dies nicht, auch werde genau das Gegenteilige bewirkt. (Fu 46–55) *Eugen Drewermann* sieht in der juristischen Konstruktion der *responsibility to protect »eine nachgetragene Rechtfertigungsideologie für diese Art von Gewaltpolitik.«* (Dr 428–430) *»Vor allem geht ein Großteil der Konflikte, die man dann militärisch glaubt lösen zu können, auf direkte Unterwanderung und CIA-Machenschaften zurück. Das ist in Syrien eklatant, man hat Kuwait, Saudi-Arabien für Waffenlieferungen geradewegs eingeladen. Das war die Politik von Frau Clinton: Assad muss weg! Jetzt sieht man, dass man ohne ihn noch mehr Chaos haben wird. Man war dabei, in countrybuilding frei weg bestimmen zu wollen, welche Regionen genehm sind und welche zu verschwinden haben. Und das wurde durch scheinbar demokratische Gegenbewegungen, indem man sie militarisierte, in eine Krise hineingepumpt, für deren Lösung wir dann … – so ist Crassus reich geworden, er hat als erstes eine Feuerwehr gegründet und dann die Brände gelegt, für die sie nötig war. So machen wir weiter Politik. Dennoch kann ich nicht leugnen ehrlicherweise, dass es Situationen gibt, in denen ein Eingreifen unvermeidbar ist. Das ist Ruanda zum Beispiel. Hutus und Tutsis standen gegeneinander, auch ein Erbe von französischer Kolonialpolitik, aber man hat sie damals wüten lassen. Und afrikanische Politik, die OAU, ist nicht im Stande gewesen und auch auf absehbare Zeit nicht, im eigenen Gebiet in irgendeiner Weise mäßigend oder verhindernd einzuschreiten. Damals hätte die UNO was tun müssen und sie hat sich zurückgezogen.«* (Dr 430–446)

Exkurs zur »Schutzverantwortung«: Das Konzept der »Schutzverantwortung« (*responsibility to protect*, Abk.: r2p) wurde in Folge der Genozide der 1990er Jahre in Ruanda, Srebrenica sowie im Kosovo entwickelt. Auf dem Weltgipfel der Vereinten Nationen 2005 verpflichteten sich alle Mitgliedsstaaten zur Wahrnehmung ihrer Schutzverantwortung. Die drei Prinzipien sind:

1) Jeder Staat ist verantwortlich, seine eigene Bevölkerung vor Völkermord, Kriegsverbrechen, ethnischen Säuberungen und Verbrechen gegen die Menschlichkeit zu schützen.

2) Die internationale Gemeinschaft soll dabei unterstützen.

3) Im Falle, dass ein Staat seiner Aufgabe der Schutzverantwortung nicht nachkommt oder gar selbst die vorgenannten Verbrechen begeht, muss die Internationale Gemeinschaft die Schutzverantwortung übernehmen und stärkere Mittel bis hin zu militärischen einsetzen.[326]

> **Reflexion:** Die Lauterkeit der mit der Schutzverantwortung begründeten militärischen Auslandseinsätze wird mit Blick auf die Konfliktgenese, die Eigeninteressen der Intervenierenden und deren Selektivität angezweifelt und eher als Schutzbehauptung begriffen.[327] Dass es zugespitzte Situationen geben kann, in denen nur noch gewaltsames Eingreifen gegen akute Menschenrechtsverletzungen helfen kann, schließen die Befragten insgesamt nicht aus. An eine dafür gedachte Internationale Polizei stellen sie jedoch ganz bestimmte Anforderungen, damit es polizeiliches Handeln bleibt und daraus kein Krieg wird.[328] Unterschiedlich wird die Frage des Einsatzes von vorhandenen Streitkräften beurteilt, zumal dessen Bejahung unwillkürlich die Frage nach der Verstetigung militärischer Gewaltpräsenz und Einsatzbereitschaft nach sich zöge.

4.1.4.6 Kritik an der Terrorbekämpfung

Spätestens seit dem in Folge der Anschläge am 11. September 2001 auf das World Trade Center in New York und das Pentagon in Washington von US-Präsident George W. Bush ausgerufenen »Krieges gegen den Terror« begann eine neue Phase des asymmetrischen Krieges.

Hierzu bemerkt *Paul Russmann: »Also, die Frage ist: Was ist Terrorismus? Die Einen nennen es Terrorismus und die Anderen nennen es Freiheitskampf. Je nach politischer Frage wurden auch schon Terroristen zu Freiheitskämpfern und Freiheitskämpfer zu Terroristen. Das ist das eine. Es geht darum, wie kann man Gewalt bekämpfen, die kriminell ist, die Leben zerstört? Und da haben wir im eigenen Staat ein hervorragendes Mittel, das ist die Polizei. Wir haben eine*

---

326 Genocide Alerte, http://www.schutzverantwortung.de/schutzverantwortung-/was-ist-rtop/index.html – Zugriff am 20.02.2015; 11.03 h. Heinz, Wolfgang S. (2011): Frieden und Menschenrechte. In: Gießmann, Hans J. & Rinke, Bernhard [Hg.]: Handbuch Frieden. Wiesbaden: VS Verlag für Sozialwissenschaften, S. 409.
327 Vgl. Ganser, Daniele (2016²): Illegale Kriege. Wie die NATO-Länder die UNO sabotieren. Eine Chronik von Kuba bis Syrien. Zürich: Orell-Füssli Verlag, S. 187 ff.
328 Vgl. Abschnitt 4.2.7.

Gewaltenteilung in einem demokratischen Staat zwischen Legislative, Exekutive und Judikative und so was brauchen wir auch auf internationaler Ebene. Und da kann man dann sozusagen überlegen, ob es dort dann Polizeikräfte gibt, die, ähnlich wie hier auch ein Polizist mit einer Waffe ausgestattet ist, zur Selbstverteidigung, aber wo es nicht darum geht, zu gewinnen, zu siegen, sondern wo es da drum geht, die schwachen Menschen oder diejenigen, die bedroht werden – [denen, TZ] Schutz zu gewähren und diejenigen, die gegen die Regeln der Gesellschaft verstoßen, tatsächlich festzunehmen und es dann aber auch ein rechtsstaatliches Verfahren dazu gibt und nicht einfach so, wie es heute durch Drohnen oder Killerkommandos geschieht, Menschen einfach getötet werden, ohne dass ein Verfahren stattfindet und dabei dann auch noch viele Nichtbeteiligte umkommen.« (Ru 229–244)

Ebenso kritisch betrachtet *Markus Weingardt* den Krieg gegen den Terror: *»Die Begründung mit ›Kampf gegen den Terror‹ ist wahrscheinlich – ich behaupte mal kühn – in allen Fällen ein vorgeschobenes Argument. Ich glaube kaum – und das werden die Politiker auch wissen, dass Militäreinsätze zur Terrorbekämpfung den Terror wirklich eingedämmt haben. Vermutlich haben sie ihn in vielen Fällen eher angefacht und verstärkt, oder verlagert und dadurch verstärkt. Also, da ist Militäreinsatz, so wie wir ihn jetzt in den letzten Jahren und Jahrzehnten kennengelernt haben, sicher nicht das Richtige oder kein probates Mittel, gegen den Terror zu kämpfen auf diese Art. Da muss man konstruktiv vorgehen, da muss man um die Köpfe und um die Herzen kämpfen und nicht mit Waffen.«* (Wei 332–339)

Fernando Enns kommt bei seiner Konfliktanalyse zu dem Ergebnis, *»dass militärische Einsätze gerade, aber Gewalt insgesamt auch, nicht wirklich zu Beziehungen führen, die dann in Versöhnung münden könnten.«* (En 148–152) Als Alternative verweist er auf die Wahrheits- und Versöhnungskommissionen bei der Aufarbeitung der Verbrechen während der Apartheid in Südafrika. (En 152–170)

Paul Russmann problematisiert die Bezeichnung »Terrorist« als interessegeleitet, man meine damit jeweils die Akteure der Gegenseite, während man die im eigenen Interesse tätigen Akteure als »Freiheitskämpfer« bezeichne. Er wie auch *Markus Weingardt* betrachten die Terrorbekämpfung als eine Polizeiaufgabe. Die mittels Drohnen und Killerkommandos erfolgenden Tötungen mutmaßlicher Terroristen spielten sich jenseits rechtsstaatlicher Verfahren ab und forderten viele Opfer unter Nichtbeteiligten. Ähnliche Kritik wurde auch von einem Teil der Mitglieder der EKD-Kammer für Öffentliche Verantwortung geäußert (siehe nachfolgender Exkurs).

Reflexion: Ein immer wieder hervortretendes Problem militärischer Gewaltandrohung und Gewaltanwendung durch demokratische, an Menschenrechten orientierten Rechtsstaaten und in Sonderheit durch die Mitwirkung von Christen dabei, ist der Widerspruch zwischen den zu schützenden Werten und Wertvorstellungen einerseits und der diesen zuwiderlaufenden Grausamkeit bei der Anwendung militärischer Gewalt andererseits.

4.1.4.7 Exkurs: EKD zu Afghanistaneinsatz

In ihrer vom Rat der EKD in Auftrag gegebenen friedensethischen Bewertung des Afghanistaneinsatzes der Bundeswehr (veröffentlicht am 27. Januar 2014) wurden mehrere Dissense formuliert:[329] Neben der den Einsatz rechtfertigenden Position wurden von dessen Kritikern vor allem folgende Probleme aufgezeigt:

- Das nationale Selbstverteidigungsrecht werde durch den »Krieg gegen den Terror« überdehnt; die Terrorbekämpfung rechtfertige keine anhaltende Kriegsführung, sondern gehöre in die Kategorie der internationalen Verbrechensbekämpfung. (S. 14)
- Die »Bündnissolidarität« dürfe im Zweifelsfall nicht Vorrang vor friedensethischen und rechtlichen Selbstbindungen haben (S. 18)
- Die institutionalisierte Praxis des gezielten Tötens nichtstaatlicher Gewaltakteure, die nicht unmittelbar an Feindseligkeiten teilnehmen, widerspreche dem Völkerrecht und den friedensethischen Kriterien rechtserhaltender und -durchsetzender Gewalt. (S. 21)

Reflexion: Die von *Weingardt*, *Enns* und einem Teil der EKD-Kammer für Öffentliche Verantwortung vorgenommene kritische Bewertung des »Krieges gegen den Terror« anhand der vorgegebenen Ziele zeigt das Problem auf, polizeiliche Aufgaben wie die Terrorbekämpfung mit militärischen Mitteln wahrnehmen zu wollen. Deren Kontraproduktivität verhindert die Erreichung der für einen Frieden so elementaren Verständigung und Versöhnung. Zudem bedeuten die Ignoranz völkerrechtlicher Normen (z. B. Irak-Krieg 2003) sowie die extralegalen Tötungen eine erhebliche Beschädigung der Rechtsstaatlichkeit.

---

329 Kirchenamt der EKD (Dez. 2013): »Selig sind die Friedfertigen« – Der Einsatz in Afghanistan: Aufgaben evangelischer Friedensethik – Eine Stellungnahme der Kammer für Öffentliche Verantwortung der EKD, EKD-Texte 116. Hannover: EKD, S. 14, 18, 21.

4.1.4.8 Ökonomische Kritik

Stefan Maaß regt überdies eine ökonomische Kritik der Aufwendungen für die militärische Friedenssicherung an: »*Die politischen Parteien und andere zivile Organisationen könnten es mal aufgreifen, wieviel Geld man für Militär ausgibt und was man damit wirklich bewirkt – und umgekehrt, ob man mit dem gleichen Geld nicht viel mehr für den Frieden erreichen könnte.*« (Ma 140–143) Vor allem die Gewerkschaften könnten nach seiner Ansicht diesen Zusammenhang aufzeigen. *Paul Russmann* weist auf die mit der Rüstung verbundenen finanziellen Aufwendungen hin: »*Wir geben jedes Jahr allein im Einzelplan 14, des Verteidigungshaushaltes, wie er so verharmlosend heißt, ungefähr zur Zeit 33 Milliarden Euro aus.*[330] *Das sind ungefähr jede zehnte Steuermark [die dem Bundeshaushalt zur Verfügung steht, T.Z.], das bedeutet vom Baby bis zum Greis etwa 400 Euro pro Person [und Jahr, T.Z.]. Das ist höher als zur Zeit des Endes des Kalten Krieges, wo wir in den 90er Jahren zum Teil nur 23 und 24 Milliarden Euro ausgegeben haben. Da denke ich, wäre das Primat zu sagen: Mindestens jedes Jahr um fünf Prozent eine Kürzung des Rüstungshaushaltes vorzunehmen. Das würde dann sozusagen die Ängste und die Sicherheitsbedenken von Menschen ernst nehmen, die glauben, sie brauchten weiterhin Rüstung. Aber es würde einen Schritt in die richtige Richtung setzen.*« (Ru 192–200)

Reflexion: Bei einer verantwortlichen ethischen Entscheidungsfindung darf neben humanen Erwägungen auch eine ökonomische Evaluation der Effizienz von Militärausgaben nicht fehlen, zumal diese Ressourcen an anderen Stellen fehlen. Was könnte im Vergleich dazu mit diesen enormen Mitteln in der Friedensarbeit im weitesten Sinne, zum Beispiel in der Minimierung prekärer Lebensverhältnisse, erreicht werden, was wiederum die Entstehung gewalttätiger Konflikte im Ansatz reduzieren könnte. Meines Wissens gibt es bislang noch keine ökonomischen Vergleichsszenarien.[331] *Paul Russmanns* Vorschlag einer jährlichen Reduktion der Rüstungsausgaben um 5 % würde in gradualistischer Weise mit einem Zeitfenster für wirtschaftliche Umsteuerungen einen zwanzigjährigen Abrüstungsprozess ermöglichen.

---

330 Das Interview fand am 11. November 2013 statt.
331 Markus Dobstadt zeigt in einem Kommentar in Publik-Forum unter dem Titel »Für Waffen ist immer Geld da« den Widerspruch zwischen den Militärausgaben weltweit und den Ausgaben für die realen Probleme der Menschheit auf. Dobstadt, Markus (2015): Für Waffen ist immer Geld da.« In: Publik-Forum Nr. 16/2015, S. 10.

4.1.4.9 Ökologische Kritik

Albert Fuchs benennt auch die ökologischen Folgen von Kriegen: »*(…) letzte Woche war ein Film in DreiSat von (…) [Gert, T.Z.] Scobel zu sehen über die Hinterlassenschaften der Kriege, der kriegerischen Auseinandersetzungen im 20. Jahrhundert. Es ist irre, was da läuft: Zum Beispiel ist es die massive Munition, die noch übrig war nach dem Ersten Weltkrieg. Die hat man vor den Küsten Kanadas versenkt und mittlerweile ist das alles korrodiert, nach knapp hundert Jahren, und geht in die Ozeane hinein. Und das Ozeansystem ist ein Kontinuum und geht damit auch überall in die Nahrungskette rein. Es ist irre, das ist nur ein Beispiel …*« (Fu 167–173)

> **Reflexion:** In diesem Zusammenhang sind beispielsweise auch die bei aktuellen Grabungen in Europa immer wieder ans Tageslicht kommenden Bombenfunde aus beiden Weltkriegen, die Minenexplosionen und dadurch verursachten Verstümmelungen in ehemaligen asiatischen und afrikanischen Kriegsgebieten, die Strahlenschäden bei Zivilisten und Soldaten durch Atombombenversuche und –abwürfe, die von den alliierten Truppen im ersten Irakkrieg (1991) sowie bei den Kriegen auf dem Balkan und in Afghanistan eingesetzte (von der deutschen Rüstungsfirma Rheinmetall entwickelte) abgereicherte Uranmunition[332] zu erwähnen. In der Syndromkonzeption des Wissenschaftlichen Beirates der Bundesregierung für Globale Umweltveränderungen (WBGU) werden die ökologischen Militärfolgen unter dem »Verbrannte-Erde-Syndrom« erfasst.[333] Über den mit der Vorhaltung des Militärs und den mit Manövern und Kriegseinsätzen verbundenen Ressourcenverbrauch samt Klimafolgen gibt es leider keine aktuellen Zahlen. In einer Studie aus dem Jahr 1990 wurde der weltweite militärische Kerosinverbrauch mit 24 % vom Gesamtkerosinverbrauch beziffert. Der militärische Anteil am bundesdeutschen CO_2-Gesamtausstoß betrug seinerzeit 5,26 %.[334] Aus Österreich gibt es zwar eine aktuellere Problemstudie, allerdings ohne neuere Quantifizierungen.[335]

332 Detaillierte Darstellung in dem Dokumentar-Film von Wagner, Frieder (2006): »Deadly Dust – Todesstaub«. Köln: Ochoa-Wagner-Filmproduktion (93 min.).

333 3SAT (2014): Natur unter Beschuss – Ökologische Folgen des Krieges. http://www.3sat.de/ mediathek/?mode=play&obj=38543 – Zugriff am 02.01.2017; 22:04 h.

334 Achilles, Olaf [Hg.] (1988): Natur ohne Frieden. Die Umweltsünden der Bundeswehr: Militär kontra Natur. München: Droemersche Verlagsanstalt Th. Knaur Nachf., S. 29 ff. MÖP e.V.: Militär, Rüstung und Klima – Studie über die Klimaverträglichkeit von Militär und Rüstung. In: Wissenschaft & Frieden, 1990–3. In: http://www.wissenschaft-und-frieden. de/seite.php?artikelID=0878 – Zugriff am 21.02.2015; 00:42 h.

335 Oberschmidleitner, Roland: Militärökologie – Die Ökologisierung des militärischen Den-

4.1.4.10 Affirmative rationale Motive

Studium

Paul Oestreicher sieht seine pazifistische Einstellung neben seinem Glauben ebenso in der Vernunft begründet und durch das Studium bestätigt: »*Meine politischen Studien haben eigentlich meinen Pazifismus gestärkt – denn das war nun ganz säkular, das war nun nicht religiös fundiert – einfach als Vernunft. Seitdem ist Albert Einstein mein Modell, mein Idol des säkularen Atheisten, das er war, der eben erkannt hat, dass der Krieg die ganze Menschheit in die Irre führt. Also, meine politischen Studien haben eigentlich meinen Pazifismus untermauert. Ich habe gesagt, wenn ich meinen christlichen Glauben verlieren sollte, will ich meinen Pazifismus nicht verlieren. Mit anderen Worten, er ist nicht nur auf einer religiösen Basis – die war zu Beginn da – aber für mich ist sie [die pazifistische Haltung, TZ) auch eine Frage der menschlichen Vernunft und einer Ethik, die nicht religiös sein muss.*« (Oe 138–147)

Auch *Albert Fuchs* kommt auf seine in der religiösen Sozialisation begründete und durch das Studium weiterentwickelte pazifistische Einstellung zu sprechen: »*(…) eigentlich hab' ich mich, ja, ich würde sagen, immer schon, seit diesen Zeiten irgendwie als Pazifist verstanden. Aber es wurde ausdifferenziert und argumentativ begründet eigentlich erst – ich habe erst katholische Theologie studiert und zum Teil parallel Psychologie – im Zusammenhang mit dem Theologiestudium. Und da sehe ich sehr die ethisch-philosophischen Probleme der herrschenden Rechtfertigung von militärischer Gewalt. Nach meiner Sicht ist dies ein zweites Motiv, ein zweites Argument.*« (Fu 31–37) Insbesondere die Studien von *Theodor Ebert* über den Gewaltfreien Aufstand und die Erschließung der Gandhi-Figur haben ihn zu der Erkenntnis gebracht, dass die Gewaltfreiheit auch in der politischen Dimension die wirksamere Methode sei. (Fu 57–62).

Paul Russmann befasste sich im Rahmen seines Studiums der Katholischen Theologie mit Friedenstheologie. Durch seine Diplomarbeit über »Fastenaktionen – heute« fand er den Einstieg in die, nun schon über Jahrzehnte anhaltende, hauptberufliche Tätigkeit in verschiedenen Organisationen der Friedensbewegung. (Ru 84–87)

Ebenfalls über das Studium und den damit verbundenen Aufenthalt in Israel bekam *Markus Weingardt* die Motivation, eine Forschungsarbeit über die friedenstiftende Rolle von Religionen zu beginnen, deren Ergebnisse ihn »positiv verblüff[t]« haben: »*(…) es gibt wahnsinnig viel beeindruckende Arbeit, vielfältige Arbeit. Also, das hat schon nochmal die Position insofern verändert, dass es*

---

kens. In: http://www.bundesheer.at/pdf_pool/publikationen/20130211_et_krieg_mit_der_natur_oberschmidleitner.pdf – Zugriff am 7.01.2017; 14:03 h.

sie wesentlich gestärkt hat und die Überzeugung gestärkt hat: Da geht noch viel mehr, als man sich jetzt vorstellen kann.« (Wei 31–57)

Ullrich Hahn fand bei seinem aus literarischem Interesse zum besseren Verständnis der Kultur begründeten persönlichen Bibelstudium das Neue Testament *»einfach vom Inhalt her überzeugend, vernünftig. Ich hatte keine spirituellen Erfahrungen oder ein Umfeld, keinen religiösen Kreis, in dem ich da gewesen wäre, sondern es hat mich überzeugt, also die Lehre Jesu, nicht so sehr Glaubensdogmen, die ich da noch gar nicht so kannte oder die mir auch gar nicht so wichtig waren.«* (Ha 44–47)

> **Reflexion:** Die wissenschaftliche Befassung mit Fragen der Gewalt und Gewaltfreiheit hat bei denjenigen Befragten, die schon aufgrund ihrer religiösen Sozialisation eine pazifistische Grundeinstellung hatten, zu deren Bestärkung, Vertiefung und Differenzierung geführt; sie prägte den weiteren beruflichen Werdegang und regte weitere Forschungen an.
>
> *Ullrich Hahns* literarischer Zugang zum Neuen Testament und zur Lehre Jesu, samt der damit verbundenen Entdeckung, diese sei inhaltlich überzeugend und vernünftig, unterstreicht nochmals die zu Beginn dieses Kapitels erwähnte These Martin Hengels, zwischen der Nachfolge Jesu und der Vernunft müsse (zumindest in ethischen Fragen, T.Z.) kein Widerspruch sein.

Konstruktive Fallbeispiele gewaltfreier Konfliktaustragung

Nach den, aufgrund der eigenen Kriegserfahrungen zuhauf vorhandenen, Negationen bekam *Theodor Ebert* durch die Lektüre einer Biographie Gandhis und dessen Schriften eine positive Perspektive in sein Leben: *»Ich erkannte, dass in der gewaltlosen Aktion, wie wir sie damals noch nannten, ein Instrument zur Verfügung steht, mit dem man sich behaupten und andere ändern kann in ihrer Einstellung.«* (Eb 37–41) Auch in Bezug auf die Möglichkeit einer gewaltfreien Selbstbehauptung eines Staatswesens bekam er durch Gandhi und dessen Rezeption in Europa die entscheidenden Impulse: *»Das war also schon eine ganz neue Sache. Ich finde, Gandhi hat mit seiner Vorstellung, dass man einen Staat ohne Militär haben könnte, etwas ganz Neues formuliert. Er hatte hier eine große Vision, mehr noch, er arbeitete an einer konkreten Utopie. Er meinte, das unabhängige Indien könne sich politisch behaupten gegenüber gewaltsamen Extremisten und gegenüber auswärtigen Bedrohungen durch dieses Netzwerk von shanti sainiks – also von gewaltfreien Einzelkämpfern und Aktionsgruppen. Er wollte im unabhängigen Indien kein Militär, eigentlich auch keine bewaffnete Polizei, sondern eben diese shanti sena, dieses Netzwerk gewaltfreier Aktionsgruppen. Das war die Vorstellung, die wir als Kriegsdienstverweigerer so ab dem*

Jahr 1961 hatten. Sie wurde publiziert in der Broschüre ›Die Gewaltfreie Zivilarmee. Stimme der jungen Generation‹. Wir sagten, wir müssen das vorleben und als politische Organisation vorzeigen. Unsere These war: Wir wollen eine neue Struktur von Sicherheitspolitik schaffen. Und auf der organisatorischen Ebene war unser Vorhaben: Wir wollen eine gewaltfreie Zivilarmee aufbauen. Das war für uns die Übertragung von shanti sena *ins Deutsche. Wir wollten vorexerzieren, wie das funktionieren könnte. Das war aber wirklich eine neue Entwicklung.*« (Eb 136–153)

Paul Russmann hatte eine ähnliche Erfahrung mit der Wirksamkeit gewaltfreien Konfliktverhaltens durch die mediale Vermittlung des tschechischen Widerstandes gegen die Okkupation der Warschauer Paktstaaten. Als Dreizehnjähriger konnte er, im Krankenhaus liegend, im Fernsehen mitverfolgen »(…) *wie der Prager Frühling von russischen Panzern niedergewalzt worden ist und aber auch gleichzeitig (…) sehen, wie da der Widerstand der Tschechen, dieser gewaltfreie Widerstand der Tschechen, so lange aufrechterhalten worden ist, was ich dann im Nachhinein dann nochmal reflektiert habe.*« (Ru 12–18)

Fernando Enns sieht sich auch durch die gewaltfreie Praxis der Aufarbeitung der Verbrechen während des Apartheidsregimes in Südafrika in seiner gewaltfreien Einstellung bestärkt: »*Also, wir haben (…) gerade in den letzten Tagen Nelson Mandela – jetzt bei seinem Tod – nochmal bedacht, was sein Lebenszeugnis eigentlich ist und sein Lebenswerk. Und an diesem Beispiel kann man schön zeigen, da muss man gar nicht Christ sein, um das zu verstehen, kann man schön sehen, wie auch im politischen Kalkül es eigentlich sinnvoll ist und Sinn macht, in Konfliktsituationen, die also hochgradig geladen sind mit Verletzungen, mit Hass, mit Ungerechtigkeit, mit Verbitterung, mit Traumatisierungen, dass gerade in solchen hochkonfliktären Situationen es sinnvoller ist, auf Mittel zurückzugreifen, die gerade nicht Gewalt anwenden und sei es in Form von Strafe und Gefängnis und so weiter, sondern die auf Mittel zurückgreifen, die vielleicht in der politischen Landschaft eher ungewohnt sind, aber wiederum so ein Dritter Weg wären, wie damals die Wahrheits- und Versöhnungskommission. Dass man sagt, können wir nicht Methoden entwickeln, die auf Gewalt verzichten? Weil, neue Gewalt wird wieder zu Ungerechtigkeit führen, wird wiederum neue Gewalt generieren, wird wieder neue Traumatisierungen hervorrufen und Verletzungen und Verwundungen. Können wir nicht auf Methoden zurückgreifen, die wirklich in Versöhnung münden könnten, wenn es gut geht? Und da dann Konfliktbewältigungsmuster und -methoden anzuwenden, die dezidiert auf Gewalt verzichten, das scheint mir sehr vielversprechend zu sein.*« (En 152–169)

Reflexion: Drei Beispiele gewaltfreien Handelns aus dem 20. Jahrhundert wurden als Motivation für eigene gewaltfreie Einstellung geschildert: Gandhis gewaltfreie Befreiung Indiens von der Kolonialmacht Großbritannien, der gewaltfreie Widerstand der damaligen Tschechoslowaken im Jahr 1968 sowie die Aufarbeitung der Apartheidsverbrechen in Südafrika. Diese Beobachtungen haben den Befragten Perspektiven für eine andere Art des Umgangs mit Konflikten vor Augen geführt und sie ermutigt, sich in diesem Sinne für Veränderungen zu engagieren.

4.1.5 Analyse der emotionalen Motive

Unter »Emotion« ist »die subjektive Empfindung des angenehmen oder unangenehmen psychischen Gerührtseins gemeint«.[336] Im Folgenden werden die – zum Teil schon in den vorhergehenden Motivkategorien erwähnten – zu einer pazifistischen Einstellung führenden emotionalen Motive aufgelistet.

4.1.5.1 Negative Emotionen

Mit »*Krieg ist widerlich*« drückt *Paul Oestreicher* seine Empfindung des Krieges aus. (Oe 57) Das bewusst miterlebte Kriegsende bezeichnet *Theodor Ebert* als die »*erste große Erschütterung in meiner Kindheit*«. Die Straßenkämpfe sowie der Anblick von Fotos über die von Bulldozern in den Konzentrationslagern zusammengeschobenen Leichenberge, »(d)as hat mich so entsetzt, dass Menschen anderen Menschen das antun können.« (Eb 10–16)

Ullrich Lochmann erfuhr ebenfalls das Kriegsende mit Toten, Verwundeten und Zerstörungen und die Nutzlosigkeit der Waffen als »*Grunderlebnis*« (Lo 17–29), sowie das lebensgefährliche Manöverereignis und die Übung für einen atomaren Granatenbeschuss – (da*) »hat's bei mir dann Klick gemacht und hab' gesagt, dieses Spiel geht mir zu weit.*« (Lo 40–50)

Horst Scheffler lernte seinen Vater erst nach dessen Rückkehr vom Krieg als den »*Papa mit dem Holzbein*« kennen. (Sch 17–19)

Stefan Maaß erinnert sich an »*diese massive Feindbildschaffung gegen Saddam Hussein*« beim ersten Golfkrieg 1991: »*Also, ich hab' das damals so erlebt: Gegen Hussein kann man nur militärisch etwas machen, weil der eigentlich ein Teufel ist, und da hilft alles andere nicht. Und das war so in meinem Umfeld damals. Und ich hab' eben innerlich gemerkt: Nee, das geht für mich nicht. (...) Da gab's nochmal [vermutlich vor dem Golfkrieg 2003, T.Z] [...] die Stimmungsmache, wo ich einfach gemerkt habe, da kann ich nicht mit. In meinem*

---

336 Schnorr, Angela [Hg.] (1993): Handwörterbuch der angewandten Psychologie – Die Angewandte Psychologie in Schlüsselbegriffen. Bonn: Deutscher Psychologen Verlag GmbH, S. 467.

Bekanntenkreis: Du reitest immer rational ... aber der ist doch nicht rational, der ist einfach durch und durch böse. Und da hab' ich gespürt: Nee, ich hab' zwar jetzt keine Argumente, ich kenn' den ja gar nicht! Das geht für mich nicht. Und da ist das, wo ich so gemerkt hab', ja, da kommt genau mein prinzipieller Pazifismus, da ist in mir was drin, wo ich sage, da kann ich nicht mit.« (Ma 528–544)

> **Reflexion:** Die Widerlichkeit des Krieges machte sich bei den Befragten an einzelnen, selbst erlebten oder vermittelt bekommenen Eindrücken und Bildern fest (Tote, Leichenberge, Verwundete, Kriegsversehrte, zerstörte Häuser, aber auch in Militärmanövern, im erneuten Einüben kriegerischer Zerstörung und im Aufbau von Feindbildern). Für sie waren diese emotionalen Prägungen Motive für ihre pazifistische Einstellung. Wie die Nachkriegsgeschichte Deutschlands veranschaulicht, war es möglich, trotz dieser millionenfach gemachten Erfahrungen, durch erneute Angst- und Bedrohungsgefühle (Koreakrieg) eine Remilitarisierung hinzunehmen. Jedenfalls wurde die, die Wiederbewaffnungsentscheidung tragende Parlamentsmehrheit bei der darauffolgenden Bundestagswahl im Jahre 1957 sogar mit absoluter Mehrheit wiedergewählt. Eine offene Frage ist deshalb, welche Faktoren führen dazu, dass negative Kriegserfahrungen Motive für eine pazifistische Haltung werden bzw. bleiben? Ist es ...
> – die subjektiv empfundene Intensität der Grausamkeit von Kriegen?
> – der kollektive Umgang damit im persönlichen Nahbereich?
> – die Begegnung mit biblischen Aussagen zur Gewaltfreiheit?
> – der Widerspruch zu den »westlichen Werten«?
> – die Begegnung mit vom Krieg gezeichneten Menschen?
> – eine Mischung aus allem?

4.1.5.2 Positive Emotionen

Ute Finckh-Krämer hatte bei ihrer Mitwirkung an den gewaltfreien Protesten gegen die NATO-Nachrüstung mit Pershing II- und Cruise Missile-Raketen in den 1980er-Jahren in Baden-Württemberg für sich *»selber gespürt (...), dass diese gewaltfreie Aktionsform mir sehr liegt. Ich bin eine Frau, ich bin klein, ich gehöre nicht zu denen, die sich mit physischer Gewalt auseinandersetzen können. Aber ich habe gemerkt, dass ich in gewaltfreien Aktionen mindestens so stark sein kann, wie diejenigen, die zwei Kopf größer und dreißig Kilo schwerer sind als ich.«* (Fi 13–20)

Ulrich Parzany erlebte die schützenden Bemühungen seiner Mutter für den Fall seiner Rekrutierung: *»Also, diese Frau hatte genug von Soldaten, Krieg und anderem. Die glaubte da nicht dran, die sagte: › Wenn sie dich holen wollen für die*

Armee, dann versteck' ich dich unter den Kohlen im Keller.‹ Es war wirklich in der Familie genug erlebt worden, um zu sagen: ›Krieg ist keine Lösung‹. Abgesehen davon, dass Einigkeit bestand, dass der zweite Weltkrieg ein verbrecherisches Unternehmen war, von Deutschland angezettelt. Aber auch der Gedanke, man könne in Zukunft Krieg als eine Option für politisches Handeln in Erwägung ziehen, war völlig ausgeschlossen.« (Pa 44–50) Parzany fühlte sich in dieser Einschätzung auch von seinem religiösen Umfeld in der christlichen Jugendarbeit – Pfr. Wilhelm Busch – getragen. (Pa 88–99)

Ullrich Hahn benennt für sich die *»die Atmosphäre in der Evangelischen Studentengemeinde, der ich mich dann angeschlossen hatte, nachdem ich dann aus dem Grenzschutz ausgeschieden war, eine sehr offene Atmosphäre, den Glauben zu vertiefen, kennenzulernen und innerhalb der ESG dann eben der Arbeitskreis Frieden, den wir dann gegründet haben, mehrere Reservisten.«* (Ha 53–57)

Paul Russmann erlebte in seiner studentischen Friedensgruppe mit Leuten seiner Altersklasse bei gemeinsamen wöchentlichen »Schweigeaktionen« und dem anschließenden gemeinsamen Teetrinken, aber auch bei Seminaren, Ostermärschen und Blockaden die ihn »beeindruckenden« und damit motivierenden Erfahrungen. (Ru 66–84)

Nachdem *Stefan Maaß* wegen seiner Feindbildskepsis in seinem Freundeskreis isoliert und deshalb auf der Suche nach Argumenten war, hatte er sich umgesehen: *»(...) wo finde ich Leute, die sich auch mit diesen Fragen beschäftigen. Was für Antworten haben die oder welche Möglichkeiten? Und da bin ich dann auf die ›Werkstatt für Gewaltfreie Aktion‹ gestoßen und war dann eigentlich ganz froh, auch [..] zu hören, was es inzwischen für gewaltfreie Möglichkeiten gibt.«* (Ma 544–548)

> **Reflexion:** Die positiven emotionalen Motive sind einerseits gekennzeichnet durch die Erfahrung menschlicher Gemeinschaft bei regelmäßigen Treffen mit Gleichaltrigen und Gleichgesinnten sowie mitmenschlicher Fürsorge, aber auch durch das gemeinsame Engagement in der Friedensarbeit, insbesondere durch stärkende und ermutigende Erfahrungen mit gewaltfreien Aktionen in konfliktären Zeiten und Situationen wie während der Nachrüstungsdebatte oder während der Golfkriege.

4.1.6 Analyse der motivierenden Vorbilder außerhalb des persönlichen Nahbereichs

4.1.6.1 Einleitung

»Ein Beispiel ist besser als eine Unterweisung« lautet ein englisches Sprichwort aus dem 16. Jahrhundert[337]. Auch in den neutestamentlichen Briefen spielt das Vorbildsein im Glauben und im Lebenswandel eine besondere Rolle. So empfiehlt sich Paulus den Philippern als Vorbild für den christusgemäßen Lebenswandel (Phil 3,17). Timotheus bittet er, »*den Gläubigen ein Vorbild im Wort, im Wandel, in der Liebe, im Glauben, in der Reinheit*« zu sein (Tim 4,12) und Petrus verweist auf den auf Gewalt verzichtenden Jesus als Vorbild (1. Petr 2,21–25).

Wie die Erkenntnisse der Hirnforschung zeigen, reagieren Stirnlappenneuronen, »*wenn bestimmte Tätigkeiten ausgeführt werden oder wenn jemand anderes bei der Ausführung beobachtet wird. Der im Gehirn ablaufende Vorgang des Spiegelns der Tätigkeit eines anderen Menschen könnte zur Nachahmung und Empathie beitragen.*«[338] Dieses Lernen durch Nachahmung von Modellpersonen durchzieht das ganze Leben und prägt insbesondere das kindliche Verhalten. Ab der Adoleszenz suchen sich junge Menschen für ihre Identitätsentwicklung vermehrt eigene Modellpersonen. Hierbei spielen zum einen die massenmedial verbreiteten Teenager-Idole und Stars eine Rolle. Diese jedoch agieren für die meisten Jugendlichen uneinholbar auf einer anderen Ebene und werden deshalb im Wesentlichen lediglich bestaunt und bewundert, jedoch nicht nachgeahmt, sieht man von der Übernahme gewisser Allüren, Outfits, Frisuren usw. einmal ab. Im Unterschied hierzu hat das Vorbild eine große Bedeutung für die Reflexion der eigenen Einstellung und des eigenen Verhaltens wie auch als Motivation für ein bestimmtes Verhalten und Engagement. *Eugen Drewermann* spricht in Bezug auf Albert Schweitzer und Mahatma Gandhi von seinen »Jugendheiligen« (Dr 156f.) Hierbei ist von besonderer Bedeutung, dass eine pazifistische Einstellung bislang eine eindeutige Minderheitenposition darstellt, sowohl in der Gesellschaft insgesamt, aber auch in der Kirche oder im nächsten Lebensumfeld. Wer vom Mainstream abweicht und damit – so er sich in dieser Position zu erkennen gibt – eine Außenseiterrolle einnimmt, braucht sowohl starke Motive und/oder starke Vorbilder. Vorhaltungen wie beispielsweise einst vom damaligen Bundestagsabgeordneten und CDU-Generalsekretär Heiner Geißler – »*Der Pazifismus der 30er Jahre, der sich in seiner gesinnungsethischen Begründung nur wenig von dem unterscheidet, was wir in der Begründung des heutigen Pazifismus zur Kenntnis zu nehmen haben, dieser Pazifismus der 30er Jahre hat*

---

337 Myers, David G. (2014³): Psychologie, Berlin Heidelberg: Springer-Verlag, S. 323.
338 Ebd. S. 320.

Auschwitz erst möglich gemacht.«[339] – sind so heftig, dass Persönlichkeiten, die trotz einer solchen diffamierenden Marginalisierung bei ihrer pazifistischen Einstellung bleiben bzw. dagegen argumentieren, für junge Menschen eine bedeutsame Hilfe darstellen.

Das Vorbild zeigt, wie man mit dieser Einstellung in dieser realen Welt leben kann, warum es sogar besser ist, so zu leben. Dass oft medial durch das Aufzeigen von Grenzen und Widersprüchen am Nimbus der Vorbilder gekratzt wird, dürfte unvermeidlich sein. Enttäuschungen lassen sich durch die rechtzeitige Erkenntnis, dass auch große Vorbilder Menschen mit hellen und dunklen Seiten sind, vermeiden. Im Gegensatz zu Stars des Showgeschäfts, wo Affären die zweite Wahrnehmungsdimension ausmachen und die erste Dimension der eigentlichen Kunst so gut wie nicht beeinträchtigen, ist bei integer geglaubten, ethischen Vorbildern mit dem Nimbus des Edlen, des Reinen, des Heiligen die Kenntnisnahme von moralischen Widersprüchen mitunter ein schmerzlicher, weil enttäuschender Prozess. Dieser kann insbesondere bei jungen Menschen zu großer Irritation, möglicherweise zur inneren Abkehr von der Modellperson oder gar von dem von ihr verkörperten ethischen Ansatz führen. Umgekehrt fühlen sich Kritiker einer ethischen Position durch die Widersprüchlichkeit eines ihrer bekannten Repräsentanten in ihrer Ablehnung bestätigt. Beispiele sind Martin Luther King mit Plagiaten in der Dissertation und außerehelichen Affären[340] und Mahatma Gandhi, dem unter anderem autokratisches Gebaren vorgeworfen wurde.[341]

Interessant ist, dass viele der Menschen, die gemeinhin als die großen ethischen Vorbilder gelten und deshalb auch in der Pädagogik thematisiert werden, sich durch ihre gewaltfreie, pazifistische Einstellung auszeichnen, die sie versuchten, konsequent zu leben. Zum Beispiel: Jesus, Franz von Assisi, Martin von Tours, Leo Tolstoi, Mahatma Gandhi, Albert Schweitzer, Albert Einstein, Max-Josef Metzger, Dietrich Bonhoeffer, Martin Luther King, Leymah Gbowee.

4.1.6.2 Aussagen zu Vorbildern

Von den allgemein bekannten Persönlichkeiten wird Mahatma Gandhi von vier Befragten (Lo 89, Ha 58, Br 507, Dr 156) als Vorbild erwähnt und von *Theodor*

---

339 Der Spiegel Nr. 25/1983 vom 20.06.1983. Zit. nach http://www.spiegel.de/spiegel/print/d-14017903.html – Zugriff am 23.02.2015; 19:23 h.

340 Sontheimer, Michael (2008): Der schwarze Moses. In: Spiegel-online: http://www.spiegel.de/einestages/martin-luther-king-der-schwarze-moses-a-946809.html – Zugriff am 3.03.2015; 21:23 h.

341 Matthay, Sabina (2014): http://www.deutschlandfunk.de/kritik-an-gandhi-der-preis-der-indischen-ideologie.1310.de.html?dram:article_id=281062 – Zugriff am 3.03.2015; 21:45 h.

Ebert, nicht zuletzt auch aufgrund seiner wissenschaftlichen Befassung mit dessen Werk, in seiner konkreten Vorbildwirkung auf ihn und seine Freunde beschrieben:»*Ich finde, Gandhi hat mit seiner Vorstellung, dass man einen Staat ohne Militär haben könnte, etwas ganz Neues formuliert. Er hatte hier eine große Vision, mehr noch, er arbeitete an einer konkreten Utopie. Er meinte, das unabhängige Indien könne sich politisch behaupten gegenüber gewaltsamen Extremisten und gegenüber auswärtigen Bedrohungen durch dieses Netzwerk von shanti sainiks – also von gewaltfreien Einzelkämpfern und Aktionsgruppen. Er wollte im unabhängigen Indien kein Militär, eigentlich auch keine bewaffnete Polizei, sondern eben diese shanti sena, dieses Netzwerk gewaltfreier Aktionsgruppen. Das war die Vorstellung, die wir als Kriegsdienstverweigerer so ab dem Jahr 1961 hatten. Sie wurde publiziert in der Broschüre ›Die Gewaltfreie Zivilarmee. Stimme der jungen Generation‹. Wir sagten, wir müssen das vorleben und als politische Organisation vorzeigen.*« (Eb 125–134)

Die Vision und Utopie Gandhis sowie seine konkrete Umsetzungsarbeit wirkten auf *Theodor Ebert* und Freunde so motivierend, dass sie die *shanti sainiks*[342] in Form einer »Gewaltfreie Zivilarmee«[343] genannten Projektgruppe ab 1961 im kurz zuvor wiederbewaffneten und während des Ost-West-Konflikts zum Frontstaat gewordenen Deutschland adaptierten. Ziel war die Ablösung der Bundeswehr. Als Zwischenziel wurde – am 3. Februar 1962! – der erfolgreiche gewaltfreie Kampf gegen das totalitäre SED-Regime und die gewaltfreie Wiedervereinigung Deutschland formuliert.[344]

Ein weiteres, mehrfach genanntes Vorbild war Gustav Heinemann. *Theodor Ebert*:

»*Es gab auch noch andere politische Leitfiguren, zum Beispiel Gustav Heinemann. Das war ein Mann, der meinen Eltern imponierte. Mein Vater nahm mich mit zu einem großen Vortrag Heinemanns in den Kursaal von Bad Cannstatt – und ich studierte dann eine Sammlung von Vorträgen Heinemanns. Unsere Familie wählte die Gesamtdeutsche Volkspartei. Ich war sehr enttäuscht, dass die GVP nicht in den Bundestag kam. Daraus habe ich gelernt: Es geht nicht mit*

---

342 »shanti sena« ist die Friedensarmee gewaltfrei Kämpfender (= shanti sainiks) Vgl. Peace Brigades International (2008): http://www.peacebrigades.ch/de/ueber-pbi/pbi-internatio nal/geschichte/gandhis-erbe/ – Zugriff am 28.02.2015; 22:01 Uhr.

343 In seiner Biografie berichtet Theodor Ebert anhand seiner Tagebuchaufzeichnungen sehr detailliert über die Entstehung und Aktivitäten der Gewaltfreien Zivilarmee. Unter dem Datum 24.-26.10.1962 schildert er die Aktivitäten der zirka zehnköpfigen Gruppe am Beispiel einer Veranstaltung im Religionsunterricht eines Stuttgarter Gymnasium über gewaltfreie Alternativen während der Kubakrise. Ebert, Theodor (2014): Die Gewaltfreie Zivilarmee – Tagebuch eines pazifistischen Experiments. Berlin, veröffentlich auf Homepage: http://www.theodor-ebert.de/literarischetexte.html – Zugriff am 1.3.2015; 20:16 Uhr, S. 302 f.

344 Ebert, Theodor (2014), S. 45.

einem rein außenpolitischen Programm und ohne einen richtigen, flächende-
ckenden Parteiapparat. Mein Fazit: Den Fehler dürfen wir nicht nochmal ma-
chen. Das hieß aber nicht, dass ich gleich für die SPD gewesen wäre. Diesen Schritt
habe ich dann nicht vollzogen. Ich konnte es mit Heinemann selbst besprechen bei
einer Lobby-Woche des Ostermarsches in Bonn.« (Eb 110–119)

Auch für *Ulrich Parzany* war Heinemann von großer Bedeutung: »*Der Vor-*
sitzende des Trägervereins des Weigle-Hauses war Gustav Heinemann. Gustav
Heinemann war Presbyter, also Kirchenvorstandsmitglied und Kirchengemein-
deratsmitglied, wie man andernorts sagte, in der Essener Altstadtkirchenge-
meinde und er war ein führendes Mitglied in der Bekennenden Kirche gewesen.
Und er hat im Dritten Reich eine große Rolle in Essen gespielt im kirchlichen
Widerstand. Er war der Vorsitzende des CVJM Essens gewesen, Vorsitzender des
Trägervereins des Weigle-Jugendhauses, eng befreundet mit Wilhelm Busch. Und
er ist dann nach dem Krieg – er ist zunächst Oberbürgermeister in Essen gewesen
– [...] in der nordrhein-westfälischen Landesregierung kurz und dann im ersten
Kabinett Adenauer Innenminister. Dort ist er 1950 zurückgetreten, und zwar aus
dem Grund, weil Adenauer die Westintegration der Bundesrepublik betrieb und
die Wiederbewaffnung beschloss, ohne sein Kabinett zu befragen. Und das war für
Heinemann nicht akzeptabel, er trat dann zurück, hat [...] anschließend die
Gesamtdeutsche Volkspartei gegründet, eine Partei, die dann bei der nächsten
Bundestagswahl 1953 nicht über die Fünfprozenthürde kam und dann wieder
aufgelöst wurde. Aber die hieß Gesamtdeutsche Volkspartei, weil Heinemann –
das hat mich damals sehr beeinflusst, dieser Gedanke – der Wiederbewaffnung
Widerstand entgegenbrachte, weil er dachte, das zementiert, betoniert die Teilung
Deutschlands endgültig. Eine Integration in das westliche Verteidigungsbündnis
würde Deutschland auch in zwei feindliche Hälften spalten. Also die ganze Dis-
kussion darum, was tun wir, was ist der richtige Weg nach all dem, war sehr stark
beeinflusst auf der politischen Ebene.« (Pa 18–38)

Theodor Ebert nennt den persönlichen Kontakt mit Martin Niemöller und
dessen Schlüsselfrage: »*Was würde der Herr Jesus dazu sagen?*« (Eb 62–119)

Hans Häselbarth: »*Was mich als Student sehr geprägt hat, waren die Erfah-*
rungen der Bekennenden Kirche. Ich hab' also Professoren gehabt, die da an erster
Front gestanden sind. Allen voran Helmut Gollwitzer und Hans-Joachim Iwand,
Niemöller natürlich und andere. Die haben bewirkt, dass wir also gegenüber der
Aufrüstungsdebatte sehr kritisch waren und im Bundestag diese Debatten mit-
verfolgt haben und uns da sehr deutlich positioniert haben.« Hä 25–30)

Für *Paul Oestreicher* ist seit dem Studium »*Albert Einstein mein Modell, mein*
Idol des säkularen Atheisten, das er war, der eben erkannt hat, dass der Krieg die
ganze Menschheit in die Irre führt.« (Oe 140–142)

Theodor Ebert ist durch seine wissenschaftliche und publizistische Erschließung der Gandhi-Figur wiederum für *Ullrich Lochmann* und *Albert Fuchs* zum Vorbild geworden. (Lo 89–90; Fu 57–61)

Bei *Ulrich Parzany* finden der Essener Jugendpfarrer und Evangelist Wilhelm Busch (Pa18–20) Erwähnung sowie Andrea Riccardi von Sant' Egidio, als Beispiel für diskrete Vermittlungsarbeit zwischen afrikanischen Kriegsparteien: *»Also ich bin befreundet mit Andrea Riccardi von Sant'Egidio und freue mich immer, mit welcher Geschicklichkeit die Leute von Sant'Egidio in den Verhandlungen etwa zwischen Kriegsparteien in Afrika, aber auch, … sie versuchen auch in anderen gegenwärtigen Kon[flikten, TZ] – zunächst sehr außerhalb der Öffentlichkeit – das ist auch ein Kennzeichen, dass man nicht nur sozusagen seine eigene Friedensgerechtigkeit bombastisch ins Schaufenster setzt, um zu sagen: Wir sind die Guten, das sind die Bösen. Sondern die gehen einen Weg, die wissen genau, du kannst nur Versöhnung und Vermittlung erreichen und Kompromisse erreichen, wenn die Leute nicht ihr Gesicht verlieren. Also musst du ihnen Gelegenheit zur Begegnung bieten, von denen niemand etwas weiß, wo sie erstmal überhaupt miteinander sprechen können, wo man gar nicht weiß, ob das zu irgendwelchen Ergebnissen führt (…) Ich glaube, dass es Menschen geben muss, die aus dieser Leidenschaft der Christusnachfolge heraus versuchen, in unmöglichen Situationen Brücken zu bauen.«* (Pa 234–244)

Weitere einzeln erwähnte Vorbilder sind: Albert John Mvumbi Luthuli, der in der Tradition Gandhis gewaltfreie Apartheidgegner (Lo 89), Martin Luther King (Ha 58; Ma 44, Lo 89), Leo Tolstoi, als der moderne Entdecker der Bergpredigt (Ha 58) und Albert Schweitzer. (Dr 156f.)

Harald Bretschneider antwortet auf die Frage nach Vorbildern: *»im Wesentlichen der Mahatma Gandhi und natürlich – wie könnte es anders ein – der Martin Luther King.«* Aber vor allem spreche ihn an, *»wenn Menschen versuchen, ohne Lüge auszukommen, wenn Menschen echt sind, also das heißt, dass ihr Handeln und das, was sie äußern, sich deckt. Das ist das Geheimnis Jesu, dass er tat, was er sagte.«* (Br 507–511)

> **Reflexion:** *Theodor Ebert* als »Nachfolger« eines Vorbilds wird selbst wiederum zum Vorbild. Generell ist dies ein Prozess des Nehmens und Gebens. Merkmale der Vorbilder sind, dass sie etwas Neues, eine konkrete Utopie verkörpern, dauerhaft zu etwas als richtig Erkanntem, unter Umständen gegen den Mainstream, stehen. Sie inszenieren sich nicht selbst und vermeiden die Festlegung der Guten und der Bösen, sondern suchen gesichtswahrende, auf Versöhnung und Vermittlung ausgerichtete Kompromisse zu finden, bauen aus Leidenschaft der Christusnachfolge Brücken und versuchen ohne Lüge auszukommen, echt zu sein.

4.1.7 Analyse der ethischen Motive

Während *Moral* konkrete Verhaltensweisen wertend beschreibt, bedeutet *Ethik* die reflektierende und abwägende Begründung derselben. Wolfgang Huber definiert Ethik als

> »die Reflexion menschlicher Lebensführung. Unter den drei Fragen des Philosophen Immanuel Kant – Was kann ich wissen? Was soll ich tun? Was darf ich hoffen? – steht die zweite im Zentrum. (…) Sie kann jedoch nicht unabhängig von den beiden anderen beantwortet werden. Die Antwort auf die Frage nach dem richtigen Tun ist nicht nur von dem Wissen über Handlungsbedingungen und Handlungsfolgen abhängig; sie ist auch abhängig von den Handlungsmotiven, die unter anderem durch unsere Hoffnungen geprägt sind. Und schließlich ist sie bezogen auf das Menschbild, von dem wir uns leiten lassen. Insofern münden die drei Fragen Kants in eine vierte: Was ist der Mensch?«[345]

Demzufolge fragt Ethik nach einem verantwortlichen (Entscheidungs-)Verhalten unter Abwägung der eigenen, am Gesamten orientierten Wertvorstellungen und den Erfordernissen im Blick auf die anderen beteiligten oder betroffenen Menschen. Hinzufügen ist noch die Frage nach der betroffenen organischen[346] und anorganischen Mitwelt und dem Bild, das wir von ihr haben.

4.1.7.1 Aussagen zu ethischen Motiven

Loyalitätenkonflikt
Ulrich Parzany zeigt für den Bereich der politischen Ethik, wenn es um das Verhältnis des Christen zum Staat geht, das im Neuen Testament zutage tretende Spannungsfeld auf: »*… wo es um's erste Gebot geht, also mit diesem Totalitätsanspruch, da bleibt für den Christen immer nur der Weg ins Leiden und in den Widerstand der Verweigerung – man muss Gott mehr gehorchen als den Menschen. Und im Bereich, da wo der Staat sich mit den vorläufigen Dingen beschäftigt, Straßenbau und soziale Sicherung und so, respektieren Christen, zahlen Steuern, obwohl sie wissen, dass manches von ihren Steuern in Sachen geht, die sie vielleicht persönlich nicht billigen würden. Trotzdem machen wir da nicht die Politik des Alles oder Nichts. Wir sind noch nicht im Himmel – so. Aber diese Grenze ist immer schwer zu erkennen. Und für mich damals in der Kriegs-*

---

345 Huber, Wolfgang (2013): Ethik – Die Grundfragen unseres Lebens – Von der Geburt bis zum Tod. München: Verlag C.H. Beck, S. 10.

346 Dafür hat Albert Schweitzer mit seiner Ethik der »Ehrfurcht vor dem Leben« den Blick geöffnet: »Es ging mir auf, daß die Ethik, die nur mit unserem Verhältnis zu anderen Menschen zu tun hat, unvollständig ist und darum nicht die völlige Energie besitzen kann.« Schweitzer, Albert (1982): Die Ehrfurcht vor dem Leben – Grundtexte aus fünf Jahrzehnten. München: Verlag C.H. Beck, S. 20.

dienstverweigerungsfrage war ein Anspruch des Staates, der sagt, du musst mitmachen in diesem Abschreckungssystem, auch indem du Soldat wirst, war die Überschreitung der Grenze...« (Pa 123–146)

Reflexion: In rein funktionaler Interpretation kann der Begriff »Gott« auch synonym für das Gesamte, das alles Umfassende, das Geheimnis allen Lebens und allen Seins verstanden werden und damit auch die Lebensinteressen und Seinsberechtigung aller organischen und anorganischen Wesen umfassen. »Gott« ist somit das Gegenteil einer an egoistischen und partikularen Interessen orientierten Wirklichkeit. Dieses »Gott-mehr-gehorchen-als-den-Menschen« (Dan 3,18; Apg 4,19; 5,29b) zeigt die Loyalitätsgrenzen christlicher Menschen auf: Wenn der Staat das menschliche Zusammenleben in lebensdienlicher, dem Gesamten verpflichteter Weise organisiert, erfüllt er seinen schöpfungsordnungsgemäßen, göttlich angeordneten Auftrag (Rö 13,1). Beansprucht er jedoch via Steuerpflicht oder Dienstpflicht Gehorsam für Aktivitäten, die der am Göttlichen orientierten eigenen Gewissensüberzeugung zuwiderlaufen – z.B. in Form einer atomaren, mit dem Genozid drohenden Abschreckungspolitik – dann gilt die Loyalität dem Schöpfer des Lebens mit der Konsequenz der Verweigerung des staatlichen Anspruchs.

Grenzen des Analogieschlusses

Die Rechtfertigung von Angriffs- und Eroberungskriegen ist seit dem 1. Weltkrieg fast nicht mehr möglich. So sah sich schon Adolf Hitler genötigt, den Beginn des Zweiten Weltkrieges als Verteidigungsmaßnahme zu inszenieren: *»Seit 5.45 Uhr wird zurückgeschossen.«*[347]

Die Bezeichnungen wie »Bundeswehr«, »Verteidigungsministerium«, »Wehrtechnik«, »Abfangjäger« u. a. unterstreichen den intendierten Defensivcharakter der militärischen Streitkräfte unseres heutigen Staates.[348] Mitunter wird die Bundeswehr auch als die Polizei für das Äußere betrachtet oder mit der Feuerwehr verglichen.[349] *Ulrich Parzany* zeigt diese Rechtfertigungsstrategie auf: *»(...) die, die dann vertreten, dass der Krieg notwendig ist, argumentieren ja so, als ging's um Polizeimaßnahmen.«* (Pa 157 f.)[350] Gewiss gibt es zwischen diesen

---

347 Dedial, Jürg (2014): http//www.nzz.ch/international/seit-5-uhr-45-wird-zurueckgeschossen-1.18373450 – Zugriff am 07.03.2015; 17:59 h.

348 In eine andere Richtung zeigen Begriffe wie »Jagdbomber«, »Kampfpanzer Leopard«, »Spähpanzer Luchs«, »Zerstörer« (Marine).

349 So begründete ein Militärseelsorger mir gegenüber im persönlichen Gespräch die Notwendigkeit der Bundeswehr: Er selbst sei Mitglied der freiwilligen Feuerwehr und genauso wie diese brauche man Militär zu Schutz gegen Angriffe von außen.

350 Wiefelspütz, Dieter (2001): Polizeilich geprägte Auslandseinsätze der Bundeswehr und das

Institutionen Ähnlichkeiten und Überschneidungen in Bezug auf die Organisation, Bekleidung und Ausbildung. Die wesensmäßigen Unterschiede dürften jedoch erheblich größer sein. Insbesondere ist zu erwähnen, dass sich die Polizei aus allen Bereichen der Gesellschaft rekrutiert und einer dem Konflikt übergeordneten Instanz verpflichtet ist, während nationale Armeen parteiisch für die Interessen ihrer jeweiligen Staaten eingesetzt werden.

Polizei- und Militärgewalt

Persönliche od. polizeiliche Notwehr/hilfe	*Vergleichspunkt*	Militärische Gewalt
an Recht und Gesetz gebundenes, Konflikten übergeordnetes staatliches Gewaltmonopol	*Zuordnung*	durch nationale und Bündnisstrukturen vorgegebene Parteilichkeit, Recht des/der Stärkeren
– überschaubar, – eigene Lageerkennung möglich	*Situationserkennung der Handelnden*	– auf Informationen angewiesen; – Bedeutung der Propaganda
Problemverursacher_in (z. B., fanatisch, kriminell, unzurechnungsfähig)	*Gegner_in/nen*	Soldat_innen, freiwillig oder zwangsrekrutiert
– Waffen im nichttechnischen Sinne – Ausnahme: Polizeibewaffnung zu persönlicher Notwehr und Nothilfe	*Mittel*	– spezielle (Massen)Vernichtungsmittel – Vorhaltung wirkt eskalierend – Gelder fehlen für Lebensnotwendiges
Abwendung einer unmittelbaren Bedrohung des Lebens; Durchsetzung des Rechts	*Ziele*	– Abschreckung, Bezwingung oder Ausschaltung des gegnerischen Regimes – territoriale Eroberung oder Verteidigung
– Grundsatz der Verhältnismäßigkeit der Mittel – Schonung Unbeteiligter – absolutes Folterverbot – Deeskalation	*Prinzipien*	– der Zweck heiligt die (Massen)Vernichtungsmittel – Präventivschläge möglich

Grundgesetz. www.deutsches-wehrrecht.de/Aufsaetze/UBWV_2011_081.pdf – Zugriff am 07.03.2015; 21:32 h.

((Fortsetzung))

Persönliche od. polizeiliche Notwehr/ hilfe	*Vergleichspunkt*	Militärische Gewalt
begrenzt	*mögliche Folgen*	– Eskalationagefahr – Kollateralschäden – Massentötungen bis zum Genozid
die Handelnden selbst, nach bestem Wissen und Gewissen	*Verantwortungsträger_innen*	– politische Entscheider_innen – Befehls-Gehorsams-System – Soldat_innen nur bedingt
rechtsstaatliche Gerichtsbarkeit als übergeordnete Instanz	*Kontrolle*	– Sieger spricht Recht – übergeordnete Gerichte nur teilweise akzeptiert
Gewalt ist die *Ausnahme*, Anwendung muss im Zweifelsfall gerechtfertigt werden	*ethische Bewertung*	– Gewalt ist die *Norm*, Verweigerung von Kriegsdiensten muss gerechtfertigt werden

Tab. 6: Vergleich zwischen polizeilicher und militärischer Gewalt (Ullrich Hahn/Theodor Ziegler). Diese Tabelle basiert auf Ausführungen von Rechtsanwalt Ullrich Hahn bei Fortbildungsveranstaltungen für kirchliche KDV-Beistände in den 1970er- und 1980er-Jahren und wurde von mir erweitert.

Entscheidungsnotwendigkeit

Ulrich Parzany macht deutlich, dass die Ablehnung der militärischen Friedenssicherung nicht schon an sich eine befriedigende Alternative sein kann. Sich des Unethischen zu enthalten, sei noch nicht ethisch: »*Was ist denn jetzt die aktive Alternative, wenn ich mich nicht nur zurückziehen will und sage, ich mach' halt nichts, ich lass' dann alles laufen? Dann heißt's: ›Wer schweigt, fördert was im Gange ist.‹*[351] *Das heißt, ich werde auch durch Nichtstun schuldig, ich kann nicht meine Hände in Unschuld waschen und sagen: Ich bin's ja nicht gewesen, ich hab's ja nicht gewollt, ich war ja nicht dabei. Dann muss ich eben mitverantworten, was die Folgen meines Nichtstuns sind. Und deshalb ist schon die Aufgabe zu fragen, was kann man aktiv tun?*« (Pa 190–196)

Von daher kommt der zweiten Interviewfrage nach Alternativen zur militärischen Friedenssicherung eine ganz besondere Bedeutung im Blick auf die Glaubwürdigkeit der Motivation und Einstellung zu. *Albert Fuchs* sieht die Rechtfertigung militärischer Gewalt mit ethisch-philosophischen Problemen

---

351 Dieses Zitat wird meines Wissens Gustav Heinemann zugeschrieben. Die Quelle konnte ich nicht auffinden.

verbunden und »*voll widersprüchlich, das kann man nicht durchhalten.*« (Fu 37f.) Neben der Unvereinbarkeit mit dem Glauben an einen allerbarmenden Gott (Koran) oder Gott als Vater oder Mutter aller Menschen (Bibel), bestehe für ihn ein Widerspruch zu dem generellen Prinzip im Sinne des Kant'schen Imperativs bzw. der Goldenen Regel. (Fu 34–45)

Dieser durch durch ein globales Rechtsdenken bzw. durch Empathie begründete Ethikansatz findet weltweit in vielen Religionen und Philosophien als Quintessenz moralischer Vorschriften seinen Ausdruck.[352] Auf die internationale Friedensicherung angewandt, lautete die Goldene Regel in negativer Form: Unterlasst alles an Androhungen, was euch selbst auch nicht angedroht werden soll. In positiver Anwendung: Verteidigt euch so, wie ihr wünscht, dass sich eure heutigen Gegner verteidigen. Und wenn ihr wünschtet, dass die Anderen den ersten Schritt zu Abrüstung machen sollen, dann macht ihr ihn selbst.

Die Erkenntnis dieser globalen Regel hat zur Folge, das als richtig Erkannte auch in seinem Leben umzusetzen und in seiner Gesellschaft dafür zu werben und einzutreten. Alles andere wäre »ein Fördern dessen, was im Gange ist.«

Diesen konsequenten Lebensstil, der das theologisch Erkannte im Leben umsetzen möchte, entdeckte *Ullrich Hahn* bei Leo Tolstoi. Er schätzt bei ihm den »*persönliche(n) Versuch, entsprechend seinen Erkenntnissen – vor allem aus der Bergpredigt – zu leben. Der Kirchenhistoriker Walter Nigg (…) sagt, dass Leo Tolstoi eigentlich der Wiederentdecker der Bergpredigt war, weil die ja als ein Teil des Neuen Testaments, welches unmittelbar Lebensweisung sein soll, vorher gar nicht so wahrgenommen wurde – vielleicht schon in den historischen Friedenskirchen, aber jedenfalls nicht in den großen Kirchen. Und er hatte sowohl diese Bergpredigt für sich entdeckt und versucht, das ins Privatleben zu übersetzen, aber auch dann Konsequenzen für Gesellschaft und Staat gezogen – bis zum radikalen Pazifisten – und war durch seine sprachliche Macht – er war ja ein weltberühmter Schriftsteller schon zu der Zeit – dann auch in der Lage, das in sehr klaren Worten auszudrücken.*« (Ha 65–75)

Fernando Enns hat zwischen den Vertretern der Friedenskirchen und denen der Volkskirchen unterschiedliche Herangehensweisen bei der ethischen Entscheidungsfindung beobachtet. Für ihn als Mennonit war es nicht die Frage, »*(…) dürfen wir Gewalt anwenden oder nicht, sondern immer nur die Frage, könnte es Ausnahmesituationen geben oder Extremsituationen, in denen wir doch ausnahmsweise und als letztes Mittel noch Gewalt vielleicht doch in Betracht ziehen müssen. Während ich bei Vertretern anderer Traditionen oft festgestellt hab', dass die sich von der anderen Seite dieser Frage nähern und sagen, eigentlich gibt es da die Lehre vom Gerechten Krieg und natürlich kann Krieg auch gerecht sein. Es ist nicht schön, (…) – wir leben in dieser Welt und da muss*

---

352 Küng, Hans (1990): Projekt Weltethos, München: Piper Verlag, S. 84.

man manchmal für Ordnung sorgen und man muss auch andere beschützen. Und das geht manchmal nicht ohne Gewalt und deswegen steht das erstmal so als Handlungsoption da und jetzt kucken wir mal, dass wir das irgendwie einschränken können, diese Gewaltoption.« (En 126–143)

Reflexion: Für Pazifisten bedeutet die Gewaltanwendung als letztes Mittel die Frage nach den Umständen und Bedingungen einer Ausnahme von der Norm der Gewaltfreiheit. Für am Frieden orientierte Nichtpazifisten ist kriegerische Gewalt zwar auch nicht gewollt und nur für den äußersten Fall vorgesehen, sie ist jedoch in Form der vorgehaltenen Armee schon als Faktor vorhanden. Von dieser Norm aus werden nun Bemühungen zu einer möglichen quantitativen oder qualitativen Beschränkung angestellt. Allerdings besteht dabei das große Problem der »Verfügbarkeitsfalle«: Armeen werden eingesetzt, weil sie nun einmal da sind.[353]

Eugen Drewermann erinnert sich an die ihm in seiner Gewissensprüfung als Kriegsdienstverweigerer gestellte Dilemmasituation: »Ja, und was würden Sie machen, wenn die Frau im Stadtpark überfallen wird? – (…) – natürlich würd' ich ihr helfen – ja, dann müssen Sie doch Waffen einsetzen – was Sie gerade machen, ist ein logische Kapriole, ein absolut individueller Ausnahmefall, aus dem Sie ein Gesetz für alle machen, so geht's nun nicht! Ist es möglich, dass Sie unter Umständen aus Mitleid jemand töten müssen, wollen Sie daraus die Euthanasie im nationalsozialistischen Sinne wiedereinführen? – Was stimmt jetzt in Ihrer Logik nicht? – So ging das weiter, zweieinhalb Stunden lang. Dabei kam was Besseres herum, als ich gedacht hatte.« (Dr 108–115)

Reflexion: Auch hier wird der Disput um die Herangehensweise zur geforderten ethischen Entscheidung deutlich: Ist die Gewalt die situative, und deshalb auch nicht vorbereitete *Ausnahme* einer ansonsten auf Gewalt prinzipiell verzichtenden Haltung? Oder ist Gewalt die selbstverständliche *Norm*, zumindest in ihrer Potentialität, von deren Anwendung möglicherweise abgewichen werden kann. Auch in den zu praktizierten Wehrpflichtzeiten durchgeführten Gewissensprüfungen mussten Kriegsdienstverweigerer sich für ihre Ablehnung kriegerischer Gewalt rechtfertigen. Die Inanspruchnahme der Gewissenentscheidung gegen den Kriegsdienst mit der Waffe ist meines Wissens der einzige Fall im bun-

---

353 So der Friedensbeauftrage des Rates der EKD, Renke Brahms, und der Bischof für die Evang. Seelsorge in der Bundeswehr, Sigurd Rink, in ihrer gemeinsamen Stellungnahme »Eckpunkte zum Weißbuch 2016 – Am gerechten Frieden orientieren. Evangelische Perspektiven auf die deutsche Außen- und Sicherheitspolitik«. vom September 2016 in: https://www.ekd.de/download/eckpunkte_weissbuch_2016.pdf – Zugriff am 11.02.2016; 11:10 h.

desdeutschen Recht, in dem eine Gewissenscheidung, die gemeinhin die Nicht-mehr-Hinterfragbarkeit signalisiert, von einer staatlichen Gewissensprüfung abhängig gemacht worden ist.[354] Die Beweislast wurde – anders als im Strafprozessrecht – vom Staat auf den Bürger verlagert. Diese Norm der militärischen Wehr- und damit Kriegsbereitschaft gilt nach wie vor.[355]

Eugen Drewermann sieht im Krieg schlechthin ein Verbrechen: »*Ich sage, ich glaube, dass der Krieg ein Verbrechen ist, in jeder Form und unter allen Umständen.*« (Dr 107 f.) Diese generelle Verurteilung militärischer Gewalt entspricht sowohl der Verlautbarung der Ökumenischen Versammlung 1948 in Amsterdam, wo es nach den Erfahrungen des Zweiten Weltkrieges und der finalen Atombombenabwürfe unter der Überschrift »*Krieg soll nach Gottes Willen nicht sein!*« weiter heißt: »*Die Rolle, die der Krieg im heutigen internationalen Leben spielt, ist Sünde wider Gott und eine Entwürdigung des Menschen*«,[356] wie auch der Selbstverpflichtungserklärung der Deutschen Friedensgesellschaft/Vereinigte Kriegsgegner (DFG/VK): »*Der Krieg ist ein Verbrechen an der Menschheit. Ich bin daher entschlossen, keine Art von Krieg zu unterstützen und an der Beseitigung aller Kriegsursachen mitzuarbeiten.*«[357]

Reflexion: Auch durch die, die Kriegsdienstverweigerung regelnden Gesetze und Rechtsprechung wurde eine prinzipielle, vom absoluten Tötungsverbot getragene Gewissensentscheidung gegen jede Waffenanwendung zwischen den Staaten als Kriterium an eine staatlich anzuerkennende

---

354 Wenn Politiker sich auf ihr Gewissen beziehen, bedeutet dies üblicherweise, dass ihre Entscheidung nicht weiter hinterfragbar ist, beispielsweise bei der Sterbehilfe: »Das Thema ist bedrängend, weil es existenzielle Fragen berührt. Jeder Abgeordnete wird hier dem eigenen Gewissen folgen«, sagte [Bundesgesundheitsminister, T.Z.] Gröhe im Interview mit der »Frankfurter Allgemeinen Zeitung«. vom 19.01.2014. http://www.faz.net/aktuell/poli tik/inland/gesundheitsminister-groehe-jede-form-der-organisierten-selbsttoetungshilf e-muss-verboten-werden-12759394.html – Zugriff am 2.01.2017; 23:22 h.
355 Die Wehrpflicht ist durch den Bundestagsbeschluss vom 24. März 2011 lediglich ausgesetzt, also nicht abgeschafft worden. Sie kann im Bedarfsfall ebenso schnell wieder aktiviert werden. Im Spannungs- und Verteidigungsfall gibt es die in Friedenszeiten gültige aufschiebende Wirkung eines Kriegsdienstverweigerungsantrages nicht. D.h., Wehrpflichtige können solange Kriegsdienste leisten und damit auch töten müssen, bis sie von einem Ausschuss für Kriegsdienstverweigerung zu einer dann auf jeden Fall mündlichen Verhandlung geladen und als berechtigt, den Kriegsdienst mit der Waffe aus Gewissensgründen zu verweigern, anerkannt worden sind. http://www.bundestag.de/dokumente/textarchiv/2011/ 33831649_kw12_de_wehrdienst/204958 – Zugriff am 13.03.2015; 20:57 h.
356 Aktion Sühnezeichen (1982), S. 284.
357 https://www.dfg-vk.de/verband/satzung – Zugriff am 13.3.2015; 23:57 h.

Kriegsdienstverweigerungsbegründung gefordert.[358] Die Rechtsprechung machte zudem nicht nur die Missbilligung des Kriegsdienstes aus moralischen und ethischen Erwägungen, sondern auch die Empfindung für dessen sittliche Verwerflichkeit zur Voraussetzung für eine anzuerkennende Gewissensentscheidung.[359]

Der Begriff des Verbrechens wird im Strafgesetzbuch formal als rechtswidrige Tat mit einer dafür vorgesehenen mindestens einjährigen Bestrafung definiert.[360]

Von diesen Grundsätzen her lässt sich fragen:

- Ist ein Kriegseinsatz kein Verbrechen mehr, wenn er von einem demokratisch gewählten Parlament, als Wahrnehmung der Schutzverantwortung beschlossen, einer »Parlamentsarmee« aufgetragen worden ist?
- Worin besteht der Unterschied zwischen einem kriminellen Verbrechen und einem Krieg, wenn man von der Motivation absieht?[361] Sind nicht allein schon die als Kollateralschäden bezeichneten unvermeidbaren Begleiterscheinungen militärischer Kampfhandlungen – man denke an die Bombardierung eines bei Kundus in Afghanistan steckengebliebenen Tanklasters auf Befehl des deutschen Oberst Klein – viel gravierender als es kriminelle Handlungen je sein können?

4.1.8 Analyse der kritischen Selbstreflexionen

Von den Befragten wurde die eigene pazifistische Einstellung teilweise auch durch kritische Überlegungen reflektiert: *Fernando* Enns sieht sich angesichts der Fragestellungen im UN-Sicherheitsrat auch selbst herausgefordert: »*Müssen wir hier nicht einschreiten? Nicht so sehr, um unsere eigene politischen Interessen*

---

358 WPflG § 25 vom 21.7.1956, Bundesgesetzblatt Nr. 36/1956 vom 24. Juli 1956, S 657; KDVG § 1 vom 28.2.1983 Bundesgesetzblatt Nr. 40/2003 vom 14. August 2003, S. 1593.
359 BVerwG, 01.02.1982 – BVerwG 6 C 126.80 (am 11.02.2016 von BVerwG per E-Mail erhalten).
360 Bei darunter liegenden Freiheitsstrafen und bei Geldstrafen handelt es ich um Vergehen (§ 12 StGB Zif. 1 f.).
361 Militärische Auszeichnungen oder Belohnungen – siehe Beispiele aus dem Ukraine-Krieg, wo Abschussprämien für feindliche Fahrzeuge, Panzer und Flugzeuge von der Regierung beschlossen worden sind, kennzeichnen ganz deutlich den Widerspruch zwischen zivilem und militärischem Denken. Vgl. http://www.sueddeutsche.de/politik/krieg-in-der-ukraine-kiew-fuehrt-abschusspraemien-fuer-soldaten-ein-1.2326483- Zugriff am 07.04.2015: 10:00 h.

zu vertreten, sondern um Menschen zu schützen, kann man sich diese internationalen Instrumente so vorstellen, dass dort tatsächlich die Betroffenen auch zu Wort kommen?« (En 210–213)

Auch wenn er ein aus seiner Sicht wichtiges Kriterium für die Entscheidungen des UN-Sicherheitsrates – nämlich die von der Gewalt direkt betroffenen Menschen bei der Entscheidungsfindung mit einzubeziehen – noch nicht realisiert sieht, kann er sich mit dieser Feststellung nicht begnügen, sondern nimmt diese Frage zum Anlass, sich um Alternativen zu bemühen.

Ein weiterer, von ihm angesprochener Aspekt, ist die Frage, inwieweit die eigene pazifistische Einstellung den Mitmenschen zumutbar ist: *»Auch aus der christlichen Position heraus glaube ich, dass wir nicht die Augen davor verschließen dürfen, dass es tatsächlich Situationen gibt, wo wir unseren Nächsten schützen müssen, also wo man nicht einfach sagen kann: Ich für mich will gewaltfrei bleiben und nehm' dafür den Tod in Kauf. Das kann man machen und es gibt Menschen, die das tun. Es bleibt aber immer noch die Frage, ob ich das auch von den anderen erwarten kann und ob es da nicht die Verantwortung gibt, diese auch zu schützen.«* (En 274–280)

Daraus jedoch einfach ins Lager der Militärbefürworter umzuschwenken, ist für Enns ebenfalls keine Lösung, *»... weil diese militärischen Einsätze offensichtlich nicht zu Konfliktlösungen geeignet sind.«* (En 237f.) Selbst hohe Militärs warnten vor einer Überschätzung des Instrumentes Militär. (En 238–244)

> **Reflexion:** Wird Pazifisten mit ihrem Verzicht auf Gewalt Nichtstun vorgehalten, so könnte es bei Militärbefürwortern die nichtvorhandene Zielführung ihrer gewaltsamen Einsätze samt den damit verbundenen Kollateralschäden sein. Ebenfalls stellt sich bei diesen kriegerischen Aktionen die Frage nach der Zumutbarkeit, sowohl für die davon betroffenen Zivilisten, aber auch – was oft vergessen wird – für die mit der Durchführung befehligten Soldaten und deren Angehörige.

Obwohl seit frühester Jugend mit dem Tötungsverbot und dem Feindesliebegebot vertraut, war die pazifistische Einstellung für *Paul Oestreicher* nicht automatisch gegeben, er sah sich immer wieder herausgefordert: *»Mein Pazifismus war niemals für mich eine Selbstverständlichkeit – ist er heute auch noch nicht. Mit anderen Worten: Wenn man konfrontiert ist mit unwahrscheinlichem Unrecht, dann kann ich zumindest verstehen, dass auch ein gewissenhafter Christ sagen kann: Das kann ich nicht hinnehmen. Und im äußersten Fall muss dagegen auch angekämpft werden und muss man sein Leben hingeben. (Oe 64–69)*

Und mit Blick auf den Kriegsdienst seines Vaters im ersten Weltkrieg betont er:

»Die Verachtung des Militärs hat niemals zu meinem Pazifismus gehört. Die Achtung vor denen, die sagen, Unrecht muss auch bekämpft werden. Aber zugleich bin ich aufgewachsen in der Überzeugung, dass ein kritikloser Patriotismus eine unsinnige Sache ist: Mein eigenes Land hat recht, alle anderen haben unrecht. Dieser Grundzug [ist, T.Z.] in jeder Gesellschaft, alle Gesellschaften sind sich darin gleich. Und im äußersten Fall bringt man das Opfer des eigenen Lebens, um die Heimat, die Familie, das Volk zu beschützen. [Dies, T.Z.] geht sehr tief in das Bewusstsein der Menschen durch Jahrtausende und ich kann das nicht lächerlich machen. Und es ist trotzdem unsinnig, es ist bar jeder ratio, denn alle Völker sind letzten Endes gleich.« (Oe 66–87)

Er hat großen Respekt vor der Einstellung, mit Waffengewalt dem Unrecht widerstehen und erforderlichenfalls das eigene Leben dafür hinzugeben zu wollen. Aus der Binnensicht ist dies für ihn nachvollziehbar. Jedoch im Überblick auf die gesamte Konfliktkonstellation stellt er eine vergleichbare Argumentation auf beiden Konfliktseiten fest, was den Krieg und den damit verbundenen kritiklosen Patriotismus schlussendlich als unsinnige Sache entlarvt. Hinsichtlich der mit der Durchsetzung der Menschenrechte und des Völkerrechts begründeten Kriege des 21. Jahrhunderts sieht sich *Oestreicher »vor ganz schwierigen Fragen. (…) Besonders, wenn man aufwiegt Gerechtigkeit gegen Frieden. Was ist wichtiger? Dass wir die Gerechtigkeit durchsetzen oder dass wir den Frieden erhalten? Und natürlich, biblisch kann man sich sehr stark für die Gerechtigkeit einsetzen, denn die Bibel ist voller Texte, die die Gerechtigkeit fordern. Und wo Menschen unter ganz schlimmem Unrecht leiden, dann ist die Frage: Was kann man tun? Was hätte getan werden müssen, um die Juden vor Hitler zu retten? Der Zweite Weltkrieg ist ja [vonseiten der Alliierten, T.Z.] nicht gegen Hitler geführt worden, um die Juden zu retten – im Gegenteil, das war der restlichen Welt schnurzegal, was die deutsche Regierung mit (…) [den, TZ] Juden macht. Und man hat sie auch nicht aufnehmen wollen. Aber es ist ein gutes Beispiel: Heute, am heutigen Tag, ich hab' meine Morgenzeitung gelesen, ein starker Protest eines Menschenrechtlers, dass die Welt heute sich ganz glücklich abfindet mit der Existenz von einem brutalen Unrechtsregime in Nordkorea und macht gar nichts, im Gegenteil, verhandelt jetzt mit Nordkorea und so weiter, wo erwiesenerweise ein ganzes Volk gemartert wird, in vieler Hinsicht. Da kann der Pazifist nicht einfach sagen: Da müssen wir einfach beten. Nein, da stelle ich meinen eigenen Pazifismus in Frage, in dem Sinn, dass ich der Meinung bin, dass ein internationales Polizeirecht geschaffen werden muss.«* (Oe 237–254)

Paul Oestreicher versteht seine pazifistische Einstellung nicht als die immer perfekte Alternative zur militärischen Gewalt. Er lässt sich durch die aktuellen konfliktären Zuspitzungen in Frage stellen. Insofern wird erkennbar, dass es sich für ihn beim Pazifismus nicht um eine zweifelsfreie Ideologie handelt. Aufgrund seiner christlichen und humanitären Wertebasis und seines Wissens um die

Folgen des Krieges ist es ihm jedoch nicht möglich, einfach die Seite zu wechseln und *nolens volens* die militärische Konfliktlösung als das kleinere Übel zu ergreifen. Er sucht nach einer Alternative, die dem Unrecht wehren kann, ohne den klassischen Krieg im Gefolge zu haben. Diese Alternative sieht er in einem noch zu schaffenden internationalen Polizeirecht.

Auch *Markus Weingardt* ist, insbesondere aufgrund der Lektüre der Biographie des ehemaligen UN-Generalsekretärs Kofi Annan, der Auffassung, dass es, wie die Beispiele der Kriege auf dem Balkan und in Afrika zeigen, Situationen gibt, »*in denen man nur die Wahl zwischen Pest und Cholera hat und der Gewalteinsatz tatsächlich ein kleineres Übel verspricht oder die akute Bedrohung von vielen tausend Menschen vermeiden kann. Dann kann ich da, nach Ruanda und Srebrenica, nicht einem radikalen Pazifismus beipflichten.*« (Wei 353–357) Für solche Situationen bedürfe es jedoch keiner nationalstaatlichen Armee, sondern: »*Ich glaube, das spricht dafür, dass es unter UNO-Mandat – und nur unter UNO-Mandat – die Möglichkeit geben sollte, tatsächlich glaubwürdig mit Gewalt zu drohen und dadurch Leute, Politiker zum Einlenken zu bewegen.*« (Wei 362–364)

Somit sehen *Weingardt* und *Oestreicher* in der Einrichtung einer UN-Polizei die Alternative, im Versagensfalle gewaltfreier Konfliktlösungen (deren verstärkter Ausbau für sie jedoch vorrangig ist) schwere Menschenrechtsverletzungen zu verhindern.

Ein weiterer Aspekt der kritischen Selbstreflexion wird in der von *Horst Scheffler* zitierten Aufforderung Jesu, für die Feinde zu beten, ersichtlich. Die Fürbitte für seine Gegner könne eine fortwährende, spirituelle Erinnerung an das über Feindschaften hinweg zwischen allen Menschen Verbindende ermöglichen. Gleichzeitig bedeutet es die selbstkritische Rückfrage nach den eigenen Anteilen und Ursachen am Konflikt und ermöglicht somit den Einstieg in eine konstruktive, die Interessen aller wahrnehmenden Konfliktbearbeitung. (Sch 97–114)

4.1.9 Exkurs zur ethischen Dilemmasituation[362]

Die Existenz der Bundeswehr bzw. die Notwendigkeit ihrer internationalen Kriegseinsätze wird ethisch meist mit der Dilemmathese begründet. Beispielsweise bekundete der frühere rheinische Bischof und EKD-Ratsvorsitzende Ni-

---

362 Vgl. Becker-Hinrichs, Dietrich (2015): Menschen schützen – mit aller Gewalt oder gewaltfrei? Vortrag bei einer Klausurtagung im Forum ziviler Friedensdienst am 24. April 2015 in Köln. https://www.versoehnungsbund.de/sites/default/files/2015-Becker-Hinrichs-Menschen-schuetzen.pdf – Zugriff am 06.02.2017.

kolaus Schneider auf der EKD-Synode im Jahre 2011 zwar seinen Respekt gegenüber Christen, »die auf dem Einsatz gewaltloser Mittel auch in aussichtslos erscheinenden Situationen bestehen und sich dabei auf das von Jesus gepredigte und gelebte Gebot der Nächsten- und Feindesliebe berufen. Ihre radikale Schlussfolgerung lautet: Ein Leben in der Nachfolge Jesu lässt keine Option auf militärische Gewalt als äußerstes Mittel zu. Wir sehen das anders. Unsere unterschiedlichen Antworten verweisen uns an die Frage, ob es Situationen gibt, in denen Menschen nicht schuldfrei bleiben können. Im Blick auf unsere deutsche Geschichte und im Blick auf gegenwärtige Terror- und Gewaltregimes sehe ich folgendes Dilemma: Der Verzicht auf die Anwendung militärischer Gewalt lässt Menschen schuldig werden an den Opfern von Terror, ethnischen Säuberungen oder brutaler Gewalt staatlicher Machthaber gegen die eigene Bevölkerung. Und der Gebrauch militärischer Gewalt lässt Menschen schuldig werden als Täter.«[363]

Für den badischen Theologen Dietrich Becker-Hinrichs geht diese Argumentationsfigur zwar im Kern auf Dietrich Bonhoeffers Ethik zurück, für den nicht der heroische Rückzug aus der Affäre, sondern die Frage, wie eine künftige Generation weiterleben können soll, entscheidend gewesen sei. Diese persönliche Entscheidung Bonhoeffers zur bewussten Schuldübernahme mit der Beteiligung am Tyrannenmord an Hitler nun aber zu verallgemeinern und zur Rechtfertigung militärischer Kriegseinsätze zu verwenden, hält Becker-Hinrichs für fraglich. Die Stimme gegen den Krieg zu erheben, sei in der Erfahrung begründet, »dass das Leid durch den Einsatz militärischer Mittel nicht vermindert wird. Es ist also nicht der Versuch, das Prinzip Gewaltlosigkeit zu retten, sondern eher die Frage nach den verantwortlicheren Lösungen, die Frage nach dem besseren Handeln in einem aktuellen Konflikt.«[364]

Dass die Dilemmathese jedoch sehr wirkungsvoll sei, habe das Votum des protestantischen SPD-Politikers Erhard Eppler auf dem Sonderparteitag seiner Partei im April 1999 gezeigt. Mit dem Argument, er habe das Gefühl, »dass wir ein bisschen weniger schuldig werden, als wenn wir es nicht täten.«[365] stimmte er seine Partei auf den ersten deutschen Kriegseinsatz nach 1945 ein.

Gewiss sind Dilemmata[366] und Schuldverstrickungen im Leben der Menschen

---

363 Schneider, Nikolaus (2011): Mündlicher Bericht des Rates der Evangelischen Kirche in Deutschland Synode Magdeburg – http://www.ekd.de/download/s2011_I_a_ratsbericht_ muendlich_stand_2011_11_16.pdf – Zugriff am 8.02.2017; 16:08 h, S. 11–12.

364 Becker-Hinrichs (2015), S. 3.

365 Zit. nach Ebert, Theodor (2001): Der Kosovo-Krieg aus pazifistischer Sicht: Pazifismus – Grundsätze und Erfahrungen für das 21. Jahrhundert. Hamburg: LIT Verlag, S. 33.

366 Vgl. Lind, Georg (2015³): Moral ist lehrbar! Wie man moralisch-demokratische Fähigkeiten fördern und damit Gewalt, Betrug und Macht mindern kann. Berlin: Logos Verlag, S. 19ff. Von Georg Lind wurde auch die *Konstanzer Methode der Dilemma-Diskussion* (KMDD)® entwickelt. https://www.uni-konstanz.de/ag-moral/moral/dildisk-d.htm – Zugriff am 19.05.2017; 22:19 h.

und ihrer Völker nicht immer vermeidlich, doch fragt es sich, ob das mit der Dilemmathese aufgemachte Gegensatzpaar die Wirklichkeit zutreffend beschreibt. So wird »Tun« automatisch mit erfolgreicher militärischer Gewalt verbunden, während Gewaltfreiheit mit unverantwortlichem inhumanem »Nichtstun« assoziiert wird. Beide Annahmen werden durch die Realität widerlegt. Deshalb gilt es zu bedenken:

- Betrachtet man die seitherigen Militäreinsätze Deutschlands und seiner Verbündeten mit den von der EKD beanspruchten Prüfkritierien aus der Lehre vom Gerechten Krieg,[367] lässt insbesondere die mangelnde Zielführung bei der Friedenswiederherstellung, die Unverhältnismäßigkeit der durch die Kriege verursachten menschlichen und sächlichen Schäden sowie die Nichtverschonung der Zivilbevölkerung grundsätzliche Zweifel an der militärischen Option aufkommen.[368]

- Auch muss bei der Bejahung militärischer Gewaltandrohung und -anwendung mitbedacht werden, dass diese Option schon durch ihre Bereithaltung die Probleme, die sie zu lösen vorgibt, kontinuierlich mitverursacht und dass sie als Hauptargument der Gegenseite zur Rechtfertigung ihrer Aufrüstung wiederum herangezogen wird. Ebenso tragen die deutschen Waffenlieferungen an Konfliktländer und Länder mit massiven Menschenrechtsverletzungen wie Kolumbien, Brasilien, Indien, Pakistan, Thailand oder Saudi-Arabien wohl kaum zur Befriedung bei. Der Rüstungskritiker Jürgen Grässlin: »Waffen werden dorthin verkauft, wo sie auch eingesetzt werden.«[369]

- Während bei einer unvermittelt auftretenden Konfliktsituation im persönlichen Bereich die spontane Entscheidungsnotwendigkeit in das Dilemma stellen kann, nur noch zwischen Schuld und Schuld wählen zu können, haben kriegerische Auseinandersetzungen lange Konfliktvorläufe mit umfangreichen Vorbereitungen. Ab einer gewissen Eskalationsstufe erscheinen für die militärisch gerüsteten Konfliktgegner Militäreinsätze als alternativlos (»Verfügbarkeitsfalle«)[370].

- Im Falle des Nichtvorhandenseins militärischer Mittel und demzufolge ausschließlicher gewaltfreier Konfliktbearbeitung ist mit der Gefahr politischer Erpressbarkeit oder militärischer Eroberung zu rechnen. Dies kann jedoch

---

367 Vgl. Rat der Evangelischen Kirche in Deutschland (2007²): EKD-Denkschrift, Ziff. 99–103.

368 Ähnliche Anfragen wurden auch von einigen Mitgliedern der EKD-Kammer für öffentliche Verantwortung in der Stellungnahme zum Afghanistan-Krieg zum Ausdruck gebracht. Kirchenamt der EKD (Dez. 2013), siehe dort S. 14–24.

369 Grässlin, Jürgen u. a. (2015²): Netzwerk des Todes. Die kriminellen Verflechtungen von Waffenindustrie und Behörden. München: Heyne Verlag, S. 315.

370 Dieser Begriff wurde vom EKD-Friedensbeauftragten und dem Militärbischof in ihrer gemeinsamen Stellungnahme zum Weißbuch 2016 »Am gerechten Frieden orientieren« verwendet. Brahms, Renke & Rink, Sigurd, EKD (2015) S. 3.

auch bei militärisch gerüsteten Ländern nicht ausgeschlossen werden. So stellen sich für eine ethische Entscheidungsfindung zur Friedenssicherung vor allem folgende Fragen:

- Bei welcher Option ist das sich aus menschlichem und sächlichem Schadensumfang und dessen Eintrittswahrscheinlichkeit ergebende Gefährdungsprodukt am niedrigsten?
- Bei welcher Option ist mit dem geringsten Ressourcen- und Finanzbedarf und demzufolge mit den geringsten Einbußen bei der Lebensqualität von Menschen und Natur zu rechnen?
- Bei welcher Option ergibt sich schnellstmöglich eine für alle beteiligten Konfliktparteien akzeptable Konfliktregelung sowie eine friedliche Lebensperspektive für künftige Generationen?
- Welche Option sollte unser potentieller Konfliktgegner ergreifen?
- Welche Option ist in Vorbereitung und Anwendung deeskalativ sowie menschenrechtskompatibel?

Erst eine solche friedenspolitische Gesamtabwägung – die meines Wissens bislang noch nie angestellt worden ist – ließe eine vernünftige und demzufolge friedensethisch vertretbare Entscheidungsfindung zu.

Für die theologische Bewertung und kirchliche Friedensethik sollte meines Erachtens zudem bedacht werden: Wenn beide Entscheidungen, die militärische wie die gewaltfreie Konfliktbearbeitung, mit Risiken und möglichen Schuldverstrickungen behaftet sind, wäre es dann nach den verheerenden Erfahrungen mit den vergangenen Kriegen und der offenkundigen Auswegslosigkeit und Zunahme aktueller militärischer Konfliktaustragungen nicht an der Zeit, den von Jesus empfohlenen Weg der aktiven Gewaltfreiheit (Seligpreisungen, Mt 5,3 ff.) zu wagen und das damit verbundene Risiko dem Risiko Kriege zu führen vorzuziehen? Könnte eine solche, ganz eindeutig und ausschließlich auf die gewaltfreie Option setzende christliche Friedensethik nicht gerade in der gegenwärtigen kritischen Weltlage ein Ausüben der den Nachfolger_innen Jesu aufgetragenen Licht- und Salz-Funktion (Mt 5,13–16) sein?

Reihenfolge der Motivnennungen

	erstgenanntes Motiv	zweitgenanntes Motiv	drittgenanntes Motiv
Oe	Flucht vor Nazis	Annahmeerfahrung bei Quäkern	Bergpredigt – Feindesliebe
Fu	religiöse Sozialisation in katholischer Kirche	Jesusfigur	Makkabäergeschichten – Identifikation mit Leidenden
Fi	Elternhaus	Eigene Erfahrungen mit Gewaltfreier Aktion	Bergpredigt – Sanftmut, Friedenstiften

((Fortsetzung))

	erstgenanntes Motiv	zweitgenanntes Motiv	drittgenanntes Motiv
Eb	Kriegsende samt Atombombe	Gandhi als Alternative	Bergpredigt – Jesus-orientierung
Sch	Kriegsende	Kriegsliteratur und Korrespondenzen mit Kriegsautoren	Studium
Pa	Kriegsende	Wiederbewaffnung und Atombombenabwurf	Bergpredigt – Jesu Antithesen
Lo	Bergpredigt – Gewaltverzicht	Kriegsende	Eigene Erfahrungen bei Bundeswehr
Ma	Bergpredigt – Jesu Liebesgebot und Vorbild	Militärkritik	Wertschätzung der Mitgeschöpfe
Ru	Kriegserfahrung in der Familie	»Prager Frühling« 1968	Vorbild eines christlichen Pazifisten
Wei	Bergpredigt – Jesu Leben und Lehre	Militärkritik	Gewaltfreiheit als bessere Alternative
Ha	Nachfolge Jesu	Gewaltverzicht als Lebenshaltung	Gewaltverzicht als gesellschaftliches und politisches. Ziel
En	Bekenntnis zu Jesus Christus: Weg der aktiven Gewaltfreiheit	Sozialisierung in mennonitischer Tradition als Friedenskirche	politischer Realismus
Hä	Krieg, Soldatentod des Vaters	Aussöhnung mit Frankreich	militärkritische Prägung durch ehemalige Mitglieder der Bekennenden Kirche
Br	Kriegsende	Verpflichtung durch Lehrer: »Nie wieder Waffe in die Hand!«	Bergpredigt, 10 Gebote, Propheten
Dr	Wiederbewaffnung	Vorbilder	Krieg ein Verbrechen
	10 x Biographie *5 x Religion*	*10 x Biographie* *1 x Religion* *4 x Ratio*	*4 x Biographie* *7 x Religion* *4 x Ratio*

Tab. 7: Übersicht über die Inhalte der drei erstgenannten Motivnennungen (Theodor Ziegler); kategorisiert nach Biographie (24) (weiß), Religion (13) (dunkelgrau) und Ratio (8) (hellgrau)

Gewiss darf die Reihenfolge der Motivnennungen nicht überbewertet werden. Die dabei auftretenden Häufungen machen jedoch folgende *Tendenzen* ersichtlich:

- Zwei Drittel der *erstgenannten Motive* sind biographischer Art und beziehen sich vor allem auf die Erfahrungen Krieg, Kriegsende, Kriegsfolgen und

Wiederbewaffnung – bis auf eine Ausnahme haben alle Befragten mit eigener Kriegserfahrung diese als erstes Motiv genannt.

– Das andere Drittel der erstgenannten Motive ist religiöser Art und stammt zu 80 % von den nach dem Krieg geborenen Befragten und bezieht sich ganz speziell auf die in der Bergpredigt beschriebene Nachfolge des auf Gewalt verzichtenden Jesu.

– Von den insgesamt *drei erstgenannten Motiven* aller 15 Befragten sind 53 Prozent biographischer, 29 Prozent religiöser und 18 Prozent rationaler Natur.

– Bei den rationalen Motiven steht das Wissen um die Gewaltfreiheit als die bessere Alternative (62,5 Prozent) vor der Militärkritik (37,5 Prozent).

4.1.10 Theoriebildung – Zusammenstellung der Analysen und Reflexionen zur Interviewfrage 1: »Motivationen für eine christlich-pazifistische Einstellung«

These 1: Eigene Bedrohungserfahrungen verpflichten

Die generelle Bedeutsamkeit der Kindheits- und Jugenderfahrungen für die Entwicklung eines Menschen erweist sich insbesondere bei der Prägung von Einstellungen und der Bildung einer persönlichen Haltung zu Krieg und Frieden. Dies gilt sowohl für selbsterlebte, aber auch für durch Angehörige übermittelte existenzielle Bedrohungserfahrungen der Zerstörung, Verstümmelung, Flucht, Tod und der daraus gezogenen Konsequenzen. Das eigene Überleben unter teils dramatischen Bedingungen wird als Verpflichtung zur Verhinderung einer Wiederholung begriffen. Auch mit großem zeitlichem Abstand regt die eigene Kriegserfahrung zu Empathie mit den von gegenwärtigen Kriegssituationen betroffenen Menschen an und motiviert, strukturelle Veränderungen der Friedenspolitik einzufordern. (Br 11–25, Dr 33 f., Eb 10, 13–15, Hä 10–18, Lo 17–31, Oe 16, 22 f., Pa 41–44, Ru 9–12, Sch 15–21)

These 2: Minderheitenposition bedarf starker Persönlichkeiten

Die familiär vorgegebene bzw. die eigene militärablehnende Entscheidung erfolgt gegen den Mainstream in Staat, Gesellschaft und Kirche. Sich gegen die damit einhergehenden Ausgrenzungs- und Einsamkeitserfahrungen zu behaupten, bedarf einer starken, frustrationstoleranten Fundierung in religiösen und humanen Wertvorstellungen, der Orientierung an prägnanten Vorbildern im Großen wie im Kleinen, sowie der Gemeinschaft mit Gleichgesinnten. (Dr 33 f., Eb 62–90, En 88–112, Fu 8–32, Ha 9–13, 35–47, Ma 42–49, Pa 20–50)

These 3: Ethische Einstellung führt zu politischer Verantwortung

Menschen mit einer christlich-pazifistischen Einstellung sehen sich über den individuellen Lebensbereich hinaus in der Verantwortung, sich für eine auf militärische Gewalt verzichtende Friedenspolitik zu engagieren.

Die zehn Jahre nach Kriegsende begonnene Remilitarisierung Deutschlands, die weiteren Schritte zur Ausweitung und Modernisierung von Waffensystemen, die Rüstungsexporte, die Entgrenzung des militärischen Einsatzbereiches bedeuten für christliche Pazifisten eine ständige und zunehmende Herausforderung. Für alle Befragten ist – in unterschiedlicher Weise – das lebenslange, ausdauernde Engagement in Kirche und Gesellschaft kennzeichnend. Es ging ihnen, im Unterschied zu vielen kriegsdienstverweigernden Wehrpflichtigen, nicht nur um die persönliche Nichtbeteiligung an einer militärischen Ausbildung und Verfügungsbereitschaft, sondern um einen Wandel hin zu einer gewaltfreien Friedenspolitik. (Br 28–32, Dr 13–17, 20 f., Eb 16–37, 110–119, Hä 28–30, Pa 20–41, Sch 48–51,)

These 4: Ekklesiale Verfasstheit prägend für Friedenszeugnis

Die Angehörigen der frühen Christenheit befanden sich ob der klaren Orientierung am jesuanischen Vorbild – gerade auch was die militärische Gewalt anbelangte – in einer oft bedrängten Minderheitenposition. Mit der Christianisierung des Römischen Reiches im Gefolge der Konstantinischen Wende ging die zunehmende kirchliche Akzeptanz staatlicher Militärpolitik einher. Die aus der Täuferbewegung im 16. Jahrhundert hervorgegangenen historischen Friedenskirchen hingegen knüpften wieder an die frühchristliche jesuanische Orientierung an und vermitteln diese ihren Kindern als grundlegende Wertvorstellung. Abweichungen von dieser Norm der Gewaltfreiheit sind für sie nur situationsethisch zu rechtfertigen.

In den Staats- und Volkskirchen hingegen ist die Bejahung militärischer Gewalt als *ultima ratio* normativ. Eine Abweichung davon wurde erst nach dem schrecklichen Ergebnis des Zweiten Weltkriegs und nur individualethisch als persönliche Gewissensentscheidung akzeptiert. Seither gibt es, mit wechselnder Intensität, ein Nachdenken und Streiten über das rechte christliche Friedenszeugnis. Ob den jungen Kirchenmitgliedern klare Empfehlungen gegen den Militärdienst gegeben werden sollen, war und ist immer noch sehr strittig. Die aus dem volkskirchlichen Bereich Befragten benannten für ihre Orientierung die Einstellungen und Vorbildwirkungen einzelner kirchlicher Mitarbeiter, die offenkundig eindrücklicher waren als die militärbejahende Position der kirchlichen Institutionen. (Dr 27–50, En 88–112, 126–143, Hä 58–65, 115–123, Oe 33–39)

These 5: Peer-Group stärkt eigene Entwicklung und Einstellung

Die verschiedenen Formen und Ebenen christlicher Religionspädagogik – vom obligaten Religionsunterricht über die im Freizeitbereich sich treffende Jugendgruppe bis hin zur Studierendengemeinde – bieten durch ihre Problem- und Handlungsorientierung auch für die friedenstheologische und -ethische Entwicklung junger Menschen eine wichtige Plattform. Nach der Aussetzung der Allgemeinen Wehrpflicht, die von 1956 bis 2011 sämtliche jungen Männer zu einer eigenen Entscheidung drängte, kommt es nun verstärkt auf die religionspädagogische Arbeit an, für friedensethische Fragen und die Alternativen gewaltfreier Konfliktlösung zu sensibilisieren und entsprechende Lernprozesse und Handlungsfelder zu initiieren und mitzugestalten. (Ha 53–57, Oe 53–57, Pa 89–98, Ru 18–23, 66–84, Sch 30–51)

These 6: Beispiele gewaltfreien Konfliktverhaltens regen zu eigenem Engagement an

Selbst mitverfolgte oder mitgestaltete zeitgenössische Anwendungen gewaltfreier Konfliktbearbeitung (z. B. deutsch-französische Aussöhnung nach dem Zweiten Weltkrieg, »Prager Frühling«, Protest gegen die NATO-Nachrüstung, religiöses Versöhnungshandeln), aber auch eigene Erfahrungen mit der defensiven Kampfsportart Aikido motivieren Menschen zu eigenem, gewaltfreiem Engagement bzw. bestärken darin, das friedliche Friedenshandeln selbst zu praktizieren und mit Blick auf reflektierte Misserfolge für die Zukunft zu optimieren. Dieses Wissen um die Wirksamkeit gewaltfreier Konfliktbearbeitung befähigt zum kritischen Vergleich mit der herrschenden militärischen Verteidigungsdoktrin und bildet eine wichtige Voraussetzung für das Engagement im friedensethischen bzw. friedenspolitischen Bereich. Es dürfte in einem interaktionellen Verhältnis zur religiösen und weltanschaulichen Motivation stehen. (Fi 27–33, Hä 30–58, Lo 61–69, Ru 12–18, Wei 12–23, 47–57)

These 7: Erinnerung kann Fehler der Vergangenheit in der Zukunft vermeiden helfen

a) Allgemein:
Historische Dokumente von Zeitzeugen, Gedenktage zu Kriegsausbrüchen und deren Beendigung, der alljährliche Volkstrauertag können steter Anlass gegen das Vergessen der grausamen Kriegsrealität und ihrer nicht minder inhumanen Begleiterscheinungen sein. Umgekehrt kann daraus jedoch auch die Forderung nach einer noch wirksameren, jedem potentiellen Gegner überlegenen militärischen Absicherung abgeleitet werden. Im Gefolge dieser ambivalenten Po-

tenzialität dürfte entscheidend sein, ob eine offene, an den Menschenrechten oder sonstigen humanitären Wertvorstellungen orientierte Reflexion historischer Ereignisse erfolgt. Auch das Bewusstmachen der widersprüchlichen kirchlichen Rolle in der Kriegsgeschichte – vor allem während des 20. Jahrhunderts – vermag zu kritischer Reflexion der gegenwärtigen friedensethischen Positionen in den Kirchen anzuregen. (Br 28–32, Dr 27–50, Eb 10–37, HÄ 28–30, Lo 17–31, Oe 9ff., Ru 46–51, Sch 21–30)

b) Persönliches Umfeld:
Durch die innerfamiliäre Erinnerung an die Kriegsschicksale der Großeltern-Generation bekommt die im Geschichtsunterricht abstrakt und pauschal vermittelte Vergangenheit einen direkten persönlichen Bezug. Die Versehrung bzw. der Verlust von Angehörigen im Krieg, das eigene aus den Trümmern-Herausgezogen-Werden, die gemeinsamen Flucht- und Vertreibungserfahrungen können zu einer unverrückbaren Verankerung einer militärablehnenden Einstellung und Lebenshaltung führen. (Br 11–25, Hä 10–18, Oe 9ff., Pa 41–50, Ru 9–12, Sch 15–21)

These 8: Bergpredigt als Kompendium christlicher Friedensethik

Die Bergpredigt ist *der* prägende, stark motivierende, inspirierende und Orientierung vermittelnde Basistext für eine christlich-pazifistische Einstellung. Ihre Umsetzung über den Privatbereich hinaus auch in der Politik wird in der Geschichte des 20. Jahrhunderts vor allem mit dem Wirken von Leo Tolstoi, Mahatma Gandhi und Martin Luther King verbunden. Auch und gerade für die heutigen Konfliktlagen des Terrorismus und der Massenvernichtungsmittel wird in Jesu Aufforderung zum gewaltfreien Friedenstiften und der Feindesliebe ein therapeutischer Ansatz zur Überwindung des Gewaltpotentials, ein gangbarer Weg zu einer besseren Welt gesehen.

- Im Begriff der von Jesus seliggepriesenen **Sanftmut** subsummiert sich eine alle Lebensdimensionen betreffende und verändernde gewaltfreie Haltung.
- Der damit verbundene **Vergeltungsverzicht** kann dem Aggressor eine Verhaltensveränderung ermöglichen.
- Das **Friedenstiften** wird als Realisierung der Gotteskindschaft (und Gottesebenbildlichkeit) erkannt.
- Die **Feindesliebe**, die sich nicht nur emotional, sondern in der Fürbitte für die Feinde gründet, ist der Schlüssel für ein anderes Konfliktverhalten. Sie nimmt den Gegner als Mitgeschöpf, als Kind Gottes, als Bruder und Schwester wahr und bringt ihm, inspiriert durch Gottes barmherziges Verhalten, dieselbe Wertschätzung gegenüber, die man für sich selbst erhofft (siehe Goldene Regel, Mt 7,12).

- Die von Jesus betonte **Ziel-Mittel-Relation** (»ein fauler Baum kann nicht gute Früchte bringen«, Mt 7,18b) schließt gewaltsame Mittel zur Friedensarbeit aus.
- Dass dies von den großen Kirchen und vielen Mitchristen bislang nicht erkannt wird, ist für die Befragten unverständlich. (Br 33–40, Eb 52–56, Dr 154–174, 811–831, Fi 40–47, Ha 21, 66–75, Hä 71, Lo 9–17, Ma 27–35, Oe 92 f., 96–104, 100–102, 110–114, 457–465, Pa 116–119, 415–457, 579–590; 595–601, Sch 58–69, 99–114, Wei 12)

These 9: Keine Abhängigkeit zwischen theologischem Verständnis Jesu und einer friedensethischen Einstellung

Das theologische Verständnis Jesu, ob er – was historisch kaum anzuzweifeln ist – ein reformorientierter jüdischer Rabbiner und somit ein besonders vorbildlicher Mensch war (Jesuologie) oder in einem transzendenten und damit rational nicht erschließbaren Sinne der Sohn Gottes (Christologie), spielt für die friedensethische Einstellung von Christen nicht die ausschlaggebende Rolle. Dies wird durch die theologische Bandbreite der Befragten deutlich. Das Selbstverständnis als christliche/r Pazifist/in ist unabhängig vom theologischen Standpunkt. Befürworter und Kritiker militärischer Gewalt gibt es in allen theologischen Lagern. Es ist auch nicht monokausal erklärbar, sondern Ergebnis des Zusammenwirkens verschiedener Faktoren (Biographie, Vorbilder, Peer-Group, ekklesiologische Zugehörigkeit usw.). (Fu 156–166, Oe 153–170).

These 10: Orientierung an Jesu Vorbild bedeutet Gewaltverzicht

Jesu Leben, Sterben und Auferstehung führt auf den in seiner heiligen Schrift (Hebräische Bibel) vorgezeichneten Weg der Gerechtigkeit und des Friedens. Seine präsentische Verkündigung des Reiches Gottes inspiriert zu einem gewaltfreien, in Liebe und Verstehen gegründeten Friedenshandeln im Hier und Jetzt mit dem Ziel der Heilung und Versöhnung. Der hierfür erforderliche Perspektivenwechsel von Ego- und Kollektivinteressen sowie vom Konkurrenzdenken hin zu einem solidarischen Handeln im globalen Horizont wird durch das Doppelgebot der Liebe bzw. durch die Goldene Regel angeleitet. Militärische Formen der Friedenssicherung sind damit nicht kompatibel.

Die meist im Kindheits- und Jugendalter vermittelte individuelle Jesus-Orientierung bedarf einer Transformation auf die gesellschaftliche und politische Dimension. Niemöller: »Was würde der Herr Jesus dazu sagen?« (Br 39 f., Dr 163–165, Eb 43–56, 108 f., 91–94. 96–98, Fu 18–32, 157–166, Ha 23–27, 39–33, Lo 12–16, Pa 133 f)

These 11: Gewaltfreie Selbstoffenbarung Gottes in Jesus Christus

Gott, respektive das menschliche Bild von Gott, trägt in der Bibel recht unterschiedliche Züge, vom strafenden Kriegsgott Israels bis zum barmherzigen Gott als Vater und Mutter aller Menschen und aller Völker. Der von den Propheten verkündete Schalom wird von Jesus aufgenommen und für die individuelle Lebenspraxis konkretisiert. Christliche Pazifisten sehen in Jesu Christi gewaltfreiem Weg die Selbstoffenbarung des Wesens Gottes. Im Zweifelsfall ist die Orientierung an diesem göttlichen Wesenszug wichtiger als staatliche Inpflichtnahmen. (En 11–33, Fu 38–41, Pa 107–118)

These 12: Bibelinterpretation im Dialog mit der Ethik

Die christliche Interpretation biblischer Texte erfolgt mit der theologischen Orientierung an Jesus Christus im Sinne des Luther'schen Interpretationsschlüssels »Was Christum treibet« einerseits und dem praktischen Prüfkriterium der Lebensdienlichkeit andererseits. Zwischen der religiös und der rational begründeten Motivation besteht weitgehende Übereinstimmung. Jesus selbst argumentiert sowohl auf der religiösen Ebene, wenn er Gott als väterliches Vorbild für ein geschwisterliches Verhalten unter den Menschen empfiehlt (Mt 5,44 ff), als auch auf der rationalen Ebene, wenn er durch die Reziprozität der Goldenen Regel (Mt 7,12) eine menschenfreundliche, auf Achtsamkeit und Empathie gründende Verhaltensweise fordert. Die Entdeckung Gandhis, die von Jesus gelehrte Gewaltfreiheit in der Methodik politischer Konfliktaustragung anzuwenden, sowie die daran anknüpfenden Persönlichkeiten und Bewegungen in vielen Ländern samt deren politikwissenschaftlichen Reflexion, haben die Interpretation der biblischen Texte zur Gewaltproblematik neu inspiriert. (Br 33–39, 160–196, Dr 209–263, Eb 42–56, Ha 40–44, 356–361, Hä 95–97, Lo 9–17, Pa 107–118, 123–146)

These 13: Militärkritik – ein Gebot der Vernunft

Eine kritische Betrachtung militärischer Gewalt erweist diese als unsinnig und widersprüchlich, weil durch ihre destruktive Methodik noch mehr von dem erzeugt wird, was sie eigentlich verhindern soll: Gewalt und Leiden. Aus politikwissenschaftlicher Sicht ist militärische Gewalt immer destruktiv und im Blick auf die gesetzten Ziele in der Regel ineffektiv. (En 143–148, Ma 15–19, Oe 57–59, Wei 12–17)

These 14: *ultima-ratio*-Rechtfertigung des Militärs ist widersprüchlich

Um eine Erfolgssicht zu haben, muss das eigene Militär jedem erdenklichen Gegner überlegen sein – was selbst bei quantitativen Beschränkungsvereinbarungen den qualitativen Rüstungswettlauf vorprogrammiert – und gegebenenfalls recht frühzeitig zum Einsatz kommen. Der damit verbundene Kostenaufwand macht es *de facto* zur sicherheitspolitischen *prima ratio* und verbraucht die für eine friedliche Friedenspolitik nötigen Mittel. (Eb 240–245)

These 15: Atombombe missachtet Menschenrechte schlechthin

Obwohl alle Kriege schon seit jeher eine Missachtung der Menschenrechte und somit ein Verbrechen darstellen (Dr 107 f., En 446–461), so gilt dies in besonderer Weise für die strategischen Bombardements im Zweiten Weltkrieg und den seitherigen Bau der Atomwaffen mit ihrer massenvernichtenden Wirkungsmöglichkeit. Eine Beachtung der Prüfkriterien der Lehre vom Gerechten Krieg ist aufgrund der schlechthinnigen Unverhältnismäßigkeit dieses Mittels nicht mehr möglich. (Eb 35–37, Oe 180–194, Pa 51–73)

These 16: Abschreckungswirkung nur mit Anwendungsbereitschaft

Die militärische Sicherheitspolitik durch Abschreckung potentieller Gegner erfordert auch die Fähigkeit und Bereitschaft zur Anwendung, das heißt in letzter Konsequenz, zum Genozid. Wie die ersten Atombombenabwürfe auf Hiroshima und Nagasaki durch die Vereinigten Staaten von Amerika zeigen, schreckt davor selbst ein demokratischer und an christlichen Werten orientierter Staat nicht zurück. (Pa 73–79, 80–87)

These 17: Kriegsbereitschaft hat pathologische Züge und bedarf der Therapie

Die Kriegsbereitschaft und -fähigkeit ist eine die Kultur zerstörende und die Werte pervertierende Krankheit, gegen die auch Regierungen und Bürger demokratischer Staaten nicht *per se* immun sind. Im Interesse des Fortbestands der Menschheit gilt es, diese (Volks)Krankheit zu analysieren und zu therapieren. (Dr 179–20, Oe 80–89)

These 18: Kriegsspiel übt auf Kinder und Jugendliche verführerische Faszination aus

Staaten machen sich die kindliche und jugendliche Begeisterungsfähigkeit zunutze, um die Bereitschaft zu einer militärisch gestützten Sicherheitspolitik in

breiten Teilen der Bevölkerung zu wecken und wachzuhalten. (Lo 17–26, 38f.,
43–53, Oe 114–122)

**These 19: Wiederbewaffnung der Bundesrepublik verfestigte die deutsche
Teilung und Kalten Krieg auf Jahrzehnte**

Es stellt sich die hypothetische Frage, ob der Verzicht auf die Remilitarisierung
Deutschlands Europa und der Welt nicht die Zuspitzung des Ost-West-Konfliktes mit all ihren Risiken[371], Kosten und vor allem dem menschlichen Leid
erspart hätte. Möglicherweise wäre durch ein entmilitarisiertes Deutschland
eine neue internationale Konfliktkultur eingeleitet worden. (Hä 26–30, Pa 35–38)

**These 20: Militäreinsätze der letzten Jahrzehnte bestätigen pazifistische
Einstellung**

Nachdem die Unmöglichkeit militärischer Konflikt*lösung* allgemein eingesehen
wird, wurde die Konflikt*unterbrechung* als neue Aufgabe bestimmt. Doch auch
hierbei erweisen sich – siehe allein die entsprechenden Militäreinsätze der
letzten Jahre in Afghanistan, Irak und Libyen – die Folgeschäden meist als noch
schlimmer als das zu beseitigende Übel. Somit kann militärisches Eingreifen
auch nicht die allerletzte Möglichkeit sein, es ist überhaupt keine Möglichkeit.
Deshalb ist die Suche nach Alternativen von großer Dringlichkeit. Anstelle
partikularer Sicherheitsinteressen muss ein System gemeinsamer Sicherheit
geschaffen werden, die Sicherung der Grund- und Kulturbedürfnisse *aller*
Menschen müssen in den Blick kommen. Da es für diese Ziele weltweit die
Organisation der Vereinten Nationen (und auf europäischer Ebene die OSZE)
gibt, ist das Militärbündnis NATO überflüssig. (En 238–257, Hä 152–156, Pa 185–
196, Ru 204–222)

These 21: Zweifel an Schutzverantwortung *(responsibility to protect)*

Die Rechtfertigung militärischer Auslandseinsätze durch einzelne Nationen
oder Staatenbündnisse als Wahrnehmung einer Schutzverantwortung wird
aufgrund der dahinterstehenden Partikularinteressen und der selektiven En-
gagementsauswahl als nachgetragene Rechtfertigungsideologie betrachtet. Zur
Verhinderung von Terror und Verbrechen gegen die Menschlichkeit werden

---

371 Vgl. Heine, Malte & Wischat Rolf (2016): Von einem, der den Atomkrieg nur knapp verhinderte. In: Mitteldeutsche-Kirchenzeitungen.de vom 26.09.2016; http://www.mitteldeut
sche-kirchenzeitungen.de/2016/09/26/von-einem-der-den-atomkrieg-verhinderte/#respond
– Zugriff am 19.07.2017; 13:05 h.

polizeiliche UNO-Strukturen gefordert. Gerade durch die mit ihren Militäraktionen einhergehenden Grausamkeiten bringen demokratisch und christlich geprägte Staaten ihre humanen Wertvorstellungen in Misskredit. (Dr 430–446, En 148–170, Fu 46–55, Ru 229–244, Wei 332–339)

These 22: Militärausgaben sind Fehlinvestitionen – ökonomisches Motiv

Angesichts der Untauglichkeit militärischer Friedenssicherung ist es für christliche Pazifist_innen nicht nachvollziehbar, wie viele Gelder und Ressourcen national und international in diese ineffiziente Methode der Konfliktbearbeitung investiert werden und damit für die konstruktive Friedensarbeit fehlen, was erneut Gewaltkonflikte hervorrufen kann. (Ma 140–143, Ru 192–200)

These 23: Ökologische Kriegsfolgen kaum problematisiert

Die Kriegshinterlassenschaften wirken noch mehrere Generationen nach und greifen die Lebensgrundlagen der Menschheit an. Auch die Schöpfungsverantwortung kann für sich genommen eine pazifistische Haltung begründen bzw. bestärken. (Fu 167–173)

These 24: Affirmation der pazifistischen Einstellung durch Studium

Wissenschaftliche Studien ermöglichen eine intensivere, rationalere Befassung mit den Krieg und Frieden zugrundeliegenden Fragen und können dadurch eine schon religiös oder weltanschaulich vorhandene kriegskritische Einstellung vertiefen und bestärken. (Fu 31–37, Ha 44–47, Oe 138–147, Wei 31–57)

These 25: Wissenschaftliches Studium der Wirkungsweise gewaltfreier Konfliktlösungsbeispiele motiviert christliche Pazifisten

Weil der Bekanntheitsgrad gewaltfreier Konfliktlösungen hinter der Dramatik militärischer Gewaltanwendungen zurücksteht und sie auch in der unterrichtlichen Vermittlung bislang kaum eine Rolle spielen, ermöglicht oftmals erst die wissenschaftliche Befassung vertiefte Einblicke und Erkenntnisse in die gesellschaftlichen, psychologischen, ökonomischen u.a. Zusammenhänge von Konflikten und die Chancen und Probleme deren gewaltfreier Bearbeitungen. (Eb 37–41, 136–153, En 152–169, 210–213, 274–280, Ru 12–18)

These 26: Emotionale Prägung durch negative Erfahrungen mit Militär und Krieg

Das eigene Erleben des Krieges und seiner Folgen, lebensgefährliche Erfahrungen beim Militär, aber auch medial vermitteltes Kriegsgeschehen können eine antimilitaristische Einstellung und ein entsprechendes Engagement in Kirche, Gesellschaft und Politik begründen und lebenslang prägen. (Eb 10–16, Lo 17–29, 40–50, Sch 17–19, Ma 528–544)

These 27: Positive Erfahrungen mit Gewaltfreiheit und gewaltfreien Modellpersonen

Eigene positive Erfahrungen mit gewaltfreiem Verhalten in Konfliktsituationen, auch die dabei erlebte Kooperation und Gemeinschaft mit Gleichgesinnten, sowie die Orientierung an Vorbildern im Nahbereich bzw. an bekannten gewaltfreien Modellpersonen können die Entscheidung zum Engagement für die Gewaltfreiheit verursachen oder begünstigen. Das Erlernen einer differenzierenden Wahrnehmung von gewaltfreien »Heiligen«, dass auch diese Menschen mit Fehlern und Schwächen behaftet sein können und Kinder ihrer Zeit sind, beugt Frustrationen vor und hilft bei der Klärung des eigenen Weges. (Br 507–511, Dr 156, Eb 62–119, 125–134, Fu 57–61, Fi 13–20, Ha 53–58, Hä 25–30, Lo 89–90, Ma 44, 544–548, Oe 140–142, Pa 18–38, 234–244, 44–50, 88–99, Ru 66–84)

These 28: Entscheidung für eine gewaltfreie Haltung führt zu Loyalitätskonflikten

Religiöse Vorstellungen, die eine militärkritische Haltung zur Folge haben, werden von staatlichen und gesellschaftlichen Institutionen häufig als Illoyalität wahrgenommen. In der Vergangenheit, insbesondere während des Zweiten Weltkrieges, hatte dies für die betreffenden Pazifisten schwerwiegende Konsequenzen bis zur Hinrichtung. In der DDR war vielen sogenannten Wehrdienstverweigerern das Studium verwehrt worden. (Br 26–45, 60–73, Pa 129–146)

These 29: Militärische Einsätze nicht als Polizeiaktionen zu rechtfertigen

Je mehr über die Verwerflichkeit von Angriffs- und Eroberungskriegen allgemeiner Konsens besteht, desto mehr werden militärische Auslandseinsätze als Polizeimaßnahmen deklariert und gerechtfertigt. Eine vergleichende Betrachtung von Strukturen, Aufgaben und Prinzipien der beiden Einrichtungen zeigt jedoch erhebliche Unterschiede auf, die diese Gleichsetzung verbieten. Während beim Militär die Gewaltanwendung die Norm ist und deren Verweigerung durch den betreffenden Soldaten vor staatlichen Instanzen gerechtfertigt werden muss, verhält es sich bei der Polizei genau umgekehrt, hier muss – wie auch bei der persönlichen Notwehr bzw. Nothilfe – die ausnahmsweise Gewaltanwendung verantwortet werden. (Dr 714–748, Ha 254–276, Pa 157 f.)

These 30: Pazifistische Haltung bedarf der Selbstkritik und des Bemühens um gewaltfreie Alternativen zur militärischen Sicherheitspolitik

Die pazifistisch begründete Ablehnung militärischer Gewaltandrohung und Gewaltanwendung als unethisch ist für sich genommen noch keine ethisch verantwortliche Haltung. Erst durch das wissenschaftliche, gesellschaftliche und politische Bemühen um gewaltfreie Alternativen zum Militär (siehe Auswertung der zweiten Interviewfrage) kann aus einer Einstellung eine verantwortete Haltung werden. Deren Vertreter_innen müssen sich der damit möglicherweise verbundenen Dilemmata bewusst sein. Von daher verbietet sich bei aller Militärkritik jegliche Überheblichkeit bzw. Aggressivität gegenüber militärbejahenden Mitbürger_innen und Mitchrist_innen. Eine spirituelle Hilfe für das auch unter Christ_innen nicht immer spannungsfreie Ringen um das rechte christliche Friedenszeugnis, aber auch um eine friedensfördende staatliche Außen- und Sicherheitspolitik kann die von Jesus empfohlene Fürbitte für die Gegner_innen sein. (Dr 108–115, En 126–143, Fu 34–45, Ha 65–75, Oe 64–87, 237–254, Pa 190–196, Sch 97–114)

4.2 Alternativen

> **Frage 2:**
> Lässt sich die in biblischen Texten geforderte Überwindung von Krieg und Gewalt (z. B. Jes 2, Mi 4, Mt 5–7) in unserer realen Welt des 21. Jahrhunderts verwirklichen?
> Skizzieren Sie bitte Ihre Vorstellung von einer nichtmilitärischen Außen- und Sicherheitspolitik – Schritte, Akteure, Zeithorizonte.

4.2.1 Einleitung

Die Notwendigkeit der Suche nach friedens- und sicherheitspolitischen Alternativen zum Militär ergibt sich aus dem ethischen Dilemma zwischen der humanitären Schutzverantwortung einerseits und der Verwerflichkeit von Krieg andererseits. Gerade die von der Politik, aber auch von den Volkskirchen bislang einmütig vertretene Auffassung der Alternativlosigkeit militärischer Gewaltpotentiale als *ultima ratio* zur Sicherung des Friedens fordert das Forschungs-interesse für die Befragung christlicher Pazifisten, insbesondere auch im Blick auf die aktuellen Kriege,[372] heraus. Die Suche nach sicherheitspolitischen Al-ternativen könnte jedoch auch im Interesse all derjenigen Menschen sein, die die mangelnde Zielführung militärischer Friedenschaffung und Friedenssicherung wahrnehmen und die damit verbundenen negativen Begleiterscheinungen wie z. B. Rüstungsexporte, ABC-Waffenproliferation, quantitatives und qualitatives Wettrüsten, Ressourcenvergeudung, ökologische Folgen, terroristische Radi-kalisierung infolge ziviler Opfer nicht mehr hinzunehmen bereit sind.

Oftmals wird schon der Gedanke an eine nichtmilitärische Außen- und Si-cherheitspolitik als so illusionär und realitätsfern eingestuft, dass sich dem verantwortlich Denkenden und Handelnden jede Befassung damit von alleine verbiete. Auch im politischen Bereich wird die Politikfähigkeit einer Partei von ihrer Akzeptanz der Bundeswehr, abhängig gemacht[373] und somit ein alterna-tives friedenspolitischen Denken tabuisiert. Teilweise wird, fast religiösen Äu-ßerungen nahekommend, vom »Bekenntnis« zur Bundeswehr und zur NATO gesprochen.[374]

Ob nun eine friedenslogische Innovation zum Gegenstand des gesellschaft-lichen Diskurses werden kann und eines Tages gar von der wählenden Bevöl-kerung eines Landes akzeptiert wird, hängt sehr stark von ihrer Plausibilität ab. Beispielsweise ist der Erfolg der Anti-AKW-Bewegung ursächlich mit der zu-nächst idealistisch motivierten Entwicklung regenerativer Energiequellen ver-bunden. Dieser folgte dann, auch durch staatliche Förderung begünstigt, die unternehmerische und industrielle Produktion.

Im Unterschied zum Ausstieg aus der nur wenige Jahrzehnte alten Atomen-ergie handelt es sich beim Militär jedoch um eine jahrtausendealte, weltweit verbreitete Institution mit einer ausgeprägten Verankerung in Politik, Wissen-

---

372 Der EKD-Ratsvorsitzende und bayerische Landesbischof Heinrich Bedford-Strohm im epd-Interview: »Menschen, die sich für die Überwindung von Gewalt engagieren, müssen sich der Frage stellen, was man grausamen Praktiken der Kriegsführung bis hin zum Völkermord entgegensetzen kann.« http://www.ekd.de/print.php?file=/aktuell/edi_2015_08_03_BSHiroshima.html – Zugriff am 9.8.2015; 14:24 h.

373 »»Damit Rot-Rot-Grün eine ernsthafte Möglichkeit wird, muss sich vor allem die Bundes-tagsfraktion der Linkspartei ändern. Bei der Europa- und Außenpolitik ist die teilweise politikunfähig‹, so SPD-Mann Ralf Stegner. Da ist zweifellos etwas dran: Die Mehrheit der Linksfraktion stimmte 2014 sogar gegen die Beteiligung einer Bundeswehrfregatte an der Vernichtung syrischer Chemiewaffen.« Geisler, Astrid & Reinecke, Stefan (06.01.2015): Die rot-rot-grüne Seifenblase. http://www.taz.de/!5024614/ – Zugriff am 20.08.2015; 11:41 h.

374 So heißt es beispielsweise im Wahlprogramm der FDP zur Bundestagswahl 2017: »Wir Freie Demokraten bekennen uns uneingeschränkt zur NATO, denn die NATO ist ein konkur-renzlos erfolgreiches Sicherheitsbündnis und soll auch in Zukunft als Garant für unsere Sicherheit stehen.« https://www.fdp.de/wp-modul/btw17-wp-a-131 – Zugriff am 19.07. 2017; 14:01 h.

schaft, Technik, Kulturen und Religionen der Völker. Deshalb bedeutete ein diesbezüglicher Ausstieg eine ungleich größere Herausforderung.

4.2.2 Exkurs zur Entwicklung der Alternativen-Vorstellung

Die Entscheidungsfrage zwischen einem gewaltsamen oder gewaltfreien Konfliktverhalten stellt sich naturgemäß für die Angegriffenen. In den Fallbeispielen der jüngeren Geschichte erfolgte dies entweder aufgrund des Nichtvorhandenseins eigener Waffen (z. B. Ruhrkampf 1923) oder aufgrund nicht ebenbürtiger Militärpotentiale und damit in Erkenntnis der Aussichts- und Sinnlosigkeit eines militärischen Kampfes (z. B. die Kapitulation west- und nordeuropäischer Staaten nach wenigen Kriegstagen 1940 oder der sofortige Gewaltverzicht der Tschechoslowakei bei der Okkupation durch die Warschauer-Pakt-Staaten 1968), teils aus einer grundsätzlich gewaltablehnenden Haltung heraus (Gandhi-Bewegung in Indien 1915–1947, Volksaufstände auf den Philippinen 1986 oder in der DDR 1989).

Die Diskussion um Alternativen zur militärischen Friedenssicherung fand in den 1960er und 1970er Jahren vor allem in den staatlichen Prüfungsverhandlungen für Kriegsdienstverweigerer aus Gewissensgründen statt, wo die jungen Wehrpflichtigen nach den sicherheitspolitischen Konsequenzen ihrer Entscheidung befragt wurden.[375] Weil die Plausibilität der dazu gemachten Ausführungen mit als Indiz für die Ernsthaftigkeit der behaupteten Gewissensentscheidung gegen den Dienst mit der Waffe gewertet wurde, spielte das Nachdenken darüber in den Beratungsgesprächen bei den kirchlichen Verfahrensbeiständen eine wichtige Rolle. Auch in der Aus- und Fortbildung dieser kirchlichen Beauftragten gewann die Thematik zunehmende Bedeutung. In der Evangelischen Landeskirche in Baden beispielsweise entstand daraus 1980 der »Arbeitskreis Soziale Verteidigung«[376] der sich durch seine regelmäßigen Tagungen, auch in Kooperation mit der Evangelischen Akademie in Baden und durch seine Mitwirkungen beim »Markt der Möglichkeiten« mehrerer Kirchentage in den 1980er Jahren sowie durch Publikationen[377] um eine Ver-

---

375 Siehe Vortrag »Gewaltfreier Widerstand als Mittel der Verteidigungspolitik – Das Konzept der Sozialen Verteidigung in der Argumentation von Kriegsdienstverweigerern« von Theodor Ebert am 4. März 1980 in Augsburg. Ebert, Theodor (1980): Soziale Verteidigung – Formen und Bedingungen des zivilen Widerstandes, Bd. 2.Waldkirch: Waldkircher Verlagsgesellschaft, S. 171–192.

376 Initiatoren waren der damalige Studienleiter und spätere Akademiedirektor Pfr. Dr. Ullrich Lochmann (auch Interviewpartner meiner Forschung) sowie der damalige landeskirchliche Beauftragte für die Beratung der Kriegsdienstverweigerer, Landesjugendreferent Kurt Kern, beide Karlsruhe.

377 Vgl. Ziegler, Theodor [Hg.] (1989³): Soziale Verteidigung – die Alternative der Kriegs-

breiterung des Wissens über gewaltfreie Alternativen in der kirchlichen Öffentlichkeit bemühte.

Der Begriff Soziale Verteidigung wurde in den 1960er Jahren im deutschen und norwegischen Sprachraum geprägt für die Konzeptionen ziviler, gewaltloser Landesverteidigung. In Anbetracht der nicht mehr möglichen Verteidigung eines Landes angesichts der Massenvernichtungswaffen wurde das Augenmerk von der militärischen Territorialverteidigung auf den Schutz sozialer Strukturen verlagert. Ossip K. Flechtheim formulierte hierzu die entscheidende Frage:

> »Strategiewissenschaftler und Politologen aus England, Kanada, den Vereinigten Staaten, Norwegen, Dänemark und der Bundesrepublik hatten im September 1964 auf einer Studienkonferenz in Oxford aus einer zunächst banal klingenden Feststellung eine radikale Frage abgeleitet: Im Krieg ist angeblich die Verteidigung von Territorium nicht Selbstzweck; sie soll ein Mittel sein, die sozialen Strukturen und Kulturen innerhalb dieses Territoriums zu erhalten. Wäre es nicht möglich, soziale Strukturen direkt zu verteidigen, ohne den Umweg über die Verteidigung des Territoriums?«[378]

Im deutschsprachigen Raum waren es vor allem die Veröffentlichungen und Vorträge des in Berlin lehrenden Politologen *Theodor Ebert*, der aufgrund der Forschungsergebnisse über historische Fallbeispiele gewaltlosen Widerstands an einer gewaltfreien Verteidigungstheorie unter den Bedingungen des Kalten Krieges arbeitete.

Initiiert von einer Kommission des Deutschen Zweiges des Internationalen Versöhnungsbundes und unter Beteiligung weiterer Friedensorganisationen, u. a. Pax Christi (PC), Ohne Rüstung leben (ORL) und auch Parteienvertretern fand 1988 in Minden/Westfalen der von über tausend Teilnehmer_innen besuchte Bundeskongress »Wege zur Sozialen Verteidigung« statt, der die Entwicklung gewaltfreier Alternativen zum Militär als Thema hatte. Daraus entstand 1989 der Bund für Soziale Verteidigung (BSV), eine Organisation, die seither in kontinuierlicher Weise in vielen Konfliktbereichen wie beispielsweise auf dem Balkan Projekte gewaltfreier Konfliktbearbeitung zur Versöhnung verfeindeter Ethnien unterstützt und wissenschaftliche Arbeiten zu den damit verbundenen Fragen ins Gespräch bringt.[379] Ebenso wurde vom BSV die Entwicklung des ursprünglich von der Evangelischen Kirche in Berlin-Brandburg

---

dienstverweigerer. Dokumentation einer Ausstellung beim Kirchentag 1989 in Berlin. Karlsruhe: Amt Jugendarbeit der Evang. Landeskirche in Baden, Referat KDV/ZDL. Vgl. Ziegler, Theodor (1990): Die allgemeine Wehrpflicht in der Kritik der Sozialen Verteidigung. Rundbrief der Kath. Arbeitsgemeinschaft für KDV und ZD, Themenhef IV 1990. Köln: K.A.K.-Geschäftsstelle. S. 17–19.

378 Flechtheim, Ossip K. in der Besprechung des Buches von Adam Roberts, Hg. (1967): »The Strategy of Civilian Defence. Non-violent Resistance to Agression.« Faber & Faber, London. In: DIE ZEIT Nr. 21/1968 vom 24.05.1968.

379 Bund für Soziale Verteidigung: http://www.soziale-verteidigung.de/ueber-uns/ – Zugriff am 10.08.2015; 23:06 h.

angeregten Zivilen Friedensdienstes (ZFD) als staatlich anerkannte und inzwischen vom BMZ geförderte Organisation für professionelle Friedensfachkräfte konstruktiv unterstützt und seitdem begleitet.[380] Der Begriff »Soziale Verteidigung« wurde vom gleichnamigen Bund nach dem vorläufigen Ende des Ost-Westkonflikts in erweitertem Sinne definiert als

> »die Verteidigung der Institutionen und Werte der Zivilgesellschaft mit gewaltfreien Mitteln. Verteidigung bedeutet hier die Bewahrung des Lebens und der Möglichkeiten zur sozialen Veränderung und den Widerstand gegen Unterdrückung und Ausbeutung, Militärgewalt und Menschenrechtsverletzungen hier und anderswo. Ziel derjenigen, die Soziale Verteidigung in diesem Sinne als neue Methode zur Regelung selbst ,großräumiger‹ Konflikte befürworten, ist ein Zusammenleben der Völker und Nationen in sozialer Gerechtigkeit und gegenseitigem Respekt.«[381]

Aufgrund der von der Friedensbewegung Anfang der 1980er Jahre ausgelösten Nachrüstungsdebatte fand im Kontext des damaligen Ost-West-Konfliktes – erstmalig für ein europäisches Parlament[382] – im Verteidigungsausschuss des Deutschen Bundestages von Oktober 1983 bis Februar 1984 ein Hearing von 26 Sachverständigen, darunter die beiden für eine dezidiert pazifistische Position stehenden und zu dieser Zeit in Berlin lehrenden Professoren Johan Galtung und *Theodor Ebert,* statt. Der damalige Vorsitzende des Verteidigungsausschuss, Alfred Biehle, CSU, schrieb im Vorwort der Dokumentation, dass sich alle Alternativvorschläge zur derzeit gültigen Strategie der »Flexiblen Antwort« daran messen lassen müssten, ob und inwieweit sie geeignet seien, einen ersten Kriegstag zu verhindern, für den Gegner glaubhaft, für die Bündnispartner konsensfähig und für die eigene Bevölkerung überzeugend und annehmbar seien.[383]

Erwartungshorizont

Auf der Basis der geschilderten Motivationen für eine pazifistische Einstellung sind mit der Frage nach davon abzuleitenden Alternativen folgende unterschiedliche Umgangsweisen denkbar:

---

380 Der ZFD hat derzeit 250 Friedensfachkräfte in global 35 Ländern im Einsatz. Ziviler Friedensdienst: http://www.ziviler-friedensdienst.org/de/zahlen-und-fakten-zum-zfd – Zugriff am 11.08.2015; 16:19 h.
381 Bund für Soziale Verteidigung: http://www.soziale-verteidigung.de/ueber-uns/soziale-verteidigung/ – Zugriff am 17.08.2015; 17:18 h.
382 Galtung, Johan (1983) In: Woche im Bundestag (wib 17/83 – XVII /26) v. 14.12.1983, S. 37.
383 Biehle, Alfred [Hg.] (1986): Alternative Strategien – Das Hearing im Verteidigungsausschuss des Deutschen Bundestages. Koblenz: Bernhard & Graefe Verlag, S. 7.

Christlich-pazifistische Einstellungen und friedenspolitische Alternativvorstellungen

A	B	C	D	E
Politische Zurückhaltung oder gar Enthaltung	**Differenzierung zwischen Privatleben und Politik**	**Anarchistische Skepsis**	**Militärkritik mit gradualistischen Abrüstungsbestrebungen**	**Utopieentwicklung und demokratischer Entmilitarisierungsprozess**
– Ablehnung der Frage als zu politisch; – Beschränkung des christlichen Glaubenszeugnisses auf den persönlichen Bereich; – keine Alternative in dieser »gefallenen Schöpfung« denkbar; – alle Hoffnung richtet sich auf den wiederkommenden Christus und sein Reich; – Engagement gilt der religiösen Bekehrung einzelner Menschen;	– Trennung der Realität gemäß Luthers Zwei-Reiche-Lehre; – demzufolge Differenzierung zwischen einer Ethik für den persönlich-privaten Bereich, die durchaus pazifistisch sein kann und einer öffentlich-politischen, die sich nach den realen Gesetzmäßigkeiten der Machtpolitik richten muss und deshalb auch Militär braucht;	– Skepsis gegenüber repräsentativen Machtstrukturen; – Engagement eher grundsätzlicher Art und in überschaubaren Strukturen in Projekten für Menschenrechte, Ökologie, Suffizienz, Gewaltfreiheit usw.; – grundlegender Wandel in der Außen- und Sicherheitspolitik wird als die Konsequenz einer solchen gesellschaftlichen Weiterentwicklung gesehen;	– Problematisierung u. Skandalisierung der militärischen Sicherheitspolitik, z. B. Waffenexporte, NATO-Osterweite-rung, Bw-Auslands-einsätze, ABC-Waffen, neue Waffenentwicklungen; – durch reduktive Forderungen an die Politik soll Entmilitarisierung schrittweise erreicht werden;	– Formulierung eines friedenspolitischen Ideal- bzw. Leitbildes; – zu dessen Erreichung Vorstellung eines Szenarios (vgl. Becker/Maaß/ Schneider Harpprecht) sowie breiter gesellschaftlicher Diskussionsprozess mit zeitlich definierten Zwischenschritten; – Aufbau ziviler Konfliktlösungsstrategien und -institutionen, korrespondierend mit Entmilitarisierungsschritten;

Tab. 8: Christlich-pazifistische Einstellungen und friedenspolitische Alternativvorstellungen (Theodor Ziegler)

4.2.3 Analyse der Aussagen zu nichtmilitärischen Alternativen

4.2.3.1 Begründungen der Notwendigkeit nichtmilitärischer Alternativen

Für *Paul Oestreicher* ergibt sich die Notwendigkeit zu Alternativen aus der neuen Kriegsqualität: »*(...) in der Vergangenheit konnte man mit Krieg leben und den Krieg überleben. Die Beweise sind einfach da, die Menschheit hat immer wieder überlebt, hat immer wieder neu aufgebaut und es blühten Rosen von den Ruinen. Mit anderen Worten: Die Menschen können sagen, Krieg gehört nun einmal zum Wesen der menschlichen Existenz. Aber die menschliche Existenz ist immer größer und besser, und es gibt immer wieder neues und gutes Leben. Im 21. Jahrhundert ist das politologisch gesehen, ist das waffentechnisch gesehen, wissenschaftlich gesehen keine Sicherheit mehr. Wir haben den Punkt erreicht, und das hat Einstein schon in den 20er Jahren des 20. Jahrhunderts erkannt: Wenn die Menschheit auf diese Weise diese Eskalation der Gewalt weitermacht – und bis jetzt machen wir so weiter – dann ist das rationell gesehen der Weg in die Selbstvernichtung.*« (Oe 184–194)

Reflexion: Wie im ökologischen Bereich mit dem 1972 vorgelegten Bericht des *Club of Rome* »die Grenzen des Wachstums«[384] erstmals wissenschaftlich markiert und der Weltöffentlichkeit präsentiert worden sind, so ist in der friedensethischen Reflexion im Gefolge der Atombombenabwürfe der US-Airforce auf Hiroshima und Nagasaki am 6. und 9. August 1945 eine militärtechnische und militärpolitische Grenzüberschreitung erkannt worden. Durch die seitdem erfolgte Vervielfachung der atomaren Zerstörungskapazitäten[385] ist die Vernichtung des gesamten menschlichen Lebens in den Bereich des Möglichen gerückt worden. Von neun Staaten[386] ist bekannt, dass sie im Besitz von Atomwaffen sind. Weitere qualitative Veränderungen sind durch die asymmetrischen Kriegskonstellationen des Terrorismus, Privatarmeen und neue Techniken wie die Drohnenkriegsführung, der *star-war* und der *cyber-war* gekennzeichnet. Angesichts dessen stellt sich – auch jenseits von ethischen und religiösen Erwägun-

---

384 Meadows, D. u.a., (1972): Die Grenzen des Wachstums. Bericht des Club of Rome zur Lage der Menschheit. Stuttgart: Verlag Hirzel.

385 »Heute, im Jahre 2010, ist das auf der Welt vorhandene nukleare Zerstörungspotenzial hunderttausendmal so groß wie das der Bombe, die die Amerikaner 1945 über Hiroshima abwarfen.« Helmut Schmidt im ZEIT-Interview am 4. März 2010, 7:00 Uhr. Editiert am 24. Juni 2013, 15:56 Uhr Quelle: ZEITmagazin, 04.03.2010 Nr. http://www.zeit.de/2010/10/Fragen-an-Helmut-Schmidt; Zugriff am 30.09.2015; 22:56 h.

386 USA, Russland, Großbritannien, Frankreich, China, Indien, Pakistan, Israel und Nordkorea Friederichs, Hauke (07.04.2009): Die Zahl der Atomwaffenstaaten wächst http://www.zeit.de/online/2009/15/atomwaffen-staaten/komplettansicht – Zugriff am 03.09.2015; 23:55 h.

gen – die Frage, ob eine Weiterführung militärisch gestützter Sicherheitspolitik wirklich alternativlos bleiben darf.

4.2.3.2 Neues Sicherheitsverständnis

Albert Fuchs bezeichnet sich selbst als *»sehr skeptisch gegenüber staatlicher
Machtpolitik und insofern überhaupt gegen staatliche Außenpolitik«* und als
»eher anarchistisch getönt« (Fu 76–79). Staaten seien *»per se egoistisch. Das ist
sehr schwierig zunächstmal in Verbindung zu bringen mit den ethischen Idealen
aus dieser religiösen Tradition, mit prophetischem und neutestamentlichem
Hintergrund. … Das heißt, grundsätzlich müsste die Perspektive bei Problem-
fällen in Konfliktkonstellationen die sein, dass man im gleichen Boot sitzt, etwas
Gemeinsames hat. Das heißt also, wir sind im Konflikt und wir müssen dann
irgendwie versuchen, eine Lösung zu finden. Das ist dann eine Forderung nach
Phantasie, nach produktivem Denken, nach kreativem Denken, nach Problem-
lösen würden die Psychologen sagen. Und das kann man nicht von vornherein
verrechnen. Aber die Herangehensweise, die ist grundsätzlich eine andere.«* (Fu
81–91)

Er sah diesen anzustrebenden Perspektivwechsel bereits in Gorbatschows
neuem politischem Denken praktiziert, als dieser angesichts der drohenden
totalen Selbstzerstörungsgefahr des damaligen Rüstungswettlaufs die Perspektive einer gemeinsamen Problemlösung entwickelte. *»Es gibt nur eine Sicherheit,
in dem Sinn dann eine gemeinsame Sicherheit.«* (Fu 101–109)

Paul Russmann bejaht grundsätzlich die Kooperation von Staaten, im Blick
auf die NATO stellt er jedoch kritisch fest, dass sie *»ein System einer kollektiven
Sicherheit ist und nicht einer gegenseitigen, gemeinsamen Sicherheit ist. Und ich
glaube, wir haben eine Welt, in der wir voneinander abhängig sind. Die Globalisierung, ein Sturm, ein Tsunami macht nicht halt vor irgendwelchen Grenzen.
Das heißt, wenn diese Welt weiter leben oder existieren soll, wenn unsere Kinder,
Enkelkinder weiter auf der Welt bleiben wollen, müssen wir erst kucken, dass wir
das System gemeinsamer Sicherheit definieren: Was, wo sind die gemeinsamen
Sicherheits- und vor allem die menschlichen Sicherheitsbedürfnisse, dass jeder
sozusagen sein Haus, seine Wohnung, seine Kleidung, dass jeder Mensch genug zu
essen und zu trinken hat … (…) Grundbedürfnisse zu erfüllen und auch die
kulturellen Bedürfnisse zu erfüllen. Und das geht nur, wenn wir Sicherheit gemeinsam definieren und nicht dadurch, dass wir gegenseitig miteinander Krieg
führen. Wenn die NATO ein solches Bündnis wie die UN wäre, wäre es okay. Aber
da wir die UN haben, ist die NATO eigentlich überflüssig.«* (Ru 205–222)

Russmann differenziert zwischen kollektiven Sicherheitssystemen, die entweder *ihre* Partikularinteressen verfolgen, auf *ihre* Sicherheit bedacht sind oder

die in einem globalen Sinn auf Gegenseitigkeit und Gemeinsamkeit aller Menschen ausgerichtet sind und auch die Sicherung der Lebensgrundlagen künftiger Generationen im Blick haben. Eine Zukunft auf dieser Erde ist für ihn nur möglich, wenn Sicherheit als die menschliche Sicherheit in Bezug auf die Grundbedürfnisse und kulturellen Bedürfnisse *aller* Menschen definiert wird. Institutionell sieht er dies als Aufgabe der Vereinten Nationen an. Er betont die Verbindung des staatszentrierten und des humanen Sicherheitsbegriffes.[387]

4.2.3.3 Bewusstmachung schon vorhandener gewaltfreier Kultur

Für *Ute Finckh-Krämer* fängt die Entwicklung gewaltfreier Alternativen zur militärischen Sicherheitspolitik nicht bei null an. Sie verweist auf das bereits vorhandene große Spektrum gewaltfreier Konfliktbearbeitung in der gesellschaftlichen und politischen Auseinandersetzung, deren gewaltfreien Charakters sich Politikerinnen und Politikern oftmals kaum bewusst seien:

- Austragung von Arbeitskämpfen durch Streiks
- Diplomatie
- wirtschaftliche Druckmittel, sofern sie nicht Menschen verletzen
- Ziviler Friedensdienst[388]
- Unterstützung von Graswurzel-Friedensinitiativen in Konfliktregionen
- Politikansatz der Gemeinsamen Sicherheit (von Willy Brandt mitentwickelt) – das Bemühen um beiderseitige Vorteile ermögliche Vertrauensaufbau und gewaltfreie Kooperation; (Fi 55–69)

»Und da sehe ich auch meine Aufgabe, die Möglichkeiten, die man gewaltfrei hat, auszuschöpfen. Und das habe ich auch schon ausgetestet auf Veranstaltungen, wo quasi Leute aus der Friedensbewegung, aus der Entwicklungszusammenarbeit und aus dem militärischen Bereich zusammen waren. Und immer, wenn ich dann begonnen hab' mit: Also ich als Pazifistin konzentriere mich auf die gewaltfreien Mittel und da würde mir das und das einfallen, in der und der Situation, haben gerade die Offiziere sehr, sehr aufmerksam zugehört.« (Fi 69–76)

Theodor Ebert argumentiert im gleichen Sinne, wobei er zwischen der »gewaltfreien Aktion«, dem Dramatisieren von Konflikten durch gewaltfreie Methoden[389] einerseits und dem von beiden Konfliktseiten gemeinsamen Erarbei-

---

387 Der Begriff der *human security* findet sich erstmals im Jahresbericht 1994 der Entwicklungsorganisation der Vereinten Nationen (UNDP). Vgl. Gießmann, Hans J. & Rinke, Bernhard (2011): Handbuch Frieden. Wiesbaden, VS-Verlag, S. 552.

388 siehe Erläuterung unter Abs. 4.2.6.

389 Ebert unterscheidet jeweils in drei Eskalationsstufen zwischen subversiver Aktion (Protest, Nichtzusammenarbeit, ziviler Ungehorsam) und konstruktiver Aktion (funktionale Demonstration, legale Rolleninnovation, zivile Usurpation). Ebert, Theodor (1980): Gewalt-

ten von Lösungsmöglichkeiten andererseits differenziert: »*Es gilt, Nullsummenspiele in win-win-Situationen überzuleiten. Das ist ein großes Kunststück, weil eben viele Menschen nach wie vor in den Kategorien von Sieg und Niederlage denken. Wir müssen lernen: Das soziale Leben ist kein Fußballspiel. Vielmehr geht es darum, dass alle gewinnen oder zumindest niemand so verliert, dass er dann keine Lebensperspektive mehr hat.*« (Eb 502–509)

Auch *Ullrich Lochmann* erkennt bereits viele vorbildlichen Ansatzpunkte deutscher Außen-, Wirtschafts- und Entwicklungspolitik, die es weiterzuführen gilt: »*Die Möglichkeit ist nach wie vor da, wird auch hier und da verwirklicht – und der muss man weiter nachstreben. Und ich denk', dass Deutschland sich nicht zu verstecken braucht, obwohl wir natürlich über die Auslandseinsätze sehr entsetzt sind und kritisch debattieren. Aber im Vergleich zu anderen Ländern hat Deutschland doch aus Schaden gelernt und versucht – bisher zumindest – in der Weltpolitik durch Verhandlungen, durch Wirtschaftsbeziehungen, durch Entwicklungshilfe und all solche Dinge, einen friedensstiftenden Einfluss auszuüben. Also, ich denke, wir brauchen uns da nicht zu verstecken, sondern können vielleicht auch damit werben, mit dem deutschen Weg, wie er bisher war. Jetzt gibt's natürlich Bedenken, ob er so weiter beschritten wird. Da heißt es politisch wachsam zu sein, bei all den Entwicklungen, die wir so beobachten.*« (Lo 143–153)

4.2.3.4 Lebensperspektive durch Strafverzicht

Für eine gewaltfreie Friedenspolitik sehr bedeutsam ist die Frage nach dem Umgang mit Repräsentanten bzw. Akteuren von Unterdrückungs- und Terrorregimen. Bislang drohte ihnen nach der Entmachtung bzw. Absetzung die Überstellung an die Siegerjustiz oder ein UN-Tribunal. Die Furcht davor könnte sich konfliktverschärfend und -verlängernd auswirken. Deshalb spielt auch die Vermittlung einer Lebensperspektive für autokratische Herrscher und terroristische Akteure gerade bei der gewaltfreien Konfliktbearbeitung eine wichtige Rolle. *Theodor Ebert* zeigt dies an mehreren Beispielen auf: »*Das ist auch wichtig bei Aufständen gegen terroristische Regime. Man muss auch sogenannten Bösewichten eine Chance geben, nach dem Machtverzicht weiterzuleben. Man muss sogar im Voraus sagen, dass es so etwas wie Verzeihen geben wird und dass dann nicht abgerechnet wird. Damit bin ich auch in unserer Kirche auf Schwierigkeiten gestoßen: Diese Untersuchung, wer da nun alles für die Stasi gearbeitet hat, fand ich nicht besonders nützlich. Mein großes Vorbild war an dieser Stelle Tutu mit*

---

freier Aufstand als Alternative zum Bürgerkrieg. Waldkirch: Waldkircher Verlagsgesellschaft, S. 37.

seiner Wahrheitskommission.[390] *Da wurden auch die Verbrecher nicht bestraft. Sie mussten ihre Taten nur benennen. Das ist manchmal schwer zu schlucken, weil manche Leute meinen, dass Verbrechen nicht nur eingesehen, sondern bestraft werden müssen. Und das ist nun die Frage an die christliche Grundhaltung: Wenn sie einsehen, dass sie einen Fehler gemacht haben, kriegen sie von uns dann auch wieder eine Chance, es besser zu machen. Doch damit stellt man das bei uns geltende Strafsystem in Frage. Auch hier gibt es Reformbestrebungen, aber sie sind wenig populär. Der Extremfall der Strafjustiz ist die Todesstrafe. Gott sei Dank, steht es bei uns im Grundgesetz, dass diese abgeschafft ist. Aber es gibt eben andere Länder, wo sie praktiziert wird. Dass man nicht strafen soll, ist manchmal sehr schwer einzusehen, weil es dann eben auch unter den ehemals Herrschenden Leute gibt, die an der Buße kein Interesse haben. Sie wollen verschleiern oder rechtfertigen, was sie getan haben. Und das ist für Opfer und ihre Angehörigen sehr schwer zu ertragen. Wir alle kennen diese Reaktionen aus dem Alltag. Zu jedem Tatort-Krimi im Fernsehen gehört, dass die Täter ›ihrer gerechten Strafe zugeführt werden‹. Schlimmer noch diejenigen Krimis, in denen die Täter – nach dem bekannten Western-Schema – bei der Verfolgungsjagd umkommen oder beim Schusswechsel zu Tode kommen. In der knapp bemessenen 90-minütigen Krimi-Zeit kann man sich doch nicht auch noch darüber Gedanken machen, was aus den Tätern wird.*

Dieser Wille zur Bestrafung ist besonders ausgeprägt, wenn jemand Kinder oder Erwachsene vergewaltigt hat. Da wird auf Bestrafung, nicht etwa nur auf Prävention oder Heilbehandlung bestanden. Da meint man, es gäbe ein Recht auf Rache. Vergebung und Rehabilitation ist so schwierig, weil viele Täter nicht einsehen, dass sie etwas falsch gemacht haben. Das Strafrecht ist ein großes Problem. Auch innerhalb der Kirchen ist da noch nicht so oder so umgedacht worden, obwohl es ja große Vorbilder dafür gibt, dass man's auch anders machen könnte.« (Eb 510–540)

Für *Ullrich Hahn* umfasst die Überwindung der Gewalt alle Dimensionen des menschlichen Zusammenlebens. Militär ist für ihn »*letztlich nur Ausdruck dessen, was an struktureller Gewalt in der Gesellschaft vorhanden ist.*« Neben der Frage nach einer gerechten Weltwirtschaft ist für ihn innergesellschaftlich »*sehr wichtig: [Die, T.Z.] Überwindung von Strafe, weil Strafe, Strafvollzug auch 'ne Form von Gewalt ist und die Art, wie wir da mit anderen Menschen umgehen, also auch mit Menschen, die uns schwierig sind, oder die auch Unrecht tun, hängt ganz eng damit zusammen, wie wir international mit anderen – in Anführungszeichen – Schurkenstaaten oder Bösewichten umgehen. Ich denke, die Bereitschaft*

---

390 Bischof Desmond Tutu leitete die Wahrheitskommission zur Aufarbeitung der Apartheidsverbrechen in Südafrika. http://www.deutschlandfunk.de/wahrheitskommission-in-suedafrika.799.de.html?dram:article_id=120736 – Zugriff am 13.02.2017; 21:42 h.

zur innerstaatlichen Änderung der Gesellschaft hin auf Gewaltminimierung, auf Gewaltüberwindung bringt dann wahrscheinlich auch parallel dazu die Bereitschaft mit sich, auf Gewalt in den äußeren Beziehungen zu verzichten.« (Ha 100– 115)

Auch für *Fernando Enns* ist die Vermittlung der *win-win*-Perspektive Wesensmerkmal gewaltfreier Konfliktlösung: *»Es braucht also Modelle, die zeigen – auch in der Praxis, dass es diesen Dritten Weg in der Realpolitik tatsächlich gibt, dass es Menschen gibt, die den beschreiten und dass diese tatsächlich so überzeugend funktionieren, dass dabei* win-win*-Lösungen herauskommen. Also, dass dabei nicht irgendwas anderes auf der Strecke bleibt, sondern man Menschen tatsächlich geschützt hat und gleichzeitig den Raum eröffnet hat, für die Täter auch die Option zu eröffnen: ›Hier ist in einer möglichen gemeinsamen Zukunft eurer Ort auch vorhanden, Ihr werdet gebraucht, Ihr habt Eure Verantwortung natürlich und Ihr müsst Euch auch verantworten, aber Ihr seid nicht für den Rest Eures Lebens als Täter abgestempelt. Davor müsst Ihr nicht Angst haben, sondern es gibt da sowohl ein Entkommen aus der Opferrolle als auch ein Entkommen aus der Täterrolle.‹ Aber die brauchen sich gegenseitig. Das heißt, diese Art von Mediation ist tatsächlich möglich – als Theologe spreche ich da lieber eher von Versöhnung. Aber das ist nicht was, was man mechanisch sozusagen herstellen kann, dazu braucht es ganz viele Akteure, diese Bereitschaft dieser Akteure und es braucht den Willen und die Vision, dass für alle dabei etwas Gutes herauskommt. Das ist das entscheidende, aber das ist auch das realpolitische Element dabei.«* (En 303–319)

Reflexion: Der Verzicht auf Strafe dürfte wohl einer der am schwersten verstehbaren und vermittelbaren Punkte einer gewaltfreien Konfliktbearbeitung sein, bedeutete er doch den Verzicht auf Macht. Die Unvorstellbarkeit dieser Forderung dürfte der nach dem Verzicht auf eine militärische Landesverteidigung entsprechen und – wie die Antwort *Eberts* zeigt – damit korrelieren. Die Volksweisheit »Strafe muss sein« wird wohl von den allermeisten Menschen spontan geteilt. Ob im Sport, im Straßenverkehr, in der Wirtschaft, im Steuerrecht oder in jedem sonstigen Bereich des Zusammenlebens – überall gibt es Regeln, deren Nichteinhaltung Sanktionen auf sich zieht. Über Sinn und Zweck von Strafe ist damit noch nichts gesagt. Soll es um Rache, Vergeltung, Sühne, Abschreckung, Verhinderung von Wiederholungstaten, Genugtuung, Sicherung der Allgemeinheit, Besserung des Täters gehen? Werden diese Ziele jeweils mit dem jetzigen Strafsystem erreicht? Gäbe es bessere Möglichkeiten des Umgangs mit Straftätern als es die derzeitigen Strafformen (Freiheitsentzug, eingeschränkte Freizügigkeit durch elektronische Fußfessel, Geldstrafen, Sozialstunden usw.) ermöglichen? Welche Bedeutung hat in diesem Zusammenhang der christliche Glaube mit seiner Botschaft der Gnade Gottes, der Vergebung? Für *Hahn* besteht ein enger Zusammenhang zwischen dem Umgang mit Straftätern innergesellschaftlich und mit den sogenannten Schurkenstaaten. Eine Veränderung auf der einen Dimension begünstigt bzw. erfordert auch eine Veränderung auf der anderen und umgekehrt. An diesem Beispiel wird der durchgängige Geltungsanspruch von Wertvorstellungen und einem daran orientierten Handeln auf allen Ebenen des menschlichen Lebens ersichtlich.[391]

4.2.3.5 Voraussetzungen für eine gewaltfreie Konfliktbearbeitung

Ulrich Parzany spricht ebenfalls diese psychologische Dimension der gewaltfreien Konfliktlösung an und verweist auf das Beispiel Andrea Riccardis von Sant'Egidio. Kennzeichen der Akteure von Sant'Egidio seien nichtöffentliche Verhandlungen mit afrikanischen Kriegsparteien, wie auch in anderen Regionen, ohne zuvor in Gut und Böse einzuteilen.[392] »*Sondern die gehen einen Weg, die wissen genau, du kannst nur Versöhnung und Vermittlung erreichen und Kompromisse erreichen, wenn die Leute nicht ihr Gesicht verlieren. Also musst du ihnen Gelegenheit zur Begegnung bieten, von denen niemand etwas weiß, wo sie erstmal überhaupt miteinander sprechen können, wo man gar nicht weiß, ob das zu irgendwelchen Ergebnissen führt. Und in der Regel sind solche Konflikte so verworren, dass keiner weiß, wie es schnell gelöst werden kann. Und deshalb braucht es halt diese diskreten Wege, wo man nicht seine eigene Reputation sucht und auch nicht proklamatorisch sein gutes Gewissen zur Werbung ins Schaufenster stellt, sondern wirklich versucht, Brücken zu bauen und Kompromisse zu finden, (…) in manchen Situationen ist es auch einfach hilfreich gewesen, dass verfeindete führende Leute überhaupt einmal miteinander einen Kaffee getrunken haben und sich ins Auge geschaut haben.*« (Pa 240–251)

Die psychischen Befindlichkeiten der Konfliktakteure spielen für das Zustandekommen einer befriedigenden Konfliktlösung eine wichtige Rolle. Deshalb, so Parzany, dürfe niemand Gefahr laufen, sein Gesicht zu verlieren. Um

---

391 Vgl. Rat der Evangelischen Kirche in Deutschland (2007²), S. 48 ff., Zif. 71 f.
392 Vgl. »Einige Mitglieder der Gemeinschaft sind beauftragte Vertrauenspersonen und Vermittler in verworrenen Konflikten gewesen, die wie im Fall von Mosambik über zehn Jahre andauerten oder zum Teil auch länger als dreißig Jahre, wie im Fall von Guatemala. Afrika, das am ärmsten ist und von Kriegen überzogen wird, auch der Balkan und andere Gebiete liegen Sant'Egidio am Herzen und stehen im Mittelpunkt der Anteilnahme und des Einsatzes der Gemeinschaft. Auch durch solche Erfahrungen ist in Sant'Egidio das Vertrauen auf die ›schwache Kraft‹ des Gebetes gewachsen, und ebenso auf die Kraft der gewaltlosen Veränderung und der Überzeugung.« Sant'Egidio: Der Dienst am Frieden. http://www.san tegidio.org/pageID/16/Dienst-am-Frieden.html – Zugriff am 20.08.2015; 10:49 h.

Brücken zu bauen und Kompromisse zu finden, müssten die verfeindeten führenden Leute zuvor die Möglichkeit zu persönlichen Begegnungen bekommen. Beim gemeinsamen Kaffeetrinken kann durch den Blickkontakt auf Augenhöhe der bisherige Feind oder Gegner als Mensch wahrgenommen werden. (Pa 242–251)

Neben diesem persönlichen Versöhnungsprozess sieht *Parzany* für die politische Konfliktebene jedoch auch weitere Faktoren: »*Ich meine, es hängen da natürlich auch wirklich oft zum Teil strukturelle Gegebenheiten, die nicht einzelne Personen heute verantworten. Nicht wahr, wir stehen da auf den Schultern unserer Vorgängergenerationen. Da sind Dinge passiert, die sind ... [...]. Und wie man aus diesen Konfrontationen rauskommt, das braucht noch 'ne andere Dynamik als ... [...] Aber in Gruppen, da müssen auch Rechtsausgleich in praktischer Weise, Kompromisse gefunden werden. Wenn jeder sein ganzes Programm durchführen will, wird es nie Frieden geben. Das heißt, insofern bin ich da so zurückhaltend mit der Gerechtigkeit ..., weil jeder sagt: ›Wenn ich mein Recht durchsetzen kann, dann kann ich Frieden halten.‹ Also, es gibt sicher Vergleichbares auf der persönlichen Ebene und der Gruppenebene, aber es gibt auch Unterschiede. Die muss man auch analysieren und entsprechend sachgemäß vorgehen.*« (Pa 639–652)

Reflexion: Die Mehrdimensionalität von Konflikten im Sinne einer aktuellen Horizontalität und einer historischen Vertikalität ist insbesondere auf der gesellschaftlichen und zwischenstaatlichen Konfliktebene von großer Bedeutung. Insofern lassen sich Lösungen meist nicht allein durch die persönliche Verständigung der entscheidenden Akteure finden, sondern es bedarf auch struktureller Regelungen und der Bereitschaft zur Kompromissfindung bezüglich der geltend gemachten (Rechts)Ansprüche. Wobei hier zu unterscheiden ist zwischen nicht verhandelbaren grundlegenden Rechtsgütern wie zum Beispiel der Menschenrechte und eines menschenwürdigen Lebens und darüberhinausgehenden materiellen Ansprüchen.

4.2.3.6 Zusammenfassung der genannten Prinzipien gewaltfreier Verteidigung

– Der traditionell als Abwesenheit von Bedrohungen der Staatssouveränität verstandene Begriff der Sicherheit wird von den Befragten erweitert auf die Perspektive der Gemeinsamen Sicherheit. Diese hat sich in der jüngsten Vergangenheit konfliktdeeskalierend und damit als erfolgreich erwiesen. Sicherheit bezieht sich vor allem auf die menschlichen Grundbedürfnisse (*human security*) sowie auf die kulturellen Bedürfnisse. Diese können nur durch eine globale Institution, wie es die Vereinten Nationen vom Ansatz her sein sollten, adäquat geregelt werden.

- Die *win-win*-Situation aller Konfliktbeteiligten ist das gemeinsam anzustrebende Ziel, um die Bereitschaft zur Mitwirkung zu wecken.
- Vielfältige bewährte Elemente einer gewaltfreien Konfliktkultur im innergesellschaftlichen Bereich sollten auch auf die zwischenstaatliche Ebene transferiert werden.
- Konflikte müssen neben der persönlichen auch von ihrer strukturellen und historischen Seite wahrgenomen werden und bedürfen einer allseitigen Kompromissbereitschaft.
- Gesichtswahrung der Kontrahenten ist eine wichtige Voraussetzung dafür, dass diese sich auf eine Konfliktlösung einlassen und daraus ein friedliches Miteinander für die Zukunft erwachsen kann.
- Der Verzicht auf Strafe im Umgang mit »Bösewichten« bzw. die Garantie ihrer Lebensperspektive nach ihrer Entmachtung ist ein wichtiges Element gewaltfreier Konfliktlösung im politischen Bereich. Dadurch soll in ihnen die Bereitschaft zur Aufgabe ihres bisherigen inhumanen Tuns geweckt bzw. diese erleichtert und der Kreislauf von Tat und Vergeltung gestoppt werden. Die Wahrheitskommissionen in Südafrika haben, trotz aller in diesem Land bis heute noch nicht beseitigten Probleme, die Sinnhaftigkeit eines anderen Umgangs mit Schuldiggewordenen als Synthese zwischen Schuldaufarbeitung und Vergebung durch Gewährung von Lebensperspektive eindrucksvoll veranschaulicht.[393] Dies war auch hinsichtlich der gesellschaftlichen Zukunft dieses Landes, des einigermaßen friedlichen Miteinanders bislang verfeindete Ethnien von großer Bedeutung.

4.2.3.7 UN-Recht verbietet Krieg

Horst Scheffler verweist darauf, dass »Krieg eigentlich, wie die UN-Charta[394] *in der Präambel sagt, eine Geisel der Menschheit ist, die es zu überwinden gilt. Eigentlich, nach der Charta, ist Krieg eine verbotene Unternehmung. Es gibt ja nur die beiden von der Charta genehmigten Ausnahmen*[: friedenserzwingende Maßnahmen der UN und Krieg zu Selbstverteidigung, T.Z.].[395] *Wir haben in der*

---

393 Der Täter-Opfer-Ausgleich (TOA) im Strafrecht ist ein ähnlicher Ansatz im innergesellschaftlichen Umgang mit kriminell gewordenen Menschen; wobei hier jedoch auch das Einverständnis des Opfers mit einem täterseitigen Wiedergutmachungsangebot Ausgleichsvoraussetzung ist. Vgl. Landesarbeitsgemeinschaft Täter-Opfer-Ausgleich Baden-Württemberg: http://www.toa-bw.de/ – Zugriff am 17.08.2015; 23:03 h.
394 BGBl. 1973 II S. 431.
395 Siehe in Kap. VII der UN-Charta die Artikel 41–43, 51. UNRIC: http://www.unric.org/de/charta#kapitel7 – Zugriff am 22.01.2016; 20:43 h.

Kirche parallel dazu in der Amsterdamer Erklärung von 1948 – Krieg soll nach Gottes Willen nicht sein – die klare Botschaft, dass die Lehre vom Gerechten Krieg obsolet geworden ist.« (Sch141–147)

Auch *Paul Oestreicher* wertet die Illegalisierung des Angriffskrieges als eine menschheitsgeschichtliche Innovation, als einen *»Fortschritt im Denken der Menschen. Nur ist sie noch nicht umgesetzt worden. Es steht schon geschrieben das Urteil des Nürnberger Gerichtes gegen den Angriffskrieg Adolf Hitlers – [es, T.Z.] war das erste Mal, dass Politiker vor Gericht standen und verurteilt worden sind, weil sie einen Angriffskrieg geführt haben. Das ist noch nie geschehen vorher. Es war in gewisser Hinsicht ein schlechtes Prinzip, dass die Sieger über die Besiegten geurteilt haben. Wenn das ein unparteiisches Gericht gewesen wäre – es gab so etwas noch nicht, wäre es besser gewesen als ein Gericht der Sieger. Aber das Rechtsprinzip war ein gutes. Mit anderen Worten: Nürnberg war ein Schritt auf dem Weg und heute müsste jeder Angriffskrieg zu einem Gerichtsprozess führen.«* (Oe 210–220)

Diese völkerrechtliche Verwerfung des Krieges ist durch die politische und militärtechnische Entwicklung der vergangenen sieben Jahrzehnte immer wieder missachtet worden, in der jüngsten Vergangenheit sogar wieder mit steigender Tendenz. Auf das Beispiel des Angriffskrieges unter Führung der USA auf den Irak angesprochen, merkt *Oestreicher* zur britischen Beteiligung an: *»Ja, viele Menschen, auch in Großbritannien, sind der Meinung, dass Tony Blair, der diesen Krieg gewollt hat und durchgeführt hat, […] damit zum Kriegsverbrecher geworden ist. Und das ist ganz offen ausgesprochen worden von Vielen[396], aber die Konsequenzen wurden noch nicht gezogen.«* (Oe 224–227)

Horst Scheffler stellt angesichts dieser Entwicklung einer allseitigen Zunahme der Kriegsbereitschaft die Frage: *»Wollen wir als Kirche und als Gesellschaft festhalten an der Ächtung und Überwindung des Krieges oder lassen wir uns drauf ein, Krieg wieder positiv zu bewerten, befördert auch durch die falsche Chiffre des Kriegs gegen den Terror. Wenn wir aber Letzteres tun, kommen wir in einen neuen Rüstungswettlauf. Auch andere Staaten, nicht nur der inzwischen auch qualitativ mit großem Vorsprung agierende Westen, Russland, China, Indien holen da gewaltig auf.«* (Sch 154–159)

Das Problem ist deshalb nicht mehr die rechtliche Bewertung von Krieg, sondern die Frage, wie der längst erfolgten völkerrechtlichen Ächtung des Krieges zu allgemeiner Beachtung verholfen werden kann. Hierzu regt *Fernando*

---

396 So auch von Benjamin B. Ferencz, dem Chefankläger der Nürnberger Kriegsverbrecher-prozesse in dem am 12.11.2015 in die Kinos gekommenen Film von Horn, Ullabritt (2015): A man can make a differenze – »Appell für den Frieden«, programmkino.de, verleih: wfilm.de, http://www.wfilm.de/a-man-can-make-a-difference/ – Zugriff am 13.11.2015; 00:38 h.

Enns an zu schauen, welche internationalen Instrumente bereits da sind und funktionieren und welche nicht: »*Was wir sehen in der Realität ist leider, dass gerade diese sehr entscheidenden Fragen von einer ganz kleinen Gruppe, nur von Sicherheitsratsmitgliedern, beschlossen [werden, T.Z.], [...] den ständigen Mitgliedern, die da eine Machtfunktion innehaben, die sehr undemokratisch ist. Damit will ich darauf hinaus zu sagen: Diese Instrumente, die wir haben im internationalen Bereich, die müssten einer gründlichen Reform unterzogen werden, so dass sie tatsächlich demokratisch funktionieren, dass tatsächlich alle Beteiligten, um die es geht bei einem Konflikt, auch zu Wort kommen können und ihre Stimme da einbringen können. Dass wir auch zu Abstimmungen beziehungsweise zu Konsensbildungen in solchen Gremien kommen müssen, wo nicht ein einzelner Staat alles blockieren kann, sondern wo es auch tatsächlich eine Konsensbildung im besten Sinne des Wortes gibt. Und wir müssen schauen, ob wir es nicht hinkriegen, dass wenn es zu solchen Konflikten kommt, wo es wirklich um Leben und Tod geht und wo man vor der Frage steht: Müssen wir hier nicht einschreiten? nicht so sehr, um unsere eigenen politischen Interessen zu vertreten, sondern um Menschen zu schützen. [...] Zweitens, die Entscheidungsfindung in diesem internationalen Gremium muss gründlich überdacht werden. Drittens, die Frage der Repräsentanz: Wer repräsentiert hier eigentlich wen und wer spricht für wen? Ich glaube, dass wenn wir es nicht schaffen, tatsächlich betroffene Menschen, die also in einem Konflikt gerade unter die Räder geraten und [...] zu den großen Verlierern [...] und zu den Bedrohten gehören, diese Menschen müssen doch sinnvollerweise mitbeteiligt werden bei dieser Entscheidungsfindung. Weil – um diese Menschen geht es letztlich, in deren Namen werden dann möglicherweise militärische Einsätze geführt, auf diese beruft man sich. Was ich zu oft sehe, ist eine Instrumentalisierung gerade dieser Menschengruppe, die selbst gar nicht zu Wort kommt und es sich in der Vergangenheit eben schon mehrfach gezeigt hat, dass gerade diese Menschen gar nicht so sehr meinen, dass die primäre Hilfe, die jetzt nötig sei, ein militärischer Einsatz von außen sei, sondern da gibt es viele Stimmen, die sagen: Das macht alles nur noch schlimmer! Denn die Gewalt wird erstmal noch viel extensiver benutzt. Sondern dass ganz andere Bedürfnisse da im Vordergrund stehen und auf diese Bedürfnisse zu hören, das wäre meines Erachtens ein auch politisch sinnvoller Zug, wenn es wirklich und ehrlicherweise um die Konfliktlösung geht. Solange diese Konflikte immer auch benutzt werden für machtpolitische Interessen, für die Verfolgung von eigenen nationalen Interessen, leidet die Glaubwürdigkeit dieser internationalen Instrumentarien, die wir da zur Verfügung haben, enorm. Und damit wird der ganze Ansatz, dass man also auch militärische Einsätze nur aus den höchsten moralischen Werten heraus meint führen zu können, die werden absolut unglaubwürdig. Das Nächste wäre dann zu sagen: ›Ja, militärische Einsätze soll's dann doch geben.‹ Auch da würde ich sagen, davon müssen wir unbedingt*

wegkommen, weil diese militärischen Einsätze offensichtlich nicht zu Konflikt-
lösungen geeignet sind. Wenn man sich mit hohen Militärs unterhält dieser Tage,
dann sind es auch gerade solche Militärs, jedenfalls in Deutschland erleb' ich das
so, die davor warnen, das zu überschätzen, dieses Instrument eines militärischen
Einsatzes. Die sagen: Das kann niemals Konfliktlösung sein, dazu sind wir nicht
ausgebildet, dafür sind wir nicht ausgerüstet – wir können bestenfalls einen
Konflikt unterbrechen und einen Raum schaffen, wo dann gewaltfreie Möglich-
keiten wieder eröffnet werden und so weiter. Wenn das so ist und wenn wir dieser
Analyse folgen wollen, dann müssten wir eigentlich nochmal fragen, welche Art
von Konfliktunterbrechung wäre denn angemessen und könnte die möglicher-
weise auch anders aussehen, damit dieser Raum für Verhandlungen und ge-
waltfreie Konfliktlösungen tatsächlich schneller, effektiver möglich wird? Wie
müsste dann so ein Einsatz aussehen? Und da bin ich überhaupt nicht davon
überzeugt, dass das per Militär gelingt.« (En 198–250)

Aus *Enns'* Kritik an der teilweise unzureichenden Funktionsweise der UNO
ergeben sich für die von ihm angemahnte »gründliche Reform« zur Verbesserung der Glaubwürdigkeit und Akzeptanz von UN-Entscheidungen folgende
konstruktiven Forderungen:

(1) Erweiterung des UN-Sicherheitsrates im Interesse eines partizipativen Demokratieverständnisses

(2) Abschaffung der Institution ständiger, mit Veto-Recht ausgestatteter Si-
cherheitsratmitglieder[397]

(3) Repräsentanz und Beteiligungsmöglichkeit aller von einem Konflikt Betroffenen zur Verhinderung ihrer Instrumentalisierung durch Eigeninteressen fremder Mächte

(4) Entscheidungsfindungen im Konsens

(5) Entwicklung nichtmilitärischer Eingriffsoptionen

Trotz aller Mängel im Krisenmanagement der UNO und der teils offenkundigen
Rückschritte sieht *Ullrich Lochmann*, insgesamt betrachtet, eine positive Entwicklung, so dass die Stichworte UNO, Menschenrechte, Verbot von Angriffskriegen nicht nur auf dem Papier stünden, *»sondern sich doch wohl auch in*
vielen Fällen materialisiert haben. Wenn man etwa an die europäischen Ent-

---

397 Die Friedensforscherin Hanne-Margret Birckenbach kommt in ihrer Beurteilung des sich
via Veto-Recht oft selbst blockierenden UN-Sicherheitsratsrates zum gegenteiligen Ergebnis: »Aber friedenspolitisch gesehen ist das gerade der Sinn des Sicherheitsrats. Seine
Zusammensetzung macht es schwer, Zustimmungen für militärische Interventionen und
für kriegerische Aktivitäten zu erhalten. In dieser heterogenen Konstruktion steckt sehr
viel Weisheit: Wer Konflikte lösen will, muss andere Wege suchen als den der Gewalt, und
das heißt auch, andere Institutionen wie die Vollversammlung überzeugen.« http://www.fo
rumzfd.de/Interview_Hanne-Margret_Birckenbach – Zugriff am 21.08.2015; 17:02 h.

wicklungen denkt, die europäische Einigung und so weiter, wo man doch gelernt hat, miteinander umzugehen ohne Krieg. Also die faktische Möglichkeit, dass eine Welt ohne Krieg auskommt, hat es vielfältig gegeben – also warum soll es nicht auch letztlich überall möglich sein, so wie sich menschliche Entwicklungen überall durchgesetzt haben? Ich will jetzt gar nicht von Sklaverei und solchen Sachen reden, die ja im Wesentlichen verboten sind, obwohl man weiß, leider, dass es noch viele Gegenden gibt, wo die Dinge stattfinden. Aber das ist ja kein Gegenargument dafür, dass es eine Hauptentwicklung menschlichen, historischen, politischen Einverständnisses gegeben hat und gibt, die einen Krieg ausschließt, die einen Krieg gar nicht mehr als Werkzeug im Koffer hat, im Instrumentarium hat. Die Geschichte lehrt eigentlich nicht nur, dass es immer wieder Kämpfe gegeben hat – manche Leute argumentieren ja so: Der Mensch ist schlecht, deshalb braucht man immer wieder Krieg und Waffen. Man kann genauso das geschichtliche Gegenmodell aufzeigen, dass es eben schon auch Fortschritte gegeben hat.« (Lo 113–126)

Die Beispiele Abschaffung der Sklaverei und Europäische Einigung erwiesen in der Geschichte die Möglichkeit einer Entwicklung zu mehr Humanität und zu internationaler Kooperation. Rückschläge hierbei seien keine Gegenargumente. Dem pessimistischen Welt- und Menschenbild könne mit Verweis auf die erreichten Fortschritte das Gegenbild gegenübergestellt werden.

Reflexion: Diese eher optimistische Sicht der geschichtlichen Entwicklung wird auch von dem Theologen und Politologen Egon Spiegel[398] mit Verweis auf andere Innovationsbeispiele in der neuzeitlichen Geschichte bekräftigt. Er hat hierfür das sogenannte Tabuzonenmodell[399] entwickelt, anhand dessen die ursprüngliche Bandbreite oszillierender divergenter Einstellungen zu einem Konfliktthema demonstriert wird. Nach einer gewissen Zeit des heftigen Ringens der gegensätzlichen Positionen sei ein *point of no return* erreicht worden, ab dem eine wissenschaftlich überholte, eine inhumane oder eine umwelt- beziehungsweise lebensgefährdende Position in die Tabuzone geraten sei. Er zeigt dies an einer ganzen Reihe von Beispielen, angefangen beim Streit um Galileo Galileis heliozentrisches Weltbild, um die Abschaffung der Sklaverei und der Todesstrafe, bis hin zu aktuellen lebensschützenden Neuregelungen wie der Gurt- und Helmpflicht oder dem Rauchverbot in öffentlichen Räumen auf.

---

398 Egon Spiegel lehrt an den Universitäten Vechta und Olstyn (Polen).
399 Nagler, Michael & Spiegel Egon (2008), S. 116ff.

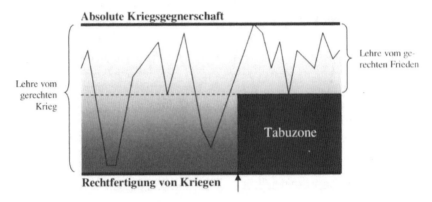

Abb. 2: Tabuzonenmodell von Egon Spiegel in: Nagler, Michael & Spiegel, Egon (2008), Berlin, S. 126.

Reflexion: Gerade im Bereich der Diskussion um die Landesverteidigung existiert bislang auch ein Tabu bezüglich des Nachdenkens über eine Entmilitarisierung. Die Wahrung der nationalen Souveränität scheint untrennbar an das Vorhandensein nationaler Streitkräfte gekoppelt zu sein. Wie schon an anderer Stelle erwähnt, wird die sogenannte Politikfähigkeit von der Akzeptanz der Bundeswehr und ihrer weltweiten Verwendung sowie vom »Bekenntnis zur NATO« abhängig gemacht. Die Vorstellung einer nichtmilitärischen Friedenssicherung gilt in Politik, Wissenschaft, Medien, auch in den Volkskirchen, teils sogar innerhalb der Friedensbewegung als unrealistisch und wird deshalb mit einem Tabu belegt. Genaugenommen geht es dabei nicht um die Schaffung einer Tabuzone, sondern um den Wechsel des Tabuisierten: Anstelle des Gewaltverzichtes gilt es die Gewalt zu tabuisieren.

Rein formal ist die Friedensvision vieler Menschen von einer Welt ohne Krieg durch die in der UN-Charta ausgesprochene Ächtung des Krieges aufgenommen. Im Ziel – zweiundzwanzigmal ist in der Charta davon die Rede »*den Weltfrieden und die internationale Sicherheit zu wahren*« (z. B. Art. 1,1) – besteht somit Einigkeit. Die Unterzeichnerstaaten sind verpflichtet, »*Angriffshandlungen und andere Friedensbrüche zu unterlassen und internationale Streitigkeiten oder Situationen, die zu einem Friedensbruch führen könnten, durch friedliche Mittel nach den Grundsätzen der Gerechtigkeit und des Völkerrechts zu bereinigen oder beizulegen.*« (Art. 1,1 sowie Art. 2,3.4)

1962 wurde in Vorschlägen der Sowjetunion und der USA sogar »die all-gemeine und vollständige Abrüstung« innerhalb von fünf Jahren zum Ziel erhoben. Die Meinungsverschiedenheiten über das konkrete Kontrollver-fahren verhinderten jedoch die Realisierung.[400]

Durch die in Kapitel VII gewährte Erlaubnis von Selbstverteidigungs-kriegen (Artikel 51) und die Möglichkeit friedenserzwingender Maßnah-men der UN (Artikel 41 bis 43) ist dem Krieg jedoch nicht grundsätzlich gewehrt. Waffengewalt soll, so die Präambel, »*nur noch im gemeinsamen Interesse*« angewendet werden. Mehr war von den Erstunterzeichnern der Charta, die mitnichten bereit waren bzw. sind, auf ihre Armeen zu ver-zichten, auch nicht zu erwarten. Und wie die Beispiele aus der jüngsten Geschichte (Afghanistan-Krieg ab 2001, Irak-Krieg ab 2003, Gaza 2013, Ukraine ab 2014 u. a.) zeigen, ist die formale Kriegsächtung angesichts der den Regierungen zur Verfügung stehenden militärischen Potentiale und der nur begrenzten Akzeptanz der Autorität der UNO nicht hinreichend kriegsverhindernd. Die in Art. 26 der Charta vorgesehene Aufgabe der UNO, Pläne dafür auszuarbeiten, »*dass von den menschlichen und wirt-schaftlichen Hilfsquellen der Welt möglichst wenig für Rüstungszwecke abgezweigt wird*«, ist in den sieben Jahrzehnten des Bestehens der UNO offenkundig nicht oder nicht zielführend wahrgenommen worden. Des-halb stellt sich die Frage, wie die in der Präambel genannten Ziele, künftige Geschlechter von der Geisel des Krieges zu bewahren, die Grundrechte des Menschen an Würde und Wert der menschlichen Persönlichkeit zu be-kräftigen und den völkerrechtlichen Verträgen Achtung zu verschaffen, besser erreicht werden könnten, als es derzeit der Fall ist.

Die von *Enns* vorgeschlagenen Reformpunkte wären ein Beitrag zu Steigerung der Friedenswirksamkeit der UNO.[401] Da es jedoch sehr un-

---

400 Unser, Günther (2008): Der Beitrag der Vereinten Nationen zur Abrüstung. in: http://www. dgvn-nrw.de/fileadmin/user_upload/Vereinsbilder/Tagungsband-Finalversion-.pdf – Zu-griff am 16.05.2016; 11:31 h, S. 94ff. Glubrecht, H. & Menzel, Eberhard in: Vereinigung deutscher Wissenschaftler e.V. [Hg.] (1967): Die amerikanischen und sowjetischen Vor-schläge für eine allgemeine und vollständige Abrüstung und die Atomsperrverträge bis 1967. Göttingen: Vandenhoeck & Ruprecht, u. a. S. 75,165.

401 Für Andreas Zumach, Journalist am Genfer Sitz der UNO, kommt es angesichts der be-kannten »Widrigkeiten« ganz entscheidend darauf an, ob der neue, ab 1. Jan. 2017 amtie-rende UN-Generalsekretärs Antonio Guterres »die Einhaltung und Umsetzung aller Nor-men und Abkommen der UNO offensiv von allen Mitgliedsstaaten einfordert, sowie Ver-stöße und die dafür Verantwortlichen klar benennt.« Außer einer effizienten Strafverfolgung – auch für Missbrauchsverbrechen durch UN-Soldaten – sieht Zumach in einem Planungssicherheit ermöglichenden neuen Finanzierungssystem »durch eine glo-bale UN-Steuer berechnet nach dem Bruttosozialprodukt der Mitgliedsstaaten pro Kopf der

> wahrscheinlich ist, dass sich die mit Veto-Recht ausgestatteten ständigen Sicherheitsratsmitglieder ihrer Privilegien zu begeben bereit sind, kommen den – wie von *Hahn* vorgeschlagen (Ha 100–102) – unilateralen Entmilitarisierungsschritten einzelner oder auch mehrerer Mitgliedsländer als Impuls für eine neue nichtmilitärische internationale Konfliktkultur große Bedeutung zu.

4.2.4 Überwindung von Krieg und Gewalt

4.2.4.1 Einführung in die Begriffe »Vision« und »Utopie«

Für einen wünschenswerten, jedoch noch nicht erreichten gesellschaftlichen Zustand sind je nach Standpunkt und Einschätzung sehr unterschiedliche Bezeichnungen möglich, teils mit positiven Wertungen wie »Vision«, »Utopie«, »Wunschtraum«, oder negativen wie »Illusion«, »Hirngespinst«, »Luftschloss«. Für die Gegensätzlichkeit der Bewertungen sind Martin Luther Kings Ausruf: »*Ich habe einen Traum…*«, in seiner Washingtoner Rede im Jahre 1963[402] für die Überwindung der Rassendiskriminierung zum einen und Helmut Schmidts abfälliger Ausspruch in den 1970er Jahren: »Wer Visionen hat, soll zum Arzt gehen.«[403] zum andern beispielhaft geworden.

Oft, auch in den folgenden Ankertexten dieses Kapitels, werden die Begriffe »Vision« (was dem Traum entspricht) und »Utopie« synonym gebraucht. Bei eingehender Betrachtung ergeben sich jedoch Unterschiede und eine inhaltliche Abfolge. Ich schließe mich hierbei dem Stuttgarter Kunstwissenschaftler Hans-Dieter Huber an, der die Vision

> »als eine Form von innerer Schau, innerer Vorstellung, Imagination oder Phantasie« definiert, diese seien »das eigentliche Leben« und arbeiteten »als erste Synthese der Mannigfaltigkeit des Wirklichen (…) der Bildung von Schemata und Begriffen zu. Ihre Funktion ist daher das Verstehen und Begreifen der Wirklichkeit und des Selbst. Sie ist das eigentliche Leben.«[404]

Bevölkerung« das wichtigste Reformvorhaben. Zumach, Andreas: Viele widrige Umstände. Neuer UN-Generalsekretär Guterres. In: Badische Zeitung vom 13. Dezember 2016, S. 4.
402 http://usa.usembassy.de/etexts/soc/traum.htm – Zugriff am 21.08.2015; 16:00 h.
403 Lorenzo, Giovanni di: http://www.zeit.de/2010/10/Fragen-an-Helmut-Schmidt/seite-4 – Zugriff am 21.08.2015; 11:30 h.
404 Huber, Hans-Dieter in Wiezoreck, Alfred & Schirmböck, Thomas [Hg.], (2007): my vision – Ideen für die Welt für morgen. Kat. Zephyr, raum für fotografie, Mannheim 4.2.-15.4.2007, Heidelberg: Kehrer-Verlag [o.S.]. http://www.hgb-leipzig.de/artnine/huber/aufsaetze/my_vision.pdf – Zugriff am 24.08.2015; 23:26 h, (2. bis 4. Seite der pdf-Darstellung).

Diese innere Schau sei lebensnotwendig. Mit Verweis auf Thomas Morus, dem Urheber des Begriffes »Utopie« definiert Huber:

> »U-topia ist der Nicht-Ort, den es nicht gibt. (…) Utopia ist der Name für den Schauplatz einer idealen Gesellschaft. Die Spannung zwischen der normativen Kraft des Faktischen und dem Traum von einem freien, idealen Gemeinwesen prägt die meisten utopischen Vorstellungen. (…) Utopien sind die Projektionsfolie des Geistes, vor der er sich und seine Welt beständig neu entwirft.«[405]

Utopisch sei alles, was das Gegebene, das Tatsächliche, das Vorhandene in Richtung auf eine erträumte Zukunft übersteige. Die Utopie als die Möglichkeit des Neuen sei schon in der Gegenwart angelegt. Visionen seien insofern von Utopien zu unterscheiden, als sie einen Besitzer, einen Urheber haben. In dem Moment aber, in dem sie anderen mitgeteilt werden, würden sie zur Utopie, zu einer sozialen Angelegenheit, die mit anderen geteilt werden könne oder auch nicht.[406]

Wünsche aller Menschen zu allen Zeiten, auch Menschheitsträume genannt, können unterschieden werden, ob sie nach gegenwärtigem, menschlichem Ermessen prinzipiell realisierbar sind, auch wenn ihre bisherige teilweise Nichtverwirklichung durch menschliche Faktoren bedingt ist (z. B. Abschaffung der Todesstrafe, Abschaffung der Sklaverei, Gerechtigkeit im Sinne eines demokratischen Wohlfahrtsstaates), oder ob sie nach heutigem naturwissenschaftlichem Erkenntnisstand nicht realisierbar sind (z. B. unbegrenztes Wachstum, ewige Jugend sowie die Überwindung der Sterblichkeit).

Bei der Frage von Krieg und Frieden bewegen wir uns im Bereich des prinzipiell Möglichen, das jedoch durch menschliche Unzulänglichkeiten (Missgunst, Missverständnisse, Egoismen, ideologische oder religiöse Verblendungen, Ängste, Besitz-, Geschäfts- oder Machtinteressen u. a.) gehemmt oder gar verhindert wird. Es ist deshalb kein Hirngespinst, diesen Wunschtraum nach dem Weltfrieden zu hegen – zumal durch die Vernichtungskapazitäten des Atomzeitalters die Überlebensfrage der menschlichen Gattung daran gekoppelt ist. Angesichts dessen scheint es eher eine Illusion zu sein, zu glauben durch die weitere Perfektionierung der je eigenen Waffensysteme und Ausbau der eigenen Vormachtstellung den Frieden sicherer machen zu können. Auch könnte das Desinteresse an friedenspolitischen Utopien mit ein Grund für die ständigen Rückfälle in kriegerische Auseinandersetzungen sein.

Ob nun aus rationaler Einschätzung oder von religiösen oder weltanschaulichen Quellen genährt – um die Vision einer friedlichen Welt zu haben und daraus den Topos, den Ort, der heute noch nicht erreicht ist (u-topos), den es

---

405 Ebd.
406 Ebd.

aber zu erreichen gilt, zu entwickeln, bedarf es einer konstruktiven, menschenfreundlichen Fantasie. Der heutige Stand der Waffentechnik ist ja ebenfalls das Produkt fantasievollen Forschens und Testens, allerdings in einem destruktiven, inhumanen Sinne. Allen lebensfördernden Verbesserungen in der Menschheitsgeschichte im Sinne der Menschen- und Bürgerrechte, der Entwicklung des Ökologiebewusstseins, des Inklusionsgedankens, der Diskriminierungsverbote usw., ging die Sehnsucht der unter den vormaligen Bedingungen Leidenden voraus. Sie entwickelten Vorstellungen darüber, wie es idealerweise eigentlich sein sollte, sie hatten ihren jeweiligen Traum.

»Wenn ein Volk keine Vision hat, verwildert es; wenn es sich an die Weisung hält, wird es glücklich.« (Sprüche 29,18, Bibel in gerechter Sprache). Diese Lebensweisheit aus der hebräischen Bibel beschreibt die Notwendigkeit, über den Tellerrand der aktuellen strukturellen Gegebenheiten hinauszudenken, die Hoffnung auf eine Verbesserung der gegenwärtigen Verhältnisse als Orientierung zu haben und die biblischen Weisungen (z. B. Feindesliebe, solidarisches Handeln, Goldene Regel) als Hilfestellung hierfür zu begreifen und anzuwenden. Die biblische Überlieferung enthält eine ganze Reihe von Friedensvisionen und Friedensutopien, von den Paradiesgeschichten über die prophetischen Visionen einer Welt ohne Krieg bei Micha und Jesaja bis hin zu Jesu Realutopie des Reiches Gottes, die ihre Wirkungsgeschichten bis in die Gegenwart haben. Insofern ist die Frage nach friedenspolitischen Zielvorstellungen die Grundlage zur Erstellung eines handlungsorientierenden Friedensleitbildes, sowohl in den Kirchen wie auch in der Politik. Mir ist gegenwärtig von keiner Kirche oder und auch von keiner politischen Partei bekannt, dass sie die Überwindung des Krieges in ihre Agenda aufgenommen hätten. In einem Aufruf aus der badischen Landeskirche soll genau dieses Anliegen an die EKD herangetragen werden,[407] zumal deren friedensethische Äußerungen in der öffentlichen Debatte als eine wichtige Orientierung angesehen werden.

4.2.4.2 Analyse der Aussagen zur Visionen und Utopien

Vorbemerkung: Nachfolgend werden jeweils von den Gesprächspartnern, die sich direkt zu dem Zusammenhang von Visionen und Utopien geäußert haben, die entsprechende/n Passagen wiedergegeben, zusammengefasst und reflektiert.

»Das ist der uralte Traum von so etwas von einem Weltfriedensstaat oder einem Weltfriedensabkommen, das ja seit Kant und wohl noch viel älter seit biblischen Zeiten gedacht wird und praktisch in der UNO heute als Möglichkeit

---

407 Der »Karlsruher Aufruf 2015 an die EKD«: Harmsen, Dirk Michael (2015): http://ekiba.de/ html/content/unterschriftenaktion_karlsruher_aufruf_2015_an_die_ek.html – Zugriff am 17.01.2016; 22:16 h.

eigentlich bereits vorhanden ist, geplant ist, obwohl die politischen Verhältnisse, also etwa der Einfluss der Großmächte, deren Eigeninteressen, immer wieder es verhindert, dass diese große und nach dem Zweiten Weltkrieg ja massiv gewollte Planung der Vereinten Nationen sich wirklich friedenserhaltend, friedensstiftend, friedenschaffend auswirkt. Die Möglichkeit ist nach wie vor da, wird auch hier und da verwirklicht – und der muss man weiter nachstreben.« (Lo 137–145)

Ullrich Lochmann erinnert an den alten Menschheitstraum, der von den biblischen Propheten über Immanuel Kant bis in die Gegenwart reicht, wo die Vereinten Nationen nach dem schrecklichen Zweiten Weltkrieg »eigentlich« zur Verwirklichung des uralten Traumes eines Weltfriedensstaates oder Weltfriedensabkommens gegründet worden seien. Den Grund für die bisher nur begrenzten friedensschaffenden und -erhaltenden Möglichkeiten der UNO sieht er in den Eigeninteressen der Großmächte. Doch diese Probleme sind für ihn kein Grund zu Resignation, sondern eher Ansporn für weitere Bestrebungen.

Reflexion: In der Präambel der UN-Charta erklärten sich 1945 die Völker der Vereinten Nationen »fest entschlossen, künftige Geschlechter vor der Geißel des Krieges zu bewahren, die zweimal zu unseren Lebzeiten unsagbares Leid über die Menschheit gebracht hat.«[408] 22-mal ist von der »Wahrung des Weltfriedens und der internationalen Sicherheit« die Rede, mehrfach wurde in Resolutionen »die allgemeine und vollständige Abrüstung« als Ziel formuliert.[409] Diese pazifistischen Vorgaben sind auf dem Papier vorhanden. Allerdings stehen die Hegemonialinteressen der Großmächte, die nur bedingt demokratischen Strukturen im UN-Sicherheitsrat und die nur teilweise vorhandene Bereitschaft zu Akzeptanz der UN-Gerichtsbarkeiten der Verwirklichung des Weltfriedens entgegen. Ein weiterer Aspekt ist die fast allseitige, feste Überzeugung bei den Mitgliedsländern, dass die nationale beziehungsweise Bündnissicherheit nur militärisch zu gewährleisten sei.

Theodor Ebert meint auf die Frage nach der Umsetzung der biblischen Visionen und der Bergpredigt Jesu, dass es »*zur Zeit des Alten Testaments, der hebräischen Bibel, keine entwickelten Vorstellungen von gewaltfreiem Widerstand gegen Besatzungsmächte [gegeben hat, T.Z.]. Es gab Andeutungen, wie man sich auch ohne Waffen behaupten könnte. Aber diese Vorstellung, dass ein Staatswesen sich so organisiert, dass es sich gegenüber Fremdherrschaft oder gegenüber diktatorischen Ansprüchen mit gewaltfreiem Widerstand behaupten könnte, habe ich in*

---

408 BGBl. 1973 II S. 431.
409 http://www.un.org/depts/german/gv-early/ar2602-xxiv.pdf – Zugriff am 25.06.2018; 15:53 h.

der Bibel so nicht gefunden. Das war dann erst eine Fortentwicklung der Gedankengänge Gandhis und deren Rezeption in Europa. Das war also schon eine ganz neue Sache. Ich finde, Gandhi hat mit seiner Vorstellung, dass man einen Staat ohne Militär haben könnte, etwas ganz Neues formuliert. Er hatte hier eine große Vision, mehr noch, er arbeitete an einer konkreten Utopie. Er meinte, das unabhängige Indien könne sich politisch behaupten gegenüber gewaltsamen Extremisten und gegenüber auswärtigen Bedrohungen durch dieses Netzwerk von shanti sainiks – also von gewaltfreien Einzelkämpfern und Aktionsgruppen. Er wollte im unabhängigen Indien kein Militär, eigentlich auch keine bewaffnete Polizei, sondern eben diese shanti sena, dieses Netzwerk gewaltfreier Aktionsgruppen.« (Eb 131–145)

Die Frage nach einer nichtmilitärischen Landesverteidigung bzw. gewaltfreien internationalen Konfliktkultur sei in der Menschheitsgeschichte erstmals durch Gandhi ins Blickfeld gerückt worden. Egon Spiegel vergleicht diese »Entdeckung« der Gewaltfreiheit durch Gandhi mit der des Atomkerns. Diese Schreibweise solle verdeutlichen, dass es nicht um etwas erst noch zu Konstruierendes gehe, sondern dass Gewaltfreiheit schon immer existiert habe, jetzt aber von bestimmten Personen ausdrücklich wahrgenommen werde. Dieser Entdeckung Gandhis habe nun eine zweite zu folgen: Die Gewaltfreiheit als Handlungsform müsse aus der politischen Peripherie elitärer gewaltfreier charismatischer Führergestalten und Kollektive und ihrer Aktionen (Spezielle Gewaltfreiheit) entkoppelt und im alltäglichen Agieren von Herrn Mustermann und Frau Musterfrau entdeckt werden (Allgemeine Gewaltfreiheit). Gleich der Vermittlung von Lesen, Schreiben und Rechnen könnte dies durch entsprechende Bildungsprogramme gefördert werden.[410]

Auch wenn Gandhis, aus dem erfolgreichen, gewaltfreien Befreiungskampf gegen die britische Kolonialmacht erwachsene Utopie eines sich ebenso gewaltfrei behauptenden indischen Nationalstaates nach seiner Ermordung nicht verwirklicht worden ist, sah *Ebert* in den gewaltfreien Aktionen Gandhis eine alternative Form der Selbstbehauptung. Dies inspirierte ihn, zusammen mit Freunden, die ebenfalls Kriegsdienstverweigerer waren, ab dem Jahr 1961 eine sicherheitspolitische Alternative zur hiesigen militärischen Landesverteidigung zu entwickeln: *»Sie wurde publiziert in der Broschüre ›Die Gewaltfreie Zivilarmee. Stimme der jungen Generation‹. Wir sagten, wir müssen das vorleben und als politische Organisation vorzeigen. Unsere These war: Wir wollen eine neue Struktur von Sicherheitspolitik schaffen, und auf der organisatorischen Ebene war unser Vorhaben: Wir wollen eine gewaltfreie Zivilarmee aufbauen. Das war für uns die Übertragung von shanti sena ins Deutsche. Wir wollten vorexerzieren, wie das funktionieren könnte. Das war aber wirklich eine neue Entwicklung. Ich*

---

410 Spiegel, Egon in: Nagler, Michael & Spiegel, Egon (2008), S. 129–136.

erinnere mich: Als wir im Gymnasium diesen Besinnungsaufsatz schreiben mussten, ›Sind Sie für oder gegen die Wiedereinführung der allgemeinen Wehrpflicht?‹, vertrat ich die Auffassung: Die Kommunisten werden sich in der Bundesrepublik nicht durchsetzen können, wenn die überzeugten Demokraten ihnen die Zusammenarbeit verweigern und an ihrem demokratischen, politischen Stil festhalten. Ich behauptete, es sei den Kommunisten viel zu gefährlich, in ein solches Land von überzeugten Demokraten einzumarschieren. Ihre eigenen Leute würden unsicher werden. (Eb 147–159)

Ebert geht von der Tatsache aus, dass jede Regierung auf die Zusammenarbeit mit der Bevölkerung angewiesen ist. Wenn Letztere sich jedoch weigerte, mit einem nicht rechtmäßigen Regime zu kooperieren, werde das Besatzungsvorhaben in Frage gestellt und zudem könnte eine Verunsicherung des Besatzungspersonals die Folge sein. Daraus entstehe, wie *Ebert* unten formuliert, eine Abhaltungswirkung – alternativ zur militärisch erstrebten Abschreckungswirkung.

Zu der Frage, ob und wie weit die Bevölkerung eines Landes ohne eine vorhergehende gesellschaftliche Veränderung überhaupt bereit wäre, sich ähnlich den *shanti sena* in gewaltfreien Aktionsgruppen zu agieren, meint *Ebert*:

»Wer den gewaltfreien Widerstand als Mittel der Verteidigungspolitik befürwortet, geht davon aus, dass eine Umstellung der Bundesrepublik und Europas auf diese neue Form der Sicherheitspolitik auch sozialpolitische und wirtschaftspolitische Konsequenzen hätte. Die Umstellung würde zu einer weitergehenden Demokratisierung führen, zu mehr sozialer Gerechtigkeit und so weiter. Das wäre dann die Voraussetzung dafür, dass man im Verteidigungsfall die Bedrohung erfolgreich abhalten oder abwehren könnte. Was wir jedoch nicht sagten – und damit widersprachen wir einem der Kernsätze der anarchistischen Doktrin: Zuerst muss alles ganz anders werden und dann können wir auch gewaltfreien Widerstand leisten. Ich war davon überzeugt: Man kann auch das (bedeutend) geringere Übel verteidigen. Das war die Erfahrung in den von den Nazis besetzten Gebieten im Zweiten Weltkrieg. Dort haben Menschen aufgrund ihrer humanitären Überzeugungen Widerstand geleistet gegen die deutsche Besatzungsmacht. Ich verweise hier auf die Dänen und die Norweger. Das leuchtende Beispiel war der Widerstand der norwegischen Lehrer gegen das Quisling-Regime.

In Norwegen hatte man vor 1940 auch nicht den demokratischen Sozialismus einführen können. Mit gewaltlosen Mitteln wurden die Grundrechte verteidigt. Doch bei unserer Forderung nach einer Umstellung der Verteidigungspolitik auf die Vorbereitung des gewaltfreien Widerstands waren wir uns darüber im Klaren: Gewisse soziale Reformen und Veränderungen stärken die Widerstandskraft. Insofern gab's da schon eine potenzielle Wechselwirkung zwischen Wirtschaftsstruktur und Verteidigungspolitik. Aber die Differenz zwischen den radikalen

Sozialisten und uns bestand immer darin, dass diese sagten, zuerst muss es anders werden und dann erst…. Wir meinten, es muss irgendwie parallel gehen, das eine verstärkt das andere. Aber wenn man natürlich sehr ungerechte Strukturen hat, dann ist es sehr schwierig, diese mit gewaltlosen Mitteln zu verteidigen. Das war uns schon auch klar.« (Eb 119–185)

Für *Ebert* besteht zwischen den Strukturen einer Gesellschaft und ihrer Art, sich zu verteidigen, ein wechselwirksamer Zusammenhang. Je solidarischer die Bürger zusammenleben, je partizipativer eine Demokratie strukturiert ist, desto größer dürfte in einer Bedrohungssituation die Identifikation mit dem Gemeinwesen und das Engagement für dessen Erhaltung, der Zusammenhalt, der Selbstbehauptungswille und die Widerstandsbereitschaft sein. Und je dezentraler beispielsweise die Nahrungsmittelproduktion und die Energieversorgung strukturiert sind (bei Letzterer spielt noch die regenerative Technik eine wichtige Rolle), desto geringer dürfte die Gefahr der Erpressbarkeit durch externe Mächte sein.

Auch wenn die genannten Faktoren für den Erfolg einer gewaltfreien Verteidigung hilfreich sind, eine unabdingbare Voraussetzung stellen sie nach Eberts Auffassung nicht dar. So zeigten die Beispiele gewaltlosen Widerstands während des Zweiten Weltkriegs, dass es für die Menschen schon Sinn machte, das geringere Übel bzw. das relativ Bessere zu verteidigen. Deshalb ist es für Ebert auch vorstellbar, den Umstieg zu einer gewaltfreien Verteidigungspolitik vom *status quo* aus fließend zu gestalten.

Albert Fuchs, aufgrund seines anarchistischen Ansatzes danach befragt, ob sich eine kapitalistische Gesellschaft überhaupt gewaltfrei verteidigen lasse, oder ob in diesem Fall nicht erst eine gesellschaftliche Veränderung vorhergehen müsse, weist auf den Zusammenhang von Kapitalismus und Konkurrenzdenken hin. Es werde behauptet, dies sei – grob gesprochen – unsere Natur. *»Aber das stimmt ja nicht: Wir sind von Natur aus – also jetzt anthropologisch – (…) sowohl egoistisch, aber wir sind auch fähig zur Teilnahme, zur Empathie und so weiter und zur Kooperation. Und ich glaube, das Grundübel des Kapitalismus ist, dass das wirklich gezüchtet wird, das Konkurrenzdenken. Und wenn das ins Militärische übergeht oder militärisch gestützt ist, dann ist es ganz extrem, dann verlangt man ja das Leben des Anderen, verlangt nicht nur seinen Erfolg und seinen Besitz, seinen Profit und so, sondern man verneint das Leben. Und das ist in dem Sinne extrem und wenn, ja wenn das Denken vielleicht im Militär, wo es am ehesten zu greifen ist, dass das nicht geht, könnte sich vielleicht auch was in der anderen Richtung, also Richtung Kapitalismus ändern. Aber ich würde mich jetzt nicht trauen da zu sagen, das eine soll man tun, das andere soll man lassen (…), oder was prioritär da zu verfolgen ist. Also ich kann den Leuten, die sagen, wir müssen den Kapitalismus überwinden oder zumindest müssen wir da grundlegend etwas anderes erreichen, denen kann ich durchaus Sympathien entgegen-*

bringen. Mein Schwerpunkt ist das nicht, mich regt das andere [das Militärische, T.Z.] etwas zu sehr auf.« (Fu 403–417) Obwohl Fuchs den Zusammenhang zwischen gesellschaftlicher Verfasstheit und Sicherheitspolitik sieht und kritisiert, konzentriert er sein Engagement auf das aus seiner Sicht noch größere Problem der militärischen Sicherheitspolitik.

Paul Russmann leitet aus der prophetischen Vision von Jesaja 2,1–5 bzw. Micha 4, 1–5 konkrete Forderungen und Aufgaben für die Gegenwart und sein eigenes Engagement in einer Friedensorganisation ab: *»Es geht ja da drum, den Krieg nicht mehr zu lernen, in dieser Vision; es geht da drum, Schwerter zu Pflugscharen zu schmieden und es geht da drum, dass jeder das Recht hat, unter seinem eigenen Weinstock zu leben. Und ich glaube, dass es wichtig ist, gerade das dritte im Auge zu halten, zu sagen: Wofür arbeiten wir? Was bedeutet Frieden eigentlich? Das zu konkretisieren, also das Leben in seiner ganzen Fülle, dass jeder unter seinem eigenen Weinstock leben kann. Dazu ist es notwendig, dass wir den Krieg nicht mehr lernen und dazu ist es notwendig, dass wir die Schwerter zu Pflugscharen umschmieden. Das ist – denke ich – als Vision wichtig.«* (Ru 105–112)

Die erste Forderung, den Krieg nicht mehr zu lernen, geht davon aus, dass Kriege nicht von alleine ausbrechen wie Naturkatastrophen, sondern – auch im Gegensatz zur meist individuellen kriminellen Gewalt – organisierte Gewaltanwendungen im Rahmen einer hierarchisch strukturierten, meist staatlichen Macht sind. Diese militärische Gewalt bedarf der Vorbereitung, sowohl durch die Rekrutierung und Ausbildung der Soldaten wie auch durch die staatliche Strategieplanung und Organisation. Durch die Weigerung, sich daran zu beteiligen, wird das traditionellerweise wesentlichste Element einer Armee, das Personal, abgebaut. Abgesehen davon steht die militärische Ausbildung, die bei allen funktionellen Unterschieden militärischer Verwendungen die Gemeinsamkeit des Auf-Befehl-Töten-Könnens hat, in einem ethisch-moralischen Spannungsverhältnis zu den sonst von der Gesellschaft vermittelten Wertvorstellungen wie beispielsweise das Tötungsverbot, der Verhältnismäßigkeitsgrundsatz bei der Notwehr oder Nothilfe, die Rücksichtnahme im Straßenverkehr.

Die zweite Forderung zielt auf die Rüstungskonversion. Aus Lebensvernichtungsgeräten, die Waffen allemal sind, sollen einen Mehrwert erzeugende Lebensmittelproduktionsgeräte werden. In vielen Ländern der Erde werden Waffen zu Lasten der Lebensqualität ihrer Bürger beschafft. Die meist knappen finanziellen Ressourcen können nicht zweimal ausgegeben werden. Insofern kann schon die Rüstungsbeschaffung und -vorhaltung tödlich sein, lange bevor sie möglicherweise in einem Krieg zum Einsatz kommt.

Zum Dritten lenkt *Russmann* das Augenmerk besonders noch auf einen, meist nicht so beachteten Aspekt der prophetischen Vision: Unter dem eigenen Weinstock leben. Hier geht es nicht um ein Schlaraffenland, sondern um das

Glück der kleinen Leute – von seiner Hände Arbeit leben zu können, die Früchte seiner Arbeit ernten und genießen zu können.[411] Dieses Bild steht symbolisch für gerechte Verhältnisse, dass die Menschen ihren notwendigen Bodenanteil haben, ihren fairen Lohn bekommen, was wiederum eine wichtige Friedensvoraussetzung darstellt. Umgekehrt könnte man daraus auch ableiten: Der Unfriede in der Welt ist dadurch verursacht, dass die reichen Nationen nicht nur unter ihren eigenen Feigenbäumen sitzen, sondern auch noch die Früchte der Armen großenteils verzehren.[412]

»Wie kommen wir da hin? Und das ist so etwas, (…) wo sich die Erklärung von OHNE RÜSTUNG LEBEN sehr gut eignet, nämlich die zum einen die Vision hat, den ersten Schritt, der sagt: Ich bin bereit, ohne den Schutz militärischer Rüstung zu leben und der zweite Satz heißt: Ich will in unserem Staat dafür eintreten, dass Frieden mit politischen Mitteln entwickelt wird. Und darum geht es: Schritte zu gehen, die zu dieser Vision führen. Das heißt zum Beispiel für mich im Augenblick, vor allem gegen Rüstungsexporte anzugehen. Weil Rüstungsexporte abrüstungsfeindlich sind, weil Rüstungsexporte dazu führen, dass jede Waffe, die mehr da ist, führt zu mehr Aufrüstung, führt dazu, dass man nicht aus der Logik des Krieges ausbrechen will, sondern weiterhin auf Gewalt setzt. Oder dass in anderen Bereichen, sehr stark in den 90er Jahren [dazu, TZ] beigetragen [wurde, TZ], dass Mediation sowohl auf nationaler Ebene als auch auf internationaler

---

411 Das Gegenteil hierzu, dass andere die Früchte des Weinberges ernten, gilt als Fluch. Vgl. 5.Mose 28,30c.39.

412 So zeigt die persönliche CO$_2$-Bilanz, dass jeder Deutsche jährlich (2013) 11,5 t CO$_2$ emittiert. http://www.umweltbundesamt.de/themen/klima-energie/klimaschutz-energiepolitik-in-deutschland/treibhausgas-emissionen/europaeischer-vergleich-der-treibhausgas-emissio nen – Zugriff am 22. 08. 2015; 23:46 h. Weltweit sind es 6,8 t pro Kopf und Jahr, klimaneutral wären 2,5 t. Quelle: Burger Jost, Die Welt vom 12. 6. 2013 http://www.welt.de/dieweltbewe gen/sonderveroeffentlichungen/article116988710/Jeder-kann-die-ganz-bewusst-die-Umw elt-entlasten.html – Zugriff am 25.8.2015; 23:07 h. Die Inkota*-Referentin Christine Pohl: »1,5 Erden bräuchte die Weltbevölkerung derzeit, um den weltweiten Bedarf an Rohstoffen, Ackerland, Wasser und Wäldern nachhaltig zu decken. Würden alle Länder weltweit so wirtschaften wie Deutschland, wären sogar 2,6 Planeten notwendig. Der Umweltverbrauch eines Deutschen ist damit zwar deutlich kleiner als der eines US-Amerikaners. Dennoch liegt Deutschland im obersten Viertel aller Länder. Jeder Inder hingegen verbraucht im Durchschnitt nur die Hälfte der jährlich nachhaltig nutzbaren Ressourcen der Erde.« http:// epaper.publik-forum.de/de/profiles/763aa74f5a56/editions/24d851c12a3bad91af07/pages/ page/13 – Zugriff am 28.08.2015; 00:19 h. In einer begrenzten Welt ist die Lösung der ungerechten Verteilung nicht durch weiteres, auch nicht durch »grünes« Wachstum möglich, sondern nur durch eine Suffizienz, durch eine Genügsamkeitskultur der jetzigen Reichen. Vgl. Schneidewind, Uwe & Zahrnt, Angelika (2013): Damit gutes Leben einfacher wird. Perspektiven einer Suffizienzpolitik. München: ekom verlag. Vgl. Paech, Niko http:// www.zeit.de/2012/49/Wachstumskritiker-Oekonom-Niko-Paech/komplettansicht – Zugriff am 05.04.2016; 11:30 Uhr; Vortrag 22.11.2015 http://www.tele-akademie.de/begleit/vi deo_ta151122.php – Zugriff am 05.04.2016; 11:37 h. *) »Inkota« ist eine 1971 in der DDR gegründete ökumenische entwicklungspolitische Organisation.

Ebene weiterverbreitet wird, dass hier Streitschlichtung in den Schulen eingeführt worden ist und dass wir dazu beigetragen haben, dass es einen Friedensfachdienst gibt, Friedensfachkräfte in internationale Konflikte gehen und da versuchen zum Beispiel, Konfliktvermittlung zu machen.« (Ru 107–127)

An *Russmann's* Ausführungen lässt sich exemplarisch ein Weg von der Motivation zum differenzierten Engagement ablesen:

(I)   *Inspiration* durch die prophetische Vision einer sich umrüstenden Welt
(II) *Utopieentwicklung* für unsere Welt, ausgehend von der biblischen Vision
(III) *Realisierung* in fünf Schritten:

    (1) Persönliche Entscheidung, auf Militär verzichten zu wollen

    (2) Politisches Engagement für eine gewaltfreie Friedensentwicklung

    (3) Engagement gegen Rüstungsexporte als destruktive, kriegsfördernde Aktivitäten

    (4) Verbreitung einer gewaltfreien Konfliktbearbeitungskultur, z. B. durch Mediation im politischen Bereich und Streitschlichtung in Schulen

    (5) Professionalisierung der Friedensarbeit durch Aufbau eines Friedensfachdienstes für internationale Konflikte (im Rahmen des ZFD)[413] Konversion der ursprünglich militärischen Ausbildung zum Kriegführen in friedensförderliche Aktivitäten.

Für *Ullrich Hahn* sind die biblischen, zur Gewaltüberwindung aufrufenden Texte verwirklichbar, »*wenn wir selber, also wenn die Menschen diese Möglichkeit ergreifen. Also, ich denke nicht, dass es nur eine utopische Vision ist, sondern es hängt von der Entscheidung der Menschen ab, ob wir dem näher kommen oder nicht.*« (Ha 82–85) Die Überwindung von Krieg und Gewalt ist für *Hahn* im Bereich des Realisierbaren – nur eine Willensfrage der Menschen. Um zu diesem Ziel zu gelangen, sieht er eine ganze Reihe von Gedankenschritten und hebt folgenden als »*ganz wichtig*« hervor: »*(…) dass wir nicht nur für uns selber in Anspruch nehmen, dass wir keine Gewalt für uns brauchen würden, sondern dass wir die Gewalt ja nur brauchen, weil die Anderen nicht so sind, wie sie sein sollten. Und dieses zweigeteilte Menschenbild, denke ich, steht der Verwirklichung im Weg. Sobald ich erkenne, dass auch der andere Mensch nicht sehr viel anders ist als ich und vielleicht auch denkt, wenn alle so wären wie er, dann wäre es gut, wenn man diese Zweiteilung überwindet. Und ich denke auch, dazu dient eigentlich Jesu Weg und Lehre, diese Grenze zu überwinden und dann ist das Wesentliche schon getan.*« (Ha 86–94) Hahn sieht als Hindernis auf dem Weg zum Frieden das psychologische Problem des Gegensatzes zwischen der Selbst- und der Fremdwahrnehmung.[414] Dieses Problem wird in der Bibel an vielen

---

413 Hierbei handelt es sich um den Zivilen Friedensdienst (ZFD).
414 Der Politologe und Islamwissenschaftler Michael Lüders, Berlin, zeigt diesen Widerspruch

Stellen thematisiert: »Liebe deinen Nächsten wie dich selbst«, oder in der Übersetzung von Martin Buber: Liebe deinen Nächsten, denn er ist wie du.«[415] Für Emmanuel Lévinas macht »[d]ie Infragestellung meiner Selbst durch den Anderen [...] mich dem Anderen in unvergleichlicher und einzigartiger Weise solidarisch.«[416] Ebenso wird in der Goldenen Regel Jesu (Mt 7,12) das empathische Sich-in-den-Anderen-Hineinversetzen als der Schlüssel für ein gelingendes Leben vorgestellt.

Ulrich Parzany befindet sich bei der Frage nach der Umsetzung der biblischen Texte zur Gewaltfreiheit in einem Spannungsverhältnis: »*Also, da ist immer ethisch die Frage: Betont man mehr das Noch-nicht oder das Schon-jetzt? Also, das Reich Gottes ist angebrochen, schon jetzt, oder sagen wir mehr, nein, der Friede kommt erst in Gottes neuer Welt. Das ist zwar die Wahrheit, dass wir – der Überzeugung bin ich – nicht mit unseren Mitteln das Paradies auf Erden und den Frieden auf dieser Welt schaffen können. Also ich glaube, dass es auch nicht hilfreich ist. Ich hab' eher die Sorge, dass wenn die Maßstäbe da zu hoch gesteckt werden, dass Absolute als Tagesprogramm gepredigt wird und dann doch wieder diese Haltung ankommt, die wir irgend mal in der Reformationszeit mit der Errichtung des Täuferreiches zu Münster hatten, nicht wahr, die Versuche in der Christentumsgeschichte, das Reich Gottes auf Erden jetzt, gleich um die Ecke aufzurichten, haben in der Regel auch in Blut und Tränen geendet. Weil man immer dann die Frage beantworten muss: Was machen wir mit denen, die nicht freiwillig mitmachen? Die müssen dann wegen des guten Zweckes willen gezwungen werden. Und dann sind wir nicht weit entfernt von all denen, die entweder islamischen Gottesstaat machen und die Köppe abmachen oder totalitäre Diktaturen, die das Paradies auf Erden der gerechten Gesellschaft, die humane Gesellschaft, herstellen wollten, aber zwischenzeitlich Tausende in den Gulags und KZs umgebracht haben. Deshalb meine ich, man muss sehr konkret, aber doch mutig sein. Ich glaube, dass das treibende Moment – es ist angebrochen und Christus ist auferstanden und die Kraft des Heiligen Geistes ist eine Voranzahlung der neuen Welt Gottes, heute und jetzt und die Christen sind ein*

---

am Beispiel der nur eklektischen Akzeptanz der internationalen Gerichtsbarkeit durch westliche Staaten auf: »Es gibt diese riesige Kluft zwischen der Selbstwahrnehmung, dem Wahren, Schönen, Guten verpflichtet zu sein, und einer Realpolitik, die alles falsch macht, was man falsch machen kann. Erst wenn sich nicht nur afrikanische Diktatoren, sondern auch westliche Politiker wie Donald Rumsfeld oder Tony Blair vor dem Internationalen Strafgerichtshof verantworten müssen, haben wir das Recht, von einer westlichen Wertegemeinschaft zu sprechen.« Lüders, Michael: Konflikte im Nahen Osten. Die Doppelmoral der westlichen Staaten. In: Publik-Forum Nr. 17/2015, S. 14.

415 http://www.ekhn.de/fileadmin/user_upload/pdf2/exegetisches_doppelgebot_liebe.pdf – Zugriff am 25.08.2015; 23:43 h.

416 Vgl. Lévinas, Emmanuel (1998): Die Spur des Anderen: Untersuchungen zur Phänomenologie und Sozialphilosophie. München: Alber (Studienausgabe) S. 224.

Stoßtrupp, ein Hoffnungstrupp der angebrochenen Welt Gottes heute, mittendrin, ist das Dominierende. Im Zweifelsfall würde ich stärker Gas geben als bremsen in dieser Spannung zwischen Schon-jetzt und Noch-nicht.« (Pa 210–232)

Im Unterschied zu den vorherigen Interviewpartnern legt *Parzany* das Augenmerk mehr auf den durch Gottes neue Welt erst noch *kommenden* Frieden, weil er der Auffassung ist, wir Menschen könnten« mit unseren Mitteln nicht den Frieden in dieser Welt schaffen. Das von ihm zuvor erwähnte *»Paradies«* wäre sogar noch eine Steigerung im Vergleich zu einer *»friedlichen Welt«*. Damit ist nach biblischer Überlieferung vor allem jedoch die Überwindung des Todes verbunden.[417] Das Paradies ist somit nicht im Bereich des für Menschen Möglichen, während eine friedliche Welt hingegen, mit den Worten von *Hahn*, *»von der Entscheidung der Menschen«* abhängt.

Trotz dieser grundsätzlichen Skepsis im Spannungsfeld zwischen einer pessimistischen und einer optimistischen Weltsicht sieht *Parzany* Christ_innen durch ihren Glauben an den Auferstandenen und durch die Kraft des Heiligen Geistes *»mittendrin«* in der Realität unserer Welt als *»Stoßtrupp«*, *»Hoffnungstrupp der angebrochenen Welt Gottes«*.

Reflexion: Dass das »Paradies« nicht menschenmachbar ist, muss nicht zwangsläufig bedeuten, dass das Ziel einer friedlichen Welt unrealistisch ist. Ansonsten müsste mit der derselben Logik ebenso von allen anderen Bemühungen um die Verbesserung und Ausweitung in Sachen Menschenrechte, Welternährung, Weltgesundheit sowie Demokratie Abstand genommen werden. Auch wenn es die perfekte Welt genauso wenig geben wird wie den perfekten Menschen, so wäre auch hier schon eine graduelle Verbesserung erstrebenswert.[418] Seine Kritik an dem Ziel Weltfrieden begründet *Parzany* mit den Gewalttätigkeiten derjenigen, die in den vergangenen fünfhundert Jahren unter Vorgabe der Ziele Gerechtigkeit und Humanität über Leichen gingen, wie beispielsweise der radikale Flügel der Täuferbewegung, die autoritären Regimes der Kommunisten, Nationalsozialisten und wie gegenwärtig der sogenannte Islamische Staat. Deren Handlungsprinzip war und ist jedoch, dass der Zweck die Mittel heilige, was den entscheidenden Unterschied zu gewaltfrei handelnden Menschen

---

417 1. Mose 1,22; Lk 16,22; 23,43; Off 21,4.

418 »Sicher ist der Weg zu einer solidarischen Weltgesellschaft ein unendlicher Weg. Wir werden niemals das Ziel ganz erreichen. Deshalb wird zur Recht gesagt, der Weg sei das Ziel, will sagen: Auf dem Weg erreichen wir nur Teilziel um Teilziel. [...] Wäre es nicht ein großartiges und bedeutendes Etappenziel, militärische Gewalt aus dem Arsenal menschlich-unmenschlicher Instrumente auszuklammern?« Buro, Andreas (1997): Totgesagte leben länger – Die Friedensbewegung. Von der Ost-West-Konfrontation zur zivilen Konfliktbearbeitung. Idstein: KOMZI Verlag, S. 204 f.

und Organisationen ausmacht. So betont Jesus in der Bergpredigt genau die Ziel-Mittel-Relation: »Nur ein guter Baum bringt gute Früchte.« (Mt 7,15–20). Egon Spiegel bezeichnet diesen Zusammenhang als unumstößliches Naturgesetz: »Wer Gewaltfreiheit will, muss folglich gewaltfreie Mittel einsetzen. Wer Frieden will, muss friedliche Wege gehen. Frieden ist der Weg.«[419] Somit muss Parzanys Kritik speziell den Reformkräften gelten, die zur Erreichung ihrer Ziele auch gewaltsame Mittel einsetzen. In gewisser Weise ist diese Anfrage ebenso an demokratische Staaten zu richten, die sich einerseits den Menschenrechten verpflichtet sehen, andererseits zur Sicherung von Recht, Freiheit und vitalen Interessen als *ultima ratio* auch genozidale Massenvernichtungswaffen bereithalten und mit deren (Erst)Einsatz drohen. So stimmte die Bundesrepublik Deutschland am 7. Dezember 2015 in der UN-Vollversammlung *gegen* die weltweite Ächtung der Atomwaffen[420] und weigert sich bislang aus Gründen der Bündnisräson, den am 7.7.2017 von der UN-Vollversammlung von 122 Mitgliedsstaaten beschlossenen Atomwaffenverbotsvertrag zu unterzeichnen.[421]

Auch die zweite Frage *Parzanys*, wie mit denjenigen umzugehen sei, die nicht zur freiwilligen Beteiligung bereit sind, berührt ein wichtiges Problem. Bei den von ihm zitierten gewaltsamen Beispielen, bei denen der Zweck die Mittel heiligte, wurden Andersdenkende entweder gewaltsam angepasst oder ausgeschaltet. Wenn jedoch im Unterschied zu diesen militanten Umstürzen eine gewaltfreie Konfliktkultur praktiziert wird und schon der Weg zu dem Friedensziel diesem entsprechend friedlich sein soll, ist die Frage anders zu stellen: Wie können möglichst viele Menschen motiviert werden, auf militärische Gewaltanwendung zu verzichten, dass diese dann gar nicht mehr zur Verfügung steht, und im Fall einer unrechtmäßigen Machtübernahme in unserem Staat zur aktiven Mitwirkung am gewaltfreien Widerstand ermutigt und befähigt werden? Im Unterschied zu einer militärischen Verteidigung, die im Wesentlichen von den dafür ausgebildeten Soldaten mit Waffen ausgeführt wird, ist eine gewaltfreie Landesverteidigung auf die Bereitschaft breiter Bevölkerungsschichten zu Protesten, zur Weiterarbeit ohne Kollaboration sowie zum Zivilen Ungehorsam angewiesen. Die 2011 erschienene Studie »*Why civil*

---

419 Dies korrespondiert mit dem Gandhi zugeschriebenen Satz: »Es gibt keinen Weg zum Frieden. Der Frieden ist der Weg.« Vgl. Spiegel, Egon & Nagler, Michael (2008), S. 74.

420 ican germany: http://www.icanw.de/pressemeldungen/deutschland-stimmt-gegen-atom waffenverbot-2/ – Zugriff am 16.3.2016; 19:00 h.

421 http://www.handelsblatt.com/politik/deutschland/umfrage-mehrheit-will-beitritt-zum-at omwaffenverbot/20312296.html – Zugriff am 06.05.2018; 00:05 h.

resistance works. The strategic logic of conflict« der beiden US-amerikanischen Politikwissenschaftlerinnen Erica Chenoweth und Maria J. Stephan über die Aufstände und Revolutionen von 1900 bis 2006 ergab, dass es
schon ausreicht einen Regimewechsel herbeizuführen, wenn sich zehn
Prozent der Bevölkerung am gewaltfreien Widerstand beteiligt.[422] Eine
gewaltfreie Konfliktkultur kann nur durch einen entsprechenden Bewusstseinsbildungsprozess in Form einer breiten Friedensbildung der
Bevölkerung entstehen.

4.2.4.3 Bestärkung der Realutopie durch die christliche Religion

Bedeutung des Gebets
Paul Oestreicher stellt sich der Frage des Pazifismus im Blick auf das *»brutale(.)*
Unrechtsregime in Nordkorea, (…) wo erwiesener Weise ein ganzes Volk ge-
martert wird – in vieler Hinsicht. Da kann der Pazifist nicht einfach sagen: Da
müssen wir einfach beten. Nein, da stelle ich meinen eigenen Pazifismus in Frage,
in dem Sinn, dass ich der Meinung bin, dass ein internationales Polizeirecht
geschaffen werden muss.« (Oe 250–254)
Sich als Pazifist mit der ausnahmslosen Ablehnung von Gewalt in jeglicher
Form zu begnügen, ohne an die weiteren Folgen zu denken, wäre für *Oestreicher*
angesichts der Realität menschlicher Grausamkeiten nicht verantwortbar. Auch
als Christ könne man nicht *»einfach beten«*, das heißt, die Problematik Gott
anheimstellen und sich ansonsten selbst passiv verhalten.

Reflexion: Indem Oestreicher die Grenzen des Gebetes betont – es reiche
nicht aus, sich aufs Beten zu verlassen –, stellt sich die Frage nach dem
Verständnis von Gebet und damit die Frage nach der Bedeutung und
Wirkung der Religion schlechthin. Über die transzendente Dimension des
Betens lässt sich nur spekulieren, über die immanente Dimension lassen
sich aus religionspsychologischer Sicht konkrete Aussagen machen. So
meinte die Berner Religionspsychologin und Religionspädagogin Isabelle
Noth zum Papst-Aufruf im Frühjahr 2015 für eine 24-stündige Gebets-
aktion für die Flüchtlinge in Syrien: »Wenn der betende Mensch (…)

---

422 Maaß, Stefan (2012): Warum und wie gewaltfreie Kampagnen funktionieren. Die erstaunlichen Erkenntnisse einer Studie von Erica Chenoweth und Maria J. Stephan. In: Arbeitsstelle Frieden im Evangelischen Kinder- und Jugendwerk Baden der Evangelischen Landeskirche in Baden, Jürgen Stude & Stefan Maaß [Hg.] »Weg des Friedens«. Pazifistisch-
gewaltfreie Texte zur friedensethischen Positionierung der badischen Landeskirche,
Karlsruhe, Blumenstraße 1–7, S. 30–32.

verstehen will, wo er oder sie selber zum weltweiten Elend beiträgt, wenn es darum geht, Menschen zu motivieren, aktiv zu werden, das Gebet also beispielsweise in ein konkretes Engagement mündet und einen dafür stärkt, dann halte ich Beten für sinnvoll. (...) Das Gebet kann dadurch, dass der betende Mensch sich auf Gott ausrichtet und fokussiert zur Klärung und Kräftigung beitragen. Diesen Zusammenhang zeigen viele empirische Studien. Auch biblische Texte – v. a. auch die Psalmen – zeigen, dass das Gebet Menschen immer wieder neue Kraft und Orientierung gegeben hat. Wichtig ist aber auch hier die Haltung, die der oder die Betende einnimmt: Wenn das Gebet die eigene Ohnmacht verfestigt, indem man alles an Gott abtritt und sagt ›Mach du!‹, dann bleibt man gefangen in der eigenen Verzweiflung. Es geht vielmehr darum, sich zu fragen, wie ich Gott durch meine Haltung und mein Handeln mit auf die Welt bringen kann. So komme ich aus der eigenen Ohnmacht hinaus. Das ist Glaube!«[423] – Beten als ein Sich-Öffnen für die Selbstreflexion und als geistliche Handlungsermutigung.

Der Evangelist Matthäus platziert in der Bergpredigt Jesu das Vaterunser-Gebet ins Zentrum der ethischen Wegweisungen. Mit der Bitte »Dein Reich komme. Dein Wille geschehe, wie im Himmel so auf Erden.« (Mt 6,10) formuliert er die anzustrebende Utopie, die sich im Tun des göttlichen Willens auf dieser Erde konkretisieren soll. Eine weitere Ermutigung für die Umsetzung des göttlichen Willens folgt dann im letzten Teil der Bergpredigt: »Bittet, so wird euch gegeben, suchet so werdet ihr finden, klopfet an, so wird euch aufgetan.« (Mt 7,7 ff.) Auch hier geht es nicht um ein wörtliches, gleichsam magisches Verständnis, im Sinne von Verzicht auf eigenes Handeln, sondern um eine motivierende Ermutigung.

Betrachtet man das Bittgebet unabhängig von seiner transzendenten Dimension religionspsychologisch als ein nachdrückliches Hoffen und Sehnen nach der Lösung bzw. Linderung von Problemen, dann verdeutlicht es im friedensethischen Bereich die Notwendigkeit des Glaubens und Vertrauens auf die Wirkmächtigkeit gewaltfreien Handelns. Wie im medizinischen Bereich neben allen pharmakologischen Möglichkeiten das Vertrauen des Patienten in die Fähigkeiten des Arztes und Therapeuten von erheblicher Bedeutung für den Genesungsprozess ist, so bedarf das gewaltfreie Konfliktverhalten neben religiösen bzw. ethischen Grundüberzeugungen auch des tiefen Sehnens nach einer für alle Beteiligten

---

423 Vgl. kath.ch / katholisches medienzentrum: http://www.kath.ch/newsd/theologin-zum-gebetsaufruf-des-papstes-es-darf-nicht-beim-beten-bleiben/ – Zugriff am 13.08.2015; 00:12 h.

befriedigenden Konfliktlösung sowie des Vertrauens in die Wirksamkeit gewaltfreien Verhaltens. Eine Bekräftigung in diesem Sinne gibt Jesus auch in seinen Seligpreisungen, insbesondere in Mt 5,5: »Selig sind die Sanftmütigen; denn sie werden das Erdreich besitzen.« Die hier zum Ausdruck kommende Gewissheit, dass schlussendlich Sanftmut und Gewaltverzicht erfolgreich sein werden, kann neben eigenen und beobachteten immanenten Erfahrungen auch in transzendenten Glaubenserfahrungen begründet sein.[424] Das Gebet ersetzt somit nicht das eigene Handeln, sondern reflektiert und bestärkt es.

Gewaltverzicht als Wesensmerkmal des christlichen Glaubens
Neben der rationalen Erkenntnis der Notwendigkeit gewaltfreier Konfliktregelung im internationalen Bereich, müsste es nach der Auffassung *Paul Oestreichers* für Christen zudem leichter sein, »*das zu sehen, weil es eigentlich in den Tiefen ihres Glaubens schon steckt.*« (Oe 199–202). Auch *Harald Bretschneider* und *Ulrich Parzany* sehen den Gewaltverzicht im Zentrum des christlichen Glaubens verankert: »*(...) wenn die Auferstehung tatsächlich relevant ist, dann bewirkt der auferstandene Christus auch immer etwas. Und das könnte genau darin bestehen, dass die vorrangige Option der Gewaltlosigkeit das Griffigste und die dem Leben Jesu gemäßeste Haltung einer Kirche ist.*« (Br 179–182). »*Ich glaube, dass das treibende Moment – es ist angebrochen und Christus ist auferstanden und die Kraft des Heiligen Geistes ist eine Voranzahlung der neuen Welt Gottes, heute und jetzt. Und die Christen sind ein Stoßtrupp, ein Hoffnungstrupp der angebrochenen Welt Gottes, heute, mittendrin – ist das Dominierende.*« (Pa 227–232). Die Relevanz des christlichen Glaubens an die Auferstehung und die Hoffnung auf Gottes neue Welt erweise sich somit im Einsatz der Christen für die Gewaltlosigkeit.

Auch wenn er sich über alle Menschen freue, die sich um gewaltfreie Konfliktschlichtung bemühten, so sieht *Parzany* hierbei Christen ganz besonders in der Pflicht: »*(...) ich glaube, wir als Christen haben da eine Aufgabe, wenn die Begabung und Fähigkeit und die Motivation des Glaubens an Christus zusammenkommen, aktiv Wege zu suchen in Situationen, wo, politisch gesehen, eigentlich gar keine Lösungen in Sicht sind.*« (Pa 266–270)

Die Erfahrungen mit dem beeindruckenden Engagement von Jugendlichen während der Friedensdekaden in der ehemaligen DDR in den Jahren 1980 bis

---

424 Peter Fiedler verweist darauf, dass Jesus den Gewaltverzicht mit dem Vertrauen in Gott begründet. Historisch betrachtet, im Streit um das von den Römern besetzte Land, stehe Jesus auf der Seite der Friedenspartei, (die im Unterschied zu den Zeloten den gewaltsamen Aufstand ablehnte). Fiedler, Peter (2008) S. 111f.

1989 lassen *Bretschneider* zu dem Schluss kommen, »*dass ich tatsächlich die Vision des Friedensreiches nicht erst im Bereich der Ewigkeit sehe, sondern dass es immer wieder in den geschichtlichen Zeitabschnitten Räume gibt, wo diese Vision Wirklichkeit wird. Aber ich muss natürlich zugestehen und das musste ich damals und das tue ich heute, die vorrangige Option der Gewaltlosigkeit ist für mich überhaupt keine Frage. Das muss die Leitlinie kirchlichen Friedenshandelns sein. Aber ob in dieser Zeit, in der wir leben, wirklich die Waffen total abgeschafft werden, oder ob es zu mindestens in einigen Ländern Option bleiben muss, weil die Waffen eben nicht abgeschafft werden, und weil die Menschen eben sind wie sie sind, auch die Menschen in der Kirche, dass ich deswegen ordnende Gewalt für nicht unumgänglich, aber für zumindest bisher für notwendig halte. Was nicht besagt, dass ich nicht immer wieder daran ziehe, dass die vorrangige Option der Gewaltlosigkeit zur Minimierung von Gewalt führt.*« (Br 185–196)

> **Reflexion:** Der Begriff der »vorrangigen Option der Gewaltlosigkeit« – wie mir Harald Bretschneider im Nachgespräch zum Interview berichtete, hatte er sich in seiner Zeit als EKD-Synodaler nachdrücklich für dessen Aufnahme in den kirchlichen Verlautbarungssprachgebrauch eingesetzt – korreliert mit dem von der EKD betonten Einsatz militärischer Gewalt als *ultima ratio*. Die behauptete oder erhoffte Vorrangigkeit der Gewaltlosigkeit impliziert damit die Nachrangigkeit militärischen Gewalteinsatzes. Damit dieser jedoch Aussicht auf Erfolg haben kann, gehört das ständige Bemühen um militärische Überlegenheit und somit das Wettrüsten und zu dessen Finanzierbarkeit der Rüstungsexport zwangsläufig dazu.[425] Obwohl *Bretschneider* seine Zweifel in Bezug auf das von den Vereinten Nationen mehrfach – erfolglos – beschlossene Ziel einer »allgemeinen und vollständigen Abrüstung« hat und sich fragt, ob »*ordnende Gewalt*« im Blick auf die menschlichen Unzulänglichkeiten nicht doch notwendig sei, sieht er für das kirchliche Friedenshandeln die Leitlinie der vorrangigen Option der Gewaltlosigkeit mit der Dynamik zur Minimierung von Gewalt. Da diese kirchlicherseits seit dem Ende des Zweiten Weltkrieges vertretene Position die verstärkte Militarisierung der deutschen Außenpolitik nicht zu verhindern mochte, stellt sich die Frage nach ihrer friedensethischen Tauglichkeit.

---

425 Vgl. Hahn, Ullrich (2010): Vorrangig oder ausschließlich – 10 Thesen zum Gewaltverzicht. in: Arbeitsstelle Frieden im Evangelischen Kinder- und Jugendwerk Baden der Evangelischen Landeskirche in Baden, Stude, Jürgen & Maaß, Stefan [Hg.] (2012): Richte unsere Füße auf den Weg des Friedens – Pazifistisch-gewaltfreie Texte zur friedensethischen Positionierung der badischen Landeskirche. Karlsruhe, S. 13f.

Hans Häselbarth hat zwar »*wenig Hoffnung*«, dass sich die Bundesregierung in nächster Zeit von ihrer militärischen Außenpolitik abbringen lassen wird, dafür richtet er sein Augenmerk auf die Kirche. »*Uns als Christen kann gar nichts anderes übrigbleiben, als [dass, TZ] mit den Mitteln von Versöhnung und Zusammenführung von verschiedenen Konfliktparteien alleine auf diplomatischem [Weg, TZ] oder auf der Ebene von persönlichen Beziehungen überhaupt etwas in Gang kommen kann, nicht durch Einsatz von Gewalt.*« (Hä 226–230)

Die Forschungen von Markus Weingardt[426] ergeben auch über den christlichen Bereich hinaus: »*In allen Religionen kann man Gewalt legitimieren und man kann Gewalt delegitimieren und Gewaltlosigkeit legitimieren.*« (Wei 188–195)[427]

Reflexion: Somit verlaufen die Linien zwischen Militärbefürwortern und Pazifisten nicht entlang religiösen oder konfessionellen Grenzen, sondern quer zu diesen. Dies ermöglicht zum einen eine interreligiöse und globale Kooperation zwischen den gewaltfrei denkenden und handelnden Menschen. Zum anderen können sie in ihren jeweils eigenen Religionen Diskussionsprozesse zur Überwindung der Gewalt durch Gewaltverzicht in Gang bringen.

4.2.4.4 Bestärkung der Realutopie durch geschichtliche Beispiele

Die deutsche Geschichte nach dem Zweiten Weltkrieg
Ute Finckh-Krämer verweist einerseits auf das ganz große Spektrum von gewaltfreien Formen in der innergesellschaftlichen politischen Auseinandersetzung, andererseits auf »*die immensen Erfahrungen, die wir in den letzten Jahren mit Instrumenten [… wie dem, T.Z.] Zivilen Friedensdienst gemacht haben, mit dem Fördern von Graswurzel-Friedensinitiativen in Konfliktregionen, aber auch mit Ansätzen wie der Gemeinsamen Sicherheit, die Willy Brandt mitentwickelt hat, im Rahmen des Ost-West-Konfliktes, (…).*« (Fi 55–65)

Ullrich Lochmann sieht eine Ermutigung im Blick auf die zurückliegende deutsche Außenpolitik, die »*aus Schaden gelernt*« und versucht habe »*in der Weltpolitik durch Verhandlungen, durch Wirtschaftsbeziehungen, durch Entwicklungshilfe und all solche Dinge, einen friedenstiftenden Einfluss auszuüben. Also, ich denke, wir brauchen uns da nicht zu verstecken, sondern können vielleicht auch damit werben, mit dem deutschen Weg, wie er bisher war. Jetzt gibt's*

---

426 Weingardt, Markus (2007): Religion.Macht.Frieden.
427 Vgl. Küng, Hans (2003): Ethische Herausforderungen für die Gestaltung der Weltpolitik. In: Küng, Hans & Senghaas, Dieter [Hg.]: Friedenspolitik. Ethische Grundlagen internationaler Beziehung. München: Piper Verlag, S. 117.

natürlich Bedenken, ob er so weiter beschritten wird. Da heißt es politisch wachsam zu sein, bei all den Entwicklungen, die wir so beobachten.« (Lo 147–153)

Harald Bretschneider wertet die Weigerung Bundeskanzler Schröders, sich am Irak-Krieg 2003 militärisch zu beteiligen *»als ein deutliches Zeichen, was ich mir eigentlich immer wieder wünsche.«* (Br 209–215) Auch die vorhergehende Ostpolitik im Rahmen des KSZE-Prozesses mit ihren späteren Auswirkungen versteht er als Bestätigung einer an Gewaltverzicht und gemeinsamer Sicherheit orientierten Politik.

Europa
Mehrfach wird die europäische Einigung als Beispiel für eine friedliche Entwicklung angeführt, so beispielsweise *von Fernando Enns: »Ich glaub', das europäische Modell ist in vielen Weiten ein gutes Beispiel. Vielleicht hat die EU auch deshalb den Friedensnobelpreis bekommen, weil man da erkennen kann, dass es politisch sinnvoller ist, also tatsächlich Wirtschaftsbeziehungen einzugehen, kulturelle Beziehungen einzugehen, Freundschaftsbeziehungen zu pflegen, im Bildungssektor zusammenzuarbeiten, Studentenaustausche zu machen und vieles mehr, was es in Europa gegeben hat und so ein Geflecht von Beziehungen aufbaut, wo man gar nicht mehr auf die Idee kommen würde, den Andern als Feind zu sehen, geschweige denn irgendwie mit militärischen Mitteln da eingreifen zu wollen gegen ein anderes Land. Also, das ist für mich ein gutes Beispiel, dass es gelingen kann.«* (En 328–337)

Gewaltfreie Revolution in der DDR 1989
Harald Bretschneider hatte diese Entwicklung nicht nur miterlebt, sondern durch sein über Jahrzehnte andauerndes und kreatives Engagement (z. B. in Form des Emblems »Micha 4 – Schwerter zu Pflugscharen«) in entscheidender Weise aktiv mitgestaltet:[428] *»(...) man muss ja sagen, ›Schwerter zu Pflugscharen‹ ist (...) die Grundlage für die These, dass die Friedliche Revolution ohne Gewalt stattgefunden hat. Die hat sozusagen die moralischen und geistlichen Voraussetzungen geschaffen. Das alles habe ich Ihnen jetzt gesagt in dem Zusammenhang, dass solche Aktionen und Aktivitäten, die die Massen ergreift, immer wieder in Gang zu bringen sind, damit sich das Denken einer Gesellschaft verändert.«* (Br 461–466) Diese Erfahrungen haben *Bretschneider* nun zu einer weiteren symbolischen Aktion veranlasst, mit einer Bronze-Plastik (»Stein des Weisen«), die die Zehn Gebote und die Seligpreisungen enthält, *»die maßgeblichen Worte der Heiligen Schrift«* – unter anderem, *»dass die (...) Sanftmütigen*

---

428 Näheres in der Transkription des mit ihm geführten Interviews.

das Erdreich besitzen werden und die Friedensstifter Gottes Kinder genannt heißen« – möglichst vielen Menschen nahe zu bringen.

Reflexion: Es ist bedauerlich, dass diese in der deutschen und europäischen Geschichte einmalige Erfahrung des Bürgeraufstandes in der DDR – dazu zählen auch die Voraussetzungen, die Strukturen und Arbeitsweisen – mit der Wirksamkeit konsequent gewaltfreien Handelns in der Begeisterung für die darauf folgende Wiedervereinigung Deutschlands unterging und in ihrer Bedeutung für eine neue, nichtmilitärische internationale Konfliktkultur in der Öffentlichkeit oder im Bildungssektor kaum rezipiert worden ist.

Afrika – Nelson Mandela und Leymah Gbowee

Fernando Enns zeigt noch zwei bestärkende Beispiele aus Afrika auf. Zum einen könne man an Nelson Mandelas Beispiel »*schön zeigen, da muss man gar nicht Christ sein, um das zu verstehen, (…) wie auch im politischen Kalkül es eigentlich sinnvoll ist und Sinn macht, in Konfliktsituationen, die also hochgradig geladen sind mit Verletzungen, mit Hass, mit Ungerechtigkeit, mit Verbitterung, mit Traumatisierungen, dass gerade in solchen hochkonfliktären Situationen es sinnvoller ist, auf Mittel zurückzugreifen, die gerade nicht Gewalt anwenden und sei es in Form von Strafe und Gefängnis und so weiter, sondern die auf Mittel zurückgreifen, die vielleicht in der politischen Landschaft eher ungewohnt sind, aber wiederum so ein Dritter Weg wären, wie damals die Wahrheits- und Versöhnungskommission. Dass man sagt, können wir nicht Methoden entwickeln, die auf Gewalt verzichten, weil neue Gewalt wird wieder zu Ungerechtigkeit führen, wird wiederum neue Gewalt generieren, wird wieder neue Traumatisierungen hervorrufen und Verletzungen und Verwundungen. Können wir nicht auf Methoden zurückgreifen, die wirklich in Versöhnung münden könnten, wenn es gut geht? Und da dann Konfliktbewältigungsmuster und -methoden anzuwenden, die dezidiert auf Gewalt verzichten, das scheint mir sehr vielversprechend zu sein.*« (En 154–169)

Die Erkenntnis, dass Gewaltfreiheit sinnvoll ist, lässt sich, so *Enns*, unabhängig von der religiösen Einstellung des Betrachters am Beispiel Nelson Mandelas erkennen. Der einseitige Verzicht auf Gewalt und Strafe durchbrach den vormaligen Kreislauf von Gewalt und Vergeltung. Die Orientierung am angestrebten Ziel der Versöhnung ermöglicht, Gewalt ausschließende Konfliktbewältigungsmuster und -methoden zu kreieren.

Zum zweiten berichtet *Enns* von einer Begegnung mit Leymah Gbowee aus Liberia auf der Ökumenischen Vollversammlung 2013 in Busan: Diese »*hat sich als Friedensaktivistin sehr stark eingesetzt im Bürgerkrieg in Liberia und hat irgendwann zusammen mit anderen Frauen gesagt: Wir sind es leid, dass unsere Kinder im Krieg aufwachsen, wir sind es leid, dass wir ständig Angst haben müssen um unsere Kinder und, dass wir in Armut leben. Wir wollen, dass dieser Krieg aufhört, (...) weil nur, wenn das aufhört, ist eine Chance da, dass sich Zukunft eröffnet, dass die Angst aufhört und dass wir endlich auch wieder genug zu essen (...) und unsere Jobs wiederhaben. Sie hat eine Bewegung begonnen, einfach nur sich zu treffen mit anderen Frauen und zu beten und zwar nicht still und heimlich im Kämmerlein zu beten, sondern demonstrativ auf der Straße zu beten und das so lange zu tun, bis der Präsident bereit ist, mit ihnen darüber zu reden, wie denn nun die Zukunft dieses Landes aussehen soll. (...) Im Endeffekt hat das eine Bewegung losgetreten, dem sich keine politische Kraft (...) mehr widersetzen konnte. (...) Das heißt, da ist ein Druck aufgebaut worden auf die politisch Handelnden, der ihnen gar keine andere Wahl mehr gelassen hat, als die Waffen niederzulegen und zu einer vernünftigen Lösung für die Zukunft dieses Landes zu kommen, (...) für die Menschen, die in diesem Land leben. Das ist für mich ein gutes Beispiel dafür, dass der Druck möglicherweise von zunächst kleinen* communities *ausgehen kann, der aber so stark zu einer Bewegung werden kann und so eine Überzeugungskraft entfalten kann, dass tatsächlich Politik sich total ändert, dass die schlimmsten Konflikte dadurch überwunden werden. Vielleicht funktioniert es eher so. Also, ich würde immer die politische Forderung aufrecht erhalten an die politisch Handelnden und an die politisch Mächtigen, würde aber mich niemals darauf verlassen, dass da ein großes Umdenken schnell genug passiert, sondern würde immer sagen: Die Menschen, die von der Gewaltfreiheit so überzeugt sind, die müssen im Grunde genommen vorangehen und auch zeigen, dass es wirklich funktioniert.«* (En 341–370)

Während militärische Gewalt in der Regel hierarchisch, von oben nach unten strukturiert ist, sieht *Enns* für den Erfolg gewaltfreien Handelns entscheidend, dass er von der Basis her wächst und *via* Demonstrationen und Aktionen auf die Straße getragen wird.

4.2.5 Analyse der Aussagen zur ökonomischen Ethik

Horst Scheffler hält auch angesichts der Kostenfrage eine Entscheidung in Sachen Verteidigungspolitik gefordert: Das Festhalten an der militärischen Sicherheitspolitik führe gegenwärtig weltweit zu einem verstärkten Rüstungswettlauf. »*Da werden Unmengen von Ressourcen finanziell und* manpower *verbraucht, die notwendig wären für die Alternativen zu Krieg als Intervention in Konfliktfällen, nämlich zur zivilen und gewaltfreien Konfliktbearbeitung. Da sind wir in Deutschland, aber auch weltweit gesehen, nur mit ganz kleinen Ressourcen, wenigen Leuten und, wenn er inzwischen auch ansteigt, aber doch im Vergleich zur militärischen Forschung und Rüstung*[429] *mit minimalen finanziellen Möglichkeiten schlecht aufgestellt.«* (Sch 154–165)

Reflexion: Der deutsche Verteidigungshaushalt 2015 umfasste über 32 Mrd. Euro, während für die zivile Konfliktbearbeitung durch den Zivilen Friedensdienst im Etat des Bundesministeriums für Entwicklungszusammenarbeit gerade 34 Mio. Euro vorgesehen waren. Die begrenzten finanziellen und personellen Ressourcen erfordern eine Entscheidung. Abgesehen davon, dass Gewaltfreiheit als Additiv zur militärischen Sicherheitspolitik sinnwidrig und wirkungslos ist, lässt sich beides zugleich, Armeen und Friedensarbeit (im Sinne von gewaltfreier Konfliktbearbeitung und Engagement für weltweite Gerechtigkeit und Schöpfungsbewahrung), kaum finanzieren. Das Geld reicht nicht für Schwerter *und* Pflugscharen. Es fragt sich nun, ob die Ausgaben zur Abwehr eines *subjektiven* Problems, der Angst vor anderen, in einer ethisch vertretbaren Relation zu den *objektiven* Überlebensproblemen vieler Menschen stehen. Müsste die zur Begründung von militärischen Auslandseinsätzen vorgebrachte *Schutzverantwortung* nicht primär für ein wesentlich stärkeres Engagement in der Entwicklungshilfe und für faire Wirtschaftsbeziehungen bemüht werden? Angesichts der Zahlenverhältnisse – sechsmal mehr Rüstungs- als Entwicklungsausgaben und mindestens acht Millionen Hungertote weltweit pro Jahr – ist zu fragen, ob Waffen durch ihre Ressourcenabsorption nicht schon bereits lange vor ihrem Einsatz tödliche Folgen haben und ob dies ethisch und religiös zu vertreten ist.

4.2.6 Analyse der Aussagen zum Zivilen Friedensdienst

Um eine gewaltfreie Alternative zur militärischen Friedenssicherung zu haben, bedarf es entsprechender Instrumente zu Behauptung der eigenen Position. *Theodor Ebert* setzte sich deshalb nach Ende des Kalten Krieges für den Aufbau

---

429 Die weltweiten Rüstungsausgaben wurden vom schwedischen Friedensforschungsinstitut SIPRI für das Jahr 2013 mit 1,747 Billionen US-$ beziffert, was 2,4 % des globalen Bruttosozialproduktes bzw. 248 US-$ pro Erdenbürger_in entspricht. Die Ausgaben für Entwicklungshilfe beliefen sich im selben Zeitraum auf 0,4 %, wobei diese Gelder nach Schätzungen zu 80 % in Form von Aufträgen an die Geberländer zurückfließen. Vgl. SIPRI: http://www.sipri.org/yearbook/2014/files/sipri-yearbook-2014-kurzfassung-auf-deutsch, S. 8 f. – Zugriff am 13.09.2015; 14:41 h. ZEIT-Online: Entwicklungshilfe – Deutschland verpasst das Ziel. http://www.zeit.de/wirtschaft/2014-04/ausgaben-entwicklungshilfe – Zugriff am 13.09.2015; 14:56 h. Mahbubani, Kishore (2008): Der Mythos westlicher Entwicklungshilfe. In: http://www.dandc.eu/de/article/der-mythos-westlicher-entwicklungs hilfe – Zugriff am 13.09.2015; 15:05 h.

eines Zivilen Friedensdienstes ein. »*Dabei stellte ich mir den Zivilen Friedensdienst als Massenorganisation vor. Einige Dutzend Friedensfachkräfte sind schön und gut, aber das ist keine wirkliche Alternative. Die ursprüngliche Vorstellung beim Zivilen Friedensdienst war ja, dass er drei Funktionen erfüllt. Erstens soll er da sein für innenpolitische Konflikte mit Gewalttätern, zweitens für den Verteidigungsfall bei zwischenstaatlichen Konflikten oder bei Staatsstreichen. Und schließlich sollte der Zivile Friedensdienst drittens auch noch in der Lage sein, im Ausland zu agieren, wenn er dort von Einheimischen gerufen und von diesen eingewiesen wird.*

Wenn also zum Beispiel die Kopten in Ägypten gesagt hätten: ›Wir wären dankbar, wenn ihr uns dabei helft, unser eigentlich gutes Verhältnis zu den Muslimen konstruktiv weiter zu entwickeln.‹ Oder wenn die Studenten und die demokratisch gesinnten Professoren an den ägyptischen Universitäten gesagt hätten: ›Wir brauchen eure Unterstützung,‹ dann wäre es wichtig gewesen, dass nicht nur ein paar Dutzend Leute für solche humanitären, demokratischen Einsätze zur Verfügung stehen, sondern dass wirklich Hunderte oder Tausende entsandt werden können, um die gewaltlosen einheimischen Kräfte zu unterstützen und zu ermuntern.

Solche Eindrücke habe ich auch im Kosovo gesammelt. Da sind wir mit einzelnen Mitarbeiterinnen des Zivilen Friedensdienstes bei einer Erkundungsreise zusammengekommen. Sie sagten uns: ›Wenn wir wenigstens ein Dutzend oder eine Hundertschaft gewesen wären, dann hätten wir wahrscheinlich diejenigen ermuntern und unterstützen können, die für ein friedliches Zusammenleben von Kosovaren und Serben sich eingesetzt haben.‹ Ich habe sie gesehen, die verbrannten Privathäuser von Serben und die ausgebrannten serbisch-orthodoxen Kirchen, abgefackelt in nationalistischem Wahn. Es gab in Prizren viele, die das für Quatsch hielten und das nicht wollten, aber die Nationalisten, die da ihre roten Adler-Fahnen schwenkten, haben als Rotte sich eben durchgesetzt und niemand ist ihnen entschlossen entgegengetreten. Also, ein paar Hundert Leute, am besten Frauen, und das Abfackeln hätte gestoppt werden können.

Doch der Zivile Friedensdienst ist nicht in erster Linie für Einsätze im Ausland da. Es gibt auch im Inland Aufzüge von gewaltbereiten Demonstranten. Rechtsextremisten bedrohen Unterkünfte von Asylsuchenden und in Berlin muss man am 1. Mai damit rechnen, dass einige meinen, sie müssten einen revolutionären 1. Mai veranstalten und Geschäfte plündern. Jetzt wird sehr viel Polizei eingesetzt, aber es gab auch Zivilisten, welche die linksextremen Gewalttaten zu verhindern suchten. Tapfere Leute. Zur Vergeltung haben die linken Extremisten meinem Kollegen Peter Grottian das Auto angezündet. Das war eine ganz linke Tour, die in der Szene gar nicht gut angekommen ist. Es gibt Situationen, da ist für den inneren Frieden bereits im Vorfeld ein Grottian mehr wert als hundert Mann Bereitschaftspolizei.

Gewaltbereite Extremisten gibt es in jeder Gesellschaft. Und mit denen sich auseinanderzusetzen ist eine wichtige Aufgabe. Das kann man innenpolitisch nicht immer an die Polizei abschieben oder gar an das Militär bei außenpolitischen Konflikten. Und dieses zweite Instrument in Form eines zivilen Friedensdienstes oder eines Netzwerks von gewaltfreien Einsatzgruppen steht in Deutschland noch nicht oder erst rudimentär zur Verfügung.« (Eb 249–268)

Exkurs zum Zivilen Friedensdienst: Das von *Ebert* intendierte und durch die Leitung der Evangelischen Landeskirche von Berlin und Brandenburg, deren Mitglied er damals war, 1993 auf den Weg gebrachte Konzept eines Zivilen Friedensdienstes (ZFD) sah eine Massenorganisation vor, in der vor allem den Kriegsdienst verweigernde wehrpflichtige junge Männer eine substanzielle Alternative zum Dienst in der Bundeswehr erlernen und praktizieren können sollten. Der seinerzeitige, überwiegend im sozialen Bereich stattfindende Zivildienst war laut Gesetzeslage und Rechtsprechung lediglich als eine belastungsmäßige und, zur Prüfung des Echtheitsgehalts der behaupteten Gewissensentscheidung, durch die bis zu einem Drittel längere Dienstzeit als lästige Alternative konzipiert.

Die Nachkriegssituation in Bosnien-Herzegowina und Kroatien bestärkte das Interesse an dem von mehreren Friedensorganisationen weiterentwickelten ZFD-Konzept der Entsendung qualifizierter professioneller Friedensfachkräfte. Nachdem die damalige Bundesregierung keine Unterstützung bewilligte, entschloss sich die nordrhein-westfälische Landesregierung 1997 zu einer Finanzierung der Pilotphase. Ab 1998 wurde der ZFD zu einer vom Bund anerkannten und vom Bundesministerium für wirtschaftliche Zusammenarbeit (BMZ) geförderten Institution. Die dafür arbeitenden Personen sind lebens- und berufserfahrene Menschen, die in mehrmonatigen Kursen zur Friedensfachkraft für die zivile Konfliktbearbeitung qualifiziert werden. Seit 1999 bis Mitte 2016 waren über 1.100 Friedensfachkräfte in über 50 Ländern Afrikas, Asiens, Lateinamerikas, im Nahen Osten und auf dem Balkan. Gegenwärtig sind es mehr als 300 internationale Friedensfachkräfte in 39 Ländern.[430]

Allerdings ist der Bekanntheitsgrad des ZFD bislang noch sehr begrenzt. Selbst unter den fünfzehn befragten Experten kommen außer *Theodor Ebert* lediglich die damit politisch und organisatorisch Befassten, *Ute Finckh-Krämer* und *Paul Russmann*, darauf zu sprechen. (Fi 142, Ru 126)

---

430 Evers, Tilmann (2009): Gesichter des Zivilen Friedensdienstes. In: https://www.ziviler-friedensdienst.org/de/geschichte – Zugriff am 2.11.2016; 17:49 h.

4.2.7 Analyse der Aussagen über eine internationale Polizei anstelle von Militär

In diesem Kapitel geht es speziell um den Konfliktbereich der von Terrororganisationen, marodierenden Banden, organisierter Kriminalität begangenen Menschenrechtsverletzungen und Grausamkeiten. Hierfür wurde in der Diskussion der Vereinten Nationen der Begriff der »Schutzverantwortung« (»responsibility to protect«, Abk.: »r2p«) geprägt.[431] Die Massenmorde in Ruanda und Srebrenica werden in vielen, auch innerkirchlichen Diskussionen als Begründung für die Notwendigkeit militärischer Auslandseinsätze und damit für Unverzichtbarkeit militärischer Streitkräfte angeführt.

4.2.7.1 Wesensmerkmale einer Polizei

Paul Oestreicher sieht in dem Dilemma zwischen Kriegführen und Nichtstun die Alternative in der Einrichtung einer internationalen Polizei: *»Wir haben eine Polizei in unseren Straßen, in jedem Land. Und die Polizei ist sogar in den meisten Ländern bewaffnet. Aber die Polizei ist nicht da, ihre Waffen gegen Feinde zu benutzen, sondern im äußersten Falle ihre Waffen zu benutzen, um sich selbst und andere Menschen zu schützen. Der Durchschnittspolizist wird in seinem ganzen Leben seine Pistole niemals ziehen. Er trägt sie zwar, aber er hat keinen Feind. Er hat die Aufgabe, den Frieden in den Straßen zu erhalten.«* (Oe 258–263)

Zwischen den Strukturen und der Gewaltanwendung beim Militär einerseits und bei der Polizei[432] andererseits sieht *Oestreicher* trotz teilweiser äußerer Ähnlichkeiten prinzipielle Unterschiede: Der Polizist habe keine Feinde, seine Aufgabe sei die Erhaltung von Recht und Frieden. Dass dies zuallermeist gewaltfrei erfolge, werde daran ersichtlich, dass die polizeiliche Waffenanwendung äußerst selten sei.[433] Und komme es zum Waffeneinsatz, dann nur zum Selbstschutz oder um andere Bedrohte zu schützen.

---

431 Vgl. Schaller, Christian (2008): Gibt es eine »Responsibility to Protect«? In: http://www.bpb. de/apuz/30862/gibt-es-eine-responsibility-to-protect?p=all – Zugriff am 14.02.2017; 22:32 h.

432 Diese Bewertung bezieht sich selbstverständlich auf die Polizei im *Rechtsstaat*. In autoritären Regimen wird Polizeigewalt nicht unbedingt zum Schutz von Recht und Ordnung eingesetzt, sondern zum eigenen Machterhalt der jeweils Herrschenden instrumentalisiert, so dass auch vom negativ konnotierten »Polizeistaat« gesprochen wird.

433 In den fünfzehn Jahren von 1998 bis 2012 gab es nach einem Bericht der Innenministerkonferenz 656 Fälle von polizeilichem Waffeneinsatz, dabei wurden 109 Menschen durch Polizeischüsse getötet. Vgl. http://www.faz.net/aktuell/gesellschaft/kriminalitaet/ gebrauch-von-schusswaffen-polizisten-schossen-36-mal-auf-menschen-12579375.html – Zugriff am 22.3.2015; 12:23 Uhr. Durchschnittlich waren in diesem Zeitraum 246.722 Polizeibeamte im Dienst. Vgl. statista: http://de.statista.com/statistik/daten/studie/156792

4.2.7.2 Grenzen einer internationalen Polizei

Aber auch eine internationale Polizei könne einen Unrechtsstaat wie Nordkorea nicht gewaltsam bezwingen. Dafür sieht *Oestreicher* nur die Möglichkeit wirtschaftlicher Sanktionen und diplomatischer Ausgrenzung. Er ist der Auffassung, dass man damit in den 1930er-Jahren Hitlerdeutschland vom Krieg hätte abhalten können. Als gelungenes Beispiel eines so erzwungenen Systemwechsels verweist er auf die Beendigung der Apartheid in Südafrika, wo insbesondere der Handelsboykott und der Ausschluss vom für die Südafrikaner psychisch sehr wichtigen Sport das dortige Unrechtsregime zur Kapitulation gebracht habe. Auch wenn solche Prozesse nur langsam vorankämen und schwierig seien, so sei dies immer noch besser als Krieg zu führen. Den aktuellen syrischen Bürgerkrieg hält er für einen Grenzfall, in dem der Einsatz einer effizienten internationalen Polizei – nicht ganz ohne Blutvergießen, aber das sei dort ja schon Realität – zur Beendigung des Konfliktes eingesetzt werden könne.[434]

Reflexion: Die hier erwähnten Extremfälle von Unrechtsregimen (Nordkorea, Syrien) bzw. an anderen Stellen (Ruanda, Srebrenica usw.) sind für pazifistische Alternativkonzepte insofern eine große Herausforderung, weil die jeweilige Gegenseite nicht nur eine andere politische Gesellschaftsvorstellung oder die Durchsetzung der eigenen Machtinteressen vertritt. Durch die offenkundige Rücksichtslosigkeit und praktizierte Brutalität erscheint der Appell an einen minimalen menschlichen Grundkonsens als Versuch einer Kontaktaufnahme mit dem Ziel eines interessenausgleichenden Dialoges von vornherein unmöglich. Dies dürfte jedoch nicht nur das Problem für pazifistische Alternativmodelle sein. Wie die Beispiele Nordkorea und Syrien zeigen, befinden sich die militärischen Lösungsansätze in einer vergleichbaren Dilemmasituation. Keine der beiden Optionen, zivil-gewaltfrei oder militärisch-gewaltsam, kann eine risikolose Konfliktlösung bieten. Insofern stellen sich für eine ethische

---

/umfrage/anzahl-der-polizisten-in-deutschland/ – Zugriff am 22.3.2015; 12:40 h. Bei einer angenommenen durchschnittlichen Dienstzeit von 40 Jahren bedeutet dies, dass weniger als 1 Prozent aller Polizeibeamten von ihrer Dienstwaffe Gebrauch machen müssen und dass die Wahrscheinlichkeit einer damit verbundenen Tötung ca. 1 Promille beträgt. Im Jahr 2015 schossen nach dem Bericht der Innenministerien Polizisten 40-mal auf Menschen. Davon starben zehn, darunter ein Unbeteiligter. In 34 der 40 Fälle handelte es sich um eine Notwehr- oder Nothilfesituation. Jörger, Lena Maria & Müller, Patrick (2017): »Das letzte Mittel« – Bei einem Polizeieinsatz in Emmendingen stirbt ein Mann – Fragen und Antworten. In: Badische Zeitung vom 06.05.2017, Freiburg, S. 5.

434 Das Interview wurde am 29. Okt. 2013 geführt, als der »Islamische Staat« mit seinen militärischen Erfolgen und mit seinen Grausamkeiten an Zivilisten in den westlichen Medien noch kein Thema war.

> Beurteilung weitere Fragen: Wenn beide Optionen ihre Risiken in sich bergen, welche ist dann nach allem Wissen ...
> ... die für alle Beteiligten risikoärmere,
> ... die mit Blick auf die Zukunft nachhaltigere,
> ... die mit den Menschenrechten zu vereinbarendere,
> ... die den Konflikt deeskalierendere und an seinen Wurzeln ansetzendere,
> ... die mit den religiösen Grundüberzeugungen übereinstimmendere
> ... und die auch für ähnliche Konflikte in anderen Regionen modellhaftere?
>
> Bei einer ethischen Abwägung und Entscheidungsfindung gilt es nun, Gleiches mit Gleichem zu vergleichen, anstelle den *worst case* der einen Option dem *best case* der anderen gegenüberzustellen. So lässt sich beispielsweise auch fragen, inwieweit das Vorhalten militärischer Gewaltpotentiale in den demokratischen und an Menschenrechten orientierten Staaten, der damit verbundene Waffenhandel, aber auch ihr geostrategisches und weltwirtschaftliches, teilweise selbst internationale Übereinkünfte ignorierendes Gebaren die Entstehung der aktuellen Konflikte mit begünstigt haben. Wirkliche Problemlösungsansätze müssen deshalb auch innerhalb der westlichen Wertegemeinschaft zu Veränderungen im Sinne von mehr Fairness, Solidarität und ökologischem Verhalten auf globaler Ebene führen.

Auch *Hans Häselbarth* hält eine internationale Polizei in Analogie zu den nationalen Polizeien für unabdingbar: »*(...) kein denkender Mensch kann sagen: Wir verzichten in Deutschland auf die Polizei und die Verbrechensbekämpfung und das Rechtswesen. Das alles muss sein.*« (Hä 237–239)

Paul Russmann präzisiert: »*Es geht darum, wie kann man Gewalt bekämpfen, die kriminell ist, die Leben zerstört? Und da haben wir im eigenen Staat ein hervorragendes Mittel, das ist die Polizei. Wir haben eine Gewaltenteilung in einem demokratischen Staat zwischen Legislative, Exekutive und Judikative und so was brauchen wir auch auf internationaler Ebene. Und da kann man dann sozusagen überlegen, ob es dort dann Polizeikräfte gibt, die, ähnlich wie hier auch ein Polizist mit einer Waffe ausgestattet ist zur Selbstverteidigung, aber wo es nicht darum geht, zu gewinnen, zu siegen, sondern wo es da drum geht, die schwachen Menschen oder diejenigen, die bedroht werden – [denen, TZ] Schutz zu gewähren und diejenigen, die gegen die Regeln der Gesellschaft verstoßen, tatsächlich festzunehmen und es dann aber auch ein rechtsstaatliches Verfahren dazu gibt und nicht einfach so, wie es heute durch Drohnen oder Killerkommandos geschieht, Menschen einfach getötet werden, ohne dass ein Verfahren*

stattfindet und dabei dann auch noch viele Nichtbeteiligte umkommen.« (Ru
232–244)

Russmann fordert auch auf internationaler Ebene eine Gewaltenteilung mit
dem Ziel der Rechtsdurchsetzung bis hin zur abschließenden Verantwortung vor
einer obersten Gerichtsinstanz – im Unterschied zum auf Besiegung des Gegners
ausgerichteten Militär bzw. zur Hinrichtungspraxis mittels Drohnen im
rechtsfreien Raum.[435]

Fernando Enns sieht eine Alternative in dem Modell *»just policing, also eine
gerechte Polizeiführung, (…) nur das erlaubt die UN-Charta, einen Einsatz, wo
man (…) die verwundbarsten Menschen tatsächlich schützt, weil diese sich selbst
nicht schützen können und sie sind aber direkt an Leib und Leben bedroht, dann
ist hier viel eher an eine Polizeifunktion zu denken. Und der Unterschied zwischen Polizei und Militär wäre gegeben dadurch, dass man sagt, also eine Polizeiführung müsste demokratisch legitimiert und demokratisch aufgestellt sein.
Sie müsste geschult sein in Gewaltdeeskalierung und nicht in Eskalierung. Sie
müsste sich absolut an die Allgemeinen Menschenrechte halten und sie müsste in
der Ausbildung natürlich auch insofern kultursensibel sein, dass es immer um die
betroffenen Menschen selber gehen muss. Das heißt, die Betroffenen selber entscheiden mit, welche Art von Einsatz und welche Art von möglicherweise Gewalt
da noch legitim erscheint, die tatsächlich einen Raum für Versöhnung und Gespräche eröffnen würde. Also, eine völlig anders geartete und aufgestellte internationale Polizei, die nach ganz klaren [Regeln, T.Z.] und neuestem Stand der
Gewaltdeeskalierungsmethoden funktionierende internationale Kraft, die kann
ich mir durchaus vorstellen, dass die sinnvoll wäre, gerade weil wir aus dieser
Schutzverantwortung nicht herauskommen. Auch aus der christlichen Position
heraus glaube ich, dass wir nicht die Augen davor verschließen dürfen, dass es
tatsächlich Situationen gibt, wo wir unseren Nächsten schützen müssen, also wo
man nicht einfach sagen kann: ›Ich für mich will gewaltfrei bleiben und nehm'
dafür den Tod in Kauf.‹ Das kann man machen und es gibt Menschen, die das tun.
Es bleibt aber immer noch die Frage, ob ich das auch von den anderen erwarten
kann und ob es da nicht die Verantwortung gibt, diese auch zu schützen.«* (En
258–280)

---

435 Der Internationale Strafgerichtshof wird von den USA nicht nur boykottiert (Sch 227–236),
     sondern wie Martin Ganslmeier im Bayrischen Rundfunk berichtete, verabschiedete der
     Kongress 2002 ein Schutzgesetz für US-Soldaten: »Sollten diese oder andere US-Bürger vor
     den Internationalen Strafgerichtshof kommen, wäre der US-Präsident ermächtigt, seine in
     Den Haag angeklagten Landsleute militärisch zu befreien.« Sattar,Majid (01.07.2002): In-
     ternationaler Strafgerichtshof – Bushs Boykott. In: http://www.faz.net/aktuell/politik/inter
     nationaler-strafgerichtshof-bushs-boykott-170190.html – Zugriff am 06.09.2015; 21:15 h.
     Ganslmeier, Martin (08.07.2015): Internationaler Strafgerichtshof – Warum die USA ab-
     seits stehen. In: http://www.br.de/nachrichten/usa-strafgerichtshof-beziehung-100.html –
     Zugriff am 06.07.2016; 21:56 h.

Reflexion: Die Befragten nehmen die Schutzverantwortung für bedrohte Menschen genauso ernst wie es Befürworter militärischer Gewalt tun. Sie entscheiden sich jedoch gerade, des Schutzes der Bedrohten wegen, gegen militärische Gewalt, die erfahrungsgemäß eher gewalteskalierende Auswirkungen hat. Ein wichtiger Maßstab dabei ist die absolute Beachtung der Allgemeinen Menschenrechte und eine kultursensible, auf Deeskalation und Versöhnung ausgerichtete Qualifizierung der damit beauftragten Polizeikräfte.

4.2.7.3 Exkurs zu just policing

Das Konzept *just policing* als gerechtes polizeiliches Handeln entstand aus einem mennonitisch-katholischen Dialog, der von 1998 bis 2003 in den USA stattfand. Intentional geht es darum, die internationale Schutzverantwortung mit dem Ideal der Gewaltfreiheit zu verbinden. Durch den expliziten Bezug zu diesem Konzept in einem friedensethischen Entwurfspapier der Evangelischen Landeskirche in Baden, sei, so die Heidelberger Politologin Ines-Jacqueline Werkner, die Diskussion darüber deutlich befördert worden. Werkner reflektiert *just policing* im polizeihistorischen sowie im gegenwärtigen weltpolitischen Kontext mit Blick auf die Gegebenheiten bei den Vereinten Nationen und kommt bei aller Kritik zu dem Ergebnis, dass dieses Konzept eine Chance zur Gewaltminimierung böte. Es könne den Fokus auf die Gewaltursachen richten, durch veränderte Wahrnehmungen einen neuen Ansatz im Umgang mit Konflikten und in der Prävention von Konflikten eröffnen. Die Schwelle militärischer *ultima ratio* ließe sich dadurch sukzessive (nach hinten, T.Z.) verschieben.[436]

Horst Scheffler hatte sich in seiner früheren Tätigkeit bei der Bundeswehr[437] intensiv mit der Frage einer internationalen Polizei befasst. Ausgangspunkt ist für ihn ebenfalls das Dilemma zwischen der Obsoleszenz militärischer Gewalt einerseits und Situationen, in denen zivile und gewaltfreie Lösungsmuster der Konfliktbearbeitung möglicherweise nicht ausreichten. Hierfür sei zu prüfen, »*ob es Strukturen einer internationalen Polizei geben könnte, die dann unter den Bedingungen von Polizeirecht als bewaffnete Gewalt agiert. (...) Das Problem ist, dass man natürlich auch, wenn man nach Kriterien für bewaffnete Gewalt im Sinne eines Polizeirechts fragt, dorthin kommt, die Kriterien zu benennen, die in*

---

436 Werkner, Ines-Jacqueline (2015): Just Policing – ein neues Paradigma? In: Werkner, Ines-Jacqueline & Ebeling, Klaus: Handbuch Friedensethik. Wiesbaden: Springer VS (in Vorbereitung), abgedruckt in: epd-Dokumentation Nr. 16 vom 14.04.2015, Frankfurt a.M., S. 26–30.

437 Leitender wissenschaftlicher Direktor beim Sozialwissenschaftlichem Institut der Bundeswehr in München und in Strausberg.

der EKD-Denkschrift für (...) rechtserhaltende Gewalt genannt werden. Und das sind natürlich wieder in Abfolge die Kriterien des justum bellum. Auf der anderen Seite ist klar, man braucht 'ne Instanz, die das verantwortet, man braucht die Minimierung der Mittel, man braucht die Verhältnismäßigkeit, man braucht die Rechtsstruktur, um dies als Ausnahmefall, ultima ratio − *so 'ne Gewaltanwendung muss die Ausnahme und darf nicht die Regel sein − also an diesem Kriterium kommt man nicht vorbei. Der Vorteil wäre einmal, dass man das Denken an bewaffnete Gewalt aus Kriegsszenarien löst (...), die immer die Struktur der Eskalation in sich tragen. Polizeigewalt wird überhaupt nur dann eingesetzt, wenn Gefahr im Verzuge ist. Sie setzt ein, nicht den Verbrecher zu töten, sondern festzunehmen und der Justiz zuzuführen. Und dann gibt's eine Verurteilung. Kriegerische Gewalt hat viel größere Breiten des Einsatzes, auch auf Verdacht hin, obwohl natürlich auch kriegerische Gewalt heute eigentlich 'ne eingehegte Gewalt sein sollte. Aber weil die Eskalation immanent ist, wird diese Einhegung immer wieder außer Acht gelassen und die eingesetzten Mittel sind natürlich in einer kriegerischen Gewalt andere. Kampfjets braucht die polizeiliche Gewalt nicht. Also, das theologische Problem bleibt das gleiche, weil's wieder um die Kriterien des* bellum justum, *der rechtserhaltenden Gewalt, jetzt in die Strukturen von Polizeirecht transformiert, geht.« (Sch 172−205)*

> **Reflexion:** Damit eine internationale Polizei nicht zum Militär wird mit den bekannten negativen Auswirkungen, zieht *Scheffler* die Prüfkriterien der Lehre vom Gerechten Krieg heran. Mit dieser lassen sich unter den heutigen Bedingungen zwar keine Kriege mehr rechtfertigen, sie eignen sich jedoch zur Einhegung polizeilicher Gewalt, sowohl innerstaatlich wie auch international. Durch eine auf persönliche Notwehr und Nothilfe ausgerichtete Bewaffnung wird der Eskalationsgefahr und offenkundigen Unverhältnismäßigkeit vorgebeugt.[438] Es kann nur darum gehen, gezielt den Rechtsbrecher dingfest zu machen und der Justiz zuzuführen, ohne Unbeteiligte zu gefährden.

Eugen Drewermann glaubt, dass eine internationale Polizei »in der Logik der Geschichte liegt. (...) wir haben Kriege geführt seit den Tagen der Sumerer in organisierter Form, indem wir nach innen die Bürger befriedet haben. Es bildete sich das Gewaltmonopol des Staates. Niemand hat das Recht, auf eigene Faust was zu tun, aber staatliche Ordnung garantiert den Frieden jedes Einzelnen. Dieser Gedanke ist in immer größere Blöcke ausgedehnt worden. Da wir heute eigentlich

---

438 Vgl. Meyer, Berthold (2010⁵): Probleme ausländischer Militärinterventionen in innerstaatliche Konflikte. In: Imbusch, Peter & Zoll, Ralf: Friedens- und Konfliktforschung. Eine Einführung. Wiesbaden: VS Verlag für Sozialwissenschaften, S. 575ff. (Zif. 3. »Eine Alternative: Krisenprävention durch eine internationale Bereitschaftspolizei«).

nur noch eine einzige große Stadt bilden, gehört dahin, dass alle Bewohner dieser einen großen, globalen Stadt befriedet werden. Dies bedeutet, dass kein nationales Staatengebilde oder ein Arrangement zwischen Staaten das Recht hätte, auf eigene Faust Krieg zu führen. Das ist ein Anachronismus. Wirtschaftlich sind wir längst viel weiter als politisch.« (Dr 451–460)

4.2.7.4 Organisatorische Zuordnung einer internationalen Polizei

Die Institution der UNO wird zwar von der Theorie her als richtig und wichtig eingestuft, in der gegenwärtigen Praxis jedoch kritisch gesehen. Exemplarisch dafür *Eugen Drewermann*, der beklagt »*(...), dass die UNO nicht das ist, was sie sein müsste und sollte. Sie ist die Sprechbühne der US-Amerikaner. Sie segnet ab, was die wollen, in jedem Punkte. Und ein Nationalstaat wie die USA kann keine Vermittlungsfunktion haben, solange er derart egoistisch eigene Interessen verfolgt. Was wir dringend brauchen, wäre eine Weltgemeinschaft, die sich organisiert mit Rechtsanspruch, wo verbindlich lokal nicht lösbare Konflikte entschieden und verbindlich geregelt werden. Und dann, (...) gäbe es die Möglichkeit des Eingreifens. Und dann müssten wir aber nicht den Weltsicherheitsrat haben mit den entsprechenden Vetomächten, wir bräuchten dann die UN-Vollversammlung. Wie anders sähe dann die Israelfrage aus, seit über vierzig Jahren, seit 68, vollkommen anders, wenn wirklich mal die Welt entscheiden würde in der UNO, statt der Spielball der zufälligen Zahl der Großmächte am Ende des Zweiten Weltkriegs zu sein und immer noch Kalten Krieg zu machen?*« (Dr 460–472)

Diese Problematik »*lässt sich nur vermeiden, wenn wir eine nationalpolitisch unabhängige und eine auf das allgemeine Menschenrecht gegründete Institution haben, die rechtswirksam Recht sprechen kann und auch durchzusetzen versteht. In dem Falle wäre als einzige militärisch verbliebene Macht nach Entwaffnung aller Nationalstaaten und aller militärischer Bündnisse die Logik der Geschichte an ein gewisses Ende gekommen. Wir hätten wirklich dann ein Gewaltmonopol, das Recht spricht.*« (Dr 491–497)

Trotz dieser oft zu vernehmenden Kritik an den Vereinten Nationen hält *Horst Scheffler* genau diese für die dafür als erste in Frage kommende Institution: »*Man braucht eine legitime potestas. Die UNO kann sicher nicht alles von New York aus regeln. Es braucht kontinentale Bündnisse, Europäische Union, Afrikanische Union und andere, die es ja de facto gibt, aber die alle noch nicht das leisten, das jetzt mit dem just policing eigentlich erwartet wird. Und es braucht dann natürlich, auch da haben wir ja Ansätze, die internationale Gerichtsbarkeit, was es heute gibt, darüber hinaus verbindliche Strukturen. Es ist ja heute so, wer sich dem Gerichtshof in Den Haag nicht anschließen will, der bleibt außen vor. Und wenn eine Nation wie die USA sagen, wir nehmen unsere Leute sowieso von*

*vornherein raus, dann ist so ein Unternehmen immer noch sehr schwach aufge-
stellt.« (Sch 227–236)*

Reflexion: Analog zu den nationalen Polizeien, die den jeweils übergeordneten Instanzen Kommune, Land oder Bund zugeordnet sind, bedarf es
bei Konflikten, die von den Vorgenannten nicht bewältigt werden können,
internationaler Polizeistrukturen, die den kontinentalen staatlichen Zu-
sammenschlüssen zugeordnet sind. Da der Europäischen Union mit 27 nur
in etwa die Hälfte der europäischen Staaten angehören, wäre eher an den
Europarat oder noch besser an die Organisation für Sicherheit und Zusammenarbeit in Europa (OSZE) zu denken. In diesen beiden Zusam-
menschlüssen sind fast alle europäischen Länder beteiligt.

Bertold Meyer denkt mit Verweis auf Erwin Müllers 1998 vorgelegtes
Konzept[439] an ein »Mischsystem«, bestehend aus drei Optionen (nationale
und regionale Polizeikräfte unter dem Kommando einer globalen internationalen Polizeimacht). Letztere sollte dezentral an fünf bis zehn
Standorten, verteilt auf die verschiedenen Kontinente, stationiert sein und
als »internationale Bereitschaftspolizei«, sofort beim Beginn von Gewaltkonflikten durch zunächst reine Präsenz beruhigend auf die Kontrahenten
einwirken, gewissermaßen als Vorhut, bis dann die nationalen Polizeikräfte zum Einsatz kommen können.[440]

4.2.7.5 Exkurs zum Weltregieren

Volker Rittberger unterscheidet drei unterschiedliche Modelle des Weltregierens
bzw. der *Global Governance:*

1) **Weltstaat mit hierarchischer Ordnung**, vertikaler Regelerzeugung mittels
   rechtlicher Autorität. Deren Einhaltung wird durch zentral verhängte Sanktionen gewährleistet und bei den Mitgliedsstaaten durch Furcht vor Strafen
   oder nicht gewährten Wohltaten motiviert.
2) **Hegemonie mit anarchischer Ordnung**, vertikaler Regelerzeugung *ohne*
   rechtliche Autorität, gewissermaßen als informelle Hierarchie. Die Regeleinhaltung wird zentral vom Hegemon bewirkt und von den Mitgliedsstaaten
   befolgt wie beim Weltstaat.

---

439 Müller, Erwin (1998): Internationale Polizei. Prinzip und Konzept. In: Vierteljahreszeitschrift für Sicherheit und Frieden, 16. Jg. 1998, S. 5.
440 Meyer, Berthold: Probleme ausländischer Militärinterventionen in innerstaatliche Konflikte. In: Imbusch, Peter & Zoll, Ralf, Hg. (2010⁵): Friedens- und Konfliktforschung. Eine
Einführung. Wiesbaden: VS Verlag für Sozialwissenschaften, S. 575ff.

3) *Horizontale Politik-Koordination* mit anarchischer Ordnung, horizontaler Regelerzeugung aufgrund reziproker Selbstverpflichtung oder -bindung. Der Mechanismus der Regeleinhaltung erfolgt durch dezentrale Sanktionen. Die Motivation der Mitgliedsstaaten erfolgt aus Furcht vor Reputationsverlusten und entgehenden künftigen Gewinnchancen, aber auch durch Normeninternalisierung.[441]

Idealerweise böte die UNO die weltstaatliche Struktur, gegenwärtig jedoch ohne die für die Sanktionsgewalt erforderliche Autorität und Ausstattung. Die Horizontale Politik-Koordination dürfte tendenziell in der EU praktiziert werden, aufgrund der unterschiedlichen Ländergrößen, Bevölkerungszahlen und wirtschaftlichen und militärischen Potenziale jedoch nicht mit allen beteiligten Staaten auf gleicher Augenhöhe. Realistisch betrachtet bestimmt die konkurrierende Hegemonie der Supermächte USA, Russland und China sowie der EU das politische Weltgeschehen. Für eine Weltinnenpolitik mit ziviler Konfliktbearbeitung müsste die derzeitige Hegemonialstruktur überwunden werden. Der für die Bildung eines demokratischen Weltstaates erforderliche nationale Machtverzicht dürfte aufgrund der nationalen Eigeninteressen, auch bei den westlichen Industriestaaten, derzeit nur schwer vorstellbar sein.[442] Abgesehen davon ist der Weltstaat spätestens seit George Orwells dystopischem Zukunftsroman »1984«[443] über eine Weltdiktatur wenig verlockend. Die Horizontale Politik-Koordination dürfte, abgesehen von der Machtdezentralisierung, wohl auch die am ehesten realisierbare Struktur bieten. So könnte durch »friedenswillige Länder« bereits partiell die Entwicklung zu entmilitarisierten, in ziviler Solidarität sich einander verpflichteten Staatenbünden eingeleitet werden.[444] Durch die in diesen Ländern aufgrund frei werdender Militärressourcen

---

441 Rittberger, Volker: Weltregieren: Was kann es leisten? Was muss es leisten? in: Küng, Hans & Senghaas, Dieter [Hg.] (2003): Friedenspolitik. Ethische Grundlagen internationaler Beziehungen. München: Piper Verlag, S. 177–208.

442 So bedeutete eine demokratische Wahl eines 600 Abgeordnete umfassenden Weltparlamentes nach dem Prinzip »ein Mensch, eine Stimme«, für zehn Millionen Menschen eine/n Abgeordnete/n. Die westlichen Industrieländer Europas und Nordamerikas verlören somit gegenüber den viel bevölkerungsreicheren Ländern Asiens sowie gegenüber den Ländern Afrikas und Lateinamerikas ihre Dominanz. Dass die westlichen Staaten dies nicht zulassen, stellt die Lauterkeit ihres Demokratieverständnisses in Frage. Vgl. Hannemann, Dirk: Weltstaat als globale Demokratie. Perspektiven für kritische Ansätze. In: Wissenschaft und Frieden, Heft 4/2016, 34. Jg., S. 34 ff.

443 Orwell, George (2011[34]): 1984. Berlin: Ullstein Taschenbuch.

444 Vgl. Ziegler, Theodor (2012): Ausstieg 2.0 – Nach dem Atomausstieg auch der Ausstieg aus dem Militär? In: Richte unsere Füße auf den Weg des Friedens. Pazifistisch-gewaltfreie Texte zur friedensethischen Positionierung der badischen Landeskirche. Karlsruhe: Arbeitsstelle Frieden, S. 28. Vgl. Becker/Maaß/Schneider-Harpprecht (2018): Sicherheit neu denken.

sich entfaltende ökonomische und soziale Prosperität dürften auch andere Länder zu einer Entmilitarisierung angeregt werden. Der katholische Konzilstheologe Bernhard Häring plädierte bereits Mitte der 1980er Jahre für diesen unilateralen Weg, der, auch wenn nur von kleinen Ländern beschritten, eine neue Phase bei der Verwirklichung einer gewaltfreien Konfliktkultur einleiten würde. Er fährt dann fort:

> »Völkern, die sich mit voller Entschiedenheit einer solchen Kultur und Praxis der Gewaltfreiheit frei verschrieben haben, würden ganz neue Einsichten und Erfahrungen zuwachsen, eben weil sie sich auf diese Weise aus dem Teufelskreis des Machtdenkens und der gegenseitigen Ansteckung befreit hätten. Sie würden einen archimedischen Standpunkt gewinnen, von dem aus sie scheinbar unausrottbare Ideologien aus den Angeln heben könnten. Befreit von den unheimlichen Pathologien der Kriegsrüstung und gegenseitigen Bedrohung können solche Völker eine missionarische Sendung für die ganze Menschheit ausüben, (...)«[445]

4.2.7.6 Kriterien für eine internationale Polizei

Eine internationale Polizei hat sich nach den Vorstellungen von *Ute Finckh-Krämer* an den nationalen Polizeien von Rechtsstaaten zu orientieren: »*Wenn man es fertigbringt, eine internationale Polizeitruppe aufzubauen, die den Kriterien entspricht, die wir in demokratisch kontrollierten Rechtsstaaten entwickelt haben, also wo die Grundsätze der Verhältnismäßigkeit der Mittel, der Rücksichtnahme auf Unbeteiligte und so weiter eingehalten werden, finde ich das für eine sehr gute Idee. Man müsste diese Polizeitruppe sehr gut ausbilden. Sie müsste interkulturell erfahren sein, sie müsste auch über Personal aus so vielen verschiedenen Ländern verfügen, dass man dann, je nachdem, wo man sie einsetzen möchte, mal eben Leute [zur Verfügung hat, T.Z.], die sprachlich, kulturell, vielleicht auch von der Religion her sich in einem Land in die Konfliktebenen und in die Menschen einfühlen können. Aber dann wäre das eine sehr, sehr gute Lösung. Und in Einzelfällen hat sich ja gezeigt, wenn UN-Blauhelme, Polizeikräfte kamen, die in dem entsprechenden Land sich gut zurechtgefunden haben, dass das die erfolgreichsten Einsätze waren.*« (Fi 251–262)

Hans Häselbarth stellt im Blick auf die deutsche Polizei eine auch für eine internationale Polizei wichtige Entwicklung fest: »*Die Polizei hat an einigen Stellen sehr viel gelernt, bei den Demos im Wendland, wo man mit einer beweglichen Taktik und dem Suchen von Gesprächsgegenüber, wo man doch Gewalt eingrenzen kann. Also, dass es da viel psychologisch und taktisch zu lernen gibt,*

---

445 Häring, Bernhard (1986): Die Heilkraft der Gewaltfreiheit. Düsseldorf: Patmos Verlag, S. 163.

was auch schon Früchte gebracht hat. Und bei Unruhen in Hamburg[446] zum Beispiel und bei den Castor-Transporten und so, das müsste jetzt im größeren Maßstab eingeübt werden. Also, ich bin schon für eine Polizei-Truppe mit UN-Mandat oder jedenfalls von EU-Mandat (...), wo man Präsenz zeigt, aber zwischen die Parteien tritt. Im Grunde schon, was die Blauhelme wollten und immer noch tun, aber an der Stelle ist noch ganz viel Ausbildung nötig.« (Hä 239–247).

Häselbarth sieht in der Intention für die UN-Blauhelm-Truppen eine Vorstufe für die anzustrebende internationale Polizei. An der gegenwärtigen Struktur kritisiert er jedoch: *»Bisher sind das (...) Soldaten aus verschiedenen Armeen, etwa aus Ghana oder aus dem Kongo oder aus Kenia, die werden einfach abkommandiert und die haben keinerlei Ausbildung, wie wir sie jetzt uns wünschen, mitbekommen. Und da kommt's dann eben auch vor, dass da Vergewaltigungen stattfinden und dass die dann auch nicht anders sind als andere Soldateska.[447] Also, das braucht eine hohe moralische, ethische Vorbereitung für solche Truppen, Friedenstruppen. Vielleicht müssten sie sogar Waffen tragen, um zu (...) [zeigen, TZ], ihr könnt mit uns nicht machen, was ihr wollt, aber sie nicht einsetzen (...). Ich bring' immer mein Beispiel aus der Stadt Jos in Nordnigeria (...) Ich hab' die Stadt besucht nachdem zwei Pogromnächte mehrere hunderte Tote hinterlassen haben und hab' die ausbrannten Straßen noch gesehen und die verschüchterten Menschen, die dann alle in ihre Gettos abdrifteten – die Moslems dahin, die vorher gemischt waren, und die Christen dahin oder die verschiedenen Stammesgruppen – und hab' gedacht, wenn die schnell zur Stelle gewesen wären mit Hubschrauberlandemöglichkeiten und da einen Keil zwischen die Stadtteile [getrieben hätten, T.Z.] – einfach sozusagen eine* picketline *darstellen, dann hätte man viel Leben retten können. Aber Nigerias Regierung ist dafür nicht in der Lage, so eine Eingreiftruppe zu stellen, und wenn, dann sind sie nicht ausgebildet. Also da ist ganz viel zu tun.«* (Hä 245–271)

Ullrich Lochmann beschreibt wesentliche Unterschiede zwischen polizeilicher und militärischer Gewalt *»... na ja, es gibt ja die Theorie polizeilicher Aktionen: Die Verhältnismäßigkeit der Mittel, die abschreckende Wirkung, die absolute Bindung an Gesetz und Recht. Also alle Gedanken von Rache, von Zerstörung, um des Kampfes willen, sind ja im polizeilichen Denken ausgeschaltet. Es soll eben nur der unmittelbare Kriminelle oder Verbrecher (...) im Notfall bekämpft werden, aber auch hier mit möglichst minimalem Einsatz von*

---

446 Nach den gewalttätigen Ausschreitungen beim G20-Gipfel 2017 sei darauf verwiesen, dass diese im Januar 2014 gemachte Interviewaussage sich auf frühere, erfolgreichere Polizeieinsätze bezog.

447 Vgl. Hintergrundartikel der dpa/fwo In: http://www.badische-zeitung.de/nachrichten/ausland/ban-ki-moon-feuert-seinen-sonderbeauftragten – Zugriff am 6.09.2015; 21:38 h sowie http://www.badische-zeitung.de/ausland-1/hintergrund-xofudwuax-106756648.html – Zugriff am 6.09.2015; 21:42 h.

Gewaltmitteln. Dieses Prinzip – da gibt es ja breite Diskussionen und Regularien drüber – das kann man ja ausbauen, bis hin zur Bewaffnung auch, dass eben nur bis zu einer bestimmten Grenze [an, T.Z.] Kleinwaffen hier gedacht wird. Wie weit das dann von den Strategen umgesetzt werden kann, inwieweit also da die Diskussionen gehen, angefangen von der Wirksamkeit, von der Gefährlichkeit potentieller Feinde und so weiter, das will ich jetzt mal zurückstellen. Es ist jedenfalls ein Weg, der schon mal gegangen wurde mit der Politik der Blauhelme bei der UN[O, TZ], was sich aber dann zerfasert hat und praktisch missbraucht wurde (...), unwirksam sich erwiesen hat. Aber in die Richtung müsste es gehen: Eine polizeiliche Bewaffnung, eine polizeiliche Ideologie der bewaffneten Kräfte, eine Verringerung, ein Abbau jeglichen Drohpotentials und jeglicher Zerstörungsgewalt herkömmlicher Art. Das Ganze muss man, glaube ich, auch noch von einer anderen Seite her betrachten und zwar, die zunehmende Bedeutung der elektronischen Kriegführung – der sogenannte cyber-war, dass sich die Auseinandersetzungen nicht nur in der technischen Instrumentierung total verlagern aufs Internet und auf Maßnahmen, die zunächst mal ganz virtuell sind, aber dann auch sehr materialisiert werden, wenn man ganze Stromnetze ausschalten kann durch hacking in großem Maßstab. Was das wirklich bedeutet für eine künftige Lösung von Konflikten oder zunächst mal für die Auslösung von Konflikten – so weit sind wir noch gar nicht. Und ich habe auch den Eindruck, dass bei uns in der Kirche diese Dimensionen überhaupt noch nicht in den Blick gekommen sind.« (Lo 212–236)

Stefan Maaß benennt als Kriterien für eine internationale Polizei
- Überparteilichkeit und Neutralität
- Autorisierung durch die Vereinten Nationen und Akzeptanz durch alle Mitgliedsstaaten
- Aufgabe der Festnahme von Verbrechern und ihr Zuführung der Justiz
- Bewaffnung mit polizeilichen Waffen – Bomber, Drohnen usw. scheiden aus
- Gewaltanwendung nur im polizeilichen Rahmen (äußerstes Mittel, Verschonung von Unbeteiligten (Ma 234–270)

Markus Weingardt hält die UNO für die einzige Instanz, die glaubhaft mit Gewalt drohen können sollte, um Politiker zum Einlenken bewegen zu können.

»Was natürlich ein Problem der UNO-Einsätze ist – Kofi Annan beschreibt es ja auch sehr anschaulich, dass einzelne Regierungen, einzelne Staaten unterschiedliche Interessen haben und halt immer auch noch bei UNO-Einsätzen (...) die Oberhoheit über ihre Truppen haben. Also, es ist keine UNO-Einrichtung und die UNO hat nicht den Oberbefehl. Das macht die Sache sehr schwierig. Trotzdem glaube ich, dass es für die UNO hilfreich wäre, wenn sie glaubwürdig mit Gewalt drohen kann. Und das kann sie nicht, wenn Politiker wie Milosevic wissen, die

werden Gewalt nur zur Selbstverteidigung einsetzen. Und die werden, die müssen zugucken, wenn ich da drüben die Bevölkerung abschlachte.« (Wei 368–375)

Weingardt kritisiert die derzeitige nationale Oberhoheit der Truppen stellenden Staaten über die von ihnen jeweils entsandten Blauhelmkontingente und fordert neben Befehlshoheit für die UNO – und im Unterschied zu den anderen Interviewpartnern, die allesamt die polizeilichen Kriterien und Qualitätsmerkmale betonten – gewissermaßen militärische Potentiale, also eine UNO-Friedenstruppe, die über die Selbstverteidigung hinaus gegen Diktatoren Drohpotentiale zur Verfügung hat.

Auch müsse im Rahmen einer UNO-Reform das den partikularen Großmachtinteressen dienende Vetorecht abgeschafft und die UNO politisch und finanziell gestärkt werden. Das kritisierte Versagen der Blauhelme sei nicht der UNO, sondern der mangelnden Unterstützung der entscheidenden Nationen anzulasten. Unabhängig davon, haben die Blauhelm-Einsätze auch viel Gutes bewirkt. *(Wei 394–409)*

Reflexion: Der Gegensatz zwischen *Weingardts* Forderung von militärischen Drohpotentialen für die UNO – quasi einer UNO-Armee[448] – und der Betonung des rein polizeilichen Charakters einer internationalen Polizei bei den anderen Interviewpartnern mag damit erklärbar sein, dass *Weingardt* mehr den *status quo* militärisch gerüsteter Nationalstaaten im Blick hat, während die anderen von einer anzustrebenden entmilitarisierten Staatenwelt ausgehen. *Ullrich Hahn* hat an diese weltpolizeiliche Sicherheitskonstruktion grundsätzliche Anfragen (s. u.). Somit könnte man *Weingardts* Überlegungen zu einer UNO-Armee als eine Übergangsstufe von der jetzigen nationalstaatlichen und in diversen Bündnissen organisierten militärischen Gewalt hin zu einer entmilitarisierten Welt mit einem »gezähmten Restgewaltsystem« (*Albert Fuchs*) verstehen. Kritisch zu fragen ist, *ob die von Weingardt* gedachte UNO-Armee bei der Bekämpfung von Diktatoren, nicht doch wieder in eskalierende Kriege mit allen Folgen für Unbeteiligte hineingeriete.

---

448 In diesem Sinne argumentiert auch der am Genfer UNO-Sitz akkreditierte deutsche Journalist Andreas Zumach, wenn er fordert, diese Polizeitruppe oder militärische Blauhelmtruppe sollte von einer qualifizierten Mehrheit der UN-Generalversammlung eingesetzt werden können, sich aus Bürger_innen der Mitgliedsstaaten rekrutieren, die direkt bei der UNO ausgebildet werden und von Mandat und Ausrüstung her so ausgestattet sind, dass Genozide wie 1994 in Ruanda verhindert werden können. Mit dem Aufbau dieser multinationalen UNO-Truppe sollte der Abbau aller nationalen militärischen Instrumente einhergehen. Vgl. Zumach, Andreas: Anforderungen an einen wirksamen Pazifismus. In: Zivilcourage Nr. 3/2016 (42. Jg.) Stuttgart: Deutsche Friedensgesellschaft/Vereinigte KriegsgegnerInnen, S. 27.

4.2.7.7 Kritische Überlegungen zu einer internationalen Polizei

Albert Fuchs warnt aufgrund seiner langjährigen Mitarbeit bei *amnesty international* vor Illusionen in Bezug auf eine sogenannte – auch in der EKD-Denkschrift – rechtserhaltende staatliche Gewalt, die oft Leiden und Unrecht verursache. Ebenso sei dies mit seinem anarchistischen Ansatz nicht verträglich. Doch trotz dieser Einschätzung ist er auf der anderen Seite »*dafür, dass man jetzt nicht nur schwarz-weiß denkt, sondern man muss differenzieren. Und wenn wir ein solch gezähmtes Restgewaltsystem hätten, dann wäre schon viel erreicht. Das wär' als Zwischenstufe vielleicht anbietbar, könnten andere auch annehmen. Aber die Perspektive ist die Abschaffung von Gewalt gegen Artgenossen. Es gibt keine Grundlage (…) nach meiner Überzeugung, (…) weshalb ich einem Artgenossen den Kopf einschlagen kann – gibt es nicht ohne Selbstwiderspruch! Also gibt's auch keine rechtserhaltende Gewalt. Übrigens – Stichwort »rechtserhaltende Gewalt« – da wird ja oft so argumentiert: Recht muss wirksam sein können, muss durchsetzbar sein können. Aber jetzt mach' man sich klar, es kann ja sein, dass auch Gewalt die Durchsetzung des Rechts nicht erreicht. Was dann? Ist das Recht dann verloren, (…) das Recht derer, deren Recht man durchsetzen wollte mit Gewalt, wenn die Gewalt auch versagt? Also, die Identifikation von Recht und Rechtsdurchsetzung mit Gewalt kann ich überhaupt nicht verstehen.*« (Fu 357–371)

Obwohl *Fuchs* die internationale polizeiliche Gewalt bezüglich des Tötungsverbotes als eine widersprüchliche Maßnahme beurteilt, kann er sie als graduelle Verbesserung, als Zwischenstufe auf dem Weg zum Ziel der generellen Gewaltabschaffung gegen Artgenossen tolerieren. Er knüpft dieses Einverständnis an »*ein strenges – theoretisch zumindest – ein strenges Proportionalitätsprinzip. Es muss verantwortet werden können, persönlich also von dem Akteur und das muss juristisch nachprüfbar sein. Es ist im Grundsatz etwas völlig anderes – (…) also da sehe ich schon qualitative Unterschiede – (…), ob man als Militär [das, T.Z.] Militär der Gegenseite verfolgt, die unter Umständen gar nichts mit irgendeiner bestimmten Untat zu tun haben, sondern die nur diese Uniform tragen oder nur benannt werden, auf einer Abschussliste der Drohnenjäger stehen und einer Polizei, die genau nur an der bestimmten Tat orientiert sein kann und diesen Übeltäter irgendwie unschädlich machen soll.*« (Fu 379–386)

Ullrich Hahn lehnt militärische UN-Einsätze grundsätzlich ab, strenggenommen sei ihm schon »*jede Pistole am Gürtel eines Polizisten zu viel. Ich bin überzeugt davon, dass alle diese als unentbehrlich angesehenen Gewaltmittel eigentlich nicht ersetzt werden müssten, sondern überwunden werden können durch jeweils andere Verhaltensweisen. Die internationalen Probleme von Hunger, Klimawandel, unzureichende Ressourcen, landgrapping und was weiß ich [nicht, T.Z.] alles, die bedürfen keiner Waffen, sondern die bedürfen ganz anderer Formen der Hilfe, bis hin eben zu den individuellen Problemen eines Strafgefangenen, der in der Regel keine Strafe braucht, sondern auch Hilfe. Ich sehe es nicht als unrealistisch an, ich sehe nur, dass natürlich die Gesellschaften, die Mehrheiten, dazu nicht bereit sind. Aber es sind eigentlich keine Sachargumente, sondern es sind Ängste, die hinter diesen Gewaltpotentialen stehen. Ängste und sicher auch natürlich ganz handfeste Interessen von Industrie, von Machteliten, vielleicht auch von Nationen, die eben bei den Ressourcen vornedran stehen wollen, aber aus meiner Sicht keine Sachargumente, die von vorn herein verhindern würden, dass man eine abgerüstete Welt sich vorstellen kann.«* (Ha 188–203) *Hahn* hält nicht viel davon, militärische durch polizeiliche Gewalt zu ersetzen, sondern möchte, dass diese überwunden wird. Die realen Probleme der Umwelt, der gerechten Ressourcen- und Landverteilung bis hin zur Kriminalität können nach seiner Auffassung nicht durch Waffen, auch nicht durch die der Polizei, gelöst werden. Sie bedürften anderer Hilfsformen. Diese werden von ihm nicht weiter ausgeführt. Das einer sachlichen Problembearbeitung im Wege stehende Hindernis sieht *Hahn* in den Verlustängsten der bislang Privilegierten, die sich mit Gewaltpotentialen zu schützen trachten.

Die Vorstellungen einer internationalen Polizei müssen aus *Hahns* Sicht in Bezug auf die damit verbundenen Erwartungen abgeklärt werden: »(...) *wenn ich das Gleiche von ihr erwarte, was jetzt so erwartet wird, dass man damit auch ganze Staaten zur Räson bringen soll, dann werden die wieder so ausgerüstet sein, wie die US-Armee – immer etwas stärker als die sogenannten Schurkenstaaten, die bekämpft werden sollen. Das stell' ich mir nicht unter einer internationalen Polizei vor. Ich denke da eher an das Modell* just policing, *wenn es eben tatsächlich eine Polizei ist, die auch nur mit Polizeiwaffen ausgerüstet ist, dann aber nicht in der Lage ist, ein ganzes Terrorregime zu bekämpfen, sondern dass die dann vielleicht in der Lage sein könnten, organisierte Kriminalität vielleicht zu überwinden oder Menschen festzunehmen. Der Mennonit Fernando Enns berichtete davon, dass mennonitisch-katholische Gespräche in Nordamerika zu dem Thema* just policing *aus seiner Sicht dazu geführt haben, dass man sich vorstellt, dass die Polizei zwar Zwangsmittel einsetzt, aber keine verletzenden und tötenden Mittel«* [Frage T.Z.: .... also Elektroschock? ...] *Hahn:* »*möglicherweise das, was auch im innerstaatlichen Bereich zulässig ist. Wir haben ja letztlich in der Polizeipraxis bei 250.000 Polizisten in Deutschland nur etwa 120 bis 140 Schüsse pro Jahr, die auf oder in Richtung von Menschen abgegeben werden. Also, die Pistolen spielen gar nicht die Rolle, die man ihnen immer zuweist, wenn man amerikanische Filme sieht, sondern sie haben mehr Symbolcharakter und die eigentlichen Fähigkeiten der Polizei zur Konfliktlösung sind zum Glück heute schon in der Regel ganz andere.«* (Ha 254–276)

Auf die Frage, wie mit dem Terror von wahnsinnigen Menschen umzugehen sei, ob Polizisten auch hier Waffenlosigkeit zuzumuten sei, meint *Hahn:* »*Ja, zunächst mal glaube ich, dass solche menschlichen Verhaltensweisen auch ihre Ursachen haben und letztlich hat der Terrorismus (...) seine Ursachen auch in Ungerechtigkeiten, auch in Verletzungen, die vorher schon einmal stattgefunden haben. Und die Verhärtungen, die dazu führen, dass Menschen zu solchen Gewalttaten greifen, lassen sich, meine ich, zu einem großen Teil auflösen, indem man eine andere Politik, eine Politik der Gerechtigkeit, auch der wirtschaftlichen Gerechtigkeit versucht. Natürlich wird es nie eine vollkommene gewaltlose Gesellschaft geben, solange die Menschen eben so sind, [...] wie sie sind. Ich denke auch in Norwegen – Norwegen ist eine sehr friedliche und in sich gerechte Gesellschaft. Dass da ein Breivik auf einmal zu solchen Taten fähig ist, hätte man da auch nicht gedacht und das kann immer wieder sein. Er hat weiß ich wieviel Menschen umgebracht. Er wurde letztlich nicht durch die bewaffnete Polizei überwältigt, sondern weil er eben selber am Ende war und sich dann gestellt hat. Es ist nicht so, dass alle Gewalttäter durch einen Todesschuss eines Polizisten von weiterem Tun abgehalten werden. Natürlich wäre es gut, wenn sie gar nicht erst sich mit den Waffen auf den Weg machen. Aber auch das hat dann wieder (...)[seine, T.Z.] Ursachen: Dass überhaupt Waffen produziert werden, dass Kriegswaffen produziert werden, die dann eben zu Terrortaten benutzt werden können.*« (Ha 211–227)

Ähnlich wie *Fuchs* könnte sich *Hahn* jedoch eine Übergangsphase mit einer internationalen Polizei auf UN- oder EU-Ebene zur Verhinderung von Menschenrechtsverletzungen vorstellen, nicht als dauerhaften Kompromiss, sondern als Schritt auf dem Weg einer allmählichen Veränderung in der Gesellschaft: »*Ich kann mir alle möglichen Schritte vorstellen. Das wird auch immer nur so sein, weil ja die Mehrheit oder vielleicht die ganze Gesellschaft nicht von heute auf morgen eine pazifistische Überzeugung bekommt. Also, wenn die Überzeugungskraft der Pazifisten stärker wird und mehr Menschen ergreifen würde, dann würde das vielleicht zunächst nur die Folge haben, dass schrittweise abgerüstet wird, dass Waffen vermindert werden. Also, ich glaube nicht, dass so ein Umschwung plötzlich eintreten würde. Letztlich will ich aber auch in der Übergangsphase jetzt nicht als Kompromiss eine kriegsmäßig ausgerüstete Polizei legitimieren, sondern ich verstehe das dann eben nur als einen Schritt in die richtige Richtung. Das ist für mich ein Unterschied, ob ich Schritte mitgehen kann und auch nicht mehr erwarten kann als eben nur Schritte, oder ob ich Kompromisse eingehe. Und ich würde es nie als einen Kompromiss legitimieren wollen, dass mit vielleicht etwas weniger Waffen immer noch Menschen getötet werden, sondern ich würde jeden Schritt in diese richtige Richtung befürworten, aber immer mit dem Zusatz, dass es nur ein Schritt ist und dass es weitergehen muss.*« (Ha 235–248)

Reflexion: *Hahn* sieht den Zeitbedarf für einen solchen gesellschaftlichen Veränderungsprozess. Durch die Ablehnung von Kompromissen, bei gleichzeitiger Akzeptanz von graduellen Schritten, wird die Notwendigkeit einer Fortführung der Entmilitarisierungsbemühungen bis zu einer »allgemeinen und vollständigen Abrüstung«[449] im Bewusstsein gehalten. Diese Differenzierung zwischen Zielen und Strategie, zwischen Prinzipien und Techniken wird auch von Michael Nagler mit Blick auf Gandhi hervorgehoben und differenziert: »*Ein gewaltfreier Aktivist macht niemals Kompromisse in Bezug auf die Prinzipien, ist aber immer flexibel hinsichtlich der Strategien. (…) Gewaltfreie Aktivisten opfern nie Grundsätze, sind aber immer bereit, Taktiken zu ändern. (…) Gandhi war ein so großer Meister in der Kunst des Kompromisses, dass seine eigenen Leute oft befürchteten, dass er ›Ausverkauf betreiben würde‹. Sie verstanden nicht, dass gerade seine Bereitschaft, auf alles zu verzichten, half, sein zentrales Anliegen zu behaupten.*«[450]

Gemeinsamkeiten und Differenzen

Alle Befragten haben ihrer pazifistischen Einstellung entsprechend als Ziel eine entmilitarisierte Weltgemeinschaft aller Völker vor Augen. Die mit der Schaffung der UNO verbundenen Intentionen werden geteilt, ihr realer Zustand jedoch als erheblich reformbedürftig engestuft. Insbesondere das Demokratiedefizit durch die Dominanz der atomaren Großmächte im UN-Sicherheitsrat wird als Problem gesehen. Über die Notwendigkeit von subsidiär zur Verfügung stehenden Polizeikräften auf kontinentaler und auf globaler Ebene besteht Einvernehmen. Eine Minderheit (Wei, Oe, Br) kann sich in der Übergangsphase, in der noch nicht alle Länder auf ihre nationalen Armeen verzichtet haben, auch eine übergeordnete Polizei-Truppe vorstellen.

---

449 Erklärung der UN-Generalversammlung vom 24. Oktober 1970 – A/RES/2625 (XXV): »Alle Staaten werden in redlicher Absicht Verhandlungen zum baldigen Abschluss eines universalen Vertrags über die allgemeine und vollständige Abrüstung unter wirksamer internationaler Kontrolle führen und die Annahme geeigneter Maßnahmen zum Abbau der internationalen Spannungen und zur Stärkung des Vertrauens zwischen den Staaten anstreben.« http://www.un.org/depts/german/gv-early/ar2625.pdf – Zugriff am 22.01.2016; 21:41 h.

450 Nagler, Michael & Spiegel, Egon (2008): Politik ohne Gewalt – Prinzipien, Praxis und Perspektiven der Gewaltfreiheit. Berlin: LIT Verlag Dr. W. Hopf. S. 26.

4.2.8 Mögliche Anfragen an die gewaltfreie Konfliktbearbeitung

An die von den Befragten beschriebenen Alternativvorstellungen gewaltfreier Konfliktbearbeitung lassen sich folgende Anfragen stellen.

- Sind Besitzende zum Privilegienverzicht bereit? Ist es überhaupt vorstellbar, dass die Mehrheit der Bürger_innen der wohlhabenden Länder im Interesse einer weltweiten Solidarität zu einem suffizienten Lebensstil bereit wäre?
- Kann eine auf ständiges Wachstum und auf internationale Exporte angelegte Wirtschaft auf die militärische Absicherung ihrer Rohstofflieferungen und Vertriebswege verzichten?
- Können sich die verantwortlichen Politiker_innen den Verzicht auf ihre militärischen Potentiale als politisches Druckmittel vorstellen? Stehen ihre Rücksichtnahmen auf die bzw. die Verbundenheit mit der Rüstungsindustrie und die dortigen Arbeitsplätze und Exporteinnahmen der Abkehr von der militärischen Friedenssicherung nicht entgegen?[451]
- Lässt sich die tief verankerte kulturelle Militarisierung (z. B. militärische Rituale im öffentlichen Leben, Militärkonzerte, Militärseelsorge, Kriegervereine und Reservistenverbände, Bundeswehrwerbung, mediale Kriegsspiele) überwinden?
- Und selbst, wenn eine friedenspolitische Wende zur Gewaltfreiheit in Deutschland gelänge, wie ließe sich ähnliches in den meisten anderen Staaten mit ihren teilweise noch stärkeren und kaum in Frage gestellten militärischen Traditionen und zunehmenden Militarisierungstendenzen realisieren?
- Wie lassen sich das nicht mehr stornierbare Wissen und die Fähigkeit zum Bau von Massenvernichtungswaffen dauerhaft unter Kontrolle halten?
- Wenn Pazifist_innen schon innerhalb der christlichen Religionsgemeinschaften in der Minderheit sind und von ihren Kirchenleitungen teilweise wenig oder keine Unterstützung erfahren, wie sollen dann in der Gesamtgesellschaft Mehrheiten für eine gewaltfreie Friedenssicherung zustande kommen?
- Gibt es genügend Kooperationsmöglichkeiten mit an ähnlichen Wert- und Zielvorstellungen orientierten Menschen und Organisationen außerhalb des christlich-pazifistischen Bereichs bzw. quer durch die religiösen und weltanschaulichen Sektoren?

---

451 Vgl. http://www.spiegel.de/politik/deutschland/g36-volker-kauder-intervenierte-fuer-pan nengewehr-a-1037387.html – Zugriff am 11.02.2017; 22:27 h. Vgl. Vogel, Wolf-Dieter: Europas tödlichstes Unternehmen. https://www.freitag.de/autoren/der-freitag/europas-to edlichstes-unternehmen – Zugriff am 11.02.2017; 22:36 h.

4.2.9 Theoriebildung – Zusammenstellung der Analysen und Reflexionen zur Interviewfrage 2 »Alternativvorstellungen einer nichtmilitärischen Außen- und Sicherheitspolitik«

These 31: Militärisches Gefährdungspotential genozidalen Ausmaßes im Atomzeitalter erfordert sicherheitspolitische Alternativen

Die Sackgassensituationen militärischer Friedenssicherung macht die Erforschung und Einführung gewaltfreier Formen der Konfliktbearbeitung zur globalen Überlebensfrage. (Oe 184–194)

These 32: Friedenslogische Definition von Sicherheit schafft neue Perspektiven

Sicherheit ist eine gemeinsame Angelegenheit aller Konfliktbeteiligten und muss sich vorrangig auf die Sicherung der menschlichen Grundbedürfnisse beziehen. Während die militärisch gestützte Sicherheitspolitik ein partikulare, sich in Bündnissen gegen potentielle Gegner formierende ist und damit wieder neue Unsicherheiten hervorruft, ist für eine nichtmilitärische, friedenslogische Außen- und Sicherheitspolitik der Sicherheitsbegriff der Gemeinsamen Sicherheit und, im Blick auf den Abbau einer ständigen Konfliktursache, die Sicherung menschlicher Grundbedürfnisse (*human security*), zu denen auch die kulturellen Bedürfnisse gehören, handlungsleitend. (Fu 76–79, 81–91, 101–109, Ru 205–222)

These 33: Gemeinsame Sicherheit korrespondiert mit einer Kultur der Gewaltfreiheit

Diese kann vielfach durch den Transfer bewährter innergesellschaftlicher Formen ziviler Konfliktbearbeitung auf die internationale Ebene gefördert werden (Weltinnenpolitik[452]). Wichtige Elemente hierbei sind das Bemühen um *win-win*-Situationen, die Bereitschaft zu Kompromissen, die Bearbeitung struktureller und Aufarbeitung historischer Konfliktursachen, sowie der respektvolle Umgang miteinander zur Gesichtswahrung der Kontrahenten. (Eb 502–509, Fi 55–69, Pa 240–251, 639–652)

---

452 Dieser Begriff wurde von Carl Friedrich von Weizsäcker geprägt: »*Weltinnenpolitisch denkt, wer weltpolitische Vorgänge so beurteilt, als seien sie Innenpolitik.*« Weltinnenpolitik sei jedoch nicht weniger kontrovers als Innenpolitik überhaupt, sie sehe Konflikte jedoch anders lokalisiert und mit anderen Mitteln lösbar als die klassische Außenpolitik. Weizsäcker, Carl Friedrich (1976²): Wege in der Gefahr. Eine Studie über Wirtschaft, Gesellschaft und Kriegsverhütung. München-Wien: Carl Hanser Verlag, S. 243.

These 34: Durch Strafverzicht Einsicht erwecken – Wertevorstellungen transferieren

Eine neue Umgangsweise mit schuldig gewordenen Menschen kann diesen eine Lebensperspektive signalisieren und in ihnen die Bereitschaft zur Beendigung ihres inhumanen Tuns wecken. Der Verzicht auf Strafe ist sowohl innergesellschaftlich wie auch international eine nur schwer vorstellbare Forderung und setzt eine eingehende anthropologische und theologische Reflexion voraus, aber auch eine Befassung mit Anwendungsbeispielen wie den südafrikanischen Wahrheitskommissionen oder dem innergesellschaftlichen Täter-Opfer-Ausgleich. Wertvorstellungen haben eine nicht eingrenzbare Bedeutung und bedürfen deshalb des Transfers auch auf die internationale Konfliktebene. (Eb 502–540, Ha 101–115, 195–198)

These 35: UN-Charta verbietet Angriffskrieg und hat eine friedliche, sichere und entmilitarisierte Welt zum Ziel

Die von der Völkergemeinschaft nach dem Ende des Zweiten Weltkrieges beschlossene Ächtung von Angriffskriegen, das stete Bemühen um die Wahrung des Weltfriedens und der internationalen Sicherheit sowie das Ziel einer allgemeinen und vollständigen Abrüstung sind eindeutige Vorgaben für eine friedliche Welt. Dass jedoch Abrüstung die Voraussetzung für die Erreichung der beiden vorgenannten Ziele ist, darüber besteht kein Einvernehmen. Nachdem sich diese Friedensziele in den vergangenen siebzig Jahren nicht umsetzen ließen, die Welt mehrfach am Abgrund eines dritten, atomaren Weltkrieges stand[453] und gegenwärtig die Kriege wieder zunehmen, ist die Frage nach einer gründlichen Demokratisierungsreform der UNO und nach alternativen Ansätzen nationaler Außen- und Sicherheitspolitik umso dringlicher. Ähnlich wie in der Energiefrage das Engagement von Atomkraftgegnern für die Entwicklung von regenerativen Energiequellen und Steigerung der Energieeffizienz die Entscheidung zum Atomausstieg möglich machten, könnte im Bemühen um den Frieden das Engagement von Einzelpersonen und Organisationen für eine gewaltfreie Konfliktbearbeitung die Grundlagen zur – schlussendlich auch politisch angestrebten – Kriegsüberwindung schaffen. (En 198–250, Lo 137–145, Oe 210–220, 224–227, Sch 141–147)

---

453 Vgl. Dokumentarfilm in der ARD: Dem Atomkrieg knapp entkommen – Fehlalarme im Atomzeitalter http://archive.is/20150201052754/www.daserste.de/planspiel/allround_dyn~uid,ozcv7h0nu243gfl8~cm.asp – Zugriff am 03.01.2017; 12:38 h. Vgl. Metzger, Reiner (2015): Atomkrieg aus Versehen. Schlaf ruhig weiter. Es ist nur Krieg. http://www.taz.de/!5212949/ – Zugriff am 3.01.2017); 13:14 h.

These 36: Eine Welt ohne Krieg im Bereich des Möglichen

Trotz aller Mängel in der Wirksamkeit der UNO und aller seitherigen nationalstaatlichen Rückfälle in kriegerische Auseinandersetzungen ist eine friedliche Welt vorstellbar, sie ist vom Willen der Menschen abhängig. Viele Innovationsbeispiele der vergangenen Jahrzehnte und Jahrhunderte zeigen, dass beharrliche Bemühungen um Humanisierungen, Demokratiesierungen, ökologische Maßnahmen u. a. letztendlich erfolgreich waren.

Bei der Beurteilung der Friedenswilligkeit und Friedensfähigkeit der in der UNO zusammengeschlossenen Nationen kann man zu recht unterschiedlichen Ergebnissen kommen. Eine pessimistische Sicht mit einer daraus abgeleiteten Rechtfertigung weiterer nationaler und verbündeter militärischer Sicherungsmaßnahmen könnte die gegenwärtig zunehmende Tendenz zu Kriegen eher fördern. Umgekehrt könnte die optimistische Sicht – optimistisch nicht in einem leichtfertigen Sinne, es werde schon alles gut werden, sondern in der Hoffnung und im Bemühen auf einen Wandel zu einer gewaltfreien Konfliktkultur – zu neuen friedenslogischen Politikansätzen[454] führen. Die reale Einschätzung der militärischen Bedrohungen in Verbindung mit der Wahrnehmung gelungener Innovationsbeispiele können dazu ermutigen, sich gesellschaftlich und politisch für die Gemeinsame Sicherheit, die *human security,* sowie die gewaltfreie Konfliktbearbeitung einzusetzen. (Lo 113–126, Ha 82–85)

These 37: Gewaltfreies Konfliktverhalten erfordert keine ideale Gesellschaft oder charismatischen Menschen

Viele historische Beispiele spontan praktizierten gewaltlosen Widerstands zeigen, dass schon der drohende Verlust des gesellschaftlichen *status quo* als relativ Besserem und die Erkenntnis, dass Krieg keine Lösung ist, in Menschen die Bereitschaft zum gewaltlosen Widerstand zu wecken vermag. Dessen Effizienz kann durch strukturelle Vorbereitungen (z. B. dezentrale und regenerative Versorgungsstrukturen) sowie eine in allen Lebensbereichen anwendbare und hilfreiche gewaltfreie Alphabetisierung gesteigert werden. Ebenso können diese Vorbereitungen das demokratische Bewusstsein und die Solidarität in der Bevölkerung stärken und damit gegenüber potentiellen Aggressoren eine abhaltende Wirkung entfalten. Wenn dann noch charismatische Führungspersönlichkeiten hinzukommen, vermag sich die medial vermittelte, öffentliche Wirkung gewaltfreier Bewegung steigern. (Eb 119–185, Fu 400–417, Pa 291–303)

---

454 Vgl. Birckenbach, Hanne-Margret: Friedenslogik und friedenslogische Politik. In: Wissenschaft & Frieden, Dossier 75, S. 3–7. In: Wissenschaft & Frieden Nr. 2/ Mai 2014, 32. Jg., G 11069, Marburg.

These 38: Zum Frieden durch Visionen, Utopien und deren Konkretionen

Die für die Entwicklung des Weltfriedens erforderliche friedensethische Neuorientierung bedarf der *Inspiration* durch Visionen (z. B. durch Religion, Philosophie, Künste) sowie deren Beschreibung mittels der Entwicklung von *Utopien* (z. B. durch die Friedensforschung) und konkreter *Umsetzung*sschritte:

(1) Wille zum Militärverzicht

(2) Politisches Engagement für gewaltfreie Friedensentwicklung

(3) Engagement gegen kriegsfördernde Aktivitäten

(4) Verbreitung einer gewaltfreien Konfliktkultur

(5) Professionalisierung von Friedensfachkräften für internationale Konflikte.

Die Möglichkeit zum Frieden, aber auch schon viele Ansätze im Sinne der Friedensutopien – seit Gandhi auch für den politischen Bereich – sind vorhanden. Diese gilt es trotz der gegenläufigen Eigeninteressen der Großmächte und des militärisch-industriellen Komplexes weiterzuentwickeln. (Eb 147–159, Lo 137–145, Ru 107–127)

These 39: Wahrnehmungsanalyse kann den Blick auf den Kontrahenten korrigieren

Grundlegend für eine Realisierung gewaltfreier Konfliktkultur im politischen und internationalen Bereich ist, anstelle des zweigeteilten Menschenbildes zu einer selbstkritischen Eigenwahrnehmung und vorurteilsfreien Wahrnehmung des Konfliktgegners zu kommen. Die biblischen Aufforderungen zur Empathie – den Nächsten wie sich selbst zu lieben und ihn wie sich selbst ernst zu nehmen – helfen, die oft für Konfliktlösungen hinderliche Spaltung zwischen der Eigenwahrnehmung und der Fremdwahrnehmung zu überwinden und öffnen den Blick für den Eigenanteil an den Konfliktursachen. (Ha 82–94)

These 40: Christ_innen als Hoffnungstrupp der angebrochenen Welt Gottes

Christ_innen sehen sich im Spannungsverhältnis zwischen der skeptischen Einschätzung menschlicher Möglichkeiten zum Friedenschaffen und der daraus oft abgeleiteten Rechtfertigung militärischer Sicherheitspolitik einerseits sowie dem von Jesus verkündeten angebrochenen Reich Gottes mitten unter uns und der damit verbundenen Gewaltfreiheit und geschwisterlichen Solidarität andererseits. Der Glaube an den Auferstandenen und die Kraft des Heiligen Geistes kann sie befähigen, Avantgarde für eine friedlichere, das heißt, sich entmilitarisierende Welt zu sein. Das Gebet kann dabei als ein selbstreflexives Sich-Öffnen und als geistliche Handlungsermutigung Kraftquelle sein. Das Engagement für die Gewaltfreiheit kommt aus dem Zentrum des christlichen Glaubens und ist eine besondere Aufgabe der Christen. Deshalb ist der in kirchlichen Verlautbarungen gebrauchte Begriff der »vorrangigen Option der Gewaltlosigkeit« kritisch zu hinterfragen, weil er die Option der Gewalt noch Raum lässt. (Br 179–182, Oe 199–202, 250–254, Pa 227–232, 266–270)

These 41: Christ_innen in Kooperation mit gewaltfrei agierenden Menschen anderer Religionen

In allen Religionen lassen sich Rechtfertigungen für die Gewalt, aber für die Gewaltfreiheit finden. Das gewaltfreie Spezifikum des christlichen Glaubens schließt die interreligiöse Zusammenarbeit mit gewaltverzichtenden Gläubigen anderer Religionen ein. (Wei 188–195)

These 42: Bestärkung einer Kultur der Gewaltfreiheit auf internationaler Ebene durch Transfer innergesellschaftliche Standards, aber durch auch historische Fallbeispiele

Für die Entwicklung einer bislang beispiellosen Kultur der Gewaltfreiheit in den internationalen Beziehungen gibt es viele Ansätze gewaltfreier Konfliktaustragungsformen im innergesellschaftlichen Bereich, die sich auf die zwischenstaatliche Ebene transferieren ließen. In Form des Zivilen Friedensdienstes gibt es inzwischen zwanzigjährige Erfahrungen gewaltfreier Konfliktbearbeitung. Auch Fallbeispiele wie die deutsche Ostpolitik der 1970er Jahre, der KSZE-Prozess, die gewaltfreie Revolution in der ehemaligen DDR, die europäische Einigung, Nelson Mandelas Engagement für die Apartheid-Überwindung, das Engagement der liberianschen Frauen zur Beendigung von Bürgerkrieg und Diktatur belegen die Sinnhaftigkeit und Effizienz gewaltfreier Konfliktbearbeitung. Voraussetzung für das Gelingen ist die Verankerung in der gesellschaftlichen Basis. (Br 209–215, 461–466, En 154–169, 328–337, 341–370Fi 55–66, Lo 147–153)

These 43: Finanzielle Ressourcen reichen nicht für Schwerter *und* Pflugscharen

Abgesehen von der ethischen Fragwürdigkeit militärischer Einsätze bedeutet auch schon der Finanzaufwand für die Bereithaltung einer Armee ein ethisches Problem: Die dafür verausgabten Mittel fehlen für die Beseitigung der Kriegsursachen Hunger und Elend sowie für die gewaltfreie Konfliktbearbeitung. Die alljährlich in Deutschland für das Militär ausgegebenen Summen[455] stellen schon

---

455 »Deutschland gibt 0,37 Prozent seines Bruttoinlandsproduktes für Entwicklungshilfe aus –

im Blick auf die nur einen Bruchteil davon betragenden Entwicklungsausgaben
eine ethische Anfrage an das humane Verantwortungsbewusstsein in einem
reichen Land dar und erfordern auch im ökonomischen Bereich eine Entscheidung zwischen militärischer und humaner Sicherheit. Die derzeitigen
Ausgaben für gewaltfreie Konfliktbearbeitung durch die Friedensfachkräfte des
Zivilen Friedensdienstes umfassen gerade ein Promille der Militärausgaben.
(Sch 154–165)

These 44: Ziel ist eine demokratisch strukturierte Weltgemeinschaft mit verbindlicher Konfliktlösungskompetenz und Gewaltmonopol

Analog zur Bildung von Nationalstaaten durch die Eingliederung und Unterordnung vormaliger kleinerer Einheiten liegt in der Logik der geschichtlichen
Entwicklung zu einer Weltgemeinschaft die Entwaffnung nationaler Armeen
sowie die Auflösung von Militärbündnissen. Diese Weltgemeinschaft ist subsidiär für die Konfliktlösung lokal und regional nicht lösbarer Konflikte zuständig.
Neben gesellschaftlichen, freien Vermittlungsinstanzen hat sie ein an Recht und
Gesetz gebundenes parlamentarisch und justiziell kontrolliertes Gewaltmonopol. Demzufolge ist die Unterordnung aller entmilitarisierten Nationalstaaten
unter ihre Gerichtsbarkeit und die Anerkennung ihrer Rechtsprechung das
anzustrebende Ziel. Als Zwischenebene zu den Nationalstaaten bedarf es entsprechender kontinentaler Strukturen wie es beispielsweise bei der Europäischen oder der Afrikanischen Union ansatzweise der Fall ist. (Dr 451–472, 491–
497, Sch 211–219, 227–236)

These 45: Die Entwicklung einer internationalen Polizei liegt in der Logik der Geschichte – nur sie, nicht das Militär, darf die *ultima ratio* sein.

Prioritär gilt es, die Zivile Konfliktbearbeitung (ZKB) auch für die internationale
Ebene normativ zu institutionalisieren. Für Situationen, in denen diese Lösungsmuster sowie die nationalen Polizeimaßnahmen nicht ausreichen, ist die
Einrichtung einer internationalen Polizei vorzusehen, die als bewaffnete Macht
unter den Bedingungen des *justum bellum* rechtserhaltende Gewalt zur Wahr-

---

aber 1,4 Prozent fürs Militär. Die Gesamtleistung der deutschen öffentlichen Entwicklungshilfe betrug 2012 gut zehn Milliarden Euro, die genehmigten Waffenexporte im
gleichen Zeitraum mit rund 8,9 Milliarden Euro nur ein klein bisschen weniger.« Quelle:
Pohl, Ines (2014): Was der SIPRI-Bericht über die weltweite Rüstung verrät. http://www.
deutschlandfunk.de/militaerausgaben-was-der-sipri-bericht-ueber-die-weltweite.858.de.h
tml?dram:article_id=283187 – Zugriff am 02.10.2015; 10:30 h. 2014 beschlossen die Nato-
Länder eine Erhöhung auf 2 % innerhalb der nächsten zehn Jahre. Quelle: zeit-online vom
6.09.2014: http://www.zeit.de/politik/ausland/2014-09/nato-ausgaben-wales – Zugriff am
02.10.2015; 10:41 h.

nehmung der Schutzverantwortung ausüben kann. Nur in dieser Begrenzung auf die polizeiliche Dimension der unmittelbaren Schutzgewährung konkret bedrohter Menschen ist Waffengewalt als *ultima ratio* verantwortbar, nicht jedoch zur Maßregelung von Staaten. Hierzu bedarf es nichtmilitärischer Druckmittel, wie es beispielsweise Handelsboykotte[456] oder sportliche Ausschlüsse darstellen. (Dr 451–460, Oe 258–263, Sch 172–219).

These 46: Zur Wahrung des polizeilichen Charakters einer Weltpolizei bedarf es der direkten Zuordnung zur UNO, der personalen Rekrutierung aus allen UN-Mitgliedsländern und einer besonderen Qualifikation zur Konfliktdeeskalation und Versöhnung im Sinne von *just policing*.

Weitere Kriterien sind:
- Überparteilichkeit
- Einsatzverantwortung bei UNO
- Akzeptanz durch alle Mitgliedsstaaten
- (Klein)Waffen nur zur Selbstverteidigung und Nothilfe; eventuell nichtletal (z. B. Elektroschock); singuläre Überlegung von Weingardt: UNO-Truppe mit militärischer Ausrüstung (Wei 394 ff.)
- Einsatzkriterien: Beachtung der Menschenrechte; Erhaltung von Recht und Frieden gegenüber rechtsbrechenden Individuen; deren Festnahme und Überstellung an oberste internationale Gerichtsinstanz; Kultursensibilität; Verhältnismäßigkeitsgrundsatz; Schonung Unbeteiligter; Wirken durch Präsenz zwischen Konfliktparteien; Befähigung zur Unterbindung von *cyberwar*.

(Oe 258–263, Hä 237–271, Ha 254–276, Ru 232–244, En 258–280, Sch 172–219, Fi 252–262, Lo 212–236, Ma 234–270, Wei 394–409)

These 47: Militärische Gewalt nicht durch Polizei ersetzen, sondern überwinden – Kritische Aspekte zu einer internationalen Polizei

Allein der Begriff »rechtserhaltende Gewalt« garantiert noch keinen Erfolg polizeilicher Gewaltanwendung, die erfahrungsgemäß auch Leiden und Unrecht

---

456 Bei Handelsboykott-Aktionen ist sehr differenziert vorzugehen, um nur die politischen Übeltäter unter Druck zu setzen und nicht der Zivilbevölkerung zu schaden. So starben nach Aussagen des Nahostexperten Michael Lüders in den dreizehn Jahren britischer und amerikanischer Sanktionen gegen den Irak mehr als eine Million Iraker, davon die Hälfte Kinder, an den Folgen fehlender Medikamente und fehlendem Chlor zur Trinkwasseraufbereitung. Lüders, Michael: Konflikte im Nahen Osten. Die Doppelmoral der westlichen Staaten. In: Publik-Forum Nr. 17/2015, S. 14.

verursachen kann. Die Perspektive der Abschaffung von Gewalt gegen Artgenossen darf nicht verloren gehen. Deshalb muss der gewaltfreien Rechtsdurchsetzung das Hauptaugenmerk gelten. Internationale Polizeigewalt sollte deshalb nicht als das Endziel, sondern lediglich als gezähmtes Rechtsgewaltsystem in einer Zwischenstufe in Richtung Weltfrieden betrachtet werden. Notfalls erforderliche Gewaltanwendung kann dabei – wie bei rechtsstaatlicher Polizeigewalt generell – nur in konkreten Notwehr- oder Nothilfesituationen gegenüber dem einzelnen Übeltäter Anwendung finden. (Fu 357–371, Ha 188–203, 211–227, 235–248)

4.3   Realisierungsvorstellungen

> Frage 3:
> Erläutern Sie bitte die sich daraus [aus Motivation und Alternativvorstellungen, T.Z.] ergebenden *Folgerungen für die Existenz einer Armee*, für Rüstungsproduktion- und -exporte, NATO-Mitgliedschaft, Terrorbekämpfung und UN-Einsätze?

4.3.1 Einleitung

Die Realisierung der in Frage 2 erläuterten Alternativentwürfe zur militärischen Friedenssicherung lässt sich in *drei Bereiche* gliedern:
(I)   Eine erste Dimension ist die *Entwicklung* und der Ausbau *ziviler Konfliktbearbeitungsinstrumente*, wozu neben gewaltfreien Handlungsoptionen, wie es beispielsweise der Zivile Friedensdienst darstellt, auch der Aufbau internationaler Polizeikräfte zählt.
(II)   Eine zweite Dimension ist die *Friedensarbeit im weiten Sinne als Minimierung von Kriegsursachen* wie Hunger und Elend, ungerechte Wirtschaftsstrukturen, ungeklärte Macht- und Herrschaftsstrukturen, Verteilungskonflikte um Land und Bodenschätze und religiöse Konflikte.
(III) Eine dritte Dimension bezieht sich auf den *Ausstieg aus der militärischen Friedenssicherung* bzw. Schritte zu deren Abbau.

Das Engagement für eine friedliche Friedenssicherung ist einerseits Ausdruck einer christlich-pazifistischen Einstellung mit einem globalethischen Verantwortungsbewusstsein. Dieses gründet sich im Schöpfungsglauben und im jesuanischen Auftrag an seine Nachfolger_innen, Licht der Welt zu sein (Mt 5,13–16). Andererseits ergibt sich die Überwindung von Kriegen nicht von alleine. Es bedarf der politischen Utopie, der politischen Willensbildung, der politischen Strukturierung in zeitlich geplanten Umsetzungsschritten.[457]

Exemplarisch ist dies an der Arbeit der Aktion »Ohne Rüstung leben« zu beobachten, als deren hauptamtlicher Geschäftsführer *Paul Russmann* seit vielen Jahren fungiert. Neben der persönlichen Verzichtserklärung auf den Schutz militärischer Gewalt lautet die zweite Selbstverpflichtung: »*Ich will in unserem Staat dafür eintreten, dass Frieden mit politischen Mitteln entwickelt wird. Und darum geht es: Schritte zu gehen, die zu dieser Vision führen. Das heißt zum Beispiel für mich im Augenblick, vor allem gegen Rüstungsexporte anzugehen.*« (Ru 116–119) Denn diese verstetigten die Logik des Krieges. Im Sinne konstruktiver Alternativen bemüht sich »Ohne Rüstung leben« seit vielen Jahren für die Verbreitung der Mediation auf nationaler und internationaler Ebene, der Streitschlichtung in Schulen und für den Aufbau des Fachdienstes »Ziviler Friedensdienst« (ZFD) zur Konfliktvermittlung auf internationaler Ebene. (Ru 113–127)

4.3.2 Analyse der Vorstellungen zur Entwicklung und zum Ausbau ziviler Konfliktbearbeitungsinstrumente

Veränderungen im Sinne einer gewaltfreien Konfliktbearbeitung kommen nach *Fernando Enns'* Auffassung wie die meisten Veränderungen nicht *top down*, sondern *bottom up*: »*Es braucht also Modelle, die zeigen, auch in der Praxis, dass es diesen dritten Weg in der Realpolitik tatsächlich gibt, dass es Menschen gibt, die den beschreiten und dass diese tatsächlich so überzeugend funktionieren, dass dabei* win-win-*Lösungen herauskommen.*« (En 295–307)

Nach Stefan Maaß' Vorstellung sollte Deutschland bei auswärtigen Konflikten weder militärisch eingreifen, noch sich aus der Sache raushalten, sondern es könnte durch die Übernahme von Konfliktvermittlung »*eine viel aktivere Friedenspolitik*« betreiben. Und um dafür in der Bevölkerung das Verständnis zu gewinnen, sei es erforderlich, »*Methoden der Gewaltfreiheit zu verbreiten. Also Leute auszubilden, Fachleute auszubilden, aber auch hier bei uns ein Bewusstsein zu schaffen, wie funktioniert eigentlich Gewaltfreiheit, wie arbeitet Gewaltfreiheit? Weil ich glaube, dass dann, wenn erkennbar wird, dass damit (...) eine positive Wirkung erzielt werden kann, auch mehr Leute anfangen, sich dafür zu interessieren und merken, dass das eigentlich ein besserer Weg ist.*« (Ma 107–118)

Paul Russmann beobachtet diesen Bewusstseinsbildungsprozess schon bereits seit den 1990er Jahren, »*dass Mediation sowohl auf nationaler Ebene als auch auf internationaler Ebene weiterverbreitet wird, dass hier Streitschlichtung*

---

457 Vgl. Becker/Maaß/Schneider-Harpprecht (2018): Sicherheit neu denken.

in den Schulen eingeführt worden ist und dass wir dazu beigetragen haben, dass es einen Friedensfachdienst gibt, Friedensfachkräfte in internationale Konflikte gehen und da versuchen zum Beispiel, Konfliktvermittlung zu machen.« (Ru 118–122)

Theodor Ebert hatte sich in den 1980er Jahren politologisch mit der Frage des Aufbaus einer zivilen Komponente parallel zu Polizei und Militär befasst. Die Grünen hatten, vor allem durch den Einfluss von Petra Kelly und Roland Vogt, die Soziale Verteidigung als Alternative zum Militär ins Parteiprogramm aufgenommen. *»Wie die Grünen diese Aufgabe in der Regierungsverantwortung dann behandelt haben, war für mich bitter enttäuschend. So ganz überraschend kam es jedoch nicht. Ich ahnte ja, dass die Grünen in ihrer Mehrheit noch nicht so richtig begriffen hatten, was es bedeutet, gewaltfreie Politik zu machen. Das ist ja weit mehr als zu begreifen, dass Steinewerfen nicht hilft. Das hatte auch Joschka Fischer schon in Frankfurt kapiert, aber mit Gandhis Strategie und seinen Vorstellungen einer* Shanti Sena *hat er sich meines Wissens nie befasst. Die Grünen schrieben die Gewaltfreiheit ins Parteiprogramm rein, aber verstanden haben sie nicht viel davon. Im Partei- und Wahlprogramm hieß es: Wir sind für Soziale Verteidigung, für Gewaltfreien Widerstand. Na gut, und als wir Friedensforscher dann von der Fraktion der Grünen im Bundestag zum Hearing nach Bonn eingeladen wurden, kamen nur wenige Abgeordnete zu diesem Hearing, das Petra Kelly und Roland Vogt vorbereitet hatten. Die meisten Abgeordneten waren nicht wirklich interessiert und die Ergebnisse des Hearings waren ein Ladenhüter im Büro Petra Kellys. Ich erinnere mich an die Stapel oben auf ihrem Schrank.«* (Eb 297–311)

> **Reflexion:** Die von *Ebert* beklagte mangelnde Aufnahme des Konzeptes der Sozialen Verteidigung in der parlamentarischen Arbeit der Grünen zu Beginn der 1980er Jahre[458] dürfte einerseits von der damals im Vergleich zu heute noch nicht so ausgeprägt vorhandenen innergesellschaftlichen Kultur der Gewaltfreiheit (Ausbildung in Streitschlichtung, Friedenstiften, Gewaltfreie Kommunikation, Mediation usw.) herrühren, andererseits aber auch in einem noch großen Vertrauen in die Überlegenheit westlicher Waffentechnik, unter Ausblendung der damit einhergehenden sogenannten Kollateralschäden, begründet gewesen sein. Das Nichtwissen um die Möglichkeiten ziviler Konfliktbearbeitung ließ für die damals handelnden

---

458 Die Grünen waren dann in der Regierungskoalition mit der SPD für den ersten Kampfeinsatz der Bundeswehr seit ihrer Gründung im Kosovokrieg verantwortlich. Vgl. Geis, Matthias (19.03.2009): Der linke Krieg. Kosovo, zehn Jahre danach: War es richtig, dass sich deutsche Soldaten 1999 am Nato-Kampfeinsatz beteiligten? http://www.zeit.de/2009/13/10-Jahre-Kosovo – Zugriff am 06.11.2015; 19:42 h.

Politiker_innen das – völkerrechtlich äußerst fragwürdige – militärische Eingreifen in den Kosovo-Krieg als alternativlos erscheinen.

Im Sinne von *Enns* muss das Bewusstsein für die gewaltfreie Konfliktbearbeitung auf der Makroebene »bottom up« heranwachsen. Auch könnte nach den ausbleibenden Erfolgen bzw. kontraproduktiven Wirkungen der sogenannten militärischen Friedensmissionen die Offenheit in Politik und Gesellschaft für Alternativen zwischenzeitlich größer geworden sein. Die mit militärischen Einsätzen verbundenen Erwartungen sind heute erheblich reduziert, sie sollen lediglich Räume für zivile Konfliktlösungen schaffen. Die gewaltfreien Mittel sind mit Vorrang bedacht.[459]

Für *Markus Weingardt* ist die UNO ein Ansatzpunkt für die Realisierung einer gewaltfreien Konfliktkultur. Neben den notwendigen Reformen des Sicherheitsrates gelte es, die UNO sowohl politisch wie auch finanziell und militärisch zu stärken, »*dass die Befehlsgewalt stärker bei der UNO angesiedelt sein sollte. Das ist jetzt ein bisschen aus dem Bauch heraus, denn ich bin kein UNO-Experte. Ich bin jedenfalls nicht erst, aber insbesondere durch die Lektüre von Kofi Annan sehr ins Nachdenken gekommen. Er beschreibt auch die Vorgänge in Ruanda, er beschönigt ja nichts – das war eine Tragödie. Aber man kann das nochmal ganz anders verstehen oder nachvollziehen, warum das so gekommen ist, dass die UNO da nach außen versagt hat. Ich glaub', sie hat nicht versagt, weil sie gar nicht die Möglichkeiten hatte, nicht die Mittel hatte, anders zu agieren, weil sie die Unterstützung von den entscheidenden Nationen gar nicht hatte – den Einsatz wollte niemand. Die UNO war dann der Depp und sah wie der Schuldige aus. Und das macht einen schon nachdenklich zu überlegen, wie kann man das verhindern. Und ob das geht mit den bisherigen Strukturen und mit den bisherigen Mandaten auch für UNO-Einsätze, für UNO-Missionen, Blauhelm-Einsätze. Das geht oft und das geht oft gut und da haben sie auch viel Gutes erreicht. Das darf man überhaupt nicht vergessen. Und es kann trotzdem Fälle geben – und ich glaube, es wird immer solche Fälle geben – wo das nicht ausreicht.*« (Wei 383–409)

---

459 So beispielsweise die EKD in ihren Eckpunkten zum Weißbuch 2016, S. 3 Abs. 7: »Der Einsatz militärischer Gewalt schafft keinen Frieden. Er kann im besten Falle der Politik für eine begrenzte Zeit den Raum schaffen, mit zivilen Mitteln friedensschaffende und friedensfördernde Prozesse in Gang zu bringen. Faktisch jedoch laufen Armeen häufig in die »Verfügbarkeitsfalle«: Sie werden entsandt, weil sie nun einmal da sind. Demgegenüber fordert die EKD: Bei der Förderung des Friedens müssen gewaltfreie Mittel Vorrang haben.« Brahms, Renke & Rink, Sigurd (2016): Am gerechten Frieden orientieren – Evangelische Perspektiven auf die deutsche Außen- und Sicherheitspolitik. Eckpunkte zum Weißbuch 2016. In: https://www.ekd.de/download/eckpunkte_weissbuch_2016.pdf – Zu griff am 31.12.2016; 17:13 h.

> **Reflexion:** Ein Fortschritt zur Wirksamkeitssteigerung der UNO-Missionen im Sinne übergeordneter polizeilicher Gewalt wäre für *Weingardt* mit einer Stärkung der militärischen Befehlsgewalt bei der UNO erreichbar. Diese wäre jedoch nur mit einer Machtreduktion ihren Mitgliedsstaaten, insbesondere seitens der Atommächte zu erzielen, was derzeit kaum vorstellbar ist. Offen bliebe bei diesem Ansatz auch die Frage der Abgrenzung zwischen polizeilicher und militärischer UNO-Gewalt. Sollte eine UNO-Weltpolizei auch militärische Potentiale haben, um Krieg führen zu können? Sollte sie gar auch unbotmäßige Atommächte in Schach halten können, wozu sie selbst atomar gerüstet sein müsste? Oder reichte es aus, bei akuten Genoziddrohungen von Bürgerkriegsparteien (wie in Ruanda oder Srebrenica) eingreifen zu können? Jedenfalls wäre die Bemühung um eine Gewaltmonopolisierung auf UNO-Ebene analog zur bisherigen Gewaltmonopolisierung auf Nationalstaatenebene ein denkbarer Weg der Zivilisierung und Befriedung der Weltgemeinschaft.

4.3.3 Analyse der Aussagen zum Abbau von Kriegsursachen

Als wichtige Kriegsursache betrachtet *Stefan Maaß* wirtschaftliche Ungerechtigkeiten. »*Das heißt, da muss man auch etwas verändern. Aber, das ist klar, das wird nicht so schnell gehen. Und da glaub' ich aber letztlich, dass es wichtig ist, mit gewaltfreien Mitteln Veränderungen zu erzielen, weil praktisch durch jedes kriegerische Einsetzen neues Leid entsteht, was wieder den Ruf nach noch mehr Gewalt, Vergeltung hervorruft und dadurch das eigentlich eher weitergeht.*« (Ma 58–64)

Hans Häselbarth bekräftigt die Notwendigkeit des Kriegsursachenabbaus durch seine Erfahrungen in Afrika: »*Also ich denke, wenn's zu Kriegseinsätzen kommt, ist eigentlich schon etwas versäumt worden oder etwas schiefgegangen, was schon im Vorfeld Beachtung gebraucht hätte. Nehmen wir mal den Einsatz in Mali, jetzt vor einem Jahr. Ich kenne etwas die umgebenden Länder, ich war noch nicht in Mali, aber in Niger und Nigeria – vor allem die beiden kenne ich. Das ist ein solches Feld, wo man Entwicklungshilfe noch und noch betreiben könnte und wo sich die entwickelten Nationen des Westens (...) einen Wettbewerb liefern müssten, die zu entwickeln. Da könnte man sozusagen Patenschaften für ein Land übernehmen und dann sehen, wer erreicht mehr mit welchen Möglichkeiten, dass also diese Armut bekämpft wird, dass der Boden entwickelt wird, dass Erziehungsarbeit geleistet wird, dass Arbeitsplätze entstehen. Das wäre eine Kleinigkeit mit den Mitteln, die bei uns die Bundeswehr beansprucht; ein Bruchteil davon würde so viel bewirken an Hoffnung für diese Länder, dass ich mir nicht vorstellen könnte, dass dann die Islamisten, die von Saudi-Arabien bezahlt werden, eine Chance haben könnten – also im Vorfeld. Während der Konflikte gibt es natürlich auch Rettungsmaßnahmen jeglicher Art und dann im Nachhinein noch mehr. Also, ich denke, man müsste dieser Schau, dass man nur mit Waffengewalt eine bessere Welt erzieht, damit dann erst die gute Entwicklung entstehen kann, dem müsste man begegnen und also da viel mehr die Konzentration auf Entwicklungsdienste legen. Zumal, weil man ja doch sieht, dass die Auslandseinsätze der Bundeswehr oder von Amerika in den letzten Jahrzehnten mehr Schaden angerichtet haben, als dass sie wirklich den Frieden befördert hätten. Ich glaube nicht, dass der Bundeswehreinsatz in Afghanistan dem Land entscheidend weitergeholfen hat, das glaube ich nicht.«* (Hä 135–156)

Reflexion: Für *Maaß* hält eine nachhaltige Beseitigung der Kriegsursache Wirtschaftliche Ungerechtigkeit nur durch gewaltfreie Mittel für möglich. Hier wird die Bedeutung der bereits in der Bergpredigt und bei Gandhi zum Ausdruck kommenden Ziel-Mittel-Relation, auch und gerade in gesellschaftspolitischen Veränderungsprozessen, deutlich. Eine moderne Applikation dieser Erkenntnis erfolgt in dem Ansatz einer friedenslogischen Politik, die genau diese Zusammenhänge beispielsweise in den Dimensionen der Friedenspolitik oder der Flüchtlingspolitik durchdekliniert.[460] Demzufolge sind Bemühungen wie beispielsweise des Bundesentwicklungsministers Gerd Müller um »klare Umwelt- und Sozialstandards«[461] bei der Vergabepolitik der Weltbank sowie um fairen Welthandel[462] von großer Bedeutung für den Abbau von Kriegsursachen.

Häselbarths Überlegungen fordern jenseits ethischer Reflexionen über die Militärproblematik die, für die Realpolitik oft für maßgeblichere, ökonomische Evaluation der militärischen Friedenssicherung. Dies würde deutlich machen, dass die Investitionen in Maßnahmen zur Förderung der menschlichen Sicherheit in Form von auskömmlichen Lebensverhältnissen auch die wesentlich günstigeren sein dürften. Schon Erasmus von Rotterdam teilte diese Ansicht: »*Deshalb, wenn wir uns die Sache aus-*

---

460 Birckenbach, Hanne-Margret (2015): Leitbild Frieden – Was heißt friedenslogische Flüchtlingspolitik? Berlin: Brot-für-die-Welt; Dialog 14.

461 BMZ: http://www.bmz.de/de/presse/aktuelleMeldungen/2015/april/150419_pm_027_Bundesentwicklungsminister-Mueller-fordert-Umdenken-der-Weltbank_-_Weg-vom-freien-hin-zu-einem-fairen-Handel_/index.html – Zugriff am 08.11.2015; 11:19 h.

462 BMZ: »*Die Bundesregierung will mit ihrer Entwicklungspolitik zu einer stabilen und sozial verantwortlichen Weltwirtschaftsordnung beitragen. Ein offenes, faires Handelssystem, das auf festen Regeln beruht und Entwicklungsländer nicht diskriminiert, ist ein wesentlicher Bestandteil der »Globalen Partnerschaft«, deren Aufbau eines von acht Zielen der Millenniumserklärung ist.*« http://www.bmz.de/de/was_wir_machen/themen/wirtschaft/welthandel/deutsches_engagement/index.html – Zugriff am 08.11.2015; 11:24 h.

> *rechnen wollten und mit rechter Vernunft erwägen, wieviel man für den*
> *Krieg bezahlt, wieviel für den Frieden, würden wir sicherlich feststellen, daß*
> *der Friede wohl mit dem zehnten Teil an Sorgen, Strapazen, Beschwer-*
> *lichkeiten, Gefahren, Kosten und schließlich Blut verschafft werden könnte,*
> *mit dem der Krieg herbeigeführt wird.«*[463]

4.3.4 Analyse der Aussagen zum Militärausstieg

4.3.4.1 Waffenexporte stoppen

Auf Deutschland bezogen sieht *Stefan Maaß* als ersten Schritt die Notwendigkeit, »*die Rüstungsexporte [zu, T.Z.] stoppen, weil es das Ganze anheizt.*« (Ma
105 f.) Ebenso *Paul Russmann:* »*Das heißt zum Beispiel für mich im Augenblick,*
vor allem gegen Rüstungsexporte anzugehen. Weil Rüstungsexporte abrüs-
tungsfeindlich sind, weil Rüstungsexporte dazu führen, dass jede Waffe, die mehr
da ist, führt zu mehr Aufrüstung, führt dazu, dass man nicht aus der Logik des
Krieges ausbrechen will, sondern weiterhin auf Gewalt setzt.« (Ru 118–122)
Rüstungsexporte, die neben dem ökonomischen Nutzen für die Hersteller-
industrie zur Finanzierung der deutschen Rüstungspolitik notwendig sind und
darüber hinaus Möglichkeiten der Einflussnahme auf fremde Staaten bieten[464],
werden in ihrer Auswirkung als Katalysator von Konflikten betrachtet.

4.3.4.2 NATO-Austritt

Eugen Drewermann benennt als ersten Schritt den Austritt aus der NATO. Diese
habe sich bis 1989, obwohl sie das nicht gewesen sei, als Verteidigungsarmee
präsentiert. Zumindest in der Theorie habe der ausschließliche Verteidigungs-
gedanke und das jeden Angriff ausschließende »Gleichgewicht des Schreckens«
gegolten. Zwischenzeitlich hätten sich die Vertragsbedingungen einseitig geändert, weshalb auch die Mitgliedschaft zur Disposition stehe: »*Bis 1989 wurde*
man Soldat, um nie als Soldat handeln zu müssen. Das war die Bedingung in der
Bundesrepublik: Wir lernen das alles, damit wir's nie tun müssen! Es war nur
Abschreckung. Ab 89 hat sich das geändert. Ich hab' damals auch geschrieben: Ab

---

463 Erasmus von Rotterdam (1519) In: Hannemann, Brigitte [Hg.] (1987): »Süß scheint der
     Krieg den Unerfahrenen«. München: Christian Kaiser Verlag, S. 58.
464 Vgl. Mölling, Christian (2013): Für eine sicherheitspolitische Begründung deutscher
     Rüstungsexporte. Berlin: Stiftung Wissenschaft und Politik, SWP-Aktuell 66. http://www.
     swp-berlin.org/fileadmin/contents/products/aktuell/2013 A66_mlg.pdf – Zugriff am
     02.11.2015; 20:10 h.

sofort werden wir töten müssen. Von da an wurden die Deutschen, erst mit Sanitätseinsätzen in Somalia, dann mit Geldtransfer nach Irak, daran gewöhnt, allmählich Verantwortung zu definieren, nicht als Friedensmission, sondern militärischen Einsatz. Das ging Scheibchenweise, ganz langsam. (…) Die NATO hat 89 sofort durch die amerikanische Politik – Bush, der Ältere – unter der Parole der Ostausdehnung, der Osterweiterung zur Kenntnis gebracht, was sie all die Zeit beabsichtigte. Nach dem Zusammenbruch des Sowjetimperiums ging man systematisch daran, Staat für Staat aus der GUS herauszubrechen. Das ist bis heute so, die NATO mischt mit in Georgien, wo sie nicht hingehört, spaltet die Ukraine, wo sie nicht hingehört, traut sich noch nicht an Weißrussland ran, weil das eine reine Diktatur ist, aber das wird man übermorgen genauso versuchen zu ändern, mit anderen Worten: sie schafft überall bürgerkriegsähnliche Situationen, um eigene Positionen auszudehnen. Dass sie den alten Gürtel sowjetischer Besatzungszonen nach dem Zweiten Weltkrieg in den Westen gezogen hat, hat 'ne gewisse politische Logik und müsste nicht bedenklich sein, wenn es nicht augenblicklich militärstrategisch genützt würde. Raketen ausgerechnet in Polen und in der Tschechei gegen den Iran. Jeder weiß, dass das Unfug ist. Aber, man will weiter Restrussland – wenn man so will – einkreisen. Und das ist schon der Nebenschauplatz. Inzwischen geht es um Containmentpolitik gegenüber China. Der wirkliche Militärschwerpunkt der US-Administration ist der Pazifik, den muss man mobil halten. Wieder nur für Großmachtinteressen. Mit anderen Worten, die NATO verficht im Westen und die Asian-Staaten im Osten amerikanischen Imperialismus mit allen Kriegsgefährdungen und Bereitschaften zum Krieg, die dazu gehören. Es ist ein mafiöses Unternehmen – wer es bis 89 nicht gesehen hat, der muss es ab 89 in krasser Form sehen. Und dann gibt es für die Deutschen keine Legitimation mehr, einem solchen Militärbündnis zuzugehören. Das hat auch mit pacta sunt servanda, *mit Vertragstreue, nichts zu tun. Wenn sich die Vertragsbedingungen einseitig ändern, muss man ein Recht haben zu sagen, dann ist das nicht mehr unsere Gemeinschaft.«* (Dr 270–312)

Alternativ zur der derzeitigen Tendenz, die gestiegene Bedeutung Deutschlands als eine der führenden Wirtschaftsnationen auch militärisch abzubilden, schlägt *Drewermann* vor »*(…) Deutschland müsste, (…) seine Wirtschaftsmacht in der Tat verantwortlich nutzen. Und zwar nicht, indem es an allen möglichen Kriegsfronten mitspielt. Das sind inzwischen sechzehn Einsatzgebiete. Das wissen die Bürger in diesem Umfang überhaupt nicht. Es müsste endlich als ein autonomer Staat den Vereinigten Staaten gegenübertreten und nicht als die fügsamste Kolonie, die es in Wahrheit ist. Unsere Kanzlerin ist in schlimmer Weise dafür, gerade was die NSA-Affäre jetzt angeht, das Beispiel. Sie kriegt den Mund nicht auf, um irgendwas mal verbindlich zu sagen, wo 'ne Grenze wäre, geschweige in der Militärpolitik, da segnet sie alles ab. Das war mutig zu nennen, dass Westerwelle damals durchgesetzt hat, dass wir nicht in Libyen mitbombten. Und dass wir's in Syrien nicht schon lange tun, liegt eigentlich an der Vernunft der russischen Außenpolitik. Lawrow, der ist derjenige, der auch am 22. Januar [2014, T. Z.] jetzt den Iran unbedingt dabeihaben will, weil ohne ihn kein Frieden in der Zone möglich ist. Es ist nur vernünftig. Wer es wieder mal nicht will, vor allem in den USA, der Teil der Republikaner und die Israel-Lobby. Die hetzen in den Krieg, es kann gar nicht genügend sein. Je länger Krieg im Orient, desto näher kommt man an die West-Bank durch die Siedlungspolitik, die zu kritisieren – so gerade heute Netanjahu – Humbug ist. Ich will noch darauf hinaus, dass wir nicht einmal in Deutschland im Stande sind, die amerikanischen Atomwaffen endlich abtransportieren zu lassen. Das wollte Westerwelle, als er Außenminister wurde, vom ersten Tag an. Das war Teil seiner Willenserklärung. Daraus ist nichts geworden, im Gegenteil: die Amerikaner modernisieren ihre Atomwaffen, die sie in Deutschland weiter zu lagern gedenken, [für, T.Z.] (…) einen Krieg, der nie stattfindet. Wieso ist das möglich, dass ein souveränes Land sich derart schikanieren lässt? Außer, dahinter steht der geheime Wille, dass wir auch eines Tages mal, wie Frankreich und Großbritannien, an den Drücker kommen müssen. Wer will uns das verwehren?«* (Dr 325–349) Drewermann beklagt die Kritiklosigkeit der Bundesregierung bezüglich der US-amerikanischen Militärpolitik und zeigt an Einzelbeispielen, wie an der von Westerwelle durchgesetzten Nichtbeteiligung am Bombenkrieg auf Libyen oder der von diesem gewollten Einbeziehung des Iran in die Verhandlungen über den syrischen Bürgerkrieg (was nun im Herbst 2015 der Fall ist[465]), die für friedliche Konfliktbeilegungen erforderlichen ersten Schritte auf.

Ullrich Hahn tritt »ein für die einseitige, sofortige Abrüstung. Also, sie nicht von der Bedingung abhängig zu machen, dass der Andere jeweils den ersten Schritt tun soll, sondern eben [wir, TZ] selber. Und damit ist natürlich (…) auch verbunden eine andere Entwicklung der Gesellschaft. Denn sehr viel in der Gesellschaft beruht auf Gewalt oder man kann auch sagen, das Militär ist letztlich nur Ausdruck dessen, was an struktureller Gewalt in der Gesellschaft auch vorhanden ist. Das heißt also, die Frage von einer gerechten Weltwirtschaft, von dem Teilen, hängt – denke ich – sehr eng mit der Frage zusammen, ob ich weltweit militärisch einsatzbereit sein will. Aber dann eben auch innergesellschaftlich für mich sehr wichtig: Überwindung von Strafe, weil Strafe, Strafvollzug auch 'ne Form von Gewalt ist und die Art, wie wir da mit anderen Menschen umgehen, also auch mit Menschen, die uns schwierig sind, oder die auch Unrecht tun, hängt ganz eng damit zusammen, wie wir international mit anderen – in Anführungszeichen – Schurkenstaaten oder Bösewichtern umgehen. Ich denke, die Bereitschaft zur innerstaatlichen Änderung der Gesellschaft hin auf Gewaltminimierung, auf

---

465 ZEIT-ONLINE (30. 10. 2015): http://www.zeit.de/politik/ausland/2015-10/syrien-konferenz-wien-steinmeier-naechstes-treffen – Zugriff am 03. 11. 2015; 23:51 h.

Gewaltüberwindung bringt dann wahrscheinlich auch parallel dazu die Bereitschaft mit sich, auf Gewalt in den äußeren Beziehungen zu verzichten.« (Ha 100–115) In der Konsequenz seiner Haltung ist er auch *»für die sofortige Einstellung aller militärischen Einsätze, sei es jetzt im Rahmen der NATO, sei es eben die Bundesrepublik alleine gesehen, die Bundeswehr, sei es Rüstungsindustrie, Rüstungsexport. Ich legitimiere auch nicht UN-Einsätze, soweit sie mit militärischen Waffen ausgeführt werden.«* (Ha 185–189)

Die Bandbreite der Positionen reicht von gradualistischen Vorstellungen, die bereits vorhandenen Ansätze und Tendenzen gewaltfreier Konfliktbearbeitungen und internationalen Polizeistrukturen weiter auszubauen (Lo) bis hin zur Forderung nach sofortigen, erforderlichenfalls auch einseitigen Veränderungen wie Rüstungsexportstopp, Beendigung der Auslandseinsätze, Abbau der Bundeswehr (Ha)

Im Unterschied zu diesen kategorischen Forderungen vertritt *Ullrich Lochmann* eher einen moderaten Ansatz: *»Ich meine, (…) dass wir zunächst mal die Realität ins Auge fassen müssen, was in der Welt los ist auf diesem Gebiet und dass wir da als Deutsche zwar an dritter Stelle stehen, aber im Vergleich zum ganzen Weltgeschehen doch eine relativ kleine Nummer sind. Auch wenn man intern schaut, ist die Rüstungsproduktion ein bis höchstens zwei Prozent der gesamten Produktion und auch der Arbeitskräfte. Und dennoch, wenn man sich das dann vor Augen geführt hat, welche Rolle es spielt, kann man vielleicht auch mit einer größeren Gelassenheit da rangehen zu fragen, ja, was können wir denn oder sollten wir tun? Und da meine ich, dass Deutschland seine bisherige Rolle, nämlich eine gewaltfreie weltpolitische Rolle einzunehmen, im Großen und Ganzen dem Anspruch nach, aber doch wohl auch in der Entwicklungspolitik und so weiter faktisch weiterhin entsprechen sollte und dem Anspruch, eine vorbildliche Politik zu betreiben, weltweite Friedenspolitik zu betreiben, ohne Waffen, im Wesentlichen weiterverfolgen und weiter ausbauen sollte. Und dazu gehört natürlich, dass wir exemplarisch auch über Waffentechnik, über Militärtechnik und Strategien nachdenken sollten, in Richtung auf dieses polizeiliche Mittel bei der Konfliktbewältigung, soweit Diplomatie und Verhandlungen und Wirtschaftspolitik nicht mehr greifen, im äußersten Notfall höchstens polizeiliche Maßnahmen vertreten und anstreben, dass wir diesen Weg mit dem Stichwort just policing weitergehen. Die Bundeswehr behauptet ja, sie würde diesen Weg bereits gehen, sie würde ihre Existenz bereits mehr und mehr als polizeiliche Maßnahme verstehen. Wie weit das wirklich so ist, das wage ich zu bezweifeln, aber zumindest der Gedanke hat - glaube ich - Fuß gefasst. Und auf diesem Weg sollten wir vielleicht versuchen, weiterzukommen.«* (Lo 185–206)

Reflexion: *Ulrich Lochmann* vertritt insgesamt eine eher konziliante, auf Anschlussfähigkeit hin bedachte Haltung. Er sieht Deutschland, im Vergleich zu anderen Ländern, bereits auf dem richtigen Weg einer friedlichen Außenpolitik, die es *»weiter verfolgen und ausbauen sollte.«*[466] Sollten in einem Konflikt die diplomatischen und wirtschaftlichen Verhandlungs- und Druckmittel nicht ausreichen, denkt er an eine übergeordnete polizeiliche Gewalt. Obwohl er den diesbezüglichen Selbstanspruch der Bundeswehr, bereits so etwas zu sein, bezweifelt, stellt er jedoch positiv fest, dass der Gedanke, auch bei internationalen Konflikten sei als letztes Mittel nur noch eine polizeiliche Gewalt zu rechtfertigen, bereits Fuß gefasst habe. Dieses Denken gelte es weiterzuführen.

Seine Relativierung der Bedeutung der deutschen Rüstungsexporte trotz des dritten Platzes auf der Weltrangliste entschärft das Argument, Rüstung sichere Arbeitsplätze. Kritisch anzumerken bleibt jedoch, dass mit den aus Deutschland weltweit vertriebenen und anderwärts in Lizenz nachgebauten und dann jenseits deutscher Restriktionen gehandelten Handfeuerwaffen[467] real viel mehr Menschen zu Tode kommen, als durch hochtechnisierte und zum »politischen« Einsatz bestimmte Massenvernichtungswaffen.[468] Der frühere UN-Generalsekretär Kofi Anan bezeichnete die Kleinwaffen angesichts der jährlich 500.000 damit getöteten Menschen als die »Massenvernichtungswaffen des 21. Jahrhunderts.«[469] Die finanziellen Dimensionen von Rüstungsexporten sagen somit noch nichts aus über deren faktische Tötungswirkung.

Laut Berechnungen des Rüstungskritikers Jürgen Grässlin sind seit

---

466 Beispiele für die Ansätze gewaltfreier Konfliktbearbeitung sind der von der Bundesregierung am 12. Mai 2004 vorgelegte Aktionsplan »Zivile Krisenprävention, Konfliktlösung und Friedenskonsolidierung« https://www.bmz.de/de/zentrales_downloadarchiv/themen_ und_schwerpunkte/frieden/aktionsplan.pdf – Zugriff am 10.12.2016; 15:29 h; sowie das Strategiepapier 4/2013 des BMZ, insbesondere ab S. 12ff. https://www.bmz.de/de/media thek/publikationen/reihen/strategiepapiere/Strategiepapier328_04_2013.pdf – Zugriff am 10.12.2016; 15:34 h.

467 Siehe SWR-Film-Dokumentation in der Sendereihe »Odysso« (29.10.2015): »Waffenschmiede Südwest« http://swrmediathek.de/player.htm?show=f83c5800-7e17-11e5-a663-0026b975f2e6 – Zugriff am 30.10.2015; 22:50 h.

468 UNICEF: »Neun von zehn Kriegsopfern sterben heute durch Sturmgewehre, Maschinenpistolen oder andere Kleinwaffen. Denn in den heutigen Kriegen kämpfen nicht hochgerüstete Truppenverbände an klaren Fronten gegeneinander, sondern Rebellengruppen, Milizen und marodierende Banden. Es geht um die Macht im eigenen Staat, um politische Forderungen oder die Kontrolle über Gebiete mit Bodenschätzen. Die meisten Opfer sind Zivilisten.« https://www.unicef.de/informieren/infothek/-/toedliche-geschaefte/20724 – Zugriff am 03.11.2015; 13:23 h.

469 Friederichs, Hauke in: ZEIT-ONLINE (31.05.2013): http://www.zeit.de/politik/deutsch land/2013-05/kleinwaffen-heckler-koch-protest-export – Zugriff am 3.11.2015; 13:40 h.

1955 weltweit über 2 Millionen Menschen allein durch Kleinwaffen der Oberndorfer Firma Heckler & Koch getötet worden.[470]

Auch *Ute Finckh-Krämer* versucht in ihrer Arbeit als Politikerin, die vorhandenen gewaltfreien Instrumente ins Gespräch zu bringen: »*Und immer, wenn ich dann begonnen hab' mit: Also ich als Pazifistin konzentriere mich auf die gewaltfreien Mittel und da würde mir das und das einfallen, in der und der Situation, haben gerade die Offiziere sehr, sehr aufmerksam zugehört.*« (Fi 55–76) Angesichts dessen, dass humane Innovationen wie die Abschaffung der Sklaverei und der Todesstrafe nur durch den zivilgesellschaftlichen Druck ermöglicht worden seien, halte sie es auch in der Frage der Überwindung der militärischen Konfliktkultur für »*wichtig, in Pilotprojekten zu zeigen, dass Konflikttransformation und zivile Konfliktbearbeitung zumindest im kleinen Rahmen funktionieren können und damit dann die Grundlage dafür schaffen, dass Politiker und Diplomaten und gegebenenfalls auch andere Vertreter der Exekutive bereit sind, auch in einem größeren Beispiel darauf zu vertrauen.*« (Fi 108–112)

Reflexion: *Ute Finckh-Krämers* Ansatz als Politikerin entspricht dem *Ullrich Lochmanns.* Beiden gemeinsam ist das Bemühen, auf Seiten der bisherigen das Militär befürwortenden Mitmenschen Interesse und Verständnis für die gewaltfreie Konfliktbearbeitung, auch auf internationaler Ebene, zu wecken. Eine Umstellung auf eine gewaltfreie Konfliktbearbeitung ist im demokratischen Rechtsstaat nur mit entsprechender politischer Mehrheit möglich. Dies gilt insbesondere auch für die gewaltfreie Praxis in innergesellschaftlichen oder internationalen Konflikten. Dazu bedarf es eines längeren gesellschaftlichen Lernprozesses. *Finckh-Krämer* präferiert dabei den induktiven Weg, anhand von Pilotprojekten Erfahrungen zu ermöglichen, die dann die politisch Entscheidenden ermutigen könnten, gewaltfreie Konfliktbearbeitung auch in größeren Dimensionen zu versuchen.

---

470 http://s43.s.gep-hosting.de/publikationen/der-tod-die-waffen-das-schweigen-das-obern dorf-syndrom/3126 – Zugriff am 23.07.2017; 23:13 h.

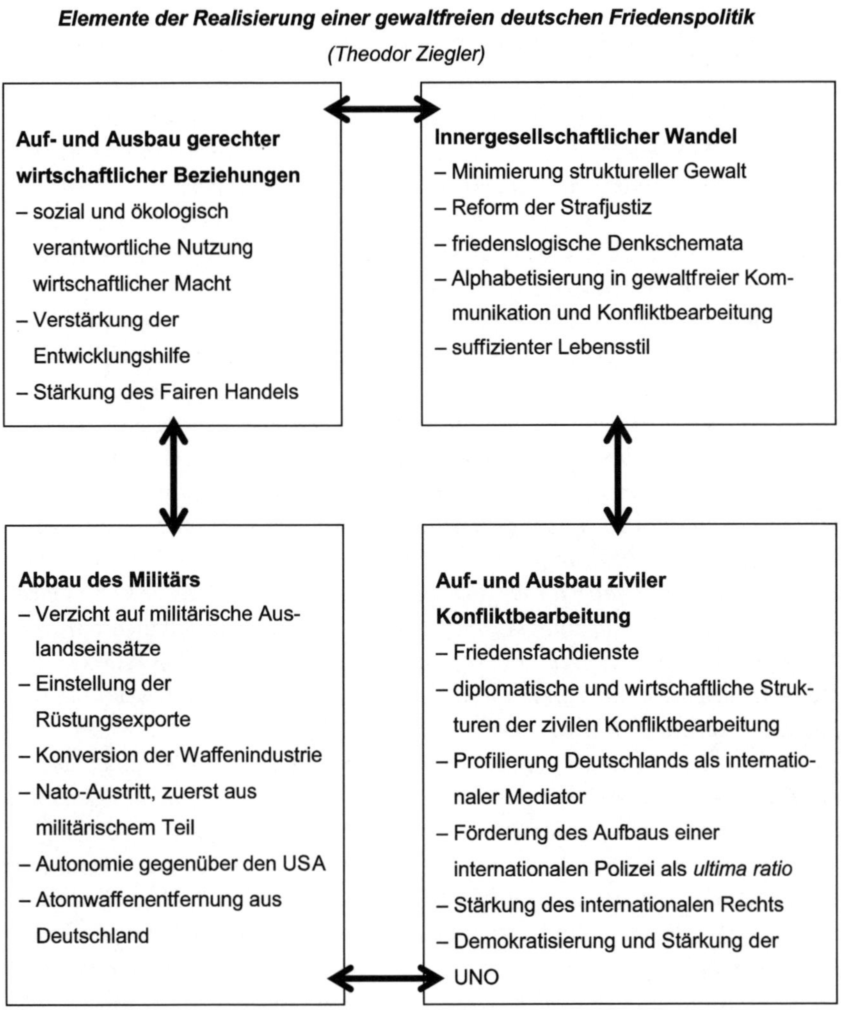

Elemente der Realisierung einer gewaltfreien deutschen Friedenspolitik
(Theodor Ziegler)

Auf- und Ausbau gerechter wirtschaftlicher Beziehungen
– sozial und ökologisch verantwortliche Nutzung wirtschaftlicher Macht
– Verstärkung der Entwicklungshilfe
– Stärkung des Fairen Handels

Innergesellschaftlicher Wandel
– Minimierung struktureller Gewalt
– Reform der Strafjustiz
– friedenslogische Denkschemata
– Alphabetisierung in gewaltfreier Kommunikation und Konfliktbearbeitung
– suffizienter Lebensstil

Abbau des Militärs
– Verzicht auf militärische Auslandseinsätze
– Einstellung der Rüstungsexporte
– Konversion der Waffenindustrie
– Nato-Austritt, zuerst aus militärischem Teil
– Autonomie gegenüber den USA
– Atomwaffenentfernung aus Deutschland

Auf- und Ausbau ziviler Konfliktbearbeitung
– Friedensfachdienste
– diplomatische und wirtschaftliche Strukturen der zivilen Konfliktbearbeitung
– Profilierung Deutschlands als internationaler Mediator
– Förderung des Aufbaus einer internationalen Polizei als *ultima ratio*
– Stärkung des internationalen Rechts
– Demokratisierung und Stärkung der UNO

Abb. 3: Elemente der Realisierung einer gewaltfreien dt. Friedenspolitik (Theodor Ziegler)

4.3.5 Analyse der Aussagen zu Zeithorizonten für den Wandel zu einer gewaltfreien Friedenssicherung

Paul Russmann ist hat keine konkrete zeitliche Vorstellung für den Wandel von der militärischen zur gewaltfreien Friedenssicherung. Er versteht sich als »*An-*

hänger der Mosaiktheorie[471]*, die ich mir mal so gemacht habe.*« Dieses Mosaik könne aus mehreren Tausend oder Hunderten Steinchen bestehen. »*Manchmal passen sie und es passt zusammen und irgendwann ist dieses Mosaik fertig. Und wie wir wissen, wenn man beim Steinchensuchen ist, wenn die letzten Steine da sind, geht's manchmal schneller und manchmal dauert's auch ganz lange. Und dieser Horizont ist nicht zu überblicken, aber manches geht ganz schnell, wie wir am Fall der Mauer 1989 sehen, wo die gewaltfreie Revolution in der DDR, die mit Gebeten in Kirchen angefangen hat, ein Weltsystem, einen weltpolitischen Block zum Sturz gebracht hat.*« (Ru 170–180)

Stefan *Maaß* hält es »*durchaus für möglich in den nächsten zwanzig Jahren – wobei es genauso umgekehrt sein kann, dass sogar noch stärker militarisiert wird. Aber ich denke letztlich, wenn man sich die letzten zehn Jahre anschaut, dann sieht man eben, dass militärische Einsätze eigentlich keine Verbesserung gebracht haben und das werden sie auch in naher Zukunft nicht bringen. Und entweder kommt [es, T.Z.] dann, dass man sagt, man muss noch mehr Militär einsetzen und bei jedem Konflikt und das heißt letztlich, ein weiteres Stück Abbau von Demokratie oder aber die Leute sagen, momentmal, wir müssen was anderes probieren. Ich halte es durchaus auch für möglich, dass plötzlich Leute sagen, so kann's nicht mehr weitergehen, Flüchtlingsströme nehmen zu und (…) letztlich wird der Terror, wenn man so weitermacht, irgendwann auch in Deutschland stärker sein. Das wird sich nach meinem Empfinden nicht verhindern lassen, wenn man da nicht eine andere Politik ansteuert.*« (Ma 169–180)

Für *Paul Oestreicher* ist »*das Steuer umzuwerfen (…) eine Riesenaufgabe, da muss man mindestens im Begriff von zwei Generationen reden. Der Gedanke, dass das umgeworfen werden könnte innerhalb von einem Jahrzehnt zum Beispiel, ist illusorisch. Das lässt sich nur machen, wenn die Denkschemata sich ändern würden. Ich meine, das größte Hindernis ist die Waffenindustrie, denn sie hat mächtigen Einfluss. Und wenn man die langfristige Entwicklung der internationalen Politik sieht, sind eigentlich Menschen, die das internationale Recht im Sinn haben, wohl die wichtigsten. Denn, was denkbar ist, ist auch: Weltmächte, die traditionell einfach mit Machtbegriffen umgehen, sind im Prinzip bereit, sich dem internationalen Recht zu stellen und Wege zu finden, das durchzusetzen. Und wie gesagt, die Verkopplung der Politik mit der Waffenwirtschaft ist dabei das größte Problem. Und ich wünschte, ich hätte hier Weisheiten, die ich nicht habe.*« (Oe 320–331)

Reflexion: Übereinstimmend halten die Befragten einen kurzfristigen Umstieg von der militärischen zu einer gewaltfreien Friedenssicherung

---

471 Dieses Verständnis steht nicht im Zusammenhang mit dem juristischen Bedeutungsgehalt dieses Begriffes.

nicht durchsetzbar. Dies kann jedoch nicht bedeuten, darüber nicht nachzudenken – im Gegenteil: Innovationen im gesellschaftlichen Bereich bedürfen zunächst der geistigen Antizipation, bevor sie politisch rezipiert werden. Die Zeithorizonte für eine mögliche Entmilitarisierung werden in einem mittelfristigen Bereich von mindestens zwanzig bis fünfzig Jahren beschrieben, wobei die Erfahrungen mit der gewaltfreien Revolution in der DDR als Hinweis für überraschende Beschleunigungsmöglichkeiten gesellschaftspolitischer Prozesse interpretiert werden. Als Faktor hierfür werden beispielsweise – wie zwischenzeitlich in dramatischen Steigerungsraten erfolgt – zunehmende Zuwanderung dem Krieg und Elend entfliehender Menschen und die Ausweitung terroristischer Aktivitäten betrachtet. Angesichts der evidenten Wirkungslosigkeit bzw. Kontraproduktivität militärischer Eindämmungsversuche könnte die Kritik an Waffenexporten in Krisen- und Kriegsgebiete, sowie an militärischem Eingreifen überhaupt, wachsen. Damit korrespondierend könnte das Interesse an zivilen Konfliktlösungen und an einem tatsächlichen Ursachenabbau durch den Ausbau fairer Wirtschaftsbeziehungen zunehmen.

Die von *Oestreicher* als Voraussetzung genannte Änderung des Denkschemas lässt sich mit dem von *Birckenbach* geforderten Wandel von der (militärischen) Sicherheitslogik zur (zivilen) Friedenslogik auf den Punkt bringen.[472] Das größte Hindernis dabei stellt für ihn die Waffenindustrie mit ihrem Einfluss auf die Politik dar.[473]

4.3.6 Theoriebildung – Zusammenstellung der Analysen und Reflexionen zur Interviewfrage 3 »Folgerungen für die Existenz einer Armee, für Rüstungsproduktion und -exporte, NATO-Mitgliedschaft, Terrorbekämpfung und UN-Einsätze?«

These 48: Christlich-pazifistische Einstellung führt zu globalethischem Verantwortungshorizont

Die individualethische Entscheidung gegen militärische Gewalt findet ihre Entsprechung im Bemühen um den Weltfrieden. Vier miteinander komplementär verbundene Ansätze lassen sich unterscheiden:

---

472 Birckenbach, Hanne-Margret (2014), dieselbe (2015).
473 Vgl. das Interview Jens Wernickes mit Mohssen Massarrat (21.10.2015): »Der Militärisch-industrielle Komplex ist die größte Bedrohung für den Weltfrieden in unserer Zeit«. In: http://www.nachdenkseiten.de/?p=28017 – Zugriff am 31.10.2015; 23:49 h.

(1) Auf- und Ausbau ziviler Konfliktbearbeitung,

(2) Abbau von Kriegsursachen durch Auf- und Ausbau gerechter wirtschaftlicher Beziehungen,

(3) Abbau des Militärs sowie

(4) innergesellschaftlicher Umbau zur Minimierung von Gewaltstrukturen und zur Maximierung friedenslogischer Denkschemata.

These 49: Ausbau ziviler Konfliktbearbeitung bedeutet Übernahme innergesellschaftlicher Konfliktkultur auf die internationale Ebene

Auf der Basis einer breiten Qualifizierung der Bevölkerung in gewaltfreier Konfliktaustragung im schulischen Bereich, die es in Ansätzen bereits gibt, schließen, möglicherweise in Ergänzung von Berufsausbildungen oder wissenschaftlichen Studiengängen, Ausbildungsgänge (z. B. *peace studies*) zur professionellen Friedensfachkraft für die internationale Konfliktbearbeitung im Zivilen Friedensdienst an. Eine Aufnahme dieses gewaltfreien Ansatzes in der Politik dürfte umso erfolgreicher sein, je mehr die Politiker_innen selbst auf Erfahrungen mit ziviler Konfliktbearbeitung zurückgreifen können. Ein wichtiger Aspekt hierbei ist, die bereits vorhandenen vielfältigen Erfahrungen ziviler Konfliktbearbeitung bekannter zu machen und als Modelle für die politische Ebene zu empfehlen. (Eb 297–311, Fi 55–76, 108–112, Ma 107–118, Ru 118–122)

These 50: Veränderung vom *status quo* nationaler Armeen und Militärbündnisse zur Weltfriedensordnung durch politische, finanzielle Stärkung der UNO, auch bezüglich der Befehlsgewalt über UN-Einsätze

Die nationalen Eigeninteressen der bislang oft eigenmächtig agierenden Staatenbünde beeinträchtigen das übergeordnete Interesse, die Glaubwürdigkeit und damit auch die eigentlich notwendige allseitige Akzeptanz der UNO. Eine Stärkung der UNO korreliert mit dem partiellen Machtverzicht von Nationalstaaten. Von wo die Initiative hierzu ausgehen könnte, ob *top down* oder eher *bottom up*, ist unklar. Gegenwärtig dürfte den Großmächten der Wille und den kleineren Staaten die Durchsetzungskraft fehlen. Denkbar wäre jedoch, den Militärabbau dazu bereiter Staaten in gradualistischer Weise mit dem Aufbau einer UNO-Polizei und damit gewährten Sicherheitsgarantien zu verbinden. (Wei 383–409, En 295–307, Lo 197–206)

These 51: Vermeidung von Konflikten durch Schaffung gerechter Lebens- und Handelsbedingungen ist die grundlegende, humanste und kostengünstigste Friedensarbeit

Friedensarbeit in diesem Sinn als Engagement für Gerechtigkeit, Solidarität und Umweltschutz ist somit eine alle Ebenen verbindende Aufgabe: Von der privaten Konsumentscheidung über das Beschaffungswesen und den Energieverbrauch von Firmen und Institutionen bis hin zur globalen Wirtschafts- und Umweltpolitik. Diesen, schon in alttestamentlichen Texten (Ps 85,11 und Jes 32,17a) betonten, Zusammenhang bewusst zu machen, ist ein wichtiger Bestandteil umfassender Friedensbildung. (Hä 135–156, Ma 58–64)

These 52: Erste Schritte zu einer Entmilitarisierung durch Rüstungsexportstopp und NATO-Austritt

Die von Deutschland exportierten Kleinwaffen wirken weltweit konfliktverstärkend und die ursprünglich als Verteidigungsbündnis gedachte NATO nimmt immer offensivere Züge an. Diese Abrüstungsschritte sollten nicht von einem allgemeinen Einverständnis der Staatenwelt abhängig gemacht werden, sondern auch einseitig erfolgen. Deutschland sollte seine gestiegene weltweite Verantwortung als Friedensmacht in der gewaltfreien Vermittlung von Konflikten wahrnehmen. (Dr 270–312, 325–349, Ha 100–115, 185–189, Lo 185–206, Ma 105f., Ru 118–122)

These 53: Umstieg auf gewaltfreie Friedenssicherung braucht seine Zeit

Es muss dafür ein Zeithorizont von mindestens ein bis zwei Generationen veranschlagt werden. Allerdings kann durch unvorhersehbare Entwicklungen unter Umständen auch eine Beschleunigung des Wandels eintreten. Andererseits ist mit erheblichen Widerständen vor allem vonseiten des militärisch-industriellen Komplexes zu rechnen. Deshalb ist es wichtig, mit dem Ziel der Entmilitarisierung vor Augen auf die Veränderung vom sicherheitslogischen zum friedenslogischen Denkschema hinzuarbeiten. (Ma 169–180, Oe 320–331, Ru 170–180)

4.4 Beitrag der Kirchen

> Frage 4:
> In welcher Weise könnten die *Kirchen bzw. die Religionen als global player* einen solchen Prozess der Entmilitarisierung der internationalen Beziehungen konkret fördern?

Die friedensethische Entwicklung in der Evangelischen Kirche wurde bereits im Eingangsteilausgeführt.[474] Die Aussagen der Befragten zur kirchlichen bzw. allgemein religiösen Unterstützung der Entmilitarisierung lassen sich in theologische Aspekte des kirchlichen Friedensauftrags, in friedensethische Aspekte und in praktische Handlungsmöglichkeiten gliedern.

4.4.1 Analyse zu theologischen Aspekten des kirchlichen Friedensauftrags

Für *Paul Russmann* unterscheiden sich die Kirchen von anderen gesellschaftlichen Organisationen durch ihren Transzendenzbezug. Dieser müsse auch Auswirkungen für das ethische Handeln zeitigen: »*Wenn ich die Transzendenzbeziehung zu einem Gott habe, könnte ich ja eigentlich von meiner Haltung [her, T.Z.] viel gelassener damit umgehen. Daher mal die Vorbildfunktion zu äußern, eigenen Gewaltverzicht zu proklamieren, dann wäre schon sehr viel gewonnen.*« (Ru 156–163)

> **Reflexion:** Für *Russmann* erweist sich die transzendente Gottesbeziehung einerseits in einer größeren Gelassenheit für die immanenten Herausforderungen. Diese erscheinen in einem größeren Zusammenhang als es beispielsweise ethnische, nationale oder kulturelle Zugehörigkeiten ermöglichen. Durch die Verwendung des Konjunktivs – »könnte ich ja eigentlich« – wird ersichtlich, dass *Russmann* sich der Kluft zwischen Glaubensbekenntnis und Glaubenspraxis bewusst ist. In friedensethischen Diskussionen wird von Christ_innen der Gewaltverzicht häufig als zu riskant eingestuft, weshalb die *ultima ratio* militärischer Gewalt unverzichtbar sei. Hält man sich jedoch die mit der militärischen Friedenssicherung einhergehenden Risiken und offenkundigen Folgen ihrer Bereithaltung und Anwendung vor Augen, dann wird ersichtlich, dass beide ethische Entscheidungen mit Risiken behaftet sind. Wird nun bei der ethischen Abwägung der Transzendenzbezug inklusive der Friedensbotschaft des als Sohn Gottes verehrten Jesus mitbedacht, könnte dies zu mehr Zuversicht für den Verzicht auf militärische Gewalt führen, zumal es für die

---

474 Vgl. Abschnitt 1.3.

Wirkmächtigkeit gewaltfreien Konfliktverhaltens eindrucksvolle Beispiele, gerade von tiefreligiösen Menschen, gibt.

Mit der transzendenten Fundierung der eigenen Haltung verbunden ist ebenso die Motivation, gerade auch in Bezug auf den Gewaltverzicht vorbildlich zu sein. Für die gesellschaftliche Entwicklung zur Entmilitarisierung, misst *Russmann* einer kirchlichen Proklamation des militärischen Gewaltverzichts eine große Bedeutung bei. Dies entspricht auch der Forderung des Pädagogen Volker Ladenthins, der richtiges Handeln mit dem Abwägen von Alternativen verbindet und im Falle, dass die Öffentlichkeit diese nicht aufzeige, die Kirchen in der Pflicht sieht, für ein entsprechendes Angebot zu sorgen.[475]

Gewiss reichen Proklamationen alleine nicht aus, sondern bedürfen, wie nachfolgend von *Russmann* ausgeführt, konkreter Friedensarbeit mit angemessenem Personaleinsatz.

Hans Häselbarth begründet den friedensethischen Auftrag der Kirchen theologisch mit dem für Jesu Botschaft zentralen Reich-Gottes-Gedanken: »*nicht, dass das Reich erst in der Zukunft kommt, sondern dass es hier und jetzt [ist, T.Z.] – das Reich Gottes ist mitten unter euch (Lukas 17). Also mit dem Kommen Christi hat das Reich Gottes begonnen und es wird sich ja erst in der Endzeit vollendet zeigen. Wir leben noch nicht im Schauen, sondern im Glauben. Aber ich glaube nicht, dass solche Endzeittexte uns jetzt erlauben könnten, die Hände in den Schoß zu legen. Jetzt sind wir zum Zeugnis aufgerufen. Und selbst, wenn wir zugeben, dass der Widersacher, der Teufel, umhergeht wie ein brüllender Löwe, und dass wir noch nicht aller Welt demonstrieren können, dass das Reich Gottes schon begonnen hat – aber ich denk', es ist trotzdem unsere Aufgabe, dass wir sagen: Wir sind für unsere Generation jetzt verantwortlich.*« (Hä 346–356) Unter Verweis auf die in der Studie von *Markus Weingardt* dokumentierten Friedensstifter-Beispiele in allen Religionen[476] sieht er auf der praktischen und lokalen Ebene, dass Kooperationsmöglichkeiten auch mit den anderen Religionen »*in ethischen Belangen, um Not zu lindern, um Hunger zu stillen, um Kriege abzuwenden, heute schon nötig und möglich sind und dass wir da in allen Religionen willige Freunde zur Rechten und zur Linken finden werden. Wir brauchen ja nicht in dogmatischen Glaubensfragen eins sein. Aber wenn's um Hunger und Not geht wie jetzt in Syrien, da würde ich mit allen zusammenarbeiten, die da bereit wären.*« (Hä 362–369)

Fernando Enns erkennt in der Intention des Begriffs der »*Mediation in*

---

475 Ladenthin, Volker (2014): Wozu religiöse Bildung heute? Sieben Versuche an der Endlichkeit zu zweifeln. Würzburg: Echter Verlag, S. 172; siehe auch Kapitel 5.6.
476 Weingardt, Markus (2007).

Konflikten« den christlichen Begriff der *»Versöhnung«. »Aber das ist nicht was, was man mechanisch sozusagen herstellen kann, dazu braucht es ganz viele Akteure, diese Bereitschaft dieser Akteure. Und es braucht den Willen und die Vision, dass für alle dabei etwas Gutes herauskommt. Das ist das Entscheidende, aber das ist auch das realpolitische Element dabei.«* (En 315–319)

Paul Russmann findet neben den einzelnen Menschen, die für den Frieden aktiv sind, die Kirchen und die Religionen wichtig. *»Weil gerade auch das Christentum ja eigentlich eine Botschaft des Friedens*[477] *ist, zumindest was die Texte sowohl in dem sogenannten Alten als auch im Neuen Testament angeht, die sehr viel Gewalt auch beschreiben, aber gleichzeitig sagen, dass die Rache eine Angelegenheit Gottes ist und nicht die der Menschen und dass wir dazu aufgerufen sind, Frieden zu stiften. Wir sollen sogar Friedensjäger werden. Und da, denke ich, haben die Kirchen eine große Verantwortung, die sie meines Erachtens viel zu wenig wahrnehmen.*[478] *Es kann nicht sein, dass zum Beispiel bei uns im Württembergischen eine halbe Pfarrstelle für das Pfarramt für Kriegsdienstverweigerung da ist und [man, T.Z.] sagt, das reicht uns, das andere machen die Pfarrer mit. Dann würde ich auch sagen, dann sollen die Pfarrer auch in ihren Gemeinden Orgel spielen lernen und die Chöre leiten. Dafür hat man ja auch Fachkräfte.«* (Ru 135–147) Russmann setzt den bislang minimalen Personaleinsatz der Kirchen für die so zentrale Friedensaufgabe ins Verhältnis zum Aufwand für die Kirchenmusik. Auch kritisiert er die Ungleichheit der qualitativen Anforderungsprofile für die Beauftragung von Kirchenmusikern einerseits und für eine Betätigung in der kirchlichen Friedensarbeit andererseits.

Hans Häselbarth hat in Bezug auf die Politik und die Bundesregierung wenig Erwartungen für eine friedenspolitische Wende: *»Da hab' ich wenig Hoffnung, dass sich da in nächster Zeit sehr viel verändern wird. Mein Augenmerk ist auf dem Zeugnis der Kirche selber.«* (Hä 107–111) Insbesondere die deutsche Ver-

---

477 Vgl. Synodalbeschluss in Baden vom 24.10.2013: »Für Frieden und Versöhnung einzutreten gehört zum Kern des kirchlichen Zeugnisses. Dieses Zeugnis kann nicht nur in die gesamtkirchliche Verantwortung delegiert werden, sondern verlangt dauerhaftes Engagement auf allen kirchlichen Ebenen. Die Kirche wird in der Öffentlichkeit als ethische Instanz gesehen und es wird zu Recht erwartet, dass sie Stellung bezieht zu Gewalt, Unrecht und Verfolgung.« Evangelischer Oberkirchenrat Karlsruhe (2014): Richte unsere Füße auf den Weg des Friedens – ein Diskussionsbeitrag aus der Evangelischen Landeskirche in Baden. Karlsruhe, S. 10, Zif 3.1, http://ekiba.de/html/content/der_friedensethische_pro zess_in_baden_bis_2013.html – Zugriff am 08.11.2015–19:08 h.

478 Im selben Beschluss (s.o.) wurde selbstkritisch festgestellt: »In der Beschäftigung mit der Friedensethik ist uns bewusst geworden, dass wir dem Friedensthema zu wenig Beachtung geschenkt haben und nicht genug um Frieden ringen. Wir fragen zu wenig, inwieweit unser Lebensstil und unser Konsumverhalten zur Verschärfung von Konflikten beitragen und Kriege zur Folge haben können. Wir nehmen nicht eindeutig genug Stellung, wenn Menschen durch Gewalt bedroht und verletzt werden. Wir setzen uns zu wenig dafür ein, dass Konflikte auf gewaltfreiem Weg beigelegt werden.«

gangenheit und seine eigenen Kriegserfahrungen im Kindesalter – er zählt sich zu den »*gebrannten Kindern*« – erfordern, einen »*radikalen Friedensdienst zu propagieren*«. Sein Wunsch ist, dass sich die EKD-Gliedkirchen mit dem friedensethischen Weg der badischen Landeskirche verbinden mögen: »*Wir sind in unseren Ländern nur noch die, die ausschließlich Friedensdienst verkündigen und das biblisch begründen, (…). Und damit dann auf die Kirchen zugehen, wo entweder Krieg schon war oder Krieg droht, um denen deutlich zu machen: Wir haben diese Erfahrung gemacht, warum wünscht Ihr Euch denn immer noch starke Armeen, um die Welt zu befrieden? Also, da müssten einige mit einem Beispiel vorangehen. Wenn so eine Weltkirchenkonferenz wie in Busan jetzt eben war, wenn die ein gemeinsames Statement verfassen muss, da tun sie mir einfach leid, weil das fast unmöglich ist, weil die Herkünfte und die Erfahrungen sind so verschieden. Zum Beispiel eine Kirche auf den Philippinen, wo die Moslems da in einer bestimmten Region immer wieder Überfälle machen, die werden andere Erfahrungen haben als, sagen wir mal, die Kirche von Finnland oder so. Das kann nur schrittweise gehen, aber irgendwer muss vorangehen und muss die Initiative ergreifen und deswegen bin ich ja so begeistert, dass Ihr in Baden das gewagt habt. Das hätten wir in Bayern bis jetzt nicht geschafft, wenn ich so meine Synodalen anschaue, die ich so kenne. Die haben sich damit überhaupt noch nicht auseinandergesetzt. Und die würden alle allergisch reagieren, wenn wir da jetzt sozusagen Anträge an die Synode stellen.*« (Hä 279–301)

> **Reflexion:** *Häselbarth* ist sich bei seiner Forderung nach einem klaren kirchlichen Friedenszeugnis im Sinne der Gewaltfreiheit bewusst, dass die Kirchen in vielen Ländern der Erde aufgrund ihrer geschichtlichen oder gegenwärtigen Situation eine andere Haltung vertreten. Mitunter seien nationale Identifikationen ausschlaggebender als die ökumenische Zusammengehörigkeit. Beschlüsse auf ökumenischer Ebene stellten somit meist nur den kleinsten gemeinsamen Nenner dar. Um dies schrittweise zu verändern, bedürfe es der Initiative einzelner Kirchen für einen neuen Weg. Aufgrund der deutschen Geschichte sieht er bei den Kirchen in Deutschland das hierfür notwendige Bewusstsein am stärksten ausgeprägt, beispielhaft in der badischen Landeskirche mit ihrem friedensethischen Diskussionsprozess und Synodalbeschluss.[479]
>
> Wenn *Häselbarth* nun zu Beginn des Zitats äußert, seine Erwartungen bezüglich einer friedenspolitischen Wende weniger an den Staat als vielmehr an die Kirche zu richten, dann stellt sich die Frage, wie diese dann dem säkularen, weltanschaulich neutralen Staat ihr Friedenszeugnis na-

---

479 Vom 24.10.2013: http://ekiba.de/html/content/der_friedensethische_prozess_in_baden_
bis_2013.html – Zugriff am 8.11.2015; 15:12 h.

hezubringen vermag. Eine Möglichkeit bestünde darin, ihre in der Politik tätigen Mitglieder anzuregen, ihre politischen Entscheidungen im Lichte des biblischen Menschenbildes und der christlichen Verantwortung für die gesamte Schöpfung Gottes, über die nationalstaatlichen Grenzen hinaus, zu treffen. Eine weitere Möglichkeit wäre, ihre eigenen Politikvorschläge pragmatisch, auf der Ebene der Vernunft zu formulieren[480] bzw. diejenigen politologischen Ansätze zu unterstützen, die ihre ethischen Positionen am besten verwirklichen helfen.[481]

4.4.2 Analyse friedensethischer Aspekte

Horst Scheffler schildert sein Bemühen in der friedensethischen Diskussion, das Normative von der militärischen Gewaltfrage auf die Friedensfrage zu verlagern: »(…) *wir kriegen als Kirchen einen anderen Blick auf das Thema, wenn wir jetzt nicht primär immer nach den Kriegsformen im Sinne des Gerechten Krieges fragen, sondern sagen: Zunächst geht es um den Gerechten Frieden und da ist das Denken auf den Frieden ausgerichtet und die Gewaltausnahme kommt dann an dritter, vierter oder fünfter Position. Frieden, Gerechtigkeit, Umsetzung des Rechts, soziale Gerechtigkeit, Mediationsverfahren und all diese Optionen laufen lange davor. Nur leider ist es so, wenn man eingeladen wird, als Referent zum Gerechten Frieden zu sprechen, da kann man einen ganzen Abend über gewaltfreie Optionen sprechen, die Diskussion anschließend geht sofort wieder um die Kriterien rechtserhaltender Gewalt. Also das zeigt, wie wir immer noch fixiert sind. Und der schöne Satz aus der Friedensdenkschrift: Wenn du den Frieden willst, so bereite auch den Frieden vor, si vis pacem, para pacem, ist zwar ein schöner Satz, aber unser öffentliches Denken, staatlicherseits aber auch in der Mentalität unserer Köpfe, ist immer noch das andere: Wenn du den Frieden willst, dann richte dich auf den Krieg [ein, T.Z.], para bellum, und das müssen wir aufbrechen.«* (Sch 205–219)

---

480 Beispielsweise hat die Evangelische Landessynode Baden in ihrem friedensethischen Beschluss vom 24.10.2013 die Erarbeitung eines Entwurfs für »ein Szenario zum mittelfristigen Ausstieg aus der militärischen Friedenssicherung« in Auftrag gegeben. Siehe Zif. 3.1.6 der Konkretionen. In: Evangelische Landeskirche in Baden (2014): Richte unsere Füße auf den Weg des Friedens – Ein Diskussionsbeitrag aus der Evangelischen Landeskirche in Baden. Karlsruhe, S. 11 (http:// siehe oben).
481 Beispielsweise das Konzept der Friedenslogik. Vgl. Birckenbach, Hanne-Margret (2014).

> **Reflexion:** Dass Gewaltanwendung im Rahmen von *just policing* lediglich die Ausnahme, das letzte Mittel für extreme Bedrohungssituationen sein kann, davor jedoch prinzipiell gewaltfreie Konfliktbearbeitung stattfinden soll, ist nur sehr schwer zu vermitteln. Gewaltfreie Konfliktbearbeitung ist, abgesehen von wenigen medienwirksamen Aktivitäten wie Demonstrationen und Blockaden, in der Regel weitaus weniger spektakulär und dramatisch als Bilder von militärischen Auseinandersetzungen. Dieser Fixiertheit auf gewaltförmige Konfliktbearbeitung ist nur durch eine breite Friedensbildung in Theorie und Praxis entgegenzuwirken. Die kirchliche Verkündigung und Bildungsarbeit kann hierzu wichtige Grundlagen und Beispiele vermitteln sowie Einübungsmöglichkeiten, z.B. durch Rollen- und Planspiele, anbieten.

Stefan Maaß thematisiert einen Widerspruch in der friedensethischen Haltung der Volkskirchen: »*Idealerweise könnten sie das dadurch fördern, dass sie sich zusammentun und praktisch alle Waffen ächten und sagen, dass für Angehörige der Religion die zu ächten sind. Das hätte schon, glaube ich, eine enorme Wirkung.*« (Ma 227 ff.)

> **Reflexion:** In den Stellungnahmen der großen Kirchen wurde bislang lediglich der Krieg als »Sünde wider Gott und als eine Entwürdigung des Menschen«[482] geächtet, nicht jedoch die Kriegsvoraussetzungen: Das Vorhandensein einer Armee sowie die damit verbundenen Drohgebärden und die dafür notwendige Waffenproduktion. Abgesehen davon wäre jedoch ein wie in der frühen Christenheit vor Konstantin praktiziertes, kirchlich dekretiertes Militärdienstverbot – zumindest in den demokratisch strukturierten Evangelischen Landeskirchen – problematisch. Stellte es doch eine heute nicht mehr vertretbare ethische Bevormundung ihrer Mitglieder dar. Andererseits gibt es in vielen anderen ethischen Entscheidungsfeldern wie beispielsweise beim Schutz des ungeborenen Lebens, bei Fragen der Bioethik, beim Umgang mit Sterbenden eindeutige kirchliche Empfehlungen. Im Bereich der Friedensethik fehlt bislang dergleichen. So wurde von den protestantischen Landeskirchen seit der Reformationszeit bis zum Afghanistaneinsatz jeder staatlich geführte Krieg kirchlich mitgetragen. Nach dem zweiten Weltkrieg bemühte sich die EKD, die Entscheidung zwischen Wehrdienst und Kriegsdienstverweigerung als gleichwertig und komplementär darzustellen und durch die Mi-

---

482 So in der Erklärung der Ökumenischen Vollversammlung 1948; siehe: Aktion Sühnezeichen/Friedensdienste [Hg.] (1982), S. 284.

litärseelsorge bei der Bundeswehr, wie auch durch die Evangelische Arbeitsgemeinschaft zur Betreuung der Kriegsdienstverweigerer aus Gewissensgründen (EAK) beide Wege seelsorgerlich zu begleiten. Aufgrund
der aktuellen Militarisierungsentwicklungen ist es wichtig, dass in kirchlichen Gesprächsforen wie auch im Religionsunterricht der offene und
kritische Diskurs über Friedenstheologie, Friedensethik und die Alternative einer friedenslogischen Politik geführt werden kann und somit
Grundlagen und Kriterien für eine verantwortete individuelle Entscheidung geboten werden.

4.4.3 Analyse praktischer Handlungsmöglichkeiten

4.4.3.1 Relevanz kirchlicher Friedensarbeit für die Gesamtgesellschaft

Fernando Enns ist der Auffassung, dass Friedensbildung als gesellschaftliche
Aufgabe insbesondere auch durch die Kirche geleistet werden könne. Dabei gehe
es nicht nur darum *»einen Fächer aufzumachen und zu sagen: Diese ganzen
Möglichkeiten könnte es wohl geben und das der Beliebigkeit des einzelnen Ge-
wissens zu überlassen. Das ist in der Vergangenheit, auch in der christlichen
Tradition, sehr stark betont worden: Also am Ende muss das freie Gewissen
entscheiden. Das ist ein sehr hohes Gut, das will ich nicht in Abrede stellen (…)
aber ich frage mich doch, ob es nicht gleichzeitig sinnvoll ist, dass Kirche, wenn sie
sich versteht auch als eine Wertegemeinschaft, die diese Art von Orientierung
geben will, ob sie nicht dann doch stärker […] in die Bildung dieser Gesellschaft
mit hineinwirken sollte, um tatsächlich nicht den Einzelnen mit seinem Gewissen
[…] alleine zu lassen, sondern ihm zu helfen, seine Gewissensentscheidungen zu
fällen. Dazu gehört in allen Altersstufen tatsächlich auch, diese Werteorientie-
rung anzubieten und ins Bildungswesen einzutragen, soweit es möglich ist. Das
heißt nicht unbedingt, alle Menschen zu Christen machen zu wollen. Das ist dabei
in erster Linie nicht ausschlaggebend, sondern ausschlaggebend ist: Können wir
überzeugend als Kirche diese Werte so vermitteln, dass sie nicht nur Christen
einleuchten, sondern auch Nichtchristen einleuchten, sogar Agnostikern?«* (En
484–503)

Reflexion: Als Wertegemeinschaft sieht *Enns* die Kirche in der Pflicht,
auch im gesellschaftlichen Diskurs zur Frage militärischer Friedenssicherung Orientierung zu geben. Diese Orientierungshilfe muss unabhängig von der transzendenten Herleitung christlichen Handelns auch
vernünftig beziehungsweise humanitär begründet sein. Damit können

eine gewaltfreie Friedensethik und eine sich daraus ableitende friedenslogische Politik auch in einer säkularen Gesellschaft und auch für agnos-
tische Menschen anschlussfähig sein. Darüber hinaus eröffnen sich hiermit Möglichkeiten zu entsprechenden Religions- und Weltanschauungs-
grenzen übersteigenden Kooperationen.

4.4.3.2 Kirchliche Friedensarbeit im eigenen Bereich der Kirchen

Ebenfalls muss ein solcher Bewusstseinsbildungsprozess auf den kirchenin-
ternen Arbeitsfeldern stattfinden *»das heißt in Kirchengemeinden, in Kirchensyn-
oden, in Kindergärten von Kirchen, im Konfirmandenunterricht, in der Er-
wachsenenarbeit, in der Altenarbeit – überall dort muss im Grunde genommen
diese Friedensbildung im Sinne der aktiven Gewaltfreiheit zentral zu stehen
kommen. Nicht, weil das eine ideologische Idee ist, sondern (...) weil das so
zentral ist für das Bekenntnis zu Jesus Christus überhaupt und weil das etwas
aussagt über den Gott, den wir glauben. Und insofern ist das das beste Zeugnis,
das glaubwürdigste Zeugnis, was wir von diesem Gott überhaupt geben können.«*
(En 550–559)

Reflexion: *Enns* versteht die gewaltfreie Friedensbildung als Konsequenz
aus dem Bekenntnis zu Jesus Christus und als »das glaubwürdigste
Zeugnis« des christlichen Gottesglaubens. Die Glaubensaussagen vom
»Gott des Friedens« und vom »Frieden des Herrn« können durch ein
glaubwürdiges, weil eindeutiges Eintreten für gewaltfreies Friedenshandeln sichtbar gemacht werden. Somit ist kirchliche Friedensarbeit
gleichsam Verkündigung des Wesenskerns christlichen Glaubens, der
Versöhnungsarbeit.

Theodor Ebert regt sogar eine inhaltliche Umgewichtung der traditionellen
kirchlichen Arbeitsfelder an. Anstelle dogmatischer Inhalte möchte er das
praktische Einüben der jesuanischen Verhaltensweisen in Form von Soziodramen und die Vermittlung ermutigender biblischer Geschichten zu einem wesentlichen Teil des Konfirmandenunterrichts machen. *»Das wird sich auch auf
den Gottesdienst auswirken. Ich sehe überhaupt nicht ein, dass man alle sechs
Jahre dieselben Bibeltexte traktieren sollte. Warum kann man nicht auch mal
eine Erfahrung von Dietrich Bonhoeffer oder Martin Niemöller oder Martin
Luther King vornehmen und sagen: So, das ist jetzt heute mal das Thema, über
das wir miteinander sprechen wollen.«* (Eb 390–406)

> **Reflexion:** Der von Ebert aufgemachte Gegensatz zwischen Bibelauslegungen und Lebensbildern ist nicht zwingend. Haben doch die drei beispielhaft Genannten viele biblische Texte interpretiert, so dass es sich geradezu empfiehlt, das Eine mit dem Anderen zu verbinden.

4.4.3.3 Kirchliche Friedensarbeit als Einsatz für Menschenrechte

Auch *Stefan Maaß* sieht ein Spezifikum kirchlichen Friedenshandels im Engagement für »*andere Formen der Konfliktbearbeitung*«. (…) »*Natürlich wird man nicht drum rumkommen, auch über Menschenrechte zu sprechen. (…) Solange unsere Wirtschaft (…) profitiert von Staaten, die die Menschenrechte verletzen, ist es natürlich ganz schwierig, wenn man auf der anderen Seite sagt: Wir wollen uns für die Menschenrechte einsetzen. Aber da (…) die Religionen eigentlich nicht wirtschaftlich davon profitieren, könnten die (…) viel freier auftreten, könnten viel klarer auch sagen: Wir sind für Menschenrechte…*« (Ma 279–288)

> **Reflexion:** Neben dem Einsatz für gewaltfreie Konfliktbearbeitungsformen ist das Engagement für die universelle Geltung der Menschenrechte auch hinsichtlich der wirtschaftlichen Beziehungen Deutschlands ein wichtiger, Kriegsursachen minimierender Friedensbeitrag, den die Kirchen aufgrund ihrer gesellschaftlichen Rolle neben dem Staat und neben der Wirtschaft leisten könnten. Dabei wird seit dem Beginn des Konziliaren Prozesses[483] der Frieden in seinem Wesen untrennbar mit den Dimensionen Gerechtigkeit und Schöpfungsbewahrung verbunden.

4.4.3.4 Religionsgemeinschaften als weltweites Frühwarnsystem

Markus Weingardt fordert, dass die Religionsgemeinschaften ihren jeweiligen Friedensauftrag »*noch viel ernster nehmen und das gilt für alle Religionsgemeinschaften (…) und zwar in der Praxis, nicht theologisch, denn da haben wir keinen Nachholbedarf (…). Aber, das konkret und praktisch umzusetzen, da haben auf der ganzen Welt alle Religionsgemeinschaften – wenn man die Quäker vielleicht ausnimmt – Nachholbedarf.*« (Wei 61–67)

Nach seiner Auffassung sollten die Weltreligionen ihr Spezifikum, ihre »*besondere Stärke*«, »(…), *dass sie eigentlich über eine Infrastruktur, über ein weltweites Netz bis fast in den hintersten Winkels des Urwalds verfügen*« ein-

---

483 Vgl. Schmitthenner, Ulrich (1994): Der konziliare Prozess. in: Wissenschaft & Frieden **1994-1**, http://www.wissenschaft-und-frieden.de/seite.php?artikelID=1027 – Zugriff am 22.01.2016; 22:51 h.

setzen. Sie könnten ihre Informationskanäle nützen. *»Besonders im Sinne von (...) »Frühwarnsystemen«. (...) Können tun sie es auf jeden Fall, aber dass sie es dann auch wirklich machen? Das Rüstzeug dazu haben sie, die Infrastruktur ist da – das Bewusstsein fehlt noch. Und dann wirklich der Wille, da richtig reinzubuttern, personell, finanziell, politisch und so weiter.«* (Wei 68–83) Als Beispiel weist er auf das Kilimandscharo-Gebiet. *»wo man jetzt schon feststellt: Im Zuge des Klimawandels bleiben da die Regenfälle aus, das Wasser wird knapp, es gibt Konflikte. Die Konflikte gibt's jetzt schon, die sind jetzt sozusagen nur auf kleiner Flamme, innerhalb oder zwischen Dörfern. Aber wenn das so weitergeht, wird sich das ausweiten. Und manche dortigen Pastoren (...) sagen da jetzt schon, ›das wird so kommen‹, aber es dringt nicht durch. Es wird nicht weitergeleitet oder es dringt nicht durch zur Politik und es wird umgekehrt von der Politik auch nicht wahrgenommen. Das wäre so ein konkretes Beispiel, wo man sagen kann, da haben wir eigentlich eine Frühwarnung – sie wird nicht wahrgenommen. Aber damit sie wahrgenommen wird, das braucht sowohl bei den Religionsgemeinschaften als auch bei der Politik Offenheit, Aufmerksamkeit, Bereitschaft, sich sozusagen als Akteure zu begreifen.«* (Wei 95–106)[484]

4.4.3.5 Stärkung des Friedenspotentials durch interreligiöse Kooperation

Bei den Unterschieden, die es zwischen den verschiedenen Konfliktregionen, den dortigen politischen Akteuren und den jeweiligen Religionen gebe, lasse sich, so *Weingardt*, kein Generalrezept entwickeln. *»Was aber fast immer ein wichtiger Impuls ist oder sein könnte, wäre interreligiöse Zusammenarbeit. Man stelle sich vor, im Nahen Osten würden sich die religiösen Führer verständigen auf ein gemeinsames starkes Wort zum Frieden, auf eine gemeinsame starke Ablehnung von Gewalt. Das hätte einen Effekt, da bin ich mir sicher. Man kann sich's nur vorstellen – weil, in der Realität sind wir leider weit davon entfernt. Aber wenn es tatsächlich so wäre! Man stellt's ja jetzt fest beim Papst, was für einen Effekt es hat, wenn einer tatsächlich die Sache mit dem Frieden ernst zu nehmen scheint und da Aussagen tätigt und die ganze Welt jauchzt auf, oder die halbe Welt jedenfalls, und nicht nur die Christen, und sagen: Wunderbar, auf das haben wir lange gewartet. Das wird gehört, und das wird auch von nichtgläubigen Menschen gehört und ernstgenommen. Da zeigt sich, was für eine Macht, oder*

---

484 Vgl. Egon Spiegel: »Wer ernsthaft an friedlichen Verhältnissen interessiert ist, der engagiert sich nicht erst dann in einem konkreten Konfliktfeld, wenn es zur Konfrontation kommt bzw. gekommen ist, sondern im Vorfeld der Konfrontation: mit dem Ziel, diese (um jeden Preis) zu verhindern. Der Ressourcenbedarf im Falle von *Prävention* ist in der Regel niedriger als der Ressourcenbedarf der *Intervention*.« Nagler, Michael & Spiegel, Egon (2008): Politik ohne Gewalt – Prinzipien, Praxis und Perspektiven der Gewaltfreiheit. Berlin: LIT-Verlag Dr. W. Hopf, S. 99.

besser gesagt, welchen Einfluss Religionsführer haben können, wenn man den Eindruck hat, das ist ernst, das ist glaubwürdig und der will da was tun, nicht nur reden, sondern was tun.« (Wei 121–137)

Der Einfluss der Religionen für den Weltfrieden könnte nach *Weingardt* gesteigert werden, wenn diese sich, wie von der Stiftung Weltethos vertreten, auf gemeinsame ethische Grundsätze, ethische Standards verständigten: »*Gewaltlosigkeit, Gleichberechtigung, Solidarität, Gerechtigkeit. Dann ist ja schon ein gemeinsamer Fundus da, aus dem man schöpfen kann. Dann ist ja schon eine gemeinsame Plattform da, auf der sich was aufbauen lässt. Natürlich gibt's auch die Unterschiede und die muss man nicht wegreden oder verharmlosen. Aber was die Verständigung, den Frieden angeht, hat man schon eine stabile Plattform. Wenn man sich dieser gemeinsamen Plattform bewusst würde, (…). Das gilt auf allen Ebenen, nicht nur auf der höchsten Ebene der Religionsführer, sondern auch in jeder kleinen Gemeinde vor Ort – (…), da könnte man große Schritte machen. Das ist die Theorie. Natürlich, wenn die Konflikte so eskaliert sind, auch zwischen den Religionen, wie jetzt in Syrien, dann ist das Kind schon fast in den Brunnen gefallen, das ist klar. Ob dann die Religionen noch viel machen können, ohne sich selbst quasi zu opfern, ohne Gewalt oder ohne zu flüchten, das, muss ich zugeben, bezweifle ich.«* (Wei 149–166)

Die von *Weingardt* genannten Spezifika kirchlichen Friedenshandelns lassen sich wie folgt zusammenfassen:

- Ausbau der praktischen Friedensarbeit
- Aufbau von Frühwarnsystemen über die ökumenischen Strukturen
- Wirkungssteigerung der Friedensarbeit sowie mehr öffentliche Beachtung in der Ablehnung von Gewalt durch interreligiöse Zusammenarbeit
- Einigung auf die ethischen Standards Gewaltlosigkeit, Gleichberechtigung, Solidarität und Gerechtigkeit
- Friedensarbeit darf nicht auf die religiösen Leitungsebenen begrenzt bleiben, sondern muss auf allen Ebenen zum Tragen kommen

4.4.3.6 Bestärkung durch Erfahrungen der gewaltfreien Revolution 1989

Harald Bretschneider schildert, wie junge Christen in der Friedensbewegung in der DDR das biblische Friedenszeugnis von der notwendigen Umwandlung der »Schwerter zu Pflugscharen« unter den damaligen schwierigen Bedingungen bezeugt haben und somit die geistlichen Grundlagen für die erfolgreiche gewaltfreie Revolution im Jahr 1989 gelegt hatten: »*Ja, dieses hier [Harald Bretschneider zeigt den Friedensaufnäher, TZ], davon haben wir also auch Hunderttausend gemacht und dazu auch hunderttausend Lesezeichen. Das war für die zweite Friedensdekade. Und da kam es, weil das wirklich so in der Öffentlichkeit zu sehen war, dass man nur staunen konnte, da kam es dann im März zu einer Verordnung mit Gesetzeskraft durch den Herrn Mielke, den Minister für Staatssicherheit, die aussagte, dass die Polizei und die Volksbildung dafür zu sorgen hat, dass dieser Aufnäher aus der Öffentlichkeit verschwindet. Und dazu wären alle Mittel recht. »Tschekistisch« hat er damals mitformuliert. Und Tschekisten waren die russischen Geheimdienstler, die alles durften, es durfte nur nicht auffallen. Und insofern kam es zu dem größten Fehler der DDR und zu dem unwahrscheinlichen Bewusstsein der jungen Menschen, dass sie für etwas bestraft wurden, was sie mit bestem Wissen und Gewissen verantworten wollten. Also, man kann das an vielen Reaktionen von Jugendlichen sehen, die ich jetzt nicht alle aufzählen kann, (...) – aber eines will ich sagen: Im Dresdner Hauptbahnhof wurde eine Jugendliche festgenommen. Zwei Stunden haben die Polizisten mit ihr im abgeschlossenen Raum diskutiert und dann haben sie die Schere genommen und den Aufnäher einfach selber herausgeschnitten. Und die junge Frau ist dann entlassen worden, aber sie ist in einen Blumenladen gegangen, hat zwei Blumen geholt, ist zu den Polizisten zurückgekehrt und hat ihnen diese Blumen überreicht mit dem Wort: Weil Sie so freundlich waren. Das gibt den Geist wieder und wie gesagt, es hat für mich etwas mit dem Sauerteig des Evangeliums zu tun, dass diese Jugendlichen im Wesentlichen dem Friedenszeugnis der Bibel so Hände und Füße gegeben haben, dass auf der Straße und in den Schulen darüber gesprochen wurde und dass sie selbst, als sie verfolgt worden sind, bereit waren, sich da nicht mobben zu lassen, sondern mutig das christliche Friedenszeugnis bekannt haben und auch dafür Rückschläge eingesteckt haben. Ich selber bin zum Beispiel von ungefähr fünf Polizisten mit Hunden umstellt worden, und dann haben die mit mir zu ackern versucht.«* (Br 413–438)

> **Reflexion:** Kirchliche Verlautbarungen und kirchliche Diplomatie sind das eine, im Alltag praktiziertes Friedensengagement durch die einzelnen Kirchenmitglieder das andere. Das gesamte Interview[485] mit *Harald Bretschneider* als aktiv handelndem Zeitzeugen gibt einen interessanten Einblick in das Zusammenwirken einzelner kirchlicher Funktionsträger, kirchlicher Gremien und kirchlicher Basis. Entscheidend war das Zusammenspiel dieser unterschiedlichen Ebenen und Rollen, mit ihren jeweiligen speziellen Möglichkeiten. Das Engagement von Jugendlichen in den reglementierten und kontrollierten Strukturen der DDR unter Inkaufnahme teilweise erheblicher Sanktionsrisiken ist eine Anfrage an die Jugendlichen im wiedervereinten Deutschland, was sie unter wesentlich einfacheren Bedingungen bereit sind, für Frieden und weltweite Gerechtigkeit inklusive der Schöpfungsbewahrung, unter Umständen auch systemkritisch, zu sagen und zu tun. Dasselbe lässt sich auch für die Kirche

---

485 Siehe im Dokumenten-Band.

fragen. Die Kirchen in der DDR wagten es gerade in der Militärdienstfrage zu sagen, dass der Bausoldatendienst das »deutlichere Zeichen« des christlichen Friedenszeugnisses sei.[486] Auf die Gegenwart übertragen könnte dies beispielsweise heißen: Wagt es die EKD geschlossen und nicht nur ihr Friedensbeauftragter und einzelne Verantwortliche ihrer Gliedkirchen, die Bundesregierung aufzufordern, sich für die weltweite Ächtung der Atomwaffen und den Abzug der Atombomben aus Büchel/Eifel einzusetzen?[487]

Leider sind die vielen Erfahrungen des erfolgreichen gewaltfreien Aufstandes in der ehemaligen DDR bislang noch nicht für eine neue Sicherheitsarchitektur in der deutschen bzw. europäischen Politik rezipiert worden.

4.4.3.7 Einschätzungen zur Friedenswilligkeit der Kirchen

Auf die Frage, welchen Beitrag die Kirchen zur internationalen Entmilitarisierung leisten könnten, meint *Paul Oestreicher:* »*Darüber bin ich als Christ leider sehr pessimistisch. Ich erhoffe viel von den Kirchen, aber erwarte sehr wenig.*« (Oe 360 f.) Er verweist dann auf die in derselben Woche in Busan beginnende Vollversammlung des Ökumenischen Rates der Kirchen Busan (2013): »*Man wird schöne Erklärungen machen, aber keine Konsequenzen ziehen. Denn die meisten Kirchen in den meisten Ländern stecken noch in den alten Schemata. (...) Nicht*

---

486 Evangelische Akademie Sachsen-Anhalt (2014): Friedenszeugnis ohne Gew(a)ehr, Tagebuch zum Bausoldatenkongress 2014 in Wittenberg. Wittenberg, S. 6,8–10. http://ev-akademie-wittenberg.de/sites/default/files/downloads/tagebuch_screen.pdf – Zugriff am 10.11. 2015:23:19 h.

487 »**Kirchentag beschließt Resolution gegen Atomwaffen** Karlsruhe/Berlin (epd, 31.05.2017). Eine Resolution zur Ächtung von Atomwaffen ist am Freitag auf dem 36. Deutschen Evangelischen Kirchentag in Berlin verabschiedet worden. In dem Dokument werde Bundesaußenminister Sigmar Gabriel (SPD) aufgefordert, sich an den UN-Verhandlungen über ein Atomwaffenverbot zu beteiligen, teilte die badische Landeskirche mit. Bislang habe der Minister diese boykottiert. Die Resolution appelliere zudem an die Bundesregierung, die »nukleare Teilhabe« aufzugeben. Das bedeute, dass in Deutschland die Lagerung von Atomwaffen, wie zum Beispiel im US-Atomwaffenlager in Büchel (Rheinland-Pfalz), verboten werden soll. Seit Ende März 2017 verhandeln 132 von 193 Staaten der Vereinten Nationen über ein völkerrechtlich verbindliches Atomwaffenverbot. Deutschland hat an diesen Verhandlungen bislang nicht teilgenommen. Ähnliche internationale Verbote gibt es bereits für chemische und biologische Massenvernichtungswaffen. Die Resolution wurde eingebracht vom Forum Friedensethik und der Arbeitsstelle Frieden der evangelischen Landeskirche in Baden. Zu den Initiatoren gehörten unter anderem die Oberkirchenrätin Karen Hinrichs, Oberkirchenrat Matthias Kreplin und Oberkirchenrat Christoph Schneider-Harpprecht. Quelle: epd-Südwest.« http://www.ekiba.de/html/aktuell/aktuell_u.html? &m=31&artikel=13414&c-a-ta-k-t-uell=37 – Zugriff am 20.07.2017; 9:27 h.

zuletzt in der sogenannten Dritten Welt, die die Denkprozesse der selbstkritischen Kirchen in Europa nicht selbst mitgemacht haben (...) Es gibt sehr wenige Ansätze zum Pazifismus in den ehemaligen Kolonialstaaten, geschweige in den neuen Machtstrukturen Asiens. Und wenn geschlossen die Kirchen sagen könnten, ein Christ kann da nicht mitmachen, wenn der Papst das sagen könnte, wenn meine Sorte Pazifismus von den Kirchen aufgegriffen würde und so etwas wie eine Mehrheit hätte innerhalb der Christenheit, wäre es noch keine Lösung für die Welt. Es würde die Kirchen erstmals ins Abseits stellen. Aber in einem sehr kreativen Abseits. Aber sie hat nicht den Wunsch im Abseits zu stehen. Sie will alles ein bisschen besser machen, ein bisschen humanisieren, (...). Es werden aus Busan bestimmt Erklärungen kommen, dass die Gewalt eine böse Sache ist. Aber das haben die Politiker längst erkannt, das muss man ihnen nicht sagen. Das steht in den juristischen Dokumenten der Vereinten Nationen drin. Aber weiter zu gehen und zu sagen, wir müssen das individuell umsetzen in ›ohne-mich‹, soweit sind die Kirchen noch lange nicht. In anderen Worten: Mein Sorte Pazifismus steht in einer kleinen Minderheit innerhalb der Christenheit.« (Oe 361–386)

Im Unterschied zu der sehr pessimistischen Einschätzung *Paul Oestreichers* verweist *Horst Scheffler* darauf: »*(...) Gott war lernfähig, Gott ist lernfähig und wir Menschen können's von daher in der Konsequenz auch sein. Wir dürfen es sein und von daher hab' ich Optimismus, dass auch die Entwicklung zu einer Kirche des Friedens weitergehen kann. Wir sind nicht immer wieder zurückgeworfen auf unsere diabolischen Anfänge*«. (Sch 84–88) Von den Kirchen erwartet er, dass sie »*Lobby sind für diese Friedensarbeit, (...) für Forderungen, die Struktur in der Rüstungsproduktion und bei den Rüstungsexporten so zu verändern, dass Rüstungsproduktion und Rüstungsexporte minimiert werden.*« Und weil er auch in anderen Religionen wie dem Islam Friedenskompetenzen erkennt »*müssten die Kirchen unter sich und gerade mit anderen Religionen, gerade auch die christliche Kirche und der Islam, auch darüber die Gespräche führen. Aber das heißt, (...) sich daran erinnern, dass man aus einer durchaus konfliktträchtigen, gewaltbereiten Tradition kommt. Es geht also nicht, dass wir jetzt in diesem Gespräch als Christen für uns den Schalom beanspruchen und dem Islam den Dschihad vorwerfen. Auch im Islam ist – und das sind eine ganze Reihe islamischer Theologen, die sich auf eine Hermeneutik einlassen – zu sehen, dass auch der Islam in dieser Entwicklung steht und der Gott des Friedens auch Allah heißen kann. Dieses Buch von dem in Münster lehrenden islamischen Theologen, Khorchide, »Islam ist Barmherzigkeit«,*[488] *das zeigt, da sind Anknüpfungen da und da müsste theologisch weitergearbeitet werden*«. (Sch 243–261)

Im Gegensatz zu *Weingardt* (siehe oben), der der Auffassung ist, dass an Friedenstheologie (im Unterschied zur Friedenspraxis) kein Mangel sei, emp-

---

488 Khorchide, Mouhanad (2012): Islam ist Barmherzigkeit. Freiburg: Herder Verlag.

fiehlt *Scheffler* für die innerkirchliche Diskussion, »*einen Schritt zur Friedenstheologie [zu, T.Z.] tun. (...) ich habe früher auch immer nur an friedensethischen Themen gearbeitet. Aber ich sag' jetzt immer, wir müssen uns als Kirche, als Religionen auf unsere Friedenstheologie besinnen und von da aus dann die friedensethischen Konsequenzen ableiten. Das wäre so ein Punkt, den wir besonders bearbeiten sollten: Was heißt eigentlich Friedenstheologie im Unterschied zur Friedensethik?*« Anstelle sich gleich in die ethischen Debatten zu begeben, sollte ein Vergewissung durch die theologischen Grundlagen vorangehen. (Sch 264–274)

4.4.4 Theoriebildung – Zusammenstellung der Analysen und Reflexionen zur Interviewfrage 4: »Beitrag der Kirchen/Religionen«

These 54: Kirchlicher Transzendenzbezug und Reich-Gottes-Gedanke können sich bei den immanenten friedensethischen Entscheidungen erweisen

Der transzendente Gottesglaube ermöglicht eine größere Gelassenheit im Umgang mit den immanenten Herausforderungen. Bei der Abwägung zwischen den mit den verschiedenen friedenpolitischen Entscheidungen verbundenen Risiken könnte der Transzendenzbezug dazu ermutigen, den von Jesus gewiesenen Weg des Gewaltverzichts zu wagen. Die Kirchen könnten durch ein klares friedensethisches Votum gegen militärische Gewalt einen wichtigen Impuls für einen gesellschaftlichen Prozess der Abkehr von der militärischen Friedenssicherung geben. Insbesondere der in Jesu Botschaft zentrale Gedanke vom schon begonnenen Reich Gottes unter den Menschen ist eine starke Inspiration für eine Arbeit am Weltfrieden, für das Aufzeigen von Alternativen. (Hä 346–356, Ru 156–163)

These 55: Konfessions- und religionsübergreifende Kooperation mit allen Menschen guten Willens hat große Chancen

Gegenwärtig ist die Bindung von Kirchen und Religionsgemeinschaften an ethnische, nationale und soziökonomische Zugehörigkeiten oft stärker als ein ökumenisches oder globales Bewusstsein und Zusammengehörigkeitsgefühl. Die Verantwortung für die Beendigung von Not, Hunger und Kriegen ist jedoch wichtiger als partikulare Interessen und als der Streit um dogmatische Glaubensfragen. Deshalb gibt es zwischen den Menschen guten Willens keine Berührungsängste. Die interkonfessionelle und interreligiöse Friedensarbeit in Form von Mediation in Konflikten kann zur Versöhnung zwischen den oftmals verfeindeten Angehörigen verschiedener Religionen führen und ist eine wichtige

Voraussetzung für den Weltfrieden.[489] Der Gott des Friedens kann auch Allah heißen. Die Zusammenarbeit mit friedenswilligen Theologen anderer Religionen auf Augenhöhe muss ausgebaut werden. (Hä 279–302, 362–369, Ma 227 ff., Sch 243–261, Wei 121–127)

These 56: Friedensethischer Wandel in der Ökumene bedarf der Initiative

In der ökumenischen Weltgemeinschaft könnte gerade von den Kirchen in Deutschland mit ihrer besonderen historischen Friedensverantwortung die Initiative zu einem schrittweisen Wandel der Entmilitarisierung der internationalen Beziehungen, für eine Verlagerung des Normativen von der militärischen Gewaltfrage zur Friedensfrage ausgehen. (Hä 279–301, Sch 205–219)

These 57: Bislang zu wenig personelles Friedensengagement der Kirchen

Im Vergleich zu ihren anderen Aufgabenfeldern haben die Kirchen bei ihrer Zentralaufgabe des Friedensstiftens bislang einen zahlenmäßig viel zu geringen Personaleinsatz. Auch müssen professionelle Qualifizierungsstrukturen vielfach erst noch aufgebaut werden. (Ru 135–147)

These 58: Friedensethik auf der Basis der Friedenstheologie

Friedenspolitische und friedensethische Entscheidungen sind von vielen Interessen, Traditionen und Gewohnheiten beeinflusst und bedürfen deshalb der ständigen kritischen Analyse. Eine *christliche* Friedensethik bedarf einer festen Verankerung in der biblischen Friedenstheologie und ihren Visionen. Dieser sollte man sich vor ethischen und politischen Debatten vergewissern. (Br 413–438, Sch 264–274)

These 59: Wirksame Kriegsächtung erfordert auch die Ächtung der Kriegsmittel

Die Verurteilung von Kriegen bleibt nur eine – wie die Geschichte seit dem Ende des Zweiten Weltkrieges zeigt – unzulängliche Proklamation, wenn sie nicht auch die Ablehnung der Kriegsvorbereitung und der damit verbundenen Strukturen wie Rüstungsproduktion und -export zu Folge hat. (Ma 227 ff.)

---

489 Vgl. »Kein Friede unter den Nationen ohne einen Frieden unter den Religionen« Küng, Hans (1990): Projekt Weltethos. München: Piper-Verlag, S. 102.

These 60: Kirchliche Friedensarbeit durch weltweites Engagement für Menschenrechte, fairen Handel und Konfliktfrühwarnsystem

Durch den Einsatz für Menschenrechte und faire Wirtschaftsbeziehungen können die verschiedenen kirchlichen Ebenen im Gegenüber zu Staat und Wirtschaft Kriegsursachen abbauen helfen. Aufgrund ihrer weltweiten Vernetzung sind die Kirchen besonders geeignet für ein Konfliktmonitoring, das schon recht frühzeitig auf die Entstehung von Konflikten aufmerksam macht und rechtzeitig zivile Konfliktbearbeitungen anfordert. (Ma 279–288, Wei 95–106, 149–166)

These 61: Christliche Pazifist_innen zwischen Resignation und hoffnungsvollem Aufbruch

Christliche Pazifist_innen bilden in ihren meist noch in alten Schemata steckenden Kirchen kleine Minderheiten. Bevor sie in der Gesamtgesellschaft vernehmbar werden, bedarf es der Ausweitung des innerkirchlichen friedenstheologischen und friedensethischen Dialoges. Die in der Bibel dokumentierte »Lernfähigkeit Gottes« respektive die Lernfähigkeit der Menschen, Gott als den Hirten, den Freund, den Vater wahrzunehmen, ermutigt jedoch zur Annahme, dass die Entwicklung zu einer Kirche des gerechten Friedens weitergehen wird. (Oe 361–386, Sch 84–88)

4.5   Anregungen für die Pädagogik/Didaktik

Frage 5:
Erläutern Sie bitte die Herausforderungen, die sich bei einer nichtmilitärischen Friedenssicherung für die *christliche Erziehung bzw. Bildung* ergeben? Welche Werte und Kompetenzen sind für die Befähigung zur gewaltfreien Konfliktregelung im gesellschaftlichen und globalen Bereich besonders bedeutsam? Vorbilder?

4.5.1 Vorbemerkung zum Spannungsverhältnis zwischen Bildungszielen und der politischen Entscheidung zur militärischen Friedenssicherung

Fast alle deutschen Landesverfassungen beschreiben im Rahmen der den Ländern zugewiesene Kulturhoheit ihre jeweiligen schulischen Bildungsziele. So heißt es beispielsweise in der baden-württembergischen Landesverfassung:

> »Die Jugend ist in Ehrfurcht vor Gott, im Geiste der christlichen Nächstenliebe, zur Brüderlichkeit aller Menschen und zur Friedensliebe, in der Liebe zu Volk und Heimat,

zu sittlicher und politischer Verantwortlichkeit, zu beruflicher und sozialer Bewährung und zu freiheitlicher demokratischer Gesinnung zu erziehen.« (Art. 12 Abs. 1)[490]

Diese Setzung bildet in Verbindung mit der grundgesetzlichen Wertebestimmung von der Unantastbarkeit der menschlichen Würde (Art. 1) und dem für alle Menschen geltenden Recht auf Leben und körperliche Unversehrbarkeit (Art. 2)[491] die normative Vorgabe aller Bildung, insbesondere auch für die Friedensbildung und -erziehung. Beispielhaft führt *Stefan Maaß'* aus: Es gehe in der religiösen Friedensbildung »*um das christliche Menschenbild, (...) deutlich zu machen, dass jeder Mensch ein Geschöpf Gottes ist und von Gott geliebt ist und deswegen einen Wert hat.*« (Ma 354–356) Gewiss müssen in einer zunehmend säkularen beziehungsweise multireligiösen Gesellschaft der Gottesbezug und die christliche Begründung der Nächstenliebe in einem alle humanen und lebensdienlichen Motivationen einschließenden Sinn interpretiert und möglicherweise mittelfristig auch so formuliert werden. Hier ein Versuch:

> »Die Jugend ist zur Achtung vor dem Geheimnis des Lebens, im Geiste der Liebe zu allen Mitmenschen, zur Geschwisterlichkeit und zum Friedenswillen im eigenen Volk und in der ganzen Menschheitsfamilie, zu sittlicher, ökologischer und politischer Verantwortlichkeit, zu beruflicher und sozialer Bewährung und zu freiheitlicher demokratischer Gesinnung zu erziehen.«

Eine für die Friedensbildung grundlegende Frage bezüglich der bisher geltenden Regelungen ist jedoch, ob und inwieweit im Konfliktfall die »Liebe zu Volk und Heimat« dem »Geist der christlichen Nächstenliebe« (der sich nach Matthäus 5,43 ff. auch in der Feindesliebe zu bewähren hat), der »Brüderlichkeit aller Menschen« und der »Friedensliebe« Grenzen setzen kann. Durch die 1956 erfolgte Grundgesetzergänzung (Wehrverfassung) mit dem Artikel 87a – »(1) Der Bund stellt Streitkräfte zur Verteidigung auf. (...)« – und dem Art. 12a – »(1) Männer können vom vollendeten achtzehnten Lebensjahr an zum Dienst in den Streitkräften, (...) verpflichtet werden.« wurde diese Problematik institutionalisiert und seitdem immer wieder Gegenstand des friedensethischen Diskurses in Gesellschaft und Kirche.[492] Vor wem hat sich der Mensch zu verantworten, vor

---

490 https://www.lpb-bw.de/bwverf/bwverf.htm – Zugriff am 04.12.2015; 21:57 h.
491 https://www.bundestag.de/grundgesetz – Zugriff am 05.12.2015; 10:14 h.
492 Vgl. Kap. 1.1 bis 1.3. Für den Verfassungsrechtler Matthias Herdegen lässt sich durch das Friedensgebot der Grundgesetz-Präambel eine pazifistische Vorgabe ableiten. Lediglich der im Art. 26 GG verbotene Angriffskrieg sei damit ausgeschlossen. Er weist jedoch auf die dem Grundgesetz inhärente Spannung zwischen militärischer Friedenssicherung und den Menschenrechten hin. In: Maunz/Dürig, Grundgesetz-Kommentar, 81. EL September 2017, Rz 66–68. Meines Erachtens schließt dieses einen politischen Wandel zu einer zivilen Sicherheitspolitik nicht aus. Die nachträglich ins Grundgesetz aufgenommene sogenannte Wehrverfassung enthält lediglich Kompetenzvorschriften, jedoch keine militärischen Handlungsgebote.

den nationalen Instanzen oder vor der gesamten Menschenheitsfamilie und – sofern er religiös ist – vor dessen Schöpfer und Erhalter? Vielleicht kann dieses Fragen nach dem ethischen Bezugsrahmen ein wichtiger Schritt sein gegen das national(istisch)e Denke und die nationale Vereinnahmung. In der Bibel haben sich Menschen immer wieder für den großen Bezugsrahmen entschieden: »Man muss Gott mehr gehorchen als den Menschen.« (Apg 5, 29; vgl. 4,19; Dan 3,17f.)

4.5.2 Unvereinbarkeit militärischer und gewaltfreier Konfliktbearbeitung

Für *Eugen Drewermann* steht eine Erziehung mit dem Ziel, dass junge Menschen »*selber denken, selber entscheiden, selber Kritik üben, Verantwortung überneh-men*« im Gegensatz zu einer militärischen Ausbildung und Betätigung im Krieg: »*Sagen wir's mit Leuten wie Hermann Hesse: Es ist nicht möglich, mit Menschen, die selber denken, Krieg zu führen. Das geht unter der Gehorsamsbedingung schon nicht. Es ist nicht möglich, den Leuten den Stahlhelm aufzusetzen und zu sagen: ›Ihr seid freie Persönlichkeiten.‹ Also nach 1945 in den Nürnberger Pro-zessen war das ein ganz wichtiger Punkt der Anklage gegen die Nazi-Granden, die alle sagten: ›Befehl ist Befehl.‹ Dass sie offenbar ihre Persönlichkeit abgegeben haben, um ins Walhall der Geschichte zu kommen, haben sie nur noch die Uni-form angezogen, waren keine Personen, waren keine Menschen mehr. Und das hielten die amerikanischen Ankläger für den Kern des Problems. Befehl ist Befehl, das ist das Verbrechen der Nazis. Wenn es so steht, ist alles Militärische ein Verbrechen. Also ich hab' mich gewundert – 1995, fünfzig Jahre nach dem Bombenabwurf auf Hiroshima und Nagasaki – hier im deutschen Fernsehen ein Gespräch, das Günter Jauch führte mit dem Bomberkommandanten über Naga-saki, Major Sweeney, und fragte ihn ganz harmlos: ›Sie waren damals noch keine fünfundzwanzig und haben mehr Menschen getötet als jeder andere in der Ge-schichte der Menschheit; wie kann man damit leben, fünfzig Jahre?‹ Sweeney sagte: ›Was soll das? Jeder Soldat der Welt hätte dasselbe gemacht. Befehl ist Befehl und der Scheißkrieg war ja dann zu Ende.‹ Wo er recht hat, hat er recht. Jeder Soldat der Welt hätte dasselbe gemacht. Also, was eben noch Anklage auf Schwerkriminalität war, ist für einen amerikanischen, american hero selbstver-ständlich. Und es ist wirklich selbstverständlich. Es kann keine Armee geben, die übt, wie man Befehle verweigert, die noch Nachdenken erlaubt. Das steht un-terhalb der Befehlskette dem Rekruten nicht zu. Das wird trainiert und der ganze Unsinn Links-Schwenk-Marsch, strammstehen in Reih' und Glied hat doch nur den Zweck, dass man alle Individualität vernichtet. Nehmen Sie einen Film wie ›Full-Metal-Jacket‹, davon die erste halbe Stunde, wie man Leute trainiert auf den Krieg in Vietnam. Dass eine offene Gesellschaft, eine Demokratie wie in Amerika diese Ausbildungsmethoden toleriert, ist unbegreifbar, inzwischen sogar durch Militarisierung des öffentlichen Lebens in den Bootcamps eingesetzt als Justizalternative zu langjährigem Aufenthalt im Gefängnis, als Erziehungsmaßnahme ranlässt für zwölf- und dreizehnjährige Drogenabhängige, zeigt, wohin die Perversion geraten ist. Man kann den Frieden vorbereiten, indem man Persönlichkeiten stärkt und fördert, in jeder Form, indem man Demokratie wirklich will, indem man Ehrlichkeit verlangt einfach. Immanuel Kant, Ideen zum ewigen Frieden: ›Das öffentliche Handeln hat eine einzige Moral, handle so, dass Du Deine Absichten öffentlich bekannt machen könntest, sei ehrlich.‹ Dann gibt's keine Kriegsvorbereitung, keine Überfälle, keine Geheimdiplomatie, keine NSA, alles nicht.«* Interviewer-Bemerkung: *»Korrespondiert ja auch mit der Goldenen Regel Jesu in der Bergpredigt.«* Drewermann: *»Genau. Und es ist nicht utopisch, es kann eine Demokratie überhaupt nicht anders sein.«* (Dr 684–756)

> **Reflexion:** Gewiss unterscheidet sich die Bundeswehr durch das Konzept der Inneren Führung, wonach Soldaten als »Staatsbürger in Uniform« zu sehen sind, deren Menschenwürde zu respektieren ist und denen Entscheidungen einsichtig gemacht werden sollen,[493] von allen früheren deutschen Armeen und auch von vielen heutigen Armeen anderer Staaten. Trotzdem müssen auch in einer parlamentarisch verantworteten Armee möglicherweise tödliche Befehle ausgeführt werden. Damit kann sowohl die Menschenwürde Unbeteiligter erheblich verletzt werden – worüber auch der Begriff »Kollateralschaden« nicht hinwegzuhelfen vermag –, als auch die Psyche der beteiligten Soldaten posttraumatischen Belastungen ausgesetzt sein. Friedensbildung erfordert deshalb die Auseinandersetzung mit diesem dem Grundgesetz inhärenten Spannungsverhältnis. (Vgl. Kap. 4.5.1) Kants Kategorischer Imperativ als rechtliche Grundregel, als auch Jesu Goldene Regel der Empathie können hingegen als religions- und kulturübergreifende Maßstäbe für eine globalverantwortliche Friedenspolitik dienen und in der Friedensbildung als eine in allen Lebensbereichen friedensfördernde und konfliktlösende Handlungsmaxime vermittelt werden.

4.5.3 Friedensbildung und gesellschaftlicher Bewusstseinswandel

Fernando Enns zeigt den Zusammenhang von Kindheits- und Jugenderfahrungen mit gewaltfreiem Verhalten und einer gewaltfreien Haltung im Er-

---

493 Vgl. Bundeswehr: http://www.kommando.streitkraeftebasis.de/portal/a/kdoskb/!ut/p/c4/ 04_SB8K8xLLM9MSSzPy8xBz9CP3I5EyrpHK94uyk-OyUfL3y1MySlOKS4hK9qsy8tNJUvZ T88ryc_MQU_YJsR0UAIaAfPw!!/ – Zugriff am 06.12.2015; 14:48 h.

wachsenenleben auf: »*(…) es muss uns klar sein, es ist diese Prägung, die gerad' im Kindheits- und Jugendalter passiert, die informiert uns später natürlich auch sehr stark darüber, welche Handlungsoption wir überhaupt haben. Wenn man niemals gelernt hat, Gewaltfreiheit als aktive Handlungsoption wahrzunehmen und zu erlernen, auch die entsprechenden Strategien und Methoden, die einen dazu befähigen, ja dann ist man in seinen Handlungsspielräumen im Erwachsenenalter natürlich auch sehr beschränkt. Das heißt also, in die Kinder- und Jugendphase das schon einzutragen, (…) erhöht enorm die Kreativität der Handlungsoptionen, die man dann später braucht. Das setzt sich fort im Erwachsenenalter. Also ich glaube, dass in den verschiedenen Studienprogrammen auch die Friedensbildung eigentlich zum Kernkurrikulum dazugehören müsste. Wir haben hier in Hamburg etwas initiiert, einen interdisziplinären »Arbeitskreis Peacebuilding« – Friedensbildung nennt er sich, setzt sich zusammen aus Forschenden und Lehrenden aus den verschiedensten Disziplinen, also aus der Politikwissenschaft, Jura, Medizin, Physik, Psychologie, Philosophie, Theologie, Sozialwissenschaften – eine ganz bunte Mischung – Erziehungswissenschaften – von Forschenden, die ein gemeinsames Interesse haben, nämlich an dieser Friedensbildung im umfassenden Sinne. Das heißt, hier ist Bildung gedacht als eine Möglichkeit, in die Gesellschaft ganz breit hineinzuwirken.*« (En 513–530)

Vom positiven Friedensbegriff ausgehend sind alle lebensbedrohenden, freiheitseinschränkenden Faktoren Ausdruck struktureller Gewalt. Gerechtigkeit und Frieden sind somit lediglich verschiedene Aggregatszustände des interpersonalen Beziehungsgeflechtes. Friedensarbeit und Friedensbildung können deshalb nicht auf die konkrete Lösung eines zugespitzten Konfliktes beschränkt bleiben, wenn sie künftige Konflikte möglichst schon in der Entstehungsphase lösend bearbeiten wollen. Auch bei akuten Konflikten ist eine wirkliche Lösung nur dann möglich, wenn die dahinterliegenden Ursachen wirtschaftlicher Ungerechtigkeit, kolonialer und imperialer Gewalt, kultureller und religiöser Übergriffigkeit vorbehaltslos erkannt werden. *Theodor Ebert* sieht hierbei eine ganz besondere Herausforderung für eine gewaltfreie Friedensbildung: »*Wir sind ja, weltweit gesehen, in einer sehr privilegierten Situation; wir sind die* beati possidentes, *als diejenigen, denen es gut geht. Und die Leute in Deutschland und in Berlin wollen den Besitzstand verteidigen, egal ob er nun gerecht oder ungerecht erworben wurde. Und wenn man ihnen dann noch sagt, dass sie richtigliegen, dass sie tüchtig sind und dass sie deswegen auch einen Anspruch haben, dass es ihnen sehr viel besser geht als den anderen, dann sind wir beim Grundübel. Jesuanisch ist: Selig sind die Armen. Wir aber gehören zu den Reichen. Umkehr wäre angesagt. Doch das ist sehr, unbequem und unpopulär.*« (Eb 428–435)

Reflexion: Die Befähigung zu einer gewaltfreien Konfliktbearbeitung auf allen Ebenen und in allen Bereichen ist von entscheidender Bedeutung für ein gelingendes Zusammenleben. Deshalb sollte sie, so *Enns*, zum fächerübergreifenden Kernkurrikulum gehören. Durch die Streitschlichter- und Friedenstifterprogramme, die Runden Tische bei Bürgerschaftskonflikten, die Anti-Mobbing-Programme u.v.a.m. ist in den vergangenen vier Jahrzehnten vieles in Gang gekommen und eine breite Sensibilisierung auch für strukturelle Gewalt ausgelöst worden. Nach *Ebert* muss auch das Bewusstsein für die den akuten Konflikten zugrundeliegenden Ungerechtigkeiten geschaffen werden, um zu einer Umkehr motivieren zu können.

4.5.4 Anforderungen an die Lehrkräfte

Paul Oestreicher: »*Ja, ich meine, da kann ich nur sagen: Die Erzieher müssen erst erzogen werden, es muss genau über Erzieher gehen, die den gewaltlosen Weg selbst bejahen. Dann das umzusetzen in Dinge, die eine jüngere Generation gut verstehen könnte, das wäre gar nicht so sehr schwer. Aber der Wille, sie zu erziehen ist noch nicht da. In anderen Worten: Die Umsetzung eines sinnvollen Pazifismus, also der jungen Generation beizubringen in unserem europäischen Kulturbereich, das wäre – also die Textbücher herzustellen – gar nicht so schwer, wenn Lehrer dahinterstehen.*« (Oe 420–426)

Die Realität sei jedoch, so *Horst Scheffler*, dass in den kirchlichen universitären Stätten eine regelmäßige Bildungs- und Ausbildungsarbeit, eine friedenstheologische und friedensethische Reflexion fehlen. »*Die kommen so gut wie nicht vor. Der Schwerpunkt liegt heut' woanders. Und dann – Konsequenz – kommt er auch nicht bei den entsprechenden jungen Pfarrinnen und Pfarrern in ihren Gemeinden mehr vor, weil da der Blick fehlt.*« (Sch 298–304)

Stefan Maaß weist auf das Kongruenzerfordernis zwischen dem Lerninhalt der gewaltfreien Konfliktbearbeitung und dem Verhalten des Lehrpersonals zu Schülern hin: »*Wo sind wir auch selber dabei, Menschen abzuwerten oder den Wert abzusprechen, auch da im Umgang mit Jugendlichen ehrlich zu sein. Da bin ich auch nicht frei davon. Aber dies zu reflektieren und zu sagen, das ist eben nicht das, was Gottes Wille ist, sondern alle sind Geschöpfe Gottes.*« (Ma 358–362) Dies gelte aber auch in Bezug auf den Umgang der Lehrkräfte untereinander: »*Man bildet gerne (…) Jugendliche als Streitschlichter [aus, T.Z.], die sollen das mal lernen. Aber die Erwachsenen untereinander, das Ganze, was sie den Schülern beibringen, spielt bei den Erwachsenen keine Rolle mehr. Und da kann es na-*

*türlich nicht dauerhaft funktionieren, weil da einfach ein Widerspruch ist, den
natürlich Schüler auch spüren werden.«* (Ma 365–369)

Zudem rät Maaß, in der Schule *»ein konstruktives Konfliktbearbeitungsklima«* zu schaffen, sowohl in Bezug auf Konflikte mit Schüler/inne/n als auch im
Kollegium. Anstelle Konflikte als Störungen zu begreifen und disziplinarisch
regeln zu wollen, sollten diese als eine Aufgabe wahrgenommen werden: *»Hier
gibt's Konflikte und da müssen wir eine Lösung dafür finden, dann habe ich viel
mehr und ganz andere Möglichkeiten, auch damit umzugehen.«* (Ma 373 ff.)

> **Reflexion:** Das in der (Religions-)Pädagogik generell bedeutsame Ver-
> halten der Lehrkraft sowie ihre Methodik spielt in der Friedensbildung
> eine ganz besondere Rolle. Anregung, Motivierung und Befähigung zur
> gewaltfreien Konfliktbearbeitung können somit nicht nur ein unterricht-
> liches Thema sein, sondern erfordern einen ganzheitlichen Ansatz:
> – Eine Identifikation der Lehrkraft mit dem zu vermittelnden Lerninhalt;
>   möglicherweise auch durch ein persönliches außerunterrichtliches
>   Engagement im weitesten Sinne von Friedensarbeit;
> – Über das Fachwissen hinaus eine persönliche Einstellung, die in einer
>   gewaltfreien Haltung der Lehrkraft im Schulalltag für Schüler_innen
>   erfahrbar wird; gerade auch der Umgang mit Konflikten und eigenem
>   Fehlverhalten; ob dieses eingeräumt und konstruktiv aufgearbeitet
>   wird, hat exemplarische Bedeutung für die Friedensbildung der Schü-
>   ler_innen (Modelllernen).

Trotz einer solchen wünschenswerten Profilierung gilt in der Pädagogik
generell, wie auch durch den öffentlich-rechtlichen Rahmen schulischer
Unterrichtsveranstaltungen das Überwältigungsverbot – zumal bei gesellschaftlich und kirchlich strittigen Themen.[494] Aber auch vom Wesen
der Gewaltfreiheit her betrachtet, die nur durch die freie Entscheidung
zum Gewaltverzicht zustande kommen kann, verbietet sich jedwede Ma-
nipulation der Schüler_innen. Die Lehrkraft sollte sinnvollerweise zu Beginn der Unterrichtseinheit zur Friedensethik den eigenen Standpunkt zu
einem in unserer Gesellschaft strittigen Thema neben anderen möglichen
Positionierungen offenlegen und damit bewusst zur Diskussion stellen.

---

494 Siehe »Beutelsbacher Konsens«, eine 1976 im württembergischen Beutelsbach für den
     Bereich der politischen Bildung getroffene Vereinbarung mit den drei Hauptelementen: (1)
     Überwältigungsverbot, (2) Kontroversitätsgebot: Kontroverses in Gesellschaft und Politik
     muss auch im Unterricht so dargestellt werden, (3) Befähigung der Schülerinnen und
     Schüler zur Analyse der politischen Situation und eigener politischer Interessen. Bun-
     deszentrale für politische Bildung (7.04.2011): Beutelsbacher Konsens: http://www.bpb.de/
     die-bpb/51310/beutelsbacher-konsens – Zugriff am 22.01.2016; 21:57 h.

4.5.5 Lehrziele einer Friedensbildung

4.5.5.1 Verzicht auf die Erziehung zur Ausnahme

Einen ganz besonderen, gewissermaßen unorthodoxen Ansatz in Bezug auf die für die Friedensbildung relevanten Lehrziele vertritt *Ullrich Hahn*, weshalb er gleich an den Anfang gestellt sei:

> *Ich glaube, dass es gar nicht so viel Besonderes ist. Was diesem Weg zu einer Gewaltüberwindung, auch im internationalen Bereich, oft entgegensteht, ist ja gerade die Erziehung zu Ausnahme. Wir haben ja die Erziehung zur Gewaltlosigkeit, dass man andere nicht schlägt, dass man sie nicht bestiehlt, dass man die Wahrheit sagt, alles ist da. Und bisher waren die Kirchen auch mit daran beteiligt, die große Ausnahme zu legitimieren: Wenn's aber um Krieg geht, dann darf man töten, dann darf man lügen, dann darf man rauben und so weiter. Dieses hat vor allem auch Tolstoi in seinen Schriften herausgehoben. Also, es geht nicht darum, dass die Kirchen etwa eine ganz neue religiöse Erziehung oder Volksbildung anfangen müssten, von Grund auf, sondern sie müssten nur aufhören, die Ausnahmen zu legitimieren. Das andere ist eigentlich alles da: Die Dialogbereitschaft, das Zuhören, auch die Ethik des Nichtschadens, dass man anderen nicht schadet, dass man auch zu seiner eigenen Schuld steht, dass man darauf vertrauen darf, dass die auch vergeben wird. Also, all das sind, denke ich, Grundlagen für ein interkulturelles Zusammenleben und weltweit auch praktizierbar und im Wege steht eigentlich nur, dass es dann auf einmal Ausnahmen geben soll, wo das alles nicht gilt. Und diese Ausnahmen nicht mehr zu legitimieren, das wäre das Neue in der Religionspädagogik. Wenn man die alten Katechismen anschaut – (...) das finde ich immer so paradox: Natürlich wird da erklärt, du sollst nicht töten, (...) unseren Nächsten sollen wir nicht töten, aber wenn's der Kaiser denn befiehlt, dann muss man schon töten. Warum eigentlich? Aus dem Evangelium lässt's sich für mich nicht ableiten. Und diese seltsamen Saltos, die da geschlagen werden, die kann man streichen, die sind auch nicht einmal Teil ursprünglicher christlicher Lehre. Von daher bedarf es jetzt keiner ganz neuen Konzepte aus meiner Sicht.* « (Ha 340–362)

Reflexion: Dieser Widerspruch zwischen der Gewaltethik im gesellschaftlichen Binnenbereich und derjenigen im zwischenstaatlichen Bereich wird immer wieder problematisiert. So z. B. anlässlich des ersten Golfkrieges von dem Journalisten Rolf Winter, der sich an seine Zeit im Zweiten Weltkrieg erinnernd, wo er 1945 einen britischen Soldaten erschossen hatte, fragt:

> »Wie kommt dieser Staat dazu, jungen Männern, denen er den privaten Waffenbesitz – und mit verdammt guten Gründen – verbietet, Waffen in

die Hand zu drücken und sie dann auch noch feierlich geloben zu lassen, mit ihnen zur blutigen Sache zu kommen, wenn der Staat das für richtig hält? Ich meine: Begreift denn niemand, wie pervers das ist? Wieso ist, was gestern noch als gesetzwidriger Waffenbesitz mit Gefängnis bedroht war, heute patriotische Pflicht? (...) Und wieso erwartet dieser omnipotente Staat von seinen zivilen jungen Männern, dass sie sich gesittet und friedfertig benehmen, während er sie dann und ohne jeden Übergang beim feierlichen Gelöbnis in der Kaserne auf jene Tapferkeit verpflichtet, die sich mit nichts anderem als Todes- und Tötungsbereitschaft übersetzt?«[495]

Da das richtige zwischenmenschliche Verhalten in vielen Bereichen der Mikro- und Mesoebene selbstverständlich ist, muss nach Hahns Vorstellung die Rechtfertigung der Ausnahme auf der Makroebene problematisiert und überwunden werden. Es bedürfe somit keiner neuen oder anderen Lehrziele für eine Friedenserziehung im internationalen Bereich, als vielmehr der ausnahmslosen Anwendung innergesellschaftlicher und damit auch rechtsstaatlicher Normen und Gepflogenheiten. Die Erziehungswissenschaftlerinnen Annette Scheunpflug und Ingrid Kaiser bezweifeln jedoch aus Sicht der naturwissenschaftlichen Anthropologie, ob sich der Geltungsbereich einer Binnenmoral über die spezifische Gruppe hinaus zu einer universellen Moral ausweiten lässt, ohne die Nebenfolgen einer Doppelmoral hervorzurufen. Um die Komplexität der Weltgesellschaft hinreichend zu absorbieren, denken sie an eine auf den Prinzipien eines Gesellschaftsvertrags beruhende Universalmoral. Demzufolge fordern sie eine weniger moraline, als vielmehr auf pragmatischen Interessensausgleich bedachte Friedenspädagogik. Die evolutionäre Theorie interpretiere die Menschen nicht als prinzipientreue Wesen, sondern als Verhaltensstrategen in einer bestimmten Umgebung.[496]

Die bereits oben beschriebene verfassungsrechtliche Spannung zwischen den elementaren universellen Menschenrechten und den durch die sogenannte Wehrverfassung ergänzten nationalstaatlichen Behauptungsinteressen samt den damit einhergehenden Risiken könnte demzufolge dahingehend aufgelöst werden, dass als *ultima ratio* auf kontinentaler und globaler Ebene ein Umbau von nationalen militärischen auf rein polizeiliche Sicherheitsstrukturen angestrebt wird.

---

495 Winter, Rolf (1992): Wer zur Hölle ist der Staat? – Geständnisse, Fragen und Empörungen eines Pazifisten. Hamburg: Rasch und Röhrig, S. 162.
496 Scheunpflug, Annette & Kaiser, Ingrid: Friedenserziehung aus Sicht der naturwissenschaftlichen Anthropologie. In: Haußmann u. a. [Hg.] (2006) S. 53 f.

4.5.5.2 Perspektivwechsel

Die berechtigte Moralkritik Scheunpflugs & Kaisers erledigt sich jedoch mit *Albert Fuchs'* Definition einer *»gute[n] moralische[n] Erziehung«.* Sie sei *»nicht Eintrichterung von Moral, nicht Moralismus, sondern eine moralische Erziehung in dem Sinne, dass der Kern des Moralischen ist, den Anderen mit seinen Interessen, mit seiner Perspektive und so weiter als mir gleichwertig zu betrachten. Und das nun auch zu praktizieren in allen möglichen Konstellationen und so weiter.«* (Fu 239–243)

Paul Oestreicher räumt ein, *»'Meine-Feinde' kann man nicht gerne haben, man hat sie eben gar nicht gerne. Trotzdem muss man sie lieben. Und das einer jungen Generation beizubringen, wenn man selbst überzeugt davon ist, ist nicht so sehr schwer. Aber den Prozess der Umbildung der Menschen auf Weltebene, denn wir sind eine ganz kleine Welt, und die Massenmedien und die ganze Explosion der Kommunikation, wie kann das wirken auf Twitter? Ich twittere nicht, ich gehöre zu einer Generation, die nur darüber weiß, aber nicht dazu gehört.«* (Oe 464–470) Im Rahmen des persönlichen Reifungsprozesses junger Menschen ist es ein wichtiges Lehrziel zwischen Sympathien und Antipathien einerseits und dem grundsätzlichen Respekt gegenüber jedem Menschen, sogar dem Feind gegenüber, differenzieren zu können, ihn als Mitmensch, als Mitgeschöpf begreifen zu können. Um dieses zu erreichen schlägt *Albert Fuchs »das Einüben und die Übernahme der Perspektive des Anderen [vor, T.Z.] und gleichzeitig natürlich auch das Mitfühlen. Ich glaube, diese Empathie-Sache – aber nicht nur das Emotionale und die Empathie, dass ich, wenn jemand leidet in schlechte Gefühle komme und mich dann davon befreie, indem ich da irgendetwas symbolisch tue oder (…) auch effektiv, sondern in die Latschen des Anderen treten, vor allem dann auch in Konfliktfällen. Das halte ich für ganz wichtig, emotional auch in dem Sinne der Empathie, aber auch kognitiv mich fragen, ja, wie kommt das an? Man könnte jetzt einiges zum Ersten Weltkrieg und der deutschen Politik [sagen, TZ], (…). Also, das war da überhaupt nicht präsent! Man denkt nicht! Ich glaube, wir erleben jetzt auch noch ein Beispiel: Die amerikanische Regierung, die überlegt sich anscheinend gar nicht, versteht gar nicht, wie das bei anderen ankommt. Selbst bei ihren sogenannten Partnern, erst recht bei den Gegnern. Da fehlt etwas ganz Grundlegendes und das ist eigentlich eine Erziehungsfrage. Aber das kann natürlich nicht mit Worten gehen, ich glaube, das Wichtigste ist das Beispiel (…) von dem Krabbelkindalter an in der Familie, in den Schulen und so weiter. Da scheint mir das ganz wichtig zu sein, diese Perspektive. Und das Andere ist natürlich, (…) man muss sich auch bilden, man muss historisch sich bilden und eine Position beziehen. Das halte ich (…) im Heranwachsendenalter für ganz wichtig. Denn sonst kann man nicht ernst genommen werden. Das zur recht, es geht nicht um einen Gesinnungspazifismus, das halte* *ich ohnehin für eine sehr schwierige und problematische Dichotomie von Max Weber. Es geht um eine argumentative ›Zurüstung‹ – in Anführung jetzt mal, ist ja auch wieder leicht militaristisch – also um eine Befähigung für diese Auseinandersetzung und dann natürlich auch für entsprechende Politik.«* (Fu 239–296)

4.5.5.3 Werte und Werten

Ein entscheidender Aspekt der Friedensbildung ist die Frage nach den bei Schüler_innen vorhandenen Wertvorstellungen beziehungsweise nach ihrem Wertebewusstsein und wie sie zu ihren Werten kommen.[497] Welche ideellen und materiellen Werte sind für ein gelingendes Leben von Bedeutung? Welche Normen und Verhaltensweisen sind anzustreben, welche zu bewahren? Aus der Beantwortung dieser Fragen ergibt sich fast von selbst der Rahmen für friedensethische Entscheidungsfindungen, was die gemeinsamen Werte sind und wie diese adäquat zu schützen sind. *Ullrich Lochmann* stellt kritisch fest, dass *»der Wertekanon allgemein im Erziehungsbereich – so wie ich's jetzt so mitkriege von Nachrichten und Erzählungen – eine Perfektion des Wettbewerbs, eine Perfektion der Fähigkeiten der Schüler, der Jugendlichen zu bestehen in einem durchgehenden Wettbewerb zwischen Individuen, zwischen Firmen, zwischen Klassen, zwischen Völkern und so weiter [darstellt, T.Z.]. Wobei diese Erziehung zum Wettbewerb durchaus auch Methoden der Zusammenarbeit, der Teamarbeit, der Toleranz beinhalten kann. Aber die Grundeinstellung ist letztendlich: Wir müssen Sieger bleiben. Und dem fügt sich natürlich ein, dass eben auch Krieg, Militär, Gewalt denkbar ist, dass es in den Rahmen passt. (…)* (Lo 268–276)

Es ist ja auch so, dass vielleicht sogar so was wie Kampfbereitschaft uns angeboren ist oder irgendwo in den Genen steckt. Ja, in der Tierwelt ist man auch darauf angelegt, sein Revier zu verteidigen und was es da alles an Verhaltensweisen gibt, neben einer Art von Nächstenliebe auch, aber im Wesentlichen doch die Erhaltung des eigenen Lebens und des der Sippe. Dass man dieses reflektiert und all die Veranlagungen zum Kampf, die im Übrigen auch durch den Sport sehr gefördert werden, diese Zusammenhänge müsste man den Kindern mal klarmachen, wieweit also der Sport eine sublimierte Form vielfach von Krieg ist. Also,

---

497 Vgl. Gugel, Günther (2013): Didaktisches Handbuch. Werte vermitteln – Werte leben. Tübingen: Berghof Foundation und Kreisjugendring Rems-Murr e.V., im Ggs. zu dieser Titelformulierung betont Volker Ladenthin, hilfreicher als in der Schule »Werte« zu lernen sei es, die Begründung für Werte zu kennen und so Werte zu identifizieren. Dies wird jedoch von Gugel impliziert, wenn er die »Ansätze der Wertevermittlung« mit »Urteilen können, Gewissen schärfen, Werte prüfen …« im Sinne Ladenthins ausführt. Vgl. ebenda S. 23 ff. Ladenthin, Volker (2013b): Werterziehung als Aufgabe von Unterricht. In: Redecker, Anke [Hg.] (2013): Wert Erziehung. Ein Konzept in sechs Perspektiven. Baltmannsweiler: Schneider Verlag Hohengehren GmbH, S. 32.

es gibt ja praktisch keine Sportart, die nicht ein Nachkomme von irgendwelchen kriegerischen Übungen ist. Diese Zusammenhänge müsste man mit den Kindern reflektieren und ihnen auch ethisch den Weg von ihrer Wolfsnatur hin zu einer künftigen Menschheit (...) zeigen (...).«; (Lo 293–304)

> **Reflexion:** Die marktwirtschaftliche Ordnung basiert auf dem Wettbewerb jedes gegen jeden – allerdings mit immer wieder neu auszuhandelnden, der Humanität und Nachhaltigkeit dienenden ökonomischen, sozialen und ökologischen Begrenzungen. War in der Menschheitsgeschichte bislang Zusammenhalt und Kooperation in Familie, Sippe, Stamm, Nation oder Bündnis die Bedingung für das Überleben der eigenen Formation – oft verbunden mit dem Niedergang der konkurrierenden –, so ist im Atomzeitalter und in der an die Grenzen des Wachstums gestoßenen Menschheit die globale Kooperation die Überlebensbedingung der Spezies Mensch.[498]
>
> Der erwähnte Vergleich zum Sport mit seinen zumeist aus Kampf und Krieg herrührenden Disziplinen[499] kann schon ein Teil der Lösung sein: Die menschliche »Wolfsnatur« kann durch ein *Regelwerk*, durch darüber wachende, respektierte *Schiedsrichter* samt Sportgerichtsbarkeit sowie durch eine in *Ritualen* wie beispielsweise dem Handschlag als uralter Friedensgeste vor und nach dem Spiel kontinuierlich in Erinnerung gehaltene Verpflichtung der Sportler zu einem *fairen Verhalten* – das im Begriff »Sportsmann« schon sprichwörtlich geworden ist – gebändigt werden. Die Reflexion des Beispiels »Sport« kann in der Friedensbildung als anschauliches Modell für ein gelingendes Miteinander im globalen Miteinander der Völkergemeinschaft transferiert werden. Selbst die immer wieder zutage tretenden Korruptions- und Dopingskandale im Sportbereich vermögen diese Vorbildfunktion nicht zu schmälern – im Gegenteil: Die öffentliche Reaktion und die juristische Aufarbeitung und Ahndung sind, soweit sie zustande kommen, auch beispielhaft für den bereinigenden Umgang mit Regelverstößen.

Eugen Drewermann erinnert an eine Wertediskussion unter den Jüngern Jesu und dessen Reaktion (siehe Lk 22,24 ff.): *»Die Jünger diskutieren, wer unter ihnen der Größte ist und Jesus sagt: ›Die Mächtigen auf den Thronen willküren*

---

498 Siehe die von Carl-Friedrich von Weizsäcker mitverfassten »Heidelberger Thesen« von 1959: (1) »Der Weltfriede wird zur Überlebensbedingung des technischen Zeitalters« in: Aktion Sühnezeichen/Friedensdienste [Hg.] (1982): S. 346.

499 Wilhelm Schwendemann betont den ambivalenten mimetischen Charakter des Sports, entweder spielerisch und ritualisiert mit Gewalt und Konflikten umzugehen oder real, Gewalt auszuleben, was die Nihilierung des Spielcharakters bedeutete. Schwendemann, Wilhelm (2005): Kirchliche Jugendarbeit und Sport. Münster: Lit-Verlag, S. 35 ff.

herunter auf ihre Untertanen und lassen sich dafür Wohltäter nennen. Unter Euch nicht so! Wer bei Euch groß sein will, der frage sich, wem er nützen kann, wem er dienen kann.‹ Das ist groß, doch diese nicht. Die Frage ist jetzt ganz zentral, was lehren wir unsere Kinder und uns selber als groß zu betrachten?« (Dr 236–240) Und als Negativbeispiel führt er aus: *»Solange wir das glauben, ein Staat ist groß, Obama ein Friedensnobelpreisträger, weil er 700 Milliarden Dollar ausgibt für Rüstung – groß, eine Großmacht – werden wir den Wahn nicht los. Wir müssen die militärische Rüstung, das ganze Machtstreben auf militärischer Basis für so verächtlich nehmen, wie es in den Augen des Neuen Testamentes vom Anfang bis zum Ende ist – von der Geburt Jesu bis zu Himmelfahrt.«* (Dr 255–260)

> **Reflexion:** Im Sinne des Jesus-Zitats, wer groß sein wolle, müsse sich fragen, wem er dienen könne, ergibt sich eine neue Sicht der Staatsmacht. Diese kann demnach kein Selbstzweck sein oder Partikularinteressen dienen, sondern muss so gestaltet werden, dass sie ihren Bürgern und im internationalen Kontext auch den Menschen anderer Länder ein gelingendes Leben ermöglicht und deshalb über den nationalen Horizont hinaus einem fairen internationalen Miteinander verpflichtet ist. Gegenwärtig ist dies dem Amtseid[500] des/der Bundeskanzler_in nur indirekt durch den Bezug auf das Friedensgebot in der Präambel des Grundgesetzes zu entnehmen. Doch lässt sich die Nutzenmehrung und Schadensabwendung für die Bürger_innen Deutschlands in einer globalisierten Welt nicht ohne ein ständiges Bemühen um Frieden und Gerechtigkeit, gerade für die armen und entrechteten Menschen in anderen Ländern realisieren. Die große Flüchtlingsbewegung von Asien und Afrika nach Europa seit 2015 unterstreicht diese Notwendigkeit.

4.5.6 Grenzen und Ausweitung schulischer Friedensbildung

Ulrich Parzany setzt auf dem Weg zum Frieden darauf, *»dass das Evangelium wirklich so den Menschen gesagt wird, dass sie es zulassen, dass ihr Leben dadurch verändert wird. Das – sage ich mal mit Verlaub – ist die Grenze für die Erziehungsarbeit. Sie können letzten Endes niemand zum Christen erziehen und sie können niemanden zwingen, das Gute zu tun, auch nicht, Friedensstifter zu*

---

500 Artikel 56 GG: »Ich schwöre, dass ich meine Kraft dem Wohle des deutschen Volkes widmen, seinen Nutzen mehren, Schaden von ihm wenden, das Grundgesetz und die Gesetze des Bundes wahren und verteidigen, meine Pflichten gewissenhaft erfüllen und Gerechtigkeit gegen jedermann üben werde. So wahr mir Gott helfe.« https://www.bundestag.de/gg – Zugriff am 19.05.2017; 23:21 h.

sein. Das braucht eine innere Verwandlung der Bereitwilligkeit. Wir alle kennen diesen Effekt, dass gerade die erzieherische und pädagogische Bemühung darum, ob durch Abschreckung oder durch Beispiel, zu einem Frusterlebnis führt, das die Leute geradezu zynisch macht und abstumpft.« (Pa 479–487) Sein Weg der Friedensbildung ist deshalb, »*das Angebot des Evangeliums in aller Deutlichkeit zu machen.*« Er verweist auf die verändernde Schlüsselerfahrung des Zachäus in der Begegnung mit Jesus. Dieses Zachäus-Wunder könne man nicht erzwingen. »*(…) die Liebe bittet, wir bitten an Christi Statt: Lasst euch versöhnen mit Gott. Wer bittet, muss in Kauf nehmen, dass seine Bitte zurückgewiesen wird. Das ist, wenn man das abkürzen will, wenn man nicht mehr bitten will, sondern manipulieren oder zwingen, ist es nicht mehr die Kraft der Liebe Gottes, die wirkt. Der Versuch ist ja oft genug gemacht worden und hat immer nur in die Sackgasse geführt. Also, wenn Sie mich fragen im Blick auf die Erziehungsarbeit und auf den Religionsunterricht, (…) dann seh' ich dies als Teil eines größeren Komplexes. Der christliche Religionsunterricht, der Bekenntnisunterricht ist, nach der Konzeption sein sollte, der hat eigentlich nur eine wirkliche, verändernde Bedeutung, wenn er sich nicht total loslöst von dem, was Christsein im gemeindlichen Leben ist. Wenn ich das sage, weiß ich aber, wie weit das oft von der Wirklichkeit entfernt ist. Sie können im Religionsunterricht Informationen geben, aber wieweit das motivierend wirkt, das haben Sie kaum in der Hand. Wenn es gelingt, das in einem Projekt so zu machen, dass es nicht nur kognitiv etwas verändert, sondern auch emotional, auch tiefer existenziell geht, ist das schon ein ganz, ganz großer Erfolg.*« (Pa 504–518)

Parzany betont die kerygmatische Dimension des Religionsunterrichtes, wo in der Begegnung mit den biblischen Geschichten von Jesus Menschen berührt und motiviert werden können. Er misst dabei der einzelnen Lehrkraft eine große Bedeutung zu: »*(…) jeder Lehrer ist eine Person und was er immer auch sachlich vermittelt, er steht mit seiner Existenz und die Schüler merken, wer er wirklich ist und ob er glaubwürdig ist, oder ob er den Stoff abhandelt. Insofern hängt das sehr (…) in der persönlichen Verantwortung, (…)*«. (Pa 534–537)

> **Reflexion:** Ob die persönliche Christuserfahrung jedoch so ausschließlich zu sehen ist, erscheint fraglich. Denn im Umkehrschluss bedeutete dies, dass nur Christen wirkliche Friedensarbeit leisten könnten. Ein Blick in die Geschichte zeigt, dass dies über große Strecken leider nicht der Fall war, während umgekehrt in anderen Religionen auch eindrucksvolle Friedensaktivitäten zu beobachten sind.[501] Mit dem Hinweis auf die Bedeutung der persönlichen Glaubwürdigkeit einer Lehrkraft wird einerseits ein genuines, in allen Fächern bedeutsames pädagogisches Qualitätsmerkmal

---

501 Siehe Weingardt, Markus (2007).

benannt, das jedoch in der Religions- und in der Friedenspädagogik besonders entscheidend ist. Gleichwohl lässt sich Friedensbildung nicht einzig darauf beschränken, sondern wird auch durch die Vorgaben des Bildungsplans und Kurrikulums, durch die Lehreraus- und Fortbildung, durch schulische Strukturen, Projekte und die Schulkultur mitgeprägt.

In diesem Zusammenhang ist *Markus Weingardt's* Kritik am gegenwärtigen eher freiwilligen oder zufälligen Status der schulischen Werteerziehung zu bedenken:

»*(…) Wertevermittlung, Wertebewusstsein, die Arbeit, was Werte angeht, was Ethik angeht, erfolgt jetzt allenfalls im Ethikunterricht, ein bisschen im Religionsunterricht. Aber so wie ich es jedenfalls bei mir erlebe habe und auch bei meinen Kindern jetzt erlebe (…), hat es lange nicht den Stellenwert, den ich mir wünschen würde, um wirklich den Frieden und ein Friedensbewusstsein zu schaffen. Mir wurde das in der Schule jedenfalls nicht vermittelt. Und ich wüsste es eigentlich auch von sonst niemand, der gesagt hätte, in der Schule wurde ich zum Friedensbefürworter oder Friedensaktivist irgendwie. Wenn, dann vielleicht durch einen Religionslehrer, der einen sehr beeindruckt hat. Bei meiner Frau war das der Fall. Die hatte so einen, der war da aktiv (…), seine Person war die Botschaft, aber nicht der Religionsunterricht oder heute der Ethikunterricht. Aber da haben wir Strukturen und da könnte man das problemlos einpflanzen. Wobei, auch da muss der kirchenpolitische Wille da sein, dass man das zu einem Schwerpunkt macht und nicht mal mit drei Religionsstunden oder drei Einheiten über drei Wochen abhandelt und dann ist das fertig, dann haben wir das auch mal gehabt, sondern dass dies ein durchgehendes Thema sein muss. Und alles, was damit zu tun hat, muss, kann und lässt sich auf Frieden, Gerechtigkeit und Bewahrung der Schöpfung – ich finde ihn immer noch gut, den Dreiklang [des Konziliaren Prozesses, T.Z.] – beziehen. Und wenn es sich nicht darauf beziehen lässt, dann frage ich mich, ob das so ein wichtiger Inhalt ist. Und das setzt sich natürlich dann auch fort, im Studium. Was die Theologie angeht, spielt Friedensethik, Friedenstheologie keine Rolle. Also, wenn's nicht vielleicht im persönlichen Interesse des einen oder anderen liegt, dass er sich damit beschäftigt, aber verpflichtend ist es nicht. Man kann durchaus Theologe werden, ohne sich jemals mit dem Thema beschäftigt zu haben. Und so kann man auch Pfarrer sein, diesen Job verwirklichen, das geht. Das darf eigentlich nicht sein, (…). Der Umgang mit Konflikten, der konstruktive Umgang mit Konflikten ist essentiell für jeden Pfarrer, das muss gelernt werden. Baden ist da jetzt schon wieder ein bisschen weiter als Württemberg und einzelne Landeskirchen machen da etwas. Aber bei weitem entspricht das immer noch nicht dem theologischen Anspruch, den die Religionsgemeinschaften haben und nicht nur die Kirchen, die anderen Religionsgemeinschaften haben ja dasselbe in grün.*« (Wei 509–540)

Weingardt spricht sich, indem er den Konziliaren Prozess für Frieden, Gerechtigkeit und Schöpfungsbewahrung benennt, für eine Friedenserziehung im weiteren Sinn aus. An der Bezugsmöglichkeit zu diesem »Dreiklang« misst er die Wichtigkeit eines Inhaltes im Religionsunterrichts- bzw. Theologiestudiums. Er kritisiert die aktuell noch gegebene Zufälligkeit, ob Pfarrer_innen,[502] mit diesem Themenbereich in näheren Kontakt kommen oder nicht. Dabei sind die im Rahmen einer Friedensbildung zu erwerbenden Fähigkeiten in Bezug auf die konstruktive Konfliktbearbeitung in sämtlichen Lebensdimensionen anwendbar.[503]

4.5.7 Konfliktbefähigung

Eine wichtige Aufgabe hat die Friedensbildung aus der Sicht *Ute Finckh-Krämers* in der Vermittlung eines *»ein[es] Grundverständnis[ses] davon, was Konflikte sind und wie man mit Konflikten möglichst konstruktiv umgehen kann und zwar in jeder Konstellation. In der Konstellation, wo man gleichberechtigt mit anderen Konfliktpartnern agieren kann, in der Situation, wo man der oder die Unterlegene ist und in Situationen, wo man eine Position der Stärke oder der Macht ausspielen könnte, aber vielleicht gut beraten ist, es nicht zu tun. Wenn man darüber Kindern und Jugendlichen mehr vermitteln würde, ich glaube, dann würde ganz von selber auch das Verständnis dafür wachsen, dass Einsatz von militärischer Gewalt, die immer destruktiv ist, die immer das verursacht, was die Militärs Kollateralschäden nennen, also Unbeteiligte in Mitleidenschaft zieht, bei denen [sich, T.Z.] dann unter Umständen die Bereitschaft zur Gewalt steigert, erhöht. Dann also würde dieses Verständnis dafür wachsen, dass militärische Mittel kontraproduktiv sind und dass man quasi Gewalt maximal so ausüben darf, wie das in demokratischen Rechtsstaaten Polizei und Justiz machen.«* (Fi 218–231)

Mit der Vermittlung eines umfassenden Konfliktverständnisses (z.B. Entstehungs- und Interessenanalyse sowie Entwicklung konstruktiver, alle Beteiligten partnerschaftlich einbeziehender Lösungsansätze) im Kindes- und Jugendalter verbindet *Finckh-Krämer* drei für das Erwachsenenalter positive Auswirkungen:

(1) Bedürfnis für die Notwendigkeit gewaltfreier Konfliktbearbeitung auch auf internationaler Ebene

---

502 Dies gilt nach meiner Einschätzung analog für Religionspädagog_innen.
503 Vgl. auch Markus Weingardts Festvortrag für Ulrich Schmitthenner, in dem er den personellen und finanziellen Aufwand anderer kirchlicher Arbeitsfelder mit der kirchlichen Friedensarbeit vergleicht: Weingardt, Markus (2012): Die Zukunft kirchlicher Friedensarbeit. www.ekiba.de/html/media/dl.html?i=17785 – Zugriff am 12.02.2017; 00:57 h, S 12.

(2) Frühe Konfliktbefähigung ermögliche eine objektive Betrachtung der destruktiven Begleiterscheinungen militärischer Gewalt und ihre, im Blick auf das Friedensziel, kontraproduktiven Wirkungen

(3) Staatliche Gewaltanwendung in Form rechtsstaatlicher Polizei- und Justizgewalt als die äußersten Grenzen zur Vermeidung von Menschenrechtsverletzungen

4.5.8 Bewertung von Kriegsspiel

Entgegen der in den 1970er und 1980er Jahren aufgekommenen Problematisierung von Kriegsspielzeug – so fanden damals vielfach Umtauschaktionen statt – sieht *Eugen Drewermann* im Kriegsspiel eher einen persönlichkeitsbildenden Faktor. In Bezug auf die Entfernung des Kriegsspielzeugs aus den Kinderzimmern meint er: »*Ich glaube nicht, dass das vernünftig ist. Ein gewisses Aggressionspotenzial – vor allem bei Jungs – gehört dazu, sich Kampfszenen auszudenken, Kampfspiele zu phantasieren, die Schlacht um Troja hin- und rückwärts lesen zu wollen. Dies ist normal, denke ich. Und zu früh zu unterdrücken, was sich eigentlich nur durch Reifung hin auf Selbstbewusstsein, Selbständigkeit, Autonomie formen mag, wird eher das Gegenteil hervorbringen: Rebellion und Minderwertigkeitsgefühl. Mit anderen Worten – ich glaube, psychologisch ist ein Mensch nur friedensfähig, wenn er ein relativ starkes Ich hat, ein Selbstbewusstsein, das nicht durch jede Kritik oder jeden Vorwurf oder jedes Gelächter in Frage gestellt wird, das konfliktfähig ist, einfach indem es selber verhandlungsfähig ist als Partner und vor allem stark genug, die Konflikte beim Anderen real wahrzunehmen.*« (Dr 684–695)

Reflexion: Die von *Drewermann* beschriebenen, von Kindern phantasievoll ausgedachten Kampfszenen und -spiele sind das Eine. Eine Spielzeug- und Unterhaltungsindustrie, die das gesamte Arsenal der gegenwärtigen Militärtechnik maßstabsgetreu anbietet, sowie Kriegssimulationsspiele mittels Joystick, von denen der Weg zum Drohnenpiloten nur noch ein kleiner Schritt ist, das Andere. Der Psychologe Ralf E. Streibl kommt deshalb zu dem Schluss: »*Computerkriegsspiele stellen vor dem Hintergrund der Synergien und tatsächlicher Kooperationen zwischen Militär und Spiele-Herstellern ein Medium zum Transfer militärischer Denk- und Handlungsweisen in den Zivilbereich dar. Das Militär wiederum beobachtet, unterstützt und nutzt Entwicklungen in diesem technischen und medialen Bereich in vielfältiger Weise für die Ausbildung der eigenen Soldaten, für Werbung und Öffentlichkeitsarbeit und denkbar auch als Mittel im* »Information Warfare«. *Eine perfekte Symbiose. Rüstungskultur in*

Reinform.«[504] Während das phantasievolle, von Kindern selbst ausgedachte Kriegsspiel eine entwicklungsbedingte, durchaus kreative Durchgangsphase mit persönlichkeitsstärkender Wirkung haben kann, stellen die industriellen Computerkriegsspiele eher eine Vereinnahmung von jungen Menschen für eine militärische Rüstungskultur und die damit verbundene politische Sicherheitslogik dar.[505] So erklärte die Bundesregierung auf eine Anfrage im Deutschen Bundestag[506]: »*Computer-/Videospiele dienen im Rahmen des Personalmarketings der Bundeswehr der Interessenbindung und der jugendgerechten Unterhaltung. Sie werden zielgruppengerecht auf Onlineportalen der Bundeswehr angeboten.*«[507]

Die Frage nach der Bewertung von Kriegsspielen stellt sich im schulischen Alltag teilweise durch informelle Geschehnisse im Pausenhof, aber auch im Unterricht, wenn Schülerinnen und Schüler über ihre Freizeitbeschäftigungen und ihre Smartphone-Aktivitäten berichten. Auch hier wäre eine Moralisierung oder gar ein Verbot eher kontraproduktiv. Stattdessen könnte eine unterrichtliche Befassung mit Blick auf die damit verbundenen Nutzer- bzw. Anbieterinteressen, Motive, Gefühle und Wirkungen ein Weg zu einer bewussten Reflexion sein.

4.5.9 Gewaltfreie Handlungsprinzipen in vielen Anwendungen

Eine breite Friedensbildung ist nicht nur für eine gewaltfreie Bearbeitung politischer oder internationaler Konflikte sinnvoll und erstrebenswert. *Horst Scheffler* weist auf die in allen Lebensdimensionen anwendbare Befähigung zu gewaltfreiem Verhalten: »*(..) im Blick auf Gesprächsführung, Seelsorge, Mediation sind so viele Querverbindungen zwischen Friedensarbeit und ziviler, gewaltfreier Konfliktarbeit, dass man durchaus da anknüpfen (...)und sagen [kann, T.Z.]: Schaut doch mal, was wir eigentlich an Modellen (...) der zivilen und gewaltfreien Konfliktregelung im Bereich persönlicher und überschaubarer Gruppen [haben, T.Z.]. Da sind doch Ansätze, das dann auf größere Zusam-*

---

504 Streibl, Ralf E. (2009): Spielfeld Militärmaschine. In: http://www.wissenschaft-und-frieden. de/seite.php?artikelID=1557 – Zugriff am 18.02.2016; 23:46 h.

505 Zur psychologischen Sicht vgl. Geniets, Anne (2005): Zur Entwicklung des kindlichen Verständnisses von Krieg. http://www.wissenschaft-und-frieden.de/seite.php?artikelID= 0405 – Zugriff am 10.12.2015; 23:18 h.

506 Bundestags-Drucksachen 17/7344 und 17/7599.

507 Schulze von Glaßer, Michael (2012): Krieg aus Bits und Bytes. In: Schulze von Glaßer, Michael & Ottosen, Rune: Computerspiele: Friedensjournalismus vs. Kriegspropaganda. Dossier 69, Beilage zur Wissenschaft und Frieden 1/2012, hgg. von der Informationsstelle Wissenschaft und Frieden, Bonn, S. 2–6.

menhängen, Regionen, Strukturen, Länder zu übertragen. Wenn ein Konflikt auf dem Schulhof ausbricht, kommt niemand auf die Idee: ›Da muss ich jetzt Handgranaten dazwischen schmeißen.‹ Wenn aber ein Konflikt zwischen Ethnien ausbricht, meint man mit mal, man müsste mit militärischen Mitteln, einschließlich Handgranaten intervenieren. Was auf dem Schulhof helfen kann und auch bei Mediationsverfahren, geht auch bei größeren Gruppen, wenn entsprechend vorbereitet und die Leute da sind, die das erkennen. Ist natürlich, je komplexer es wird, umso schwieriger. Das ist ja klar, also da muss eine ganze Menge gefördert werden. In der AGDF wird gerade ein Programm aufgenommen, und zwar haben wir, durchgeführt wurde es vom Friedensbildungswerk Franken in Nürnberg, ein Planspiel entwickelt: Civil Powker.[508] *Das ist im Modell etwa ein Gegenstück zu dem Polis-Spiel der Bundeswehr und der Jugendoffiziere. Ich habe vorletzte Woche an einer Schulung teilgenommen, das Spiel mal durchgespielt. Es ist noch in der Entwicklung, aber in einem Stand, dass man schon mal damit arbeiten kann und ist für mich ein großer Wurf, weil gezeigt wird, wie anlässlich eines Konfliktes mit Aufständischen, bewaffneter, terroristischer Gewalt wir hier reagieren könnten. Die Spielgruppen sind einmal Regierung und Opposition, Parlament also Staat, dann die Wirtschaft in unterschiedlichen Fraktionen von Großindustrie bis zum kleinen Händler und die Zivilgesellschaft von Kirche, Friedensgruppen und anderen Engagierten. Und ich glaub', wenn wir solche Modelle einsetzen, können wir die Augen öffnen zu sehen, es gibt Alternativen, wir sind gar nicht so festgelegt und manipuliert, wie wir das meinen. Wir haben tatsächlich Alternativen zu handeln, aber wir müssen die Alternativen erstens sehen und zweitens lernen, sie zu gebrauchen. Es reicht nicht aus, nur zu appellieren. Solche Spiele [gehören, T.Z.] eingebunden in den Lehrplan der Schulen. Also dieses Spiel ist jetzt für Schülergruppen von 15 bis 30 Teilnehmern ab etwa 9. Schuljahr gedacht.*[509] *Ich habe aber die Erfahrung gemacht, man kann auch sehr gut mit Erwachsenen da arbeiten, Wochenendseminar in einer Gemeinde, Studientag am Samstag, Sonntag. Also ich denke, mit solchen Methoden, Modellen sollten wir uns einfach engagieren.«* (Sch 298–341)

Reflexion: Dieser in der Befähigung zu gewaltfreiem Konfliktverhalten konkretisierte Friedensbildungsansatz kann auf eine ganze Reihe von pädagogischen Programmen wie beispielsweise zur gewaltfreien Kommunikation, Gewaltprävention, Streitschlichtung, Anti-Aggressionstraining, Friedensstiftung, Mobbing-Prävention aufbauen. Die damit ver-

---

508 Fränkisches Bildungswerk für Friedensarbeit e.V. (FBF) / Bittl, Karl-Heinz (2012): Civilpowker. http://www.civilpowker.de/ – Zugriff am 13.12.2015.
509 Im Rahmen einer Friedensbildungstagung an der Universität Koblenz hatte ich Gelegenheit, dieses Planspiel partiell kennenzulernen. Für den Einsatz in der Sekundarstufe müsste es nach meinem Dafürhalten noch etwas mehr elementarisiert werden.

bundene Sensibilisierung für einen partnerschaftlichen Umgang mit Mitmenschen, für einen Perspektivenwechsel, für eine gemeinsame Suche nach für alle Konfliktbeteiligten akzeptablen Lösungen, bedarf des Transfers auf die politische Ebene. Diesen Zusammenhang mit den vorgenannten Ansätzen gilt es sowohl in der Ausbildung von Pädagog_innen, als auch im jeweiligen Unterricht den Schüler_innen bewusst zu machen. Der Frage nach den für eine gewaltfreie Haltung grundlegenden Motivationen wird dasselbe Gewicht beigemessen werden müssen wie dem praktischen Training gewaltfreien Verhaltens.

Es gibt heutzutage eine zunehmende Fülle von bei Jugendlichen beliebten, militärisch gestützten, subtil Kriegspropaganda transportierenden Strategie- und Kriegsspielen. Diese werden teilweise auch zur militärischen Kriegsvorbereitung und zur Anwerbung von Soldat_innen eingesetzt. Dabei spielen u.a. die Loyalität zur eigenen Nation, der ausschließlich defensive Charakter der militärischen Aktionen gegen den Terror sowie die ethnozentrische Ausrichtung, »wir« gegen »sie«, eine große Rolle, während die Konfliktursachen historisch im Unklaren bleiben. Um Jugendlichen in ihrer Spielbegeisterung Alternativen zu bieten, sollte mit am Friedensjournalismus orientierten Entsprechungen begegnet werden. Ein Beispiel hierfür ist das 2007 erschienene Spiel »Global Conflicts: Palestine«,[510] wo in der Spielanlage folgende Kriterien beachtet werden: Konfliktformationsanalyse, Informationen über Konfliktursachen und –geschichte, Empathie für alle Parteien, Destruktivität kriegerischer Konfliktbearbeitung, Konfliktbetrachtung aus menschlicher Perspektive, Bedeutung der Konfliktprävention, Wahrnehmung der unsichtbaren Auswirkungen von Gewalt. Es bleibt jedoch den Spielenden selbst überlassen, ob sie sich entscheiden, unvoreingenommen oder voreingenommen zu sein und welche Schlussfolgerungen sie aus dem Spiel ziehen.[511]

---

510 http://www.application-systems.de/globalconflicts/ – Zugriff am 14.02.2017; 21:56 h. Eine informative Beschreibung in: http://www.spiegel.de/netzwelt/spielzeug/nahost-konflikt-als-pc-spiel-ausgeschossen-a-512505.html – Zugriff am 14.02.2017; 21:53 h.

511 Vgl. Ottosen, Rune: Computerspiele als Instrument der Kriegspropaganda. Bietet Friedensjournalismus eine Alternative? In: Schulze von Glaßer, Michael & Ottosen, Rune (2012), s.o., S. 11–15.

4.5.10 Hemmnisse und Wegbereiter für das Lehrziel einer gewaltfreien Haltung

Dem vorgenannten, von den Befragten angeregten Transfer innergesellschaftlicher Programme zur Gewaltfreiheit bzw. der damit verbundenen Erfahrungen auf die Makroebene stehen viele Interessen und Kräfte entgegen: Die Jahrtausende alten militärischen Traditionen und Narrationen, der Militärisch-Industrielle Komplex, die in Politik und Medien bekundeten Notwendigkeiten einer militärgestützten, sogenannten Realpolitik bis zur militärischen Werbung. Deren Ausstrahlungen haben Kinder und Jugendliche längst erfasst, bevor sie von der Friedensbildung erreicht werden können. Beispielhaft für diesen Befund ist eine Erfahrung mit Schlussfolgerungen von *Ullrich Lochmann: »Ich hab'* *selbst vor kurzem 'ne ganze Woche lang mit Schülern (...) diskutiert (...) über* *Waffenhandel und war erschrocken, mit welcher Selbstverständlichkeit die Kinder die Tatsache, es hat immer Krieg gegeben, es wird immer Krieg geben, deshalb* *müssen wir gerüstet sein, deshalb müssen wir Waffen haben, mit welcher* *Selbstverständlichkeit die Kinder diese Haltung vertreten haben. Ich bin echt* *erschrocken. Und ich will das jetzt nicht weiter vertiefen, aber die gesamte Erziehung, wie wir sie heute haben, läuft im Grunde auf den Krieg aller gegen alle,* *in allen anständigen Formen zunächst mal, aber denkbar auch das Äußerste,* *hinaus. Und ich denke, da müssen wir ansetzen und müssen eine Erziehung* *versuchen, die von vornherein davon ausgeht, dass jeder schwach ist, verletzbar* *ist, angewiesen ist auf die Unterstützung und die Zusammenarbeit mit dem* *nächsten Menschen, aber auch völkermäßig gedacht, dass wir nicht überleben* *können, ohne eine grundlegende gemeinsame Haltung dem Leben gegenüber als* *oberstes erhaltenswertes Gut – was ja auch mal nicht selbstverständlich war: Das* *Leben ist das höchste Gut nicht, haben unsere Väter noch eingedrillt gekriegt. Also* *in Richtung auf eine lebensbejahende Erziehung, in Richtung auf eine kooperative Erziehung, in Richtung auf eine Bescheidenheit, die es den Menschen ermöglicht, ohne Kampf zu existieren und zu wirtschaften. Das ist jetzt leicht* *gesagt, es ist aber eine riesengroße Aufgabe.«* (Lo 276–293)

Für *Lochmann* ergeben sich angesichts der tendenziell egozentrischen Prägung von Kindern – jeder gegen jeden – für die Friedensbildung folgende Zielsetzungen:

(1) Schwachheit und Verletzbarkeit des menschlichen Lebens bedeuten ein Angewiesen-Sein auf gegenseitige Unterstützung, deshalb Erziehung zur Kooperation, heutzutage im globalen Kontext

(2) Anerkennung des Lebens als oberstes erhaltenswertes Gut, deshalb Erziehung zur unbeschränkten Lebensbejahung und zur Bescheidenheit, damit allen Menschen ein Dasein ermöglicht werden kann

Um zu einer auf Gewalt verzichtenden oder zumindest zu einer Gewalt redu-
zierenden Haltung zu gelangen, bedarf es aus Sicht von *Paul Russmann* der
Klärung der »*Frage des Umgangs mit eigenen Aggressionen, (…) [der] Frage des
eigenen Selbstwertgefühles, das zu thematisieren, wo sind so Situationen, wo ich
eher dazu neige, aggressiv zu werden oder Gewaltkonflikte auszutragen – also
sozusagen, ein Instrumentarium zu bekommen, wie ich mich (…) verhalte,
ähnlich wie ich schreiben und rechnen lerne, sozusagen eine Alphabetisierung –
auch, wie gehe ich mit Konflikten um? Konflikte auch erstmal als etwas Be-
rechtigtes anzunehmen, jeder Mensch darf Konflikte haben, das ist wichtig, auch
für unser Leben. Erst wenn die Frage, wie kann ich dann, wenn der Andere sich
durch das, wie ich die Dinge sehe, sich darin eingeschränkt, beschränkt fühlt, wie
kann ich dann mit dem zu einer gemeinsamen Lösung kommen? Und wie kann
ich das lernen, wie das geht? Das ist einfach noch viel zu wenig entwickelt.*« (Ru
334–364)

Eine gewaltfreie Haltung zu erlernen bedeutet für *Russmann*,

(1) zunächst sich seiner selbst, seines Selbstwertgefühls, seiner Aggressionen
bewusst zu werden.

(2) darauf basierend dann den/die Kontrahent_in wahrzunehmen und mit ihm/
ihr nach einer gemeinsamen Lösung zu suchen.

> **Reflexion:** Diese Fähigkeiten seien erlernbar wie schreiben und rechnen
> können. Deshalb spricht Russmann auch in diesem Zusammenhang von
> einer Alphabetisierung. Diese bedeutete eine spiralkurrikulare Struktu-
> rierung durch die verschiedenen schulischen Jahrgangsstufen[512] und hätte
> unter den Aspekten Achtsamkeit, Nachhaltigkeit, Fairness auch Bezüge zu
> weiteren Unterrichtsfächern wie Gemeinschaftskunde, Biologie, Sport.

Ein wichtiger Aspekt für eine Friedensbildung ist auch die Befähigung zum
Umgang mit radikalen[513] Positionen, die aus allen religiösen oder politischen
Zusammenhängen hervortreten können, gewaltsame Konfliktlösungen betreiben bzw. befürworten und kaum Bereitschaft für Verständigung zeigen. *Markus
Weingardt* hält es den Versuch wert, auch mit den »*Hardlinern*« Verständi-
gungsversuche anzustreben, »*wenn es irgendwie geht. Und umso mehr muss man
natürlich im Vorfeld durch Aufklärung, Bildung, Präsenz, durch Arbeit versuchen, Radikalisierungen zu vermeiden, zu verhindern – die gemäßigten Köpfe zu
gewinnen, die Jugendlichen zu gewinnen, bevor sie in die Radikalisierung ab-*

---

512 Vgl. den Hinweis in Abschnitt 1.4. auf die in der Reihe »Themenhefte Religion« erschienene
Arbeitshilfe »Schwerter zu Pflugscharen« von David Käbisch und Johannes Träger.
513 Hier im Sinne von absoluten, rigorosen Positionen.

driften oder unter entsprechenden Einfluss geraten, was ja auch in Deutschland der Fall ist.« (Wei 218–225)

> **Reflexion:** Friedensbildung kann auch den Zweck der Immunisierung gegenüber gewalttätigen Radikalisierungen erfüllen, indem sie beispielsweise durch die Gewaltfreie Kommunikation[514] zum vorurteilsfreien Gespräch befähigt und somit die Artikulierung von Verletzungen und Interessen sowie die Suche alternativer, allen Konfliktbeteiligten entgegenkommender Lösungsstrategien ermöglicht.

4.5.11 In der Friedensbildung zu vermittelnde Kompetenzen

Von den Befragten werden nachfolgende, eine Friedensbildung fördernde Kompetenzen[515] erwähnt. Die Zuordnung erfolgt in Anlehnung an die »prozessbezogenen Kompetenzen« des Bildungsplanes für den Religionsunterricht an Allgemeinbildenden Gymnasien in Baden-Württemberg.[516]

Dialogfähigkeit:
- Konfliktverbalisierungsfähigkeit (Fu 281 ff., Ma 430–433)
- Argumentations- und Kritikfähigkeit (Fu 267 ff., Dr 709 ff.)
- Verbalisierung der eigenen Geschichte, Interesse für die Geschichte anderer (Br 513 ff., Ru 367 ff.)
- Selbstbewusstsein, Selbständigkeit, Selbstbehauptung und Selbstreflexion sowie Perspektivwechsel und Empathie (Dr 690–712, Fu 239 ff., Ru 366)

---

514 Vgl. Rosenberg, Marshall B. (2006): Die Sprache des Friedens sprechen – in einer konfliktreichen Welt. Paderborn: Junfermann Verlag.

515 Da ich Volker Ladenthins Kritik an der gegenwärtigen Kompetenzorientierung der Pädagogik im Grundsatz teile, sei der Kompetenzbegriff hier im Sinne der traditionellen Lernzielbestimmungen – Kenntnisse, Fähigkeiten und Fertigkeiten – interpretiert, zumal er im baden-württembergischen Kompetenzraster (siehe nächste Fußnote) explizit als »Fähigkeit« definiert ist. Ladenthin, Volker (2011): Kompetenzorientierung als Indiz für pädagogische Orientierungslosigkeit. In: Profil, Zeitschrift des DPhV, Heft 9/2011, S. 22 ff. http://bildung-wissen.eu/wp-content/uploads/2012/03/ladenthin-kompetenz.pdf – Zugriff am 04.01.2017; 15:52 h.

516 Baden-Württemberg, Ministerium für Kultus, Jugend und Sport (2016): Bildungsplan des Gymnasiums. Evangelische Religionslehre, Stuttgart, S. 6 ff. http://www.bildungsplaene-bw.de/site/bildungsplan/get/documents/lsbw/export-pdf/depot-pdf/ALLG/BP2016BW_A LLG_GYM_REV.pdf – Zugriff am 01.05.2017; 21:08 h. Im gegenwärtig noch nach dem Bildungsplan von 2008 gestalteten Evangelischen Religionsunterricht an Beruflichen Gymnasien in Baden-Württemberg gibt es noch keinen Kompetenzraster. Ich orientierte mich deshalb bei der Analyse der Kompetenzen betreffenden Interviewaussagen hilfsweise an den Vorgaben des Bildungsplanes 2016 für den Evangelischen Religionsunterricht an Allgemeinbildenden Gymnasien. S. 10 ff.

Gestaltungsfähigkeit:
- Anerkennung und Wertschätzung der Stärken anderer (Ru 363 ff.)
- Kooperationsfähigkeit, Bescheidenheit, Hilfebeanspruchung (Lo 286 ff., Ru 363 ff.)
- Konfliktanalyse- und Lösungskompetenz – therapeutische Haltung im Umgang mit Konflikten (Ma 407–435, 443–447, Dr 690–712)

Deutungsfähigkeit:
- Kenntnisse geschichtlicher Zusammenhänge (Fu 263, 290 ff.)
- Kenntnisse religiöser und politischer Zusammenhänge (Wei 218–225)

Urteilsfähigkeit:
- Beurteilungs- und Entscheidungskompetenz (Dr 709 ff.)

Neben diesen auf die direkte Frage nach Kompetenzen gegeben Antworten, ließen sich aus den gesamten Äußerungen der Befragten noch viele Kompetenzen indirekt ableiten. Hervorzuheben ist hierbei die vor allem bei den Antworten auf die Frage 1 nach der Motivation zu Tage getretene hermeneutische Kompetenz für die Bibelinterpretation, im baden-württembergischen Bildungsplan als »inhaltsbezogene Kompetenz« in Klasse 9/10 ausgewiesen.[517]

4.5.12 Vorbilder

Dass Menschen den für eine gewaltfreie Haltung so grundlegenden empathischen Blick auf ihre Mitmenschen bekommen, ist nach *Albert Fuchs* »*eigentlich eine Erziehungsfrage. Aber das kann natürlich nicht mit Worten gehen, ich glaube das Wichtigste ist das Beispiel. Das Wichtigste ist das Beispiel von dem Krabbelkindalter an in der Familie, in den Schulen und so weiter. Da scheint mir das ganz wichtig zu sein, diese Perspektive.*« (Fu 258–262) In der identitätsbildenden Jugendzeit sieht er eine besondere Chance, über Biographien den Zugang zur Gewaltfreiheit zu ermöglichen. (Fu 300–303). *Hans Häselbarth* hält das Lernen an Vorbildern für die Friedensbildung ebenso wichtig wie für die religiöse Bildung. Da sei er ein Stück weit katholisch. Er regt deshalb an, »*dass wir doch endlich die lange Reihe von Vorläufern aus der Geschichte bis heute den Schülern auf den verschiedenen Jahrgangsstufen lieb und teuer machen. Und da würde ich also Lehrpläne darum zentralisieren, dass ich Menschen darstelle und ihren*

---

517 Baden-Württemberg, Ministerium für Kultus, Jugend und Sport (2016): Bildungsplan des Gymnasiums. Evangelische Religionslehre, Stuttgart, S. 17.

Einsatz, vielleicht auch ihr Versagen, auch ihr Märtyrertum an einigen Stellen.
Da gibt's also eine lange Liste.« (Hä 384–395)

Ute Finckh-Krämer hingegen gibt zu bedenken, dass die klassischen Vorbilder Mahatma Gandhi und Martin Luther King als Angehörige ihrer Eltern- und
Großelterngeneration für heutige Jugendlich zu weit entfernt seien. Sie empfiehlt
daher gegenwärtige Initiativen und Organisationen, aus denen keine Einzelpersonen hervortreten. *»Aber, ich glaube, spannend für Kinder und Jugendliche*
können auch einfach Beispiele sein, wie sie in dem Buch ›Die Friedensmacher‹[518]
drinstehen, über Einzelpersonen, wo dann gar nicht so die Geschichte von ein-
zelnen Personen hängen bleibt, sondern einfach die Erkenntnis, dass es an ganz
vielen Stellen der Welt Leute gibt, die gar nicht berühmt geworden sind, dass sie
sich für den Frieden oder für Gewaltfreiheit in ihrer Umgebung eingesetzt haben,
die aber trotzdem Erfolg hatten.« (Fi 270–289) Auch *Horst Scheffler »würde*
weniger auf die großen Heiligen setzen, sondern auf die Leute, die diese Arbeit [in
Form eines Friedensdienstes im Ausland, T.Z.] schon gemacht haben, weil die am
überzeugenden sind.« (Sch 354–361) *Ulrich Parzany* betont ebenfalls die Bedeutung vieler unbekannter Menschen, die sich beispielhaft im Konflikt zwischen Palästinensern und Israelis für die Verständigung engagieren. (Pa 557–
565). *Paul Russmann* verbindet mit den berühmten Vorbildern das Problem,
dass sie als unerreichbar gelten könnten. Er fragt sich: *»(…) vielleicht ist die Zeit*
der großen Propheten an diesem Punkt vorbei und [auf, T.Z.] die kleinen Pro-
phetinnen und Propheten zu sehn? Wo gibt es jemand in meiner Umgebung, in
meiner Nachbarschaft, wo ich was gehört habe, dass der was Tolles gemacht hat?
Und was fand ich daran gut? Was könnt' ich da selber machen? Sozusagen den
Beispielen in meiner eigenen Gruppe, in meiner eigenen Umgebung [zu folgen,
T.Z.] oder, wo hab' ich etwas gehört, wo hab' ich etwas gelesen dazu? Das gibt mir
dann mehr power, *dann auch mit dem Anderen mitgehen zu können, und dass*
ich das auch erreichen kann.« (Ru 394 ff.) Ebenso meint *Markus Weingardt*, dass
es *»gar nicht so sehr die großen Namen [sind, T.Z.], die da vielleicht als Vorbilder*
taugen. Es sind eher welche, die näher am eigenen Lebensumfeld sind. Und da
kann's auch die Großmutter sein oder der Religionslehrer.« (Wei 520–522)

Harald Bretschneiders Auswahlkriterium für Vorbilder ist, *»wenn Menschen*
versuchen, ohne Lüge auszukommen, wenn Menschen echt sind, also das heißt,
dass ihr Handeln und das, was sie äußern, sich deckt. Das ist das Geheimnis Jesu,
dass er tat, was er sagte. Das ist für mich genauso Friedensarbeit, weil sie nämlich
wirkt.« (Br 507–512)

---

518 Gerster, Petra & Gleich, Michael (2005): Die Friedensmacher. München und Wien: Carl
Hanser-Verlag.

4.5.12.1 Namentlich genannte Persönlichkeiten

- Bonhoeffer, Dietrich (Sch 348, Eb 404–406)
- Chavez, Cäsar (Fu 297)
- Dolci, Danilo (Fu 298)
- Gandhi, Mahatma (Br 508, Eb 48–50, Oe 431, Fu 291–297, Sch 348, Ru 382, Wei 510 ff.)
- Gbowee, Leymah (Ru 384 ff.)
- Goss-Mayr, Hildegard (Ru 383, Hä 417)
- Jägerstätter, Franz (Oe 433)
- Khan, Ghaffar (Wei 510 ff.)
- King, Martin Luther (Br 508, Eb 48–50, 404–406, Hä 420, Oe 431, Ru 383, Wei 510 ff.)
- Kivengere, Festo (Pa 553 ff.)
- Lutuli, Albert (Hä 417 ff.)
- Mandela, Nelson (Fu 299 f., Hä 399 ff., Wei 516 f.)
- Meister Eckhardt (Ha 409)
- Niemöller, Martin (Eb 48–50, 404–406)
- Scholl, Sophie (Wei 517)
- Suttner, Berta von (Hä 422 ff.)
- Täufer (Ha 410)
- Tolstoi, Leo (Ha 411)
- Wallis, Jim (Pa 551)
- Yousafzai, Malala (Ru 393)

4.5.12.2 Namentlich genannte Gruppen und Organisationen

- »Arbeitskreis Peacebuilding« an Uni Hamburg (En 524)
- Ärzte ohne Grenzen (Ha 417)
- Böhmischer Brüder (Ha 410)
- Franziskaner (Ha 410)
- Friedensnobelpreisträgerinnen in Liberia (Leymah Roberta Gbowee und Ellen Johnson Sirleaf) und im Jemen (Tawakkul Karman)[519] (Fi 273–277)
- Internationale Ärzte für die Verhütung des Atomkrieges – Ärzte in sozialer Verantwortung IPPNW (Fi 278)
- Internationales Rotes Kreuz (Ha 417)
- Non-Violent-Peace-Force (Fi 281)
- Peace Brigades International (Ha 414)

---

519 DER SPIEGEL: http://www.spiegel.de/politik/ausland/auszeichnung-drei-frauenrechtlerin nen-erhalten-friedensnobelpreis-a-790472.html# – Zugriff am 30.11.2015; 23:02 h.

- Quäker (Ha 410)
- Internationaler Versöhnungsbund (Ha 414)
- Waldenser (Ha 408)

4.5.12.3 Mediale Anregungen

- Buch »Die Friedensmacher« von Petra Gerster (Fi 285)
- Buch »Stride toward freedom« von Martin Luther King (Eb 392 f.)
- Film »Invictus« über Nelson Mandela (Hä 399 ff.)
- Film »Full-Metal-Jacket« als Negativbeispiel (Dr 738 ff.)
- Film »Incident« Hooligans terrorisieren U-Bahn-Fahrgäste (Eb 416 ff.)

4.5.12.4 Methodische Anregungen

Soziodramatisches Rollenspiel

Für Gandhi war *Satyagraha* kein Forschungsgegenstand, sondern etwas was ausprobiert, angewandt und gelebt werden müsse.[520] In diesem Sinn empfiehlt *Theodor Ebert*, die theoretischen Erkenntnisse aus Fallstudien gewaltfreier Konfliktaustragung durch die Methodik des Soziodramas selbst auszuprobieren. Beispielsweise führt er einen Zwischenfall in der U-Bahn an: »*Da belästigen zwei oder drei Rowdies irgendeine Frau oder einen Mann, der behindert ist. Wie greift man ein? Das habe ich im Seminar auch gemacht. Da gibt es einen amerikanischen Film – ›Incident‹. Da wird gezeigt, wie ein paar Hooligans andere in der U-Bahn richtig terrorisieren, indem sie zu dritt immer wieder auf eine Person zugehen und diese drangsalieren. Und die anderen Fahrgäste schalten sich nicht ein. Das heißt, die anderen Fahrgäste wissen nicht, wie sie den Rowdies das Handwerk legen können oder wie sie wirklich solidarisch handeln können. Doch das kann man einüben. Das gibt's sogar auf dem Schulhof: Was macht man bei Mobbing?*« (Eb 414–427) Damit könnten absehbare Konfliktsituationen im Spiel vorweggenommen und Handlungsalternativen eingeübt werden.[521] Er verweist dabei auf seine Hochschullehrererfahrungen mit dem Lehrbuch Martin Luther Kings, »*Stride toward Freedom*«. Dies sei jedoch nicht nur auf den Hochschulbereich begrenzt: »*Solche Soziodramen könnten ein wesentlicher Teil des Konfirmandenunterrichts sein. Da geht es dann nicht darum, Luthers Katechismus zu*

---

520 Schmitz, Achim (2010): Gewaltfreiheit trainieren. Institutionengeschichte von Strömungen, Konzepten und Beispielen politischer Bildung, Belm-Vehrte/Osnabrück: Sozio-Publishing, S. 130.

521 Vgl. die immer wieder verbreiteten konkreten »Ratschläge für das Verhalten in Bedrohungssituationen« des Trainingskollektivs für gewaltfreie Aktion und kreative Konfliktlösung, Köln« Ebd. S. 140.

memorieren, sondern dass man die richtigen jesuanischen und Erfolg verspre-chenden Verhaltensweisen einübt. Die Bibel ist voll von ermutigenden Beispielen. Insofern passt das dann schon zusammen. (Eb 390–406)

Dass solche konstruktive Konfliktbearbeitung und Trainings Früchte tragen, sieht er auch an manchen Berliner Schulen *»die völlig verschrien waren und von denen es hieß, dass sie fast außer Kontrolle geraten seien,«* bestätigt. Dort *»kam es zu einem entschlossenen Vorgehen, sowohl von Seiten der Schulleitung als auch von Seiten der Lehrer und Schüler. Und dann lief das plötzlich andersrum. Da wäre also einiges möglich.«* (Eb 423–427)

Geschichten erzählen

Harald Bretschneider betont die Bedeutung des Geschichten-Erzählens,[522] so-wohl im Blick auf die biblische Friedensbotschaft als auch *»in Form der Ge-schichte, die wir in Deutschland erlebt haben. Darüber muss ich und kann ich nicht anders sagen als: ›Gott sei Dank, Gott sei Dank für das Wunder der Freiheit und für das Wunder der Einheit.‹«* (Br 512–517)

> **Reflexion:** Auch und gerade in einer Zeit vielfältigster multimedialer Ge-schichtsvermittlungen spielt die persönliche Schilderung von Kriegs- und Friedenserfahrungen und ihre religiöse Deutung eine ganz besondere Rolle in der Friedensbildung. Neben dem persönlichen Nahbereich in der Familie kann auch die Schule durch Einbeziehung von Zeitzeugen jungen Menschen diese vermittelte Erfahrung ermöglichen. Das vom Institut für Friedenspädagogik Tübingen e.V., der Agentur Zeitenspiegel und der Peace Counts Foundation gemeinsame betriebene Projekt »Peace Counts School« bietet hierzu hervorragendes Material.[523]
>
> Gerade über die von *Bretschneider* aktiv mitgestaltete und zur gewalt-freien Revolution in der ehemaligen DDR und damit zum vorläufigen Ende des Ost-West-Konfliktes führende Friedensbewegung scheint das gesell-schaftliche Wissen leider immer mehr zu verblassen.

Planspiel Civil Powker
(siehe vorhergehender Absatz 4.5.9)

---

522 Vgl. Welzer, Harald [Hg.] (2001): Das soziale Gedächtnis : Geschichte, Erinnerung, Tra-dierung. Hamburg: Hamburg Ed. Vgl. Welzer, Harald (2011³): Das kommunikative Ge-dächtnis. Eine Theorie der Erinnerung, München: C.H. Beck.

523 Institut für Friedenspädagogik Tübingen (seit 2012 Berghof Foundation): http://friedens paedagogik.de/archiv/ausgewaehlte_projekte_2008_2011/peace_counts_school – Zugriff am 08.01.2016; 10:37 h.

4.5.13 Theoriebildung – Zusammenstellung der Analysen und Reflexionen zur Interviewfrage 5 nach Anregungen für die Pädagogik/Didaktik

These 62: Friedensbildung als Befähigung zur gewaltfreien Konfliktbearbeitung und militärische Ausbildung stehen sich konträr gegenüber

Die verfassungsrechtlich vorgegebene Spannung zwischen der grundlegenden Friedens- und Menschenrechtsverpflichtung einerseits und der nachträglich eingefügten militärischen Wehrverfassung zur Sicherung Deutschlands andererseits spiegelt sich wider im friedensethischen Diskurs in Gesellschaft und Kirche. Aus pazifistischer Sicht muss eine Verteidigungspolitik den zu verteidigenden Wertvorstellungen entsprechen, in ihren Absichten öffentlich gemacht werden können und im Sinne des kategorischen Imperativs verallgemeinerbar sein. Militärische Strukturen hingegen bergen die Gefahr in sich, die Individualität der damit beauftragten Soldaten und die in einer Demokratie zu schützenden Werte zu beschädigen. (Dr 684–756)

These 63: Friedensbildung ist eine prinzipielle Aufgabe jeglicher Bildung

Ein gesellschaftlicher Bewusstseinswandel hin zu einer gewaltfreien Konfliktkultur bedarf der Befassung mit dieser zur militärischen Gewalt alternativen Handlungsoption ab dem Kindheits- und Jugendalter und sollte ebenso im universitären Bereich interdisziplinär angeboten werden. (En 513–530)

Dabei müssen auch die Strukturelle Gewalt verursachenden Konfliktfaktoren wie beispielsweise ungerechte Handelsbeziehungen und Besitzverhältnisse in den Blick genommen und Möglichkeiten eines verallgemeinerbaren, suffizienten und nachhaltigen Lebensstils Gegenstand unterrichtlicher Befassung werden. (Eb 428–435)

These 64: Friedenstheologische und friedensethische Reflexion müssen zum Kernbestand kirchlicher Ausbildungsgänge werden

Angesichts der zentralen Bedeutung der biblischen Friedensbotschaft für die christliche Religion und ihre Weltverantwortung müssen in den kirchlichen Ausbildungsgängen auch deren Umsetzungsperspektiven in heutigen Konfliktkontexten unterschiedlichster Ebenen reflektiert und methodische Kompetenzen zur gewaltfreien Konfliktbearbeitung erworben werden können.[524] (Sch 298–304, Wei 486–403)

---

524 Vgl. Badischer Synodalbeschluss vom 24.10.2013 in Zif. 3.1.9: »In den Einrichtungen der Aus-, Fort- und Weiterbildung der Landeskirche sind die Themen ›aktive gewaltfreie Konfliktbewältigung‹ sowie Möglichkeiten und Methoden der Friedensarbeit als verbind-

These 65: Friedensbildung durch Unterrichtsinhalte sowie Methodik und Sozialverhalten der Lehrkräfte

Maßgeblich für eine gelingende Friedensbildung im Sinne der Befähigung zu gewaltfreiem Konfliktverhalten und der Befassung mit den dafür zugrunde liegenden Wertvorstellungen ist neben den Unterrichtsinhalten auch die im Unterrichtsgeschehen erfahrbare Haltung der Lehrkraft. Das konstruktive Konfliktbearbeitungsklima – Konflikte nicht als Störung, sondern als Aufgabe zu begreifen – schließt die Selbstreflexion der Lehrkraft mit ein. (Ma 358–373 ff.)

These 66: Verzicht auf die Erziehung zur Ausnahme

Für die Friedensbildung bedarf es keiner neuen Konzepte, sondern des Verzichts auf die Erziehung zur Ausnahme der Gültigkeit innergesellschaftlicher Werte und Normen wie beispielsweise dem Schutz der Menschenwürde, dem Recht auf Leben und körperliche Unversehrtheit (Art. 1 und 2 GG) bei militärischer Gewaltanwendung im zwischenstaatlichen Bereich. »Ausnahmen nicht mehr zu legitimieren, das wäre das Neue in der Religionspädagogik«. Mit dieser Entgrenzung der Wertegültigkeit kann der Religionsunterricht das Interesse an alternativen gewaltfreien Sicherheitskonzepten wecken und, möglicherweise in Kooperation mit dem Gemeinschaftskundeunterricht, thematisieren.[525] (Ha 340–362)

These 67: Die Fähigkeit zum Perspektivenwechsel als Lehrziel

Die Befassung mit Beispielen der biblischen Feindesliebe, kann dazu anregen, die Menschen im globalen Kontext und unabhängig von Sympathie und Antipathie als Mitgeschöpfe zu begreifen. Durch das Erlernen des Perspektivenwechsels wird es möglich, sich in die Situation und Sichtweise anderer, möglicherweise sogar feindlich gegenüberstehender Menschen hineinzuversetzen. Diese Außensicht kann helfen, den eigenen Anteil an der Konfliktentstehung wahrzunehmen. Auch kann sich das Verständnis des Anderen vom Konfliktgegner zum Konfliktpartner verändern und somit neue Möglichkeiten einer

---

liche Bildungsinhalte aufzunehmen.« Evangelische Landeskirche in Baden (2014): Richte unsere Füße auf den Weg des Friedens. Karlsruhe: Evangelischer Oberkirchenrat, S. 12.

525 Im Bildungsplan für den Gemeinschaftskundeunterricht an beruflichen Gymnasien (BaWü) erscheint der Begriff »alternative Sicherheitskonzepte« explizit. Kultusministerium Baden-Württemberg: http://www.bildung-staerkt-menschen.de/service/downloads/ Bildungsplaene/Gymnasium/Gymnasium_Bildungsplan_Gesamt.pdf – Zugriff am 04.01. 2017; 23:46 h, S. 263, 266. Kultusministerium Baden-Württemberg: http://www.ls-bw.de/ bildungsplaene/berufschulen/bg/bg_allgemein/BG1-AF2_Geschichte-mit-Gemeinschafts kunde_LPH-1-2003.pdf – Zugriff am 04.01.2017; 23:50 h, S. 12.

gemeinsamen Konfliktbearbeitung eröffnen. Dieser Perspektivenwechsel ist schlussendlich auch die Voraussetzung für eine friedenslogische Politik. (Fu 239–296, Oe 464–470)

These 68: Werten lernen im globalen Horizont

Friedensbildung beinhaltet auch die Befähigung zur Reflexion eigener und fremder Wertekanons sowie deren Entstehung beziehungsweise Herleitung. In der Friedenserziehung gilt es, die Fähigkeit zu entwickeln helfen, verantwortliche, allgemeinverträgliche Werturteile zu treffen und sich mit den Werten der vorhergehenden Generationen kritisch auseinanderzusetzen. Im Blick auf andere beziehungsweise gegenläufige Wertvorstellungen ist auch die Frage der Toleranz und ihrer Grenzen zu thematisieren.

Die Reflexion des Beispiels Sport, der seinen meist kriegerischen Ursprung durch Regelwerk, Schiedsgerichtsbarkeit, Friedensrituale und fairen Verhaltenskodex in allgemeinverträgliche Bahnen lenkt, kann als Modell für eine Wertebildung auf globaler Ebene zugunsten eines fairen Miteinanders der Völkergemeinschaft betrachtet werden. (Dr 236–240, 255–260; Lo 268–276; 293–304)

These 69: Grenzen und Möglichkeiten schulischer Friedensbildung

Im Unterschied zu militärischer Rekrutierung und Ausbildung kann gewaltfreies Handeln nicht von oben angeordnet oder durch Werbemaßnahmen bewirkt werden. Eine gewaltfreie Haltung lebt wie religiöser Glaube von der inneren Bereitwilligkeit der Menschen. Weil Professionalität und persönliche Integrität der jeweiligen Lehrkraft dafür entscheidend sind, dass sich Schülerinnen und Schüler auf ein Kennenlernen und Ausprobieren gewaltfreier Konfliktbearbeitung in Theorie und Praxis einlassen, ist einerseits der systematischen friedenstheologischen, friedensethischen und friedenspädagogischen Qualifizierung von Religionslehrkräften im Gesamtkontext des Konziliaren Prozesses für Frieden, Gerechtigkeit und Bewahrung der Schöpfung[526] ein viel größeres Gewicht beizumessen, als es bislang der Fall ist. Andererseits sollte Friedensbildung in diesem weiteren Sinne ein durchgehendes Thema des gesamten Religionsunterrichtes werden. (Pa 479–487, 504–518, 534–537, Wei 509–540)

---

526 Bei seiner Vollversammlung 1983 in Vancouver hatte der Ökumenische Rat zu einem konziliaren Prozess für Gerechtigkeit, Frieden und Bewahrung der Schöpfung aufgerufen, der von vielen Kirchen, aber auch auf UN-Ebene aufgenommen wurde. Vgl. Evangelische Kirche im Rheinland: http://www.ekir.de/www/ueber-uns/konziliarer-prozess.php – Zugriff am 14.05.2016; 21:46 h.

These 70: Konfliktkenntnisse und –befähigung auch als Bewertungskriterien militärischer Gewalt

Grundlegend für den Zugang zu einem gewaltfreien Konfliktverhalten im internationalen Bereich ist die Vermittlung eines theoretisch-analytischen Verständnisses über Wesen, Arten und Entstehung von Konflikten auf den verschiedenen Ebenen und in den unterschiedlichen Konstellationen sowie von Möglichkeiten deren konstruktiver Bearbeitung. Diese Kenntnisse können gleichermaßen zur Kritik militärischer Konfliktlösungen befähigen und für die Notwendigkeit, auch auf internationaler Ebene Gewalt auf rechtsstaatliche Polizei- und Justizstrukturen zu begrenzen, sensibilisieren. (Fi 218–231)

These 71: Anstelle Kriegsspiele zu verbieten, Friedensspiele anbieten

Das Ausleben eines gewissen Aggressionspotentials ist bei Kindern Teil der Persönlichkeitsentwicklung und sollte nicht unterdrückt werden. Ein Verbot von Kriegsspielen dürfte eher kontraproduktiv sein. Anders verhält es sich bei den kriegssimulierenden Computerspielen der Unterhaltungsindustrie, die nahtlos zum militärischen Einzelkämpfer oder Drohnenpiloten führen und sich insbesondere bei Jugendlichen in prekären Lebenssituationen problemverschärfend auswirken können. Deshalb ist das reflektierende Gespräch über die damit verbundenen Erfahrungen sowie die Stärkung der medienkritischen Kompetenzen von Schülerinnen und Schülern geboten. Alternativ sollte im Religionsunterricht durch Rollen- und Planspiele die gewaltfreie Konfliktlösung in spielerisch-kreativer Weise exemplarisch kennengelernt und ausprobiert werden können. Die dabei eingeübten gewaltfreien Handlungsprinzipien und –methoden haben eine große Anwendungsbreite für die unterschiedlichsten Konfliktkonstellationen auf den verschiedensten Ebenen. (Dr 684–695, Sch 298–341)

These 72: Mit gewaltfreier Alphabetisierung gegen militärische Traditionen und Denkweisen

Zur Minimierung der Dominanz und Selbstverständlichkeit militärischen Denkens im zwischenstaatlichen Bereich bedarf es einer gewaltfreien Alphabetisierung. Diese erfordert zum einen eine Erziehung, die die Achtung vor dem Leben aller Menschen als wichtigste Pflicht bejaht, die deshalb auf Kooperation und Fairness im globalen Kontext ausgerichtet ist und durch eine Sensibilisierung für die Grundbedürfnisse aller Menschen die Möglichkeiten eines bescheidenen, verallgemeinerbaren Lebensstils entdecken hilft. Zum anderen gilt es, sich den Umgang mit eigenen Aggressionen bewusst zu machen und sich ein

Handwerkszeug für gemeinsame Konfliktlösungen anzueignen. (Lo 276–293, Ru 334–364)

These 73: Friedensbildung als Stärkung gegenüber Radikalisierungen

Ideologische Überbauten in Form religiöser oder politischer Radikalisierungen erweisen sich vielfach konfliktverschärfend. Friedensbildung kann durch ideologiekritische Aufklärung im Vorfeld dazu beitragen, dass Jugendliche Konflikte sachlich diskutieren und analysieren sowie substanzielle Lösungswege entwickeln können und somit gegen Radikalisierungen gefeit sind. (Wei 218–225)

These 74: Friedensbildung fördert humane Kompetenzen

Die im Rahmen der Friedensbildung zu vermittelnden Kompetenzen sind in erster Linie auf die »Ehrfurcht vor dem Leben« hin orientiert. Im Sinne der Grunderkenntnis Albert Schweitzers – »Ich bin Leben, das leben will, inmitten von Leben, das leben will.«[527] – geht es darum, sich seines eigenen Geworden-Seins, seiner Grundbedürfnisse, seiner Wertvorstellungen, auch seiner Aggressionen und Schattenseiten bewusst zu werden und dieses auch den Mitmenschen zugestehen zu können. Die Verletzlichkeit des Lebens und das Aufeinander-angewiesen-Sein – heutzutage im globalen Kontext – erfordern gewissermaßen »therapeutische« Kompetenzen, die Widersprüche und Interessensgegensätze sachgerecht verstehen zu können und zu einem verträglichen und nachhaltigen Ausgleich zu bringen. (Br 513 ff., Dr 690–712, Fu 239 ff., 263, 267 ff., 281, 290 ff., 709 ff., Lo 286 ff., Ma 407–435, 443–447, Ru 363, 367 ff., Wei 218–225)

These 75: Friedensbildung setzt auf Vorbilder – die berühmten, aber auch auf die vielen unbekannten

Die wegen ihrer gewaltfreien Haltung berühmten Vorbilder wie beispielsweise Mahatma Gandhi oder Martin Luther King können durch ihr lebenslanges Engagement für Schülerinnen und Schüler in der identitätsbildenden Jugendzeit einen Zugang zur Gewaltfreiheit ermöglichen. Der sie umgebende Nimbus wie auch der nunmehr bestehende zeitliche Abstand rufen jedoch möglicherweise das Gefühl der Unerreichbarkeit dieser Vorbilder hervor, wenn nicht gleichzeitig glaubwürdige Modellpersonen in der Gegenwart und im eigenen Umfeld kennengelernt werden können: Beispielsweise Menschen, die von einem Frie-

---

527 Steffahn, Harald (1979): Albert Schweitzer – in Selbstzeugnissen und Bilddokumenten. Hamburg: Rowolt, S. 98.

densdienst im Ausland zurückgekehrt sind oder Menschen, die sich im Nahbereich für Friedensarbeit einsetzen. Auch mit dem Kennenlernen von gewaltfrei arbeitenden Gruppen und Organisationen wie beispielsweise der *Nonviolent Peaceforce*[528] oder der *Peace Brigades International*[529] und vielen anderen kann dieser Einblick in die Wirksamkeit ziviler Konfliktbearbeitung erreicht werden. Gegenwärtig könnte auch die Befassung mit dem Pakistani Abdul Ghaffar Khan,[530] einem weithin unbekannt gebliebenen gewaltfreien islamischen Friedenskämpfer und Partner Mahatma Gandhis hilfreich sein. (Br 507–512, Fi 270–289, Ha 414, Hä 384–395, Pa 557–565, Ru 394ff., Sch 354–361, Wei 510ff., 520–522)

These 76: Gewaltfreie Lernerfahrungen durch soziodramatische Rollenspiele

Gewaltfreies Konfliktverhalten bedarf der gedanklichen Vorbefassung und praktischen Übung. Hierzu wurde im Bereich der Friedensbewegung und Friedensforschung der Begriff des Gewaltfreien Trainings geprägt.[531] Unter anderem durch Rollenspiele lernen die daran Beteiligten überhaupt einmal, mögliche Alternativen zu gewaltsamem Konfliktverhalten zu entwickeln und in unterschiedlichen Konfliktsituationen und -verläufen auszuprobieren. Für kollektive Aktionen in überschaubaren Bezugsgruppen sind zudem die Befähigung zu Konsensbildung, Strategieplanung, Rollenabsprachen von elementarer Bedeutung. Diese Qualifizierungen sollten als Konkretisierung der jesuanischen Friedensbotschaft in den verschiedensten Bereichen kirchlicher Jugendbildungsarbeit im Standardprogramm verankert und selbst in Gottesdiensten durch die Betrachtung entsprechender Lebensbildern integriert werden. (Eb 390–406, 414–427)

---

528 *Nonviolent Peaceforce* ist ein 2002 gegründeter weltweiter Zusammenschluss von 70 Friedensorganisationen mit der Aufgabe, lokale Akteure durch Präsenz, Monitoring, Kommunikation, Diplomatie, Trainings und Dazwischen-Gehen zu unterstützen und hat derzeit fünf Projektländer im Kaukasus, auf den Philippinen, in Sri Lanka, Sudan und Honduras.

529 Die 1981 zum gewaltfreien Personenbegleitschutz gegründete und von den Vereinten Nationen als NGO anerkannte Menschenrechtsorganisation mit derzeit sieben Einsatzländern in Lateinamerika, Afrika und Asien, arbeitet nur auf Einladung und in Kontakt mit allen Konfliktparteien. Peace Brigades International: http://www.pbideutschland.de/countrygroups/pbi-deutschland/ueber-pbi/ – Zugriff am 30.12.2015; 15:19 h.

530 Khan, Abdul Ghaffar (2012): Mein Leben. Autobiographie des Abdul Ghaffar Khan. Wie ein Weggefährte Gandhi die Gewaltfreiheit im Islam begründet. Bonn: Afghanistan Information Center.

531 Vgl. Schmitz, Achim (2010), S. 130.

These 77: Geschichten erzählen

Das Erzählen von Friedensgeschichten, sowohl aus der biblischen Tradition wie auch aus dem eigenen Erleben, ist gerade im multimedialen Zeitalter eine sehr wichtige, weil persönliche und direkte Methode der Weitergabe von Erfahrungen mit gewaltfreiem Handeln. Die Zuhörenden können mit der erzählenden Person in einen Dialog treten. (Br 512–517)

4.6 Begriff »Pazifismus«

Frage 6:
Halten Sie den Begriff »*Pazifismus*« bzw. das Adjektiv »*pazifistisch*« für geeignet, das Anliegen einer nichtmilitärischen Friedenspolitik im gesellschaftlichen Diskurs und in der Bildungsarbeit griffig zu benennen? Wenn nicht, haben Sie Alternativvorschläge?

4.6.1 Einleitung

Der Begriff »Pazifismus« ist neuzeitlicher Natur und wurde erst 1901 von dem Präsidenten der Internationalen Liga für Frieden und Freiheit, dem französischen Juristen Émile Arnaud, geprägt.[532] Er leitet sich her aus der lateinischen Übersetzung Jesu Seligpreisung der Friedenstifter (Mt. 5,9): *beati pacifici*[533].

Gegenwärtige führende Vertreter der Landeskirchen betonen immer wieder, sie seien trotz ihres Engagements in den 1980er Jahren gegen die NATO-Nachrüstung keine »naiven«, »klaren« oder »grundsätzlichen« Pazifisten. Sie distanzieren sich vom »Radikalpazifismus«[534] und beanspruchen für sich einen »Verantwortungspazifismus«.[535] Dieses Gegensatzpaar »Radikalpazifismus«

532 Huber, Wolfgang & Reuter, Hans-Richard (1990): Friedensethik. Stuttgart: Kohlhammer, S. 111.
533 Bibelwissenschaft.de: https://www.bibelwissenschaft.de/online-bibeln/biblia-sacra-vu lgata/lesen-im-bibeltext/bibel/text/lesen/?tx_buhbibelmodul_bibletext[scripture]=mt +5%2C9 – Zugriff am 16.01.2016; 18:02 h.
534 Vgl. Nikolaus Schneider Abschnitt 4.1.15.
535 Vgl. der bayerische Landesbischof und EKD-Ratsvorsitzende Heinrich Bedford-Strohm in: Deutschlandradio Kultur: http://www.deutschlandradiokultur.de/irak-menschen-mit-waf fen-beschuetzen.1278.de.html?dram:article_id=300082 – Zugriff am 01.01.2016; 12:18 h. Vgl. Brahms, Renke (2015): Vom Frieden träumen und dafür arbeiten. Interview in: Erev-Rav (2015): JUNGE.KIRCHE 4/2015, 76. Jg., Uelzen, S. 5–7. Vgl. der badische Landesbischof Jochen Cornelius-Bundschuh: Evangelische Landeskirche in Baden: http://www.ekiba.de/ html/aktuell/aktuell_u.html?t=beb78268ae5af1ed3d9304c558e06562&tto=acd9d66e&&c ataktuell=&m=2359&artikel=6245&stichwort_aktuell=&default=true – Zugriff am 04.08.2014; 18:22 h (ohne Angabe des Erscheinungsdatums).

versus »Verantwortungspazifismus«, in Analogie zu Max Webers Unterscheidung zwischen Gesinnungs- und Verantwortungsethik,[536] beinhaltet ein starkes Wertungsgefälle: Hier die radikale, ideologische, am Ende vielleicht doch mit terroristischer Gewalt durchzudrückende Haltung einer extremistischen Minderheit[537] und da die reale, an politischer Vernunft orientierte Haltung der gesellschaftlichen und parlamentarischen Mehrheit. Diese Ablehnung einer pazifistischen Haltung als weltfremd und unverantwortlich ist interessanterweise den allermeisten politischen Systemen gemein[538], wenngleich es in der Repressionsintensität zwischen demokratischen Rechtsstaaten und totalitären Regimen erhebliche graduelle Unterschiede gab und gibt. Aus diesen Gründen schien es interessant, die Meinungen der Interviewpartner_in auch gerade zu dieser Begriffsfrage zu erheben und zu analysieren.

4.6.2 Analyse der Aussagen zum Begriff »Pazifismus«

4.6.2.1 Bestimmungen und Abgrenzungen

Ute Finckh-Krämer definiert »Pazifisten« in einer, wie sie betont, auch Kindern und Jugendlichen vermittelbaren Weise: »*Pazifisten sind Menschen, die sich, weil sie Militär für schädlich halten, darum kümmern, was es für eine Vielfalt von anderen Möglichkeiten gibt, mit eskalierten Konflikten umzugehen.*« (Fi 297–314)

Damit ist einer von *Paul Oestreicher* angesprochenen phonetischen Verwechslungsmöglichkeit vorgebeugt: »*Sprache ist etwas Kompliziertes und das Wort ›Pazifismus‹ ist ja im Klang angelehnt an ›Passivismus‹, passiv sein, nichts tun. Und das ist es eben nicht. Aber das Bild des Pazifisten ist der, der sich selbst*

---

536 Vgl. Weber, Max (1993): Politik als Beruf (mit einem Nachw. von Ralf Dahrendorf). Stuttgart: Reclam.

537 Siehe unteren Abschnitt »Ideologiekritik«.

538 Diese Übereinstimmung zwischen autoritären, totalitären und demokratischen Systemen in der Verneinung und Bekämpfung von pazifistischen Haltungen kam insbesondere in den Wehrpflichtzeiten im Umgang mit Kriegsdienstverweigerern zum Ausdruck. So geißelten einschlägige DDR-Wörterbücher den Pazifismus als »bürgerliche politische Strömung und Ideologie«, als »von extrem unwissenschaftlichen Vorstellungen eines Friedens« ausgehend (siehe unten: Bund), als »kleinbürgerliche politische Strömung, die jeglichen Krieg verurteilt« und bezichtigten ihn als klassenfeindliche und antisozialistische Strategie. Im »Wörterbuch zur Sicherheitspolitik« aus dem westdeutschen (militärnahen) Mittler-Verlag (1992) wird der Pazifismus als eine »radikale Heilslehre« dargestellt, »die zwar eine schöne, aber wirklichkeitsfremde Utopie durchzusetzen sucht.« (siehe unten: Becker). Bund der Evangelischen Kirchen in der Deutschen Demokratischen Republik: »Pazifismus« in der aktuellen Friedensdiskussion. In: Aktion Sühnezeichen (1982), S. 215f. Becker, Johannes in: RGG[4] Bd. 6, Sp. 1075f.

nicht beteiligt. Und die Anderen sollen für uns kämpfen, ich mach' das nicht mit. In anderen Worten: Ein Rückzug. In der Tat ist der sprachliche Rahmen dieses Wortes ein guter. Aber die Leute wissen das nicht. Das hat mit ›passiv‹ gar nichts zu tun, das kommt vom Lateinischen ›pacem facere‹, ›Frieden machen‹, ›Frieden schaffen‹. Der Pazifist ist einer, der Frieden schafft, nicht einer der negativ ist, der nichts tut.« (Oe 448–454)

Auch *Hans Häselbarth* sieht sich angesichts des *»so oft im negativen oder abfälligen Sinn«* gebrauchten Begriffes in der Pflicht,*« dass man hier wirklich erst mal erklären muss, was es nicht ist, dass es nicht Feigheit vor dem Feind ist und den anderen die Drecksarbeit überlassen, sondern dass es einen aktiven Einsatz heißt, für die Sache des Friedens zu kämpfen, aber wo es dann ganz eindeutig auf die Mittel ankommt, mit was. Also ich könnte ihn* [den Begriff *»Pazifismus«,* T.Z.] *nicht ersetzen – ich kann natürlich sagen »Friedensdienst« oder »Friedenseinsatz«* (Hä 436–441)

Albert Fuchs lehnt es ebenfalls ab, unter Bezugnahme auf Max Webers *»problematische Dichotomie von Gesinnungs- und Verantwortungsethik«* von einem *»Gesinnungspazifismus«* zu sprechen: *»Es geht um eine argumentative Zurüstung – in Anführung jetzt mal, ist ja auch wieder leicht militaristisch – also um eine Befähigung für diese Auseinandersetzung und dann natürlich auch für entsprechende Politik.«* (Fu 265–269) Trotz der substantivierenden Endung *»ismus«,* die *»natürlich schon was Fragwürdiges in sich«* sei, betont *Eugen Drewermann: »(…) es ist keine politische Ideologie, es ist 'ne menschliche Haltung. Aber gut, man kann auch sagen: Es gibt ›Idealismus‹, es gibt ›Humanismus‹ und zwischen solchen Namen von mir aus auch ›Pazifismus‹.«* (Dr 765–800)

Paul Russmann schlägt vor, angesichts des im *»abwertenden Duktus«* und häufig als Schimpfwort benutzten Begriffs *»Pazifismus«* dessen Grundbestand nochmal anzusehen: *»(…) die ursprüngliche Bedeutung heißt ja eigentlich, Frieden zu stiften.*[539] *Und das ist die Aufgabe jedes Pazifisten, das zu tun, Frieden zu stiften, Friedensstifter, Friedensstifterin zu sein und zu werden. Und das ist eigentlich eine sehr hohe und gute Aufgabe. Also, es kann nicht genug eigentlich Friedensstifter und Friedensstifterinnen geben. Und ob sie das jetzt tun in einer sozusagen eher prophetischen Funktion, dass sie sagen: ›Ich will keine Gewalt anwenden, ich will niemanden töten, und damit stehe und bestehe ich und ich kann nicht anders.‹ Oder ob sie es in dem Sinne tun, im Sinne eines politischen Pazifismus, der sagt: ›Angesichts der Situation, die wir haben, können wir ja mit Gewalt nichts ausrichten und deshalb müssen wir den Frieden politisch entwickeln.‹ Oder ob wir sagen: ›Ja, ich sehe, dass das mit militärischen Mitteln nicht hilft und ich überlege mir, wie könnten Alternativen aussehen im Sinne eines konstruktiven Pazifismus.‹ Ich glaube, alle drei Formen werden notwendiger*

---

539 Matthäus 5,9.

denn je gebraucht und schließen sich nicht aus, sondern bedingen einander.« (Ru 417–432)

Theodor Ebert hält *»›Pazifismus‹ eigentlich für den umfassenderen Begriff als gewaltfreie Aktion. Letztere ist das Instrument. Zum Friedenmachen gehören auch noch andere Techniken und Verfahren. Es genügt nicht, die Konflikte mit gewaltfreien, direkten Aktionen zu dramatisieren. Man muss auch Lösungen erarbeiten.«* (Eb 457–460) »Pazifismus« bedeutet für ihn eine innere Haltung, die in unterschiedlichen friedensstiftenden Aktivitäten zum Ausdruck kommt.

Dass auch Menschen mit einer pazifistischen Haltung Selbstzweifel haben können, wird bei *Paul Oestreicher* deutlich, der sich immer wieder herausgefordert sah: *»Mein Pazifismus war niemals für mich eine Selbstverständlichkeit – ist er heute auch noch nicht. Mit anderen Worten: Wenn man konfrontiert ist mit unwahrscheinlichem Unrecht, dann kann ich zumindest verstehen, dass auch ein gewissenhafter Christ sagen kann: ›Das kann ich nicht hinnehmen. Und im äußersten Fall muss dagegen auch angekämpft werden und muss man sein Leben hingeben.‹«* (Oe 64–69) Angesichts des Verständnisses für Menschen, die sich zur militärischen Abwehr von Unrecht entschlossen haben, ist dann seine Bewertung für Soldaten folgerichtig: *»Die Verachtung des Militärs hat niemals zu meinem Pazifismus gehört.«* Er habe Achtung vor denen, die sagen, Unrecht muss auch bekämpft werden. (Oe 78–80) Dieser Respekt *Oestreichers* vor der Motivation von Soldaten, vor Unrecht schützen zu wollen, gilt jedoch nicht deren kriegerischen Mitteln. Hier sieht er sich durch seine politischen Studien in seinem vernunftbegründeten Pazifismus gestärkt und verweist auf Albert Einstein, der erkannt habe, dass der Krieg die ganze Menschheit in die Irre führe. Sein ursprünglich ausschließlich religiös begründeter Pazifismus wurde weiter untermauert durch *»die menschliche Vernunft und eine Ethik, die nicht religiös sein muss.«* (Oe 138–174)

4.6.2.2 Zusammenfassung der befürwortenden Aussagen zum Begriff »Pazifismus«

- Pazifismus ist eine aktive menschliche Haltung und argumentative Befähigung, selbst friedensstiftend zu wirken.
- Weil militärische Mittel kategorisch ausgeschlossen werden, sind nach *Russmann* drei Handlungsebenen zu unterscheiden:
  - Prophetischer Pazifismus: Persönliche Nichtbeteiligung an Kriegsdiensten
  - Politischer Pazifismus: Engagement in der Friedenspolitik
  - Konstruktiver Pazifismus: Entwicklung von Alternativen
- Pazifisten anerkennen die Motivation von Soldaten, Schutzverantwortung für bedrohte Menschen wahrnehmen und für den Erhalt von Recht und Freiheit etwas tun zu wollen, lehnen jedoch deren kriegerische Mittel ab.

– Dass die Substantivierung durch »Ismen« generell einen Ideologieverdacht begründe, wird abgelehnt.

> **Reflexion:** Der Vorhalt, Pazifismus sei Passivität und Feigheit, ist nur mit einer Unkenntnis der Möglichkeiten gewaltfreien Handelns und bei gleichzeitig unkritischer Sicht der Befriedungsmöglichkeiten, Kosten, Begleiterscheinungen und Folgen militärischer Friedenssicherung erklärlich. Dass Redewendungen wie »etwas tun«, »Verantwortung übernehmen«, »unseren Beitrag leisten« automatisch mit der Anwendung militärischer Gewalt einhergehen müssen und andererseits pazifistische Lösungsansätze gewaltfreier Konfliktregelung von vornherein als weltfremd ausgeschlossen werden, ist eine intellektuelle Engführung. Ebenso übersieht die pauschale »Ismen«-Kritik, dass dies dann auch für Idealismus, Humanismus, Katholizismus, Protestantismus, u.v.a. gälte.

4.6.2.3 Kritische Bewertungen des Begriffes »Pazifismus«

Die Vorbehalte gegen die Verwendung des Begriffes »Pazifismus« beziehungsweise die Selbstbezeichnung »Pazifisten« sind recht unterschiedlich begründet:

Historie

So erinnert *Ute Finckh-Krämer* daran, »*dass der Begriff ›Pazifismus‹ im französischen Sprachraum verbrannt ist durch 'ne Diskussion direkt nach dem zweiten Weltkrieg, wo es fälschlicherweise mit Passivität und Keinen-Widerstand-gegen-Gewalt-leisten assoziiert wurde.*« (Fi 297–314) *Ullrich Hahn* führt weiter aus: »*Ich weiß durch meine Kontakte in Frankreich, dass dort ›Pazifismus‹ irgendwie einen ganz anderen, auch negativen Touch hat. Das ist dann mehr die Appeasement-Politik 1938, also das unterwürfige Zurückweichen. Ich selber finde eigentlich ›Pazifismus‹ aussagekräftig, könnte mich als Pazifisten bezeichnen, mache es aber auch in der Regel nicht, weil eben diese Begriffe sehr schillernd sind.*« (Ha 435–440)

Kirche

Eugen Drewermann beschreibt die diesbezügliche Entwicklung in der römisch-katholischen Kirche: »*Heinrich Böll, ein ganz wichtiger Autor der Zeit, wurde 1962/63 im Zweiten Vatikanischen Konzil auf die Liste der Feinde der katholischen Moral gesetzt – nichts weiter wegen, als wegen seines Pazifismus. Friedrich Heer, ein Mann der zwischen Christentum und Judentum und auch zwischen den Konfessionen bedeutende historische Studien veröffentlicht hatte, galt genauso seiner pazifistischen Option wegen als Feind der katholischen Moral. Die Sache*

*wurde noch grotesker dadurch, dass im Zweiten Vatikanischen Konzil mit mal,
nicht zuletzt unter dem Eindruck der Kuba-Krise, des Baus der Mauer – 61/62 –
man sogar in Rom neuerdings zu der Meinung gelangt war, es sei die Frage von
Krieg und Frieden zu komplex, als dass man sie undialektisch lösen dürfte. Man
müsste anerkennen, dass es einen eschatologischen Vortrab gebe, der schon Pazifismus, will sagen Friedensdienst ohne Waffen, für möglich hielte, (...)«* (Dr 40–
50).

Ideologiekritik

Neben dem neutralen Ideologiebegriff als Lehre von Ideen, in denen die Vorstellungen über Lebenssinn und -zweck, sowie über die Gestaltung des Zusammenlebens geordnet sind, ist der Begriff der politischen Ideologie zudem
mit dem Wunsch und der Kraftanstrengung verbunden, die jeweilige Idee und
Weltanschauung auch konkret umzusetzen.[540] Da dies oft mit der Bekämpfung
konkurrierender Ideologien einhergeht und mitunter gewaltsam erfolgt, ist das
Adjektiv »ideologisch« zumeist negativ konnotiert, im Sinne einer politischen
Heilslehre: verblendet, totalitär, fanatisch.

Eugen Drewermann warnt vor einer ausschließlich politischen oder ausschließlich emotionalen Fundierung des Pazifismus und belegt dies mit den
Ereignissen im Deutschland der 1970er und 1980er Jahre: »*Ich hatte und hab'
immer noch ein ganz großes Misstrauen, den Pazifismus als politische Ideologie
zu vertreten. Ich glaube, dass dadurch Enttäuschungen geboren werden, die fast
erklärbar machen, wie etwa in der Zeit der Roten-Armee-Fraktion, der Baader-
Meinhof-Gruppe, Terrorismus aus Verzweiflung sich bildet. In gewissem Sinne
hab' ich den Weg von Petra Kelly, von General Bastian in der Friedensbewegung
als tragisch begriffen und mich darin bestätigt gefühlt: Pazifismus, der sich nur
politisch begründet, kann eigentlich nur in neuer Gewalt gegen die Gewalt enden.
Man muss und will dann irgendwann mal Erfolg haben, man will was tun und
das wird immer enger. Ich hab' deswegen – auch später dann, wenn ich mich
engagiert hab', jenseits der Massenbewegung im Übrigen – immer wieder gesagt:
›Der Pazifismus darf sich nicht begründen mit dem gruppenpsychologischen
Effekt und Affekt der Angst.*«* (Dr 122–134).

Obwohl *Ulrich Parzany* den Begriff »Pazifismus« »*früher eher positiv gesehen*« hat, sind für ihn heute »*alle Ismen (...) eher deshalb wenig hilfreich (...),
weil sie grundsätzlich zu sehr pauschal arbeiten. Und hier beim christlichen
Pazifismus würde ich sagen, der ist mir deshalb nicht so überzeugend, weil man
ihn zu sehr loslöst von der Person des Jesus Christus. (...) Wenn ich die Grund-*

---

540 Vgl. Schubert, Klaus/Martina Klein (2016⁶): Das Politiklexikon. Bonn: Dietz. Lizenzausgabe
Bonn: Bundeszentrale für politische Bildung. http://www.bpb.de/nachschlagen/lexika/poli
tiklexikon/17566/gewalt – Zugriff am 30.08.2016.

sätze loslöse von Christus, dem lebendigen Christus, dann sind die Menschen in der Regel überfordert. Also deshalb glaube ich, trägt das nicht (...). Also, die Idealisten von heute sind oft die Menschenverächter von morgen, nicht wahr? Deshalb bin ich da so vorsichtig – nicht, weil die Ideale nicht toll wären. Aber wenn man die anpreist als leicht realisierbar, wenn man nur guten Willen hätte, programmiert man die Enttäuschung und den Zynismus. Und deshalb (...) will ich sagen: Friede, nicht ohne den Friedensstifter Jesus. Und deshalb geht es bei mir da nicht um Feindseligkeiten zu anderen Religionen oder Anschauungen oder so weiter, sondern wer dieses Angebot auslässt, darf sich nicht wundern, dass er ohne diese Energie Gottes nicht zu Ergebnissen kommt. Es ist eine Vermessenheit des Menschen, dass er meinen könnte: ›Wir brauchen Gott nicht, der ist für uns sowieso nur ein Lückenbüßer und wenn wir's schon begriffen haben, dass es mit dem Frieden der richtige Weg ist, dann machen wir den auch, wenn wir nur wollen.‹ Das ist genauso Vermessenheit wie die gottlose Vermessenheit der Habgier, die eben einen anderen Weg geht. Und deshalb bin ich da zurückhaltend. Ich meine – gut, mit allen Begriffen ist es so, sie sind wie man sie definiert. Aber ich habe eine gewisse Zurückhaltung gegen die Ismen entwickelt, weil die Ideologien uns eigentlich selten zu irgendwelchen Zielen bringen.« (Pa 575–606)

Reflexion:

a) Die übereinstimmende Ideologiekritik von *Drewermann* und *Parzany*, die enttäuschten Idealisten von heute seien die Terroristen und Menschenverächter von morgen, mag im Blick auf manche Beispiele wie die radikalen Täufer um Thomas Müntzer, die Jakobiner oder die RAF-Terroristen zugetroffen haben. Ob dies jedoch auch für pazifistische Idealisten gilt, die militärische Gewalt grundsätzlich ablehnen, scheint zumindest fraglich zu sein. Gert Bastian hatte sich nicht in diesem Sinne als Pazifist verstanden. Er lehnte lediglich die Atomrüstung ab, während die von ihm mutmaßlich erschossene Petra Kelly sich in der gewaltfreien Tradition der US-amerikanischen Bürgerrechtsbewegung sah.[541] Mir jedenfalls ist bislang kein Beispiel bekannt, wonach über den mangelnden Erfolg ihrer Bemühungen enttäuschte Pazifisten anschließend zu politischen Gewalttätern geworden wären, geschweige denn, dass diese eine bedrohliche Massenerscheinung darstellten. Insofern dürfte weder diese Gefahr für Menschen mit einer prinzipiellen pazifistischen Haltung bestehen, noch dürfte aus dieser Sorge heraus das Ziel einer entmilitarisierten Welt unter

---

541 Was die (Selbst?)Tötung des Paares Kelly/Bastian betrifft, so scheint nach den Aussagen ihrer politischen und persönlichen Gefährt/inn/en eher eine Multikausalität plausibel zu sein. Vgl. den Dokumentarfilm in: DER SPIEGEL: http://www.spiegel.de/video/vor-20-jah ren-petra-kelly-und-gert-bastian-begehen-selbstmord-video-1219907.html – Zugriff am 5.01.2016; 00.10 h.

Ideologieverdacht gestellt werden. Zuzustimmen ist jedenfalls der Kritik, dass Angstaffekte keine hinreichende Motivation für ein nachhaltiges Engagement bieten und dass deshalb eine positive religiöse oder weltanschauliche Verankerung von großer Bedeutung für eine gewaltfreie Haltung und deren andauernde Praxis ist.

Angst im Sinne von Gefahrenwahrnehmung sollte jedoch nicht als unnötig bewertet werden. In Verbindung mit einer sachlichen Gefahrenanalyse kann sie schon eine wichtige Triebfeder sein, auf Friedensbedrohungen aufmerksam zu machen und gewaltfreie Alternativen zur militärischen Friedenssicherung zu entwickeln.

b) Die spezielle Ideologiekritik *Parzanys* am christlichen Pazifismus als einer von der Person Jesu Christi zu sehr losgelöste Bewegung, die ihre tollen Ideale als mit gutem Willen leicht realisierbar anpreise, die aufgrund ihrer Nichtinanspruchnahme der Energie Gottes nicht zu Ergebnissen komme, in vermessener Weise Gott nur als Lückenbüßer gebrauche und ansonsten meine, selbst den richtigen Weg zum Frieden zu wissen, bedarf einiger Anfragen:

– Die in der frühen Kirche heftig umstrittene Sicht der Göttlichkeit Jesu hat auch in der Gegenwart ihre Entsprechungen. Aber unabhängig davon, welches Jesus-Bild heutige Christen jeweils haben, ob das historische eines vorbildlichen jüdischen Wanderpredigers oder das mythisch-dogmatische eines transzendenten Gottessohnes – müsste nicht beiden Gruppen die Sorge um das Überleben der Menschheit, der gesamten, uns anvertrauten Schöpfung Gottes im atomaren Zeitalter ein gemeinsames Anliegen sein?

– Bedeutet die These »Friede – nicht ohne den Friedensstifter Jesus« nicht eine – möglicherweise friedensgefährdende – Verabsolutierung eines bestimmten christlichen Frömmigkeitsstils, weil allen, die nicht in dem beschriebenen Sinne an den »lebendigen Christus« oder die gar an andere Religionsstifter glauben, die Fähigkeit zum Friedenstiften – »*pacem facere*« – fehle? Wäre es deshalb nicht sinnvoller, die obengenannte These *Parzanys* so umzuformulieren, dass der Wesensgehalt der biblischen Zeugnisse über Jesus in jesuanischen Qualitätsmerkmalen ausgedrückt wird: Wirkliche Friedensarbeit ist nur möglich, wenn ihre Ziel-Mittel-Relation (Mt 7, 16–20) beachtet wird, das heißt, wenn sie sanftmütig (Mt 5,5), ohne Gewalt geschieht, und wenn die Lebensinteressen des Gegners ebenso ernst genommen werden wie die eigenen? (Mt 7,12). Bewertungskriterium für die Richtigkeit eines Engagements sollte weniger dessen Begründung, sondern eher die dadurch gezeigten »Früchte« (Mt 7,15–21) sein. Abgesehen davon können sich glaubende Pazifisten in ihrem

> Bemühen um eine friedlichere Welt durch Jesu Gebetsvorschlag, »dein Wille geschehe wie im Himmel so auf Erden« (Mt 6,10) beauftragt und durch die Verheißung »Suchet, so werdet ihr finden ...« (Mt. 7,7) ermutigt sehen.
>
> – Könnte nicht gerade der Begriff »Pazifismus« an diesen untrennbaren Zusammenhang jesuanischer Friedenslehre mit heutiger christlicher Friedensethik erinnern – zumindest, wenn er immer wieder mit seinem biblischen Ursprung in Verbindung gebracht wird?[542]

Auch *Fernando Enns* hat »*mit diesem Begriff ›Pazifismus‹ immer ein großes Problem*« und benutzt ihn deswegen auch nicht oder wendet ihn auch nicht auf sich selber an. Er verweist dabei auf Dietrich Bonhoeffer, der einmal gesagt habe, »*es ist mir eigentlich egal, die können mich ruhig einen Pazifisten nennen. Wichtig ist für mich das Bekenntnis zu Jesus Christus. Und wenn es dann für jemand pazifistisch aussieht, dann soll mir das recht sein. Das heißt, es geht nicht darum, eine politische Ideologie zu verfolgen – nichts gegen politische Ideologien, aber als Christ bin ich per se jeder Ideologie gegenüber kritisch. Weil ich glaube, dass das Evangelium per se ideologiekritisch angelegt ist, es fragt immer nach der Motivation, es fragt immer nach den Bedürfnissen, es fragt immer nach den Zielen der Menschen, die sich einer bestimmten Lehre verschrieben haben. Und jede politische Ideologie wäre immer für mich kritisch darauf hin zu befragen: Wie passt das mit dem Leben und der Lehre und dem Tod und der Auferstehung Jesu zusammen? Und es ist immer von daher auch relativiert. Das gleiche gilt auch und gerade für den Pazifismus.* (...)

Ich glaube, mir ist es wichtig, dass bei dieser Haltung der Gewaltfreiheit, wenn sie tatsächlich im christlichen Glauben begründet sein will, dass sie nicht aufhört selbstkritisch sich selber zu fragen, wie geht das in den einzelnen Konflikten, wie können wir verhindern, dass am Ende nicht Menschen darunter leiden, dass wir unsere gewaltfreie Position beibehalten? Ist es tatsächlich so, dass wir die besseren, weil erfolgversprechenderen, weil Menschenleben erhaltenden Möglich-

---

542 Dass »Frieden machen« im Sinne der Seligpreisung Jesu auch militärische Gewalt einschließen könnte, stellte der Journalist und vormalige Soldat im Zweiten Weltkrieg Rolf Winter anlässlich des Golfkrieges von 1991 in Frage: »Können Sie sich Gott so vorstellen? Dass er barsch kommandiert: ›Nun mal feste druff, Jungs! Und fürchtet euch nicht, denn ich bin bei euch‹? Und dass er kommandiert: ›Macht sie fertig‹? Und dass er in der irakischen Wüste kommandierte. ›Pflügt sie unter‹? Oder: ›Da lebt noch jemand! Nachladen‹? (...) Ist von dem Gott die Rede, von dem sie uns in der christlichen Kirche und in der Gemeinschaft der Heiligen erzählen, dass er Güte ist, Friede, Liebe, Verzeihen, Nachsicht und Gnade und Barmherzigkeit? Handelt es sich um den Gott, dessen inspirierter Sohn die Bergpredigt hielt?« Winter, Rolf (1992): Wer zur Hölle ist der Staat? Geständnisse, Fragen und Empörungen eines Pazifisten. Hamburg: Rasch und Röhrig, S. 202.

keiten entwickeln können? Schaffen wir tatsächlich mit unserer gewaltfreien Haltung Freiräume, die Versöhnung ermöglichen? Das ist ein fortwährender Prozess und der ist niemals abgeschlossen. Weil das Evangelium nicht in der Weise abgeschlossen ist, dass man es einmal verstanden hat und dann ist es für alle Zeiten klar, sondern es ist im Grunde genommen im ganzen Lebensprozess eine sich entfaltende Haltung, die in jeder und jeweiligen Lebenssituation wieder ihre konkrete Herausforderung hat. Ich glaube einfach, dass wenn man aufhört, sich dieser konkreten Herausforderung, des konkreten Kontextes, der konkreten Menschenleben, die in Gefahr sind (...) zu stellen, sondern mit einer Pauschalantwort meint, schon seiner Verantwortung da gerecht zu werden, dann – glaube ich – wird auch diese Haltung der aktiven Gewaltfreiheit nicht sehr tragfähig werden. Sie muss sich bewähren, stets und stets neu in jeder konfliktären Situation, sie hat das Potenzial dazu, sie kann sich bewähren – und das haben wir in so vielen Beispielen eben schon gesehen – viel mehr als die militärischen Optionen.« (En 567–609)

Reflexion: *Enns* betont bei aller Anerkennung der Notwendigkeit politischer Ideologien den ideologiekritischen Wesenszug des christlichen Glaubens, weil er nach den Motivationen, Bedürfnissen und Zielen hinter einer Ideologie frage. Maßstab der Bewertung seien Leben und Lehre Jesu, das heißt, die unbedingte Bejahung des Lebens, gerade der Schwachen und Hilfsbedürftigen, sowie die Kritik an Machtstrukturen (Mk 10,43–44). Trotz der Fundierung in den zentralen Aussagen des Evangeliums, können sich Menschen mit einer gewaltfreien Haltung nicht nur darauf im Sinne einer Heilslehre berufen, sondern müssen sich in allen Situationen immer wieder neu selbstkritisch nach dem situativ richtigen und hilfreichen Verhalten fragen. Diese Einstellung lässt sich dem »argumentativen Pazifismus« zuordnen, der für sein Handeln neben den biblischen Grundlagen auch die politische Analyse mit einbezieht.[543]

Die Tatsache, dass der Pazifismus allenthalben unter Ideologieverdacht gestellt wird, könnte auch daher rühren, dass Pazifisten mit ihrer Ablehnung militärgestützter Friedens- bzw. Machtsicherung ein wesentliches ideologisches Element fast sämtlicher Staaten[544] in Frage stellen. Dies korrespondiert mit deren Ablehnung und Verfolgung jener ihrer Bür-

---

543 Evangelische Landeskirche in Bayern (02.06.2014): http://www.bayern-evangelisch.de/ was-uns-bewegt/gerechter-krieg.php – Zugriff am 06.01.2016; 21:48 h.

544 Ausnahmen bilden lediglich kleinere Staaten, der größte von ihnen ist Costa Rica. taz: http://www.taz.de/1/archiv/print-archiv/printressorts/digi-artikel/?ressort=sp&dig=200 9%2F05%2F30%2Fa0022&cHash=dc9650ed1d/ – Zugriff am 10.02.2016; 14:24 h.

ger_innen[545] und, die sich in Wehrpflichtstaaten dem Dienst in der Armee verweigern.

Kommunikationshemmnis

a) *Stefan Maaß* fühlt sich *»ein bisschen zwiegespalten«*, weil er einerseits die biblische Begriffsgrundlage vom Friedenstiften (Mt 5,9) – lateinisch: *pacem facere* – als Tradition bewahren möchte. *»Andererseits ist (…) der Begriff »Pazifismus« [zum, T.Z.] Schimpfwort geworden (…), was man gleichzeitig mit ›naivem Träumer‹ übersetzen könnte. Und das find' ich schwierig, weil das, was ›pazifistische Position‹ benannt wird, es vielen schwermacht, sich überhaupt inhaltlich darauf einzulassen. (…). Deswegen verwende ich den Begriff manchmal nicht, verleugne ihn nicht, wenn jemand nachfragt, aber bring' das nicht so nach vorne, um praktisch da schon Barrieren aufzubauen. (…) Und solange die Leute da nachfragen oder man dann trotzdem im Gespräch ist, dann kann man erklären, was man drunter versteht und kann trotzdem zu den Argumenten kommen. Wenn aber schon der Begriff dazu führt, dass jemand sich gar nicht mehr drauf einlässt oder – teilweise habe ich's auch erlebt – einen nur beleidigend als ›Naivling‹ bezeichnet und gar nicht bereit ist, auf Argumente sich einzulassen, dann finde ich das bedauerlich und schade. Wobei ich nicht weiß, wenn es einen anderen Begriff gäbe, ob diese Personen sich dann darauf eingelassen hätten. Aber an sich, von meinem Friedensverständnis, dass es darum geht, Frieden zu machen oder zu stiften oder sich darum für den Frieden zu bemühen, dass der entsteht, halte ich den Begriff eigentlich durchaus für richtig, und letztlich für mich eben Pazifismus auch immer mit Gewaltfreiheit verbunden ist. (…) Nicht ein Pazifismus, der noch ein bisschen Gewalt mit drinne [hat, TZ]. Also deshalb immer die Frage, welcher Pazifismus-Richtung gehört man eher so an, dem prinzipiellen oder situativen (…)?«* (Ma 479–505)

b) Obwohl *Ullrich Lochmann* sich bewusst als Pazifist bezeichnet, hat er *»ein biss'l den Verdacht, dass der Begriff »Pazifismus« nicht mehr ganz das trifft, weil er sehr stark hängt an dem Gegenüber. Und da will sich auch niemand richtig als »Militarist« oder als »Bellizist« bezeichnen lassen.«* (Lo 340–343)

c) *Markus Weingardt* glaubt, der Pazifismus-Begriff sei inzwischen zu schwammig. *»Es gibt ja manche Leute, die Kriegseinsätze befürworten und*

---

545 Am 10. Januar 2016 verweigerte die neunzehnjährige Tair Kaminer ihre Einberufung zum israelischen Militär in Tel Hashomer und wurde sofort für 20 Tage in Haft genommen. EAK: http://www.eak-online.de/aktuelles – Zugriff am 24.01.2016; 00:26 h. Diese Inhaftierungen wurden bis zum 3. August 2016 fortgesetzt. Weltbürger: http://www.worldcitizens.de/content/news/eintraege/int_tag_kdv_kaminer_2016.php; Zugriff am 06.08.2016; 17:20 h.

vorantreiben, die von sich behaupten würden: Im Grund bin ich Pazifist – eigentlich (…) nur manchmal geht's halt so nicht. Aber die werden sich auch als prinzipiell pazifistisch bezeichnen. Und wenn das sein kann, dann weiß ich nicht, ob der Begriff dann noch tauglich ist, um eine bestimmte Position zu markieren. Er ist einfach sehr besetzt durch die Geschichte, durch die Diskussion der letzten Jahre, jetzt, was Deutschland angeht, jedenfalls. Bei anderen Ländern kann ich das nicht beurteilen. Insofern weiß ich nicht, ob es nicht schlauer wäre, … – er ist eben auch politisch so besetzt. Die einen finden Pazifisten toll, bei den anderen geht gleich der Rollladen runter, wenn jemand zum Pazifismus [zu sprechen kommt, TZ]: ›Ja, gerade das hat Auschwitz verursacht.‹[546] *So kennen wir diese Sätze.«* (Wei 432 ff)

Reflexion: Wie *Maaß*, *Lochmann* und *Weingardt* deutlich machen, sollte es bei der Frage der Verwendung des Pazifismus-Begriffes nicht um das Behaupten einer Begriffshoheit, sondern um die Sache der Gewaltfreiheit gehen. Angesichts der negativen Konnotierungen, die einerseits Pazifisten als naive Träumer ausweisen, beziehungsweise Nichtpazifisten durch die Gegensatzbegriffe »Militaristen« oder »Bellizisten« verunglimpfen, sollte die Vermeidung von dialoghemmenden »Rolladeneffekten« prioritär sein und deshalb unbelasteten Begrifflichkeiten der Vorzug gegeben werden.

Hinzu kommt, dass auch bedingte Befürworter militärischer Gewalt gerne unter diesem pazifistischen Begriffsdach unterkommen, indem sie ihre Haltung mit Präfixen bzw. Prädikaten als Verantwortungspazifismus, Realpazifismus, Atompazifismus, Politischen bzw. Organisatorischen Pazifismus, Gerechtigkeitsethischen Ansatz (= Situationspazifismus) u. a. benennen.[547] Allen Pazifismusdefinitionen gemein ist die Absicht, Frieden schaffen zu wollen. Die Trennlinie verläuft entlang der Frage, ob militärische Gewalt in bestimmten Situationen ein zu verantwortendes Mittel sein darf oder ob sie generell auszuschließen ist. Vor diesem Hintergrund ist der Wunsch verständlich, durch klare Begrifflichkeiten wie »gewaltfreie

---

546 »Am 15. Juni 1983 hält CDU-Generalsekretär und Bundesfamilienminister Heiner Geißler im Bundestag eine Rede zur Verteidigungspolitik. Er zitiert sinngemäß aus einem ›Spiegel‹-Interview mit dem grünen Abgeordneten Joschka Fischer: ›Es sei angesichts von Auschwitz zu bedenken, ob jetzt wieder eine Massenvernichtung vorbereitet werde; früher entlang dem Koordinatensystem der Rasse und heute entlang dem Ost-West-Konflikt.‹ Fischer ruft dazwischen: ›Sie sollten sauber zitieren!‹ Geißler fährt fort: ›Der Pazifismus der 30er Jahre, der sich in seiner gesinnungsethischen Begründung nur wenig von dem unterscheidet, was wir in der Begründung des heutigen Pazifismus zur Kenntnis zu nehmen haben, dieser Pazifismus der 30er Jahre hat Auschwitz erst möglich gemacht.‹« WDR: http://www1.wdr.de/themen/archiv/stichtag/stichtag3566.html – Zugriff am 4.01.2016; 22:43 h.

547 Vgl. Bedford-Strohm, Heinrich (2015): http://www.bayern-evangelisch.de/was-uns-bewegt/gerechter-krieg.php – Zugriff am 06.01.2016; 16:54 h.

Konfliktlösung« oder »zivile Konfliktbearbeitung« oder »nichtmilitärische Mittel« das entscheidende Kriterium klar zu benennen.

Befürwortende Äußerungen des Begriffes »Pazifismus«

Harald Bretschneider verweist als Begründung für seine Verwendung des Begriffes »Pazifismus« auf die Bibel: »*Die Seligpreisungen beinhalten dieses Wort und wir sollten uns nicht mühen, es besser zu machen als Jesus es selber gemacht hat. Dieses ›pazifistisch‹ ist natürlich auch missbrauchbar. Aber als Grundintention für eine ›vorrangige Option der Gewaltlosigkeit‹ ist es das beste Wort, was es gibt.*« (Br 439–443)

Hans Häselbarth möchte es bei dem Begriff »Pazifismus« belassen, auch wenn er oft im negativen oder abfälligen Sinn gebraucht worden sei. »*Wir brauchen ein Logo oder einen Begriff, der uns aussagt, (…)«.* Man müsse deutlich machen, dass Pazifismus »*einen aktiven Einsatz heißt, für die Sache des Friedens zu kämpfen – aber wo es dann ganz eindeutig auf die Mittel ankommt, mit was. Also ich könnte ihn nicht ersetzen – ich kann natürlich sagen ›Friedensdienst‹ oder ›Friedenseinsatz‹«.* (Hä 436–448)

Theodor Ebert verwendet den Begriff »*Pazifismus‹, weil die Übersetzung von ›pacem facere‹ lautet ›Frieden machen‹, nicht über Frieden reden und Friedenspreisträger küren. Für mich ist die Gewaltfreie Aktion ein integraler Bestandteil des Friedenmachens. Das heißt, man muss sich für Gerechtigkeit einsetzen. Und das geht nicht, ohne dass man Konflikte beim Namen nennt und zu bearbeiten sucht.*« (Eb 452–456)

Auch *Albert Fuchs* betont, dass »*›pacem facere‹ eine aktive Auseinandersetzung mit der Problematik und dann natürlich auch in Konfliktkonstellationen friedenswirksam zu sein*« bedeute und dass der springende Punkt die Mittel seien. »*Es überzeugt mich nur die Position der Übereinstimmung von Mittel und Ziel. Das ist nach meiner Meinung eine fundamentale Sache.*« Frieden könne man nur mit friedlichen Mitteln erreichen. Deshalb sei der sogenannte Politische Pazifismus, der Gewalt miteinschließe, eine begriffliche Verhunzung. (Fu 312–340)

Ute Finckh-Krämer bezeichnet sich »*ungeniert als Pazifistin*« und habe »*auch festgestellt, dass gerade in der harten politischen Diskussion mit Leuten, die sich nicht der Friedensbewegung oder der Gewaltfreiheit verbunden fühlen, das als klare Ansage gewertet wird und damit besser ankommt, als wenn jemand sagt: ›Ich bin ja nicht ganz prinzipiell gegen das Militär, aber möchte doch in diesem Zusammenhang sagen, eigentlich bin ich dann natürlich doch dagegen.‹ Das kommt nicht so gut an, wie wenn man sagt: ›Ich bin Pazifistin, ich glaube, dass man das Militär als Mittel der internationalen Politik abschaffen muss. Und weil ich Pazifistin bin, beschäftige ich mich intensiv mit dem, was man stattdessen machen kann. Und aus dieser Fachkenntnis heraus schlage ich jetzt das und das vor.*«« (Fi 301–310)

Für *Horst Scheffler* ist der *»Begriff durchaus positiv besetzt. (…) Das Grundgesetz hat ein pazifistisches Vorzeichen: Verantwortung für Frieden, Völkerverständigung und so weiter. Ich weiß natürlich, dass der Begriff von vielen dann auch abgelehnt wird, weil er als utopisch angesehen wird. Aber ich denke, wir sollten tatsächlich auch den Pazifismus in seiner Breite sehen. Es gibt ja Ansätze, den pragmatischen vom radikalen Pazifismus zu unterscheiden und noch zig Differenzierungen. Ich denke, dass die ganze Breite ihre Berechtigung hat. Ich würde mich so ein Stück weit als pragmatischen Pazifisten im Sinne dieser Kategorisierung einordnen und deswegen eben auch noch im Blick auf Polizeigewalt – just policing – nicht die Position vertreten, jegliche rechtserhaltende Gewalt für obsolet zu erklären. Aber ich sehe, auch die anderen[, die Polizeigewalt ablehnen, T.Z.] haben ihre Berechtigung, weil dies für mich nachvollziehbar ist, dass jemand sagt:* ›*Nein, ich kann da überhaupt nicht mitmachen, ich will, ich darf da nicht mitmachen, weil mein Gewissen mir das verbietet.*‹ *Also, ich bin bemüht, in diesen Kontexten den Pazifismusbegriff positiv zu bewerten und auch weiterhin mit ihm zu arbeiten. Aber man muss manchmal ein bisschen Erklärungen bringen gegen die Leute, die ihn abwerten, weil sie nichts von ihm halten oder die ihn dann überdehnen – in der Nachrüstungsdebatte:* ›*Die Bundeswehr ist die größte pazifistische Organisation, die man sich denken kann*‹ *– hilft natürlich auch nicht weiter. Obwohl ich den Soldaten damals zugestand, dass sie einen pazifistischen Auftrag haben. Eine Armee ist trotzdem keine pazifistische Organisation.*« (Sch 368–387)

Ullrich Lochmann bezeichnet sich, wenn er nach seiner Einstellung gefragt wird, ebenfalls als Pazifist. Wobei er sich im Klaren darüber ist, »*dass dieser Begriff, gerade mit dem Begriffspaar* ›*Militarist – Pazifist*‹ *oder* ›*Bellizist*‹*, dass er nicht ausreicht vielleicht, das ganze Anliegen zu beschreiben. Ich weiß aber im Moment auch keine viel bessere Begrifflichkeit.*« (Lo 325–343)

Paul Russmann möchte den Pazifismus-Begriff »*gerne in Abgrenzung benutzen, weil mittlerweile im Sinne des Orwellschen [Neusprech, T.Z.] jetzt auch schon der Begriff* ›*Frieden*‹ *für Kriegseinsätze benutzt wird, dann spricht man auch schon nicht von Kriegseinsätzen, sondern von friedenserzwingenden Einsätzen. Also, alleine den Begriff* ›*Frieden*‹ *und Zwang miteinander zu verbinden, ist ja schon ein Konstrukt, das ich ablehne. Also, um der Klarheit und Wahrheit willen ist an dem Wort* ›*Pazifisten*‹*,* ›*Pazifistinnen*‹ *weiter festzuhalten.*« (Ru 417–443)

Aus der breiten Ablehnung des Pazifismus bzw. den allseitigen Distanzierungen einflussreicher Persönlichkeiten in Staat, Gesellschaft und Kirche davon, leitet *Ullrich Hahn* ab: »*Ja, insofern spricht vielleicht für das Wort, dass es doch richtig verstanden wird.*« (Ha 504)

Zusammenfassung der befürwortenden Aussagen zum Begriff »Pazifismus«

(1) Auch wenn der Begriff »Pazifismus« missverständlich sein könne, brauche das Anliegen einen Begriff, der das Gemeinte aussage: *Pacem facere*, die lateinische Formulierung der Seligpreisung Jesu der Frieden Machenden (Matthäus 5,9), bringe den aktiven Einsatz im Sinne der Anwendung Gewaltfreier Aktion zur Konfliktlösung treffend zum Ausdruck.

(2) Im Unterschied zu Gewalt implizierenden Pazifismusdefinitionen sei ein entscheidendes Merkmal des Pazifismus im Sinne von *pacem facere* die Übereinstimmung von Mittel und Ziel.

(3) Die Selbstbezeichnung als Pazifist_in mit dem Ziel der Abschaffung des Militärs als Mittel der internationalen Politik sei gerade im Dialog mit Militärbefürworter_innen eine klare Ansage und Gesprächsbasis.

(4) Die verschiedenen Verständnisse von »Pazifismus« sollten respektiert und toleriert werden, wobei die Bezeichnung der Bundeswehr als »größte pazifistische Organisation« nichtzutreffend sei. Gerade wenn Kriegseinsätze als Friedenserzwingungsmaßnahmen bezeichnet werden, könne der Begriff »Pazifismus« für begriffliche Klarheit im Sinne eines friedlichen Friedenschaffens mit gewaltfreien Mitteln sorgen.

(5) Das sehr konträre Begriffspaar »Pazifist« und »Bellizist« bzw. »Militarist« reiche nicht aus, die verschiedenen dazwischen befindlichen Positionen zu beschreiben.

> **Reflexion:** Ist die generelle Absage an militärische Gewalt Ideologie?
>
> Ist der Missbrauch des Begriffes »Pazifismus« Grund genug, auf dieses jesuanische Wort zu verzichten? Oder sollte es nicht gerade als Wort Jesu ganz gezielt eingesetzt und erklärt werden? Auch in Würdigung der vielen Pazifist_innen, die in totalitären aber auch in demokratischen Staaten, in Geschichte und Gegenwart wegen ihrer Haltung verfolgt wurden und werden?

4.6.3 Alternativvorschläge

4.6.3.1 Betonung auf »Leben«

Paul Oestreicher schlägt vor, vom *»gewaltlosen Leben«* beziehungsweise von der *»Lehre vom gewaltlosen Leben«* zu sprechen und im christlichen Rahmen den Begriff *»Feindesliebe«* ins Zentrum zu stellen. (Oe 447–458)

Auch *Ullrich Lochmann* kommt es auf die Worte *»Leben«* beziehungsweise *»Zusammenleben«* an. Er regt an, darüber nachzudenken, *»ob das Wort ›Pazifismus‹ nicht zu klein ist, für das, was notwendig ist zu denken. Man soll's nicht*

ausrangieren, aber es gibt vielleicht auch schon bessere, also etwa im gesell-
schaftlichen, wirtschaftlichen Bereich ist es der ›Weg zum guten Leben‹ (…). Das
beinhaltet eben auch ein Leben mit anderen zusammen, ein lebenswertes Leben,
was natürlich ausschließt, dass man sich gegenseitig immer das Leben schwer-
macht.« (Lo 325–340)

> **Reflexion:** Vorteil dieser Betonung ist, dass Gewaltlosigkeit in einen grö-
> ßeren Zusammenhang gestellt wird, als nur eine alternative Weise der
> Verteidigung zu sein, während es ansonsten keiner Veränderungen be-
> dürfe. Dieser schon im Alten Testament aufgezeigte Zusammenhang von
> Gerechtigkeit und Frieden als zwei Seiten einer Medaille (z. B. Psalm 85,11,
> Jesaja 32,17) weist Gewaltlosigkeit als Strukturprinzip einer solidarischen
> Gesellschaft aus, die auch gewalttätige Strukturen in der Wirtschaft, in der
> Ressourcenverteilung, im kulturellen Bereich, im Umgang mit der Natur
> usw. zu überwinden hilft.

4.6.3.2 Betonung von »Konstruktivität«

Markus Weingardt kommt es auf das konstruktive Element der Friedensarbeit
an, weshalb er an einen Begriff wie »*Konstruktive Konfliktbearbeitung*« denkt,
dessen Sperrigkeit er jedoch einräumt, oder an »*Gewaltlose Friedensarbeit*«, »*da*
ist das Wesentliche drin.« Er glaubt, »*es gäbe bessere Begriffe, bessere Labels*
sozusagen. Man müsste mal 'ne Werbeagentur beauftragen, dass sie etwas Gutes
findet.«

Zudem verweist er auf den »*Dreiklang ›Frieden, Gerechtigkeit, Schöpfungs-*
bewahrung‹«, der gerade im interreligiösen Zusammenwirken eine gemeinsame
Basis darstellen könne. (Wei 432–472)

4.6.3.3 Betonung auf »Kommunikation«

Eugen Drewermann geht davon aus, dass Aggressionen überwunden werden
können, wenn man auf die jeweiligen Bedürfnisse der Gegenseite achtet. Deshalb
empfiehlt er den von Marshall Rosenberg geprägten Begriff »*Gewaltfreie Kom-*
munikation«.[548] (Dr 765–800)

---

548 Vgl. Rosenberg, Marshall B. (2007): Das können wir klären. Wie man Konflikte friedlich
und wirksam lösen kann. Gewaltfreie Kommunikation: Die Ideen & ihre Anwendung.
Paderborn: Junfermann Verlag. Derselbe (2006): Die Sprache des Friedens sprechen – in
einer konfliktreichen Welt. Was Sie als Nächstes sagen, wird ihre Welt verändern. Paderborn: Junfermann Verlag.

Reflexion: Diese Vorschläge beschreiben präzise wesentliche Elemente gewaltloser Friedensarbeit (Konstruktivität, Kommunikation, Zusammenhang von Frieden, Gerechtigkeit und Schöpfungsbewahrung), dürften meines Erachtens jedoch eher für den fachwissenschaftlichen bzw. innerkirchlichen Diskurs geeignet sein, als für die öffentliche Debatte.

4.6.3.4 Betonung von »Gewaltfreiheit«

Während *Ute Finckh-Krämer* für die internationale Konfliktebene den Begriff »*Pazifismus*« für geeignet hält, schlägt sie für die Konfliktaustragung innerhalb eines Landes den Begriff »*Aktive Gewaltfreiheit*« vor. (Fi 320–326)

Auch *Fernando Enns* benutzt anstelle von »Pazifismus« »*lieber den Ausdruck der ›Aktiven Gewaltfreiheit‹, weil es für mich wichtig ist, dass – (…) das Aktive spielt für mich eine große Rolle – dass es keine passive Haltung ist, sondern ein aktives Sich-einbringen, Sich-einmischen in politische Prozesse, Verantwortung aktiv zu übernehmen, aktiv handelnd zu werden, aber von Gewalt befreit zu handeln. Dieses Befreiungsmoment ist mir dabei auch ganz wichtig, dass man tatsächlich auch dazu kommen muss und diese Größe vielleicht entwickeln muss durch Bildung, durch Prägung, durch eine Wissensaneignung und ein Erlernen, die einen dazu bringt zu erkennen: ›Ich bin nicht gefangen im Gewaltzirkel und es gibt nicht notwendigerweise die sogenannten Sachzwänge, die mich dazu bringen müssen, meinerseits Gewalt anzuwenden, auch wenn ich so sehr gegen Gewalt bin.‹ Sich davon befreien zu lassen, ist meines Erachtens ein ganz großes Geschenk des Glaubens, auch weil eben das Vertrauen in die Kraft der Gewaltfreiheit so groß ist. Und dieses Vertrauen ist im Grunde genommen kein anderer Ausdruck als der Glaube an Gott, dass es diese Kraft tatsächlich gibt, und dass diese Kraft der Gewaltfreiheit, der gewaltfreien Liebe am Ende stärker ist als jede Gewaltanwendung.*« (En 609–624)

Stefan Maaß erinnert jedoch daran, dass auch das Wort »*›gewaltfrei‹ (…) genauso schwierig [ist, T.Z.], wenn gesagt wird ›absolut gewaltfrei? – das gibt's doch gar nicht!‹ Also deswegen – jeder Begriff hat seine Stärken und Schwächen.*« (Ma 479 ff.)

Reflexion: Abgesehen davon, dass auch »Gewaltfreiheit« im Sinne eines »Frei-von-Gewalt-Seins« wohl nur eine näherungsweise erreichbare Tugend sein und deshalb für manche Ohren zu absolut klingen dürfte, wird mit dem Prädikat »aktiv« dem Missverständnis vorgebeugt, Gewaltfreiheit bedeute lediglich Nichtstun, Passivität. Eine sehr gute Verbindung lässt sich auch zu den biblischen Freiheits- und Befreiungsdimensionen herstellen: Der Mensch möge sich, so der göttliche Wunsch, aus freien Stücken für das aus dem Tun des Gerechten und der Liebe hervorgehende Leben entscheiden (z. B. Ex 20,2; Lev 18,5; Gal 5,1.13).

4.6.3.5 Betonung von »Gewaltverzicht«

Ullrich Hahn hingegen findet den Begriff des *»Gewaltverzichts«* wichtig, *»weil er für mich etwas zum Ausdruck bringt, dass hier eine bewusste Entscheidung getroffen ist, ein Verzicht auf etwas, was ich haben könnte. Ich hab's ja selber in meiner Biographie gemerkt: Ich bin an acht verschiedenen Kriegswaffensystemen ausgebildet worden – also wir waren beim Bundesgrenzschutz mit Kriegswaffen ausgerüstet. Und ich habe gerne geschossen, es hat mir Spaß gemacht. Also, es ist nicht so, dass ich sagen könnte, das steckt nicht in mir, sondern die Fähigkeit, Gewalt auszuüben, steckt in mir. Und wenn ich dann auf diese Gewalt verzichte, aufgrund der Einsicht, dass das nicht gut ist, genauso wie ich auch auf Drogen verzichte oder auf anderes, was ich als falsch oder Unrecht erkenne – ja, dann bringt es für mich dieser Begriff ›Gewaltverzicht‹ eigentlich zum Ausdruck. Ich will auch den Begriff ›Gewalt‹ nicht aussparen.«* (Ha 435–450) Sehr eindeutig komme dieser Verzicht auch im Begriff »Kriegsdienstverweigerer« zum Ausdruck. Er sage von sich auch heute noch: *»Ich bin Kriegsdienstverweigerer. Und daraus ergeben sich für mich die Konsequenzen, denn ich habe Kriegsdienstverweigerung immer so verstanden, dass es nicht nur sich auf das Töten durch die eigene Hand bezieht, sondern eben, dass ich damit ausdrücke: Ich lehne das Töten und Verletzen von Menschen im Krieg generell ab, auch wenn es andere tun. Von daher war für mich der Begriff ›Kriegsdienstverweigerer‹ eigentlich immer ein sehr klarer Begriff. Jetzt, da es keine Wehrpflicht mehr gibt, ist der Begriff nicht mehr so gebräuchlich und tritt eher in Hintergrund.«* (Ha 504–512)

> **Reflexion:** »Gewaltverzicht« beschreibt zwar sehr präzise die Notwendigkeit, auf mögliche Gewaltpotentiale aus freien Stücken zu verzichten und ist auch ein wichtiger Begriff im Völkerrecht.[549] Doch, wer denkt und spricht gerne in Verzichtskategorien – zumal damit immer noch ein heimliches Sehnen nach Gewalt einhergehen könnte? Auch kann ein Verzicht auf etwas, wie beispielsweise auf Genussmittel während der Fastenzeit, nur temporär begrenzt und sich mühevoll abgerungen sein. Mit »Gewaltfreiheit« bzw. »gewaltfrei« hingegen lässt sich eher eine positive

---

549 Wobei in der UN-Charta Art. 2,4 nur die eigenmächtige Anwendung militärischer Gewalt verboten ist. Der Verzicht auf die Bereithaltung, Einübung und Androhung erscheint nur als Absichtserklärung derselben (z. B. in Resolution Nr. 2602 der UN-Generalversammlung vom 16. Dezember 1969).

Gestimmtheit, eine Überwundenheit der Gewaltoption ausdrücken. Auch in der Alltagssprache wird mit »…frei« eher eine positive Bewertung assoziiert, z. B. »asbestfrei«, »laktosefrei«, »alkoholfrei«. Insofern dürften Menschen, die vorhandene Waffen situativ bedingt stecken lassen, oder Politiker_innen, die eine zu Gebote stehende Armee im Konfliktfall, z. B. zur Vermeidung noch größerer Schäden, nicht zum Einsatz bringen, von einem »Gewaltverzicht« sprechen. Eine Strategie jedoch, die generell ohne die militärische Option auskommt, wäre meines Erachtens treffender mit »gewaltfrei« zu benennen.

4.6.3.6 Betonung von »Friedensstiftung«

Ulrich Parzany schlägt vor, den Begriff *»Friedensstiftung«* zu verwenden: *»(…) es ist keine Ideologie, es ist ein Vollzug. Und da muss ich fragen, aus welcher Quelle kann ich selber die Kraft erfinden, (…) was ist Versöhnung und wie kann ich, wenn ich Versöhnung mit Gott erfahre, wie kann ich das weitergeben, was ich so in einem solchen Überfluss habe. Also, wo wird es konkret? Auch das ist in diesen ganzen friedensethischen Fragen immer eine Problematik gewesen. Wir sind so leicht dabei, den Frieden auf der globalen Ebene zu zimmern – aber zu sagen: ›Das hat mit dem Frieden unserer Familie nichts zu tun.‹ Aber das lässt sich nicht auseinanderhalten. Wenn ich nicht den Konflikt in meiner Ehe lösen kann, und die Scheidung der einzige Weg ist, mit welchem Recht gehe ich hin und predige den Anderen, dass sie da, wo Recht gegen Recht geht, über Generationen hin, sich doch bitteschön versöhnen sollen und nicht Krieg führen miteinander. Also, ich glaube, diese Spaltung, das ist vielleicht auch noch ein, ich meine, auch ein grundsätzlicher Aspekt, der sich auch in der Theologie eingeschlichen hat, dass man Individualethik und Sozialethik als verschiedene Etagen betrachtet, die nichts miteinander zu tun haben. Das kann nur gelingen, wenn man ideologisch denkt«.* (Pa 611–626)

Reflexion: Mit »Friedensstiftung« haben wir die deutsche Übersetzung (Luther-Bibel) des lateinischen »*pacem facere*« in den Seligpreisungen Jesu (Matthäus 5,9). Dieser Begriff ist allgemeinverständlich und in sämtlichen Konfliktebenen brauchbar. Er lässt sich auch von Paulus ableiten, der die römischen Christen aufforderte, mit allen Menschen in Frieden zu leben und dies im Sinne eines gewaltfreien Verhaltens – Verzicht auf Rache und Vergeltung, gütiges Verhalten zu den Mitmenschen, Praxis der Feindesliebe, Überwindung des Bösen mit Gutem – expliziert (Römer 12,17ff.).

Gewiss kann der christliche Glaube eine ganz wesentliche Quelle für Friedensstiften und Versöhnungshandeln sein und es gibt dafür auch viele

Beispiele. Wie *Markus Weingardt* aufgezeigt hat, lassen sich jedoch ähnliche Friedensstifter_innen auch in anderen Religionen finden.[550]

Zuzustimmen ist *Parzany* darin, dass Friedensarbeit nicht nur auf der globalen, sondern auch auf der persönlichen und familiären Ebene notwendig ist. Andererseits wäre es problematisch, das Persönliche gegen das Kollektive und das Lokale gegen das Globale auszuspielen, nach dem Motto: Erst wer sich auf der kleineren Ebene widerspruchsfrei verhält, darf sich auf der größeren Ebene betätigen. Abgesehen davon, dass menschliches Beziehungshandeln immer wieder scheitern kann, muss dies nicht für politisches Friedenshandeln disqualifizieren. Aus der von *Parzany* problematisierten Trennung zwischen Individualethik und Sozialethik kann jedoch auch umgekehrt gefordert werden, dass die im persönlichen und innergesellschaftlichen Bereich geltenden und weitgehendst akzeptierten rechtsstaatlichen Standards – zum Beispiel allseitige Regelbeachtung, der Gewaltverzicht bei Konfliktlösungen, das Gewaltmonopol bei der übergeordneten Instanz, *one-man, one-vote* usw. – endlich auch im internationalen Bereich Anwendung finden müssten.

4.6.3.7 Unterschiedliche Bewertung des Begriffes »Gütekraft«

Bei der Beantwortung der sechsten Interviewfrage zum Begriff »Pazifismus« und möglichen Alternativen nahmen *Fernando Enns* und *Ullrich Hahn* auch zu dem von Martin Arnold vertretenen Begriff der »Gütekraft« in unterschiedlicher Weise Stellung. Der Essener Theologe und Friedensforscher macht sich für diese Übertragung des von Gandhi aus den Sanskritworten für »Wahrheit« und »Kraft« gebildeten Kunstwortes »Satyagraha« in die deutsche Sprache stark. Er kann sich dabei auch auf den von Albert Schweitzer geprägten Begriff der »Gütigkeit« beziehen.[551]

Enns findet diesen Begriff »Gütekraft« sympathisch. *»Da steckt auch eben dieses Aktive drin, es steckt das Kräftige drin, es ist nicht eine schwache Position, sondern im Gegenteil, die Gewaltfreiheit hat eine starke Kraft und ist mächtig, ist in keinem Fall ohnmächtig. Aber ich benutze einfach diesen Begriff der »Aktiven*

---

550 Weingardt, Markus (2007).

551 Arnold, Martin (2011): Gütekraft – Ein Wirkungsmodell aktiver Gewaltfreiheit nach Hildegard Goss-Mayr, Mohandas K. Gandhi und Bart de Ligt. Baden-Baden: Nomos, S. 83. Arnold, Martin (2015): »Einfach nur zuschauen«? Was würde Jesus tun? Gütekraft als Kernelement zukunftsfähiger Friedensethik. Deutsches Pfarrerblatt Heft 5/2015, http://www.pfarrerverband.de/pfarrerblatt//index.php?a=show&id=3814 – Zugriff am 7.01. 2016; 20:30 h.

Gewaltfreiheit«, weil ich eben dieses Freiheitsmoment da wichtig finde.« (En 567–634)

Hahn weiß um die Bemühungen, negationsfreie Begriffe zu benutzen. Aber gerade bei »Gütekraft« findet er, dass etwas begrifflich umgegangen werden soll, was uns umgebe: Gewalt beziehungsweise Gewaltstrukturen. Es werde der Eindruck erweckt, *»ich könnte mit einer bestimmten Haltung in der Gesellschaft wirken, ohne das Negative im Namen zu nennen. Das, wogegen ich bin, was auch in mir ist, das will ich auch benennen und will dazu ein ganz klares Nein sagen. Ich will auch den Konflikt eingehen dadurch. Das andere, denke ich, kann leicht zu Verbrüderung führen, ohne dass man weiß, was wird hier ausgeklammert? Auch ein Soldat, ein Offizier kann gütig sein. Früher hat man Könige gütig genannt – ein gütiger König, der natürlich sein Militär hatte und seine Polizei und seine Verliese und konnte trotzdem gütig sein. Also für mich bringt der Ausdruck »Gütekraft« nicht dasselbe, dieselbe Klarheit zum Ausdruck wie der »Gewaltverzicht« oder andere sagen »Gewaltfreiheit«. Aber für mich ist »Verzicht« eine Entscheidung, die ich treffen muss. Die Gewaltfreiheit liegt mir nicht in der Natur, ich muss durch einen bewussten Verzicht auf die Gewalt mich von ihr lösen.«* (Ha 456–467) *Hahn* ist sich jedoch bewusst, dass Andere mit »Gütekraft« etwas anfangen können und nichts mit »Gewaltfreiheit«. Deshalb schlägt er vor, *»dass wir weniger mit bestimmten Begriffen arbeiten, sondern eben mit dem Vorbild und dann mit konkreten Beschreibungen dessen, was wir wollen.«* (Ha 467–475)

4.6.3.8 Reflexion zum gesamten Kapitel

1) Die Auswertung der verschiedenen Vorschläge und Begründungen für Alternativbegriffe zum Begriff »Pazifismus« zeigt, wie unterschiedlich Menschen, die sich in ihrer militärablehnenden Haltung sehr nahe sind, diese auf den Begriff bringen und welche Assoziationen die jeweils von den Anderen gewählten Begriffe bei ihnen hervorrufen.

2) Die Begriffsvielfalt muss nicht als unnütze Wortklauberei beklagt werden, sondern kann wegen der dahinterliegenden Motivations- und Erfahrungsvielfalt als diskursbelebender Reichtum interpretiert werden. Wenn die von *Hahn* oben beschriebene gemeinsame Zielsetzung vorhanden ist, wird es kein Problem sein, sich situativ – d. h., die jeweiligen Umstände berücksichtigend – auf gemeinsame Begrifflichkeiten zu verständigen.

3) Zum eingangs zitierten Begriff »Radikalpazifismus« sei noch bemerkt, dass das Adjektiv »radikal« (von lat. *radix,* die Wurzel) zwei unterschiedliche Bedeutungen hat.[552] Positiv meint man, dass etwas »von Grund aus«, »vollständig« erfolge. Auf den Frieden bezogen, wäre dabei vor allem die Ziel-Mittel-Relation im Blick. In diesem Sinne ist »Radikalpazifismus« eine Selbstbezeichnung für die Haltung von Menschen, die jegliche Form der Gewalt, auch in der persönlichen Notwehr oder durch die Polizei ablehnen.[553] Mit negativer Konnotation bedeutet »radikal«, dass etwas »rücksichtslos« oder »mit Härte« durchgeführt werde und meint im politischen Kontext »eine extreme politische, ideologische, weltanschauliche Richtung vertretend [und gegen die bestehende Ordnung ankämpfend]«[554]. Dieser Bedeutungsgehalt dürfte bei Fremdbezeichnungen bzw. Distanzierungen zumindest mitschwingen.

4) Im Widerstreit um den Pazifismusbegriff sei noch Dietrich Bonhoeffer erwähnt, der sich – so sein Freund und Biograph Eberhard Bethge – aufgrund seiner Ablehnung angelsächsischer Ideologien trotz seiner eigenen pazifistischen Haltung nie als »Pazifist« bezeichnet habe. Aber angesichts der zum Krieg hinführenden Entwicklung riet er: »Wir sollen uns auch nicht vor dem Wort Pazifismus scheuen, sollen sie mich ruhig Pazifist nennen, lieber Pazifist als Militarist.«[555]

4.6.4 Theoriebildung – Zusammenstellung der Analysen und Reflexionen zur Interviewfrage 6 nach dem Begriff »Pazifismus«

These 78: »Pazifismus« bedeutet Ablehnung des Militärs und Engagement für Alternativen

Obwohl sich die Frage von Gewalt und Frieden auf allen Ebenen des menschlichen Zusammenlebens stellt, bezieht sich der auf Jesu allgemeine Seligpreisung der Friedensstifter (Matthäus 5,9) zurückgehende Begriff »Pazifismus« seit seiner modernen Prägung zu Beginn des 20. Jahrhunderts vor allem auf die zwischenstaatliche Konfliktebene und bedeutet die generelle Ablehnung mili-

---

552 Vgl. https://www.dwds.de/wb/radikal – Zugriff am 11.01.2017; 23:41 h.
553 Vgl. Fuchs, Albert (2011), S. 185–220.
554 Siehe oben dwds.de.
555 Bethge, Eberhard (1980): Gesichtspunkte zur Gewaltlosigkeit und Gewalt im Tun und Denken Dietrich Bonhoeffers. Bremen: Evangelische Arbeitsgemeinschaft zur Betreuung der Kriegsdienstverweigerer (EAK), S. 11f.

tärischer Gewalt und – entgegen aller Vorwürfe der Passivität und Feigheit – das Engagement und die Befähigung für eine Politik der zivilen, gewaltfreien Konfliktbearbeitung aufgrund einer menschenfreundlichen Haltung. Bezeichnungen wie »Atompazifismus«, »Realpazifismus« oder »Verantwortungspazifismus« hingegen behalten sich, bei gleichzeitiger Betonung des Friedenswillens, die Androhung und Anwendung kriegerischer Gewalt vor und unterscheiden sich diametral vom Pazifismus an sich. Dennoch kann dieses gemeinsame Begriffsdach den Ausgangspunkt für weitere Dialoge zwischen den unterschiedlichen Auffassungen bilden. (Dr 765–800, Eb 457–460, Fi 297–314, Hä 436–441, Ma 479–505, Wei 432–436).

These 79: Pazifistisches Engagement kann unterschiedliche Ausprägungen haben

Der *prophetische* Pazifismus bedeutet die persönliche Verweigerung von bzw. Nichtbeteiligung an Kriegsdiensten,
der *politische* Pazifismus die Entwicklung des Friedens durch Diplomatie und internationale Verträge und
der *konstruktive* Pazifismus den Aufbau von gewaltfreien Alternativen der Konfliktbearbeitung. (Ru 417–432)

These 80: Vernunftbegründeter Pazifismus ist selbstkritisch

Pazifismus als vernunftbegründete Herangehensweise an zwischenstaatliche oder größere innerstaatliche, gemeinhin mit militärischer Waffengewalt ausgetragene Konflikte beinhaltet die kritische Selbstreflexion (z. B. bezüglich der eigenen, lebensstilbedingten Verstrickung in gewaltproduzierendes Unrecht, der Möglichkeiten und Grenzen gewaltfreier Konfliktbearbeitung) und den Respekt vor der Motivation anderer Menschen, die meinen, großes Unrecht und schwere Menschenrechtsverletzungen mit Gewalt abwenden zu müssen. Deren Mittel werden jedoch ob ihrer Kontraproduktivität und Inhumanität begründet abgelehnt. (En 567–574, Oe 64–69, 78–80, 138–174)

These 81: Begriff »Pazifismus« gilt teilweise als historisch belastet

Das Gleichsetzung von Pazifismus mit Passivität, Feigheit, Unmoralität (z. B. Appeasement-Politik 1938, Nachkriegsdiskussion in Frankreich, aber auch in den Kirchen zu dieser Zeit), ist teilweise bis heute so stark verbreitet und erweckt so starke Vorbehalte, dass viele Pazifist_innen diesen Begriff für die Selbstbezeichnung bzw. die Benennung ihres Anliegens meiden, um einen Dialog in der

Sache nicht von vorn herein unnötig zu erschweren. (Dr 40–50, Fi 297–314, Ha 435–440, Ma 479–505, Oe 448–457, Wei 436–472)

These 82: Pazifismus unter Ideologieverdacht

Ein allein auf Angstgefühlen und gruppenpsychologischen Effekten beruhender oder ausschließlich politisch-ideologisch begründeter Pazifismus liefe Gefahr, Enttäuschungen hervorzurufen. Deshalb kommt einer religiösen oder weltanschaulichen Fundierung, die ein nachhaltiges, mit Schwierigkeiten rechnendes Engagement für konstruktive gewaltfreie Alternativen ermöglicht, eine große Bedeutung zu. Bewertungskriterium dafür bleiben die dadurch gezeitigten »Früchte« (Matthäus 7,15–21). Das Evangelium ist *per se* ideologiekritisch, weil es nach den Bedürfnissen und Zielen der Menschen fragt und wie auch immer geartete Machtstrukturen kritisch hinterfragt (Mk 10,43–44). (Dr 122–134, En 567–609, Pa 575–606)

These 83: Pazifismus-Begriff ist eine klare Ansage und sollte deshalb bewusst verwendet werden

Der Pazifismus-Begriff weist auf die jesuanische Wurzel (Mt 5,9) und beinhaltet ein aktives Handeln, sowohl Konflikte lösend wie auch Ursachen abbauend. Er hat als Ziel die Überwindung des Militärs als Mittel der internationalen Politik. Im Unterschied des sogar schon für Militäreinsätze benutzten Begriffes »Frieden« (Friedensmission, -schaffung, -erzwingung) verdeutlicht »Pazifismus« den Zusammenhang von Mittel und Ziel. Er entspricht dem pazifistischen Vorzeichen des Grundgesetzes und lässt Gesprächspartner_innen wissen, um was es in der politischen Friedensfrage konkret geht.

Die vielfachen Ablehnungen und (Teil)Distanzierungen deuten darauf hin, dass »Pazifismus« in seiner militärablehnenden Bedeutung wohl richtig verstanden wird. An der Bekanntmachung seines konstruktiven Gehaltes samt der für die meisten Pazifist_innen selbstverständlichen Akzeptanz einer rechtsstaatlichen, auf Gewaltdeeskalation hin ausgerichteten Polizei – auf nationaler wie auch auf internationaler Ebene – gilt es zu arbeiten. (Br 439–443, Eb 452–456, Fi 301–310, Fu 312–340, Ha 504, Hä 436–448, Ru 417–443, Sch 368–387)

These 84: Pazifismus-Begriff kann situativ auch durch andere Begriffe, die seine Wesenszüge beinhalten, ersetzt werden

Beispielsweise kann von der »Lehre vom gewaltlosen Leben«, vom »Weg zum guten Leben«, im christlichen Bereich von »Feindesliebe« und »Friedenstiften« gesprochen werden. Mit Blick auf die damit verbundenen Methoden können

»Konstruktive Konfliktbearbeitung«, »Gewaltfreie Kommunikation« oder »Gewaltlose Friedensarbeit« und hinsichtlich der Ganzheitlichkeit des positiven Friedensbegriffes der ökumenische Dreiklang von »Frieden, Gerechtigkeit und Schöpfungsbewahrung« gewählt werden. Die damit verbundene Grundhaltung lässt sich je nach Perspektive mit »Gewaltverzicht« oder »(Aktiver) Gewaltfreiheit« oder »Gütekraft« benennen. (Dr 765–800, En 567–624, Fi 320–326, Ha 504–512, Lo 325–340, Ma 479, Oe 447–458, Pa 611 f., Wei 432–472)

4.7 Merkmale einer christlich-pazifistischen Einstellung – Zusammenfassung der 84 Thesen in 10 Hauptthesen

4.7.1 Motivationen

(1) Biographie

Aus eigenen und vermittelten Kriegserfahrungen gilt es die entsprechenden Konsequenzen zu ziehen.

Grundlegend für eine pazifistische Einstellung sind gravierende emotionale Erfahrungen entweder durch eigenes Erleiden kriegerischer Gewalt oder durch vermitteltes Kriegserleben im persönlichen, familiären Umfeld oder in den Medien. Die daraus resultierende Konsequenz der prinzipiellen Ablehnung der Vorhaltung, Androhung und Anwendung militärischer Gewalt steht im Gegensatz zur vorherrschenden Meinung in Staat, Gesellschaft und Kirche. Diese Minderheitenposition erfordert eine starke, frustrationsresistente Fundierung auf humanen und/oder religiösen Wertvorstellungen, eine Orientierung an Vorbildern sowie eine Bestärkung durch Verbundenheit mit Gleichgesinnten. Eigene positive Erfahrungen mit gewaltfreiem Konfliktverhalten, aber auch das – möglicherweise beim Studium zudem vertiefte – Wissen um dessen größere Wirksamkeit in vielen historischen und aktuellen Beispielen, befähigen zum kritischen Vergleich mit militärischen Konfliktlösungen. Die historische Verantwortung angesichts der von deutschem Boden ausgegangenen zwei Weltkriege, aber auch die Verantwortung gegenüber den gegenwärtig von Kriegen und Kriegsfolgen betroffenen Menschen und gegenüber künftigen Generationen verpflichtet und motiviert zum Engagement für die Überwindung des Krieges.

(Thesen 1, 2, 3, 5, 6, 7, 24, 25, 26, 27, 28, 30, 31)

(2)   Christlicher Glaube

Die Gewaltfreiheit gehört zum Wesenskern des in Jesus Christus geoffenbarten Gottes. Sie inspiriert das Bemühen um lebensförderliche Handlungsalternativen zur Gewalt in allen Lebensbereichen, auch auf der politischen Konfliktebene.

Die Bergpredigt Jesu (Matthäus 5–7) gilt bei christlichen Pazifist_innen über sämtliche theologische Richtungen hinweg als *der* Basistext für eine gewaltfreie Verhaltensweise. Mit den klaren Aussagen zu Sanftmut, Friedenstiften, Vergeltungsverzicht, Feindesliebe, Goldener Regel und Ziel-Mittel-Relation stellt sie das Kompendium der biblischen Friedensbotschaft dar und bietet seit Gandhi auch für die politische Konfliktebene einen – von den großen Kirchen vielfach erst noch zu entdeckenden –»therapeutischen«[556] Ansatz zur Überwindung des Krieges. Jesu Argumentation ist somit, neben der religiösen Begründung mit dem Vorbild Gottes als dem gütigen himmlischen Vater, auch ein Gebot der Klugheit und der politischen Vernunft, wie es beispielsweise der gewaltfreie Befreiungskampf Gandhis in Indien, Martin Luther Kings Bürgerrechtsbewegung in den USA oder der gegenwärtige politikwissenschaftliche Ansatz der Friedenslogik zeigen. Das Bekenntnis zu Jesus Christus als dem Sohn Gottes findet im aktiven gewaltfreien Engagement seine Anwendung. Diese Orientierung an dem in Jesus Christus geoffenbarten Gott ist für christliche Pazifist_innen wichtiger als staatliche Inpflichtnahmen für militärische Gewaltanwendung. (Apostelgeschichte. 5,17)

(Thesen 8, 9, 10, 11, 12)

(3)   Militärkritik

Militärische Gewaltpotenziale, insbesondere im Zeitalter der ABC-Waffen, stehen einer friedlichen internationalen Konfliktkultur sowie einem an der Allgemeinen Erklärung der Menschenrechte und an dem zivilgesellschaftlichen partizipativen Modell von Demokratie orientierten Wertekodex prinzipiell entgegen und bedürfen der Überwindung.

---

556 »Therapeutisch« ist hier nicht im klinischen Sinne gemeint, sondern soll in erster Linie den die gesamte Gesellschaft betreffenden Lernprozess als einen Heilungsprozess charakterisieren. Vgl. Häring, Bernhard (1986): Die Heilkraft der Gewaltfreiheit. Düsseldorf: Patmos Verlag, S. 134 ff. »7. Kapitel. Von der verletzenden Drohpolitik zu heilender Sozialer Verteidigung«. Vgl. Drewermann, Eugen (2002): Krieg ist eine Krankheit, keine Lösung. Im Gespräch mit Jürgen Hoeren. Freiburg: Herder.

Militärische Gewalt ist unvernünftig, sie erzeugt zumeist noch mehr dieser Probleme, zu deren Verhinderung sie vorgehalten wird.[557] Auch ihre Rechtfertigung als *ultima ratio* ist irrational, zumal sie, um eine Erfolgsaussicht zu haben, jedem erdenklichen Gegner überlegen sein muss, was wiederum Ursache für das Wettrüsten, den Rüstungsexport ist und somit die Kriegsgefahr weiter steigert. Das Vorhandensein militärischer Potentiale verlockt zu deren Einsatz (Verfügbarkeitsfalle), anstelle gewaltfreie, nachhaltige Lösungswege zu beschreiten. Gleichzeitig verschlingen Armeen Unsummen finanzieller und natürlicher Ressourcen, die damit für eine gerechte und nachhaltige Wirtschaftsordnung und für gewaltfreie Konfliktlösungen fehlen. Somit tötet schon die Bereithaltung von Armeen alljährlich Millionen Menschen.[558] Die genozidalen Massenvernichtungsmittel, wie beispielsweise die in Deutschland stationierten US-amerikanischen Atomwaffen, stehen schon *per se* jenseits der von der mittelalterlichen Lehre vom Gerechten Krieg abgeleiteten Prüfkriterien militärischer Gewaltanwendung. So zeigen die westlichen, zur Terrorismusbekämpfung sowie zum Schutz von Menschenrechten, Demokratie und Handelswegen intendierten Militäreinsätze der vergangenen Jahrzehnte deren mangelnde Zielführung. Auch die Rechtfertigung militärischer Gewalt als polizeiähnliche Maßnahmen, verkennt den Wesensunterschied zwischen Militär und Polizei.[559] Nicht zuletzt bringt die Kriegsführung mit ihren menschenrechtlichen und völkerrechtlichen Widersprüchen (so zum Beispiel das Töten, auch vieler Nichtkombattanten, mittels Drohnen oder durch Angriffskriege wie gegen den Irak) die vorgegebenen westlichen Werte in Misskredit.[560] Diese allseitige – die gegensätzlichsten politischen Systeme verbindende – Bereitschaft zur Konfliktaustragung mit kriegerischen Mitteln muss als eine menschheits- und kulturzerstörende Krankheit verstanden werden, die im Interesse des Überlebens der Menschheit der Ursachenanalyse und grundsätzlicher Korrektur bedarf.

(Thesen 13, 14, 15, 17, 20, 22, 29)

---

557 Auch scheinbar erfolgreiche Gewaltanwendungen im Falle von Revolutionen, schneiden, wie die Studie von Erica Chenoweth und Maria J. Stephan für das 20. Jahrhundert eindrücklich belegt, wesentlich schlechter ab als gewaltfreie Aufstände, so dass schon aus Vernunftsgründen auf militärische Gewalt verzichtet werden sollte. Vgl. Maaß, Stefan: Warum und wie gewaltfreie Kampagnen funktionieren. Die erstaunlichen Erkenntnisse einer Studie von Erica Chenoweth und Maria J. Stephan. In: Maaß, Stefan & Stude, Jürgen (2012): Richte unsere Füße auf den Weg des Friedens. Pazifistisch-gewaltfreie Texte zur friedensethischen Positionierung der badischen Landeskirche. Karlsruhe: Arbeitsstelle Frieden der Evangelischen Landeskirche in Baden, S. 31.
558 Mit Blick darauf bezeichnete eine afrikanische Referentin auf der EKD-Friedenskonsultation vom 28. Sept. bis 1. Okt. 2016 in Berlin den Hunger als die moderne Atombombe.
559 siehe Tabelle Nr. 6.
560 Vgl. Ganser, Daniele (2016²) Illegale Kriege. Wie die NATO-Länder die UNO sabotieren. Eine Chronik von Kuba bis Syrien. Zürich: Orell Füssli Verlag.

4.7.2 Alternativen

(4)   Notwendige Utopie

Insbesondere aus der Erkenntnis, dass die Überwindung des Krieges zur Über-
lebensbedingung der Menschheit geworden ist, erwächst das Interesse an Visio-
nen einer friedlichen Welt, an deren Beschreibung in Utopien sowie an der
Entwicklung entsprechender Umsetzungsstrategien für eine gewaltfreie inter-
nationale Konfliktkultur.

Die Vorstellung einer friedlichen Welt ohne Militär als politisches Ziel (beispielsweise von den biblischen Propheten bis zu den Entschließungen der Vereinten Nationen für eine allgemeine und vollständige Abrüstung) wird durch
den Realitätsdruck des politischen *status quo,* der ökonomischen und traditionellen Zwänge sowie durch anthropologische Selbstzweifel und die Unkenntnis
von Alternativen gehemmt. Gleichwohl bilden Visionen und Utopien von einer
friedlichen Welt die Grundvoraussetzung für die Willensbildung, die internationalen Beziehungen von der gegenwärtigen, oft militärischen Konfliktaustragung zu einer gewaltfreien Konfliktkultur weiterzuentwickeln.

(Thesen 31, 33, 35, 38)

(5)   Friedensursachen

Der Aufbau einer gewaltfreien Außen- und Sicherheitspolitik ist unlösbar mit der
Schaffung gerechter Lebens- und Handelsbedingungen verbunden. Die schon
biblische Rede vom Frieden als Frucht der Gerechtigkeit korreliert mit einem auf
Suffizienz[561] *ausgerichteten Konsumverhalten, einer an Nachhaltigkeit orien-*
tierten Produktion und einem der globalen Fairness verpflichteten Welthandel.
Auch der Umgang mit Rechtsbrechern bedarf einer der Besserung und Versöh-
nung dienenden Neuorientierung.

Nicht zuletzt auch die Begrenztheit natürlicher und finanzieller Ressourcen
erfordert eine Entscheidung zwischen militärischer Sicherheitspolitik einerseits
und gewaltfreier, ziviler Friedenspolitik andererseits. Die Mittel reichen nicht
für Schwerter *und* Pflugscharen. Die Schaffung und Wahrung der menschlichen
Sicherheit erfordert Friedensarbeit im Sinne des weiten Friedensbegriffes. Die

---

561 Vgl. Schneidewind, Uwe & Zahrnt, Angelika (2013): Damit gutes Leben einfacher wird.
Perspektiven einer Suffizienzpolitik. München: oekom verlag.

Erfahrungen mit den Wahrheitskommissionen in Südafrika, wo ganz bewusst auf Bestrafung vormaliger Unterdrücker verzichtet worden ist (ebenso auch in Liberia), regen an, über Alternativen zur Strafjustiz, wie sie beispielsweise im Täter-Opfer-Ausgleich auch in Deutschland ansatzweise schon praktiziert werden, nachzudenken. Ziel aller Konfliktbearbeitungen muss die Besserung und Resozialisierung der Täter und, wenn möglich, die Versöhnung mit den Opfern sein.

(Thesen 33, 34, 43, 51)

(6)   Ansatzpunkte

Eine friedliche Welt ist möglich. Sie liegt in der Logik der bisherigen Entwicklung zur Bildung demokratischer und an den Menschenrechten orientierter Rechtsstaaten. Deren Strukturen (z. B. die Gewaltenteilung, insbesondere das restriktiv wirkende staatliche Gewaltmonopol) gilt es nun in weiteren Schritten auch auf die globale Ebene zu transferieren (Weltinnenpolitik). Professionale Fachkräfte für die zivile Konfliktbearbeitung eines internationalen Zivilen Friedensdienstes können bei Großkonflikten zum Einsatz kommen. Eine breite, in allen Lebensbereichen anwendbare und hilfreiche, gewaltfreie Alphabetisierung der Bevölkerung begünstigt den erforderlichen Bewusstseinswandel.

Damit korrespondiert (zwar nicht als Endziel, jedoch als vorläufiges Restgewaltsystem) die Bildung von besonders für die Konfliktdeeskalation qualifizierten Polizeikräften z. B. auf OSZE- oder UNO-Ebene bei gleichzeitigem Abbau der nationalen Militärpotentiale. Eine internationale Strategie der gemeinsamen Sicherheit[562] überwindet die Blockkonfrontationen und baut die militärischen Gewaltpotentiale ab. Sie trägt somit zur Erhöhung der menschlichen Sicherheit in den einzelnen Staaten bei. Eine solche Politik erfordert keine neuen oder charismatischen Menschen. Historische und aktuelle Beispiele zeigen, dass die Einsicht in die mangelnde Zielführung militärischer Gewalt, aber auch das In-

---

562 Vgl. den von vielen Friedensorganisationen und Einzelpersonen getragenen Aufruf »Die Spirale der Gewalt beenden – für eine neue Friedens- und Entspannungspolitik jetzt!« Hier wird an die Entspannungspolitik von Willy Brandt und Egon Bahr in den 1970er Jahren angeknüpft: »Der Ausweg aus der Sackgasse der Konfrontation führt auch heute nur über Kooperation, durch Verständigung mit vermeintlichen ›Feindländern‹ (…) Das Schlüsselwort unseres Jahrhunderts heißt Zusammenarbeit. Kein globales Problem ist durch Konfrontation oder durch den Einsatz militärischer Macht zu lösen«. Neue Entspannungspolitik (Bürgerinitiatve): http://neue-entspannungspolitik.berlin/de/aufruf/ – Zugriff am 10.12.2016; 15:48 h.

teresse an der Erreichung bzw. Erhaltung relativ besserer Lebensumstände Menschen zu einem gewaltfreien Engagement motivieren kann.[563]

(Thesen 32, 33, 36, 37, 42, 45, 46, 47, 48, 49)

4.7.3 Realisierungswege

(7) Schritte

Die Entmilitarisierung setzt in Gesellschaft und Politik die Erkenntnis über den Eigenanteil an der globalen Not und Gewalt[564] voraus und bedarf eines beispiellosen politischen Innovationsprozesses mit vier komplementären Handlungsbereichen:

(I) Auf- und Ausbau ehrenamtlicher und professioneller ziviler Konfliktbearbeitung, auch in staatlichem Auftrag;

(II) Abbau von Kriegsursachen durch Auf- und Ausbau notlindernder Entwicklungszusammenarbeit und Schaffung gerechter Handelsstrukturen.

(III) Abbau des Militärs, Beendigung von Rüstungsproduktion und -export und Austritt aus Militärbündnissen

(IV) Innergesellschaftliche Minimierung von struktureller Gewalt und Maximierung friedenslogischer Denkschemata

Angesichts der langen Geschichte der Verbindung von Militär mit Politik, Kultur, Religion sowie der Eigendynamik des militärisch-industriellen Komplexes erscheint das Ziel der Entmilitarisierung in weiter Ferne. Erfordert es doch die Abtretung der nationalen Militärhoheit an eine mit einer Welt-Polizei ausgestatteten UNO oder als Zwischenebene an die OSZE. Da die hierfür nötige Übereinstimmung noch nicht in Sicht ist, liegt es an einzelnen Staaten oder Staatengruppen, Entmilitarisierungsprozesse unilateral einzuleiten und damit eine Vorbildfunktion zu übernehmen gleich anderen erfolgreichen Innovationsprozessen (z.B. Abschaffung der Sklaverei, Einführung der Demokratie, Abschaffung der Todesstrafe). Als bedeutende Wirtschaftsmacht und im Blick auf seine historische und verfassungsrechtlich verankerte Friedensverantwor-

---

563 Vgl. Caließ, Jörg (2011): Frieden stiften. In: Gießmann, Hans J. & Rinke, Bernhard [Hg.]: Handbuch Frieden. Wiesbaden: VS Verlag, S.245. Er definiert unter Bezugnahme auf Dieter Senghaas sechs entscheidende Faktoren, gleichsam Ursachen gelingenden Friedens: Gewaltmonopol, dessen rechtsstaatliche Kontrolle, demokratische Partizipation, aus der Interdependenz resultierende Affektkontrolle, soziale Gerechtigkeit und Fairness, sowie eine konstruktive Konfliktkultur.

564 Ganser, Daniele (2016²).

tung ist Deutschland für diese Vorreiterrolle besonders prädestiniert. Nicht zuletzt auch die hierzulande im internationalen Vergleich starke Ausbildung der Friedensbewegung sowie der Friedensforschung bieten günstige Rahmenbedingungen für einen solchen Pazifizierungsprozess.

(Thesen 38, 39, 48, 50, 52, 53)

4.7.4 Aufgaben und Möglichkeiten der Kirchen

(8)   Kirchen als Avantgarde

Die zentrale Rolle der Gewaltfreiheit, des Friedenstiftens und der Versöhnungsbereitschaft im Evangelium muss sich auch im verstärkten personellen kirchlichen Engagement für den Frieden und in der pazifistischen Eindeutigkeit volkskirchlicher Stellungnahmen widerspiegeln. Die globalen ökumenischen Strukturen der Kirchen eignen sich sowohl für ein weltumspannendes Frühwarnsystem für entstehende Konflikte, wie auch für Konfliktvermittlungen, möglicherweise auch auf der interreligiösen Ebene.

Die behauptete »Vorrangigkeit der gewaltfreien Option« ist eine zu schwache friedensethische Forderung, impliziert sie doch *de facto* die militärische Option. Ebenso reicht auch die Verurteilung von Kriegen als Sünde wider Gott und Entwürdigung des Menschen nicht aus, wenn damit nicht auch die Vorhaltung von bzw. die Androhung militärischer Gewaltpotentiale ausgeschlossen wird. Die Kirchen in Deutschland haben aufgrund ihrer historischen Verantwortung eine besondere Veranlassung, sich nachhaltig für die Entmilitarisierung einzusetzen. Alle diese Veränderungen im kirchlichen Friedenshandeln bedürfen jedoch des Dialoges über die Relevanz zentraler christlicher Glaubensinhalte wie den Auferstehungsglauben, die Wirkkraft des Heiligen Geistes und des Gebetes in den Willensbildungsprozessen säkularer und demokratischer Gemeinwesen.

(Thesen 4, 40, 41, 54, 56, 57)

4.7.5 Anregungen für die Pädagogik/Didaktik

(9)   Religionsunterricht als friedenspädagogisches Lernfeld

Die für eine gewaltfreie Haltung konstitutiven Kenntnisse und Kompetenzen können im Religionsunterricht mittels einer breiten, spiralkurrikular angelegten

Friedensbildung gefördert werden. Konflikte gilt es nicht als Störungen, sondern konstruktiv als Aufgabe begreifbar zu machen. Der Professionalität der Religionslehrkräfte in Bezug auf Fach- und Methodenkompetenz sowie ihrer Integrität inklusive selbstreflexiver Haltung kommt hierbei große Bedeutung zu. Deshalb sollte Friedensbildung in den Ausbildungen von Religionslehrkräften und Pfarrer_innen strukturell verankert werden. Im Wesentlichen bedarf es keiner neuen friedensethischen Konzepte als vielmehr des Verzichtes auf die Erziehung zur Ausnahme der Gültigkeit innergesellschaftlicher Werte und Normen auf der zwischenstaatlichen Konfliktebene.

Als besonders bedeutsam sind folgende Kompetenzen hervorzuheben:
- theoretisch-analytisches Verständnis über Wesen, Arten und Entstehung von Konflikten auf den verschiedensten Ebenen, sowie Entwicklung und Einübung der Möglichkeiten friedenslogisch orientierter konstruktiver Konfliktbearbeitung als Alternativen zur militärischen Sicherheitslogik.
- Kenntnisse über Vorbilder und Beispiele gewaltfreier Konfliktaustragung sowie deren Begründungen und Erfolgs- bzw. Misserfolgsfaktoren
- Fähigkeit zu Perspektivenwechsel und Empathie
- Fähigkeit zur Militärkritik
- Fähigkeit zu im globalen Horizont verantwortlichen Werturteilen

(Thesen 5, 64, 66, 67, 69, 70, 71,75, 76, 77)

4.7.6 Begriff »Pazifismus«

(10) Klare Begrifflichkeit

Auch wenn der erst vor gut hundert Jahren geprägte Begriff »Pazifismus« als schillernd und ideologieverdächtig gilt, sowie mit sehr unterschiedlichen negativen Konnotationen wie Passivität, Feigheit und Naivität versehen wurde und wird, bedeutet er zugleich eine klare Ansage in Bezug auf die Ablehnung jedweder militärischen Institutionen. Dass dies so verstanden wurde und wird, zeigt die systemübergreifende politische Verfolgung und teils auch volkskirchliche Ablehnung von Pazifist_innen, seit es den Begriff gibt.

Zwar ist es möglich, den Pazifismus-Begriff situativ durch andere Begriffe wie »Lehre vom gewaltlosen Leben«, »Weg zum guten Leben«, »Gewaltlose Friedensarbeit«, »Gewaltfreies Handeln« oder »gütekräftiges Handeln« zu ersetzen, doch kann sein gelegentlicher Gebrauch, auch als Selbstbezeichnung »Pazifist_in«, ein Akt der Verbundenheit mit anderen Pazifist_innen der Geschichte

und Gegenwart sein. Ebenso kann er auf die Friedensverpflichtung in der Präambel des Grundgesetzes hinweisen und nicht zuletzt eine Erinnerung an den
historischen Wortursprung, die Seligpreisung der Friedensstifter (Mt. 5,9)
durch Jesus, sein – gewissermaßen als Akt der Rehabilitierung. Schlussendlich
kommt es jedoch nicht auf den Begriff, als vielmehr auf die Sache an.

(Thesen 79, 82, 83, 84)

5 Schlussteil: Reflexion einiger grundlegender Fragen und Fazit

5.1 Notwendigkeit einer expliziten schulischen Friedensbildung

Legt man Volker Ladenthins Bildungsbegriff zugrunde, der Bildung als »die Fähigkeit zum selbstbestimmten sachlich angemessenen und sittlich gültigen Handeln in und mit der natürlichen und kulturellen Welt und mit anderen Menschen unter dem Anspruch eines sinnvoll gelingenden Lebens«[565] definiert, dann ist die Friedensbildung eine wesentliche Dimension des Bildungshandelns überhaupt. Weil Frieden die Voraussetzung für ein gelingendes Leben in allen seinen Dimensionen darstellt, ist eine breite und stetig angelegte Friedensbildung von großer Bedeutung. Sie kann beispielsweise für eine global verantwortete Lebensgestaltung sensibilisieren, zum Verständnis von Konflikt- und Problemursachen befähigen sowie für gewaltfreie Konfliktregelungen qualifizieren. Dies gilt insbesondere auch für die internationale Ebene, wo die Überwindung der militärischen Konfliktaustragung mit ihren Massenvernichtungspotentialen immer mehr zur Überlebensfrage der Menschheit wird. Diese Friedensintention kommt auch in der Präambel des Grundgesetzes zum Ausdruck, wenn dort nach den schrecklichen Erfahrungen des von Deutschland verursachten Zweiten Weltkrieges der Wille, »dem Frieden der Welt zu dienen«, als Leitbild des neuen deutschen Staates bekundet wird. Diese Vorgabe impliziert auch die Friedensbildung als Auftrag für das unter staatlicher Aufsicht stehende öffentliche und private Schulwesen (GG Art. 7). Wenn nun die junge Bundesrepublik in den ersten sechs Jahren ihres Bestehens keine eigene Armee hatte, darf daraus gefolgert werden, dass dieser staatliche Dienst für den Weltfrieden ursprünglich in nichtmilitärischen Kategorien gedacht gewesen sein musste. Aber auch nach der Gründung der Bundeswehr im Jahr 1955 wurde deren Existenz ausschließlich zur Abschreckung sowie als *ultima ratio* gerechtfertigt. Demzufolge ist als das Normale eine *prima ratio* nichtmilitärischer

---

565 Ladenthin, Volker (2014): Forschendes Lernen in der Bildungswissenschaft. Bonn: Verlag für Kultur und Wissenschaft, Culture and Science Publ. Dr. Thomas Schirrmacher, S. 61.

Friedenssicherung vorauszusetzen, die erforscht, gestaltet und finanziert werden muss und kann. Daraus leitet sich nicht zuletzt auch eine pädagogische Aufgabe in Form einer explizit zu benennenden gewaltfreien Friedensbildung ab.

5.2 Die »vorrangige Option der Gewaltfreiheit«

In ihrer 2007 erschienenen Friedensdenkschrift spricht die Evangelische Kirche in Deutschland (EKD) von der »vorrangigen Option der Gewaltfreiheit«.[566] Damit wird in der Frage militärischer Gewalt weder eine Äquivalenz noch eine Indifferenz, sondern eine eindeutige Präferenz für die Gewaltfreiheit, für das nichtmilitärische Handeln in Konflikten zum Ausdruck gebracht. So sehr man aus pazifistischer Sicht mit guten Gründen die friedenspolitische Praktikabilität und Funktionalität dieser friedensethischen Position bezweifeln mag, so eindeutig lässt sich auch aus dieser Formulierung der vereinte Wunsch nach einer gewaltfreien Friedenspolitik und damit auch nach einer gewaltfreien Friedensbildung ableiten. Der verbleibende Unterschied zwischen der bislang kirchenamtlichen Position einerseits und der pazifistischen Position einzelner Christen und christlicher Friedensorganisationen andererseits ist bei theoretischer Betrachtung lediglich die Frage nach einer *ultima ratio* für den Fall des Versagens der gewaltfreien Friedenspolitik.

Bei näherem Hinsehen ergeben sich jedoch grundsätzlichere Problemanzeigen:

– Kann man überhaupt von einer gewaltfreien Friedenspolitik sprechen, solange noch eine *ultima-ratio*-Armee – inklusive Rüstungsforschung, Waffenproduktion und -handel, Militärbündnis samt den damit verbundenen exorbitanten Rüstungskosten und der faktischen Förderung externer militärischer Gewalt – mit der Bereitschaft zur Massenvernichtung, ob als Zweit- oder Erstschlag, in der Rückhand gehalten wird?

Gewiss kennt auch die militärische Friedenssicherung vor vielen Kriegen einen zivilen bzw. diplomatischen Vorlauf, der jedoch im Blick auf die bereitgehaltenen militärischen Möglichkeiten absehbar befristet ist. Doch eine wirklich gewaltfreie Friedenspolitik im Sinne der Bemühung um einvernehmliche Konfliktlösungen wird sich nur dann entfalten können, wenn auf Seiten eines

---

566 Siehe EKD (2007): Aus Gottes Frieden leben – für gerechten Frieden sorgen. Eine Denkschrift des Rates der Evangelischen Kirche in Deutschland. Gütersloh: Gütersloher Verlagshaus, Randziffer 60, S. 42.

Konfliktbeteiligten überhaupt kein militärisches Potential, auch nicht als Drohkulisse, vorgehalten wird.[567]

– Eine zweite grundsätzliche Anfrage bezieht sich auf die sittliche Dimension: Wenn Krieg, wie die Ökumenische Versammlung in 1948 in Amsterdam erklärte, eine »Sünde wider Gott« und eine »Entwürdigung des Menschen«[568] darstellt, dann impliziert der vorrangige Verzicht darauf, die nachrangige Bereitschaft hierzu – unter den Bedingungen des Atomzeitalters möglicherweise mit genozidalen Folgen.

Die von den Kirchen, aber auch von einigen Friedensorganisationen erhobene Forderung nach dem »Vorrang für die Gewaltfreiheit« bzw. nach »Vorrang für zivil«[569] drückt gewiss den Wunsch nach friedlichen Konfliktlösungen aus – jedoch nicht den erkennbaren Willen, die militärische Friedenssicherung an sich zu überwinden. *Ullrich Hahn*, Präsident des deutschen Zweiges des Internationalen Versöhnungsbundes, vermutet in einer kritischen Stellungnahme zu diesem Motto taktische Gründe, »um eher mehrheitsfähig und damit realpolitisch zu erscheinen als mit der Forderung nach einem völligen Gewaltverzicht.«[570] *Ute Finckh-Krämer*, die ehemalige Co-Vorsitzende des Bundes für Soziale Verteidigung, hingegen sieht in der Rede vom »Vorrang« den Vorteil, es werde auch denjenigen das Gesicht zu wahren erlaubt,

> »die 1999 meinten, dass der Kosovo-Einsatz gerechtfertigt ist oder die sich 2001 für die Beteiligung der Bundeswehr an OEF und Isaf [in Afghanistan, T.Z.] einsetzten. Sie können damit eine schrittweise, im Ergebnis aber durchaus radikale Veränderung vor sich und anderen rechtfertigen.«[571]

Der Begriff »Vorrang« könnte somit im politischen Diskurs eine Dynamik zur Abkehr von der militärgestützten Außen- und Sicherheitspolitik ohne Gesichtsverlust einleiten und Übergangsszenarien zu einer friedenslogischen Politik ermöglichen.

Im friedensethischen Diskurs der Kirchen und in der schulischen Friedensbildung jedoch sollte der Frage der Kompatibilität gewaltfreier mit militärischer Friedenssicherung sowohl in theologischer wie auch in friedenswissenschaftlicher Hinsicht von Grund auf nachgegangen werden – gerne unter der span-

---

567 Vgl. Hahn, Ullrich (2007): 10 Thesen zum Gewaltverzicht. Zur Diskussion über den »Vorrang« ziviler Konfliktlösungswege. In: Forum Pazifismus Heft 15 III/2007, Minden: Versöhnungsbund e.V., S. 22 ff.

568 Aktion Sühnezeichen/Friedensdienste [Hg.] (1982) S. 284.

569 So lautete der Slogan einer vom Bund für Soziale Verteidigung initiierten Kampagne, Quelle siehe nachfolgend bei Ute Finckh-Krämer.

570 Hahn, Ullrich, ebd. S. 22.

571 Finckh-Krämer, Ute: In politischen Prozessen denken. Replik auf die »10 Thesen zum Gewaltverzicht« von Ullrich Hahn. In: Forum Pazifismus Heft 15 III/2007, Minden: Versöhnungsbund e.V., S. 24 f.

nenden und den Diskurs in aller Breite eröffnenden Fragestellung: »Vorrang für die Gewaltfreiheit?« Ein versuchsweiser Blick auf die schulische Pädagogik, die die frühere Praxis einer vorrangig gewaltfreien Erziehung in Verbindung mit der Prügelstrafe als *ultima ratio* seit einigen Jahrzehnten hinter sich gelassen hat, könnte als Vergleichspunkt dienen und die Diskussion anregen.

5.3   Gewaltfreiheit lernen als schulische Aufgabe

Sowohl eine politische Willensbildung in demokratisch strukturierten Staaten hin zu einer konsequent gewaltfreien internationalen Friedenspolitik, wie auch die im Krisenfall von einem wesentlichen Teil der Bevölkerung[572] aktiv zu praktizierende gewaltfreie Verteidigung unseres den Menschenrechten verpflichteten Gemeinwesens sind nur vorstellbar, wenn junge Menschen im Verlaufe ihrer Schulbildung die Theorie und Praxis gewaltfreien Handelns kennenlernen, sich damit auseinandersetzen, sie in Rollen- und Planspielen erproben können. Dies bedeutet, in der Mittel- und vor allem in der Oberstufe auch den internationalen Konfliktbereich hinsichtlich seiner Konfliktursachen und der Möglichkeiten und Folgen verschiedener Lösungsansätze zu thematisieren. Hierbei kann auf die impliziten Friedensbildungsinhalte wie beispielsweise die Erziehung zur Achtsamkeit und Fairness, die Praxis der Inklusion, die Streitschlichter- und Friedensstifterqualifizierungen, die Anti-Aggressionstrainings,[573] die Menschenrechtspädagogik, das Erinnerungslernen[574], die gewaltfreie Kommunikation und vieles andere mehr Bezug genommen und darauf aufgebaut werden.

Die hierzu erforderliche Friedensdidaktik und Friedenserziehung ist idealerweise eine Querschnittsaufgabe für den gesamten Fächerkanon und sollte mittels eines, sich spiralförmig durch die Jahrgangsstufen bewegenden und der Entwicklung und Lebenswirklichkeit der Schüler_innen entsprechenden Frie-

---

572 Stefan Maaß verweist auf die Chenoweth-Stephan-Studie »Why civil resistance works. The strategic logic of conflict«(2011), wonach ein Regime sich kaum mehr halten kann, wenn 10 Prozent der Bevölkerung am gewaltfreien Widerstand beteiligt sind. Maaß, Stefan (2012).

573 Vgl. Heyse, Monika & Siber, Patric (2017): Das AGG als pädagogisches Mittel guter, aber letzter Wahl. In: Unterrichtspraxis, Beilage zu »bildung und wissenschaft« der Gewerkschaft Erziehung und Wissenschaft in Baden-Württemberg, Heft 3/13.04.2017/50. Jahrgang/ ISSN 0178–0786, S. 1–8.

574 Vgl. Boschki, Reinhold & Schwendemann, Wilhelm [Hg.](2009):Vier Generationen nach Auschwitz. Wie ist Erinnerungslernen heute noch möglich? Münster: Lit-Verlag. Vgl. Boschki, Reinhold (2015): Erinnerung/Erinnerungslernen. In: Das Wissenschaftliche Bibellexikon   https://www.bibelwissenschaft.de/wirelex/das-wissenschaftlich-religionspaed agogische-lexikon/ – Zugriff am 01.05.2017; 21:50 h.

denskurrikulums formuliert werden.[575] Für jedes Unterrichtsfach bedarf es der Ausarbeitung des jeweiligen spezifischen friedenspädagogischen Beitrags und der Entwicklung einer entsprechenden didaktischen Konzeption. In den bisherigen Bildungsplänen und Schulbüchern kamen alternative Sicherheitskonzepte, wenn überhaupt, so doch eher randständig vor.[576] Im Mittelpunkt stand bislang die militärische Komponente der Friedenssicherung samt den entsprechenden Bündnisstrukturen. Über Alternativen wurde nur individualethisch in Bezug auf die Zivildienstableistung als Ersatz für die vormalige Praxis der Wehrpflicht informiert, nicht jedoch über alternative Konzeptionen der gewaltfreien Friedens- und Sicherheitspolitik. Insofern verwundert es nicht, dass sowohl in der Breite der Bevölkerung als auch bei vielen medialen und politischen Funktions- und Entscheidungsträger_innen gewaltfreie Alternativen so gut wie unbekannt sind bzw. generell als unrealistisch eingestuft werden und demzufolge *noles volens* die Entscheidungen zu Auslandseinsätzen der Bundeswehr als einzige verantwortliche Option gelten.[577]

Solange die Betonung der Gewaltfreiheit im internationalen Bereich für den gesamten Fächerkanon noch nicht vorhanden bzw. erst im Werden begriffen[578] ist, bedeutet dies ein breiteres Anforderungsprofil an den Religionsunterricht (RU). Werden in diesem beispielsweise die Wurzeln und Wesensmerkmale jesuanischer Gewaltfreiheit behandelt und daraus friedensethische Kriterien entwickelt, fragen Schüler_innen zurecht nach deren Umsetzbarkeit in der politischen Wirklichkeit. Damit rücken Konzepte der Zivilen Konfliktbearbeitung oder der politikwissenschaftliche Ansatz der Friedenslogik[579] in den Blick und erfordern von den Religionslehrkräften entsprechende Sach- und Vermittlungskompetenzen.[580] Erstrebenswert ist jedoch, auch in den Fächern Ge-

---

575 Vgl. für den Religionsunterricht: Käbisch, David/Träger, Johannes (2011): Schwerter zu Pflugscharen – Impulse für friedensethisches Lernen im Religionsunterricht. Leipzig: Evangelische Verlagsanstalt.

576 Vgl. Kochendörfer, Jürgen [Hg.] (2008): Geschichte und Geschehen – Berufliche Gymnasien. Stuttgart Leipzig: Ernst Klett Verlag, S. 313–317.

577 So begründete beispielsweise der südpfälzische Bundestagsabgeordnete Thomas Hitschler (SPD) seine erneute Zustimmung zum Einsatz der Bundeswehr im Syrienkrieg mit Schreiben vom 08.11.2016 an mich: »Ich bin großer Freund von Entwicklungspolitik und von friedenspolitischen Maßnahmen. Wo Entwicklungshelfer jedoch geköpft werden, fehlt mir leider die Fantasie für wirksame Friedenspolitik völlig ohne den Einsatz von Militär.«

578 Eine beachtliche Neuorientierung wird deutlich in: Landeszentrale für politische Bildung, Stuttgart: Deutschland & Europa. Neue Herausforderungen der Friedens- und Sicherheitspolitik. Heft 71/2016 der »Zeitschrift für Gemeinschaftskunde, Geschichte und Wirtschaft«.

579 Vgl. Birckenbach, Hanne-Margret (2014): Friedenslogik und friedenslogische Politik, in: Wissenschaft & Frieden, Dossier 75, S. 3–7, in Wissenschaft & Frieden Nr. 2/ Mai 2014, 32. Jg., G 11069, Marburg.

580 Um diesen Denkhorizont überhaupt erst zu eröffnen, gab die badische Landessynode in ihrem Beschluss vom 24.10.2013 unter Zif. 3.1.6 den Entwurf eines Szenarios zum mit-

schichte und Gemeinschaftskunde die Befassung mit Ziviler Konfliktbearbeitung bei internationalen Konflikten verstärkt auszubauen und zum festen Unterrichtsgegenstand werden zu lassen.

5.4 Religionsunterricht als friedenspädagogisches Lernfeld

Der spezifische Beitrag der Religion und des RU zur Friedensbildung liegt zuvörderst in der theologischen Begründung gewaltfreien Friedenshandelns, im Vermitteln gewaltfreier Lebensbilder und der damit verbundenen Praxis sowie in der Befähigung zu ethischen Entscheidungsfindungen. So weist Volker Ladenthin darauf hin, dass schon im Alten Testament »eine enge Verbindung der pädagogischen Konzepte mit politischen und ethischen Zielvorstellungen«[581] dokumentiert ist. Beispielsweise werde in der mosaischen Gesetzgebung, einer Verbindung von Sittlichkeit, Politik und Pädagogik, die Bildung als

> »intentionale Weitergabe religiös-ethischer und politisch-ethischer Grundsatzentscheidungen an künftige Geschlechter zum Zwecke der Ermöglichung gültigen Handelns« angesehen.[582]

Der RU hat somit neben der persönlichen Lebensdimension immer auch die soziale und politische Lebenswirklichkeit im Blick. Karin Verscht-Biener und Hansjörg Biener sehen in ihm »das Fach, in dem traditionell die Chancen und Grenzen des (eigenen) Lebens bearbeitet, wenn auch nicht endgültig bewältigt werden.«[583] Im Horizont der christlichen Traditionen gehe es um die Kommunikationsbereitschaft mit sich selber, mit anderen, mit dem Leben selbst und vielleicht, in einer spirituellen Dimension, auch mit Gott. Wenn es hierbei gelinge, Lebensmut und Gottvertrauen oder wenigstens die Ambiguitätstoleranz zu stärken, dann habe der Religionsunterricht einen großen Beitrag zum privaten und gesellschaftlichen Frieden geleistet. Entsprechend dem langen Lernprozess im Christentum, den selbstverständlichen Absolutheitsanspruch bzw. die Vorstellung von der Überlegenheit der eigenen Religion zu überwinden, sei

---

telfristigen Ausstieg aus der militärischen Friedenssicherung in Auftrag. Die damit befasste Expertengruppe möchte bis zur Frühjahrssynode 2018 ein erstes Ergebnis präsentieren. Siehe: Evangelische Landeskirche in Baden (2014): Richte unsere Füße auf den Weg des Friedens, Karlsruhe: Evangelischer Oberkirchenrat Eigenverlag, S. 11.

581 Ladenthin, Volker: Das Verhältnis dreier Zieldimensionen: Politik, Pädagogik, Ethik. in: Mertens, Gerhard/Frost, Ursula/Böhm, Winfried/Ladenthin, Volker [Hg.] (2008): Handbuch der Erziehungswissenschaft. Bd I Grundlagen, Allgemeine Erziehungswissenschaft, Paderborn: Verlag Ferdinand Schöningh, S. 609.

582 Ebd.

583 Verscht-Biener, Karin & Biener, Hansjörg (2006): Friedenserziehung im christlichen Religionsunterricht. In: Haußmann, Biener, Hock Mokrosch: Handbuch Friedenserziehung. Gütersloh: Gütersloher Verlagshaus, S. 352.

auch in den Konzeptionen der Religionspädagogik eine Neuakzentuierung vom Weitergeben und Verstehen der Tradition zum Verstehen der aktuellen Situation erfolgt. Die Wende von der religiösen Unterweisung zum problemorientierten RU habe nicht nur innerkirchlich, sondern auch gesellschaftlich zur Weichenstellung für »Frieden, Gerechtigkeit und Bewahrung der Schöpfung« – den Grundbegriffen des konziliaren Prozesses[584] – beigetragen. Diese Entwicklung spiegle sich in den Leitfiguren des RU wie Mahatma Gandhi, Martin Luther King oder Ernesto Cardenal.[585]

Der damit verbundene Friedensbegriff entspricht der positiven bzw. der weiten Friedensdefinition. Als Voraussetzungen für die Friedensfähigkeit und deshalb als Lehrziele für die Friedenserziehung im RU heben Verscht-Biener und Biener die Pluralitätsfähigkeit, die ökumenische Kooperation, die Begegnung mit den Weltreligionen sowie die differenzierte Wahrnehmung der Kulturen hervor.

5.5 Friedenserziehung im Spannungsfeld Politik, Pädagogik, Religion

Die friedensethische Thematisierung der militärischen Friedenssicherung im RU bewegt sich auf äußerst sensiblem Terrain, geht es hierbei doch um die prinzipielle Infragestellung der geschichtlich gewordenen und gesellschaftlich breit verankerten Institution Militär, die für viele Menschen untrennbar mit der Institution des Staates verbunden wird. Ernst Nipkow stellte deshalb fest:

> »Der Staat als Träger des staatlichen Bildungssystems reagiert bei der Problematisierung außen- und verteidigungspolitischer Themen weitaus empfindlicher als bei didaktisch-methodischen Reformen.«[586]

Die Bindung des RU an das Bekenntnis zu Jesus Christus[587] kann möglicherweise, je nach Interpretation der biblischen Friedensbotschaft, zu einer pazi-

---

584 Der Begriff »Konziliarer Prozess« geht auf die Forderung Dietrich Bonhoeffers aus dem Jahr 1934 nach einem Friedenskonzil aller christlichen Kirchen zurück. Nur durch so ein gemeinsames Zeugnis sah er eine Möglichkeit, die Menschheit von der Geisel des Kriegs zu befreien. Die Vertreter des Bundes der evangelischen Kirchen in der DDR (BEK) brachten den entsprechenden Antrag 1983 bei der Vollversammlung des Ökumenischen Rates der Kirchen in Vancouver ein. Mit dem Eintreten für weltweite Gerechtigkeit, Frieden und Bewahrung der Schöpfung sind seitdem die Hauptaufgaben christlicher Weltverantwortung benannt. Vgl. EKD: http://www.ekd.de/EKD-Texte/68907.html – Zugriff am 25.11. 2016; 12:00 h.

585 Ebd.

586 Nipkow, Ernst (2007), S. 305.

587 Vgl. Evangelischer Oberkirchenrat in Karlsruhe (2008): Grundordnung der Evangelischen Landeskirche in Baden, Vorspruch und Artikel 1, S. 16.

fistischen Position führen und damit die generelle Ablehnung militärischer Gewalt zur Konsequenz haben. Aber auch schon die Anwendung der aus der mittelalterlichen Lehre vom Gerechten Krieg abgeleiteten Prüfkritierien, wie sie in der EKD-Denkschrift von 2007 empfohlen wird,[588] kann bzw. soll – das ist ja gerade die Intention von Prüfkriterien – zu einer Militärkritik führen.[589] Dieses Spannungsfeld besteht nun einerseits auf der institutionellen Ebene, indem die staatliche oder kirchliche Lehrkraft im RU an einer öffentlichen Schule durch die Reflexion der biblischen Friedensbotschaft die staatliche Außen- und Verteidigungspolitik prinzipiell oder partiell zur Diskussion stellt. Eine zweite Dimension dieses Spannungsfeldes besteht auf der pädagogischen Ebene, im Verhältnis der Lehrperson zu den Schüler_innen. Je engagierter sich eine Lehrkraft zu einer pazifistischen friedensethischen und damit militärkritischen Position bekennt, desto mehr gerät sie unter Indoktrinationsverdacht. Um diesem zu entgehen, bieten sich zwei Vorgehensweisen an: Die Meidung entsprechender Fragestellungen – was durch die nur optionale Erwähnung der Friedensethik im Lehrplan der Oberstufe zwar problemlos möglich ist, jedoch angesichts der biblischen Friedensrelevanz einerseits und dem friedensethischen Versagen der Kirchen über weite Strecken ihrer Geschichte andererseits wohl kaum zu verantworten wäre. Eine andere Vorgehensweise ergibt sich, wenn man die politische Dimension der Religionspädagogik als Teil des politischen Bildungshandelns der Kirchen versteht, die, so Judith Könemann, damit ihre religiösen und bildungspolitischen Überzeugungen in den gesellschaftlichen Diskurs einbringen. Entscheidendes Anliegen sei es, so führt sie unter Verweis auf Heinrich Bedford-Strohm aus,

> »die Befragung der eigenen Traditionsquellen mit einer größtmöglichen Kommunikabilität mit dem allgemeinen politischen und gesellschaftlichen Diskurs zu verbinden.«[590]

---

588 Rat der EKD (2007²), S. 66–70.
589 Dies ist beispielsweise geschehen durch die kritischen Stellungnahmen einiger Mitglieder der Kammer für öffentliche Verantwortung zum Afghanistaneinsatz der Bundeswehr (siehe: Kirchenamt der EKD (2013), S. 19 u.a.) aber auch einiger Kirchenleitungen zum deutschen Syrienkriegseinsatz oder zu deutschen Waffenexporten. http://www.ekd.de/aktuell/edi_2015_12_04_militaereinsatz_syrien.html – Zugriff am 06.12.2015; 18:14 h. http://www.aufschrei-waffenhandel.de/Aktivitaeten-der-Kirchen.276.0.html – Zugriff am 16.02.2017; 23:23 h.
590 Könemann, Judith (2016): Politische Religionspädagogik. https://www.bibelwissenschaft.de/de/wirelex/das-wissenschaftlich-religionspaedagogische-lexikon/lexikon/sachwort/anzeigen/details/politische-religionspaedagogik/ch/70fe27f15e080bfe6ea78b3f59aadea5/ – Zif. 4; Zugriff am 31.05.2016; 14:06 h.

Zur pädagogischen Umsetzung dieses Anliegens beschreibt Volker Ladenthin, der die Pädagogik ganz allgemein in der Aufgabe sieht, die Herausforderungen der politischen Kultur aufzunehmen, die Rahmenbedingungen:

> »Dies sollte weder rein affirmativ noch ausschließlich in der Form von Kritik geschehen, sondern derart, dass die Pädagogik in den von ihr gestalteten Bildungsprozessen die faktische Politik als Anlass zu Wertungen versteht, welche in den Bildungsprozessen selbst jedoch nur hypothetisch erfolgen können, da ansonsten die Pädagogik in den politischen Prozess – sei es affirmativ oder verweigernd – eingriffe.«[591]

Sowohl die Beachtung des Kontroversitätsgebots als auch die Selbstreflexion der Einstellung der Lehrkraft sind hierbei von besonderer Bedeutung.

5.6 Beachtung des Kontroversitätsgebots

Im Gegensatz zu Themenstellungen wie beispielsweise Sklaverei, Folter, Todesstrafe, Absolutismus, deren generelle Ächtung in vielen Staaten inzwischen Gemeingut und Staatsräson geworden ist, oder zu Fragen wie des im Jahre 2011 vom Bundestag beschlossenen Atomausstieges, besteht über die Notwendigkeit und ethisch-moralische Vertretbarkeit militärischer Gewaltandrohung und Gewaltanwendung kein Konsens. Der gesellschaftliche Diskurs hierzu ist noch nicht abgeschlossen, im Gegenteil, durch die aktuellen Ereignisse wird er immer wieder neu entfacht. Diesem Faktum muss die schulische Friedenspädagogik gerecht werden, indem sie im RU die Bandbreite innerhalb der biblischen Friedenstheologie, in der Christentumsgeschichte, sowie die Kontroversen in der aktuellen friedensethischen Diskussion explizit benennt sowie mögliche Handlungsalternativen aufzeigt. Denn, so Ladenthin in seinen Kriterien für kirchliche Bildungsveranstaltungen,

> »[r]ichtig handeln kann nur, wer Sachverhalte genau kennt und zwischen Alternativen abwägen kann. Falls die Öffentlichkeit diese Alternativen nicht aufzeigt oder Wissen um die Welt nicht als Wahl zwischen Alternativen aufzeigt, muss die Kirche hier für ein entsprechendes Angebot sorgen – andernfalls schadet sie ihrer eigenen Aufgabe, den Menschen zu einem gottgefälligen Leben zu verhelfen.«[592]

Dies gilt für Ladenthin insbesondere auch im Spannungsfeld der Zieldimensionen Politik, Pädagogik und Ethik. Nach moderner Auffassung dürfe Politik

---

591 Ladenthin, Volker (2008): Das Verhältnis dreier Zieldimensionen: Politik, Pädagogik, Ethik. In: Handbuch der Erziehungswissenschaft Bd. 1 Grundlagen Allgemeine Erziehungswissenschaft. Paderborn: Verlag Ferdinand Schöningh, S. 625.

592 Ladenthin, Volker (2014): Wozu religiöse Bildung heute? Sieben Versuche, an der Endlichkeit zu zweifeln. Würzburg: Echter Verlag GmbH, S. 171 f.

Ziele für die nächste Generation nicht verfügen, sondern müsse es den jeweiligen mündigen Bürger_innen überlassen, diese Ziele erst noch zu finden und auszuhandeln. Er unterscheidet deshalb den Begriff der Bildung grundsätzlich von dem der rein zweckorientierten Ausbildung und meint damit »das Verstehen, die Reflexion, die Kritik und die Entwicklung von Alternativen zum *status quo*, welcher von der Politik gestaltet wird.«[593]

Auf die friedensethische Befassung im RU bezogen bedeutet dies, dass auch und gerade in der Frage der internationalen Gewaltproblematik die verschiedenen Meinungen der Schülerinnen und Schüler artikuliert werden können und miteinander ins Gespräch kommen sollen. Im RU können die verschiedenen friedenspolitischen Optionen und Wege zur ethischen Entscheidungsfindung aufgezeigt und mit entsprechenden Lebensbildern und Fallbeispielen veranschaulicht werden. In Rollenspielen können Möglichkeiten gewaltfreien Konfliktverhaltens erprobt und reflektiert werden. Dabei ist die individuelle Entscheidung der Schülerinnen und Schüler zu wahren, ohne jegliche Auswirkungen auf die Benotung. Gerade, wenn die aus kirchlicher Sicht vertretene Vorrangigkeit der gewaltfreien Option Unterrichtsgegenstand ist, muss dieses Prinzip des Respekts vor der individuellen Entscheidungsfindung auch Handlungsmaxime bei der didaktisch-methodischen Umsetzung sein. Der Unterricht soll nicht nur Werte theoretisch vermitteln, sondern in seiner Gestaltung manifestieren.[594] Die jesuanische Ziel-Mittel-Relation, wonach nur ein guter Baum gute Früchte bringen kann (Mt 7,16 ff.), kommt hier in ganz besonderer Weise zum Tragen und lässt sich insbesondere mittels der von Marshall Rosenberg entwickelten und auf allen Konfliktebenen anwendbaren Gewaltfreien Kommunikation- Methodik (GFK) realisieren.[595]

Eine der Friedensethik vergleichbar strittige Thematik stellt beispielsweise

---

593 Ladenthin, Volker (2008): Das Verhältnis dreier Zieldimensionen: Politik, Pädagogik, Ethik. In: Mertens, Gerhard [Hg. im Auftr. der Görres-Gesellschaft zur Pflege der Wissenschaft]: Handbuch der Erziehungswissenschaft / Bd. 1, Paderborn: Ferdinand Schöningh, S. 620.

594 Derselbe (2013): Werterziehung als Aufgabe von Unterricht. In: Redecker, Anke [Hg.]: Wert Erziehung. Ein Konzept in sechs Perspektiven. Baltmannsweiler: Schneider Verlag Hohengehren GmbH, S. 28.

595 Die bewusste Wahrnehmung der eigenen Gefühle und der – davon zu unterscheidenden – eigenen Bedürfnisse sowie derselben des Gegners ist nach Rosenberg die wesentliche Voraussetzung für einen gewaltfreien Umgang miteinander. Rosenberg, Marshall B. (2007): Das können wir klären! Wie man Konflikte friedlich und wirksam lösen kann. Paderborn: Junfermann Verlag. Derselbe (2006): Die Sprache des Friedens sprechen – in einer konfliktreiche Welt. Paderborn: Junfermann Verlag, S. 28–32. Eine theologisch-hermeneutische Rezeption der GFK findet sich bei Orth, Gottfried (2009): Friedensarbeit mit der Bibel. Eva, Kain & Co. Göttingen: Vandenhoeck & Ruprecht, S. 15 ff. Derselbe: Die Sprache des Friedens sprechen in einer konfliktreichen Welt. Gewaltfreie Kommunikation. In: Deutsches Pfarrerblatt – Heft 1/2016, http://www.pfarrerverband.de/pfarrerblatt/archiv.php?a=show&id=3972 – Zugriff am 24.12.2016; 13:24 h.

die bioethische Fragestellung der Organspende dar, wo trotz der gesamtgesellschaftlich institutionellen Tendenz zu deren Befürwortung und Förderung, die individuelle Entscheidungsfreiheit unangetastet zu bleiben hat.[596] Ebenso bedeutet der Respekt vor der friedensethischen Entscheidung des Individuums nicht zwangsläufig eine Äquidistanz zwischen der militärbejahenden und der militärablehnenden Position. Der von den Kirchen verantwortete Inhalt des RU hat sich deshalb weniger am politischen Spannungsbogen, der neuerdings von der deutschen Bereitschaftsbekundung für internationale militärische Führungsaufgaben bis zur Bildung einer europäischen Streitmacht reicht[597], für manchen Vordenker sogar mit eigener deutscher Atombewaffnung,[598] als vielmehr an der Bandbreite der innerkirchlichen Diskussion zu orientieren, wie sie beispielsweise in den friedensethischen Äußerungen der Landeskirchen und der EKD zum Ausdruck kommt. Die dort vertretene Vorrangigkeit der gewaltfreien Option[599] sowie die aus der Lehre des gerechten Krieges abgeleiteten Prüfkriterien[600] wollen militärische Gewaltmittel in Richtung polizeilicher Intentionen[601] als »rechtserhaltende Gewalt«[602] einschränken.[603] Da dies jedoch nur mit supranationalen, über den Konfliktparteien stehenden und aller Partikularinteressen unverdächtigen Polizeikräften realisierbar sein dürfte und nicht mit an nationalstaatlichen oder bündnispolitischen Vorgaben ausgerichteten Armeen,

---

596 Dies drückt sich auch in der vom Bundestag 2012 beschlossenen »Entscheidungsregelung« aus, die im Unterschied zu den verschiedenen Formen der »Widerspruchsregelung« (z. B. in Österreich und Frankreich) nur eine regelmäßige Erinnerung an die Möglichkeit und Sinnhaftigkeit der Entscheidung – auch der ablehnenden – vorsieht. Vgl. Le Kehr, Heike (06. 06. 2012): Neues Organspende-Gesetz. Was sich künftig ändert. http://www.spiegel.de/gesundheit/diagnose/organspende-transplantationsgesetz-soll-organmangel-entgegenwir ken-a-835914.html – Zugriff am 05.01.2017; 1:15 h.

597 Vgl. Bundesministerium der Verteidigung (2016): Weißbuch 2016 zur Sicherheitspolitik und zur Zukunft der Bundeswehr , Berlin S. 139. Vgl. Schiltz B. Christoph & Jungholt, Thorsten (27.07.2016): EU und Deutschland treiben Militär-Union voran. https://www.welt.de/politik/deutschland/article156523123/EU-und-Deutschland-treiben-Militaer-Uni on-voran.html – Zugriff am 06.01.2017; 13:10 h.

598 Vgl. Kohler Bernhard (27.11.2016): Nach Trumps Wahlsieg. Das ganz und gar Undenkbare http://www.faz.net/aktuell/politik/wahl-in-amerika/nach-donald-trump-sieg-deutschland-muss-aussenpolitik-aendern-14547858.html – Zugriff am 27.12.2016; 17:54 h.

599 EKD (2007): Denkschrift. Gütersloh: Gütersloher Verlagshaus, S. 42, Zif. 60.

600 Ebd. S. 39 Zif. 54; S. 42f.

601 Ebd. S. 70 Zif. 104.

602 Ebd. S. 12.

603 Nimmt man die Aussage der EKD-Denkschrift 2007 (S. 71f. Zif. 106f.) ernst, wonach »Terrorismusbekämpfung […] kein legitimes Ziel einer über den Selbstverteidigungsfall hinaus anhaltenden Kriegsführung [ist, T.Z.], sondern […] in die Kategorie der internationalen Verbrechensbekämpfung [gehört, T. Z.] und mit polizeilichen und strafrechtlichen Mitteln zu unterbinden sei, dann lassen sich hierdurch grundsätzliche Fragen an die friedensethische Legitimität beispielsweise auch des deutschen Afghanistaneinsatzes im Rahmen des *war on terror* der USA stellen.«

muss im RU auch Raum für kritische Anfragen an die jeweils aktuell praktizierten staatlichen Militärpolitiken sein. Ein Beispiel hierfür bietet die Afgha-
nistan-Stellungnahme der EKD-Kammer für öffentliche Verantwortung[604] mit
ihren Dissensformulierungen, die der seinerzeitige Ratsvorsitzende Nikolaus
Schneider in seinem Vorwort als Ausdruck des »prozessualen Charakter[s]
evangelischer Friedensethik« würdigte.[605]

Wenn die Religionslehrkraft im Verlaufe einer friedensethischen Unterrichtseinheit die Bandbreite der friedensethischen Positionen in den Kirchen
thematisiert, mit der Gewichtung auf »die vorrangige Option der Gewaltfreiheit«, und dabei die Freiheit der individuellen Entscheidungsfindung der
Schüler_innen betont, dürfte dies dem Kontroversitätsgebot sowie dem pädagogischen Überwältigungsverbot entsprechen. Auch dürften Übungen zu gewaltfreiem Konfliktverhalten keine Präjudizierung der Schüler_innen-Ent-
scheidung im Blick auf die Bewertung des nur als *ultima ratio* begründeten
Militärs darstellen. Denn die Ernsthaftigkeit der auf die *ultima ratio* begrenzten
Rechtfertigung militärischer Gewalt müsste sich gerade im Engagement für die
prima ratio der Option der Gewaltfreiheit erweisen.

5.7   Einstellungen der Religionslehrkräfte

Die hinsichtlich des RU im Ganzen gestellte Frage Manfred L. Pirners, »Wie
religiös müssen Religionslehrkräfte sein?«[606] lässt sich ebenso im Besonderen für
die friedensethische Befassung im RU fokussieren: Wie pazifistisch müssen
Religionslehrkräfte sein, um die vorrangige Option der Gewaltfreiheit unterrichten zu können? Welche Anforderungen ergeben sich an die Lehrkraft bezüglich ihrer Persönlichkeit, Grundeinstellung, Haltung und Kompetenzen? Ist
es möglich, die Lernprozesse zur gewaltfreien Option im Unterricht zu gestalten,
ohne selbst davon überzeugt zu sein? Diese Fragestellungen betreffen jedoch
nicht nur die Friedensthematik speziell, sondern gelten für viele theologische
und viele andere ethische Fragestellungen im RU gleichermaßen, wo RL ihre
Überzeugungen, Zweifel, Unsicherheiten in den Unterricht mitbringen. Insofern
macht es keinen Sinn, für die Friedensethik ein besonderes pädagogisches An-

---

604 Evangelische Kirche in Deutschland (2013): Selig sind die Friedfertigen. Der Einsatz in
      Afghanistan: Aufgaben evangelischer Friedensethik. Eine Stellungnahme der Kammer für
      öffentliche Verantwortung der EKD. Hannover: Kirchenamt der EKD, z. B. S. 17 f.
605 Ebd. S. 9.
606 Pirner, Manfred. L. (2012): Wie religiös müssen Religionslehrkräfte sein? Zur religiösen
      Kompetenz, Reflexionskompetenz und spirituell religionspädagogischen Kompetenz. In:
      Burrichter, R. u. a. [Hg.]: Professionell Religion unterrichten. Ein Arbeitsbuch (Religions-
      pädagogik Innovativ, Bd. 2), Stuttgart: Kohlhammer, S. 107–125.

forderungsprofil zu beschreiben oder gar einzufordern. Und vom Aspekt der Gewaltfreiheit her betrachtet, schließt es sich sogar inhaltlich aus, bestimmte (auch gewaltfreie) Vorgaben obligat zu machen. Umgekehrt sollte jedoch das friedenstheologische und friedenspädagogische Aus- und Fortbildungsangebot für RL, das Qualifizierungen, Austauschmöglichkeiten, Erprobungsfelder, Unterrichtsmaterialien auch für die internationale Konfliktdimension anbietet, explizit benannt und systematisch auf- bzw. ausgebaut werden. Der schon erwähnte friedensethische Beschluss der badischen Landessynode von 2013 sieht vor, die Aus- und Fortbildungsgänge für kirchliche Mitarbeiter_innen entsprechend auszustatten.[607]

Nach meiner persönlichen Erfahrung ist im Kreis der RL die gesamte kirchliche und gesellschaftliche Bandbreite friedensethischer Einstellungen, von *ultima-ratio*-Militärbefürworter_innen über Unentschiedene (vermutlich die Mehrzahl) bis hin zu engagierten Pazifist_innen, vorzufinden und bei den allermeisten von ihnen eine sehr große Bereitschaft, sich z.B. bei Fortbildungen auf Lernprozesse zur Frie-densethik einzulassen. Ein professionell gestalteter, sich an den einschlägigen Vorgaben für ethische Entscheidungsfindungen, dem Kontroversitätsgebot bzw. Überwältigungsverbot orientierender friedensethischer Unterricht ist unabhängig von der jeweiligen Einstellung möglich. Wenn die unterrichtliche Bedeutung der Friedensethik gesteigert werden soll, ist dies nicht nur eine Frage an die jeweiligen Lehrkräfte, sondern vielmehr an die Lehrplan-Kommissionen, einige grundlegende friedenstheologische und friedensethische Themen aus der gegenwärtigen Zuordnung im Wahlbereich in den Kernbereich zu heben. In meinem Bezugslehrplan für die Evangelische Religionslehre an Beruflichen Gymnasien in Baden-Württemberg[608] bedeutete dies, wesentliche Teile der Ergänzungseinheit 4.5 (Krieg und Frieden) in die Kerneinheit 4.0 (Soziale Gerechtigkeit) zu übernehmen. Noch mehr der großen Bedeutung der Friedensethik für ein gelingendes Leben angemessen wäre, die Befähigung zur gewaltfreien Konfliktaustragung in den verschiedensten Lebensbereichen als festen Bestandteil des Bildungsplans, auch für das berufliche Gymnasium zu etablieren. Gegenwärtig rouliert der Themenkreis Soziale Gerechtigkeit im dreijährigen Rhythmus, so dass nur jeder dritte Schüler_innen-Jahrgang sich damit befassen kann.

---

607 Vgl. Evangelische Landeskirche in Baden (2014): Richte unsere Füße auf den Weg des Friedens, Karlsruhe: Evangelischer Oberkirchenrat, Zentrum für Kommunikation. http://ekiba.de/html/content/der_friedensethische_prozess_in_baden_bis_2013.html – Zugriff am 08.11.2015–19:08 h, Zif. 3.2, S. 12f.

608 http://www.ls-bw.de/site/pbs-bw-new/get/documents/KULTUS.Dachmand-ant/KULTU S/Dienststellen/ls-bw/Bildungspl%C3%A4ne/Berufliche%20Schulen/bg/bg_allgemein/ BG1-AF2_Ev-Religionslehre_LPH-3-2008.pdf – Zugriff am 02.05.2017; 18:31 h.

5.8   Fazit

Ausgehend von der »vorrangigen Option der Gewaltfreiheit« als friedensethische Positionsbestimmung der Evangelischen Kirche in Deutschland (EKD-
Friedensdenkschrift 2007) wurden mittels einer qualitativen Expert_innen-Be-
fragung und deren inhaltsbezogener Textanalyse die Motivationen und
Grundlagen für eine gewaltfreie Lebenseinstellung sowie die sich daraus ergebenden Folgerungen erforscht und die Ergebnisse in zehn Hauptthesen zusammengefasst. Die zumeist biographisch fundierten Einstellungen der befragten christlichen Pazifistin und Pazifisten, erweisen sich sowohl hinsichtlich
der dabei zutage tretenden biblischen Friedenstheologie als auch im Blick auf die
empirische Betrachtung der weltpolitischen Realität als plausibel. Die argumentativen Darstellungen sowie die nüchternen Einschätzungen der auch mit
ihrer Haltung verbundenen Risiken verwehren die Stilisierung dieser pazifistischen Einstellungen zu einer Heilslehre oder Ideologie.

Auch wenn die kirchliche Betonung der Vorrangigkeit der Gewaltfreiheit mehr
der Sehnsucht nach Frieden, als dem konkreten Willen zur Überwindung des
Militärs Ausdruck zu verleihen scheint, gilt es im friedensethischen Diskurs die
Bandbreite christlicher Einstellungen zwischen den *ultima-ratio*-militärbeja-
henden und den konsequent pazifistischen Positionen sichtbar zu machen und
vorhandene Schnittmengen auszuloten. Dies betrifft auch die Thematisierung
im Religionsunterricht der Kursstufe, als einem möglichen friedensethischen
Lernfeld.

Die Ergebnisse dieser Dissertation können als Grundlage für die Formulierung
von Lehr- und Lernzielen[609], die Auswahl von friedensethischen Fragestellungen,
wie auch für die konzeptionelle Entwicklung von Unterrichtsmodellen und
Unterrichtsmaterialen dienen.

Viele für die Religionspädagogik interessante Aspekte konnten in dieser mehr an
der Gesamtschau orientierten Arbeit nur angedeutet werden und seien für
weitere Forschungsarbeiten empfohlen:
- Gibt es zwischen der Friedensbildung im Sinne einer Befähigung zu gewaltfreiem Konfliktverhalten und der Menschenrechtsbildung einen inneren und
  deshalb auch für die Religionspädagogik bedeutsamen Zusammenhang?
- Wie verhalten sich die Holocaust-Erinnerungskultur und die allgemeine
  Kriegserinnerungskultur zueinander?[610] (vgl. auch Vorwort)

---

609 Siehe Anhang Zif. 8.4.
610 Schwendemann, Wilhelm, Tonio Oeftering [Hg.] (2011): Menschenrechtsbildung und Er-

– Werten lernen in einer Welt unterschiedlicher Wertvorstellungen und Werteakzeptanz – inwieweit ist die Gültigkeit humaner Werte räumlich oder zeitlich begrenzbar, so dass innergesellschaftliche Wertvorstellungen im internationalen Bereich eingeschränkt oder gar ausgesetzt werden?[611]

– Analog zu dieser Forschung bei christlichen Pazifist_innen wäre eine Forschung über Motive, friedenspolitische Perspektiven und deren Realisierung bei

a) jungen Menschen mit christlich-pazifistischer Einstellung in der ersten Lebenshälfte (bis ca. 45 Jahren)

b) christlich eingestellten Soldat_innen und Militärbefürworter_innen

von Interesse und könnte im Vergleich mit dieser Arbeit möglicherweise neue Erkenntnisse über Entstehung der unterschiedlichen bis gegensätzlichen Konsequenzen aus demselben religiösen Bezugsrahmen bringen.

innerungslernen. Berlin: LIT Verlag Dr. W. Hopf, S. 12–14 (Stefan Marks zur Menschenwürde). Ladenthin, Volker & Schilmöller, Reinhard [Hg.] (1999): Ethik als pädagogisches Projekt: Grundfragen schulischer Werterziehung. Opladen: Leske und Budrich. Roloff, Johannes: Der Holocaust als Herausforderung für den Geschichtsunterricht. Berlin: LIT Verlag Dr. W. Hopf, S. 100 ff.

611 Härle, Wilfried (2010): Würde – Groß vom Menschen denken. München: Diederichs Verlag, S. 38–44,82–84,98 f. Mokrosch, Reinhold (2006): Methoden des Friedensstiftens und der Friedenserziehung. In: Haussmann, Biener, Hock, Mokrosch: Handbuch Friedenserziehung. Gütersloh: Gütersloher Verlagshaus, S. 214.

6   Quellenverzeichnis

Achilles, Olaf [Hg.] (1988): Natur ohne Frieden. Die Umweltsünden der Bundeswehr: Militär kontra Natur. München: Droemersche Verlagsanstalt Th. Knaur Nachf.

Adams, David (2008): Kultur des Friedens. Brief an meine akademischen Freunde. In: http://wissenschaft-und-frieden.de/seite.php?artikelID=1496 – Zugriff am 08.09. 2017; 19:10 h

Aktion Sühnezeichen/Friedensdienste [Hg.] (1982): Christen im Streit um den Frieden – Beiträge zu einer neuen Friedensethik. Freiburg: Dreisam-Verlag

Ammermann u.a. [Hg.] (2005): Frieden als Gabe und Aufgabe. Göttingen: Vandenhoeck & Ruprecht

Andreas, Paul-Gerhard & Bornkessel, Peter (1995): Spiegelbilder: Religionsbuch für berufsbildende Schulen. Haan-Gruiten: Europa Verlag

Arbeitsstelle Frieden im Evangelischen Kinder- und Jugendwerk Baden der Evangelischen Landeskirche in Baden, Jürgen Stude & Stefan Maaß [Hg.] »Weg des Friedens«. Pazifistisch-gewaltfreie Texte zur friedensethischen Positionierung der badischen Landeskirche. Karlsruhe

Arbeitsstelle für Ev. Religionspädagogik Ostfriesland (1999): WERKSTATT KU/RU – Friedenserziehung nach dem Krieg im Kosovo. Heft Nr. 73, September 1999, Aurich

Armstrong, Karen (2012): Die Botschaft: Der Weg zu Frieden, Gerechtigkeit und Mitgefühl. München: Pattloch-Verlag

Arnold, Martin (2011): Gütekraft – Ein Wirkungsmodell aktiver Gewaltfreiheit nach Hildegard Goss-Mayr, Mohandas K. Gandhi und Bart de Ligt. Baden-Baden: Nomos Verlagsgesellschaft

Arnold, Martin (2015): »Einfach nur zuschauen«? Was würde Jesus tun? Gütekraft als Kernelement zukunftsfähiger Friedensethik. Deutsches Pfarrerblatt Heft 5/2015, http://www.pfarrerverband.de/pfarrerblatt//index.php?a=show&id=3814 – Zugriff am 7.1.2016; 20:30 h

Auer-Frege, Ilona [Hg.] (2010): Wege zur Gewaltfreiheit – Methoden der internationalen zivilen Konfliktbearbeitung. Berlin: Büttner-Verlag

Baden-Württemberg, Ministerium für Kultus, Jugend und Sport (2016): Bildungsplan des Gymnasiums. Evangelische Religionslehre, Stuttgart

Barth, Karl (1925): Das Wort Gottes als Aufgabe der Theologie. In: Anfänge der dialektischen Theologie. Teil I. Karl Barth. Heinrich Barth. Emil Brunner. Hrsg. von J. Moltmann. München 1966[2]

Baumann/Schweitzer [Hg.] (2008/06): Religionsbuch – Oberstufe. Berlin: Cornelsen Verlag

Becker, Johannes M. (2003) Pazifismus. In: Religion in Geschichte und Gegenwart, Bd. 6. Tübingen: Mohr / Siebeck

Becker, Ralf/Maaß, Stefan/Schneider-Harpprecht, Christoph [Hg.] (2018): Sicherheit neu denken. Von der militärischen zur zivilen Sicherheitspolitik – Ein Szenario bis zum Jahr 2040. Karlsruhe: Evang. Oberkirchenrat

Becker-Hinrichs, Dietrich (2015): Menschen schützen – mit aller Gewalt oder gewaltfrei? Vortrag bei einer Klausurtagung im Forum ziviler Friedensdienst am 24. April 2015 in Köln https://www.versoehnungsbund.de/sites/default/files/2015-Becker-Hinrichs-Men schen-schuetzen.pdf – Zugriff am 6.02.2017

Bedford-Strohm, Heinrich (2015): http://www.bayern-evangelisch.de/was-uns-bewegt/ge rechter-krieg.php – Zugriff am 6.1.2016; 16:54 h

Bedford-Strohm, Heinrich im epd-Interview am 3.08.2015 http://www.ekd.de/print. php?file=/aktuell/edi_2015_08_03_BSHiroshima.html – Zugriff am 9.8.2015; 14:24 h

Berlejung, Angelika/Frevel, Christian (2012³): Handbuch theologischer Grundbegriffe zum Alten und Neuen Testament – HGANT. Darmstadt: Wissenschaftliche Buchge-sellschaft

Berlin-Brandenburgische Akademie der Wissenschaften: Digitales Wörterbuch der deutschen Sprache (DWDS). http://www.dwds.de/?qu=frieden – Zugriff am 09.04. 2016; 12:43 h

Bethge, Eberhard (1980): Gesichtspunkte zur Gewaltlosigkeit und Gewalt im Tun und Denken Dietrich Bonhoeffers. Bremen: Evangelische Arbeitsgemeinschaft zur Be-treuung der Kriegsdienstverweigerer (EAK)

Betz, Otto u.a. [Hg.] (2003): Calwer Bibellexikon, 2 Bd.. Stuttgart: Calwer Verlag

Bibelwissenschaft.de: https://www.bibelwissenschaft.de/online-bibeln/biblia-sacra-vulg ata/lesen-im-bibeltext/bibel/text/lesen/?tx_buhbibelmodul_bibletext[scripture]=mt +5%2C9 – Zugriff am 16.1.2016; 18:02 h

Biehle, Alfred [Hg.] (1986): Alternative Strategien – Das Hearing im Verteidigungsaus-schuss des Deutschen Bundestages. Koblenz: Bernhard & Graefe Verlag

Bilke, Nadine (2003): Friedensjournalismus – Möglichkeit oder Utopie? In Wissenschaft & Frieden 2003-4. http://www.wissenschaft-und-frieden.de/seite.php?artikelID=0279 – Zugriff am 12.3.2016; 18:47 h

Birckenbach, Hanne-Margret (2014): Friedenslogik und friedenslogische Politik. In: Wissenschaft & Frieden, Dossier 75, S. 3–7, In: Wissenschaft & Frieden Nr. 2/ Mai 2014, 32. Jg., G 11069, Marburg

Birckenbach, Hanne-Margret (2015): Leitbild Frieden – Was heißt friedenslogische Flüchtlingspolitik? Berlin: Brot-für-die-Welt; Dialog 14

Birckenbach, Hanne-Margret im Interview mit Forum ZFD (2015): http://www.forumzfd. de/Interview_Hanne-Margret_Birckenbach – Zugriff am 21.08.2015; 17:02 h

Bläsi, Burkhard (2006): Keine Zeit, kein Geld, kein Interesse …? Konstruktive Konflikt-berichterstattung zwischen Anspruch und medialer Wirklichkeit. Berlin: Verlag Irena Regener. In:http://kops.uni-konstanz.de/bitstream/handle/123456789/10519/Diss_Bla esi.pdf?sequence=1, Zugriff am 12.3.2016; 15:09 h

BMFSFJ (2002²): Störenfriede – Medienverbundprogramme zur Prävention gegen rechtsextremistische Aktivitäten – Handbuch. Berlin

BMZ: http://www.bmz.de/de/presse/aktuelleMeldungen/2015/april/150419_pm_027_Bund
esentwicklungsminister-Mueller-fordert-Umdenken-der-Weltbank_-_Weg-vom-freien-
hin-zu-einem-fairen-Handel_/index.html – Zugriff am 8. 11. 2015; 11:19 h

dasselbe: http://www.bmz.de/de/was_wir_machen/themen/wirtschaft/welthandel/deut
sches_engagement/index.html – Zugriff am 8. 11. 2015; 11:24 h

dasselbe: https://www.bmz.de/de/zentrales_downloadarchiv/themen_und_schwerpunk
te/frieden/aktionsplan.pdf – Zugriff am 10. 12. 2016

dasselbe: https://www.bmz.de/de/mediathek/publikationen/reihen/strategiepapiere/Stra
tegiepapier328_04_2013.pdf – Zugriff am 10. 12. 2016

Boehmer, Julius (1907): Martin Luthers Werke. Stuttgart und Leipzig. S. 255 (In der Schrift
»Ob Kriegsleute auch in seligem Stande sein können«)

Bogner, Alexander/Littig, Beate/Menz, Wolfgang [Hg.] (2009[3]): Experteninterviews.
Theorien, Methoden, Anwendungsfelder. Wiesbaden: VS Verlag für Sozialwissenschaften

Bonacker, Thorsten & Imbusch, Peter: Zentrale Begriffe der Friedens- und Konfliktforschung: Konflikt, Gewalt, Krieg, Frieden. In: Imbusch, Peter & Zoll, Ralf [Hg.] (2010[5])
Friedens- und Konfliktforschung. Eine Einführung. Lehrbuch. Wiesbaden: VS Verlag
für Sozialwissenschaften

Boschki, Reinhold & Schwendemann, Wilhelm [Hg.] (2009): Vier Generationen nach
Auschwitz. Wie ist Erinnerungslernen heute noch möglich? Münster: Lit-Verlag

Boschki, Reinhold (2008): Einführung in die Religionspädagogik. Darmstadt: Wissenschaftliche Buchgesellschaft

Boschki, Reinhold (2015): Erinnerung/Erinnerungslernen. In: Das Wissenschaftliche
Bibellexikon https://www.bibelwissenschaft.de/wirelex/das-wissenschaftlich-religions
paedagogische-lexikon/ – Zugriff am 01. 05. 2017; 21:50 h

Botschaft der USA in Deutschland: http://usa.usembassy.de/etexts/soc/traum.htm – Zugriff am 21. 08. 2015; 16:00 h

Bourdieu, Pierre (1989[3]): Die feinen Unterschiede – Kritik der gesellschaftlichen Urteilskraft. Frankfurt: Suhrkamp

Brahms, Renke & Rink, Sigurd, EKD (2015): Am gerechten Frieden orientieren – Evangelische Perspektiven auf die deutsche Außen- und Sicherheitspolitik. Eckpunkte zum
Weißbuch 2016. https://www.ekd.de/download/eckpunkte_weissbuch_2016.pdf – Zugriff am 31. 12. 2016; 17:13 h

Brahms, Renke (2015): Vom Frieden träumen und dafür arbeiten. Interview in: Erev-Rav
(2015): JUNGE.KIRCHE 4/2015, 76. Jg., Uelzen

Brahms, Renke am 2. 12. 2015: Eine Stellungnahme des Friedensbeauftragten des Rates der
Evangelischen Kirche in Deutschland zu einer militärischen Beteiligung Deutschlands
am Kampf gegen den sog. »Islamischen Staat« in Syrien. http://www.ekd.de/download/
20151202_stellungnahme_syrien.pdf 12:18 h

Brandstätter, Veronika: Motivation. In: Wenninger, Gerd (2001): Lexikon der Psychologie
in fünf Bänden. Bd. 3

Broszka, Michael: Frieden und Wirtschaft. In: Greißmann & Rinke [Hg.] (2011): Handbuch Frieden, Wiesbaden: VS Verlag für Sozialwissenschaften

Bund der Evangelischen Kirchen in der Deutschen Demokratischen Republik: »Pazifismus« in der aktuellen Friedensdiskussion. In: Aktion Sühnezeichen (1982): Christen
im Streit um den Frieden. Freiburg: Dreisam-Verlag, S. 215f.

Bund für Soziale Verteidigung: http://www.soziale-verteidigung.de/ueber-uns/ – Zugriff am 10.08.2015; 23:06 h

Bundesgesetzblatt: http://www.bgbl.de/xaver/bgbl/start.xav?start=%2F%2F*[%40attr_id %3D%27bgbl156s0651.pdf%27]#__bgbl__%2F%2F*[%40attr_id%3D%27bgbl156s06 51.pdf%27]__1455031108893 – Zugriff am 9.2.2016; 16:20 h

Bundesministerium der Verteidigung (2016): Weißbuch 2016 zur Sicherheitspolitik und zur Zukunft der Bundeswehr. Berlin S. 139

Bundespräsidialamt: http://www.bundespraesident.de/DE/Die-Bundespraesidenten/Gus tav-Heinemann/gustav-heinemann-node.html – Zugriff am 1.12.2014, 15:16 h

Bundestag Textarchiv: http://www.bundestag.de/dokumente/textarchiv/2011/33831649_ kw12_de_wehrdienst/204958 – Zugriff am 13.3.2015; 20:57 Uhr

Bundestag Textarchiv: https://www.bundestag.de/grundgesetz – Zugriff am 5.12.2015; 10:14 h

Bundesverteidigungsministerium: https://www.bmvg.de/portal/a/bmvg/start/ministe rium/verteidigungshaushalt/!ut/p/z1/hY_NCsIwEITfqJs0WOuxNfgDIUgranKR0IZa qUkJsXjw4U0QehP3MLAzu9-yIOEC0qip75TvrVFD6IXMrmXOJixdpSklFUVFzeot5 zlBjMAJzv9GZIjRjyoQ1K0G-ERjL-nwyaQQ0SZKuTxhrto3ptfB-0c8pbl4zW-SEmT-d CkvQtCIRpifB8Cr-LbLcuCcYp3ZdVBN7VpF7zrmri0yBuyrSDPtim-BrjY5Nzvug-HS Pyhw!!/dz/d5/L2dBISEvZ0FBIS9nQSEh/#Z7_B8LTL2922D3RD0ASLSGNN830D6 – Zugriff am 02.01.2017; 21:07 h

Bundeswehr: http://www.kommando.streitkraeftebasis.de/portal/a/kdoskb/!ut/p/c4/04_ SB8K8xLLM9MSSzPy8xBz9CP3I5EyrpHK94uyk-OyUfL3y1MySlOKS4hK9qsy8tNJUv ZT88ryc_MQU_YJsR0UAIaAfPw!!/ – Zugriff am 6.12.2015; 14:48 h

Bundeszentrale für politische Bildung (2003): Internationale Beziehungen I – Der Ost-West-Konflikt (Heft 245). Bonn, http://www.bpb.de/izpb/10320/internationale-bezie hungen-i – Zugriff am 19.2.2015; 22:13 Uhr

Bundeszentrale für politische Bildung (2011): http://www.bpb.de/die-bpb/51310/beutels bacher-konsens – Zugriff am 22.01.2016; 21:57 h

Bundeszentrale für politische Bildung: http://www.bpb.de/nachschlagen/lexika/politikle xikon/18001/pazifismus – Zugriff am 16.01.2016; 11:53 h

Buro, Andreas (1997): Totgesagte leben länger – Die Friedensbewegung. Von der Ost-West-Konfrontation zur zivilen Konfliktbearbeitung. Idstein: KOMZI Verlag

Buro, Andreas: Friedensbewegung. In: Giesmann, Rinke [Hg.] (2011): Handbuch Frieden. Wiesbaden

Caließ, Jörg: Frieden stiften. In: Gießmann, Hans J. & Rinke, Bernhard [Hg.] (2011): Handbuch Frieden. Wiesbaden: VS Verlag

Dalai Lama & Alt, Franz (2015[2]): Der Appell des Dalai Lama an die Welt – Ethik ist wichtiger als Religion. Salzburg: Benevento Publishing

Dedial, Jürg (2014): http//www.nzz.ch/international/seit-5-uhr-45-wird-zurueckgeschos sen-1.18373450 – Zugriff am 7.3.2015; 17:59 Uhr

DER SPIEGEL: http://www.spiegel.de/gesundheit/diagnose/organspende-transplantation sgesetz-soll-organmangel-entgegenwirken-a-835914.html – Zugriff am 5.01.2017; 1:15 h

DER SPIEGEL, Nr. 23/1958: Militärseelsorge. Die Spaltung. http://www.spiegel.de/spiegel/ print/d-41761577.html – Zugriff 5.12.2014; 17:28 h

DER SPIEGEL, Nr. 25/1981: Pazifismus, 81: »Selig sind die Friedfertigen«. http://www.spie gel.de/spiegel/print/d-41761577.html – Zugriff am 05. 12. 2014; 17:45 h

DER SPIEGEL, Nr. 25/1983 vom 20. 06. 1983 zit. nach http://www.spiegel.de/spiegel/print/ d-14017903.html – Zugriff am 23. 2. 2015; 19:23 Uhr

DER SPIEGEL: http://www.spiegel.de/politik/ausland/auszeichnung-drei-frauenrechtle rinnen-erhalten-friedensnobelpreis-a-790472.html# – Zugriff am 30. 11. 2015; 23:02 h

DER SPIEGEL: http://www.spiegel.de/video/vor-20-jahren-petra-kelly-und-gert-bastian-begehen-selbstmord-video-1219907.html – Zugriff am 5. 1. 2016; 00.10 h

Deutsche Friedensgesellschaft/Vereinigte Kriegsgegner (DVG/VK): https://www.dfg-vk. de/verband/satzung – Zugriff am 13. 3. 2015; 23:57 Uhr

Deutschlandradio Kultur: http://www.deutschlandradiokultur.de/irak-menschen-mit-waffen-beschuetzen.1278.de.html?dram:article_id=300082 – Zugriff am 1. 1. 2016; 12:18 h

Deutschmann, Emmanuel (2012): Der Zweite Libanonkrieg und die dyadische Hypothese der Theorie des demokratischen Friedens – ein Widerspruch? – Arbeitspapiere zur Internationalen Politik. AIPA 2/2012 http://www.google.de/url?sa=t&rct=j&q= &esrc=s&source=web&cd=4&ved=0CDcQFjAD&url=http%3A%2F%2Fwww.jae ger.uni-koeln.de%2Ffileadmin%2Ftemplates%2Fpublikationen%2Faipa%2FAIPA_2_ 2012.pdf&ei=6p_jVPnOLtKO7QbFzYG4DA&usg=AFQjCNFXqeE6073fl_2SWwhylIE ejOv2fA&bvm=bv.85970519,d.ZGU – Zugriff am 17. 2. 2015; 21:25 Uhr

Dobstadt, Markus (2015): Für Waffen ist immer Geld da. Publik-Forum Nr 16/2015, S. 10

dpa/fwo In: http://www.badische-zeitung.de/nachrichten/ausland/ban-ki-moon-feuert-seinen-sonderbeauftragten – Zugriff am 6. 9. 2015; 21:38 h sowie http://www.badische-zeitung.de/ausland-1/hintergrund-xofudwuax-106756648.html – Zugriff am 6. 9. 2015; 21:42 h

Dresing, Thorsten & Pehl, Thorsten: Computergestützte Analyse qualitativer Daten mit f4analyse. In: Kruse, Jan (2014): Qualitative Interviewforschung. Ein integrativer Ansatz. Weinheim und Basel: Beltz und Juventa

Drewermann, Eugen (2002): Krieg ist eine Krankheit, keine Lösung. Gespräch mit Jürgen Hoeren. Freiburg: Herder

Drosdowski, Günther u. a. [Hg.] (1963): Der Große Duden in 10 Bänden. Bd. 7 Etymologie – Herkunftswörterbuch der deutschen Sprache. Mannheim: Dudenverlag

Ebert, Theodor (1980): Soziale Verteidigung – Formen und Bedingungen des zivilen Widerstandes. Waldkirch

Ebert, Theodor (1980²) Gewaltfreier Aufstand. Alternative zum Bürgerkrieg. Waldkirch: Waldkircher Verlag

Ebert, Theodor (1981): Soziale Verteidigung. Historische Erfahrungen und Grundzüge der Strategie. Waldkirch: Waldkircher Verlag

Ebert, Theodor (2001): Der Kosovo-Krieg aus pazifistischer Sicht: Pazifismus – Grund-sätze und Erfahrungen für das 21. Jahrhundert. Hamburg: LIT Verlag

Ebert, Theodor (2014): Die Gewaltfreie Zivilarmee – Tagebuch eines pazifistischen Experiments. Veröffentlicht auf Homepage: http://www.theodor-ebert.de/literarischetex te.html – Zugriff am 1. 3. 2015; 20:16 Uhr

Ebner, Martin (2011): »… du nimmst weg, was du nicht hingelegt hast« (Lk 19,21). In: Bibel und Kirche, Heft 3/2011, Stuttgart: Katholisches Bibelwerk

EKD: http://www.ekd.de/aktuell/edi_2015_12_04_militaereinsatz_syrien.html – Zugriff am 6.12.2015

EKD: http://www.ekd.de/EKD-Texte/68907.html – Zugriff am 25.11.2016

Enns, Fernando (2007): Von Gewalt befreit – wann ist Gewalt legitim? Mennonitische Ansätze zur Friedensethik in der Ökumene – Vortrag im Rahmen der Feierlichkeiten »400 Jahre Mennoniten in Krefeld« am 10. Mai 2007 in Krefeld. S. 2,6, http://www1. theologie.uni-hamburg.de/de/einrichtungen/arbeitsstellen/friedenskirche/archiv.htm l# – Zugriff am 19.12.2014; 17:59 h

Enns, Fernando/Twardowski, Stephan von: Friedensbildung aus Sicht historischer Friedenskirchen. In: Haußmann, Werner/Biener, Hansjörg/Hock, Klaus/Mokrosch, Reinhold, Hg. (2006): Handbuch Friedenserziehung. Gütersloh: Gütersloher Verlagshaus

Erasmus von Rotterdam (1519) In: Hannemann, Brigitte [Hg.] (1987): »Süß scheint der Krieg den Unerfahrenen«. München: Christian Kaiser Verlag

Evangelische Akademie Sachsen-Anhalt (2014): Friedenszeugnis ohne Gew(a)ehr, Tagebuch zum Bausoldatenkongress 2014 in Wittenberg. http://ev-akademie-wittenberg.de/sites/ default/files/downloads/tagebuch_screen.pdf – Zugriff am 10.11.2015: 23:19 h

Evangelische Arbeitsgemeinschaft zur Betreuung der Kriegsdienstverweigerer (EAK): http://www.eak-online.de/aktuelles – Zugriff am 24.01.2016; 00:26 h.

Evangelische Arbeitsgemeinschaft zur Betreuung der Kriegsdienstverweigerer (EAK) [Hg.] (2007): NEIN zu Krieg und Militär – JA zu Friedensdiensten. 50 Jahre evangelische Arbeit für Kriegsdienstverweigerer. Bremen: EAK

Evangelische Kirche im Rheinland: http://www.ekir.de/www/ueber-uns/konziliarer-pro zess.php – Zugriff am 14.05.2016; 21:46 h

Evangelische Kirche in Deutschland (2013): Selig sind die Friedfertigen. Der Einsatz in Afghanistan: Aufgaben evangelischer Friedensethik. Eine Stellungnahme der Kammer für öffentliche Verantwortung der EKD. Hannover: Kirchenamt der EKD

Evangelische Kirchen in Hessen und Nassau: http://www.ekhn.de/fileadmin/user_upload/ pdf2/exegetisches_doppelgebot_liebe.pdf – Zugriff am 25.08.2015; 23:43 h

Evangelische Landeskirche in Baden (2014): Richte unsere Füße auf den Weg des Friedens, Karlsruhe: Evangelischer Oberkirchenrat, Zentrum für Kommunikation http://ekiba. de/html/content/der_friedensethische_prozess_in_baden_bis_2013.html – Zugriff am 8.11.2015 – 19:08 h

Evangelische Landeskirche in Baden: http://www.ekiba.de/html/aktuell/aktuell_u. html?t=beb78268ae5af1ed3d9304c558e06562&tto=acd9d66e&&cataktuell=&m= 2359&artikel=6245&stichwort_aktuell=&default=true – Zugriff am 04.08.2014; 18:22 h (ohne Angabe des Erscheinungsdatums)

Evangelische Landeskirche in Bayern (2.6.2014): http://www.bayern-evangelisch.de/was-uns-bewegt/gerechter-krieg.php – Zugriff am 6.1.2016; 21:48 h

Evangelischer Oberkirchenrat in Karlsruhe (2008): Grundordnung der Evangelischen Landeskirche in Baden. Karlsruhe

Evers, Tilmann (2009) Gesichter des Zivilen Friedensdienstes. In: https://www.ziviler-frie densdienst.org/de/geschichte – Zugriff am 2.11.2016; 17:49 h

Fachgemeinschaft evangelischer Religionslehrerinnen und Religionslehrer in Württemberg e.V. und Fachverband evangelischer Religionslehrerinnen und Religionslehrer in Baden e.V. (1994): entwurf 1/94: Frieden. / (2002) entwurf : 2/2002 Gewalt Stuttgart: Päd.-Theol.-Zentrum (PTZ)

Faller, Kurt / Kerntke, Wilfried / Wackmann, Maria (1996): Konflikte selber lösen – Ein Trainingshandbuch für Mediation und Konfliktmanagement in Schule und Jugendarbeit. Müllheim an der Ruhr

FAZ-NET v. 18.09.2013: http://www.faz.net/aktuell/gesellschaft/kriminalitaet/gebrauch-von -schusswaffen-polizisten-schossen-36-mal-auf-menschen-12579375.html – Zugriff am 22.3.2015; 17:49 h

Feddersen, Uta (2005): Frieden und christliche Botschaft. In: BBS 25 – Sternstunden, Loccum: Religionspädagogisches Institut

Fiedler, Peter (2005): Theologischer Kommentar zum Neuen Testament. Das Matthäus-Evangelium. Stuttgart: Verlag Kohlhammer

Finckh-Krämer, Ute: In politischen Prozessen denken. Replik auf die »10 Thesen zum Gewaltverzicht« von Ullrich Hahn. In: Forum Pazifismus Heft 15 III/2007, Minden: Versöhnungsbund e.V.

Flechtheim, Ossip K. in der Besprechung des Buches von Adam Roberts, Hg. (1967): »The Strategy of Civilian Defence. Non-violent Resistance to Agression«. Faber & Faber, London, in DIE ZEIT Nr. 21/1968 vom 24.05.1968; DIE ZEIT, 24.5.1968 Nr. 21

Foschepoth, Josef (1986): Dreigeteilt? Ja, bitte! Deutsches Allgemeines Sonntagsblatt Nr. 11/1986, 16. März 1986, S. 22; derselbe: Experimente – nein danke!, ebenda Nr. 12/ 1986, 23. März 1986

Fränkisches Bildungswerk für Friedensarbeit e.V. (FBF) Karl-Heinz Bittl (2012): Civilpowker. http://www.civilpowker.de/ – Zugriff am 13.12.2015; 20:17 h

Friederichs, Hauke in: ZEIT-ONLINE (31.05.2013): http://www.zeit.de/politik/deutsch land/2013-05/kleinwaffen-heckler-koch-protest-export – Zugriff am 3.11.2015; 13:40 h

Friederichs, Hauke in: ZEIT-ONLINE (7.04.2009): Die Zahl der Atomwaffenstaaten wächst http://www.zeit.de/online/2009/15/atomwaffen-staaten/komplettansicht – Zugriff am 3.9.2015; 23:55 h

Fuchs, Albert (2011): »Für Recht und Frieden«? Beiträge zum pazifistischen Widerspruch. Belm-Vehrte/Osnabrück: Sozio-Publishing

Fuchs, Otto (2011):«Alles ist zu unserer Belehrung geschrieben« (Röm 15,4) – auch die biblischen Gewalttexte? In: Bibel und Kirche, Heft 3/2011, Stuttgart: Katholisches Bibelwerk, S. 129

Galtung, Johan (1975): Strukturelle Gewalt. Reinbeck: Rowohlt, S. 9

Galtung, Johan (bei BT-Anhörung), Quelle: Woche im Bundestag (wib 17/83 – XVII /26) v. 14.12.1983, S. 37

Galtung, Johan/Jacobsen, Carl G./Brand-Jacobsen, Kai Frithjof (2003): Neue Wege zum Frieden. Konflikte aus 45 Jahren: Diagnose, Prognose, Therapie. Minden: Bund für Soziale Verteidigung

Galtung, Johan: Begriffsbestimmung: Frieden und Krieg. In: Calließ, Jörg & Lob, Reinhold E. [Hg.] (1984): Handbuch Praxis der Umwelt- und Friedenserziehung, Bd. 1. Düsseldorf: Pädagogischer Verlag Schwann-Bagel

Galtung, Johann, in: Ebert, Theodor [Hg.] (1972): Wehrpolitik ohne Waffen. Vom Passiven Widerstand zur Sozialen Verteidigung. Opladen: Argus Verlag

Ganser, Daniele (2016^2): Illegale Kriege. Wie die NATO- Länder die UNO sabotieren. Eine Chronik von Kuba bis Syrien. Zürich: Orell Füßli Verlag

Ganslmeier, Martin (8.07.2015): *Internationaler Strafgerichtshof* – Warum die USA abseits stehen. In: http://www.br.de/nachrichten/usa-strafgerichtshof-beziehung-100.html – Zugriff am 606.07.2016; 21:56 h

Gebauer, Gunter & Wulf, Christoph (1992): Mimesis. Kultur – Kunst – Gesellschaft. Reinbek bei Hamburg: Rowohlt Taschenbuch Verlag

Geis, Matthias (19.03.2009): Der linke Krieg. Kosovo, zehn Jahre danach: War es richtig, dass sich deutsche Soldaten 1999 am NATO-Kampfeinsatz beteiligten? http://www.zeit.de/2009/13/10-Jahre-Kosovo – Zugriff am 6.11.2015; 19:42 h

Geisler, Astrid & Reinecke, Stefan (6.1.2015): Die rot-rot-grüne Seifenblase. http://www.taz.de/!5024614/ – Zugriff am 20.08.2015; 11:41 h

General-Anzeiger Bonn vom 18.08.2014 http://www.general-anzeiger-bonn.de/region/rhein-sieg-kreis/siegburg/gruenhelm-gruender-fordert-waffen-zum-schutz-der-jesiden-article1427867.html – Zugriff am 19.2.2015; 19:02 Uhr

Geniets, Anne (2005): Zur Entwicklung des kindlichen Verständnisses von Krieg. http://www.wissenschaft-und-frieden.de/seite.php?artikelID=0405 – Zugriff am 10.12.2015; 23:18 h

Genocide Alerte, http://www.schutzverantwortung.de/schutzverantwortung-/was-ist-rtop/index.html – Zugriff am 20.02.2015; 11.03 Uhr

George, Kondothra M. (2001): Der moderne Lebensstil führt zur Gewalt. Welche Alternativen haben Christen? In: Zeitschrift »Der Überblick« 3/2001

Gerste, Ronald D. (2011): Eisenhowers Warnung vor einem Staat im Staat. In: http://www.nzz.ch/aktuell/startseite/eisenhowers-warnung-vor-einem-staat-im-staat-1.9130929 – Zugriff am 20.02.2015; 21:15 h

Gerster, Petra mit Gleich Michael (2005): Die Friedensmacher. München und Wien: Carl Hanser-Verlag

Gesellschaft für Religionspädagogik & Deutscher Katechetenverein [Hg.] (2005): s Neukirchner-Vluyn: Verlag Neukirchner

Gießmann & Rinke (2011): Handbuch Frieden. Wiesbaden: VS-Verlag

Glubrecht, H. & Menzel, Eberhard in: Vereinigung deutscher Wissenschaftler e.V. [Hg.] (1967): Die amerikanischen und sowjetischen Vorschläge für eine allgemeine und vollständige Abrüstung und die Atomsperrverträge bis 1967. Göttingen: Vandenhoeck & Ruprecht, u.a. S. 75, 165

Gniech, Gisela in Schnorr, Angela [Hg.] (1993): Handwörterbuch der angewandten Psychologie – Die Angewandte Psychologie in Schlüsselbegriffen. Bonn: Deutscher Psychologen Verlag GmbH

Grässlin, Jürgen u.a. (2015^2): Netzwerk des Todes. Die kriminellen Verflechtungen von Waffenindustrie und Behörden. München: Heyne Verlag

Grimm, Jakob & Grimm, Wilhelm (1854) Deutsches Wörterbuch von Jakob Grimm und Wilhelm Grimm. Leipzig: Verlag von S. Hirzel http://woerterbuchnetz.de/DWB/?sigle=DWB&mode=Vernetzung&hitlist=&patternlist=&lemid=GK13694#XGK13694 – Zugriff am 11.01.2017; 21:38 h

Gröhe, Hermann im Interview mit der Frankfurter Allgemeinen Zeitung vom 19.01.2014 http://www.faz.net/aktuell/politik/inland/gesundheitsminister-groehe-jede-form-der-organisierten-selbsttoetungshilfe-muss-verboten-werden-12759394.html – Zugriff am 2.01.2017; 23:22 h

Grünewald, Guido/Knebel, Günther (o. J.): Geschichte der Kriegsdienstverweigerung. (nach Rückfrage bei Mitautor Günther Knebel handelt es sich hierbei um die Dokumentation einer im Jahr 2000 erstmals auf der österreichischen Burg Schlaining – http://www.museum.friedensburg.at/dauerausstellungen/ – eröffneten Ausstellung) http://ebco-beoc.org/sites/ebco-beoc.org/files/ekdvgeschichtegggk2000.pdf , S. 17, 27 – Zugriff am 30.03.2016; 20:08 h

Gugel, Günther (2013): Didaktisches Handbuch. Werte vermitteln – Werte leben. Tübingen: Berghof Foundation und Kreisjugendring Rems_Murr e.V.

Gugel, Günther: Friedenserziehung. In: Gießmann, Hans J. & Rinke, Bernhard [Hg.] (2011): Handbuch Frieden. Wiesbaden: VS Verlag

Haas, Dieter u. a. (1979²): Die Christen und der Krieg. Lahr: Verlag Ernst Kaufmann

Hahn, Ullrich (2010): Vorrangig oder ausschließlich – 10 Thesen zum Gewaltverzicht. In: Arbeitsstelle Frieden im Evangelischen Kinder- und Jugendwerk Baden der Evangelischen Landeskirche in Baden, Stude, Jürgen & Maaß, Stefan [Hg.] (2012): Richte unsere Füße auf den Weg des Friedens – Pazifistisch-gewaltfreie Texte zur friedensethischen Positionierung der badischen Landeskirche, Karlsruhe

Hannemann, Dirk: Weltstaat als globale Demokratie. Perspektiven für kritische Ansätze. In: Wissenschaft und Frieden 4/2016, 34. Jg., S. 34 ff.

Häring, Bernhard (1986): Die Heilkraft der Gewaltfreiheit. Düsseldorf: Patmos Verlag

Harmsen, Dirk Michael (2015): http://ekiba.de/html/content/unterschriftenaktion_karls ruher_aufruf_2015_an_die_ek.html – Zugriff am 17.1.2016; 22:16 h

Heine, Malte & Wischat Rolf (2016): Von einem, der den Atomkrieg nur knapp verhinderte. In: Mitteldeutsche-Kirchenzeitungen.de vom 26.09.2016; http://www.mittel deutsche-kirchenzeitungen.de/2016/09/26/von-einem-der-den-atomkrieg-verhindert e/#respond – Zugriff am 19.07.2017; 13:05 h

Heinmann-Grüder & Bauer, Isabella [Hg.] (2013): Zivile Konfliktbearbeitung. Vom Anspruch zur Wirklichkeit. Opladen u. a.: Verlag Barbara Budrich

Heinz, Wolfgang S.: Frieden und Menschenrechte. In: Gießmann, Hans J. & Rinke, Bernhard [Hg.] (2011): Handbuch Frieden. Wiesbaden: VS Verlag für Sozialwissenschaften

Helfferich, Cornelia (2011⁴): Die Qualität qualitativer Daten. Manual für die Durchführung qualitativer Interviews. Wiesbaden: VS Verlag für Sozialwissenschaften

Hengel, Martin (1971): Gewalt und Gewaltlosigkeit – Zur »politischen Theologie« in neutestamentlicher Zeit. Calwer Hefte 118, Stuttgart: Calwer Verlag

Hennes, Michael (2003): Der neue Militärisch-Industrielle Komplex in den USA. In: http://www.bpb.de/apuz/27289/der-neue-militaerisch-industrielle-komplex-in-den-usa?p= all – Zugriff am 12.3.2016; 15:44 h

Hennig, Kurt (1981): Der Friede Gottes und der Friede der Welt – 18 biblische Thesen zum Frieden. idea Nr. 15/81 vom 26. Februar 1981, zit. nach Aktion Sühnezeichen (1982), S. 50

Herdegen, Matthias (2017) in: Maunz/Dürig, Grundgesetz-Kommentar, 81. EL September 2017, Rz 66–68 http://beck-online.de.beck.de/Dokument?vpath=bibdata%2Fkomm% 2Fmaunzduerigkogg_81 %2Fgg%2Fcont%2Fmaunzduerigkogg.gg.vor1.a1.glvii.htm& pos=0&hlwords=on – Zugriff am 09.04.2018; 13:58 h

Heyse, Monika & Siber, Patric (2017): Das AGG als pädagogisches Mittel guter, aber letzter Wahl. In: Unterrichtspraxis, Beilage zu »bildung und wissenschaft« der Gewerkschaft

Erziehung und Wissenschaft in Baden-Württemberg, Heft 3/13. 04. 2017/50. Jahrgang/ ISSN 0178–0786

Hindriksen, Arendt [Hg.] (1993): Die Freiheit NEIN zu sagen – christliches Handeln in einer diakonischen Kirche. Zeitschrift: RELIPRAX Nr. 5, Bremen

Holl, Karl & Wette, Wolfram, Hg. (1981): Pazifismus in der Weimarer Republik. Beiträge zur Historischen Friedensforschung. Paderborn: Ferdinand Schöningh

Holzem, Andreas (2009): Krieg und Christentum. Religiöse Gewalttheorien in der Kriegserfahrung des Westens. Paderborn: Ferdinand Schöningh

Horn, Ullabritt (2015): A man can make a differenze – »Appell für den Frieden«, programmkino.de, verleih: wfilm.de, http://www.wfilm.de/a-man-can-make-a-differ ence/ – Zugriff am 13. 11. 2015; 00:38 h

Huber, Hans-Dieter in Wiezoreck, Alfred & Schirmböck, Thomas [Hg.] (2007): my vision – Ideen für die Welt für morgen. Kat. Zephyr, raum für fotografie, Mannheim 4.2.-15.4. 2007, Heidelberg: Kehrer-Verlag [o.S.] http://www.hgb-leipzig.de/artnine/huber/aufsa etze/my_vision.pdf – Zugriff am 24. 08. 2015; 23:26 h, (2. bis 4. Seite der pdf-Darstellung)

Huber, Wolfgang & Reuter, Hans-Richard (1990): Friedensethik. Stuttgart: Kohlhammer

Huber, Wolfgang (2004): Rückkehr zur Lehre vom gerechten Krieg? – Aktuelle Entwicklungen in der evangelischen Friedensethik (1). http://www.ekd.de/vortraege/2004/ 040428_huber_friedensethik.html – Zugriff am 30. 12. 2014

Huber, Wolfgang (2013): Ethik – Die Grundfragen unseres Lebens – Von der Geburt bis zum Tod. München: Verlag C.H. Beck

Huber, Wolfgang, in http://www.faz.net/aktuell/feuilleton/debatten/bischof-wolfgang-hu ber-ueber-religion-und-gewalt-13190591.html?printPagedArticle=true#pageIndex_2 – Zugriff am 18. 04. 2015; 14:25 h

Husmann, Bärbel/ Bertl, Sandra (2010): Christliche Ethik angesichts globaler Herausforderungen – Oberstufe. Stuttgart: Ernst Klett Verlag

ican germany: http://www.icanw.de/pressemeldungen/deutschland-stimmt-gegen-atom waffenverbot-2/ – Zugriff am 16. 3. 2016; 19:00 h

IImbusch, Peter & Zoll, Ralf [Hg.] (2010, 5. Aufl.): Friedens- und Konfliktforschung – Eine Einführung. Wiesbaden: VS Verlag für Sozialwissenschaften

Islam.de: http://islam.de/13827.php?sura=1 – Zugriff am 24. 01. 2015; 16:00 h

Jörger, Lena Maria & Müller, Patrick (2017): »Das letzte Mittel« – Bei einem Polizeieinsatz in Emmendingen stirbt ein Mann – Fragen und Antworten. In: Badische Zeitung vom 06. 05. 2017, Freiburg

Jüdisches Recht.de: http://www.juedisches-recht.de/anf_noah_gebote.html – Zugriff am 3. 01. 2017; 11:23 h

Käbisch, David/Träger, Johannes (2011): Schwerter zu Pflugscharen – Impulse für friedensethisches Lernen im Religionsunterricht. Leipzig: Evangelische Verlagsanstalt

Kahl, Martin & Rinke, Bernhard: Frieden in den Theorien der Internationalen Beziehungen. In: Gießmann, Hans H. & Rinke, Bernhard [Hg.] (2011): Handbuch Frieden. Wiesbaden: VS Verlag für Sozialwissenschaften / Springer Fachmedien

Kampling, Rainer, in: Berlejung, Angelika/Frevel, Christian (2012^3), S. 399

Kant, Immanuel (1795): Zum ewigen Frieden. Ein philosophischer Entwurf. In: Directmedia Publishing, (2007): 100 Werke der Philosophie, die jeder haben muss. [Elektronische Ressource]: CD-ROM, Berlin, Kant-Werk Bd. 11 oder: Kant, Immanuel (2008): »Zum ewigen Frieden«. Stuttgart: Reclam Verlag

Käßmann, Margot (2010): »Geist und Logik von Krieg und Gewalt widerstehen!« In: Jubiläumszeitung 30 Jahre Ökumenische FriedenDekade des Gesprächsforums der Ökumenischen FriedensDekade c/o AGDF, Endenicherstr. 41, D-53115 Bonn

kath.ch / katholisches medienzentrum: http://www.kath.ch/newsd/theologin-zum-ge betsaufruf-des-papstes-es-darf-nicht-beim-beten-bleiben/ – Zugriff am 13.08.2015; 00:12 h

Kessler, Wolfgang: Weltbeben – Auswege aus der Globalisierungsfalle. Oberursel 2004[2]

Khan, Abdul Ghaffar (2012): Mein Leben. Autobiographie des Abdul Ghaffar Khan. Wie ein Weggefährte Gandhi die Gewaltfreiheit im Islam begründet. Bonn: Afghanistan Information Center

Khorchide, Mouhanad (2012): Islam ist Barmherzigkeit. Freiburg: Herder Verlag

King, Martin Luther, [Hgg. von] Heinrich W. Grosse (1980): Schöpferische Widerstand – Reden, Aufsätze, Predigten. Gütersloh: Gütersloher Verlagshaus Gerd Mohn

Kirchenamt der EKD (2013): »Selig sind die Friedfertigen« – Der Einsatz in Afghanistan: Aufgaben evangelischer Friedensethik – Eine Stellungnahme der Kammer für Öffentliche Verantwortung der EKD. EKD-Texte 116, Hannover: EKD

Klußmann, Jörgen & Rieche, Bernd [Hg.] (2008): Zivile Konfliktbearbeitung in Deutschland. Bonn: Evangelische Akademie im Rheinland

Kochendörfer, Jürgen [Hg.] (2008): Geschichte und Geschehen – Berufliche Gymnasien. Stuttgart Leipzig: Ernst Klett Verlag

Kock, Manfred (2003): »Frieden lässt sich schaffen, mit und ohne Waffen.« http://www.ekd.de/vortraege/kock/030926_kock_friedensdienst.html – Zugriff am 31.03.2016; 21:17 h

Kohler, Bernhard (2016): http://www.faz.net/aktuell/politik/wahl-in-amerika/nach-do nald-trump-sieg-deutschland-muss-aussenpolitik-aendern-14547858.html – Zugriff am 27.12.2016; 17:54 h

Könemann, Judith (2016): Politische Religionspädagogik. https://www.bibelwissenschaft. de/de/wirelex/das-wissenschaftlich-religionspaedagogische-lexikon/lexikon/sachwort/a nzeigen/details/politische-religionspaedagogik/ch/70fe27f15e080bfe6ea78b3f59aadea5/ – Zif. 4; Zugriff am 31.05.2016; 14:06 h

Konfessionskundliches Institut des Evangelischen Bundes [Hg.] (1971): Die Evangelische Staatslehre – Quellen zur Konfessionskunde, Reihe B, Protestantische Quellen, Heft 5. Göttingen: Vandenhoeck & Ruprecht

Konradt, Matthias (2015): Das Evangelium nach Matthäus. Göttingen: Vandenhoeck & Ruprecht

Kruse, Jan (2014): Qualitative Interviewforschung. Ein integrativer Ansatz. Weinheim und Basel: Beltz und Juventa

Kubbig, Bernd W. (1974): Kirche und Kriegsdienstverweigerung. Stuttgart

Kultusministerium Baden-Württemberg: http://www.bildung-staerkt-menschen.de/ser vice/downloads/Bildungsplaene/Gymnasium/Gymnasium_Bildungsplan_Gesamt.pdf – Zugriff am 4.01.2017; 23:46 h

Kultusministerium Baden-Württemberg: http://www.ls-bw.de/bildungsplaene/berufl schulen/bg/bg_allgemein/BG1-AF2_Geschichte-mit-Gemeinschaftskunde_LPH-1-200 3.pdf – Zugriff am 4.01.2017; 23:50 h

Küng, Hans (1990): Projekt Weltethos. München: Piper

Küng, Hans (2003): Ethische Herausforderungen für die Gestaltung der Weltpolitik. In: Küng, Hans & Senghaas, Dieter [Hg.]: Friedenspolitik. Ethische Grundlagen internationaler Beziehung. München: Piper Verlag, S. 117

Künneth, Walter: Wehrpflicht für Christen nicht zumutbar? In: idea-Dokumentation 58/80. In: Aktion Sühnezeichen/Friedensdienste, (1982)

Lachmann, Rainer: 1. Ethische Urteilsbildung: Elemente, Kriterien, Perspektiven. In: Lachmann, Rainer/Adam, Gottfried/Rothgangel, Martin [Hg.] (2006) Ethische Schlüsselprobleme: Lebensweltlich – theologisch – didaktisch. Göttingen: Vandenhoeck & Ruprecht

Ladenthin, Volker (2011): Kompetenzorientierung als Indiz für pädagogische Orientierungslosigkeit. In: Profil, Zeitschrift des DPhV, Heft 9/2011, S. 22ff. http://bildung-wissen.eu/wp-content/uploads/2012/03/ladenthin-kompetenz.pdf – Zugriff am 4.01.2017; 15:52 h

Ladenthin, Volker (2013a): Wozu religiöse Bildung heute? Sieben Versuche, an der Endlichkeit zu zweifeln. Würzburg: Echter Verlag

Ladenthin, Volker (2013b): Werteerziehung als Aufgabe von Unterricht. In: Redecker, Anke [Hg.] (2013): Wert Erziehung. Ein Konzept in sechs Perspektiven. Baltmannsweiler: Schneider Verlag Hohengehren GmbH

Ladenthin, Volker (2014): Forschendes Lernen in der Bildungswissenschaft. Bonn: Verlag für Kultur und Wissenschaft, Culture and Science Publ. Dr. Thomas Schirrmacher

Ladenthin, Volker: Das Verhältnis dreier Zieldimensionen: Politik, Pädagogik, Ethik. In: Mertens, Gerhard [Hg. im Auftr. der Görres-Gesellschaft zur Pflege der Wissenschaft] (2008): Handbuch der Erziehungswissenschaft / Bd. 1, Paderborn: Ferdinand Schöningh

Lamnek, Siegfried (2005⁴): Qualitative Sozialforschung. Weinheim, Basel: Beltz-Verlag

Landesarbeitsgemeinschaft Täter-Opfer-Ausgleich Baden-Württemberg: http://www.toa-bw.de/ – Zugriff am 17.08.2015; 23:03 h

Landeszentrale für politische Bildung Baden-Württemberg (2016): Neue Herausforderungen der Friedens- und Sicherheitspolitik. Heft 71/2016 der Zeitschrift für Gemeinschaftskunde, Geschichte und Wirtschaft DEUTSCHLAND & EUROPA, ISSN 1864–2942

Landeszentrale für politische Bildung Baden-Württemberg: https://www.lpb-bw.de/bwverf/bwverf.htm – Zugriff am 4.12.2015; 21:57 h

Landgericht Frankfurt, www.lgfrankfurt.justiz.hessen.de%2Firj%2Fservlet%2Fprt%2Fportal%2Fprtroot%2Fslimp.CMReader%2FHMdJ_15%2FLG_Frankfurt_Internet%2Fmed%-2Facb%2Facb50880-b973-6411-aeb6-df144e9169fc%2C22222222-2222-2222-2222-222222-222222-%2Ctrue.pdf&ei=gV3kVI6ZKsPT7QapwIGQBg&usg=AFQjCNFJqxQAxDAKrL8eZqgitaKo9JTreg&bvm=bv.85970519,d.ZGU – Zugriff am 17.2.2015; 10:39 h

Lepp, Claudia: Kirchen und soziale Bewegungen in der Bundesrepublik (1950–1983). http://www.zeithistorische-forschungen.de/3-2010/id%3D4585 dort in Kap. 1: Die Kirchen und die Frühformen der Protestkultur – Zugriff am 3.02.2016: 16:20 h

Lévinas, Emmanuel (1998): Die Spur des Anderen: Untersuchungen zur Phänomenologie und Sozialphilosophie. München: Alber (Studienausgabe)

Lind, Georg (2015[3]): Moral ist lehrbar! Wie man moralisch-demokratische Fähigkeiten fördern und damit Gewalt, Betrug und Macht mindern kann. Berlin Logos Verlag

Littig, Beate (2009): Interviews mit Eliten – Interviews mit ExpertInnen. In: Bogner, Alexander/Littig, Beate/Menz, Wolfgang [Hg.] (2009[3]): Experteninterviews. Theorien, Methoden, Anwendungsfelder. Wiesbaden: VS Verlag für Sozialwissenschaften

Lorenzo, Giovanni di: http://www.zeit.de/2010/10/Fragen-an-Helmut-Schmidt/seite-4 – Zugriff am 21.08.2015; 11:30 h

Lüders, Michael: Konflikte im Nahen Osten. Die Doppelmoral der westlichen Staaten. In: Publik-Forum Nr. 17/2015, S. 14

Luedtke, Ralph-M./Stutynski, Peter, [Hg.] (2010): Kapitalismus; Krise und Krieg – Den Kreislauf durchbrechen. Kassel: Verlag Winfried Jenior

Luz, Ulrich: Feindesliebe und Gewaltverzicht: Zur Struktur und Problematik neutestamentlicher Friedensideen. In: Holzem, Andreas [Hg.] (2009): Krieg und Christentum – Religiöse Gewalttheorien in der Kriegserfahrung des Westens. Paderborn: Ferdinand Schöningh, S. 137 ff.

Maaß, Stefan (2012): Warum und wie gewaltfreie Kampagnen funktionieren. Die erstaunlichen Erkenntnisse einer Studie von Erica Chenoweth und Maria J. Stephan. In: Arbeitsstelle Frieden im Evangelischen Kinder- und Jugendwerk Baden der Evangelischen Landeskirche in Baden, Jürgen Stude & Stefan Maaß [Hg.] »Weg des Friedens«. Pazifistisch-gewaltfreie Texte zur friedensethischen Positionierung der badischen Landeskirche. Karlsruhe, Blumenstraße 1–7

Mahbubani, Kishore (2008): Der Mythos westlicher Entwicklungshilfe. In: http://www.dandc.eu/de/article/der-mythos-westlicher-entwicklungshilfe – Zugriff am 13.09.2015; 15:05 h

Mampell, Klaus (2011): Wortgeschichten – Vom Pazifismus zum Paradies (rein sprachlich). In: Sprachspiegel (Zweimonatszeitschrift) Bd. 67/2011 Heft 5, S 148 f., digital: ETH Zürich http://www.e-periodica.ch/digbib/view?pid=sps-002:2011:67::309#309 – Zugriff am 06.04.2016; 23:44 h

Marotzki, Winfried (1990): Entwurf einer strukturellen Bildungstheorie. Biographietheoretische Auslegung von Bildungsprozessen in hochkomplexen Gesellschaften. Weinheim: Deutscher Studien Verlag

Matthay, Sabina (2014): http://www.deutschlandfunk.de/kritik-an-gandhi-der-preis-der-indischen-ideologie.1310.de.html?dram:article_id=281062 – Zugriff am 3.3.2015

Mayring, Philipp (2010[11]): Qualitative Inhaltsanalyse. Grundlagen und Techniken. Weinheim und Basel: Beltz Verlag

Meadows, Dennis u.a., (1972): Die Grenzen des Wachstums. Bericht des Club of Rome zur Lage der Menschheit. Stuttgart: Hirzel, S., Verlag

Menzel, Eberhard, in: Vereinigung deutscher Wissenschaftler e.V. [Hg.](1967): Die amerikanischen und sowjetischen Vorschläge für eine allgemeine und vollständige Abrüstung und die Atomsperrverträge bis 1967. Göttingen: Vandenhoeck & Ruprecht

Merkel, Wolfgang: Im Zweifel für den Krieg. In: http://www.zeit.de/2006/17/Intervention/komplettansicht – Zugriff am 29.08.2016; 17:36 h

Meuser, Michael & Nagel, Ulrike: Experteninterview und der Wandel der Wissensproduktion. In: Bogner, Alexander/Littig, Beate/Menz, Wolfgang [Hg.] (2009[3]): Experteninterviews. Theorien, Methoden, Anwendungsfelder. Wiesbaden: VS Verlag für Sozialwissenschaften

Meyer, Berthold: Probleme ausländischer Militärinterventionen in innerstaatliche Konflikte. In: Imbusch, Peter & Zoll, Ralf, Hg. (2010⁵): Friedens- und Konfliktforschung. Eine Einführung. Wiesbaden: VS Verlag für Sozialwissenschaften

Missalla, Heinrich: »Kreuzzug gegen Russland« Vor 75 Jahren begann der Krieg gegen die Sowjetunion – gerechtfertigt auch von den Kirchen. Eine Erinnerung. In: Publik-Forum 11/2016, S. 12 http://epaper.publik-forum.de/de/profiles/763aa74f5a56/edi tions/d878b08ebb2b65fd266d/pages/page/21 – Zugriff am 8.6.2016; 15:34 h

Mokrosch, Reinhold [Hg.] (2000): Gewalt – Arbeitshefte Ethik Sekundarstufe II. Donauwörth: Auer Verlag

Mokrosch, Reinhold: Frieden/Krieg. In: Lachmann, Adam, Rothgangel [Hg.] (2006). Ethische Schlüsselprobleme – Lebensweltlich – theologisch – didaktisch. Göttingen

Mölling, Christian (2013): Für eine sicherheitspolitische Begründung deutscher Rüstungsexporte. Berlin: Stiftung Wissenschaft und Politik, SWP-Aktuell 66 http://www.swp-berlin.org/fileadmin/contents/products/aktuell/2013 A66_mlg.pdf – Zugriff am 2.11.2015; 20:10 h

MÖP e.V.: Militär, Rüstung und Klima – Studie über die Klimaverträglichkeit von Militär und Rüstung. In: Wissenschaft & Frieden, 1990–3. In: http://www.wissenschaft-und-frieden.de/seite.php?artikelID=0878 – Zugriff am 21.02.2015; 00:42 h

Morelli, Anne (2014²): Die Prinzipien der Kriegspropaganda. Springe: Klampen Verlag

Müller, Albrecht (2010): Meinungsmache – Wie Wirtschaft, Politik und Medien uns das Denken abgewöhnen wollen. München: Th. Knaur Nachf.GmbH & Co KG

Müller, Barbara (1995): Passiver Widerstand im Ruhrkampf: Eine Fallstudie zur gewaltlosen zwischenstaatlichen Konfliktaustragung und ihren Erfolgsbedingungen. Berlin: LIT Verlag

Müller, Bernhard: Vorwort. In: Heinemann-Grüder, Andreas & Bauer, Isabella [Hg.] (2013): Zivile Konfliktbearbeitung. Vom Anspruch zur Wirklichkeit. Opladen u. a.: Verlag Barbara Budrich

Müller, Erwin (1998): Internationale Polizei. Prinzip und Konzept. In: Vierteljahreszeitschrift für Sicherheit und Frieden, 16. Jg. 1998

Muller, Jean-Marie (1971): Gewaltlos – ein Appell. Luzern/München: Rex-Verlag

Münkler, Herfried (2004): Die neuen Kriege. Hamburg: Rowohlt Verlag

Myers, David G. (2014³): Psychologie. Berlin Heidelberg: Springer-Verlag

Nagler, Michael & Spiegel, Egon (2008): Politik ohne Gewalt. Prinzipien, Praxis und Perspektiven der Gewaltfreiheit. Berlin: LIT Verlag Dr. W. Hopf

Nauerth, Thomas (2015): Liebe statt Güte. Warum am Wort »gewaltfrei« festzuhalten ist. In: Wissenschaft & Frieden Heft 2/2015, Marburg: Silva Wagner, c/o BdWi

Neher, Walter & Dickmann-Schuth, Irmgard (1993): Erfahrungen – Lern und Arbeitsbuch für den katholischen Religionsunterricht an berufsbildenden Schulen. Köln und München: Stam Verlag

Neue Entspannungspolitik (Bürgerinitiatve): http://neue-entspannungspolitik.berlin/de/aufruf/ – Zugriff am 10.12.2016; 15:48 h

Nipkow, Karl Ernst (2002): Comenius und die Evolutionäre Ethik – eine andere Art der Friedenserziehung. In: PÄD Forum, Baltmannsweiler, Februar 2002

Nipkow, Karl Ernst (2007): Der schwere Weg zum Frieden. Geschichte und Theorie der Friedenspädagogik von Erasmus bis zur Gegenwart. Gütersloh: Gütersloher Verlagshaus

Noormann, Harry/Becker, Ulrich/Trocholepczy [Hg.] (2004): Ökumenisches Arbeitsbuch Religionspädagogik. Stuttgart: Verlag W. Kohlhammer

Oberschmidleitner, Roland: Militärökologie – Die Ökologisierung des militärischen Denkens. In: http://www.bundesheer.at/pdf_pool/publikationen/20130211_et_krieg_mit_der_natur_oberschmidleitner.pdf – Zugriff am 7.01.2017; 14:03 h

Oestreicher, Paul: Über die Unmöglichkeit des gerechten Krieges. In Werkner, Ines-Jacqueline & Rademacher, Dirk [Hg.] (2013): Menschen geschützt – gerechten Frieden verloren? Kontroversen um die internationale Schutzverantwortung in der christlichen Friedensethik. Berlin: LIT Verlag Dr. W. Hopf

Orth, Gottfried (2009): Friedensarbeit mit der Bibel. Eva, Kain & Co. Göttingen: Vandenhoeck & Ruprecht, S. 15 ff.

Orth, Gottfried: Die Sprache des Friedens sprechen in einer konfliktreichen Welt. Gewaltfreie Kommunikation. In: Deutsches Pfarrerblatt – Heft 1/2016, http://www.pfarrerverband.de/pfarrerblatt/archiv.php?a=show&id=3972 – Zugriff am 24.12.2016; 13:24 h

Orwell, George (2011[34]): 1984. Berlin: Ullstein Taschenbuch

Ottosen, Rune: Computerspiele als Instrument der Kriegspropaganda. Bietet Friedensjounalismus eine Alternative? In: Schulze von Glaßer, Michael & Ottosen, Rune (2012) ebenda

Packull, Werner O. (2000): Die Hutterer in Tirol: Frühes Täufertum in der Schweiz, Tirol und Mähren. Innsbruck: Universitätsverlag Wagner, S. 185–289

Paech, Niko http://www.zeit.de/2012/49/Wachstumskritiker-Oekonom-Niko-Paech/komplettansicht – Zugriff am 05.04.2016; 11:30 Uhr; Vortrag 22.11.2015 http://www.tele-akademie.de/begleit/video_ta151122.php – Zugriff am 5.04.2016; 11:37 h

Pany, Thomas https://www.heise.de/tp/features/Nach-Brexit-Von-der-Leyen-fuer-mehr-militaerische-EU-Zusammenarbeit-3267908.html; Zugriff am 27.12.2016; 18:13 h

Peace Brigades International: http://www.pbideutschland.de/country-groups/pbi-deutschland/ueber-pbi/ – Zugriff am 30.12.2015; 15:19 h

Petzelt, Alfred (1963[2]): Wissen und Haltung – eine Untersuchung zum Begriff der Bildung. Freiburg im Breisgau: Lambertus-Verlag

Pfadenhauer, Michaela (2009): Auf gleicher Augenhöhe. Das Experteninterview – ein Gespräch zwischen Experte und Quasi-Experte. In: Bogner, Alexander/Littig, Beate/Menz, Wolfgang [Hg.] (2009[3]): Experteninterviews. Theorien, Methoden, Anwendungsfelder. Wiesbaden: VS Verlag für Sozialwissenschaften

Pirner, Manfred: Vorbilder in den Medien. Mediale Bezugspersonen und ihre Relevanz für religiöse Erziehung und Bildung. In: Bizer, Christoph; Englert, Rudolf; Kohler-Spiegler, Helga; Mette, Norbert; Rickers, Folkert und Schweitzer, Friedrich (2008): Sehnsucht nach Orientierung – Vorbilder im Religionsunterricht. Neukirchen-Vluyn: Neukirchner Verlag

Pirner, Manfred. L.: Wie religiös müssen Religionslehrkräfte sein? Zur religiösen Kompetenz, Reflexionskompetenz und spirituell religionspädagogischen Kompetenz. In: R. Burrichter, B. Grümme, H. Mendl, M. L. Pirner, M. Rothgangel, T. Schlag (Hg.) (2012): Professionell Religion unterrichten. Ein Arbeitsbuch (Religionspädagogik Innovativ, Bd. 2). (S. 107–125). Stuttgart: Kohlhammer

Pohl, Christine: http://epaper.publik-forum.de/de/profiles/763aa74f5a56/editions/24d851c12a3bad91af07/pages/page/13 – Zugriff am 28.08.2015; 00:19 h

Precht, David-Richard: Schule kann mehr. In: http://www.zeit.de/2013/16/richard-david-precht-schule-bildungsreform/seite-2 – Zugriff am 25.01.2015; 21:14

Rat der Evangelischen Kirche in Deutschland (2007[2]): Aus Gottes Frieden leben – für gerechten Frieden sorgen. Eine Denkschrift des Rates der Evangelischen Kirche in Deutschland. Gütersloh: Gütersloher Verlagshaus

Riklin, Alois (2003): Gerechter Krieg. In: Küng, Hans & Senghaas, Dieter [Hg.]: Friedenspolitik. Ethische Grundlagen internationaler Beziehungen, München: Piper Verlag

Rittberger, Volker: Weltregieren: Was kann es leisten? Was muss es leisten? In: Küng, Hans & Senghaas, Dieter [Hg.](2003): Friedenspolitik. Ethische Grundlagen internationaler Beziehungen. München: Piper Verlag

Rosenberg, Marshall B. (2006): Die Sprache des Friedens sprechen – in einer konfliktreichen Welt. Was Sie als Nächstes sagen, wird ihre Welt verändern. Paderborn: Junfermann Verlag

Rosenberg, Marshall B. (2007): Das können wir klären. Wie man Konflikte friedlich und wirksam lösen kann. Gewaltfreie Kommunikation: Die Ideen & ihre Anwendung. Paderborn: Junfermann Verlag

Rothgangel, Martin: Schlüsselprobleme: Begründung und Auswahl. In: Lachmann, Rainer u. a. [Hg.] (2006): Ethische Schlüsselprobleme. Lebensweltlich – theologisch – praktisch. Göttingen: Vandenhoeck & Ruprecht

RPI LOCCUM (2010): Friedenspädagogik – Religionspädagogisches Magazin für Schule und Gemeinde. Loccumer Pelikan Heft 1/10, Loccum

Sant'Egidio: Der Dienst am Frieden. http://www.santegidio.org/pageID/16/Dienst-am-Frieden.html – Zugriff am 20.08.2015; 10:49 h

Sattar, Majid (1.07.2002): Internationaler Strafgerichtshof – Bushs Boykott. In: http://www.faz.net/aktuell/politik/internationaler-strafgerichtshof-bushs-boykott-170190.html – Zugriff am 6.9.2015; 21:15 h.

Schaller, Christian (2008): Gibt es eine »Responsibility to Protect«? In: http://www.bpb.de/apuz/30862/gibt-es-eine-responsibility-to-protect?p=all – Zugriff am 25.1.2015; 16:54 h

Scheffler, Horst: Kriegsvölkerrecht und die Entwicklung des Militärs zur Weltpolizei? In: (2011)

Schmidt, Helmut: Politik und Geist. Auszug aus einem Gespräch mit dem Bundeskanzler. Abgedruckt in: epd-Dokumentation Nr 18a/1981, Frankfurt/M., 13.4.1981, zit. nach Aktion Sühnezeichen, Hg. (1982), S. 56, ebenda

Schmitthenner, Ulrich & Wanie, Renate unter Mitwirkung von Christoph Besemer, Uli Jäger, Uwe Painke und Ulrich Wohland (2013): Kursbuch für gewaltfreie und konstruktive Konfliktbearbeitung. Berlin: LIT Verlag Dr. W. Hopf

Schmitthenner, Ulrich (1994): Der konziliare Prozess. In: Wissenschaft & Frieden 1994–1, http://www.wissenschaft-und-frieden.de/seite.php?artikelID=1027 – Zugriff am 22.01.2016; 22:51 h

Schmitz, Achim (2010): Gewaltfreiheit trainieren. Institutionengeschichte von Strömungen, Konzepten und Beispielen politischer Bildung. Belm-Vehrte/Osnabrück: Sozio-Publishing

Schneider, Niklas (2011): Auf dem Weg zu einem Gerechten Frieden? Anmerkung zur Ausrichtung deutscher Außen- und Sicherheitspolitik aus friedensethischer Sicht,

Evangelischen Akademie in Bonn In: http://www.ekd.de/print.php?file=/vortraege/ 2011/78585.html – Zugriff am 21.10.2011

Schneider, Nikolaus (2011): Mündlicher Bericht des Rates der Evangelischen Kirche in Deutschland Synode Magdeburg. http://www.ekd.de/download/s2011_I_a_ratsbe richt_muendlich_stand_2011_11_16.pdf – Zugriff am 8.02.2017; 16:08 h, S. 11–12

Schneidewind, Uwe & Zahrnt, Angelika (2013): Damit gutes Leben einfacher wird. Perspektiven einer Suffizienzpolitik. München: oekom verlag

Schnorr, Angela [Hg.] (1993): Handwörterbuch der angewandten Psychologie – Die Angewandte Psychologie in Schlüsselbegriffen. Bonn: Deutscher Psychologen Verlag GmbH

Schockenhoff, Eberhard (2017): Responsibility to Protect. Eine völkerrechtliche Denkfigur zwischen Gewaltlegitimation und humanitärer Verantwortung. Redemanuskript. http://www.ekiba.de/html/aktuell/aktuell_u.html?t=c40853f326b343c955b30506b28f 188d&tto=97f67396&&cataktuell=&m=31&artikel=13321&stichwort_aktuell=&d efault=true – Zugriff am 18.05.2017; 15:27 h. S. 11–13.

Scholtissek, Klaus: Gottesvorstellungen. In: Berlejung, Angelika & Frevel, Christian (2012³) HGANT

Schubert, Klaus/Martina Klein (20166: Das Politiklexikon. Bonn: Dietz. Lizenzausgabe Bonn: Bundeszentrale für politische Bildung. http://www.bpb.de/nachschlagen/lexika/ politiklexikon/17566/gewalt – Zugriff am 30.08.2016

Schultz, Siegfried & Stählin Gustav(1974): Das Evangelium nach Johannes. Die Apostelgeschichte. Göttingen: Vandenhoeck & Ruprecht, S. 227. In: Friedrich, Gerhard [Hg.] (1974): Das Neue Testament Deutsch – Neues Göttinger Bibelwerk, Zweiter Band, Göttingen: Vandenhoeck & Ruprecht

Schulz, Paul (1977): Ist Gott eine mathematische Formel? – Ein Pastor im Glaubensprozess seiner Kirche. Hamburg: Rowohlt Verlag

Schulze von Glaßer, Michael (2010): An der Heimatfront – Öffentlichkeitsarbeit und Nachwuchswerbung der Bundeswehr. Köln: PapyRossa-Verlag

Schulze von Glaßer, Michael: Krieg aus Bits und Bytes. In: derselbe & Ottosen, Rune: Computerspiele: Friedensjournalismus vs. Kriegspropaganda. Dossier 69, Beilage zur Wissenschaft und Frieden 1/2012, hgg. von der Informationsstelle Wissenschaft und Frieden, Bonn

Schwankl, Otto (2014): »Wer bringt es fertig, Soldat Christi zu sein?« In: Theologischpraktische Quartalschrift (ThPQ 162/2 (2014)

Schweitzer, Albert (1982): Die Ehrfurcht vor dem Leben – Grundtexte aus fünf Jahrzehnten. München: Verlag C.H. Beck

Schwendemann, Wilhelm & Boschki, Reinhold [Hg.] (2009): Vier Generationen nach Auschwitz. Wie ist Erinnerungslernen heute noch möglich? Münster: Lit-Verlag

Schwendemann, Wilhelm [Hg.] (2005): Kirchliche Jugendarbeit und Sport. Münster: Lit-Verlag

SIPRI: http://www.sipri.org/yearbook/2014/files/sipri-yearbook-2014-kurzfassung-auf-deutsch, S. 8f. – Zugriff am 13.9.2015; 14:41 h

Six, Bernd: Einstellungen. In: Wenninger, Gerd (2001): Lexikon der Psychologie in fünf Bänden, Bd. 1

Sontheimer, Michael (2008): Der schwarze Moses. In: Spiegel-online: http://www.spiegel. de/einestages/martin-luther-king-der-schwarze-moses-a-946809.html – Zugriff am 3.03.2015; 21:23 h

Spiegel, Egon (1987): Gewaltverzicht – Grundlagen einer biblischen Friedenstheologie. Kassel: Weber, Zucht & Co

Spiegel, Egon: Friedenserziehung heute … In: Ammermann u. a. [Hg.] (2005): Frieden als Gabe und Aufgabe. Beiträge zur theologischen Friedensforschung. Göttingen: Vandenhoeck & Ruprecht

Stangl, Werner: http://lexikon.stangl.eu/337/motivation/ – Zugriff am 15.11.2014, 17:12 h

statista: http://de.statista.com/statistik/daten/studie/156792/umfrage/anzahl-der-polizis ten-in-deutschland/ – Zugriff am 22.03.2015; 12:40 h

Steffahn, Harald (1979): Albert Schweitzer – in Selbstzeugnissen und Bilddokumenten. Hamburg: Rohwolt

Steininger, Rolf (1983): Deutsche Geschichte 1945–1961 – Darstellung und Dokumente in zwei Bänden. Frankfurt am Main

Stöckmann, Jochen 6.12.2004 im Deutschlandfunk: Anne Morelli: Die Prinzipien der Kriegspropaganda. In: http://www.deutschlandfunk.de/anne-morelli-die-prinzipien-der-kriegspropaganda.730.de.html?dram:article_id=102366 – Zugriff am 12.03.2016; 15:17 h

Streibl, Ralf E (2009): Spielfeld Militärmaschine. In: http://www.wissenschaft-und-frie den.de/seite.php?artikelID=1557 – Zugriff am 18.02.2016; 23:46 h

Streibl, Ralf E. (2016): Kooperation zwischen Hochschule Bremen und Bundeswehr. Ein offener Brief. In: http://wissenschaft-und-frieden.de/seite.php?artikelID=2147 – Zugriff am 08.09.2016; 15:35 h

SWR: (29.10.2015): Waffenschmiede Südwest. http://swrmediathek.de/player.htm?show=f 83c5800-7e17-11e5-a663-0026b975f2e6 – Zugriff am 30.10.2015; 22:50 h

taz: http://www.taz.de/!5024614/ – Zugriff am 20.08.2015; 11:41 h

taz: http://www.taz.de/1/archiv/print-archiv/printressorts/digi-artikel/?ressort=sp&dig=20 09%2F05%2F30%2Fa0022&cHash=dc9650ed1d/ – Zugriff am 10.02.2016; 14:24 h

Theißen, Gerd/Merz, Annette (2001[3]): Der historische Jesus – ein Lehrbuch. Göttingen: Vandenhoeck & Ruprecht

Thränhardt, Dietrich (1986): Geschichte der Bundesrepublik Deutschland. Frankfurt am Main: edition suhrkamp

Umweltbundesamt: http://www.umweltbundesamt.de/themen/klima-energie/klimaschutz-energiepolitik-in-deutschland/treibhausgas-emissionen/europaeischer-vergleich-der-tr eibhausgas-emissionen – Zugriff am 22.08.2015; 23:46 h

UNICEF: https://www.unicef.de/informieren/infothek/-/toedliche-geschaefte/20724 – Zugriff am 3.11.2015; 13:23 h

Universität Hamburg, Fachbereich Evangelische Theologie, Arbeitsstelle Theologie der Friedenskirchen. http://www1.theologie.uni-hamburg.de/de/einrichtungen/arbeits stellen/friedenskirche.html – Zugriff am 19.12.2014

UNRIC: http://www.unric.org/de/charta#kapitel7 – Zugriff am 22.01.2016; 20:43 h

Unser, Günther (2008): Der Beitrag der Vereinten Nationen zur Abrüstung. In: http://www. dgvn-nrw.de/fileadmin/user_upload/Vereinsbilder/Tagungsband-Finalversion-.pdf – Zugriff am 16.05.2016; 11:31 h, S. 94ff.

Vereinte Nationen: http://www.un.org/depts/german/gv-early/ar2625.pdf – Zugriff am 22.01.2016; 21:41 h

Verscht-Biener, Karin & Biener, Hansjörg: Friedenserziehung im christlichen Religionsunterricht. In: Haußmann, Biener, Hock Mokrosch (2006): Handbuch Friedenserziehung. Gütersloh: Gütersloher Verlagshaus

Vette, Joachim (2007): Christliche Bibelauslegung. In: https://www.bibelwissenschaft.de/wibilex/das-bibellexikon/lexikon/sachwort/anzeigen/details/bibelauslegung-christlic he/ch/0221e1344ac71f18925a2870983348a2/ – Zugriff am 10.2.2016; 21:58 h

Vogel, Wolf-Dieter: Europas tödlichstes Unternehmen. https://www.freitag.de/autoren/der-freitag/europas-toedlichstes-unternehmen – Zugriff am 11.02.2017; 22:36 h

Vogt, Wolfgang R.: Soziologie ohne Frieden? Zur Kritik des »Pentagonismus«. In der Militärsoziologie und ihrer Transformation in eine Soziologie für den Frieden. In: Wasmuht, Ulrike C. [Hg.] (1991): Friedensforschung. Eine Handlungsorientierung zwischen Politik und Wissenschaft. Darmstadt: Wissenschaftliche Buchgesellschaft

Volksbund Deutsche Kriegsgräberfürsorge e.V. (2011): Volkstrauertag 2011 am 13. November – Anregungen und Gedanken zur Gestaltung von Gedenkstunden und Gottesdiensten. Kassel

Wagner, Frieder (2006) »Deadly Dust – Todesstaub«. Köln: Ochoa-Wagner-Filmproduktion (93 min.)

Waßmann, Harry & Spur, Roland, http://www.deutschlandradiokultur.de/paul-schempp-theologe-in-krisenzeiten.1124.de.html?dram:article_id=176857 – Zugriff am 26.01.2016; 21:50 h

WDR: http://www1.wdr.de/themen/archiv/stichtag/stichtag3566.html – Zugriff am 4.01.2016; 22:43 h

Weber, Max (1993): Politik als Beruf. (mit einem Nachw. von Ralf Dahrendorf). Stuttgart: Reclam

Weingardt, Markus (2007): Religion. Macht. Frieden. Das Friedenspotential von Religionen in politischen Gewaltkonflikten, Bonn: Bundeszentrale für politische Bildung

Weingardt, Markus (2012): Die Zukunft kirchlicher Friedensarbeit. www.ekiba.de/html/media/dl.html?i=17785 – Zugriff am 12.02.2017; 00:57 h

Weizsäcker, Carl Friedrich (1976, 2. Aufl.): Wege in der Gefahr. Eine Studie über Wirtschaft, Gesellschaft und Kriegsverhütung. München-Wien: Carl Hanser Verlag

Weltbürger: http://www.worldcitizens.de/content/news/eintraege/int_tag_kdv_kaminer_2016.php; Zugriff am 06.08.2016; 17:20 h

Welzer, Harald (2010): Klimakriege – Wofür im 21. Jahrhundert getötet wird. Frankfurt: Fischer Taschenbuch Verlag

Welzer, Harald (2011[3]): Das kommunikative Gedächtnis. Eine Theorie der Erinnerung. München: C.H. Beck

Welzer, Harald [Hg.] (2001): Das soziale Gedächtnis: Geschichte, Erinnerung, Tradierung. Hamburg: Hamburg Ed.

Werkner, Ines-Jacqueline (2015): Just Policing – ein neues Paradigma? In: Handbuch Friedensethik. Hrsg. von Ines-Jacqueline Werkner & Klaus Ebeling. Wiesbaden: Springer VS (in Vorbereitung), abgedruckt in: epd-Dokumentation Nr. 16 vom 14.04.2015, S. 26–30. Frankfurt a.M.

Wernickes, Jens: Interview mit Mohssen Massarrat (21. Oktober 2015): Der Militärisch-industrielle Komplex ist die größte Bedrohung für den Weltfrieden in unserer Zeit. In: http://www.nachdenkseiten.de/?p=28017 – Zugriff am 31.10.2015; 23:49 h

Wette, Wolfgang (2011): Militarismus in Deutschland – Geschichte einer kriegerischen Kultur. Frankfurt

Wiater, Werner (2012): Bildung und Erziehung. In: Sandfuchs, Uwe u. a. [Hg.]: Handbuch Erziehung. Bad Heilbrunn: Verlag Julius Klinkhardt

Wiefelspütz, Dieter (2001): Polizeilich geprägte Auslandseinsätze der Bundeswehr und das Grundgesetz. www.deutsches-wehrrecht.de/Aufsaetze/UBWV_2011_081.pdf – Zugriff am 7.3.2015; 21:32 h

Wind, Renate (2009⁶): Dem Rad in die Speichen fallen. Die Lebensgeschichte des Dietrich Bonhoeffers. Gütersloh: Gütersloher Verlagshaus

Wink, Walther (1988): Angesichts des Feindes – der dritte Weg Jesu in Südafrika und anderswo. München: Claudius-Verlag

Winter, Rolf (1992): Wer zur Hölle ist der Staat? – Geständnisse, Fragen und Empörungen eines Pazifisten. Hamburg: Rasch und Röhrig

Woche im Bundestag (wib 17/83 – XVII /26) v. 14.12.1983

Wulf, Christoph [Hg.] (1973): Kritische Friedenserziehung. Frankfurt am Main: Suhrkamp

ZEIT-Online http://www.zeit.de/reden/die_historische_rede/200232_potsdamer_konferenz/komplettansicht – Zugriff am 2.05.2016; 00:06 h

Zeller, René (2001): Eidgenössische Abstimmung. Tief verwurzelte Wehrpflicht. In: http://www.nzz.ch/schweiz/gsoa-wehrpflicht-abschaffung-1.18154664 – Zugriff am 30.12.2016; 10:52 h

Zentralrat der Muslime in Deutschland e.V. (ZMD): http://islam.de/13827.php?sura=1 – Zugriff am 24.1.2015; 16:00 h

Ziegler, Theodor [Hg.] (1989³): Soziale Verteidigung – die Alternative der Kriegsdienstverweigerer. Dokumentation einer Ausstellung beim Kirchentag 1989 in Berlin. Karlsruhe: Amt Jugendarbeit der Evang. Landeskirche in Baden, Referat KDV/ZDL

Ziegler, Theodor (1990): Die allgemeine Wehrpflicht in der Kritik der Sozialen Verteidigung. Rundbrief der Kath. Arbeitsgemeinschaft für KDV und ZD, Themenhef IV 1990. Köln: K.A.K.-Geschäftsstelle, S. 17–19

Ziegler, Theodor (2010): Friedensethik in der Bibel (Masterthesis). Registrationsnummer in der Bibliothek der Evangelischen Hochschule Freiburg: MTEFH 2010/5

Ziegler, Theodor (2012): Ausstieg 2.0 – Nach dem Atomausstieg auch der Ausstieg aus dem Militär? In: Richte unsere Füße auf den Weg des Friedens. Pazifistisch-gewaltfreie Texte zur friedensethischen Positionierung der badischen Landeskirche. Karlsruhe: Arbeitsstelle Frieden, S. 28 ff.

Ziegler, Theodor (2013): Eine Volkskirche auf dem Weg zur Friedenskirche? – Die Friedensdiskussion in der Evangelischen Landeskirche in Baden. In: Forum Pazifismus – Zeitschrift für Theorie und Praxis der Gewaltfreiheit, Heft 38, II/2013, Minden, S. 16–19

Zielinski, Michael: Friedensursachen und Friedensgemeinschaft. In: Gießmann, Hans J. & Rinke, Bernhard [Hg.] (2011): Handbuch Frieden. Wiesbaden: VS Verlag für Sozialwissenschaften

Ziviler Friedensdienst: http://www.ziviler-friedensdienst.org/de/zahlen-und-fakten-zum -zfd – Zugriff am 11.08.2015; 16:19 h

Zumach, Andreas (2007³): Die kommenden Kriege – Ressourcen, Menschenrechte, Machtgewinn – Präventivkrieg als Dauerzustand. Köln: Kiepenheuer & Witsch

Zumach, Andreas: Anforderungen an einen wirksamen Pazifismus. In: Zivilcourage Nr. 3/ 2016 (42. Jg.) Stuttgart: Deutsche Friedensgesellschaft/Vereinigte KriegsgegnerInnen

Zumach, Andreas: Viele widrige Umstände. Neuer UN-Generalsekretär Guterres. In: Badische Zeitung, Freiburg, vom 13. Dezember 2016

7.1   Korrespondenz mit Bürgermeisteramt Sulz a.N.

Theodor Ziegler   24. 10. 2016
7 impasse du saule
F 68600 Algolsheim
Tel. 0033 38972 9595
Religionslehrer in Breisach am Rhein

An das
Bürgermeisteramt
der Stadt Sulz am Neckar
Obere Hauptstraße 2
72172 Sulz am Neckar

Betr.: Kriegerdenkmal im Ortsteil Glatt

Sehr geehrter Herr Bürgermeister Hieber,

anlässlich eines Besuchs der Kunstaustellung HELMUT GOETTL im Wasser-
schloss Glatt, schaute ich mir auch die Umgebung des schönen Ortes näher an.
Beim Denkmal gegenüber der Kirche war ich über die Inschrift irritiert:

»1914–1918
DIE
DANKBARE
GEMEINDE
IHREN
GEFALLENEN
UND
VERMISSTEN
SÖHNEN
1939–1945«

Im Wissen um die beiden von Deutschland verursachten Angriffskriege, der zweite war ja bekanntlich explizit ein Vernichtungskrieg, frage ich mich, für was die Stadt Sulz bzw. die Orts-Gemeinde »dankbar« sein kann. Die unkritische Sichtweise, dass die Soldaten die Heimat verteidigt haben, mag in den 1950/1960er-Jahren, als das Denkmal wohl aufgestellt worden ist, noch verbreitet gewesen sein. Nach der inzwischen erfolgten historischen Aufarbeitung und der Aussöhnung mit den von Deutschland überfallenen Völkern – wie sie auch in Ihrer Partnerschaft mit der französischen Stadt Montendre zum Ausdruck kommt – dürfte wohl auch in der Stadt Sulz bzw. im Ortsteil Glatt eine andere Bewertung gegeben sein. Ich vermute, dass die Problematik der Denkmalsinschrift im Laufe der Jahrzehnte einfach übersehen worden ist.

Nun möchte ich keinesfalls darum bitten, die Inschrift zu entfernen, denn dann würde die in den meisten Orten Deutschlands vorhanden gewesene Identifikation der Bevölkerung mit der politischen Führung bzw. die schicksalshafte Ergebung in den Obrigkeitswillen einfach ausgelöscht. Und dieser, auch kirchlicherseits leider nicht in Frage gestellte, Gehorsam war die Voraussetzung für die folgenden Kriegsgräuel.

Als Nachgeborener maße ich mir kein Urteil über die Verantwortlichkeit der damaligen Soldaten, die unter anderen Bedingungen aufgewachsen sind als wir heute, an. Für uns Heutige sollte jedoch klar sein, dass diese jungen Männer bestenfalls Irregeleitete waren, denen unser Bedauern gilt und aus deren Schicksal wir heute die Konsequenz ziehen sollten, jedweden Krieg und die damit verbundenen Vorbereitung als Verbrechen gegen die Menschlichkeit zu bezeichnen. Die Ökumenische Vollversammlung sprach 1948 in Amsterdam davon, dass Krieg eine Sünde wider Gott und eine Entwürdigung des Menschen ist.

Ich schlage deshalb vor, gut sichtbar neben der Stele eine kommentierende Tafel anzubringen, auf der zum Ausdruck kommen sollte:

1) das Bedauern über die Irreleitung dieser jungen Männer durch die jeweiligen Obrigkeiten und ihr Schicksal, getötet worden oder vermisst zu sein;
2) die Trauer über die von ihnen verursachten Opfer und Zerstörungen;
3) Sollte es aus Sulz und Ortsteilen Wehrpflichtige gegeben haben, die in den Weltkriegen den Kriegsdienst verweigert haben – meist mit tödlicher Konsequenz – oder die desertiert sind, wäre deren würdigende Erinnerung zu vermerken.*
4) die Konsequenz für uns, Krieg und seine Vorbereitung als Handlungsoption grundsätzlich auszuschließen.

Möglicherweise gibt es in Ihrer Stadt noch weitere Kriegerdenkmäler mit ähnlichen Inschriften, die ebenfalls einer Kommentierung bedürfen.

Ich würde mich über eine Klarstellung im oben erwähnten Sinne freuen und sehe Ihrer Antwort mit großem Interesse entgegen.

Mit freundlichen Grüßen

Theodor Ziegler

* Ergänzend zu den Recherchen in Ihrem Stadtarchiv können Sie möglicherweise von der Bundesvereinigung der Opfer der NS-Militär-Justiz weitere Auskünfte bekommen. Kontakt: http://www.bv-opfer-ns-militaerjustiz.de/

Sulz.Ja!

STADT
SULZ
A M   N E C K A R

Theodor Ziegler
7 impasse du saule

F 68600 Algolsheim

Hauptamt
Hartmut Walter
Tel. 07454 / 9650-15
Fax: 07454/9650-12
e-mail: hartmut.walter@sulz.de
Az.:1.1/1.2/Gst.Glat 753.00

Sulz a.N., 11.11.2016

Kriegerdenkmal in Sulz-Glatt

Sehr geehrter Herr Ziegler,

vielen Dank für Ihren Brief vom 24.10.2016.

Wir haben das Schreiben auch an den Ortsvorsteher in Glatt, das Kreisarchiv Rottweil
und unseren Stadtarchivaren gegeben und um Einschätzung gebeten, da im Stadtgebiet
mehrere Denkmäler stehen.

Die Denkmäler unterscheiden sich in Gestaltung und Formulierung der Inschriften, da sie
noch zu Zeiten der Selbständigkeit der Teilorte gestaltet und erstellt wurden. Sicherlich
gibt es auch Unterschiede dadurch, in welcher Epoche sie erstellt wurden.
Vielleicht auch, ob der Teilort evangelisch oder katholisch geprägt war.

Wahrscheinlich würde sie man heute anders gestalten bzw. beschriften. In Glatt kommt
hinzu, dass der Künstler Paul Kälberer an der Gestaltung des Ehrenmals maßgeblich
beteiligt war.

Als Kriegsfreiwilliger des Ersten Weltkriegs hat er die Schrecken des Krieges in seinen
Werken künstlerisch eindrucksvoll aufgearbeitet und dargestellt. Das Erinnerungszeichen
drückt das Empfinden der damaligen Betroffenen aus. Sie haben ihre Gefühle in Worte
gefasst, was man respektieren sollte. Wir haben neue, andere Erfahrungen gemacht,
und würden daher auch eine andere, letztlich aber doch ehrende Gestaltung wählen.

Als Bürgermeister vertrete ich seit vielen Jahren die Stadt Sulz am Neckar beim
Volkstrauertag auf dem Friedhof der Kernstadt Sulz; die Ortsvorsteherinnen und
Ortsvorsteher jeweils in den Ortsteilen von Sulz.

Wir gedenken dort zusammen mit der Bevölkerung allen Opfern von Krieg und
Verfolgung und Gewalt. Die Menschen wissen, dass die Denk- und Ehrenmäler aus
früheren Zeiten stammen und können dies auch entsprechend einordnen.

In den Inschriften auf den Kriegerdenkmälern spiegeln sich die zeitgebundenen politischen Anschauungen der Auftraggeber.

Die Deutsch-Französische Freundschaft und die Partnerschaft mit Montendre sehen wir ebenfalls durch Denkmäler nicht beeinflusst.

Wir sind uns im Ergebnis einig, dass wir die Denkmäler als historische Zeugnisse unverändert belassen und auch nicht mit Tafeln kommentieren werden.

Mit freundlichen Grüßen

Gerd Hieber
Bürgermeister

7.2   Anschreiben an die zu befragenden Expert_innen

Theodor Ziegler, Religionslehrer M.A. (Kontaktdaten)

Betr.: Interviewanfrage für eine Dissertation

Sehr geehrte/r ....,

gestatten Sie, dass ich mich Ihnen zunächst kurz vorstelle:
Ich bin Religionslehrer der Evangelischen Landeskirche Baden im Kirchenbezirk
Breisgau-Hochschwarzwald und arbeite seit 1996 an einer beruflichen Schule in
Breisach am Rhein.

Zuvor (ab 1982) war ich landeskirchlicher Beauftragter für Kriegsdienstverweigerer und Zivildienstleistende beim Evang. Oberkirchenrat in Karlsruhe.

Auf Anregung von und in Kooperation mit Prof. Dr. Dr. Wilhelm Schwendemann von der Evang. Hochschule in Freiburg habe ich an der Universität Bonn bei
den Professoren Dr. Volker Ladenthin und Dr. Reinhold Boschki ein Promoti-
onsstudium zum Thema

**»Die vorrangige Option der Gewaltfreiheit« im Religionsunterricht der Kurs-
stufe?**

aufgenommen. Ich möchte damit die Grundlagen für die religionsdidaktische
Umsetzung der biblisch begründeten Gewaltfreiheit im Oberstufenunterricht er-
forschen. Wesentliche Aspekte dabei sind die Fragen nach nichtmilitärischen Alternativen für die internationale Konfliktregelung und deren konkreter Realisierung sowie der besondere Auftrag der Christen bei der Überwindung des Krieges.

Hierzu möchte ich einige profilierte Persönlichkeiten aus verschiedenen Bereichen der Kirchen und christlichen Organisationen, die für eine biblisch begründete pazifistische Haltung stehen, mittels eines Experteninterviews nach ihren
Vorstellungen befragen.

Das Interview dauert ca. 45 bis 60 Minuten, der Ton wird aufgezeichnet und von
mir für die wissenschaftliche Auswertung transkribiert.

Ich würde mich sehr freuen, wenn ich Sie befragen dürfte. Wenn Sie mir eine kurze
Rückmeldung geben, würde ich mich in nächster Zeit telefonisch oder per E-Mail
mit Ihnen in Verbindung setzen.

Mit freundlichen Grüßen

Theodor Ziegler

7.3   Schulanschreiben der Jugendoffiziere Freiburg

Jugendoffiziere Freiburg
Ihre Referenten für Sicherheitspolitik
Jan Helmchen
Maik Thiesling

Bundeswehr
Wir. Dienen. Deutschland.

Jugendoffizier Freiburg ≡ Colombistraße 17 ≡ 79098 Freiburg

An
Schulleiter im Bereich Regierungspräsidium Freiburg &
Lehrkräfte der Fächer Politik, Geschichte, Wirtschaft,
Erdkunde, Wirtschaftskunde, Gemeinschaftskunde,
Religion und Ethik sowie weitere Interessierte

Colombistraße 17
79098 Freiburg
Tel.: 0761 / 202 470-20 (-22)
Mobil (Helmchen): 0151 / 14854109
Mobil (Thiesling): 0151 / 14856563
Bw-Netz: 90-5828-20 (-22)
jugendoffizierfreiburg@bundeswehr.org
www.jugendoffizier.de
www.bundeswehr.de

Freiburg, den 14. Februar 2016

Schulanschreiben

Sehr geehrte Damen und Herren,

seit 1958 informieren die Jugendoffiziere über die Sicherheitspolitik der Bundesrepublik Deutschland. Im Auftrag der Bundesregierung erläutern sie aktuelle sicherheitspolitische Herausforderungen, den Auftrag sowie Aufgaben der Bundeswehr und erklären die Besonderheiten beim Einsatz von Soldaten im Ausland.

Unser **_Angebot_** für Sie umfasst
- ✓ **Schulvorträge** (in individueller vorheriger Absprache mit den Lehrerinnen und Lehrern)
- ✓ **Besuche in Kasernen** für einen Blick hinter den Kasernenzaun („Besuche bei der Truppe")
- ✓ **Seminarfahrten** mit anteiliger Kostenübernahme seitens der Bundeswehr mit Lehrergruppen (z.B. nach Straßburg, Berlin, Wien, Genf, Prag, Paris etc.)
- ✓ **POL&IS**: die mehrtägige Simulation „Politik & Internationale Sicherheit" (siehe Anlage)
- ✓ Teilnahme an **(Podiums-) Diskussionen.**

Unsere **_Themen_**
- ✓ orientieren sich an den Bildungsplänen der verschiedenen Schulformen, sowie den aktuellen sicherheitspolitischen Entwicklungen
- ✓ umfassen die deutsche Sicherheits- und Verteidigungspolitik
- ✓ sowie UNO, NATO, EU, Krisen- und Konfliktmanagement mit persönlichen Eindrücken aus dem Einsatz in Afghanistan, aktuelle Bedrohungen
- ✓ sind für Sie als Gemeinschaftskundelehrer bzw. Gemeinschaftskundelehrerin am Gymnasium hinsichtlich der Abitur-Schwerpunktthemen vielleicht für Ihre Unterrichtsplanung passend: „Politische Institutionen" (z.B.: Die Bundeswehr im Kontext des Grundgesetzes) oder „Dynamik der Wirtschaftspolitik" (z.B.: Maritime Abhängigkeit Deutschlands und Piraterie).

Unser **_Ziel_** ist es,
das Interesse an Sicherheitspolitik durch kritischen Dialog zu wecken – **Sicherheitspolitik zum Anfassen!**

Zur **_Kontaktaufnahme_**
für eine individuelle Realisierung Ihrer Anfrage nutzen Sie **umseitiges Antwortformular**, welches Sie bitte einscannen/fotografieren und uns per E-Mail zusenden.

Wir freuen uns auf Ihre Rückmeldung & die Zusammenarbeit mit Ihnen

Jan Helmchen
Hauptmann,
Dipl.-Politologe

Maik Thiesling
Hauptmann,
Master of Science

7.4 Religionsdidaktische Schlussfolgerungen aus meiner Forschung: Lernzielformulierungen

(In den grau unterlegten Feldern sind jeweils unterrichtsrelevante Aspekte aufgelistet.)

> *LEHRZIEL 1: Die SuS lernen, sich ihre eigenen, aber auch vermittelte biographische Erfahrungen Ängste, Hoffnungen und Prägungen in Bezug auf Gewalt und Krieg bewusst zu machen und damit konstruktiv umzugehen.*

biographische Motivationen
- eigene Biographie
- eigene Wertvorstellungen
- persönliche Vorbilder oder Modellpersonen
- eigene oder von Angehörigen, Mitschüler_innen, Medien übermittelte Kriegserfahrungen
- Konsequenzen daraus und offene Fragen für Gegenwart und Zukunft?
- Verantwortung Tun und Lassen vorhergehender Generationen

> *LEHRZIEL 2: Die SuS lernen die Grundzüge friedenstheologischer und friedensethischer Positionen der Bibel kennen und in Beziehung zu setzen zu den aktuellen Fragestellungen von Krieg und Frieden, zum Beispiel anhand des Vergleichs mit dem Gegensatzpaar militärischer Sicherheitslogik und ziviler Friedenslogik.*

religiöse Motivationen
- Befassung mit biblischen Gewalttraditionen und prophetischer Kriegskritik
- Texte zu Gewaltfreiheit und Versöhnung
- Basistext Bergpredigt; (Jesu Gottesbild des Vaters, Goldene Regel, Ziel-Mittel-Relation)
- Relevanz der Bibel und religiöser Überzeugungen in heutigen politischen Kontexten (z. B. Bürgeraufstand in der DDR; Kriegsüberwindung durch Friedenslogik; eigene Handlungsmöglichkeiten entdecken)

LEHRZIEL 3: *Die SuS lernen die Rechtfertigung militärischer Gewalt mit allgemeinen Maßstäben wie Menschenrechte, Völkerrecht, Empirie, Lehre vom Gerechten Krieg u. a. kritisch zu hinterfragen.*

militärkritische Motivationen
- Hauptaussagen der Menschenrechtserklärung und des Völkerrechts im Vergleich mit der militärischen Sicherheitskultur und -praxis (Abschreckung durchMassenvernichtungswaffen, extralegale Tötung Verdächtiger und oft auchUnbeteiligter mittels Drohnen, Angriffskriege, *War on Terror*)
- Folgen militärischer Sicherheitspolitik (z. B. Überlegenheitsstreben, Wettrüsten, Verfügbarkeitsfalle, Geld- und Ressourcenverschwendung, Umweltbelastung)
- Prüfkritierien der EKD-Denkschrift 2007 in Anwendung auf aktuelle Militärpolitik
- Differenzierung zwischen polizeilicher und militärischer Gewalt

LEHRZIEL 4: *Die SuS lernen, sich mit den Friedensträumen der Menschheit auseinanderzusetzen und eigene Utopien für eine friedliche Welt zu entwickeln.*

Utopieentwicklung
- Notwendigkeit einer friedenspolitischen Wende
- Friedensträume der Menschheit
- biblische Utopien für eine friedliche Welt (z. B. Micha 4, Jesaja 2)
- Entwicklung eigener Friedensutopien und eines Friedensleitbildes
- Anthropologische Erkenntnisse über Kooperationsbereitschaft und -fähigkeit in der Menschheitsentwicklung
- Friedenslogik als Methodik für eine Entwicklung zum Frieden

LEHRZIEL 5: *Die SuS lernen den Zusammenhang von Frieden, Gerechtigkeit und Schöpfungsbewahrung als Grundlage für einen positiven Frieden kennen.*

weiter Friedensbegriff
- negativer und positiver Friedensbegriff,
- biblischer Friedensbegriff (Frieden als Frucht der Gerechtigkeit)
- Fairer Welthandel – globale Regelungen und Verbraucherverhalten vor Ort

- Nachhaltigkeit und Suffizienz als Konsumkriterien (Kenntnisse von Parametern wie persönliche CO_2-Bilanz, ökologischer Fußabdruck) für einen verallgemeinerbaren Lebensstil
- Gewaltkreislauf unterbrechen – auf Versöhnung und Besserung ausgerichteter Umgang mit Rechtsbrechern

LEHRZIEL 6: *Die SuS erwerben Kenntnisse über die gewaltfreie Konfliktbearbeitung in gesellschaftlichen und politischen Kontexten und Möglichkeiten des eigenen Engagements.*

Friedensarbeit
- Überblick über Friedensorganisationen, -Institute
- Ausbildung in gewaltfreier Konfliktregelung auf der Mikroebene und Transfers für Meso- und Makroebene
- Zivile Konfliktbearbeitung an einem Beispiel des Zivilen Friedensdienstes oder internationaler Friedensorganisationen (z. B. Peacebrigades International oder Nonviolent Peaceforces)
- Möglichkeiten des ehrenamtlichen Engagements in der Friedensarbeit im weiten Sinne
- Friedensfachkraft als Beruf

LEHRZIEL 7: *Die SuS lernen Voraussetzungen, Möglichkeiten und Zwischenziele für die Entwicklung einer entmilitarisierten Welt sowie die damit verbundenen Herausforderungen kennen.*

Ansätze für den Weg zum Frieden
- Weltinnenpolitik: Umsetzung von Wertvorstellungen der Innen- in die Außenpolitik (z. B. übergeordnete Polizeien bei OSZE oder UNO)
- Szenarien, Wege und Schritte zu einer entmilitarisierten Welt, auch im Vergleich zu Innovationen in anderen Bereichen (siehe Becker, Ralf/ Maaß, Stefan/Schneider-Harpprecht, Christoph: Sicherheit neu denken. Von der militärischen zur zivilen Sicherheitspolitik. Ein Szenario bis zum Jahr 2040. Karlsruhe: Evangelischer Oberkirchenrat)
- Friedenslogik als Orientierung bei diesem Entmilitarisierungsprozess
- besondere Verantwortung und Handlungsmöglichkeiten Deutschlands

LEHRZIEL 8: Die SuS erwerben Kenntnisse über die kirchenhistorischen Entwicklungen der Friedensethik bis in die gegenwärtigen friedensethischen Diskurse im kirchlichen Bereich sowie über die Aufgaben und Möglichkeiten der Religionen zur Friedensstiftung.

Kirchen und Christ_innen als Friedensstifter_innen

- Verhältnis Kirche und Militär im Laufe der Kirchengeschichte, insbesondere auch in Deutschland
- aktuelle friedenstheologische und friedensethische Diskussionsprozesse in den Kirchen (z. B. Kontroverse um Rechtfertigung militärischer Gewalt als *ultima ratio* und zur Schutzverantwortung [r2p])
- ökumenische und interreligiöse Kontakte und Kooperationen für Frieden und gegen Krieg

LEHRZIEL 9: Die SuS erleben den Religionsunterricht als Lern- und auch Erfahrungsraum für gewaltfreies Handeln und bekommen damit eine fundierte Basis für ihre persönlichen Entscheidungsfindungen, auch in friedensethischer Hinsicht.

Religionsunterricht auch als Lernfeld für Gewaltfreiheit

- Kernelemente des Konziliaren Prozesses (Frieden, Gerechtigkeit und Schöpfungsbewahrung) als Rahmen für den Verantwortungs- und Handlungsbereich
- Gewissensverantwortung (Bedeutung von Werten und Normen in den verschiedenen Lebensbereichen)
- Werten können – auch im globalen Kontext und Problematisierung von Ausnahmenlegitimation
- Toleranz und deren Grenzen
- Pazifizierungsbeispiel Sport
- Konfliktbefähigung (z. B. Perspektivwechsel, reziprokes Denken, Selbstreflexivität, soziodramatische Rollen- und Planspiele zur gewaltfreien Konfliktbearbeitung, Übungen zur Gewaltfreie Kommunikation [GFK])
- Vorbilder und Beispiele für gewaltfreies Verhalten (Friedensgeschichten)
- Friedensbildung als Immunisierung gegen Radikalisierungen

LEHRZIEL 10: SuS lernen den Begriff »Pazifismus« als eine Möglichkeit der Benennung einer gewaltfreien Einstellung und Haltung neben den Synonymen »Gewaltverzicht«, »Gewaltlosigkeit«, »Gewaltfreiheit« oder »Gütekraft« kennen.

Benennung »Pazifismus« – kein Muss, sondern eine Möglichkeit
- Entstehung und Geschichte des Begriffes »Pazifismus« sowie Synonyme und die damit verbundenen Vorstellungen bzw. Gewichtungen
- pazifistische Persönlichkeiten wie beispielsweise Leo Tolstoi oder Bertha von Suttner und pazifistische Organisationen wie der Internationale Versöhnungsbund oder die Deutsche Friedensgesellschaft/Vereinigte Kriegsgegner.
- historische und aktuelle Beispiele für den gesellschaftlichen, kirchlichen und staatlichen Umgang mit Pazifist_innen und deren Vorstellungen vom Frieden

7.5 Bildungsplanbezüge

Die auszugsweise zusammengestellten Bildungsplanbezüge sind dem gegenwärtigen Bildungsplan (2008) für den evangelischen Religionsunterricht am dreijährigen Beruflichen Gymnasium in Baden-Württemberg entnommen.

Es wurden jeweils die verbindlichen Kerneinheiten der Themenkreise (X.0) sowie die Ergänzungseinheiten (X.1ff.) ausgewählt, sofern sie friedensethische Aspekte explizit benennen. Die Themenkreise (TK) 1 und 2 sind verbindlich für die Jahrgangsstufe 11 und enthalten mit den Themen Menschenwürde, Feindesliebe, sowie mit der Bibeleinheit Grundlegendes zu Friedenstheologie, ethischer Urteilsbildung und Bibelinterpretation. Sie sind jedoch nicht abiturrelevant.

In der Kursstufe alternieren jährlich TK 5 »Jesus Christus« mit dem TK 3 »Gott«, die anderen TK 4, 6–10 roulieren im dreijährigen Rhythmus. Berücksichtigt man, dass der Unterricht zumeist nur die abiturrelevanten Kerneinheiten (X.0) befasst – lediglich bei Schülerreferaten und zur Vorbereitung auf die mündlichen Abiturprüfungen wird gelegentlich eine Ergängzungseinheit aufgegriffen – und dass nur in den Kerneinheiten der TK 5, 8 und 10 friedensrelevante Themen enthalten sind, dann wird ersichtlich, das die Friedensthematik nur sehr sporadisch im Unterricht vorkommt.

Wünschenswert wäre, dass in jeder Kerneinheit friedenstheologische und -ethische Aspekte enthalten sind, die optimalerweise mit friedenspolitschen Themen des Geschichts- und Gemeinschaftskundeunterrichtes korrespondieren.

1.0 Ich und die Anderen

Die Schülerinnen und Schüler begründen, inwieweit christliche Ethik bei der Suche nach Orientierung hilfreich sein kann und vergleichen sie mit anderen Ansätzen. Sie setzen sich mit Voraussetzungen und Möglichkeiten von ethischen Entscheidungsprozessen auseinander und wenden diese an.

verbindlich	methodische und inhaltliche Hinweise – nicht verbindlich
Die **Würde des Menschen** als Grundlage für Selbstwert und Selbstachtung und als Grundlage für den Umgang mit anderen	Der Mensch als Ebenbild (Gen 1; Ps 8) Die Einmaligkeit des Lebens (Ps 139) Beim Namen gerufen (Jes 43)
Leben in der Entsprechung Gottes – Gottesliebe – Nächstenliebe – Feindesliebe	Die Zehn Gebote als Bewahrung der Freiheit 1. Joh. 4,16ff **Bergpredigt**
Handeln angesichts ethischer Herausforderungen Schritte zur **ethischen Urteilsbildung**	Handeln im Erleben und Urteil der Schülerinnen und Schüler: Achtung des Eigentums, Fahrerflucht, die Wahrheit sagen, Abtreibung, Todesstrafe, Sterbehilfe, Umgang mit Tieren, Organspenden HOT: Rollenspiel, Dilemmabearbeitung

1.6 Träume und ihre (Be)Deutung

Die Schülerinnen und Schüler stellen verschiedene Deutungsmöglichkeiten von Träumen dar. Sie untersuchen Träume auf ihre Symbole hin und interpretieren diese.

verbindlich	methodische und inhaltliche Hinweise – nicht verbindlich
Die religiöse und visionäre Dimension des Träumens	die **Vision Martin Luther Kings** (»I have a dream«)

1.7 Ich und die Medien

Die Schülerinnen und Schüler untersuchen Chancen und Gefahren von Medien. Sie prüfen Möglichkeiten verantwortlichen Umgangs mit diesen.

verbindlich	methodische und inhaltliche Hinweise – nicht verbindlich
Was sollen wir tun – was können wir lassen?	Beispiele für Grenzüberschreitungen, Formulierung von Grenzen und von »Zehn Geboten für die Medienwelt«

1.8 Werte und Normen

Die Schülerinnen und Schüler erläutern die Bedeutung und Funktion von Werten und Normen und entwickeln Kriterien für ihre Bewertung. Sie skizzieren den Prozess der Aneignung von Werten und Normen und die Bedeutung religiöser Sozialisation. Sie setzen sich mit dem christlichen Glauben als Befreiung zu verantwortlichem Handeln auseinander.

verbindlich	methodische und inhaltliche Hinweise – nicht verbindlich
Bedeutung und ambivalente Funktion von Werten und Normen und Kriterien für ihre Bewertung	Werte und Normen als Orientierungshilfe zur Gestaltung des Lebens in der Gemeinschaft, als Stabilisierung und Integration sozialer Systeme Normen als Entlastung von der permanenten Reflexion über »gut« und »böse« Die Gefahr der Verabsolutierung von Werten und Normen
Der Prozess der Aneignung von Werten und Normen	Die Übernahme von Verhaltensmustern von Eltern und Umwelt Gewissensbildung Die Bedeutung der religiösen Sozialisation (Fallbeispiele: Selbstzeugnisse, Biographien) Erziehung als lebenslanger Prozess
Verantwortliches Handeln auf der Basis des christlichen Glaubens	Die Zehn Gebote als die »Zehn großen Freiheiten« (Ex 3,7–10; 19,4; 20,1–17) Die Liebe als Maßstab des Handelns: Doppelgebot der Liebe (Mt 22,37 ff, Mk 12,28–34)

2.0 Die Bibel

Die Schülerinnen und Schüler benennen ihre bisherigen Erfahrungen mit der Bibel und verstehen das Lesen der Bibel als hermeneutischen Prozess. Sie beschreiben und beurteilen unterschiedliche Auslegungsmodelle für einen angemessenen Umgang mit biblischen Texten. Sie erläutern die theologische Bedeutung wichtiger Stationen und Personen der Geschichte des Volkes Israel, des Lebens Jesu und des Urchristentums.

verbindlich	methodische und inhaltliche Hinweise – nicht verbindlich
Lebensfragen – Bibelthemen	Mögliche Themen und Texte: carpe diem (Kohelet, Sprüche); das Leben bestehen (Gen 37; 39–50); Freiheit (Gal 5,1) Gutes tun – gut sein (Mi 6, 8: Lk 10,25–37; Mt 5,38–48; Mt 7,12); schuldig werden – mit Schuld leben (2. Sam 11–12; Mt 7,1–5)

(Fortsetzung)

Bibellesen als hermeneutischer Prozess - Vorverständnis und erkenntnisleitendes Interesse - der hermeneutische Zirkel - die historisch-kritische Methode	Hermeneutik: Die Lehre vom Verstehen als ein offener zirkulärer Prozess

2.1 Bedeutung und Einfluss der Bibel

Die Schülerinnen und Schüler arbeiten ausgehend von ihren eigenen Erfahrungen Bedeutungsdimensionen der Bibel sowohl in biografischer als auch in kulturgeschichtlicher und ästhetischer Hinsicht heraus.

verbindlich	methodische und inhaltliche Hinweise – nicht verbindlich
Lebensgeschichtliche Zeugnisse	Die Bedeutung der Bibel im Leben von Menschen, z. B. Luther, **Gandhi, Rigoberta Menchú**
Impulse für das Leben miteinander	**Pazifismus, Friedensbewegung, Befreiungstheologie**

4.2 Wirtschaft und Ethik

Die Schülerinnen und Schüler arbeiten heraus, wie ökonomische Bedingungen in vielerlei Hinsicht das Leben der Menschen bestimmen. Sie analysieren wirtschaftliche Strukturen, Entscheidungen und Prozesse unter dem Aspekt der sozialen Verantwortung und beurteilen deren sozialethische Tragfähigkeit. Sie entwickeln **Perspektiven für ein sozialverträgliches Verhalten** in ihrem Alltag.

verbindlich	methodische und inhaltliche Hinweise – nicht verbindlich
Leitideen für wirtschaftliches Handeln in sozialethischer Reflexion	Beurteilen, Prozess sozialethischer Urteilsbildung (H. E. Tödt) **Der Egoismus und die Wohlfahrt der Nationen;** Gesetze des Marktes (Angebot und Nachfrage); Eigengesetzlichkeit der Ökonomie; Nachhaltigkeit; Weltweite Gerechtigkeit Evangelische Sozialethik und Prinzipien katholischer Soziallehre (Personalität, Solidarität, Subsidiarität)

(Fortsetzung)

Verantwortung im Alltag	Handeln (Global denken – lokal handeln) Persönliches Konsumverhalten; ethische Aktien; Mitarbeiterbeteiligung am Produktivvermögen; **fairer Handel** HOT: Fächer übergreifende Projekte/ Seminarkurs, Entwurf einer eigenen Sozialcharta, Einbringen und Umsetzung der Erkenntnisse in Juniorfirmen

4.3 Menschenrechte – Menschenpflichten

Die Schülerinnen und Schüler begründen die Notwendigkeit von Regeln und Normen. Sie vergleichen verschiedene Ausformungen von Menschenrechten mit ihren philosophischen und theologischen Begründungen und weisen Verletzungen von Menschenwürde und Menschenrechten in konkreten Fällen nach. Dabei erörtern sie Möglichkeiten des Einsatzes für die Menschenrechte.

verbindlich	methodische und inhaltliche Hinweise – nicht verbindlich
Der Einsatz für die Menschenrechte	Beurteilung von **Sanktionen der Völkergemeinschaft und Organisationen bei Menschenrechtsverletzungen (NATO, UNO)** HOT: Präsentation des Engagements von Gruppen und Organisationen wie amnesty international, Brot für die Welt, Pax Christi, Kindernothilfe (Schülerzeitung, Ausstellung in der Schule)

4.4 Projekt Weltethos

Die Schülerinnen und Schüler beschreiben **Merkmale eines Weltfriedens**, stellen das Projekt Weltethos dar und zeigen auf, dass die Weltgesellschaft ein globales Ethos oder zumindest gemeinsame ethische Standards braucht, damit menschliches Zusammenleben in **Frieden und Gerechtigkeit weltweit** gelingen kann.

verbindlich	methodische und inhaltliche Hinweise – nicht verbindlich
Weltfrieden als Chance, Chance des Weltfriedens	Die Rolle der Religionen: »Kein Weltfrieden ohne Religionsfrieden« (H. Küng)

(Fortsetzung)

Die **Rolle der Religionen:** »Kein Weltfrieden ohne Religionsfrieden« (H. Küng)	Weltethos als grundsätzliche ethische Haltung **Ethische Standards** in den großen Religionen: **Goldene Regel, Tötungsverbot,** Schutz des Eigentums, Wahrheitsgebot, Hilfe für die Schwachen Gemeinsamkeiten und Unterschiede
Schritte auf dem Weg zu einem Weltethos	HOT: Begegnungen und **Dialog mit Menschen unterschiedlicher religiöser Herkunft,** gemeinsame schulische und außerschulische Projekte, Initiativen, Aktionen, **Friedensgebete** und Feiern

4.5 Krieg und Frieden

Die Schülerinnen und Schüler untersuchen Konflikte auf ihre Ursachen und möglichen Lösungswege hin und setzen sich mit der Gewalt als Mittel zur Konfliktlösung auseinander. Sie unterscheiden positiven und negativen Frieden. In Auseinandersetzung mit biblischer und kirchlicher Tradition und Geschichte nehmen die Jugendlichen z. B. zu der Frage der Kriegsdienstverweigerung einen eigenen Standpunkt ein.

verbindlich	methodische und inhaltliche Hinweise – nicht verbindlich
Aktuelle **Konfliktsituationen** und Krisen auf ihrem jeweiligen Hintergrund mit erkennbaren Lösungsstrategien	Internationale Krisen und gewaltsame Konflikte mit ihren gewaltsamen und **gewaltfreien Lösungsmöglichkeiten** HOT: Collage internationaler Krisenberichte Landkarte akuter und schwelender Auseinandersetzungen (»die vergessenen Kriege«)
Positiver und negativer Friede	Definition von Friede, Friedensforschung, **Martin Luther King** HOT: Entwurf einer eigenen Friedensrede
Vom Krieg als **ultima ratio** bzw. Politik mit an deren Mitteln Krieg als regional begrenzter »Konfliktlöser«	Lehre vom **gerechten Krieg** (Cicero, Ambrosius v. Mailand, Scholastik, M. Luther), von Clausewitz' Definition von Krieg, atomare Abschreckung, Kriegs- und Terrorszenarien als Drohkulisse
Krieg und Frieden in der biblischen und kirchlichen Geschichte	Der Krieg im alten Israel und die **Friedenshoffnung der Propheten**

(Fortsetzung)

Biblische Verheißungen an die Friedensstiftenden	Reich-Gottes-Botschaft, Seligpreisung und Friedenshandeln Jesu Der **Beitrag der Kirchen zu Krieg und Frieden** in Vergangenheit und Gegenwart (Kriegspredigt; **gewaltloser Widerstand**) Friedensethische Ansätze
Verantwortung für den Frieden	Friedenssicherung, Menschenrechte, Völkerrecht, Wehrdienst, Kriegsdienstverweigerung, **Ziviler Friedensdienst**, Ökumenische **Friedensinitiativen**

5.0 Jesus Christus

Die Schülerinnen und Schüler benennen ausgehend von Begegnungen mit Jesus in der alltäglichen Lebenswelt historische Fakten und zentrale neutestamentliche Aussagen über Jesus. Sie setzen sich theologisch mit dem Glauben an Jesus als dem Sohn Gottes auseinander und sind in der Lage zur Frage nach der Bedeutung Jesu für die Gegenwart begründet Stellung zu beziehen.

verbindlich	methodische und inhaltliche Hinweise – nicht verbindlich
Jesus der Lehrer (ein Textbeispiel)	**Bergpredigt**

5.6 Die Gegenwart Jesu im Glauben heute

Die Schülerinnen und Schüler setzen sich mit unterschiedlichen Möglichkeiten der Gegenwart Jesu auseinander, die im Gottesdienst, im persönlichen Leben, in Kirche oder Gesellschaft erfahrbar ist.

verbindlich	methodische und inhaltliche Hinweise – nicht verbindlich
Die Gegenwart Jesu in der Erfahrung von Gemeinschaft	»Wo zwei oder drei in meinem Namen versammelt sind, da bin ich mitten unter ihnen«, Mt 18,20 D. Bonhoeffer »Christus als Gemeinde existierend« (ekklesiologische Gegenwart Jesu); Das letzte Abendmahl, Mk 14,12–25;1 Kor 11,17–34 (sakramentale Gegenwart Jesu); die Gegenwart Jesu in der Seelsorge, in der Verkündigung (kerygmatische Gegenwart Jesu), **in der persönlichen Nachfolge (ethische Gegenwart Jesu)**

6.2 Gewalt

Die Schülerinnen und Schüler stellen verschiedene Formen alltäglicher Gewalt dar und vergleichen verschiedene Erklärungsmodelle von Gewalt. Sie setzen sich mit Gewalt in der Bibel auseinander; sie analysieren die Ursachen von Konflikten, erläutern Konfliktarten und beurteilen Modelle der Konfliktlösung und Gewaltprävention.

verbindlich	methodische und inhaltliche Hinweise – nicht verbindlich
Gewalt in der Bibel und ihre Deutung	Gen 4; Ex 21,24ff; Mt 5,38–42; Mk 15; Apk 21,3–4
Ursache von **Konflikten**, verschiedene Konfliktarten	Z. B. Interessenkonflikte, Intrapsychischer Konflikt, Gruppenkonflikt, Mobbing
Modelle der **Konfliktlösung und Gewalt-prävention**	Achtung und Toleranz als Grundlage des gesellschaftlichen Zusammenlebens Mediation, Streitkultur Täter-Opfer-Ausgleich, Streitschlichter-Programm; Deeskalationstraining

7.5 Wirklichkeit und Medienwelt

verbindlich	methodische und inhaltliche Hinweise – nicht verbindlich
Wahrnehmung und **kritische Auseinandersetzung mit Wirklichkeiten, die in Kommunikation mit neuen Medien** entstehen	Ein Anwendungsbeispiel mit einem neuen Medium (Computer, Fernsehen, Handy …) unter-suchen, z. B. Second life, Computerspiele, e-commerce, Cyberspace

8.0 Kirche

Schülerinnen und Schüler erläutern den Auftrag der Kirche, das Evangelium Jesu Christi in Wort und Tat einladend zu bezeugen. Sie setzen sich mit der historischen Entwicklung der Urgemeinde bis zur Urkirche auseinander. Sie kennen die Besonderheiten der reformatorischen Kirche und können einen ekklesiologischen Entwurf der Gegenwart erläutern. Sie beurteilen kirchliches Handeln vor dem Hintergrund der Geschichte der Kirche und können sich exemplarisch mit dem Verhältnis von Kirche und Staat sowie einem Brennpunkt der Kirchengeschichte auseinandersetzen.

verbindlich	methodische und inhaltliche Hinweise – nicht verbindlich
Kirchliches Handeln heute in Verantwortung für die Gemeinschaft	**Denkschriften;** Soziale Frage; Bildung und Schule; **Militär- und Gefängnisseelsorge; Begleitung von Kriegsdienstverweigerern**

10.0 Zukunft – Visionen – Utopien

Die Schülerinnen und Schüler benennen ihre Ängste und Hoffnungen für die Zukunft.
Sie entfalten ausgewählte Utopien und Visionen und setzen sie miteinander in
Beziehung. Sie entwerfen und beurteilen Leitvorstellungen für die Zukunft.

verbindlich	methodische und inhaltliche Hinweise – nicht verbindlich
Biblische **Zukunfts- und Hoffnungsbilder** Jes 2,1–4; Jes 65,17ff; Apg 21	Jüngstes Gericht, Reich-Gottes-Botschaft Jesu (Lk 17,20–37) Jes 9,5f (»Des Friedens wird kein Ende mehr sein«); Jes 11 (Der Messias und sein Friedens-reich); Mt 25,31 ff (Endzeitrede), Micha 4, 3f (»Es wird kein Volk wider das andere das Schwert erheben«)
Notwendigkeit und Gefahren von **Utopien** und Zukunftsbildern	Trost oder Vertröstung Verdrängung statt Problemlösung Utopiekritik (K. Popper) Ein Volk ohne Visionen geht zugrunde (Spr 29,18) **»I have a dream« – Martin Luther King Frieden, Gerechtigkeit, Bewahrung der Schöpfung**
Entwicklung von **Beurteilungskriterien** für Utopien, Hoffnungsbilder und Visionen	Verträglichkeit, Nachhaltigkeit, Umsetzbarkeit Rückschlüsse auf Entstehungszeit und -situation